Nicholas Stargardt
»Maikäfer flieg!«
Hitlers Krieg und die Kinder

Nicholas Stargardt

»*Maikäfer flieg!*«
Hitlers Krieg und die Kinder

Aus dem Englischen von
Gennaro Ghirardelli

DEUTSCHE VERLAGS-ANSTALT
MÜNCHEN

Bibliografische Information Der Deutschen Bibliothek
Die Deutsche Bibliothek verzeichnet diese Publikation
in der Deutschen Nationalbibliografie; detaillierte
bibliografische Daten sind im Internet über
<http://dnb.ddb.de> abrufbar.

FSC

Mix

Produktgruppe aus vorbildlich
bewirtschafteten Wäldern und
anderen kontrollierten Herkünften

Zert.-Nr. SGS-COC-1940
www.fsc.org
© 1996 Forest Stewardship Council

Verlagsgruppe Random House FSC-DEU-0100
Das für dieses Buch verwendete FSC-zertifizierte Papier *EOS*
liefert Salzer, St. Pölten.

1. Auflage
Copyright © 2006 Deutsche Verlags-Anstalt, München,
in der Verlagsgruppe Random House GmbH
Alle Rechte vorbehalten
Satz und Layout: Boer Verlagsservice, München
Gesetzt aus der Minion
Druck und Bindung: GGP Media GmbH, Pößneck
Printed in Germany
ISBN 10: 3-421-05905-5
ISBN 13: 978-3-421-05905-5

www.dva.de

Inhalt

Namen und Begriffe

Einen Namen zu haben ist eine der grundlegenden Formen persönlicher Identität. Bei Gefangenen in Auschwitz ersetzte die auf dem Unterarm eintätowierte Nummer den Namen, und ein Großteil des Holocaust-gedächtnisses beschäftigt sich mit der Namhaftmachung der Opfer des nationalsozialistischen Genozids; nur dann können sie als Menschen erinnert werden. Diese Namen erfahren mitunter eine Reihe von Veränderungen, je nach Sprache und Rechtsprechung. Wann immer möglich habe ich auf die Namen der Personen, die sie damals hatten, zurückgegriffen; so heißt zum Beispiel Mary Berg, wie sie sich 1945 nannte, als ihr Tagebuch in New York veröffentlicht wurde, hier im Buch wie im Warschauer Ghetto Miriam Wattenberg.

Ich hätte gern all den hier im Buch genannten Kindern ihre Namen gegeben. Das durfte leider nicht sein. Nach dem Gesetz der Bundesrepublik Deutschland zum Schutz personenbezogener Daten ist die Identität von Personen und ihrer unmittelbaren Familienangehörigen lebenslänglich geschützt. Das Verbot, die wahren Namen von Personen zu nennen, bringt Probleme für jeden Historiker mit sich, der sich vornimmt, alle gleich zu behandeln. Es trifft nicht nur ehemalige Mitglieder der Hitlerjugend, die vielleicht nicht genannt werden möchten. Das Verbot gilt auch für die Namen von Patienten der Kinderpsychiatrie, die in den Heilanstalten des Dritten Reichs umgebracht worden sind; sie wurden zu namenlosen Opfern des Holocaust. In einem Buch mit so vielen darin vorkommenden Kindern, die den gleichen Vornamen haben, wäre es verwirrend gewesen, sie nur bei diesen zu nennen. Deshalb habe ich Pseudonyme für diejenigen vor allem in Deutschland und Österreich gewählt, deren Identität gesetzlich geschützt ist. In diesen Fällen habe ich die richtigen Namen zurückgehalten und ihnen Familiennamen, die mit demselben Buchstaben anfangen und aus derselben Region stammen, gegeben. Der Leser kann in den Anmerkungen leicht erkennen, wo dies geschehen ist: Dierk Sievert zum Beispiel wird in den Anmerkungen Dierk S.; der Anfangsbuchstabe in der Anmerkung zeigt an, daß der Name im Text ein Pseudonym ist. In einigen wenigen Fällen konnte ich den Familiennamen nicht herausfinden, normalerweise deshalb, weil der Name der Person in einer anderen Publikation unkenntlich gemacht wurde; in solchen Fällen habe ich einfach den Vornamen allein verwendet.

Ortsnamen und Begriffe erweisen sich als ebenso komplex wie Personennamen. In Deutschland sprach kaum ein Mensch von den Briten oder von Großbritannien, sondern ausschließlich von den Engländern und England, so als ob die Ausklammerung der Schotten und Waliser sie den oft erwähnten »Blutsbrüdern« jenseits der Nordsee näher brächte. Es schien mir am besten, diesen Sprachgebrauch ohne Anführungszeichen weiterzuverwenden, damit man sich so weit wie möglich den Redensarten und Denkmustern der Zeitgenossen nähert. Deshalb habe ich auch ganz oft die Verwendung von völkischen und nationalsozialistischen Begriffen nicht mit Anführungszeichen versehen. Wie der scharfäugige Chronist der NS-Sprache Victor Klemperer damals bemerkte, hatte sich die NS-Herrschaft durch die Eroberung des alltäglichen Wortschatzes tief in der Gesellschaft verankert, und wenn wir alle Verwendungen von »Volk« und »Rasse« mit Anführungszeichen versehen, erreicht das nicht nur, daß wir uns selbst von dieser Zeit distanzieren, sondern wirkt auch so, als ob die Zeitgenossen ebenfalls eine größere Distanz zu ihrer normalen Sprache besessen hätten.

Namen sind nicht neutral, und beim Verfassen dieses Buches wurde mir deutlich, daß das Namensrecht für Personen, Orte und auch für Begriffe ein wesentlicher Bestandteil des Erbes des Zweiten Weltkriegs bleibt.

Dramatis personae

Yehuda Bacon	Tschechisch-jüdischer Junge in Theresienstadt und Auschwitz
Martin Bergau	Deutscher Jugendlicher aus Palmnicken in Ost-preußen
Lothar Carsten	Hitlerjunge in Wuppertal
Janina David	Jüdisches Mädchen im Warschauer Ghetto
Thomas Gève	Jüdischer Junge aus Berlin, nach Auschwitz deportiert
Liselotte Günzel	Deutsches Schulmädchen aus einer sozialisti-schen Familie in Berlin
Janina	Polnisches Mädchen aus dem Dorf Borowa-Góra
Wanda Przybylska	Polnisches Mädchen in Warschau
Klaus Seidel	Hitlerjunge und Flak-Helfer in Hamburg
Dawid Sierakowiak	Jüdischer Junge in Lodz
Dierk Sievert	Bei Kriegsbeginn Schüler der sechsten Klasse in Osnabrück
Fritz Theilen	Jugendlicher »Edelweißpirat« in Köln
Uwe Timm	Kleines Kind in Hamburg und Coburg
Miriam Wattenberg	Mädchen im Warschauer Ghetto

Einleitung

Als Katrin Thiele auf ihre Kindheit zurückblickte, vermochte sie ihre glücklichen Erinnerungen nicht mit dem, was sie über den Nationalsozialismus erfahren hatte, in Einklang zu bringen. Sie fragte sich, ob all die Nazis, die sie gekannt hatte, wirklich die widerlichen Scheusale gewesen sein konnten, als die sie später hingestellt wurden. Wie viele andere Kinder ihrer Generation konnte Katrin die überwältigenden Beweise des Massenmordes einfach nicht mit all den nationalsozialistischen Idealen, die sie »zu verehren gelernt hatte, Begriffe wie Selbstaufopferung und Pflichterfüllung« zusammenbringen.[1]

In Katrins Fall brach das Kriegsende abrupt ihre sichere und bequeme Familienwelt entzwei. Ihr Vater, der zwölf Jahre lang zunächst als NS-Funktionär und danach als Wehrmachtsoffizier gedient hatte, wurde sowohl von der amerikanischen Militärpolizei als auch von der deutschen Kriminalpolizei gesucht. Nachdem er aus Gründen, die sie sich nicht erklären konnte, verhaftet und interniert worden war, verschwand er für die nächsten drei Jahre aus ihrem Leben. Inzwischen wurde Katrins Mutter, die vor dem Ersten Weltkrieg in London geboren worden war, mit ihren zwei Kindern in ein Land »repatriiert«, das diese seit ihrer Kindheit für den Feind gehalten hatten. 1946 verließ Katrin als Zehnjährige Deutschland und lebte danach in England. Von einem Tag auf den anderen wurde aus Katrin Thiele Kay Norris. Mit der Namensänderung gingen auch eine vollständige Änderung der Sprache, der nationalen Identität, der verbindlichen Gesprächsthemen und des sozialen Bezugssystems einher, da Kay lernte, sich wie ein englisches Schulmädchen zu benehmen. Die Erinnerungen an die Zeit des Krieges, der ausgebrochen war, als Katrin erst drei Jahre alt war, mußten bis zu einer Zeit, da sie diese gefahrloser erkunden konnte, verdrängt werden.

Trotz der späteren Scheidung ihrer Eltern hatte Katrin zweimal die Möglichkeit, ihren Vater zu besuchen und dadurch die plötzliche Auflösung ihrer Familie zu verstehen. 1949 verbrachte sie als Dreizehnjährige zusammen mit ihrem Bruder Udo ein Weihnachtswochenende mit dem Vater und seiner neuen Frau. Obwohl das Treffen glücklich verlief, war sie doch tief erschüttert darüber, denn sowohl ihr Deutsch als auch die emotionale Beziehung zu ihrem Vater hatten sich nicht weiter entwickelt, seit sie Deutschland drei Jahre zuvor verlassen hatte. Sie konnte die neuen Ideen und Gedanken, die sie sich in England angeeignet hatte, nicht ausdrücken, und ihr Vater schien glücklich zu sein, sie für das kleine Mädchen halten zu können, das sie bei ihrem letzten Treffen gewesen war. Er sah völlig anders aus als in ihrer Erinnerung und ihrer Vorstellung. Verschwunden war der schneidige Mann in Uniform mit scharfen Gesichtszügen, der fanatische Hingabe an die Sache predigte. Dennoch war er nicht der gebrochene, verzweifelte Gefangene, den sie sich während der zwei Jahre seiner Internierung ausgemalt hatte. Stattdessen sah sie einen glatzköpfigen, sorgenvolleren und dickeren Mann als früher, der jedoch ihre Hilfe nicht nötig zu haben schien. Er führte sein eigenes Leben, hatte eine gute Anstellung und ein nettes Zuhause im Harz gefunden, wo er sich mit einer schönen Frau, einer Freundin der Familie, die schon lange für ihn schwärmte, niedergelassen hatte.

Katrin stellte fest, daß sie nicht in die Gedankenwelt ihres Vaters eindringen konnte. Was war aus jenen tiefen Überzeugungen geworden, die er seinen Kindern eingeflößt hatte? Selbst noch als Katrin ihn 1956, im Sommer ihres ersten Studienjahrs in Oxford, besuchte, merkte sie, wie sie wieder in die Rollen des »Papas und seines kleinen Mädchens« zurückfielen. Von seinem früheren nationalsozialistischen Ich konnte sie nur mehr eine versteckte, wehmütige Erinnerung an das Dritte Reich wiederfinden, insbesondere an seine Soldatenzeit; und er weigerte sich, das Ausmaß des Genozids an den Juden einzugestehen. Mittlerweile in Kanada ansässig, schien er sich einfach anderen Zielen verschrieben zu haben und wurde ein neues, fleißiges und ehrgeiziges Mitglied der deutschen Einwanderergemeinde. Sie fühlte sich unverstanden. Er merkte offenbar nicht, daß seine Tochter den Tugenden, die er ihr eingeimpft hatte, treu geblieben war. Während sie nach wie vor die kollektiven nationalsozialistischen Tugenden der »Pflicht«, »Treue«, des »Willens« und des »dem Volke Dienens« durch ihre englische Haltung von dutifulness, integrity, determination und making the world a better place (Gehorsam, Integrität, Ent-

schlossenheit und Verbesserung der Welt) im Alltag hochhielt, machte
er sich über ihre idealistischen Träume lustig. In ihren beiden englisch-
sprachigen Ländern diesseits und jenseits des Atlantiks waren die Generation, die das nationalsozialistische Deutschland geschaffen hatte, und
diejenige, die davon geprägt worden war, so weit voneinander entfernt,
wie man es sich für einen liebenden Vater und dessen Tochter kaum vorstellen kann.[2]

In mancher Beziehung unterschied sich Katrins Erfahrung weniger von
der ihrer in Deutschland verbliebenen Altersgenossen, als sie dachte. Für
viele deutsche Kriegskinder war es ebenfalls schwierig, mit ihren Eltern
zu sprechen, insbesondere emotionale Beziehungen zu Vätern herzustellen, die die Jahre zwischen 1939 und 1948 im Krieg oder in Gefangenenlagern verbracht hatten. Es gab viele Themen, die deutsche Familien
in den fünfziger Jahren mieden. Die Kinder und Jugendlichen waren die
Generation, die am tiefsten vom Dritten Reich geprägt worden war. Die
Frauen und Männer, die die Hakenkreuze quer durch Europa getragen
hatten, konnten häufig auf Kindheitserinnerung zurückblicken, die von
nationalsozialistischen Emblemen und Parolen unberührt waren. Wie
Katrins Vater fiel es manchen von ihnen leicht, sich von den Wert- und
Zielvorstellungen zu verabschieden, die dem Erfolg in der Nachkriegszeit nicht dienlich waren. Die Kinder hingegen hatten in ihren prägen-
den Jahren nichts anderes gekannt und oft nationalsozialistische Werte
und Parolen verinnerlicht, genau wie die Ermahnungen, sich sorgfältig
zu waschen, die Kleidung in Ordnung zu halten und höflich zu sein. Kein
Wunder, wenn Angehörige dieser Generation das Gefühl hatten, daß jede
ernsthafte Auseinandersetzung mit der Welt, die ihre Eltern zu schaffen
geholfen hatten, ihre Identität als verantwortliche Individuen gefährde.
Für viele war es einfacher weiterzumachen, indem man Pflichtbewußtsein demonstrierte und im Rahmen der neuen Institutionen der DDR
und Bundesrepublik diente.[3]

Tatsächlich macht Katrin sich erst in den frühen neunziger Jahren
daran, ihre Familiengeschichte zu erforschen. Auch darin unterschied
sie sich nicht von vielen anderen Angehörigen ihrer Generation. Sowohl
Kinder von Mitläufern und Nationalsozialisten als auch jüdische Kinder,
die die Ghettos und die Lager der »Endlösung« überlebt hatten, schrieben häufig ihre Erinnerungen erst nieder, nachdem sie in den Ruhestand

getreten waren und anfingen zu überlegen, wie sie am besten ihren Enkel-kindern die Erlebnisse mitteilen sollten, die sie vor ihren Kindern häufig zu verbergen gesucht hatten.

1988 beging man in der Bundesrepublik den fünfzigsten Jahrestag des antijüdischen Pogroms vom 9. November 1938. Im Umfeld des Jahres-tags wurde die Journalistin Lore Walb stärker als zuvor von Träumen über Juden heimgesucht. In einem wiederkehrenden Traum war sie wie-der die junge Studentin im Krieg, als eine jüdische Klassenkameradin aus ihrer Schulzeit plötzlich vor ihrer Tür stand und sie um Aufnahme für ein bis zwei Tage bat. Jedesmal wenn Lore Walb aus ihrem Traum erwachte, hatte sie noch keine Entscheidung getroffen. Am 27. November 1988 trug sie einen anderen Traum in ihr Tagebuch ein. Wieder sah sie sich als junge Frau neben einem älteren jüdischen Mann die Straße entlang-gehen, der einen langen Mantel und einen breitkrempigen Hut trug und dessen schmales, anständiges Gesicht ein Spitzbärtchen zierte. Sie hatte ihre Hand auf seine knochige Schulter gelegt, lehnte ihren Kopf dage-gen und sagte beinahe weinend vor Erleichterung und Freude: »Ich bin so froh, daß sie wieder hier sind.« Wie so viele Wunschträume, zeigte der von Lore Walb das Problem und nicht die Lösung. Die Juden waren nicht zurückgekehrt, und sie konnte sie nicht um Verzeihung bitten. Auch hatte sie bis dahin weder die Abrechnung mit sich selbst gemacht noch sich selbst verziehen. Anstatt dieses Kapitel ihres Lebens zu schließen, begann die neunundsechzig Jahre alte Rentnerin einen Prozeß, den sie in einem vielsagenden und schuldbewußten Satz als die »Stationen eines Weges zu Erinnerungsarbeit« bezeichnete.[4]

Das Resultat von Lore Walbs Weg war eine Art öffentliches Bekennt-nis durch Selbsterkundung, in deren Verlauf sie ihre Jugendtagebücher las und kommentierte. Da gab es das Familienalbum, in dem der stolze Augenblick des Jahres 1932 fotografisch festgehalten war, als die Dreizehn-jährige im örtlichen Sportstadium vor dem »Führer« stand und 25 000 Menschen zusahen. Dann, im November 1933, gab es einen weiteren gro-ßen Augenblick, als sie zum zehnten Jahrestages des Hitler-Putsches vor den wichtigsten Erziehungsbeamten der Obersten Schulbehörde Hessens ein Gedicht aufsagte. Bei Kriegsausbruch begann sie ihr Studium. Wie fast alle anderen auch feierte Lore Walb den Zusammenbruch Frankreichs im

Juni 1940 und empfand, wie viele Deutsche, Haß auf die Engländer, die man der unnötigen Kriegsverlängerung zieh. »Der Führer«, schrieb sie am 17. Juni 1940, »soll diesmal nicht so human sein und soll den Engländern einmal einen kräftigen Denkzettel geben – denn an all dem Unglück und Elend, in das so viele Völker gestürzt wurden, sind allein sie schuld. Und es ist nur gerecht, wenn sie diesmal nicht unversehrt aus dem Kampf hervorgehen. Alle haben geblutet, sie sollen auch spüren, was der Krieg bedeutet. Man kann nur wünschen, daß es nicht all den Kriegshetzern gelingt, sich vorher noch in Sicherheit zu bringen!«

Bei der Lektüre ihrer Eintragungen merkte Lore Walb, daß sie über keine innere Abwehr gegen solch zentrale Parolen der NS-Propaganda verfügt und sie sich zu eigen gemacht hatte. Nach dem Angriff auf die Sowjetunion ging sie sogar über den Tod von Jungen aus ihrem Freundeskreis hinweg und legte das Hauptaugenmerk auf die militärische und politische Bedeutung der Sache, für die sie gestorben waren. »Bolschewismus« und »russische Untermenschen«, »Japans fabelhafte Erfolge« gegen die Pazifikflotte der Vereinigten Staaten, ihre eigenen Überlegungen, wie sie ihrer Mutter das Zugeständnis abtrotzen konnte, sie bis zur Promotion studieren zu lassen, und ihre Sympathien für die frierenden deutschen Soldaten an der Ostfront – ein Klischee jagt das andere auf diesen Seiten. Um den Ereignissen einen Sinn zu geben, übernahm sie bei jeder Gelegenheit die zentralen Sätze aus der Presse, und gab Goebbels' Propagandaparolen und -schriften als ihre eigenen Gedanken aus. Ein halbes Jahrhundert später, eingebunden in die entgegengesetzten Wert- und Wahrheitsvorstellungen einer anderen Epoche, war diese Konfrontation mit ihrer äußerlich ereignisarmen Vergangenheit ein tiefer moralischer Schock für sie.[5]

Lore Walbs Tagebuch zeugt von jener inneren moralischen Haltung, die für Katrin Thiele nach dem Krieg sehr viel schwieriger abzulegen war als Name, Nationalität und Sprache. Selbst in den letzten Tagen des Krieges, als Walb erfuhr, daß sich ihre Heimatstadt den Franzosen ergeben habe, um weiteres Blutvergießen zu vermeiden, schrieb sie ausführlicher über ihre Enttäuschung als ihre Erleichterung. Was auch immer sonst in ihrem Kopf vorgehen mochte, tief im Herzen hing sie noch immer ihren romantischen Vorstellungen von Treue und Aufopferung für das Volk an. Als die örtlichen Behörden schließlich weiße Fahnen heraushängten, hatte sie sich »furchtbar geschämt in diesem Augenblick und war tieftraurig in Gedanken an all die Millionen von Soldaten, die jahrelang und noch jetzt an der Front kämpfen, ohne daß es Sinn hat«. In diesem Moment hatte alles für sie an Sinn verloren.[6]

Als Lore Walb auflistete, was sie in den Jahrzehnten nach dem Krieg erfahren hatte, was aber in ihrem Tagebuch nicht vorgekommen war – etwa die Hunderttausende aus den Konzentrationslagern, die in den letzten Monaten des Kriegs von ihren Peinigern auf immer sinnlosere »Todesmärsche« geschickt wurden –, versuchte sie sich den inneren Zustand jener vorzustellen, die mit Glück überlebt hatten. Und doch, die Gesichter, die in ihrer Erinnerung auftauchten, wenn sie an den Krieg dachte, waren die der jungen deutschen Männer, die gefallen waren: Rolf, Günther, ihre zwei Brüder Gerhard und Heinz, ihr früherer Freund Walter, der in der letzten Kriegswoche im Kampf um Wien gefallen war. Und wie so viele Frauen, die zwischen 1909 und 1929 geboren waren, hatte auch Lore Walb noch einen weiteren Grund, sich an sie zu erinnern: Es hatte keinen mehr gegeben, den sie heiraten konnte.[7]

Im März 1988 traf Martin Bergau anläßlich des alljährlichen Wochenendtreffens von Familien aus Palmnicken, einer ehemals ostpreußischen Stadt auf der Halbinsel Samland, in Köln mit Menschen zusammen, die wie er im Krieg Kinder mittleren Alters gewesen waren. Die meisten Einwohner waren 1945 vor der Roten Armee geflohen, manche danach in den Westen gegangen. Bergau traf eine Frau, die bei ihm die Erinnerung an Ereignisse wachrief, deren Zeuge er als fünfzehnjähriger Hitlerjunge in den verhängnisvollen Tagen Anfang 1945 geworden war. Bertha Pulver, die Mutter dieser Frau, hatte eine junge Jüdin versteckt, Überlebende eines Massakers an meist jüdischen Gefangenen eines Konzentrationslagers, die SS und Volkssturm an die Ostseeküste geschafft hatten. Danach machten die SS und der Volkssturm Jagd auf jüdische Frauen, die entkommen waren. Da Bergau und einige seiner halbwüchsigen Freunde aus der Hitlerjugend als Angehörige des Volkssturms bewaffnet waren, wurden sie von der SS beauftragt, eine Reihe jüdischer Frauen in einer verlassenen Mine zu bewachen, während andere Frauen paarweise um die Ecke des Gebäudes geführt wurden. Bergau hörte die Schüsse der zwei SS-Männer, die sie umbrachten. Schließlich wurde die Reihe so kurz, daß der fünfzehnjährige Bergau sie um die Hausecke führen mußte. Als er die Exekutionen beobachtete, sah er einen seiner Kameraden aus der Hitlerjugend zwischen den am Boden liegenden Körpern herumgehen und mit seinem Revolver auf jede feuern, die sich noch rührte. Einige Frauen, die dem Massaker auf dem Eis entronnen waren, entgingen der Gefangennahme und überlebten. Eine davon war die junge Frau, die Bertha Pulver versteckt hatte.[8]

Dieses zufällige Zusammentreffen mit Bertha Pulvers Tochter bewog Martin Bergau, seine Erinnerungen an die Kriegsjahre und seine dreijährige Kriegsgefangenschaft in der Sowjetunion niederzuschreiben. Im Gegensatz zu der bis heute in Deutschland verbreiteten, reflexartigen Antwort, nichts von den tatsächlichen Lagern und Tötungen gesehen und gehört zu haben, machte sich Bergau daran, dieses Massaker an Lagerinsassen in aller Genauigkeit in seinen Bericht aufzunehmen. Er erkundigte sich beim Archiv von Yad Vashem in Jerusalem nach Aussagen Überlebender und fügte sie als Anhang seinen Erinnerungen bei. Das Buch wurde kein Bestseller.

Martin Bergau war der einzige unter diesen drei deutschen Memoirenschreibern, der als Jugendlicher direkt in die mörderische Endphase des Krieges verwickelt war. Seine Leistung bestand mehr darin, das Gefühl seiner inneren Verbundenheit mit der deutschen Sache aufzuzeichnen, als diesem auf den Grund zu gehen. Lore Walbs Schuldgefühle entstammten der Einsicht, daß sie sich als begabtes Mädchen und junge Frau den Grundsätzen und Zielen der Nationalsozialisten verschrieben hatte und ihnen bis zum Schluß treu geblieben war. Als Katrin älter wurde, rührten ihre Schuldgefühle nicht daher, was sie selbst als kleines Kind während des Kriegs getan hatte, sondern von der Ahnung dessen, was ihr Vater getan haben mochte und wofür er nach dem Krieg verhaftet wurde. Als Historiker in den achtziger Jahren anfingen, Personen zu befragen, die ihre Kindheit im Dritten Reich verbracht hatten, waren sie durchaus auch darauf bedacht, die Schuldgefühle zu erkunden, die Menschen wie Katrin Thiele, Lore Walb und Martin Bergau anzusprechen versuchten. Aber sie waren stärker interessiert an den Reaktionen auf die Taten der Väter als auf die eigenen Erfahrungen der Kinder.[9]

Kinder sind in allen Kriegen Opfer. Der Zweite Weltkrieg unterschied sich darin nur durch das Ausmaß dieser Wahrheit. Eine der berühmtesten Photographien des Holocaust ist jenes Bild von dem Kind mit erhobenen Händen, das mit vorgehaltener Waffe zum »Umschlagplatz« im Warschauer Ghetto getrieben wird. Es war eines jener 1,1 Millionen Kinder, die in der »Endlösung« umkamen. Tausende von Kindern wurden im besetzten Polen und in der Sowjetunion von Soldaten und Milizen erschossen. Hunger und Krankheiten rafften im gesamten besetzten Europa, besonders aber im Osten, die Alten und die Jüngsten hinweg. Kinder verbrannten mit ihren Müttern in den Feuerstürmen von Hamburg, Dresden, Elberfeld, Darmstadt und einer Reihe anderer deutscher Städte oder sie erfroren 1945 bei der Massenflucht deutscher Zivilisten auf den verschneiten Straßen in Schlesien und Ostpreußen.

Manche Leiden dieser Kinder wurden durch Berichte bekannt, während andere relativ unbekannt blieben. Die neunziger Jahre bedeuteten jedoch einen Wendepunkt. Viele Leute schrieben ihre Erinnerungen erst auf, nachdem sie sich zur Ruhe gesetzt hatten und ihre Kinder erwachsen waren. Dies gilt für Österreicher, die als Kinder während des Krieges bei ihren Müttern geblieben waren, ebenso wie für jüdische Kinder, die ihre Familien im Holocaust verloren hatten. Für die Generation jüngerer Kriegskinder begann die Zeit, ihre Geschichte zu erzählen, in den letzten zehn Jahren.

2002 erschienen drei Bücher, die das Ausmaß des Leidens der Deutschen wieder zum Gegenstand der öffentlichen Diskussion machten: Antony Beevors *Berlin 1945* hatte viele Diskussionen über die von den Soldaten der Roten Armee am Ende des Krieges begangenen Vergewaltigungen zur Folge, Günter Grass' Novelle *Im Krebsgang* beschäftigt sich mit der Massenflucht, während Jörg Friedrichs *Der Brand* sein Augenmerk auf die Bombardierung der Städte richtet. Keiner von ihnen behandelte als erster das jeweilige Thema, aber jeder fesselte die öffentliche Aufmerksamkeit in Deutschland wie niemand vor ihnen. Friedrich war der einzige, der über die Leiden der Deutschen in Begriffen sprach, die einen Vergleich mit dem Holocaust nahelegten; er nannte Winston Churchill einen »Kriegsverbrecher«, verglich die Luftschutzkeller, in denen viele während der Bombenangriffe erstickten, mit »Gaskammern« und bezeichnete die RAF-Bomberkommandos als »Einsatzgruppen«, so als wären sie SS-Mörder gewesen. Nach so vielen öffentlichen Debatten über die deutsche Schuld am Judenmord, fanden die meisten Kommentatoren dieses Vokabular inakzeptabel und wiesen jeden Versuch eines Vergleichs zwischen den Leiden der Deutschen und denen der Juden scharf zurück. Andere Elemente von Friedrichs Thesen jedoch, insbesondere seine allgemeinere Hervorhebung von Unschuld, Opfer und Trauma, fanden weithin Anerkennung. Dies gab den Ton für eine Reihe von Werken an, die auf Gesprächen mit Kriegskindern beruhen. Zum ersten Mal ging es den Interviewern um deren Geschichten, und nicht um Reaktionen auf die Taten ihrer Väter, von denen die meisten schon gestorben waren. Bei aller Betonung darauf, endlich »das Schweigen brechen« zu wollen, wurden in diesen Gesprächen doch vor allem die schlimmsten Erlebnisse des Krieges hervorgehoben: Bombardierung, Flucht und Hunger. Der Versuch, dem Leid der Unschuldigen eine Stimme zu verleihen, ist nicht gänzlich neu: Auf ähnliche Weise wurde schon in den 80er Jahren versucht, die Erinnerungen derer aufzuzeichnen, die den Holocaust überlebten. Die Wahrnehmung ihrer Erfahrungen stellte sie damals auf einen hohen moralischen Standpunkt, und ihnen wurde auch politische Anerkennung gezollt.[10]

In manch anderer Hinsicht ist dieses Wachrufen der Leiden unschuldiger Kinder auch nicht so neu, wie es zunächst scheinen mag. Die Massenflucht aus den Ostgebieten und die Massenvergewaltigungen durch die Rote Armee waren in den fünfziger Jahren in der Bundesrepublik ausgiebig behandelt worden. Obwohl die Flächenbombardierungen im Krieg wegen der neuen britischen und amerikanischen Verbündeten im Westen des geteilten Landes schon bald ausgeblendet wurden, entwickelten sich die Erinnerungen daran in der DDR zu einem Element des Kalten Krieges. Die Kinderperspektive fand in den frühen fünfziger Jahren auch bei bundesdeutschen Schriftstellern wie Heinrich Böll Anklang, als diese in der Nachkriegswelt nach Symbolen der Hoffnung suchten. Doch bereits der Literaturkritiker und Überlebende des Warschauer Ghettos, Marcel Reich-Ranicki, bemerkte in einer bissigen Kritik zu Bölls Frühwerk, daß der beschränkte Horizont des Kindes auch einen Vorwand darstellen konnte, alle weiteren Probleme zu Kernfragen des Vernichtungskriegs der Nationalsozialisten im Osten zu vermeiden.[11]

Als in den fünfziger Jahren in Polen, Israel und der Bundesrepublik neuen nationalen Identitäten zum Leben verholfen wurden, lieferte das Leiden Unschuldiger oft das Rohmaterial für moralisch erhabene Parabeln der Erneuerung. In Polen verband sich diese Sicht auf die immensen

Verluste des Landes während des Krieges und der deutschen Besetzung mit einem Rückgriff auf eine ältere Tradition, die Nation zu betrachten, nämlich in ihrem Märtyrertum und ihrer Wiederauferstehung im Geiste der Passion Christi. Aber diese Tradition wurde von der herrschenden stalinistischen Partei angegriffen, da sie es vorzog, den Blick auf das Heldentum des eigenen Widerstands zu richten und gleichzeitig die Erinnerung an die Verdienste der weit größeren nationalistischen Verbände, der Heimarmee, zu attackieren. In der Bundesrepublik wurden die Geschichten von »Volksdeutschen«, die aus den Ostgebieten vertrieben worden waren, und von Kriegsgefangenen, die in sowjetischen Lagern verhungerten, mitunter als eine Art Sühne vorgebracht. Mit ihrem Leiden, meinten viele Deutsche in den fünfziger Jahren, hätten sie ihre – im allgemeinen nicht näher benannte – Schuld beglichen. Für den neuen Staat Israel war der Genozid ein Garant der Staatsgründung. Aber in einem Land, das seine Armee als lebensnotwendig ansah, fürchteten sich viele Israelis bei dem Gedanken, daß sich europäische Juden widerstandslos hatten abschlachten lassen; für mehr als ein Jahrzehnt beschränkte sich das Gedenken ausschließlich auf den heldenhaften Widerstand, wie den Aufstand im Warschauer Ghetto. In Polen und Deutschland wurden kurz nach dem Krieg Aufsatzsammlungen von Kindern herausgegeben und Kinderzeichnungen ausgestellt. In Israel brauchte es für diese Form der Erinnerung länger: Das Ausmaß der Tragödie war zu schmerzlich, um darüber nachzudenken.[12]

Angesichts solchen Leidens ist es verständlich, wenn zu einem Begriff wie dem des Traumas gegriffen wird, um die Auswirkungen zu verstehen. Sicherlich mußten viele Kinder und Erwachsene durch ihre Erfahrungen traumatisiert gewesen sein. Aber es ergaben sich Schwierigkeiten bei der Anwendung dieser Kategorie auf ganze Gesellschaften in der Vergangenheit. Das Konzept beschreibt eigentlich den Schmerz, den ein Individuum erfahren hat, aber es wird auch verwendet, um die Gewalttätigkeit eines Ereignisses zu verdeutlichen. Dabei wird jedoch die subjektive Qualität des Ereignisses mit seinem quantitativen und sozialen Ausmaß verwechselt. Aber selbst im Einzelfall ist es nicht immer einfach vorauszusagen, welches Ereignis sich letztlich als traumatisch herausstellt und mit welchen Verletzungen eine Person umzugehen lernt. Daraus ergibt sich die Gefahr, daß unser gegenwärtiges Gefühl des Mitleids, das wir bei

der Einordnung von Menschen als »traumatisiert« empfinden, zu vorei-
ligen Schlüssen über geschichtliche Ereignisse führt – wir also meinen,
schon zu wissen, was passiert ist, bevor wir überhaupt näher hingeschaut
haben. Einige reflektierte Historiker, die sich bei ihrer Forschung zu anderen Themen der Methode der Oral History bedienten, stellten währen
ihrer Interviews fest, daß ihre Arbeit der von Psychoanalytikern und Psy-
chotherapeuten ähnelte; dies führte jedoch dazu, daß sie noch mehr darauf achteten, ob die Berichte der von ihnen Interviewten unwiderruflich
waren. Solche Vorsicht ist auch hier geboten.[13]

Dagegen gab es seit den sechziger Jahren in der Bundesrepublik
Deutschland eine starke Tendenz, die öffentliche Diskussion als eine Art
Sozialtherapie aufzufassen, so als ob das Aussprechen allein der NS-Vergangenheit, des Holocaust, der Kollaboration mit der Stasi oder, in jüng-
ster Zeit, der deutschen Leiden im Krieg die Gesellschaft von den Folgen
reinwaschen und heilen könnte. Als Lore Walb und Martin Bergau die
Frage nach der Verantwortung für NS-Herrschaft und Holocaust stellten, mußten sie sich selbst mit Positionen konfrontieren, die das labile
Gleichgewicht zwischen ihren Kindheitserinnerungen und dem moralischen Standpunkt ihres Erwachsenendaseins berührten. Hingegen wird
wenig Selbstbefragung von Zeugen erwartet, deren Leiden in der Kindheit den unhinterfragbaren Status des »Zeugnisses eines Überlebenden«
erlangt hat. Und dies führt leicht zu einer Betrachtung des Leidens als
Buße, wie dies in den fünfziger Jahren gängig war, eine Haltung, die auf
dem Glauben beruht, daß Leiden die Menschen erhöhe und sie bessere
– eine zweifelhafte Behauptung angesichts eines so zerstörerischen Konflikts wie dem Zweiten Weltkrieg.[14]

Eine solche Betonung unschuldigen Leidens kann auch dazu führen,
daß Kinder in den Berichten über das Unrecht, das ihnen zugefügt wurde,
seltsam passiv erscheinen, mehr als reine Objekte der Geschichte denn als
Subjekte oder Akteure. Aber die meisten Kinder waren durchaus noch in
der Lage, sich in ihrer Umgebung zu behaupten, und lebten den Krieg
hindurch in einem Netz sozialer Beziehungen; wenn wir die Wünsche der
Kinder und ihre Reaktionen auf die Ereignisse aufspüren wollen, dann
müssen wir hier suchen. Aus historischer Sicht ist es besser, den Gebrauch
des Begriffs »Trauma« Extremfällen vorzubehalten, die auf andere Art
nicht erklärt werden können, wie etwa den des deutschen Mädchens, das

einzig und allein daran dachte, seine Schuhe aus den Trümmern seines Hauses zu retten, oder den des fünfjährigen polnischen Mädchens, das nach seiner Befreiung aus dem Konzentrationslager wieder sprechen lernen mußte.[15]

Kinder stellten ihre eigene Chronologie der Schlüsselereignisse des Krieges her, anhand der Momente, in denen ihr Krieg Wirklichkeit wurde. Der Augenblick, in dem ihre sichere Welt zusammenbrach, wurde zum Schlüsselereignis, das den Krieg endgültig von einem vorangegangenen »Goldenen Zeitalter« trennte. Für jüdische Kinder in Deutschland, Österreich und der Tschechei kam dieser Augenblick mit ziemlicher Sicherheit schon vor dem Krieg, häufig mit ihrer Emigration, insbesondere wenn diese eine Trennung der Familie mit sich brachte. Für polnische Kinder geschah dies häufig in den Jahren 1939/40 im Zusammenhang mit Massenerschießungen, Deportationen und – für polnische Juden – einer Ghettoisierung. Für deutsche Kinder in den Städten an Rhein und Ruhr begann dies mit den schweren Bombardierungen 1942. Für Kinder in den ostdeutschen Provinzen, trat dieser Moment normalerweise mit der Flucht 1945 ein. Für viele andere deutsche und österreichische Kinder fand die intakte und heile Welt erst mit der Besetzung und dem Zusammenbruch des Dritten Reiches ihr Ende. Für sie waren die Ereignisse, die ihr inneres Zeitgefühl bestimmten, vermutlich eher die Kapitulation vom 8. Mai 1945 und die folgenden Hungerjahre unmittelbar nach der NS-Zeit.

Da die Kindheitserinnerungen an das Dritte Reich zwischen einer Zeit der Normalität und einer Zeit, die mit Furcht und Schrecken im Gedächtnis haften blieb, unterschieden, zählen die genauen Ereignisse, an die sich Kinder erinnerten. Denn Daten und Ereignisse markierten die Grenzen zwischen einem Krieg, der auf Landkarten ausgetragen wurde und einem, den sie am eigenen Leib erlebten. Oft beschrieb die Grenzüberschreitung auch den Moment, da Kinder Verantwortung von ihren Eltern zu übernehmen hatten, entweder weil sie sich um ihre Geschwister und Eltern kümmern oder weil sie betteln oder Schmuggel treiben mußten, um ihre Familie zu ernähren. Von einem gewissen Zeitpunkt an hatten viele Kinder früh Verantwortung zu tragen – sei es, weil ihre Eltern in den jüdischen Ghettos vor Hunger zusammengebrochen waren, sei es, weil sie in den Schneestürmen des Jahres 1945 vor der Roten Armee flohen oder während der Bombardierung in den Luftschutzkellern saßen. Sol-

che Pflichten banden die Kinder noch lange, nachdem sie unter normalen Umständen längst ihre eigenen Wege gegangen wären, an ihre Familien, vor allem an ihre Mütter.[16]

Die meisten Kinder machten ihre Erfahrungen mit diesen Dingen
nicht allein, und die Erinnerung speziell der jüngeren Kinder wird sich
nach den Geschichten, die ihnen später erzählt wurden, gerichtet haben.
Für viele jüdische Kinder war dem nicht so. Nur wenige jüdische Kinder, die überlebt hatten, besaßen noch nahe Familienangehörige, und die
meisten wanderten aus Europa aus, womit sie einen Weg der Erkenntnis beschritten, auf dem sie sich in fremden Sprachen und Traditionen
würden zurechtfinden müssen. Für die meisten europäischen Kinder
und deren Familien jedoch war der Wiederaufbau nach dem Krieg eine
Landes- und Familienangelegenheit, und ihre Erinnerung und Fähigkeit
zur Empathie wurde ausschließlich von den nationalen und ethnischen
Gemeinschaften der Kriegszeit gelenkt. Es gab keinen europäischen Konsens über 1939, 1940, 1941 oder 1945 – oder darüber, was als Sieg, Niederlage oder Befreiung gelten sollte. Die volle Bedeutung des Einflus-
ses des Dritten Reiches kann an dem Umfang ermessen werden, in dem
Denkmuster noch lange, nachdem dessen äußere Symbole und Strukturen entfernt und zerschlagen worden waren, intakt blieben.

Die Nationalsozialisten verfolgten vor allem rassistische und nationalistische Ziele, aber dadurch, daß sie der Kindheit eine solch enorme
Bedeutung zumaßen, projizierten sie diese weit in die Zukunft; Kinder
stellten dabei einen entscheidenden Gradmesser für den Erfolg der uto-
pischen Visionen dar. Die Nationalsozialisten sahen das reinrassige, gut
erzogene und aufrechte deutsche Kind als die rassische Zukunft des Volkes vor sich und sie waren sich nur zu sehr der Tatsache bewußt, daß
dies die erste Generation war, die sie aufziehen und von Kindheit an formen konnten. Während des Krieges schloß dies zahlreiche Maßnahmen
ein, von der Aufnahme zehn Jahre alter Kinder in die Jugendorganisationen – Jungvolk und Jungmädel – der Hitlerjugend (HJ) und des Bundes Deutscher Mädel (BDM), die zum Sammeln von Heilkräutern losgeschickt wurden, bis zur Unterbringung in Evakuiertenwohnheimen für
Kinder mit besonderer Lebensmittelzuteilung. Ganz allgemein versuchte
das Regime die Heimatfront abzuschirmen und das Leben dort so »normal« wie möglich zu gestalten.

Aufzucht der deutschen Jugend bedeutete auch, sie vor schädlichen äußeren Einflüssen zu schützen: Deutsche Aussteiger und jugendliche Delinquenten mußten aus der Gesellschaft entfernt werden, bis sie nach einer Umerziehung wieder zu einem Leben in Pflichterfüllung und Fleiß fähig waren; behinderte Kinder mußten ausgeschlossen werden, und im Sommer 1939 setzte Hitler einen Prozeß in Gang, in dessen Verlauf das medizinische Personal diese Kinder in den Anstalten zu töten hatte. Da die rassische Zukunft zum alleinigen Wertmaßstab und zur Richtschnur der Nützlichkeit Einzelner wurde, ließen die Machthaber alle weiteren ethischen Kriterien im Umgang mit Kindern außer acht.

Die Kriege im Osten, 1939 zuerst gegen Polen, von 1941 an gegen die Sowjetunion, machten den Weg für die Ansiedlung von Deutschen frei, die ebenso dauerhaft geplant war wie die Ansiedlungen von Weißen in Amerika, Australien und Südafrika. Jugendliche mögen vielleicht die Lektüre von Abenteuergeschichten bevorzugen, die im kolonialen Afrika spielen, doch Angehörige von BDM, HJ, des Nationalsozialistischen Deutschen Studentenbundes und des Reichsarbeitsdienstes unterstützten die Polizei und die SS bei der Vertreibung polnischer Bauern und der Ansiedlung »Volksdeutscher«. Schulkinder, die in die frisch annektierten Gebiete Westpolens, Böhmens und Mährens evakuiert worden waren, marschierten durch die polnischen und tschechischen Städte und demonstrierten an den nationalen Feiertagen deutsche Präsenz. Und wehe dem Einheimischen, der es versäumte, vor den Fahnen des Jungvolks oder der Hitlerjugend seine Kopfbedeckung abzunehmen, wenn diese vorbeimarschierten und das »Deutschlandlied« sangen!

Für polnische und polnisch-jüdische Kinder fegte die Kolonisierung das gesamte Gebäude gesetzlicher Regeln hinweg und ersetzte es durch willkürliche Erlasse. Sie sahen, wie ihre Eltern gedemütigt und oft dazu gezwungen wurden, im Winter Schnee zu schaufeln oder im Sommer die Straßen auszubessern. Anstatt in der Schule unterrichtet zu werden, lernten sie ein rassistisches System der Rationierung und der »Rassentrennung« kennen. Kinder von beiden Seiten des sich vertiefenden Grabens zwischen Nichtjuden und Juden schmuggelten Lebensmittel und betrieben Schwarzhandel; das Netz, das junge jüdische Schmuggler in Warschau und in anderen Städten geknüpft hatten, war eine der wenigen Möglichkeiten, die ihnen half, sich zu verstecken und zu entkommen. Als Martin Bergau im Januar 1945 Zeuge des Massakers an jüdischen Frauen in Palmnicken wurde, hatten sogar schon deutsche Jugendliche in den ländlichen Rückzugsgebieten Ostpreußens die extreme rassistische Gewalt der Nationalsozialisten kennengelernt.

Schließlich sollte das Regime viele gerade der Kinder und Jugendlichen verschlingen, die es vor »rassischer« Verunreinigung und den Bombenangriffen hatte schützen wollen. In der letzten Phase des Krieges rief das NS-Regime die deutschen Jugendlichen dazu auf, sich auf dem »Altar des Vaterlandes« zu opfern, indem es Mädchen an die Flak-Geschütze und die Jungen in den Kampf mit sowjetischen Panzern schickte. Mit diesem selbstmörderischen Höhepunkt einer nationalsozialistischen Schauerromantik mobilisierten die Machthaber die letzten Reserven eines jugendlichen Idealismus, den sie kultiviert hatten, und schickten die jungen Menschen in den Tod. In deren vorsätzlicher Vernichtung liegt zum Teil der Kern des Nachkriegsmythos, der besagt, das deutsche Volk sei ein Opfer der Nationalsozialisten. Doch die Anziehungskraft heroischer Untergangsgesten reichte, wie Lore Walbs Tagebuch zeigt, weit über den Führerbunker in Berlin hinaus. Angesichts der zusammenbrechenden Staatsmacht hätte diese Vernichtung nicht ohne die stillschweigende Mitwirkung vieler Menschen, häufig auch der eigenen Familien, geschehen können.

Wie konnte diese Transformation geschehen? Wie kam eine beträchtliche Anzahl Deutscher zu dem Glauben, daß der nationale Kampf das Leben ihrer Kinder wert sei? Eine Antwort könnte sein, daß sie diesem Glauben nicht anhingen; daß das NS-Regime allein durch Terror bis zum bitteren Ende durchhielt. Daran ist einiges wahr: Mehr als 14 000 der 16 000 im Dritten Reich gerichtlich angeordneten Exekutionen wurden nach 1941 vollzogen. Doch die Opfer waren hauptsächlich Polen und Tschechen, nicht Deutsche. Und die Deutschen, die exekutiert wurden, waren wohl eher Kleinkriminelle, die beim Plündern nach den Bombenangriffen erwischt wurden, als politische Gegner oder »Defätisten«. Seit Ausbruch des Krieges waren deutsche Militärstrafen erheblich schärfer als die der Westmächte oder diejenigen, die von den Deutschen selbst im Ersten Weltkrieg angewandt worden waren: Um die 33 000 deutsche Soldaten wurden während des Krieges hingerichtet; die meisten als Deserteure, und ungefähr die Hälfte davon in den letzten zwölf oder dreizehn

Monaten. Viele »Fahnenflüchtige«, die heimkehrten, wurden von Nachbarn denunziert. Selbst wenn es 100 000 »Fahnenflüchtige« und ebenso viele, die sich selbst verstümmelten, gegeben hat, stellten sie immer noch eine kleine Minderheit der 20 Millionen Soldaten dar, die im Laufe des Krieges eingezogen wurden. In den letzten Monaten des Kriegs wurde der Terror sowohl gegen deutsche Soldaten als auch gegen die Zivilbevölkerung am schlimmsten, als das Regime und seine Streitkräfte Stück für Stück um deutsches Gebiet kämpften. Aber nicht Terror allein ließ die Deutschen weiterkämpfen: Selbst in dieser Schlußphase machten Soldaten und Jugendliche häufig in kleinen Verbänden weiter, ohne daß irgend jemand anders als ihre Offiziere oder Mitkämpfer sie vom Weglaufen hätten abhalten können. Über eine Million Mann fielen in den letzten vier Monaten des Krieges. Das Dritte Reich brach erst zusammen, als es endgültig geschlagen war.[17]

Dieser Höhepunkt hätte aufgrund der deutschen Reaktion auf den Kriegsausbruch nicht vorhergesehen werden können. Die schnellen Siege von 1939 und 1940 über Polen, Dänemark, Norwegen, die Niederlande, Frankreich, Belgien und Luxemburg waren Grund zum Jubel, aber auch Anlaß zur Erleichterung darüber, daß der Krieg kürzer war und weniger Verluste kostete als man befürchtet hatte. Die Bombardierungen der Alliierten und der Krieg an der Ostfront veränderten alles und setzten die deutsche Gesellschaft Ende 1942 der schmerzlichen und schrecklichen Prüfung des Durchhaltens aus. Die massiven Luftangriffe im Norden und im Westen trafen alle in den Städten, die sich in den Einflugschneisen befanden. Das Heulen der Sirenen trieb die Familien oft mehrmals in einer Nacht in überfüllte, enge Keller. Dort warteten sie und horchten, ob die Flugzeuge diesmal ihre Bomben abwerfen würden. Als die Städte brannten und in Schutt und Asche fielen und als die Zahlen der militärischen und zivilen Toten stiegen, empfanden dies viele Erwachsene und Jugendliche als einen Vernichtungskrieg unversöhnlicher Feinde gegen das deutsche Volk. Der apokalyptische »Alles-oder-nichts«-Ton von Hitlers Reden paßte wie nie zuvor nun zu den Kennzeichen eines »totalen Krieges«. Während Jugendliche und junge Erwachsene wie Lore Walb ihre Überzeugung und ihre Hingabe ihren Tagebüchern anvertrauten, notierten viele ältere Leute, daß sie hoffnungslos an das Schicksal ihres Volkes gefesselt waren. Manche, die an den antijüdischen Pogromen im November 1938 vielleicht noch mißbilligend vorbeigegangen waren, waren nun bereit, der deutschen Presse zu glauben und die Schuld an den Bombardierungen dem Einfluß der Juden in Washington und London zuzuschreiben. Und sie waren sich im klaren darüber, daß ein »totaler Krieg« Opfer verlangte. Bereits im Februar 1943 waren Eltern damit einverstanden, daß ihre fünfzehnjährigen Söhne Fliegerabwehrgeschütze an der Nordseeküste und in Städten wie Essen, Berlin und Hamburg bedienten. Viele Jugendliche starben an der deutschen Heimatfront, noch bevor sie durch den NS-Terror dazu getrieben wurden.

Die nationalsozialistische »Volksgemeinschaft« war durchzogen von tatsächlichen und rhetorischen Widersprüchen. Die Forderungen des Regimes nach militärischen Blutopfern waren absolut, jedoch war es außerordentlich zurückhaltend, wenn es um die Zivilmoral ging. Um einen Zusammenbruch der Heimatfront wie 1918 unter allen Umständen zu vermeiden, bemühte sich das Hitlerregime, eine Art Pseudonormalität aufrechtzuerhalten, indem es, im Vergleich zum gesamten kriegführenden Europa, der Zivilbevölkerung die höchsten Lebensmittelrationen zubilligte. In zunehmendem Maße hatten Zwangsarbeiter und Kriegsgefangene aus dem Osten die »rücksichtslosen Opfer« an der Heimatfront auf sich zu nehmen, die der deutschen Zivilbevölkerung erspart blieben. Auf Fotos aus zerbombten Städten sieht man häufig deutsche Männer in Uniform, die Kriegsgefangene und Zwangsarbeiter bei Aufräumarbeiten nach Bombenangriffen bewachen. Je länger der Krieg dauerte und je schlimmer er wurde, desto mehr Fremdarbeiter wurden in aller Öffentlichkeit ermordet, zuerst von den Sicherheitskräften und in den letzten Kriegswochen durch Lynchjustiz verängstigter und rachesuchender Zivilisten.

Der nationalsozialistische Rassismus bedurfte der Angst vor der Niederlage und vor »Terrorangriffen«, um die Deutschen von seiner manichäischen Sicht des Tötens oder Getötetwerdens zu überzeugen. Dadurch, daß sie in einer Gesellschaft, die um ihr Überleben kämpfte, täglich der rassistischen Gewalt der Nationalsozialisten ausgesetzt waren, übernahmen selbst jene Teile der deutschen Heimatfront, die in den dreißiger Jahren den Nationalsozialisten und ihren Pogromen kritisch gegenübergestanden hatten – namentlich in den Industriestädten des Nordens, der Ruhr und Sachsens –, nach und nach die Vorstellungen eines Rassenkrieges.[18]

Als der Krieg schließlich die Kinder erreichte, erlebten diese ihn als eine Folge noch nie dagewesener, abwechselnd spektakulärer und erschreckender Ereignisse. Mit ihrem sich von dem der Erwachsenen unterscheidenden Gefühl für Gefahr und Tod, bestaunten kleine Kinder den Anblick der Brände in ihren Städten; selbst Jugendliche wetteiferten miteinander beim Sammeln der Geschoßhülsen auf ihrem morgendlichen Schulweg. Die Kinder unterschieden sich auch sehr nach ihrem Alter und der Fähigkeit, aus dem, was sie gesehen hatten, einen Sinn abzuleiten. Während bei kleinen Kindern häufig lebhafte, wenn auch fragmentarische Bilder zurückblieben, waren ältere Jugendliche bemüht, aus dem, was ihnen begegnet war, abstrakte Vorstellungen zu bilden: Aus dem Rundfunk, von der HJ, von ihren Eltern und Lehrern bezogen sie die Moral in ihrer nationalen Notlage und verdoppelten oft ihre Anstrengungen, beim Kampf gegen die Brände oder bei der Einrichtung von Volksküchen für die Ausgebombten zu helfen. Es wird oft behauptet, die Nationalsozialisten hätten die Entwicklung eines Verantwortungsgefühls bei den Jugendlichen unterdrückt, indem sie ihnen vorgefertigte autoritäre Regeln anboten. Man könnte ebensogut sagen, daß die Nationalsozialisten den Jugendlichen ein übertriebenes Pflichtgefühl einimpften, eine persönliche Verantwortung, zu den Kriegsanstrengung beizutragen, was schließlich in der Bereitschaft gipfelte, in den letzten Kriegsmonaten das eigene Leben – und das anderer – zu opfern.[19]

***

Von den Nazis hörte ich zum erstenmal als Kind; mein Bruder nannte sie mit kindlichem Weitblick the nasties (die Fiesen). Mein Vater stammte aus einer sozialistischen, assimilierten jüdischen Berliner Familie. Die Stadt, aus der er schließlich 1939 emigrierte, blieb seine große Liebe. Oft fragten wir ihn über seine Kindheit in den späten zwanziger und frühen dreißiger Jahren aus. Sein politisches Gedächtnis setzt mit der Erinnerung daran ein, daß er im Bücherregal des Großvaters sitzt und still den Diskussionen der Erwachsenen folgt – zu denen auch führende Persönlichkeiten der Sozialdemokratie gehörten –, wie auf den Putsch von Papens in Preußen von 1932 zu reagieren und die Republik zu verteidigen sei. Zum Zeitpunkt der Machtergreifung Hitlers war mein Vater gerade der Kindheit entwachsen und wurde scharf dafür gerügt, als er beim Besuch eines Vetters, der sich einer linken Widerstandsgruppe angeschlossen hatte, auf der Treppe gedankenverloren die Marseillaise vor sich hin pfiff. Wie bei vielen Flüchtlingen und Exilanten blieb seine moralische und geistige Welt weitgehend unverändert. Er identifizierte sich für den Rest seines Lebens weiterhin mit der linken Sache und mit dem »anderen Deutschland«, das 1933 nicht für die Nationalsozialisten gestimmt hatte und zu dessen Wiederentdeckung die Historiker seit den siebziger Jahren so viel beigetragen haben.[20]

Mein Bruder und ich scherzten gern, daß wir ohne Hitler nicht geboren wären, denn in diesem Fall hätten sich unsere Eltern in den fünfziger Jahren niemals in Australien kennengelernt. Wir wußten auch, daß die Chancen unseres Vaters, den Nationalsozialismus zu überleben, gering gewesen wären. Aber erst, als ich eine Statistik der deutschen militärischen Verluste las, wurde mir klar, was es für einen Nicht-Juden seiner Generation bedeutete, Hitler zu überleben. 40 Prozent der Männer seines Jahrgangs – 1920 – starben im Krieg, die Hälfte von ihnen 1944 und 1945. Das Jahr 1920 war für die Deutschen das schlimmste Geburtsjahr des zwanzigsten Jahrhunderts. Dieses Buch setzt ein, nachdem mein Vater Deutschland bereits verlassen hatte; sein bester, nichtjüdischer Freund, mit dem er alle Grammatikfehler in einer frühen Ausgabe von Hitlers *Mein Kampf* rot angestrichen hatte, war zurückgeblieben und diente in der Wehrmacht. Er wurde Anfang 1945 durch eine Landmine getötet. Es ist jedoch nicht diese Generation, die in diesem Buch hauptsächlich vorkommt.

Ich befasse mich mit etwas, das durch die Geschichten meines Vaters bei mir wachgerufen wurde: mit der Suche nach historischer Einfühlung und historischem Verstehen. Je weniger Sympathie ich für einige meiner Zeugen aufbrachte, desto anstrengender wurde die Suche. Und desto mehr war es der Mühe wert. Es fällt nicht schwer, sich mit edlen Opfern zu identifizieren, komplizierter ist es jedoch, sich in ein Kind zu versetzen, das Schwarzhandel betreibt, oder in ein Mädchen, das bereit sein will, ihr und ihres Bruders Leben auf »dem Altar des Vaterlandes« zu opfern. Es ist schwierig sich vorzustellen, was ein fünfzehnjähriger Junge dachte, als er Frauen bewachte, die darauf warteten, erschossen zu werden. Aber alle sind diese Mühe wert.

Bei meinem Versuch, darzustellen wie es war, im Zweiten Weltkrieg unter deutscher Herrschaft Kind zu sein, war es notwendig, zwischen zeitgenössischen Quellen und dem abzuwägen, woran sich Erwachsene aus ihrer Kindheit erinnerten. Wie anders könnten wir erfahren, was im Gedächtnis behalten und was vergessen wurde? Wie sollten wir wissen, welche Bedeutungen und Werte Kinder Ereignissen jener Zeit beimaßen oder was die Erwachsenenwelt sie zu denken angehalten hatte? Im Laufe des letzten Jahrzehnts habe ich versucht, Schularbeiten von Kindern, Tagebücher von Jugendlichen, Briefe aus Evakuierungslagern, Briefe an Väter an der Front, Briefe aus Erziehungsheimen und psychiatrischen Heilanstalten, Kinderzeichnungen aus dem jüdischen Ghetto in Theresienstadt und aus deutschen Dörfern im Schwarzwald sowie Erwachsenenberichte über Kinderspiele aufzuspüren. Solche Quellen sind immer fragmentarisch. Sie erklären anschaulich einige Aspekte des kindlichen Alltags, während andere im Dunkeln bleiben. Sie sind deshalb besonders wertvoll, weil sie Erfahrungen und Gefühle in der Form in sich schließen, wie sie zu jener Zeit zum Ausdruck kamen, ohne mit den Denkmustern der Nachkriegsjahrzehnte verschmolzen zu werden.

Schriftsteller können Dinge über ihre Figuren in ihren Romanen »wissen«, die Historiker nicht wissen können. Wo jene dem Verlauf emotionaler Logik bei ihren Charakteren sicher sein können, dürfen diese die Offenheit des wirklichen Lebens der Protagonisten nicht vergessen. Romanciers müssen schließlich ihre Eingebungen nicht im Sperrfeuer unvollständiger Quellen erproben. Solche Zwänge verleihen dem historischen Verständnis eine andere Qualität, und ich wurde beständig daran erinnert, daß Zeugen nicht nur einfach da sind, um die liebsten Argumente der Historiker zu illustrieren, sondern, damit wir noch einmal in Frage stellen, was wir zu wissen glauben. Solche Dinge sind wichtig, weil wir sonst den Scherben der durch die Erfahrungen von Krieg und Holocaust auseinandergebrochenen Gesellschaften keine angemessene Form geben können.

Vieles an dieser Zerstörung war voll und ganz beabsichtigt: Das NS-Regime setzte eine utopische Vision der Kolonisierung um, in der Kinder je nach »Rassenzugehörigkeit« und deren Wert gerettet oder verurteilt wurden. Die Rekonstruktion dessen, was den Kindern geschah, ganz zu schweigen von ihren Erlebnissen, ist ein komplexes und heikles Unterfangen. Man muß auch mit einigen überkommenen Tabus brechen. Aus

Empathie und Gründen der moralischen Gerechtigkeit haben die Historiker des Holocaust ihr Augenmerk entweder auf die Opfer oder auf die Täter gerichtet. Doch durchdrang, wie Historiker des Nationalsozialismus bemerkt haben, der Holocaust die deutsche Gesellschaft auch dann, wenn er Menschen wie Lore Walb zu jener Zeit nahezu gänzlich unsichtbar blieb. Wir vermögen das Ausmaß der Transformationen, die durch den Krieg auf Kolonisierte wie Kolonisten eingewirkt haben, nicht zu begreifen, wenn wir deren Leben nicht in ein gemeinsames Bezugssystem stellen. Weil das Dritte Reich das Leben der Kinder so tiefgreifend gestaltet hat, sind sie auch besonders geeignete Subjekte für eine solche Geschichte. Ihre Fähigkeit, das Außerordentliche für normal zu halten, zeigt, wie tief der Nationalsozialismus in die Gesellschaft hineinreichte und zwischen denen schied, die zum Herrschen, und denen, die zum Dienen bestimmt waren; letztlich auch zwischen denen, die leben, und denen, die sterben sollten. Erfahrungen der Kinder verdienen, über die »rassischen« und nationalen Trennungen hinaus verstanden zu werden, nicht nur wegen ihrer Ähnlichkeiten, sondern weil der extreme Kontrast uns die soziale Ordnung der Nationalsozialisten als ganze zu erkennen verhilft. Kinder waren weder nur stumme und traumatisierte Zeugen dieses Krieges noch einfach dessen unschuldige Opfer; der Krieg drang in ihre Vorstellungswelt ein und focht seine Kämpfe in ihrem Inneren aus.

1. Teil

Die Heimatfront

1. Deutsche im Krieg

Am Morgen des 1. September 1939 kam Janina aus dem Abtritthäuschen im Garten ihrer Großeltern und sah zwei Flugzeuge in der Luft kreisen. Das Rattern der Maschinengewehre trieb ihre Eltern, Großeltern und Brüder aus dem Haus, um sie hereinzuholen. Dann rannten sie alle zusammen ins Haus zurück und stellten das Radio an. Sie hörten gerade noch die Nachricht, daß Deutschland im Morgengrauen Polen angegriffen hatte, bevor die Stimme erstarb, weil die Batterien zur Neige gingen. »Großvater schaute in unsere verängstigten Gesichter«, schrieb die zehnjährige Janina am Ende dieses langen Tages in ihr Tagebuch. »Er kniete vor dem Christusbild nieder und begann laut zu beten.« Die anderen beteten mit ihm zusammen das Vaterunser. Janina wollte mit ihren Eltern zum Schulbeginn am 4. September aus dem kleinen Dorf Borowa-Góra, wo sie die Sommerferien bei ihren Großeltern verbracht hatten, nach Warschau zurückkehren und freute sich schon auf die neuen Schulbücher, die man ihr versprochen hatte. Die Zehnjährige merkte, daß etwas von großer Tragweite geschehen war, hatte jedoch keine Vorstellung vom Krieg. Selbst jene Erwachsenen, die den Ersten Weltkrieg miterlebt hatten, hatten keine Vorstellung davon, wie dieser zweite sein sollte.[1]

Der Schulbeginn im September 1939 war in ganz Europa ernsthaft gestört. In Deutschland blieben die Schulen am Ende der Sommerferien geschlossen, und die Kinder standen an den Schultoren herum, um einen Blick auf die Reservisten zu erhaschen, die herbeiströmten, um sich bei diesen provisorischen Mobilisierungsstellen registrieren zu lassen. In der ländlichen Stille der Eifel westlich des Rheins kosteten zwei kleine Mädchen den Neid ihrer Freundinnen aus, weil sie auf dem Dorfplatz mit einem Korb Äpfel stehen durften, die sie den vorbeigehenden Truppen zuwarfen. Für manche älteren Kinder wie die sechzehnjährige Gretel Bechtold war die Freude bald vorbei: Die Franzosen schossen nicht auf den Westwall, und sie mußte wieder zur Schule gehen.[2]

Als die Straßenbeleuchtungen gelöscht und die Fenster verdunkelt wurden, tauchten die deutschen Städte in eine nächtliche Dunkelheit, die sie seit vorindustrieller Zeit nicht mehr erlebt hatten. In Essen spielten kleine Mädchen »Verdunkelungsmann«, die in den Straßen patrouillierten und die Leute mit dem Ruf »verdunkeln, verdunkeln« aufforderten, die Lichter zu löschen. Doch nur allzubald begann der Unterricht wieder. Auf dem Schulweg trugen die Kinder neben ihren Ranzen Gasmasken über den Schultern, und in der Schule mußten sie Aufsätze über das Verdunkeln und andere Maßnahmen der Zivilverteidigung gegen Luftangriffe schreiben. Für einen Hamburger Jungen war die größte Veränderung nach vier Monaten Krieg die Zunahme der Verkehrsunfälle infolge von Zusammenstößen von Straßenbahnen und Lastwagen in den unbeleuchteten Straßen und durch Fußgänger, die in der Dunkelheit über die Bordsteine stolperten.[3]

Im September 1939 gab es in Deutschland keine Jubelszenen wie im August 1914, so kurzlebig und partiell damals die öffentliche Begeisterung auch gewesen sein mag. Selbst stramme nationalsozialistisch gesinnte Familien waren sich nicht sicher, wie der Kriegsausbruch einzuschätzen war. Als die vierzehnjährige Liese in Thüringen die Reichstagsrede Hitlers im Radio hörte, kreischte sie vor Vergnügen. Aber schon zwei Wochen später fragte sie ihren Vater, ob nach seiner Meinung Chancen bestünden, die Sache zu einem schnellen Abschluß zu bringen:

»Glaubst Du, wenn wir mit England richtig in Krieg treten, unter 2 Jahre[n] kommen wir sicher nicht ab. Denn wenn der Engländer einmal einen Krieg anfängt, dann setzt er alles ein, dann macht er sein ganzes Weltreich mobil, denn der Engländer hat noch keinen Krieg verloren.«[4]

Ihr Vater, ein Reserveoffizier und überzeugter Gefolgsmann des Regimes, pflichtete ihr bei. Er erklärte ihr, daß Frankreich der Schlüssel sei, wie es von jemandem, der das entsetzliche Blutvergießen des Ersten Weltkriegs miterlebt hatte, vielleicht nicht anders zu erwarten war. Inzwischen kaufte Lieses Mutter einen guten Radioapparat, einen Telefunken-Super, und sie klebten eine Karte von Polen daneben, so daß sie darauf – wie in allen Schulen im ganzen Reich – das Vorrücken der deutschen Truppen mit kleinen Hakenkreuzfähnchen nach jeder neuen Rundfunkmeldung markieren konnten.[5]

1. Deutsche im Krieg

Als der deutsche Angriff im Morgengrauen des 1. September begann, stieß die Wehrmacht auf eine polnische Armee, die noch mitten in der Mobilmachung steckte. Durch den Überraschungsvorteil konnten die Deutschen viele der völlig veralteten vierhundert Flugzeuge der polnischen Luftwaffe am Boden zerstören und damit sofort die Lufthoheit erlangen. Danach wandten ihre 2000 Flugzeuge die neue Taktik an und gaben dem deutschen Heer Bodenunterstützung, währenddessen sechzig bestens ausgerüstete Divisionen die Grenzen von Ostpreußen im Norden bis zur Slowakei und den kurz vorher besetzten tschechischen Gebieten im Süden überschritten sowie entlang einer breiten Front, die sich im Westen von Schlesien bis nach Pommern zog. Diese Grenze zu verteidigen war unmöglich, und das polnische Oberkommando gab den Versuch am 6. September auch auf.[6]

Wenn die Deutschen in die Kinos strömten, weit begieriger auf die Kriegsnachrichten der Wochenschau als auf die danach gezeigten Filme, wurden sie mit Bildern eines neuen, visuell stimulierenden Stils bombardiert. Mit Luftaufnahmen wurde schon seit dem Ersten Weltkrieg experimentiert, nun aber fühlten sich die Zuschauer so, als ob sie im wilden Sturzflug mit einer Geschwindigkeit von 150 Meter pro Sekunde nach unten rasten. Sicherheitsdienst-Berichten zufolge waren die Zuschauer im Gegensatz zu sonst zufrieden, da sie den Polenfeldzug durch die Augen deutscher Bomberpiloten sehen konnten. Kleine Kinder in Essen sprangen der Reihe nach vom Hühnerstall und schrieen »Stuka!«, wenn sie den jaulenden Heulton der Sturzkampfflugzeuge nachmachten. Ende September 1939 konnte William Shirer, ein gut informierter amerikanischer Journalist, niemanden in Berlin finden, »selbst unter denen, die das Regime nicht mochten, der an der Vernichtung Polens durch die Deutschen etwas auszusetzen hatte«.[7]

Marion Lubien aus Essen war eine von vielen deutschen Jugendlichen, die Tagebuch führten. Am 3. September verzeichnete sie die Einnahme von Tschenstochau, am 6. September ist »Oberschlesiens Industriegebiet fast unversehrt in deutscher Hand« und am 9. September hieß es in ihrem Tagesbericht: »Lodsch besetzt. Der Führer in Lodsch.« Aber dieses vierzehnjährige Mädchen bediente sich der schneidenden und gespreizten Sprache der Wehrmachtsberichte an die Heimatfront. Wie die meisten anderen im Land saß sie wahrscheinlich gebannt vor dem Radio, war fasziniert von den ersten Wochenschaubildern und für eine Weile von einem siegesgewissen Machtgefühl berauscht; der Krieg war jedoch weit weg und ließ sie letztlich kalt. Erst als im Oktober 1940 die ersten Bomben in der Nähe ihres Hauses fielen, wechselten ihre Kriegsaufzeichnungen in die erste Person.[8]

Am 5. Oktober ergab sich Warschau und die Kampfhandlungen fanden ein Ende. Mitte Oktober war Polen jedoch schon kein Thema mehr in Deutschland, und ein deutscher sozialdemokratischer Geheimreporter schrieb: »Von dem ›Sieg‹ über Polen sprach in der ersten Oktoberhälfte kaum noch ein Mensch.« Manche hofften, daß nun, da der Streit um Polen mit der Teilung des Landes beigelegt war, die friedlichen Beziehungen zum Westen wiederhergestellt werden könnten. In seiner Reichstagsrede vom 6. Oktober sprach Hitler solche Gefühle an. Indem er einmal mehr betonte, er habe keine territorialen Forderungen gegen Großbritannien und Frankreich, wollte er zu verstehen geben, daß mit dem Ende Polens auch der casus belli erledigt sei. Diese Linie wurde vermutlich von der deutschen Öffentlichkeit mehr gewürdigt als von der französischen und britischen. Als Daladier und Chamberlain Hitlers Friedensangebot zurückwiesen, waren viele deutsche Bürger gleicher Ansicht wie Liese und ihr Vater und kamen zu der Überzeugung, daß es vor allem englische Kompromißlosigkeit sei, die eine Vereinbarung verhindere. Ab Mitte Oktober sangen die Kinder auf der Straße Spottliedchen über Chamberlain und äfften seine berühmte Angewohnheit nach, mit Schirm aufzutreten.[9]

Wie sehr auch immer das Regime darauf bestehen mochte, daß die britische und französische Kriegserklärung vom 3. September und nicht der Angriff auf Polen Auslöser des Konflikts gewesen sei, den die deutsche Regierung nur allzugern beigelegt sehen wollte, konnte nichts die Tatsache verdecken, daß der Krieg zu Hause nicht populär war. Selbst einige Militärbefehlshaber hatten Hitler offen gewarnt, Deutschland könne nicht Frankreich und Großbritannien besiegen. Hitlers außenpolitische Triumphe hatten in den drei Jahren vor dem Krieg viel dazu beigetragen, daß die öffentliche Meinung sich hinter ihn stellte, dennoch konnten sie die Kriegsfurcht nicht beseitigen. Als die deutschen Truppen 1936 den Rhein überquerten, wurden in Arbeitervierteln, die zuvor für ihre antinationalsozialistische Einstellung bekannt waren, zum erstenmal Hakenkreuzfahnen herausgehängt. Wenige hatten etwas dagegen, die Vertragsbedingungen, die die Alliierten Deutschland und Österreich 1918 nach ihrer Niederlage auferlegt hatten, zurückzuweisen. Auch Hitlers Erfolg, Bismarcks »kleindeutsche Lösung« von 1871 durch den Anschluß Österreichs in ein »Großdeutsches Reich« zu verwandeln, war eine Leistung, die auch von deutschen und österreichischen Sozialdemokraten gebilligt werden konnte. Schließlich hatten sie es am Ende des Ersten Weltkriegs selbst versucht, nur wurde es von den Alliierten vereitelt. Ob sie nun den pangermanischen Glauben teilten, alle Deutschen »heim ins Reich« zu führen, oder den an eine Wiederherstellung der preußischen und österreichischen Territorien des 18. und 19. Jahrhunderts auf Kosten der osteuropäischen Nachfolgestaaten, oder ob sie der nationalsozialistischen Forderung nach kolonialem »Lebensraum« anhingen, 1938 und 1939 hatten nur wenige Deutsche prinzipiell Einwände gegen Hitlers Ansprüche auf die Tschechoslowakei und Polen. Erfolg hatte den Ehrgeiz und eine wachsende Selbstzufriedenheit bei der breiten Bevölkerung genährt.[10]

Dennoch hatte die tschechische Krise lange genug gedauert – vom Mai bis Oktober 1938 –, um deutlich zu machen, wie sehr das deutsche Volk einen neuen Konflikt vom Ausmaß des Ersten Weltkriegs fürchtete. Auf dem Höhepunkt der Krise hielt das Regime am 27. September 1938 eine große Militärparade in Berlin ab, um die Welt von der deutschen Macht zu beeindrucken. Es gab aber keinen Menschenauflauf und die Passanten verzogen sich in die Hauseingänge, um das Spektakel zu meiden. Als drei Tage später das Münchener Abkommen unterzeichnet wurde, mochte Hitler insgeheim wüten, daß er um seinen Krieg »betrogen« worden sei, doch war fast jedermann sonst zutiefst erleichtert. Goebbels mußte der Presse eigens Anweisungen geben, die Bevölkerung an den »welthistorischen Erfolg« von München zu erinnern, um der allgemeinen Freude entgegenzuwirken, daß ein Krieg abgewendet war.

Was Deutsche im September 1938 befürchtet hatten, geschah im September 1939. Als Hitler sich zu seiner Rede vor dem Reichstag aufmachte, säumten SA-Staffeln beide Seiten des Wegs von der Reichskanzlei zur Kroll-Oper, doch die Menge hielt sich fern. In anderen Großstädten wiederholte sich dies: Die Straßen blieben leer und verlassen, als die Zeit der schmerzlosen und friedlichen Führerwunder abrupt endete. Bei der Arbeit, in der Schule und zu Hause versammelten sich die Deutschen indessen um das Radio.[11]

Bilder vom Blutvergießen und chronischen Mangel aus dem Ersten Weltkrieg hatten sich in die kollektive Erinnerung eingebrannt, »Aber es fiel mir auf, daß man in allen Kreisen der Bevölkerung viel mehr von Ernährungsfragen spricht als von der Politik. Jeder ist von der Sorge gehetzt, wie komme ich zu meiner Ration? Wie kann ich mir etwas darüber hinaus beschaffen?«, wie ein Sozialdemokrat in seinem geheimen Tagebuch bitter die öffentliche Stimmung beschrieb. Nach nur wenigen Wochen der Rationierung waren die Sonntagszüge voller Städter, die zum »Hamstern« von Nahrungsmitteln aufs Land fuhren. Halbwüchsige machten sich nicht einmal die Mühe, die Uniform der Hitlerjugend auszuziehen, bevor sie loszogen. Spottverse zirkulierten in Köln über den totalen Fehlschlag des dortigen Gauleiters Josef Grohé, ein gutes Beispiel in bescheidener Lebensführung zu geben; gleichzeitig bekamen Nachbarn es mit der Angst zu tun, daß sie jemand aus ihrem Wohnblock bei der Polizei denunzieren könnte, weil es ihnen gelungen war, Seife, Kleider oder – das beste von allem – Schuhe zu »organisieren«. Menschen, die ihre Ersparnisse schon zweimal verloren hatten, fürchteten die Kriegsinflation und beeilten sich, ihr Bargeld in etwas anzulegen, das später eingetauscht werden konnte. Alle nicht rationierten Luxusgüter wie Pelze waren schnell ausverkauft. Schon im Oktober 1939 machte sich die Überzeugung breit, das Land werde nicht so lange aushalten können wie im Ersten Weltkrieg, weil es schon jetzt nicht genug zu essen gebe. Nur die Soldaten hatten genug, war die verbreitete Meinung.[12]

Unzufriedenheit und Besorgnis machen noch keine Revolution, doch die Gestapo wollte kein Risiko eingehen und verhaftete schnell alle früheren Reichstagsabgeordneten der Linken. Jetzt, Ende Oktober 1939, mußten sich Sozialisten, die in den letzten sechs Jahren gehofft hatten, daß ein Krieg die Nazidiktatur zu Fall bringen würde, eingestehen, daß einiges mehr notwendig wäre als nur ein wenig Lebensmittelknappheit: »Erst wenn der Hunger noch mehr anklopft und die Nerven zermürbt hat und vor allen Dingen, wenn es den Westmächten gelingen würde im Westen Erfolge zu erzielen und deutschen Boden in größerem Umfange zu besetzen, dürfte die Zeit zu einem Umsturz heranreifen.« Erst Anfang 1945 sollten solche Zustände herrschen, und bis dahin war so viel geschehen, daß eine Revolution in Deutschland als Ergebnis des Krieges unwahrscheinlich war. In dieser Hinsicht sollte Hitler seinen Willen haben: Es würde kein »zweites 1918« geben.[13]

Diesmal unternahm die Regierung alles, um der Bevölkerung zu versichern, daß der Krieg wenig Auswirkungen auf ihr Leben habe. Während Schlange stehende Kinder in London mit umgehängten Pappschildchen, kleine Köfferchen und Gasmasken an sich gepreßt, als erste Dokumentationsbilder vom Krieg in England in der Presse erschienen, gab es in Deutschland keine solchen Massenevakuierungen von Kindern aus den Städten. Hermann Göring hatte solches Vertrauen in seine Luftwaffe, daß er witzelte, er wolle »Meier« heißen, wenn auch nur eine einzige deutsche Stadt bombardiert würde. Hitler, der noch immer hoffte, mit Großbritannien ein Friedensabkommen auszuhandeln, behielt sich ausdrücklich die persönliche Entscheidung für das, was er »Terrorangriffe« gegen die englische Zivilbevölkerung nannte, vor.[14]

Weil die britische Regierung die Übermacht der deutschen Luftwaffe fürchtete, wagte sie es aus Angst vor deutscher Vergeltung nicht, Luftangriffe auf zivile deutsche Ziele und Industrieanlagen zu fliegen. Trotz offenkundiger deutscher Bombenangriffe auf polnische Städte beschränkte sich daher im ersten Kriegswinter die RAF weitgehend darauf, Millionen von Flugblättern über Deutschland abzuwerfen, in denen sie die Kriegsgründe aufzählte in der Hoffnung, die Deutschen überzeugen zu können. Als Carola Reissner sie in Essen auflas, schlug ihre anfängliche Fassungslosigkeit in hellen Zorn um: »Die versuchen anscheinend, die Bevölkerung aufzuhetzen«, schrieb sie ihren Verwandten und fügte hinzu, »das sind so jüdische Manöver offenbar«. Der Gedanke schien ihr ganz natürlich, hatte sie doch jahrelang gehört, mit welchen Tricks die Juden um Macht und Einfluß in Deutschland geschachert hatten. Mit einer Flut von Publikationen, zu der das aufwendige Fotoalbum *Die verlorene Insel* gehörte, verbreitete die deutsche Propaganda diese Bilder auch in Großbritannien und entlarvte den »jüdischen Wucherer«, den frisch geadelten Aristokraten der Großfinanz als den wahren Feind, der emsig das eingerostete Uhrwerk des englischen Klassensystems aufzog und Deutschlands germanische »Blutsbrüder« auf der anderen Seite der Nordsee aussog.[15]

Am 9. November verbreitete sich die Nachricht von einem Attentat auf Hitler am Abend zuvor. Um 21 Uhr 20 explodierte im Münchener Bürgerbräukeller, wo sich die »alten Kämpfer« der Bewegung zu ihrer alljährlichen Feier des Putsches von 1923 versammelt hatten, eine Bombe. Hitler hatte gerade zehn Minuten zuvor den Ort verlassen, um per Zug nach Berlin zu reisen, aber die Bombe tötete acht Menschen und 64 wurden verwundet. Viele Unternehmen hielten außerordentliche Betriebsversammlungen ab und auch in den Schulen fanden Versammlungen statt, wo die Kinder unter Absingen des »Chorals von Leuthen« »Nun danket alle Gott ...« der Vorsehung für die Errettung des »Führers« dankten.[16]

Überrascht, bestürzt und wütend stellten sich sogar religiöse Kreise und Angehörige der Arbeiterklasse, von denen viele allen Grund hatten, über die Nazis verbittert zu sein, hinter das Regime. Die Leute sprachen zornig von denen, die sie für das Attentat verantwortlich hielten, »den Engländer und die Juden«, und rechneten mit Vergeltung gegen beide. Ein Jahr zuvor, bei der gleichen Zusammenkunft im Bürgerbräukeller, hatte Goebbels ein landesweites Pogrom gegen Juden in Gang gesetzt, nachdem er diese des Mordes an einem deutschen Konsularbeamten in Paris, der von einem polnischen Juden umgebracht worden war, beschuldigt hatte. In den Pogromen der Kristallnacht wurden 91 Juden auf offener Straße umgebracht und 25 000 in Konzentrationslager verschleppt, wo noch einmal Hunderte ermordet wurden. Jetzt, beim Anschlag auf das Leben des »Führers«, geschah nichts. Zwei britische Agenten wurden an der holländischen Grenze verhaftet, und die Presse beschränkte sich darauf, anklagend auf die Engländer zu weisen. Es gab im November 1939 keine neuen Pogrome gegen Juden. Dort, wo noch ein Jahr zuvor die Öffentlichkeit in Städten mit großen jüdischen Gemeinden wie Frankfurt am Main und Berlin von der brutalen Gewalt und den Zerstörungen schockiert war, waren die Juden diesmal nicht das Ziel. Stattdessen wurden sie, als die Deutschen sich in eine Kriegsnation verwandelten, zu der die Juden nicht gehören durften, von ihren Nachbarn geschnitten.[17]

1939 hatten 82 Prozent der jüdischen Kinder unter sechzehn Jahren Deutschland verlassen. Selbst konservative und nationalistische deutsche Juden merkten, daß nach den Novemberpogromen von 1938 und der Enteignung jüdischer Geschäfte eine sichere Existenz in Deutschland nicht mehr möglich war. Hatten die Nürnberger Rassengesetze noch einige religiöse Juden im Glauben belassen, ihre besondere kulturelle Identität würde respektiert, so war diese Illusion nun endgültig zerstört. Durch die Rettungsbemühungen des Kindertransports konnten 10 000 jüdische Kinder und Jugendliche aus Deutschland, Österreich und der Tschechoslowakei nach Großbritannien gebracht werden.[18]

Am 2. September verließ Klaus Langer nachmittags um vier Uhr Essen mit einem großen Koffer und einem Rucksack. An diesem Morgen war ein Telegramm von der jüdischen Jugendhilfe in Berlin mit der Nachricht eingetroffen, er solle nach Berlin kommen, um am nächsten Tag in Richtung Dänemark abzureisen. Seine Eltern, die nun ihre Pläne, gemeinsam auszuwandern, aufgaben, mußten in aller Eile Abschied von ihrem einzigen Sohn nehmen. Der fünfzehnjährige Klaus hielt in seinem Tagebuch fest, daß der Abschied »kurz und schwer« war. Er wußte nicht, wann er seine Eltern wiedersehen würde und dachte düster: »Als Jude in Deutschland im Krieg zu sein heißt, sich auf das Schlimmste gefaßt zu machen.« Die kurze Überfahrt über die Ostsee von Warnemünde nach Gedser am nächsten Tag war wunderbar. Es war aber auch, wie Klaus später erfuhr, der letzte Transport für Deutsche, da England und Frankreich wenige Stunden später Deutschland den Krieg erklärten. Nachdem er wohlbehalten in Dänemark angekommen war, nahm er am 8. September seine Tagebucheintragungen wieder auf, er dachte an seine Eltern und seine Großmutter, die er in Essen zurückgelassen hatte, »und mir kamen da nur traurige Gedanken in den Sinn«, fügte er an.[19]

Die jüdische Auswanderung erreichte 1939 ihren Höhepunkt, als 78 000 Juden Deutschland unter dem Eindruck der Pogrome von 1938 und der erneuten Kriegsfurcht verließen. Doch konnten nicht alle die enormen bürokratischen und finanziellen Hindernisse zum Verlassen des Landes überwinden oder sich Visa für andere Länder beschaffen. Bei Kriegsausbruch waren noch 185 000 registrierte Juden im Reich, etwa vierzig Prozent der jüdischen Einwohner von 1933. Von dieser überalterten und verarmten Gemeinde, die sich hauptsächlich auf die Städte, und da vor allem auf Berlin und Frankfurt am Main konzentrierte, gelang es weiteren 21 000 Deutschland zu verlassen, bevor im Oktober 1941 die Emigration gänzlich unterbunden wurde. Bis dahin waren jedoch 30 000 von denen, die geflohen waren, von den deutschen Eroberungsarmeen überrollt worden. Unmittelbar vor der »Endlösung« saßen 25 000 jüdische Kinder und junge Leute unter 25 Jahren innerhalb der Grenzen des Deutschen Reichs von 1937 in der Falle.[20]

Als die Rationierung am 28. August 1939 einsetzte, richtete sich die Aufmerksamkeit auf die Juden. Deren mit einem »J« versehenen Lebensmittelkarten erinnerten Nachbarn wie Käufer und Verkäufer an die Unmenge neuer Vorschriften, die festsetzten, wo Juden einkaufen konnten und welche Lebensmittel zu kaufen ihnen verboten war. Verschiedene örtliche Behörden erließen eigene Beschränkungen, um Juden daran zu hindern, deutsche Käufer zu »belästigen«. In Breslau durften Juden nur zwischen 11 und 13 Uhr einkaufen. In Berlin, wo die Zeit auf 16 bis 17 Uhr festgesetzt war, wurde ein Mädchen, das mit einer Einkaufstasche losgehen wollte, um kurz vor 16 Uhr von einer Nachbarin am Verlassen des Wohnblocks gehindert. Die Frau stellte sich in den Weg, zeigte auf die große Uhr vor der Drogerie auf der anderen Straßenseite und herrschte sie unwirsch an: »Du darfst jetzt nicht einkaufen gehen, ich lasse dich hier nicht raus.«[21]

Da Läden Hinweise anbrachten, »knappe Lebensmittel werden nicht an Juden verkauft«, wurde deren tägliches Leben immer stärker eingeschränkt. Seit dem Pogrom vom 9. November 1938 bis zum Kriegsausbruch waren 229 antijüdische Verordnungen erlassen worden. Zwischen Kriegsausbruch und Herbst 1941 arbeiteten die Behörden zu jeder neuen Regierungsmaßnahme für die Heimatfront eine eigene antijüdische Variante aus und veröffentlichten weitere 525 Erlasse, die das Alltagsleben der Juden einengten. Sie durften für sich und auch für ihre heranwachsenden Kinder keine Unterwäsche, Schuhe und Kleider kaufen. Haustiere, Radios und Plattenspieler mußten abgegeben werden. Thomas Gèves Großvater kam es hart an, ohne seinen Empfänger und die Kopfhörer auszukommen. Der ehemalige, im Ersten Weltkrieg erblindete Feldarzt konnte so den Ereignissen nicht mehr folgen. Dieser durch und durch patriotische Preuße und assimilierte deutsche Jude, der für seinen zehnjährigen Enkel gerne »Ich hatt' einen Kameraden« sang, war nun in seiner immer stummer werdenden Welt eingeschlossen, ein blinder, alter Mann, nicht mehr in der Lage zu begreifen, wie sein Vaterland sich verändert hatte.[22]

Der kleine Thomas fand das Leben noch immer aufregend. Zwar mochten sich die Jungen aus seinem Block nicht mit einem jüdischen Kind wie ihm abgeben, aber in der weiteren Umgebung, wo man ihn nicht kannte, konnte er mit anderen Berliner Kindern auf der Straße spielen. Auch seine »halbjüdischen« Freunde halfen ihm, Spielkameraden zu finden. Für die meisten Berliner Kinder hatte der Krieg noch keine weiteren Auswirkungen auf den üblichen Ablauf ihrer Spiele. Als Weihnachten heranrückte, drückten die Kinder ihre Nasen an die Schaufenster der Geschäfte oder gingen, wenn es sich besonders gut traf, in große Warenhäuser. Auf seinen Ausflügen in das KaDeWe staunte Thomas Gève über die in den Schaufenstern nachgestellten Filmszenen. Doch die meisten Kinder gingen dorthin, weil die Ansammlung von Märchenfiguren und die riesigen Heere an Zinnsoldaten alle anderen in Berlin übertrafen. Otto Prescher und seine Freunde in Berlin-Kreuzberg eroberten die Gehsteige, sobald sie schnee- und eisfrei waren und ließen darauf ihre Kreisel von einer Steinplatte zur nächsten springen. Im Sommer rannten sie weiterhin barfuß hinter Wasserkarren her, welche die Straßen besprühten, und wichen dem Wasserstrahl aus, von dem sie aber am liebsten getroffen werden wollten. Wenn die Brauereipferde das Wasser aus der Rinne an der Bordkante nicht ausgetrunken hatten, ließen die Kinder ihre Segelschiffe, die sie aus alten Zeitungen gefaltet hatten, darauf treiben.[23]

Eine Leidenschaft, von der Jungen weit mehr als Mädchen ergriffen wurden, verwandelte jeden Schulhof in einen Handelsplatz von Zigarettenkarten, wo jeweils paarweise zwei Jungen nebeneinander die Köpfe über ihren Packen an Karten zusammensteckten und dabei befriedigt murmelten »ham wa, ham wa, ham wa«, bis sie eine neue Karte fanden, die sie eintauschen konnten. Selbst ein älterer Schüler wie Dierk Sievert hatte drei Alben voller Reemtsma-Zigarettenkarten mit Renaissance- und Barockkunst, ganz zu schweigen von den besonders tollen mit »Deutschland erwache« und »Adolf Hitler«. Auch in dieser Hinsicht unterschied sich Thomas Gève nicht von den anderen Jungen, außer daß er vor Kriegsausbruch für einige Monate Zugang zu englischen Zigarettenkarten hatte. Thomas' Vater war im Sommer 1939 nach England gereist, um die Ankunft der Familie vorzubereiten. In der Zwischenzeit pflegte er die Beziehung zu seinem Sohn, indem er ihm Zigarettenkarten mit ihren kurzen Informationen zu allen Wissensgebieten schickte. Die Vorstellung, daß die Welt in solche Wissenshülsen gegliedert werden könnte, sollte Thomas tiefgreifend beeinflussen. Als er am Ende des Kriegs die Fäden seines Lebens in Buchenwald wieder in die Hand nahm, kam er auf diese Vorstellung zurück und suchte nach einem Weg, sein Wissen wieder mit seinem Vater zu teilen. Es gab aber keine Zigarettenkarten, die die Welt beschrieben, der er entkommen war; er mußte sich seine eigenen machen.[24]

Thomas mußte 1939 darauf achten, seine jüdische Abstammung bei der Suche nach deutschen Spielkameraden zu verheimlichen; doch hatten ohnehin nur noch wenige deutsche Kinder weiterhin Kontakt mit Juden. Die Nürnberger Rassengesetze von 1935 schlossen die Juden aus »deutschen« Schulen aus, aber schon davor waren diese von vielen jüdischen Schülern verlassen worden, die Diskriminierungen und Schikanen entgehen wollten. Auch hatte der Antisemitismus die Neigung zu Eheschließungen außerhalb der jüdischen Gemeinde, wie dies in der Weimarer Zeit verbreitet war, sehr gebremst, und vor allem die Jungen begannen sich stärker innerhalb der Jugendgruppen und nach Freundschaften in der jüdischen Gemeinde umzusehen. Durch den Exodus des größten Teils der Jungen und Mädchen in der jüdischen Emigrationswelle nach dem Pogrom von 1938 hatten deutsche Kinder noch weniger Kontakt zu jüdischen Kindern ihres Alters; in den großen Städten sahen sie vor allem ältere und immer mehr verarmte jüdische Männer und Frauen. Hugo Riedl schrieb in Nürnberg einen mit einem Preis ausgezeichneten Aufsatz »Von den Juden«. Bezug nehmend auf seinen Gauleiter Julius Streicher und dessen fanatisch antisemitisches Blatt *Der Stürmer* wiederholte der elfjährige Knabe getreulich die Klischees, die er gelernt hatte: Der Jude ist ein »Erzgauner«, sinnt auf »Betrug und Mord«. »Überall hetzt der Jude zum Krieg. Da Deutschland ewig Frieden will, wird der Jude, dieser Betrüger und Kriegshetzer schlimmster Art, aus dem Reich verwiesen.« »Das deutsche Volk hat schon immer eine große Wut auf den Juden gehabt; doch als ein Jude den Botschaftssekretär in Paris erschoß, kannte die Wut der Volksgenossen keine Grenzen. Sie stürmten die jüdischen Geschäfte. Nun wird der Jude sein Bündel packen und ins Ausland ziehen müssen.« Hugos Zeichnung eines Juden in seinem Stresemann, in der Rechten einen kleinen Reisekoffer, mit der Linken sich die Glatze mit einem Taschentuch abwischend, hätte direkt aus dem Stürmer stammen können.[25]

Nicht alle Kinder bewunderten diese Art des nationalsozialistischen Antisemitismus, doch gab es wenig Widerstand dagegen. In der Schule, der HJ, im Radio und häufig auch zu Hause in der Familie schnappten die

Jugendlichen negative Urteile über die Juden auf. Als die Familie Weiss-
müller im Januar 1939 nach München zog, stellte sie fest, daß sie jüdische
Nachbarn hatte. Jeden Nachmittag, wenn der zehnjährige Rudolf in seiner
Jungvolkuniform aus der Schule zurückkehrte, grüßte ihn die alte Frau
Wolfsheimer freundlich im Treppenhaus, und er antwortete mit einem
»Grüß Gott, Frau Wolfsheimer«, wobei er im Winter auch die Mütze zog.
Sie streckte die Hand aus, um ihm über den Kopf zu streichen, und er
wich innerlich zurück, als ob die Berührung von ihr ansteckend wäre. Von
Rudolf beneidet, war sein älterer Bruder 1933 in die Jugendorganisation
für Zehn- bis Vierzehnjährige, das Jungvolk, eingetreten, und Rudolf, der
damals erst vier Jahre alt war, gierte sechs Jahre lang nach der Uniform, den
Führerschnüren und vor allem nach dem Dolch. Jetzt hatte er sie erworben und unterdessen hatten beide Jungen gelernt, daß sie im Musikunter-
richt nicht Mendelssohn spielten, »weil ein Jude nicht wie ein Deutscher
denken kann«. So sehr er die Frau Wolfsheimer mochte, so meinte er doch
eine physische Barriere zwischen sich und ihr zu spüren.[26]

Der Krieg verlieh den normalen Aktivitäten der Hitlerjugend noch weit
mehr Bedeutung, da die Kinder in den Städten ausgeschickt wurden, um
Waren zur industriellen Wiederverwertung oder zur Verteilung an die
Bedürftigen durch das »Winterhilfswerk« zu sammeln. Sie gingen in die
Wälder und trugen gewaltige Mengen Kräuter zusammen, insbesondere
Kamille und Nessel, die, wie man ihnen sagte, zu Salben verarbeitet wurden.
Da Schulen und Hitlerjugend zusammenwirkten und diese Leistungen zu
einem regelmäßigen Bestandteil des Wochenablaufs machten, hatten die
Kinder das Gefühl, sie leisteten ihren Beitrag zu den Kriegsanstrengun-
gen. Hans Jürgen Harnack und seine Hamburger Mitschüler sammelten
bei den Nachbarn Knochen, die sie in eine Fabrik nach Lüneburg schickten, wo sie zu Knochenmehl verarbeitet wurden. Wie er in einem Schulaufsatz gewichtig erklärte, war dies notwendig, weil »nach dem Ende des
Weltkriegs Deutschland die Kolonien verloren [hat], denn England hat
sie besetzt. Darum müssen wir uns die Rohstoffe selber erzwingen.« Im
ersten Jahr sammelten die Schüler einer weiteren Hamburger Schule 2054
Kilogramm Knochen, wobei Schüler, die sich drückten, von ihren Lehrern
Schläge zu erwarten hatten. Im April 1940 sorgten die Behörden dafür,
daß die Leute sogar wertvolles Kunsthandwerk in die Altmetallsammlungen gaben, um »dem Führer dieses Opfer [zu] bringen«.[27]

In der Zwischenzeit begannen Thomas Gève und seine Spielkameraden auf der Straße andere Dinge zu horten. Sie bettelten den Leuten ihre Anstecknadeln ab. Bei jeder Sammlung gab es geschnitzte Miniaturpuppen, -flugzeuge, -geschütze oder -panzer zum Anstecken, zum Zeichen, daß der Träger schon seinen Beitrag geleistet hatte. Wenn die Kinder Leute auf der Straße ansprachen und sie fragten, ob sie diese Abzeichen und Anstecknadeln haben könnten, dachten viele Erwachsene, es handle sich nur wieder um eine weitere Sammlung zur Wiederverwertung.[28]

Im März 1939 wurde die Mitgliedschaft in der Hitlerjugend für alle »arischen« Vierzehn- bis Achtzehnjährigen Pflicht, und die letzten wichtigen Konkurrenten der Nazis, die katholischen Jugendorganisationen, wurden zerschlagen. Im April 1940 mußten zum ersten Mal alle zehnjährigen Jungen und Mädchen dem Jungvolk oder dem Jungmädelbund, den Kinderverbänden der Hitlerjugend und des BDM, beitreten und dabei den Treueschwur auf den Führer ablegen:

> Du, Führer, bist für uns Befehl!
> Wir stehn in deinem Namen.
> Das Reich ist unseres Kampfes Ziel,
> ist Anbeginn und Amen.
>
> Dein Wort ist Herzschlag unserer Tat.
> Dein Glaube baut uns Dome.
> Und holt der Tod die letzte Mahd,
> nie fällt des Reiches Krone.
>
> Wir sind bereit, dein stummer Bann
> schweißt erzen unsere Reihe
> wie eine Kette, Mann für Mann,
> ein Wall um dich in Treue.
>
> Du, Führer, bist für uns Befehl!
> Wir stehn in deinem Namen.
> Das Reich ist unseres Kampfes Ziel,
> ist Anbeginn und Amen![29]

Obwohl viele Eltern, besonders solche mit streng katholischen, mit sozial-demokratischen oder kommunistischen Überzeugungen alles andere als begeistert über die Aufnahme ihrer Kinder in die Jugendorganisationen der NSDAP waren, übte das Gefühl, dazuzugehören und die Uniform zu tragen, eine starke Anziehung aus. Ein Mädchen in Berlin verwünschte erbittert seine Eltern, weil diese sich weigerten, sie mit neuer Kleidung auszustatten, als die ganze Klasse im Jungmädelbund aufgenommen wurde; schlimm genug, daß ihr dünnes, dunkles Haar es niemals mit den dicken blonden Zöpfen der glücklichen, selbstbewußten und erfolgreichen Mädchen in ihrer Klasse würde aufnehmen können.[30]

Die katholische Kirche und antinationalsozialistisch eingestellte Eltern dürften die Hitlerjugend wegen ihrer Indoktrinierung der Heranwachsenden gefürchtet haben, und Lehrer mochten sich über deren Autoritätsanmaßung ärgern, doch waren es gerade diese Dinge, die auf die Jungen anziehend wirkten. Mit ihrer Scheidung zwischen gut und böse, dem Appell an das Gefühl und der Forderung nach moralischer Verpflichtung waren die nationalsozialistischen Werte wie für die Jugend gemacht, und so hielt denn auch in dieser Gruppe ihre Wirkung im Zweiten Weltkrieg am längsten an. Sommerlager und Fahrradausflüge konnten ungeheuer Spaß machen, insbesondere in den Ortsgruppen, die dem alten Ideal des »Jugend führt Jugend« am nächsten kamen. Das Gefühl, nicht einfach den Erwachsenen zu Hause und in der Schule gehorchen zu müssen, ließ den gewöhnlichen nachmittäglichen Drill und die Heimabende zu einem Erlebnis enger Verbundenheit und des Erwachsenseins werden.[31]

Die Mädchen vom »Bund Deutscher Mädels« (BDM) begannen aus Wolldecken oder aus geflochtenem Stroh Pantoffeln für die Militärkrankenhäuser zu nähen. Sie gingen auf die Bahnhöfe, um Kaffee, Suppe und Pakete mit belegten Broten an die Soldaten der Truppentransporte zu verteilen. Sie halfen in den von der Nationalsozialistischen Volkswohlfahrt betriebenen Kindergärten aus und versuchten mit ihrer Tätigkeit als Aushilfslehrerinnen den chronischen Lehrermangel auszugleichen. In Thüringen stürzte sich Liese nun auf ihre Arbeit als BDM-Führerin und berichtete ihrem Vater an der Front stolz von den Altpapier- und Altmetallsammlungen, den Sammlungen gebrauchter Textilien, Hagebuttenblüten und Kräutern, die sie organisiert hatte. Als sie alle Berichte, die sie neben ihren Schularbeiten geschrieben hatte, auflistete, sprach sie ihn scherzhaft mit dem doppelten Gruß »Mein lieber Vati (Sehr verehrter Herr Hauptmann)« an und schloß mit »Sonderberichterstatter Liese«. Liese mochte vielleicht nicht gerade kritische Bemerkungen über den Wirbel der Kaffeekränzchen und die Hochzeitsfeiern ihrer Mutter gemacht haben, dennoch hatte sie ihrem Vater bereits klargemacht, wie viel näher sie seiner ernsthaften Welt stand. Mit einem einzigen Wort war sie in der Lage, ihre Arbeit im BDM der Erwachsenenwelt seines Wehrdienstes gleichzustellen: »Dienst«. Er seinerseits empfahl ihr, Stenographie zu lernen, damit sie ihrem Land noch besser dienen und er stolz auf sie sein könne.[32]

Manche Mütter jedoch hatten weit Besseres zu tun als Kaffee zu trinken und Kuchen zu essen. Obwohl Frauen nicht in die Kriegswirtschaft einbezogen waren, wirkte sich der Mangel an Arbeitskräften doch unmittelbar auf sie aus. Verheiratete Frauen kehrten in die Schulen zurück, um Männer im wehrfähigen Alter zu ersetzen, Frauen aus der Arbeiterklasse arbeiteten in der Waffenproduktion, und Beschäftigte in den traditionellen – und schlecht bezahlten – Frauenberufen etwa in der Landwirtschaft und im Haushalt wurden knapp. Für Frauen der Mittelschicht gab es ein entschiedenes »Dienstmagdproblem«, auch wenn Hitler sich bis 1943 standhaft weigerte, Dienstmädchen für die Waffenfabriken zu verpflichten. So sehr die Regierung es zu vermeiden suchte, die Geduld der Heimatfront zu strapazieren und einen Zusammenbruch der Zivilmoral wie im Ersten Weltkrieg zu provozieren, so machte sich der Krieg doch durch kleine Erschütterungen im Alltagsleben und durch eine Reihe kleinerer Veränderungen bemerkbar. Mütter mußten ihre älteren Kinder häufiger bitten, auf die Kleinen aufzupassen, wenn sie für knappe Waren anstanden, Behördengänge machten oder die Leitung des Familienbetriebs übernahmen.[33]

An den Schulen wurde unregelmäßig unterrichtet, selbst als sie nicht mehr als militärische Einberufungszentren dienten, mußten häufig Schulklassen zusammengelegt werden, weil Räume als Rotkreuzstationen, von Behörden zur Ausgabe von Lebensmittelkarten und als Sammelstellen für Altpapier gebraucht wurden. Mangel an Schulräumen oder beschränkter Platz in den Luftschutzräumen zwangen viele Schulen, die Unterrichtsstunden vor allem für die jüngeren Jahrgänge zu verringern und die Schüler abwechselnd vormittags und nachmittags zu unterrichten. Jedesmal wenn die Schulstunden geändert wurden, hatten die Mütter ihre Alltagsarbeit neu zu organisieren, um mit der Betreuung der Kinder zurechtzukommen, und während der gesamten Kriegszeit beschwerten sich die Leiter der Waffenfabriken über das häufige Fehlen und die mangelhafte Pünktlichkeit der deutschen Arbeiterinnen. Kaum hatten sich Mütter auf die neuen Stundenpläne eingerichtet, schlossen die Schulen wieder. Im Winter 1939/40 herrschte chronischer Kohlemangel, so daß praktisch alle Berliner Schulen zwischen dem 28. Januar und dem 28. März 1940 geschlossen blieben. Die Kinder mochten sich über diese »Kohleferien« gefreut haben, den Müttern gefielen sie weniger.[34]

Manche Kinder wandten sich Hobbys zu, um die Zeit totzuschlagen. Jungen konnten Zeichen- und Bastelunterricht nehmen, um Modellflugzeuge zu bauen – ein Gebiet, auf dem normale Volksschüler die verwöhnten Schüler vom humanistischen Gymnasium schlagen konnten, wie ein Lehrer der Arbeitervorstadt von Spandau stolz verkündete. Vom Modellbau konnten die Jungen zur Flieger-HJ aufsteigen und nach gleichen Prinzipien Segelflugzeuge bauen.[35]

Andere fanden weniger über das übliche Schießen und den Kasernenhofdrill als vielmehr über die Künste ihren Platz in der Hitlerjugend. Der äußerst musikalische Ermbrecht aus Königsberg in Ostpreußen wurde in den Rundfunkchor der HJ aufgenommen, während die Begabung des vierzehnjährigen Herbert K. in einem Sommerlager für Jungen aus Berlin entdeckt wurde und man ihn aufforderte, der Rundfunkorchestergruppe der Reichsjugendführung beizutreten. Damit er bei Direktübertragungen der Abendveranstaltungen im Rundfunk mitwirken konnte, erhielt der Vierzehnjährige eine Sondergenehmigung, so daß er um Mitternacht nach Hause fahren konnte, ohne mit den neuen Ausgangsbeschränkungen für Jugendliche in Konflikt zu kommen. Herberts Mutter war so besorgt, er könnte in Wahrheit heimlich eine Freundin treffen, daß sie ihm eines Abends bis zum Aufnahmestudio und wieder zurück folgte. Doch sie brauchte keinen Grund zur Sorge zu haben, für ihn waren die neuen Möglichkeiten und die Freiheiten, die ihm die reine Jungenorganisation gewährte, berauschend genug.[36]

Oft war den nun wirklich alleinstehenden Müttern die von diesen Organisationen angebotene Kinderbetreuung während des Krieges willkommen. Manche mochten besorgt gewesen sein, den Einfluß über die

Kinder zu verlieren, doch auch die Hitlerjugend hatte die Integrität der deutschen Familie zu respektieren, wozu auch das Recht gehörte, den Kindern den Besuch von Abendveranstaltungen zu verbieten. Die HJ ihrerseits ermahnte Kinder zu Höflichkeit und Respekt in der Öffentlichkeit, insbesondere gegenüber Müttern, und es gibt sehr wenig Beweise für den später aufgekommenen Mythos, Kinder wären dazu angehalten worden, ihre Eltern auszuspionieren. Tatsächlich kam es innerhalb von Familien äußerst selten zu Denunziationen bei der Polizei. Die Jugendlichen mochten eifrig in der Umgebung herumschnüffeln, aber sie waren weniger dazu bereit, ihre nächsten Angehörigen zu verpfeifen, als Erwachsene.[37]

Trotz allem Gerede vom Gürtelengerschnallen und von Pflichterfüllung bot der Krieg auch Gelegenheit, sich stärker gehen zu lassen. Dierk Sievert begrüßte die Gelegenheit, der Eintönigkeit seines letzten Schuljahres zu entfliehen und zehn- bis vierzehnjährige Jungen beim Jungvolk auszubilden. Anfang April 1940 verbrachte er weit mehr Abende im Theater und im Kino als bei der Hitlerjugend. Innerhalb einer Woche sah er *Peer Gynt* in der Oper, einen Liebesfilm *Dein Leben gehört mir* im Kino und Goethes *Iphigenie* im Stadttheater. Ein Teil der Verlockung des militärischen Lebens bestand darin, den elterlichen Restriktionen zu entkommen. Dierks älterer Bruder Günther brachte bei seinen Urlauben von der Front neue Gewohnheiten und lockere Sitten mit und verführte Dierk zu schweren Saufgelagen und zum Kartenspiel. Er ließ den kleineren Bruder sogar die Ausgangssperre brechen, die über Minderjährige verhängt war, und nahm ihn mit seinen Freunden und seiner Freundin mit, wenn sie ausgingen. Am 21. Dezember 1940 vertraute Dierk reumütig seinem Tagebuch an: »Wenn Günther hier ist, werden wir alle in der Familie zu Säufern.«[38]

Gänzlich aus der Hitlerjugend auszusteigen rächte sich allerdings spätestens dann, wenn Jungen aus der Arbeiterschicht von der Schule abgingen. Der dreizehnjährige Fritz Theilen wollte bei Ford in Köln arbeiten und mußte erkennen, daß nur Lehrlinge, die in der Hitlerjugend waren, eingestellt wurden; der örtliche HJ-Führer wich von dieser strikten Haltung auch dann nicht ab, als Dierks Vater im Urlaub zurückkam, persönlich eingriff und den jungen Funktionär mit seinem Dienstrevolver bedrohte. Die Vermittlung eines alten Kollegen von Fritz' Vater, eines

Werkmeisters, hatte da mehr Erfolg, und Fritz war bald darauf nicht nur wieder in der HJ, sondern, zusammen mit anderen Lehrlingen von Ford, in der Elite der Motor-HJ.[39]

Die abwesendenVäter konnten das Verhalten ihrer Kinder allenfalls durch Briefe beeinflussen. Der Vater des neun Jahre alten Richard appellierte an dessen Männlichkeit. Als er den Jungen aufforderte, sich auf seine Zukunft als Soldat vorzubereiten und zu lernen, wie man Socken stopft, versicherte er ihm: »Ich mache es hier auch u. es ist gut, wenn Du es auch kannst.« Väter fragten in ihren Briefen an die Kinder nach deren Fortschritten in der Schule. Kinder, die nicht recht wußten, was sie ihren Vätern erzählen sollten, waren häufig sehr erpicht darauf, für sie vorteilhafte Themen zu entdecken. Von Mißerfolgen beim Klavierspiel wurde zurückhaltend berichtet, von guten Noten in Mathematik, Englisch oder Latein hingegen mit Stolz. Manche Kinder schrieben, wie ihre Mütter diese Erfolge mit besonderen Ausflügen belohnten. Einige Väter vergaßen auch nicht, Geld zur Belohnung zu schicken. Richards Vater forderte ihn sogar auf, ihm die Hausaufgaben zu schicken, damit er sie lesen konnte. Da der Junge lieber Bilder malte, fühlte sich sein Vater berufen, die Bilder zu »verbessern«, um seinem Sohn beizubringen, wie man ordentlich eine Perspektive zeichnet.[40]

Väter mußten auch erklären, warum sie zum Geburtstag der Kinder, an Weihnachten oder an Pfingsten nicht nach Hause kommen konnten, ohne sagen zu dürfen, was sie gerade taten. Dunkle Andeutungen auf kommende »große Dinge« befriedigten kaum die Neugierde der Kinder, die sich schwer vorstellen konnten, wo ihre Väter waren oder was sie taten. Der zehnjährige Detlef war über den Kriegsausbruch so aufgeregt, daß er seinen Vater bat, ihm ein Bild seines Bunkers zu zeichnen und schickte seinerseits eine eigene Version mit der Bildunterschrift: »Sieht der Bunker so aus?«[41]

Ein anderer Vater riet seiner Tochter, Fotografien in den Zeitschriften anzuschauen, da er keine Fotos seines Bunkers machen konnte. In der Zeit des »Sitzkrieges«, vor der Invasion Frankreichs, glichen die Briefe von der Westfront Reiseberichten. Rosemaries Vater schrieb aus seiner untätigen Artilleriestellung am Rhein von den schneebedeckten Berggipfeln des Schwarzwalds. Als die Temperaturen unter -25 Grad fielen, stürzten die geschwächten Vögel von den Ästen, und er und sein Kamerad

Sepp fütterten sie nun am Fensterbrett des Bunkers. Er meinte, der Ort wäre so gemütlich geworden, daß jemand, der zufällig vorbeikäme, kaum glauben könnte, er hätte seine gut getarnten Geschütze innerhalb von drei Minuten einsatzbereit. Glücklicherweise hatten die »braven« Franzosen das Feuer bis jetzt noch nicht eröffnet, obwohl deren Scharfschützen seine Offiziersmütze auf zweihundert Meter ohne weiteres hätten treffen können. Vielleicht sahen sie ihm auch gern dabei zu, wie ihm das Wild aus der Hand fraß.[42]

Den ganzen Zweiten Weltkrieg hindurch spielten die Kinder Kriegsspiele. Von ihrer Internatsschule in Kulmbach schrieb die zwölfjährige Rosemarie ihrem Vater in seiner Artilleriestellung und feierte ihre Taten im ersten Kriegswinter. Einmal, als sie in der Turnhalle unbeaufsichtigt waren, verprügelten die Mädchen die Jungen, die versucht hatten, sie in einer Mauer aus Tischen und Stühlen einzuschließen. In seiner westfälischen Stadt konnte der zehnjährige Detlef seinem Vater von einigen aufregenden Schlachten Mitteilung machen, so beschrieb er, wie seine Seite »unter mörderischem Feuer« ihre Position wiedereroberte. Sie benutzten Stöcke als Handgranaten, doch der »Feind« warf mit Steinen. Detlef hatte daraufhin den Angriff mit seinem »Säbel« angeführt und den Feind vorübergehend in die Flucht geschlagen. »Aber von uns heulte keiner, und wir siegten.«[43]

So wie kleinere Kinder die älteren Brüder vor dem Krieg um ihre HJ-Uniformen mit den Führerschnüren und Litzen beneidet hatten, gierten sie jetzt nach militärischen Trophäen und den Insignien des Feindes. Der achtjährige Christoph Meyer schrieb seinem älteren Bruder Werner und bat, ihm ein französisches Käppi und Achselklappen nach Hause zu schicken, damit er ordentlich als »General« auftreten konnte. Zwei Jahre später schrieb Christoph noch immer von den Treffen der Jungen von Eisersdorf, die er »im Krieg gegen Rengersdorf« angeführt hatte.[44]

So dringlich Christoph die Kriegsspiele auf den neuesten Stand bringen wollte, so folgte er doch einer alten Tradition des Kampfes der Jungen eines Dorfes gegen diejenigen eines anderen. In den Städten bildeten Jungen aus der Arbeiterschicht Banden und Cliquen, die sich um nahe Plätze auf der anderen Seite der Trambahnen oder des Kanals balgten. Solche Kämpfe wurden seit Hunderten von Jahren in Stadt und Land ausgetragen. Bei diesen unbeaufsichtigten Spielen übernahmen ältere Jungen die

Führung. Nur die Rollen, welche die Kinder einnehmen wollten, änderten sich im Laufe der Zeit. 1810 wollten die Kinder in Köln »König« oder »Räuberhauptmann« sein. In der Zwischenkriegszeit spielten deutsche und österreichische Kinder »Räuber und Gendarm«.[45] Kriegskleidung wie Christophs Käppi mochten ihm zusätzliche Ehre einbringen, änderten aber an seiner Freude am Spiel, das er und seine Freunde spielten, nichts. Rollenspiel und Spiele überhaupt hatten sich seit der Zeit, als Jungen noch »König« und »Räuberhauptmann« spielten, nicht grundlegend geändert. Erst am Ende des Kriegs sollte sich das Rollenspiel in Deutschland anders entwickeln; im besetzten Polen hatten solche Spiele jedoch bereits eine dramatische Mutation erfahren.[46]

Vorläufig erlebten deutsche Kinder diesen Krieg durch bunte Karten in der Schule und gespreizte Militärbulletins im Rundfunk, aus den Gesprächen der Erwachsenen und durch Briefe an abwesende Väter und Brüder, für die besondere Dinge wie richtige Federn anstelle von Glasfedern, die die Tinte über die ganze Seite spritzten, erforderlich waren. Zwei Monate nach der Einberufung seines Vaters hatte sich Detlef an einen Soldaten im Sanitätskorps gehängt, der freundlich mit den Pferden umging, Detlef manchmal Süßigkeiten gab und ihn von seinem Kommißbrot und der Wurst probieren ließ. Manche kleinen Kinder brachten die Soldaten zum Lachen, wenn sie hinter ihnen herliefen und »Papa, Papa!« riefen.[47]

Bald war die Frage nach Neuigkeiten vom Krieg ein guter Trick, um strenge Lehrer davon abzulenken, Hausaufgaben aufzugeben oder Diktate schreiben zu lassen. So sprangen in Hindenburg in Oberschlesien Martha Jahn und ihre Klassenkameradinnen mit ihrer strengen Englischlehrerin um, die ein Holzbein hatte. Die Kriegsnachrichten waren häufig nicht besonders interessant, und die abwesenden Väter rückten in noch weitere Ferne. Lehrer planten während der Deutschstunden Zeit ein, damit die Kinder an ihre Väter und Brüder an der Front schreiben konnten, aber oft genug war das eine eher langweilige Aufgabe, und es viel ihnen nichts ein. Manche Lehrer diktierten den Kindern sogar Briefe. Ohne dessen gewahr zu werden, verloren die Kinder nach und nach den Kontakt mit ihren Vätern.[48]

Sekundarschulen ermunterten die jungen Mädchen auch, neue Verbindungen zu knüpfen, wenn sie ihnen aufgaben, an Soldaten zu schreiben. Gemäß eines in Deutschland und Österreich im Ersten Weltkrieg eingeführten Brauchs, den man wiederaufleben ließ, strickten die Mädchen Socken und Handschuhe für die Männer an der Front als vaterländische »Liebesgaben«. Manche solcher Brieffreundschaften gediehen zu lebhaften Korrespondenzen und förderten schwärmerische Beziehungen zwischen eingezogenen Männern und Mädchen an der Heimatfront. Zeiten militärischer Untätigkeit während des Krieges machte es Soldaten möglich, die Zivilisten mit dem Glanz ihres kriegerischen Berufs zu beeindrucken, und die Anwesenheit der Truppen in deutschen Städten machte die persönliche Verehrung zu einem – wenn auch meist sexuell unschuldigen – Massenphänomen. Dorothea Dangel stand in ihrem ostpreußischen Dorf in der Nähe von Rastenburg mit ihrer Freundin so lange Zeit an der Straße, winkte und warf den vorbeiziehenden Soldaten Blumen zu, daß sie Ärger mit ihrem Vater bekam.[49]

In Viersen, einer Stadt nahe der holländischen Grenze, konnten sich die Bewohner nicht erinnern, je etwas dergleichen erlebt zu haben: Einheit auf Einheit wurde im Winter und Frühjahr 1939/40 in der Stadt einquartiert; sie brachten Schwung in die Kneipen und verdrehten den Mädchen die Köpfe. Zuerst kam die Infanterie, und Leutnant Lemke erhielt das Gästezimmer in Herta Slenders geräumigem Einfamilienhaus. Sein Bursche verstand sich auf Anhieb mit dem Hausmädchen. Nach der Infanterie kamen zwei Pioniere, danach das Lewinski-Panzer-Regiment, das für sechs Monate blieb. Während der im Gästezimmer einquartierte Hauptmann seine Zeit gern in Ruhe lesend verbrachte, trieb sich der Bursche in der Küche herum. Auch der andere Offizier im Haus, ein Oberleutnant, den alle »den Chef« nannten, weil er eine Kompanie kommandierte, kam bisweilen dazu und neckte die Mädchen oder begeisterte die Kinder in der Küche. Als Max, der jüngere Bruder des »Chefs«, auch noch eintraf, wurde er sogleich ein Teil der Familie, und die Kinder nannten ihn einfach bei seinem Spitznamen »Mäxchen«, den er bei sich zu Hause hatte. Hertas vierjährige Schwester hatte alle Männer in der Hand, rutschte auf ihren Knien herum, und Offiziere und Mannschaft schlüpften nach und nach in die Rolle von älteren Brüdern und Onkeln. Die Männer kamen bester Laune geradewegs aus dem Krieg gegen Polen, und zum großen Vergnügen der älteren Kinder mußten sie über das Balkongeländer klettern und auf Zehenspitzen die Treppe hochschleichen, wenn sie in der Nacht zu spät nach Hause kamen. Eines

Nachts erwischte Hertas Mutter die Männer dabei, wie sie mit der elektrischen Eisenbahn spielten, die sie auf dem Boden in der Dachkammer gefunden hatten. Herta und ihre Brüder konnten bald Bruchstücke von Soldatenliedern auswendig singen. Das einzige, was Herta Kummer machte, war, daß niemand sie für erwachsen hielt, obwohl sie sich ihre Zöpfe hatte abschneiden lassen. Sie konnte nur warten und davon träumen, älter als 13 Jahre zu sein, wohingegen die Männer zum letztenmal Knabenspiele spielten.[50]

Im Morgengrauen des 10. Mai 1940 rückte das Panzerregiment im Anschluß an den deutschen Angriff auf Holland zur Grenze vor. Bevor sie abrückten, machten sie noch ein letztes Foto im Garten mit Ulla auf Mäxchens Knien und schickten es seiner Mutter auf dem Familiengut im Osten. In den kommenden Tagen strömte Militär durch Viersen auf dem Weg nach Holland, und die ganze Stadt kam heraus und bot ihnen zu essen und zu trinken an. Häufig waren die Männer zu müde, um zu reden, und hatten keine Zeit anzuhalten, so daß die Kinder neben ihnen herrennen mußten, um die Becher, aus denen sie getrunken hatten, wieder einzusammeln. Herta Slenders erfuhr bald, daß Leutnant Lemke, der als erster bei ihnen einquartiert worden war, den Infanterievorstoß über die holländische Grenze angeführt hatte. Am 16. Mai winkten die Kinder den Männern zu, die in den Türöffnungen der langen Truppentransportzüge standen, mit denen sie zur Front gebracht wurden. Oft mußten die Züge anhalten und auf eine zweite Lokomotive warten, die die lange Reihe von Viehwaggons mit ihren laubgetarnten Dächern die kleine Anhöhe hinaufziehen sollte. Dann rannten die Kinder zum Bahndamm hinunter, um den Männern etwas zum Trinken zu bringen.

Am 17. Mai kam ein Telegramm, in dem stand, daß Mäxchen am Rükken verwundet war und in einem Lazarett in Aachen behandelt wurde. Da seine Mutter ihn nicht besuchen konnte, weil alle Züge für militärische Zwecke eingesetzt wurden, war sie auf Nachrichten über seine Verwundung und seine Genesung von Hertas Mutter angewiesen, was die Beziehung zwischen den beiden Familien vertiefte. Am 24. Mai traf die Nachricht ein, daß Max über das Schlimmste hinweg war. Am 28. erwähnt Herta in ihrem Tagebuch die Kapitulation Belgiens und am 4. Juni feiert sie den Fall Dünkirchens in der Hoffnung, daß das Regiment auf dem Rückmarsch durch Viersen käme. Am 14. Juni, gerade einmal fünf

Wochen nach Überschreiten der holländischen Grenze, erfuhr Herta, daß die Wehrmacht in Paris einmarschiert war; und sie begann die Tage zu zählen, bis das Panzerregiment wiederkäme. Endlich, nach einigen einzelnen Besuchern und mehreren falschen Alarmen, stattete das Regiment Anfang Dezember Viersen einen Besuch ab und gab ein Siegeskonzert in der Stadthalle mit Märschen. Der Kommandeur der ersten Kompanie hielt einen Vortrag über die »Erfahrungen des Regiments in Frankreich«. Für Herta aber war der Höhepunkt des Abends, daß sie Max begleiten und am nächsten Tag in der Schule fehlen durfte.[51]

In den zwanziger Jahren wurde den Schulkindern beigebracht, daß Frankreich der »Erbfeind« sei. Nun lag es wie ein Monstrum aus der Mythologie besiegt am Boden. Die Wochenschau zeigte im ganzen Land vor jedem Film Bilder deutscher Soldaten in perfekten Uniformen, die in Reih und Glied durch den Arc de Triomphe ins Sonnenlicht marschierten – und die Anzahl der Kinobesucher hatte sich im Lauf von zwei Jahren verdoppelt. Vergessen war, daß England noch nicht geschlagen war, vergessen die üblichen Nörgeleien über Knappheit und die arrogante Korruptheit der höheren und niederen Nazibonzen; die Menschen jubelten Hitler zu und, wie der Regierungspräsident von Schwaben berichtete: »Das Heranreifen des weltgeschichtlichen Erfolges verfolgten alle in atemloser Spannung, mit stolzer Bewunderung und freudigem Dank gegenüber dem genialen Führer und seinen tapferen Truppen. Dies um so mehr, als unsere Verluste wieder verhältnismäßig gering waren.« Diejenigen, die nach dem Anschluß Österreichs oder der Zerstückelung der Tschechoslowakei noch immer Vorbehalte gehegt hatten, konnten jetzt den nationalen Messias erkennen. Hitler hatte dem deutschen Volk ständig gepredigt, daß es seit der Kapitulation von 1918 von einem stählernen Ring von Feinden umgeben sei. Auch nach der Eroberung Polens war den Deutschen zum Feiern zumute gewesen, aber jetzt wurde jedes neue Foto des Führers von lebhaften Diskussionen über seinen Gesichtsausdruck, sein Aussehen, ob er ernst war oder lachte, begleitet. Die Leute suchten in der Wochenschau nach seinem Bild und waren enttäuscht, wenn sie nur andere Führer sahen.[52]

Hitler hatte etwas erreicht, was nur neun Monate früher für unmöglich gehalten worden war: Er hatte dem deutschen Volk einen weiteren Weltkrieg vom Ausmaß des ersten erspart. Der Blitzkrieg machte den

Krieg kurz und verschonte die Zivilbevölkerung vor den schrecklichen Entbehrungen, die sie von 1914 bis 1919 erlitten hatte. Und vor allem gab es nicht allzu viele deutsche Opfer. Die Wehrmacht meldete vom Frankreichfeldzug 26 500 Tote, im Vergleich zu den zwei Millionen Gefallenen von 1914–18. Die Wehrmacht mußte die Zahl der Todesopfer zwar noch nach oben korrigieren, doch auch so hatte das Land, wenn der Krieg in diesem Sommer zu Ende ging, was alle erwarteten, bei der Eroberung der Tschechoslowakei, Polens, Dänemarks, Norwegens, der Niederlande, Belgiens, Luxemburgs und Frankreichs gerade einmal 62 000 Mann verloren. Als Hitler eine Woche Glockenläuten und zehn Tage Beflaggung anordnete, kamen dem die meisten Deutschen begeistert nach.[53]

Gretel Bechtolds Mutter gehörte zu den wenigen, die diese Freude nicht teilten. Für sie war der Triumph vom Tod ihres Sohnes Walter überschattet. Er fiel als Artillerist in der Nähe von Langemarck. Weder die Nähe zum legendären Schlachtfeld vom November 1914 noch die Gewißheit, daß ihr Sohn »sein Leben für die Größe und den Bestand von Volk, Führer und Krieg hingegeben hat«, trösteten sie. Tatsächlich waren die Opfer für so einen kurzen Feldzug relativ hoch, und Frau Bechtold begann wie besessen Todesanzeigen aus der Lokalzeitung auszuschneiden. Walter war der vierte Mann aus ihrem Ort, der gefallen war. Seine jüngere Schwester Gretel hatte ihm zuletzt am 16. Mai geschrieben und ihm aufgeregt von der neuen Taube erzählt und wie das Gerümpel ihres Vaters im Keller sie während des ersten, kurzen Bombenangriffs der RAF daran gehindert hatte, den Schutzraum aufzusuchen. Jetzt hatte sie ihren engsten Vertrauten in der Familie verloren.[54]

Als Rosemarie im Juni in Krumbach die Kriegsbilder im Film *Der deutsche Einmarsch in Holland und Belgien* sah, war sie vom Ausmaß der Zerstörungen erschüttert, obwohl die Macher des Films sehr darauf bedacht waren, keine Bilder menschlichen Leidens zu zeigen. Der reichlich sterile Streifen kam ihr »sehr echt« vor. Sie mochte sich nicht vorstellen, was wäre, wenn an Stelle des reifenden Getreides und des Heus, das in Süddeutschland bereits eingeholt wurde, »Granatlöcher, zusammengeschossene Dörfer, überhaupt das ganze verwüstete Land Deutschland wäre«. In der Hoffnung, daß der Krieg bald vorbei sein werde, gab sie sich damit zufrieden, sich ihre Zukunft in den Kolonien vorzustellen. Obwohl viele deutsche Kinder ihr Interesse für die Kolonien teilten, teilten in diesem Sommer nur wenige ihre Sorgen. Denn mit dem Dröhnen der Flugzeugmotoren, dem Singen und der Kameradschaft in der Pilotenkanzel der Flugzeuge berauschten sich viele Kinder und Erwachsene an der atemberaubenden technischen Macht am Himmel; die Bomben fielen im Zeitlupentempo mit Begleitmusik, bevor sie aufprallten und die polnischen Straßen zerschlugen. Der Film bestätigte einmal mehr, daß Polen den Krieg auf Betreiben Englands und Frankreichs angefangen hatte. Unterdessen lösten die ersten Nachrichtenbilder schwarzer französischer Kriegsgefangener spontane Empörung beim Kinopublikum aus, und Rufe wurden laut, man solle sie auf der Stelle erschießen.[55]

Im ganzen Land hörten sich Kinder wie Erwachsene begierig die Kriegsgeschichten der Veteranen an. In diesem Sommer traf Karl-Heinz Bödecker einen Freund seines Vaters auf der Straße und nahm ihn mit nach Hause. Der dreizehnjährige Junge war erstaunt und erfreut darüber, wie die »Preußen« diesen nachlässigen Mann in einen schneidigen und ordengeschmückten Soldaten »zurechtgestutzt« hatten. Er beeindruckte Karl-Heinz auch damit, daß er so höflich und aufmerksam wie eh und je geblieben war; er lehnte es ab, daß seine Mutter für ihn ein Bad einlaufen ließ oder ein Bett für die Nacht herrichtete, obwohl er eindöste, als er am Nachmittag Schallplatten anhörte. Als Karl-Heinz' Vater nach Hause kam, schenkte er Likör ein und alle schwiegen, denn der Freund des Vaters begann zu erzählen. Er sprach von seiner anfänglichen Angst, beim Angriff getroffen zu werden, und verharmloste seine Verwundung. Der Deutschlehrer von Karl-Heinz benotete dessen eher typisch jungenhaften Versuch, den Krieg nachzuerzählen, mit »gut«.[56]

Mittlerweile berichteten die Wehrwirtschaftsinspektionen, daß selbst Arbeiter in geschützten Berufen ungeduldig darauf brannten, einzurücken. Dierk Sievert in Osnabrück wollte als Freiwilliger zur motorisierten Infanterie, erfuhr aber, daß er mit siebzehn zu jung war und in jedem Fall noch den obligatorischen Arbeitsdienst ableisten mußte. Da sie die Abiturvorbereitungen und der Dienst in der Hitlerjugend langweilten, gingen er und seine Freunde zum Reichsarbeitsdienst, um herauszufinden, wann sie mit einem Posten rechnen konnten. Das Heer mit seinen mächtigen Motorrädern, den automatischen Waffen, Ledermänteln, Feldstechern und vor allem den siegreichen Panzern übertraf alles andere. Wenn diese jungen Menschen sich dagegen sträubten, Lateinauf-

gaben zu machen und Gruppendiskussionen für zehn- bis vierzehnjährige Jungvolkmitglieder zu führen, dann deshalb, weil sie spürten, daß
alles, was sie bisher getan hatten, eine Vorbereitung auf diesen Moment
gewesen war. Und jetzt machte es den Eindruck, daß sie Gefahr liefen,
den Krieg vollends zu verpassen. Macht und Militärtechnik übten aber
eine Anziehungskraft selbst auf jene aus, die den deutschen Krieg nicht
für moralisch gerechtfertigt hielten. Thomas Gève in Berlin besorgte sich
eine HJ-Uniform als Verkleidung, um sich in die Ausstellung von erbeu-
tetem französischem Kriegsmaterial hineinzuschleichen, deren Besuch
Juden verboten war.[57]

Im Sommer 1940 wurden die Schulferien verlängert, damit die Kinder
aufs Land gehen konnten, um bei der Ernte mitzuhelfen. Für viele Kinder
mochte der Sinn und Zweck dieser Sommerlager durch den Text dieses
Liedes treffend zusammengefasst sein:

> Aus grauer Städte Mauern
> ziehn wir durch Wald und Feld.
> Wer bleibt, der mag versauern,
> wir fahren in die Welt.[58]

Jedenfalls führte die Hitlerjugend eine Liste der wenigen, die nicht mit-
machten, und gab deren Namen zu Beginn des Schuljahres im Herbst
an die Schulen weiter, damit diese geeignete disziplinarische Maßnahmen ergreifen konnten. Aber nicht nur deutsche Frauen und Halbwüchsige waren als »Freiwillige« im Erntedienst. In diesem Sommer wurden
1,2 Millionen französische und englische Kriegsgefangene nach Deutschland gebracht. Die meisten blieben nur so lange in den Kriegsgefangenenlagern, bis man sie Bauernhöfen oder Baustellen zugeteilt hatte.
Die Operation verlief reibungslos: das Oberkommando des Heeres, das
Reichsarbeitsministerium, die Deutsche Arbeitsfront, die Polizei, örtliche Parteidienststellen und Regierungsbehörden hatten nach dem Einsatz von 300 000 polnischen Kriegsgefangenen im Herbst und Winter
1939/40 gelernt, ihre Bemühungen zu koordinieren. Im Juli 1940 kamen
noch einmal 311 000 zivile polnische Zwangsarbeiter dazu.[59]

Die Arbeitsämter stellten eine Wunschliste minderer Arbeit für die
»rassisch minderwertigen« Polen zusammen, die von Forstarbeit, Berg-

bau und Arbeit auf dem Bau bis zu Ziegelherstellung, Arbeit im Steinbruch und Torfstechen reichte, alles Formen von »Straf- und Zwangsarbeit«, die die SS den Häftlingen in den Konzentrationslagern auferlegten. Parteifunktionäre und Polizei waren eifrig darauf bedacht, die sozialen Beziehungen zwischen Polen und Deutschen auf solche zwischen Angehörigen »des Herrenvolkes« und der »Sklavenschicht« »zu beschränken. Bis dahin trachtete die nationalsozialistische Politik danach, einen ethnisch homogenen deutschen Nationalstaat zu schaffen, doch jetzt wurde das Land von Ideen und einer Politik überspült, die früher vorwiegend in überseeischen Kolonien umgesetzt worden waren. Zwischen Frühjahr und Herbst 1940 bastelte die deutsche Bürokratie ein ökonomisches und soziales Apartheidsystem zusammen; es schloß sehr bald zivile Arbeiter aus Westeuropa mit ein, und dies in einem komplizierten Geflecht von Polizeivorschriften, Rassenschranken, kleinen Vorrechten und harten Strafen. Die Nazis hatten versprochen, aus Deutschland eine reine »Volksgemeinschaft« solidarischer Bürger zu machen, die für das Gemeinwohl an einem Strang zogen. Statt dessen waren in den Straßen mehr Fremdsprachen zu hören denn je zuvor.[60]

Besiegt und ohne Arbeit hatten viele Polen den deutschen Versprechungen über Bezahlung und Arbeitsbedingungen geglaubt und waren im Januar und Februar 1940 massenhaft in die Züge geströmt, die sie ins Reich brachten. Im April waren dann genügend Nachrichten aus Deutschland durchgesickert, so daß die Rekrutierungen zurückgingen, und die deutschen Behörden verlegten sich immer mehr auf Zwangsmaßnahmen. Alle Fünfzehnjährigen mußten sich der polnischen Verwaltung zur Arbeit melden. Im September 1941 wurde das Alter, in dem sich die polnischen Jugendlichen in dem neuen – und früher polnischen – Reichsgau Wartheland zur Arbeit registrieren lassen mußten, auf vierzehn Jahre gesenkt. Doch in der Praxis hatten die Deutschen ihre eigenen Verordnungen bereits überholt. In Posen wurde die zwölfjährige Helene B. direkt aus dem Klassenzimmer geholt und in einen dunkeln Güterwagen gesperrt. Auf dem Weg nach Berlin hielt der Zug an kleinen Dörfern, damit die Bauern Mädchen für die Arbeit auf ihren Höfen direkt vom Zug kaufen konnten; sie erinnerte sich, daß pro Kopf bezahlt wurde.[61]

Katya F. und ihr Vetter wurden im März 1940 auf der Straße aufgegriffen und unverzüglich nach Deutschland geschickt. Katya war dreizehn. Auf dem Hof im Regierungsbezirk Halle, wohin sie kam, wurde sie anständig behandelt, aber die Arbeit war lang und hart. Zusätzlich zum Melken der Kühe, Füttern der Schweine, Enten, Hühner und Gänse sowie dem Hoffegen ließ man Katya auch im Haus arbeiten, wo sie einmal in der Woche alle Räume putzen mußte. Die Betreuung der Kinder ließ sie jedoch das Herz der Familie gewinnen. Sie half Gerhard, der gerade in die Schule gekommen war, bei den Hausaufgaben, lernte auf diese Weise selbst deutsch und schaffte eine bleibende Beziehung zu dem Jungen. Die vierjährige Erika und die fünf Monate alte Brigitte hingen besonders an Katya; denn sie wusch und badete sie und gab den beiden zu essen.[62]

In dem Monat, als Katya nach Deutschland kam, gab die Regierung eine Reihe neuer Erlasse heraus. Polnische Arbeiter mußten nun ein gelbes »P« auf violettem Grund tragen, ihnen wurden öffentliche Verkehrsmittel und der Aufenthalt in Vergnügungsstätten verboten, sie wurden einer nächtlichen Ausgangssperre unterworfen und der Klerus erhielt Anweisung, Polen den Zugang zum deutschen Gottesdienst zu verweigern. Arbeitgebern wurde jegliche Fraternisierung mit Polen untersagt, besonders, ihnen zu gestatten, am gleichen Tisch zu essen. Und man sollte sie daran hindern, nach Hause zu schreiben, damit ihre Briefe nicht die Arbeiterrekrutierungen beeinträchtigten. Auf dem Land konnten die Bauern oft selbst entscheiden, wie weit sie diese Vorschriften beachteten. Katyas deutsche Familie erlaubte ihr nicht nur, am Tisch zu essen und mit der Bäuerin den katholische Gottesdienst zu besuchen, sondern sie ließ sie auch an ihre Familie schreiben. Katya blieb bis zum Ende des Krieges dort.

Viele dieser Arbeitskräfte waren dazu da, die Lebensmittelversorgung für die deutsche Bevölkerung zu gewährleisten, ein Ziel, dem man nachkam, indem dem gesamten besetzten Europa Lieferquoten auferlegt wurden. Im Vergleich zur letzten, verzweifelten, achtzehnmonatigen Hochrüstungsphase vor dem Krieg, ganz zu schweigen von den ersten neun Kriegsmonaten, als ein schrecklicher Mangel an Fett, Eiweiß und einer Reihe anderer lebenswichtiger Güter herrschte, hatten die Siege eine sofortige Verbesserung der Lebensmittelversorgung für die Bürger des Reiches zur Folge. Frisches Obst und Gemüse waren zwar immer noch knapp, dennoch waren die Deutschen mittlerweile die bbesternährten Zivilisten im Krieg. Solches Glück ging immer mehr unmittelbar auf

Kosten der besetzten Gebiete: Selbst Franzosen und Belgier mußten erleben, daß ihre Rationen schrumpften, wenn auch nicht in dem Maße wie bei den Polen.[63]

Dem kleinen Tomi Ungerer aus Logelbach blieb als Erinnerung an den Einmarsch im Elsaß, wie schnell die freundlichen deutschen Soldaten alle Waren in den Läden aufkauften, noch bevor sie die Juden vertrieben. Am 21. Juli 1940 nahm Dierk Sievert am frühen Morgen den Zug von Osnabrück, um seinen Bruder Günther in seiner Flakstellung in Friedrichsfeld am Niederrhein zu besuchen. Er brachte alle möglichen Süßigkeiten mit nach Hause, die Günther in Holland gekauft hatte, außerdem Sekt, Wein, Seife und Kakao. Zwei Monate später schickte Günther ein Paket mit Speck, Butter und einem Huhn aus Greven nach Hause. Als Angehöriger einer motorisierten Einheit hatte er es besonders leicht, Waren aus den besetzten Gebieten mitzubringen, und es gelang ihm auch, ein teures, aber sehr gesuchtes Rundfunkgerät von Philips zu kaufen. Besonders Frankreich galt als ein wahres Schlaraffenland, wo alle guten Waren von Strümpfen bis zu edlen Weinen zu haben waren. Als Maranja Mellins Vater im April 1942 aus Paris zurückkehrte, ächzte der Tisch bald unter dem Gewicht der Leckereien, von Mandeln über Birnen, Zimt, Pasteten bis zu in Schinken gewickelten Karotten, ganz abgesehen von Briefpapier, Nähzeug, Strümpfen, Handschuhen, Gürteln, Waschmittel, Schuhen, Seifen und Bettlaken, die er auch noch mitgebracht hatte. Maranja staunte über das alles und meinte in ihrem Tagebuch: »Das is jetzt so Sitte in Deutschland geworden. Wo die Männer sind, da kaufen sie. Entweder in Holland, Belgien, Frankreich, Griechenland, Balkan, Norwegen usw.«[64]

Weil Väter, Brüder und Onkel knappe rationierte Waren wie Fleisch und Obst oder Kleidung, Schuhe und gute Seife nach Hause schickten, entstand mit der Zeit auch ein kleiner Schwarzmarkt. Zigaretten wurden die Währung für den einfachen Tausch, eine Art Tauschgeld, wie der Sicherheitsdienst bemerkte, als man herausfand, daß weit mehr Frauen volle Zigarettenrationen bezogen, als es tatsächlich Raucherinnen gab. Im Lauf des Krieges entwickelte sich der Schwarzmarkt, belebt einerseits von den Waren, die in deutsche Haushalte flossen, andererseits durch den Hunger der Millionen ausländischer Arbeiter. Viele Zwangsarbeiter auf den Höfen versuchten sich bei den Bauern, deren Gnade sie ausgeliefert waren, beliebt zu machen, indem sie Kinderspielzeug reparierten oder den Kindern Spielsachen schnitzten.[65]

Ausländer aus aller Herren Länder und Deutsche kamen über den Schwarzmarkt und die Arbeit, durch religiöse Zugehörigkeit und Mahlzeiten in den Familien, durch sexuelle Anziehung, Kinderbetreuung und das Kino miteinander in Kontakt, wie sehr man auch bemüht war, mittels Polizeiverordnungen, durch wachsame Nachbarn und öffentliches Aufhängen von Polen »Herren« und »Sklaven« zu trennen. In der Pfalz sah man uniformierte Hitlerjungen polnische Mädchen ins Kino ausführen. Überall warfen deutsche Kinder Steine und Schneebälle nach polnischen Männern. Doch der Sommer 1940 ließ hoffen, daß alle diese Gefährdungen durch Fremde mit ihren merkwürdigen Sprachen und Bräuchen nur vorübergehend sein würden. Es war gut, Deutscher zu sein, und es war an den Engländern einzugestehen, den Krieg verloren zu haben.[66]

Die Royal Navy hatte während des Kampfes um Norwegen im Frühjahr 1940 die Hälfte aller deutschen Überwasserkriegsschiffe versenkt oder beschädigt, so daß ab dem 1. Juli nur noch ein schwerer und zwei leichte Kreuzer und vier Zerstörer einsatzfähig waren. Am 3. Juli griffen britische Schiffe die französische Flotte in Mers-el-Kebir an und versenkten sie, damit sie nicht in deutsche Hände falle. Das deutsche Heer, das in den Häfen in Bereitstellung lag, konnte nur über den Ärmelkanal setzen, wenn die Luftwaffe die Lufthoheit gewann und die Royal Navy bombardierte. Deshalb begannen in Norwegen, Frankreich und in den Niederlanden stationierte Bomberstaffeln Angriffe auf britische Flugplätze und Radarkontrollen zu fliegen.[67]

Als die Verluste auf beiden Seiten zunahmen und die Verteidigungskraft der RAF ihre Grenzen erreichte, kam es zu einem Versehen: Am 24. August 1940 bombardierten hundert deutsche Flugzeuge das East End von London und trugen damit zum erstenmal den Krieg in die britischen Städte. Dies geschah nicht auf – sondern tatsächlich gegen – Hitlers Befehl, der sich diese Entscheidung ausdrücklich vorbehalten hatte, da ihm klar war, daß dies eine Eskalation des Kriegs zur Folge haben würde, die wahrscheinlich am besten auf den Einsatz von Bodentruppen in der Invasion abzustimmen war, so wie bei den Bombardierungen von Warschau und Rotterdam. Obwohl es für die Luftwaffe erheblich leichter war, England von ihren neuen kontinentalen Basen aus zu erreichen, als für die RAF, Schläge gegen Deutschland auszuführen, befahl Churchill eine sofortige Antwort. In der Nacht vom 25. zum 26. August griffen zweiundzwanzig britische Bomber Berlin an und verursachten leichte Schäden. Dennoch waren die psychischen und strategischen Konsequenzen beachtlich. Am 24. September 1940 schwor Hitler im Berliner Sportpalast: »Wir werden ihre Städte ausradieren! Wir werden diesen Nachtpiraten das Handwerk legen, so wahr uns Gott helfe.« Als dieser erste Teil der Luftschlacht um England Ende Mai schließlich vorüber war, zählte Großbritannien 43 000 tote Zivilisten, aber es hatte die Lufthoheit über dem eigenen Land zurückerobert.[68]

Obwohl Hermann Göring weiterhin populär blieb, fing man doch an, sich über ihn lustig zu machen, weil er versprochen hatte, es würden keine Bomben auf Deutschland fallen, er wolle »Meier« heißen, wenn dies einträfe. Der Name setzte sich durch. Die deutschen Behörden begannen in der Hauptstadt ein Bunkersystem zu bauen, und die neuen und noch seltenen Bombenlücken wurden eine Touristenattraktion. Thomas Gève fand sie mindestens so faszinierend wie die Ausstellung zum erbeuteten Kriegsmaterial. Er zog wieder seine HJ-Uniform an, um seine jüdische Identität zu verbergen, und stellte Listen zerbombter Gebäude in der Stadt zusammen, die durch die Enthüllung, daß »man [...] ihnen bis ins Herz sehen [konnte]«, wie von einem zwölfjährigen Voyeur gezeichnet wirkten.[69]

Die Vorstellung der Kinder vom Feind war ebenso unterschiedlich wie die ihrer Eltern. Voller Begeisterung für die Sache hatte der zehnjährige Detlef am 30. September 1939 seinem Vater Bilder von einem Flieger und einer Bombe geschickt, »wo mit die Engländer etwas auf die jüdische Nas kriegen«, und fügte aufgeregt hinzu: »Hast Du auch schon die Schwarzen gesehn?« Aber die gleichen Lehrer, die die Mär von der Macht der jüdischen Weltverschwörung in die Köpfe ihrer Schüler hämmerten, brachten ihnen während des Krieges Englisch bei und zeigten Hochachtung für die englische Kultur, deren Sportgeist und Literatur. Kinder sprachen von den »Engländern«, niemals von »Briten«, vielleicht weil die keltischen Randgebiete diese weniger germanisch erscheinen ließen; daß sie über ihre »englischen Blutsbrüder« verwirrt waren, ist nicht weiter verwunderlich. Vieles an der Vorstellung von einem deutschen Kontinentalreich bezog seine Anregungen vom englischen Weltreich. In Deutschland hatte in der Weimarer Republik die Anglophilie eine seltene Blüte erlebt, sondern das Hitler-Regime hatte sich in Großbritannien soziale Anerkennung und ein Bündnis mit ihm erhofft. Während Rosemaries Vater auf den Beginn des Angriffs auf Frankreich wartete, dachte er an die Zukunft und riet ihr, Englisch zu lernen. »Wenn auch die Engländer unsere Feinde sind, so ist es doch notwendig und nützlich ihre Sprache zu erlernen, weil eben meines Wissens mehr als 300 Millionen Menschen Englisch sprechen (denke nur an Amerika und an den Fall, daß wir in Afrika Kolonien bekommen, deren Einwohner nur Englisch sprechen können).« Er brauchte sich keine Sorgen zu machen. Ihre Noten in Englisch waren weiterhin ausgezeichnet. Als die Luftschlacht um England wütete, gab es für die Kinder ein neues Brettspiel, das »Stukas greifen an« hieß, und sie wurden in der Schule, im BDM und in der HJ aufgefordert, »Bomben, Bomben auf Engeland!« zu singen. Shakespeare blieb der meistaufgeführte Dramatiker im Dritten Reich.[70]

Noch seltsamer ist, daß ein Swing-Festival in Hamburg mehr als 500 junge Leute anzog. Zu englischer und amerikanischer Musik waren nur Swing und Jitterbug als Tänze zugelassen. Mit einem gezielten Angriff auf die Empfindlichkeiten der Nationalsozialisten trugen Jugendliche, die es sich leisten konnten, englische Sportjacketts mit einem Hemdenknopf im Knopfloch und Antony-Eden-Hüte und verwandelten Chamberlains vielbelachten Regenschirm in ein modisches Accessoire. Die Mädchen trugen langes Haar, hatten die Fingernägel lackiert, die Augenbrauen nachgezogen und, um den Angriff auf das nationalsozialistische Ideal der ungeschminkten, in flachen Schuhen einherkommenden deutschen Frau vollkommen zu machen, hatten sich die Lippen geschminkt. Sie versuchten sogar, sich nur auf englisch zu unterhalten, was sich allerdings als zu schwierig erwies, so daß man an einigen Tischen auf französisch überging. Als wäre dies noch nicht schlimm genug: »Die Tänzer waren ein schrecklicher Anblick«, schäumte ein Beobachter aus der Hitlerjugend. Er sah zwei Jungen mit einem Mädchen tanzen und andere Tänzer hüpfen, die Hinterköpfe aneinander reiben, sodann sich paarweise vorbeugen, daß das lange Haar in ihre Gesichter schlug. Als die Band mit einem Rumba einsetzte, gerieten die Tänzer offenbar in »wilde Ekstase« und sangen auf englisch mit. Und als die Band immer schneller und schneller spielte, standen alle auf und machten mit. Auf der Bühne

tanzten mehrere Jungen miteinander, alle mit Zigaretten in beide Mund-
winkel geklemmt.[71]

Zur Bestürzung der Führung sowohl der Hitlerjugend als auch der SS
schossen auch in anderen Städten, die wie Hamburg schon immer nach
Großbritannien oder Frankreich geblickt hatten, private Swingclubs aus
dem Boden, so in Städten wie Kiel, Hannover, Stuttgart, Saarbrücken
und Karlsruhe, wo betuchte Halbwüchsige vom Jazzfieber gepackt wurden und dem lässigen englischen »Look« verfallen waren. Auch in Berlin,
Dresden, Halle und Frankfurt gab es einige. Trotz ihrer Empörung verboten die Behörden solche Anlässe nicht immer, aber sie lösten oft gewalttätige Konfrontationen mit der Hitlerjugend und der Polizei aus, so wie
dies deutsch sprechende, nationalsozialistisch gekleidete Jugendliche in
England zu jener Zeit zweifelsohne auch getan hätten, und einige von
den Swingbegesterten wurden in neue Konzentrationslager für Jugendliche gesteckt.[72]

Bisweilen, wie beim Attentat auf Hitler im November 1939 und der
Fortsetzung des Krieges im Sommer 1940, wurden anti-englische Gefühle
besonders schrill. Dies waren jedoch Ausnahmen. Als sich nach dem
Münchner Abkommen die Beziehungen abkühlten und die britische Propaganda zu dem Bild von den militaristischen Deutschen zurückkehrte,
fiel die Propaganda in Deutschland über die brutale Gefühllosigkeit
des englischen Klassensystems her, insbesondere über das Unglück, das
es über die Buren, Iren und die englische Arbeiterklasse gebracht habe.
Während die BBC George Orwell für ihre Kriegssendungen gewann,
druckte die deutsche Propaganda dessen polemische Recherchen über
Armut nach und feierten die Jarrow-marchers.[73] Aber die Anglophobie
ging nicht so tief wie die verbreitete Bewunderung für englische Kultur
oder wenigstens die Achtung vor Englands imperialer Macht. Nur wenige
Leute hatten Großbritannien unmittelbar kennengelernt, aber viele hatten ihre klaren Klischeevorstellungen.[74]

Die Vorstellung von der jüdischen »Plutokratie«, die in London am
Werk war, ermöglichte es dem Regime, eine klare Trennlinie zwischen
dem Kampf gegen England und dem Haß auf die Engländer zu ziehen.
Anstatt den Versuch zu unternehmen, die Anglophilie in ihr Gegenteil zu
verkehren, hielt es sie vielmehr am Leben. Die Deutschen konnten spüren, daß sie dafür kämpften, die Engländer von ihren »plutokratischen«

und »jüdischen« Herren zu befreien. Im September 1939 hatte sich dieses Motiv, das während der nächsten Jahre endlos wiederholt werden sollte, bereits im Kopf des zehnjährigen Detlef festgesetzt, wie etwa sein Wunsch, daß die deutschen Bomben »auf die jüdische Nas« fallen, zeigt.

Gerade weil England ein respektabler Gegner war, herrschte in Deutschland allgemein eine schreckliche Angst vor Bombardierungen. Obwohl vor Ausbruch des Krieges nicht viele Bunker und Luftschutzkeller gebaut worden waren, waren doch die meisten Wohnblöcke und Wohnhäuser unterkellert. Als die ersten Bomben im Mai 1940 auf Gelsenkirchen und auf das Ruhrgebiet niedergingen, räumten die Leute ihre Keller und stellten dort Bänke, Stühle und Etagenbetten auf. In der zweiten Hälfte des Jahres 1940 mußten die Bürger von Münster während der Bombenalarme mehr Stunden in ihren Kellern verbringen als von Anfang 1941 bis November 1944. Dennoch verzeichnete die Stadt für das ganze Jahr 1940 nur sechs Todesopfer. Hamburg meldete sechzehn Tote, Wilhelmshaven vier. Selbst mitten im Ruhrgebiet konnte Carola Reissner davon berichten, im November 1940 hätten die Bomben nicht so viel Schaden angerichtet, als daß auch nur eine einzige Fabrik in Essen den Betrieb hätte einstellen müssen. Desgleichen wurde in diesem Sommer und Herbst die Hauptstadt des Kruppschen Waffenimperiums mit schweren Fliegerabwehrgeschützen ausgerüstet und Bunker gebaut, die aus Essen eine der bestgeschützten Städte in Deutschland machten. Dennoch ging der Bau von privaten Schutzräumen zügig weiter.[75]

Die allgemeine Angst zeigte sich in dem starken Interesse, das die Bemühungen der Behörden fanden, die Kinder aufs Land zu schicken. Während in England die Evakuierung aus den Städten unmittelbar nach Kriegsausbruch begonnen hatte, unternahm man in Deutschland nichts, bis der Luftkrieg im Herbst 1940 eskalierte. Am 27. September 1940 verschickte Hitlers Parteisekretär Martin Bormann ein geheimes Rundschreiben an höhere Partei- und Staatsfunktionäre, worin eine »umfassende Kinderlandverschickung« angeordnet wurde. Selbst in den oberen Rängen des Regimes sollte nie von »Evakuierung« gesprochen werden, damit keine Panik entstehe. Das Regime, das so inbrünstig an die Legende vom Dolchstoß der Heimatfront 1918 glaubte, meinte der Bevölkerung, dessen moralischer Widerstandskraft es nicht traute, etwas vormachen zu müssen. Während Churchill den Briten »Blut, Plage, Tränen und

Schweiß« in Aussicht stellte, wurde das deutsche Volk dazu angehalten, bei Kaffee und Kuchen an leichte Siege zu denken.

Aus Furcht, ein schlechtes Signal auszusenden, weigerte sich Hitler auch, dem britischen Beispiel zu folgen und die Evakuierung der Kinder zur Pflicht zu machen. In Deutschland wurde die Kinderlandverschickung noch nicht einmal vom Staat organisiert, obgleich die Regierung die Rechnung beglich. Statt dessen wurde eine unabhängige Stelle eingerichtet, die die Tätigkeiten der NS-Volkswohlfahrt, der HJ und des NS-Lehrerbundes koordinierte. Der Name selbst, »erweiterte Kinderlandverschickung« oder KLV, unter dem sie gemeinhin bekannt wurde, hatte seine Ursprünge in den Sommerlagern für Arbeiterkinder aus den großen Städten, die von der Kirche und von den sozialdemokratischen Wohlfahrtsorganisationen vor und nach dem Ersten Weltkrieg geschaffen worden waren, und war vom NS-Regime übernommen und in den dreißiger Jahren weitergeführt wurden. Jetzt brachte man die Kinder aus den luftgefährdeten Gebieten für sechs Monate aufs Land. Den alten Namen zu übernehmen mag beruhigend gewesen sein, insbesondere da manche Kinder von der Ruhr bis zum Sommer und Herbst 1944 weiterhin nur zur »Erholung« in die bayerischen Alpen geschickt wurden.[76]

Ironischerweise hing der Erfolg des Programms von der Angst der Eltern um das Leben ihrer Kinder ab, und dies bei einem Regime, das sich darauf verlegt hatte, seine Bürger in Sicherheit zu wiegen. Die Angst vor Bombenangriffen in dieser ersten Phase des Krieges kann an der Hast abgelesen werden, mit dem Familien ihre Kinder von zu Hause wegbrachten und dabei den Trennungsschmerz und die Sorge, daß die Kinder auf den Bauernhöfen verwildern und verdorben werden könnten, überwanden. In den ersten zwei Monaten wurden 189 543 Kinder zunächst nur aus Hamburg und Berlin evakuiert. Als das Programm auf weitere gefährdete Städte Nordwestdeutschlands ausgedehnt wurde, erhöhte sich die Zahl auf etwa 320 000 am 20. Februar 1941, 412 908 gegen Ende März und auf 619 000 Ende Juni. Die Eltern versuchten verzweifelt, ihre Kinder vor den Gefahren eines Bombentreffers zu schützen. Und schon früh gab es im nicht allzu entfernten Dresden Gerüchte, die besagten, Berlin sei eine zerstörte Stadt und die Kinder seien durch biologische Waffen der Engländer verseucht.[77]

Hitler hatte Baldur von Schirach mit der Aufgabe beauftragt, die Richtlinien des Programms zu entwerfen und die KLV zu organisieren. Als früherer Reichsjugendführer ergriff er die von ihm seit den dreißiger Jahren ersehnte Gelegenheit der Kriegsevakuierungen, um Schulen und das Erziehungsministerium beiseite zu drängen und sein eigenes Erziehungsprogramm durchzusetzen. Nach seiner Ansicht sollten die nach Geschlechtern getrennten Heime oder »Lager«, die für Zehn- bis Vierzehnjährige eingerichtet wurden, als Vorbilder vorgestellt werden. Durch Umwidmung von Jugendherbergen, von Gebäuden, die der Volkswohlfahrt und der Hitlerjugend bereits gehörten, Beschlagnahmung von Hotels, Klosterschulen, Klöstern und Kinderheimen, brachten von Schirachs Mitarbeiter schnell einen Bestand von 3855 Gebäuden mit Platz für 200 000 bis 260 000 Kinder zusammen. Zu diesem Kollektivierungsmodell gab es im britischen Evakuierungsprogramm keine Parallele, und von Schirach plante sein Projekt als ein festes Erziehungsprogramm, das bis in die Nachkriegszeit hineinwirken sollte; nachdem die Hitlerjugend von den Einschränkungen durch Lehrer, Eltern und Kirchen befreit war, würde sie ihren Zugriff auf die Jugend nach Belieben verstärken können.[78]

So ehrgeizig die Pläne der Organisatoren auch gewesen sein mochten, so waren diese doch klug und erfahren genug, um zu wissen, daß die Unterstützung des Volkes, die entscheidend war für den Erfolg ihres Freiwilligenprogramms, von guter und ausreichender Verpflegung abhing; zur normalen Kinderration veranschlagten sie zwei Reichsmark Grundkosten pro Tag zusätzlich für jedes Kind. Die NS-Volkswohlfahrt organisierte Sonderzüge, bezahlte den Gesundheitsdienst für die Kinder und suchte sogar Familien, die sich um die Wäsche der Kinder in den Heimen kümmerten. Trotz der Beschaffung von 140 000 Uniformen für Jungen und 130 000 für Mädchen sowie von 85 000 Bettlaken und 139 000 Strohmatratzen war besonders am Anfang vieles an der Organisation improvisiert, so daß die Kinder auf bloßem Stroh schlafen mußten, während die Etagenbetten in den Schlafsälen erst gebaut wurden. Wenn die Kinder aus den zwei Paar Schuhen, die sie mitzubringen hatten, herausgewachsen waren, mußten sie barfuß laufen oder ihre Füße in eines der 110 000 Paar Holzschuhe zwängen, die die Organisation in den ersten beiden Jahren zur Verfügung stellte.[79]

Ilse Pfahl und siebzehn andere Mädchen aus ihrer Klasse brachen am 27. April 1941 von Essen aus in die mährische Stadt Kremsier auf, wo sie mit einer Delegation des örtlichen Jungvolks und der Jungmädel zusammentrafen. Sie marschierten zusammen durch die Straßen der tschechischen Stadt zu einem großen, modernen, fünfstöckigen Gebäude, einem Konvent, in dem die Nonnen verblieben waren, um für die deutschen Mädchen zu kochen. Hier schien es angenehmer als im Alt-Reich. Obwohl Ilse und ihre Zimmergenossinnen wie alle anderen Lagernovizen auch ihre Betten machen, ihre Schlafsäle putzen, die Kleider gefaltet in den Schrank legen, am Morgen ordentlich gekleidet zum Fahnenappell erscheinen, rechtzeitig in ihren Klassenräumen sein und nach dem Lichtlöschen still sein mußten, durften sie nach den neuen Regeln der Hitlerjugend von keinem Lehrer geschlagen werden.[80]

Ilses Strafen reichten von Puddingentzug über das Schreiben gereimter Gedichte zum Thema Benehmen und Disziplin bis zum Zurückhalten der Post für drei Tage. Und die Strafen wurden kollektiv verteilt, um den Gruppenzusammenhalt und die Disziplin zu stärken: Einmal mußten die Mädchen etwa acht Kilometer lang die Hauptstraße der Stadt schweigend auf- und abmarschieren. All dies hinderte Ilse und ihre Freundinnen keineswegs daran, ihren Spaß zu haben. Kremsier war eine Garnisonstadt, und wenn sie ins Kino gingen, um *Der Sieg im Westen* anzuschauen, begegneten ihnen die frisch angekommenen deutschen Soldaten. Am Sonntagnachmittag gingen Ilse und ihre Freundinnen im Schloßpark spazieren, und da sie zu schüchtern waren, mit den Soldaten zu sprechen, versuchten sie die ganze Woche über deren Aufmerksamkeit zu erregen. Ende Mai erschienen sie in Turnhosen zum Sonnenbaden und zum Fußballspielen mit den evakuierten Jungen im Park. Anfang Juni sangen und spielten sie dort im Badeanzug. »Die Soldaten waren unsere aufmerksamen Zuschauer«, prahlte Ilse an diesem Abend. Mitte Juli pflückten sie Feldblumen für die Soldaten und plauderten im Park mit einem Oberleutnant, der ihnen später bei einer Militärübung seinen Feldstecher lieh und sie sogar auf einem Offizierspferd vor den Augen der ganzen Kompanie durch die Anlagen reiten ließ.[81]

Was die tschechische Ortsbevölkerung betrifft, machten Ilse und ihre BDM-Einheit es sich nach einer ersten Verständigungsgeste – Ilse kaufte sich ein Wörterbuch, um leichter einkaufen zu können – zur Gewohnheit, bei jeder Gelegenheit »Propagandamärsche« durch die Stadt zu machen. Sie marschierten zum Bahnhof, um ihre Lehrer und BDM-Führerinnen abzuholen, und sie marschierten dorthin, um sie zu verabschieden.

Sie marschierten am Palmsonntag auf, um der Kirche den öffentlichen Raum streitig zu machen, und eine Woche später marschierten sie, als sie vom Kriegsausbruch mit Rußland hörten, spontan wieder durch die Stadt. Beim Sportfest am 29. Juni marschierten sie hinter einer Militärkapelle, und Ilse notiert erfreut »die Tschechen platzten vor Wut«. Als sie im Park am Ende eines weiteren gelungenen Tages Kaffee trank, meinte sie, daß sie vierzigmal fotografiert worden sei. Der Schloßpark war der Ort in Kremsier, wo alle – außer den Juden – sich treffen konnten. Doch die Soldaten sorgten dafür, daß kein Tscheche sich den BDM-Mädchen zu nähern wagte.[82]

Mitte November schließlich mußte Ilse wieder nach Hause. Die Mädchen wuschen sich die Haare, kauften Geschenke für die Familien ein, nahmen Abschied vom Schloßpark, und für den Abschiedsabend waren im Speisesaal des Konvents die Tische mit weißen Decken gedeckt und mit Tannenzweigen geschmückt. Im Herbst 1941 gab es bei den älteren Kindern, die das KLV-Heim besuchten, einen jähen Rückgang. Es kann sein, daß die Geschichten der ersten aus der sechsmonatigen Verschickung zurückgekehrten Kinder die schlimmsten Befürchtungen der Eltern über Einrichtungen unter der Leitung der Hitlerjugend bestätigt hatten. Es gab aber auch weniger Grund, sie dorthin zu schicken: Die Angst vor Bombardierungen hatte nachgelassen.[83]

Tatsächlich kamen zwei Drittel der evakuierten Kinder nicht in solche Heime, sondern zu Verwandten, oder sie wurden privat bei Familien untergebracht. Die Sechs- bis Zehnjährigen reisten in beaufsichtigten Gruppen, die Säuglinge und jüngeren Kinder mit ihren Müttern. Sonderzüge brachten Mütter und kleine Kinder sowie viele ältere Kinder aus den Städten im Nordwesten nach Süden und Osten aufs Land; Süddeutschland wurde gegenüber dem Osten bald zum bevorzugten Ziel. Bayern, Baden und die tschechischen Gebiete hatten im Gegensatz zu Pommern und Ostpreußen eine traditionelle Tourismusbranche mit einer Infrastruktur für die Betreuung von Fremden. Im Osten prallten die örtlichen Verhältnisse mit den Erwartungen der städtischen Organisatoren und Kinder hart aufeinander. In diesem Konflikt zwischen Stadt und Land, zwischen West und Ost gewannen Kinder, die verächtlich vom »Kulturabfall nach Osten hin« sprachen, wenig Freunde, während es umgekehrt in pommerschen Städten wie Friedeburg in der Neumark bald zur festen

Gewohnheit wurde, den Bochumer Jungen jeden Diebstahl und alle Vandalenakte anzulasten. Der dreizehnjährige Siegfried Nicolay und seine Düsseldorfer Klassenkameraden waren sofort beleidigt, wenn die Bauern sich über ihre Verweichlichung lustig machten.[84]

Aber selbst im beliebteren Süden war der Empfang nicht immer herzlich. Im Februar 1941 traf Rudolf Lenz in Megesheim mit einer Gruppe von Jungen aus Herdecke und Wetter aus dem Ruhrgebiet ein. Der Zehnjährige musste sich vor der Schule zusammen mit den anderen in einer Reihe aufstellen, wo ihre angehenden Pflegemütter sie inspizierten. Nachdem der »Sklavenmarkt« vorbei war und sie sich an das Alltagsleben auf den kleinen Bauernhöfen gewöhnt hatten, erfuhr Rudolf, daß die Gastfreundschaft der Bauern mit dem Versprechen geködert worden war, sie erhielten starke und gesunde Jungen, die Ersatz für den Mangel an Arbeitskräften auf ihren Höfen bieten könnten. Glücklicherweise half Rudolf lieber beim Heu einbringen, bei der Getreide- und Kartoffelernte, als daß er in die Schule ging. Der tiefe, unverfälschte Katholizismus in Megesheim traf ihn, der als Protestant in einem konfessionell gemischten und gänzlich säkularen Gebiet aufgewachsen war, wie ein Schlag. Die täglichen Besuche der Frühmesse seiner Pflegemutter gingen ja noch; aber heilige Orte außerhalb der Kirche, das war neu für ihn. Er war wirklich verblüfft vom Anblick, wie sie, wo immer sie war, ob auf der Straße oder auf dem Feld, zum Gebet niederkniete, wenn die Kirchenglocke zu Mittag oder am Abend noch einmal läutete. Und dennoch paßte er sich an: In wenigen Monaten war Rudolfs bayrisch so breit, daß seine Eltern Schwierigkeiten hatten, ihn zu verstehen.[85]

Die Angst der Deutschen vor Bombenangriffen schwand allmählich aber entscheidend. Ihre Sorge, die Engländer würden diesen Krieg wirklich mit allen Mitteln weiterführen wollen, war offensichtlich unbegründet. Ehe das Jahr 1940 um war, stand Carola Reissner nicht mehr auf, wenn in der Nacht in Essen die Sirenen zu heulen begannen. Und Dierk Sievert warf am Silvesterabend im Schein der Kerzen, die am Weihnachtsbaum brannten, mit Zuversicht einen Rückblick auf die Siege in Norwegen und Frankreich. Obwohl seine Bemühungen, als Freiwilliger zur Wehrmacht zu kommen, noch keine Früchte getragen hatten, schien doch das kommende Jahr erfolgversprechend zu werden. »Eins will ich aber nicht vergessen«, notierte der Siebzehnjährige in sein Tagebuch und suchte die erregte Stimmung und leichte Trunkenheit zu unterdrücken, »die Fliegeralarme. Vor allem muß ich daran denken, was hatten wir vor dem Krieg für eine Angst vor den Luftangriffen gehabt, und wie sind sie geworden! Man könnte sie fast harmlos nennen. [...] Alles in Allem war es ein Kriegsjahr, das durchaus zu ertragen war, wenn es so bleibt, ist auch der Krieg nicht sehr schlimm. In das Neue Jahr gehen wir alle in der Hoffnung, daß es uns den Sieg und Frieden bringt, und ich hoffe für mich, daß ich noch dazu helfen kann.«[86]

2. Stramme Jugend

So entschlossen das Regime war, das Volk vereint in den Krieg zu führen, so hatte es doch nicht mit einer solchen Masseneuphorie gerechnet, wie sie die Siege von 1940 auslösten. Hitler war beileibe nicht der einzige, der glaubte, der Zusammenbruch der Heimatfront sei schuld an der Niederlage Deutschlands im Ersten Weltkrieg gewesen. Ängstlich darauf bedacht, jede Wiederholung zu vermeiden, rief er diejenigen zurück, die Notmaßnahmen im Krieg durchsetzen wollten, gleichgültig, ob es sich um die Pflichtevakuierung der Kinder aus den Städten oder um die Zwangsverpflichtung von Frauen zur Arbeit in Waffenfabriken handelte. Neben seinem Wunsch, vom deutschen Volk als nationaler Messias gefeiert zu werden, neigte Hitler auch zu einem Gefühl der Verwundbarkeit: Er fürchtete, daß das deutsche Volk nicht den Mut zu schmerzlichen Opfern habe und seine historische Mission – und damit ihn – aufgeben würde, wenn diese zu groß werden sollten.

Solch vorsichtigen Erwägungen, wie soziale Zustimmung zu erreichen wäre, hatten schon den Rückzug des Regimes von Gewalt und Terror beeinflußt: Ende 1934 waren von den mehr als 100 000 Personen, die man in den ersten fünfzehn Monaten der NS-Herrschaft in Konzentrationslager gebracht hatte, weniger als 4000 Gefangene dort verblieben. Nachdem Gewerkschafter und Sozialdemokraten in ihre Heimatgemeinden entlassen worden waren, arbeiteten die Propagandamedien daran, das Bild der verbliebenen Lager zu verändern. Aus einem Schlüsselinstrument des politischen Terrors, das entscheidend zur Sicherung der Diktatur beigetragen hatte, wurde so in der Beschreibung ab 1936 ein »hartes, aber gerechtes« Mittel der »Umerziehung« einer kleinen, jedoch unbelehrbaren Minderheit verstockter Krimineller, Pädophiler und Kommunisten. Die entschärften Fotografien von Gefangenen in Dachau, die zur Arbeit geführt wurden, zielten darauf ab, Zustimmung bei den Lesern der Illustrierten zu finden. Als das Deutsche Reich den Krieg begann, befanden sich 108 000 Gefangene in staatlichen Gefängnissen und weitere 21 000 in Konzentrationslagern. Bei Kriegsende war die Anzahl der Gefängnisinsassen auf das Doppelte und die der Häftlinge in den Konzentrationslagern auf 714 211 gestiegen. Aber im Einklang mit den »rassischen« Prioritäten und den Bemühungen, Fremdarbeiter unter Kontrolle zu halten, bestand die überwältigende Mehrheit dieser Lagerinsassen nicht aus Deutschen. Daß sich unter den deutschen Gefangenen mehr Kleinkriminelle als politische Oppositionelle befanden, war kennzeichnend für die Festigkeit des Regimes. Im Bemühen, alles zu vermeiden, was die deutschen Kriegsanstrengungen schwächen könnte, beschäftigte sich die Polizei mehr mit Verbrechen und der Aufrechterhaltung der Ordnung als mit einer möglichen politischen Revolution. Durch die Einführung von Maßnahmen zur Bekämpfung der Jugendkriminalität, die das Land während des Ersten Weltkriegs und danach heimgesucht hatte, wurden auch Kinder und Jugendliche im Kampf für die Aufrechterhaltung der öffentlichen Ordnung erfaßt. Neben den Jugendgerichten und -gefängnissen erhielten die Gerichte für Erwachsene die Befugnis, nach Ermessen gegen »schwere Jugendkriminelle« über sechzehn zu verhandeln. In Wahrheit war die Anzahl der Insassen in Jugendgefängnissen kriegsbedingt niedrig, wohingegen die Zahl der von den Jugendämtern in Pflege gegebenen und in die Erziehungsheime überstellten Kinder und Jugendlichen stieg: 1941 hatte sie mit 100 000 wahrscheinlich ihren höchstmöglichen Stand erreicht. Anders als die erwachsenen Kleinkriminellen, die in den Gefängnissen saßen, hatten die meisten dieser Kinder kein Verbrechen begangen: Sie wurden normalerweise vorbeugend oder einfach deshalb, weil sie als eine Gefahr für die Volksgemeinschaft angesehen wurden verhaftet.

Die hohen Ansprüche, die die Nationalsozialisten an kindliches Verhalten stellten, basierten auf in Europa, Nordamerika und Australien unter Fachleuten weit verbreiteten Vorstellungen von den Gefahren der sozialen »Entartung«, sollten die gefährdeten Jugendlichen weiterhin unter schlechten Bedingungen aufwachsen. Es war besser, sie zu entfernen, bevor sie unverbesserliche Kriminelle wurden und solange noch eine Chance bestand, sie vor der endgültigen Verderbtheit zu bewahren. Mit der Betonung der Prävention versuchten die Behörden nicht nur die Jugendkriminalität zu bekämpfen. Sie wollten die Jugendlichen auch vor ihren Familien und vor sich selbst »schützen«. Noch wichtiger war, »ver-

wahrloste« Kinder auszusondern, bevor sie ihre Altersgenossen »anstek-
ken« konnten. Der Krieg bestärkte solche Überzeugungen noch: Zur Ver-
meidung eines Zusammenbruchs der Heimatfront mußte nicht nur um
jeden Preis eine Lebensmittelknappheit verhindert, sondern auch Diebstahl, Schwarzhandel und Jugendkriminalität vorbeugt werden. Im Glauben, in ihren Kindern die »rassische« Zukunft des deutschen Volks zu
sichern, sahen es die Behörden als ihre Pflicht an, diejenigen, die diese
Zukunft gefährdeten, aus der »Volksgemeinschaft« zu entfernen. Um in
diese zurückkehren zu dürfen, mußten diese Kinder erst beweisen, daß
sie »umerzogen« waren.[1]

Übersteigerte Vorstellungen von der Vervollkommnung von Volk und
Rasse führten zu banalen, verbohrten und sozial konservativen Aktionen.
Im März 1940 verbot ein Polizeierlaß zum Schutz der Jugend den Jugendlichen den Besuch von Tanzveranstaltungen, Varietédarbietungen und
Lustgärten nach neun Uhr abends sowie das »Herumtreiben« nach Einbruch der Dunkelheit und das Trinken oder Rauchen. Diese Maßnahmen
wurden nicht bei allen gleichermaßen angewendet. Dierk Sievert wußte
sehr wohl, daß er die Ausgangssperre ständig durchbrochen hatte, als er
in Osnabrück mit seinen Freunden und seinem Bruder Günther zum
Trinken ausging. Dierks Glück war, daß er in einer bürgerlichen Familie
aufgewachsen war, wo erwartet wurde, daß er seine Latein- und Griechi-
schaufgaben machte, um das Abitur zu bestehen. Statt als verwahrloster
Jugendlicher und jugendlicher Trinker zu gelten, wurde er ein vertrauens-
würdiger Jungvolk-Führer. Nicht jeder deutsche Jugendliche fühlte sich
in der »Volksgemeinschaft« so wohl. Wohlfahrtsbehörden, die mit der
Durchsetzung der neuen Erlasse und der Aufrechterhaltung der öffentlichen Ordnung beauftragt waren, taten weiterhin, was sie schon immer
getan hatten: Sie achteten scharf auf die ersten Anzeichen moralischen
Versagens in der Hoffnung, Verbrechen und öffentliche Ruhestörung im
Keim zu ersticken. Dem Unterricht unentschuldigt fernzubleiben und an
den Straßenecken herumzulungern waren die besten Methoden, die Aufmerksamkeit der Behörden auf sich zu ziehen. Mädchen, die sich auf den
Straßen herumtrieben, wurden als potentiell promiskuitiv eingestuft und
damit als auf dem besten Weg, sich mit Geschlechtskrankheiten anzu-
stecken und diese weiterzuverbreiten. So steckte zum Beispiel das Jugendamtsgericht Hanau im Mai 1939 Emmi Krause in ein Erziehungsheim,

weil es befand, daß sie in der Schule keineswegs wegen Krankheit fehlte, sondern »sie treibt sich bis in die Nacht hinein mit Soldaten und anderen jungen Männern draußen herum und besucht mit ihnen Tanzlustbarkeiten«.[2] Mädchen wie Emmi stellten für die Jugendämter eine soziale Bedrohung und durch ihr Beispiel eine Gefahr für ihre Mitschüler dar. Jungen, die die Schule abbrachen, waren offensichtlich auf dem besten Weg, Diebe und »Gewohnheitsverbrecher« zu werden. So wie das Motiv vom promiskuitiven heranwachsenden Mädchen, blieb das Bild des stehlenden Jugendlichen, der Spritzfahrten auf erbeuteten Fahrrädern unternimmt, in all diesen Jahren unverändert erhalten.[3]

Auch im Dritten Reich waren weder genügend Plätze noch Mittel vorhanden, um all diese die Gesellschaft bedrohenden Elemente zu entfernen, und überall führte Knappheit zu einem hohen Maß an Willkür: Wenn die Polizei in der Nacht jugendliche Ausreißer in den Bahnhöfen aufgriff, wurden keine Ermittlungen eingeleitet, sondern sie wurden häufig einfach ihren Familien zugeführt, nachdem sichergestellt war, daß die Eltern für die Kosten der Ferngespräche aufkamen. Obgleich schierer Zufall – und die soziale Klasse – darüber bestimmte, ob ein ausgerissenes Kind in ein Erziehungsheim gesteckt wurde oder nicht, folgte, nach einmal getroffener Entscheidung, die »richtige« Erziehung einem strikten, vorhersehbaren Weg.[4]

Das Arbeitshaus Breitenau war eines der schlimmsten Erziehungsheime in Nordhessen. Das ehemalige Benediktinerkloster, in einer hügeligen Landschaft an einer Biegung der Fulda gelegen, war 1874 als Arbeitshaus für Erwachsene eröffnet worden und diente seit 1903 als Erziehungsheim für schwerste Fälle. Das große barocke Gebäude mit seinen steilen Dächern und dem großen Tor, das den Eingang zu einem Innenhof verschloß, war allein schon beeindruckend und bedrohlich. Nach der Ankunft durchliefen Kinder und Jugendliche annähernd gleiche Prozeduren wie erwachsene Gefängnis- oder Arbeitshausinsassen. Man nahm ihnen die Kleider ab, und sie wurden in einfache braun-graue Kleider aus Sackleinen gesteckt. Die Wachen trugen abgetragene blaue preußische Offiziersuniformen, deren ursprüngliche Knöpfe und Abzeichen durch solche der Gemeindeverwaltung von Kassel ersetzt worden waren. Sie trugen Dolche, und wenn sie die Insassen zur Arbeit außerhalb führten, Karabiner mit aufgestecktem Bajonett. Nach 1933 wurden sie mit Pistolen ausgerüstet, erhielten Schießunterricht, und 1937 wurde das Verbot, auf unbewaffnete Ausbrecher zu schießen, aufgehoben.[5]

Schon seit der Gründung von Breitenau im frühen Kaiserreich kamen die Aufseher und deren Pflegebefohlene aus denselben niederen sozialen Schichten. Der Arbeitstag dauerte für alle mindestens elf bis zwölf Stunden; im Kaiserreich war er sogar noch länger gewesen, nämlich vierzehn bis fünfzehn Stunden. Die Insassen waren Bettler, Obdachlose, Landstreicher, Arbeitslose und Kriminelle, denen man am Ende ihrer Gefängniszeit eine Beschäftigung in einem Arbeitshaus zuwies, um sie zu einem moralischen, disziplinierten und arbeitsamen Leben zu »erziehen«. Die »Fürsorgezöglinge« des Erziehungsheims waren im Frauenflügel des Arbeitshauses untergebracht. Die schlecht bezahlten und ausgebildeten Aufseher wurden ihrerseits bestraft, wenn sie zu spät zur Arbeit kamen, die Einsitzenden mit Strafzeitverlängerung, inoffiziell mit Schlägen oder mit offiziell angeordnetem Einschluß in der Strafzelle. Diese war eine nach dem Vorbild des preußischen Heeres gestaltete und mit dessen Militärabsolventen besetzte Einrichtung, deren wenige Privilegien sie besonders eifersüchtig auf die kleinsten Statusunterschiede zwischen ihnen und denjenigen achten ließen, die ihnen zur »Erziehung« anvertraut waren.

»*Labore et fame*« – »Arbeit und Hunger« – stand im 18. Jahrhundert über dem Eingang zum Arbeitshaus in Wien, und sowohl Arbeit als auch Hunger waren seit seiner Gründung im Jahr 1874 die Hauptbestandteile bei der Führung des Arbeitshauses Breitenau. Örtliche Verwaltungsbeamte brauchten keine glühenden Nationalsozialisten oder belesene Rassenhygieniker zu sein, um mit Hunger und Arbeit den Willen ihrer Schützlinge zu brechen. Es traf sich, daß beide Direktoren von Breitenau im Dritten Reich »alte Kämpfer« waren, die der Partei bereits vor der Machtergreifung beigetreten waren. Wie andere Jugendwohlfahrtsbeamte – etwa sein Nachfolger Georg Sauerbier – war auch Heinrich Klimmer über die mittleren Ränge der örtlichen Regierungsbürokratie aufgestiegen. Er leitete das Arbeitshaus von 1933 bis 1940, als er versetzt wurde, um im besetzten Polen eine ähnliche Einrichtung zu übernehmen. Da sie praktisch von Anfang an ohne großzügige finanzielle Unterstützung auskommen mussten, stellten Arbeitshäuser, Erziehungsheime und Heilanstalten lediglich ein Wirkungsfeld für unspektakuläre administrative und medizinische Karrieren dar. Wie andere Parteilose in der

Jugendbehörde und ihre Vorgänger in Breitenau entstammten Klimmer und Sauerbier der Provinzialverwaltung. Ihnen mochte die geeignete Ausbildung fehen, aber sie waren einer gewissen konservativen, provinziellen Vorstellung des Nationalsozialismus verpflichtet und dienten »Führer und Volk«, indem sie den autoritären Auftrag des Staates unterstützten und nach der Aufrechterhaltung einer patriarchalischen Ordnungsmoral strebten.[6]

Am 23. August 1940, kurz nach seinem Amtsantritt in Breitenau, schrieb Sauerbier dem Psychiatrieprofessor und Direktor der Marburger psychiatrischen Heilanstalt und bat ihn um die Empfehlung eines medizinischen Präparats, das man dem Essen der Mädchen seiner Anstalt beimischen konnte, um deren »Geschlechtstrieb« zu zügeln. In seiner beunruhigenden Antwort erklärte der Leiter der Marburger Anstalt, daß er bei der Behandlung solcher »psychopathischer« Mädchen medizinische Präparate für nutzlos halte; statt dessen, fährt er fort, käme man

»diesen Mädchen nur dadurch bei, daß man sie diszipliniert: Wenn bei uns derartige Dinge vorkommen, so legen wir sie ins Bett und setzen sie so lange auf Wassersuppe und allerstrengste Diät, bis sie klein und häßlich sind. Dann pflegt die Sache längere Zeit wieder zu gehen, bis es zum nächsten Ausbruch dieser Art kommt. Mit Mitteln erreicht man erfahrungsgemäß nichts. Ich würde auch Ihnen empfehlen, in solchen Fällen mit aller Strenge gegen diese Mädchen vorzugehen und sie ohne Rücksicht anzupacken. Das hat noch am ehesten Erfolg.

Mit besten Grüßen und Heil Hitler!«[7]

Während leichte Delikte gegen die Disziplin mit Schlägen geahndet wurden, die zwar verboten waren, nichtsdestoweniger zur alltäglichen Routine gehörten, bestrafte man schwerere Verstöße fast immer mit »Arrest« – Einzelhaft mit reduzierter Verpflegung. Theoretisch durften nur Erwachsene, etwa Bettler und Landstreicher, die von den Gerichten zur »Besserung« eingewiesen worden waren, mit bis zu vier Wochen Strohlager bei Wasser und Brot an zwei von drei Tagen bestraft werden. Für Jugendliche war die schärfste Form von »Arrest« auf vierzehn Tage und Dreiviertelverpflegung festgesetzt. Aber im Lauf der Kriegsjahre wurde der »Arrest« in Breitenau auch für Jugendliche auf vier Wochen erhöht – das volle Maß für Erwachsene und das Doppelte von dem, was die eigenen Vorschriften der Anstalt für Jugendliche erlaubten.[8]

Arreststrafen mußten öfter unterbrochen werden und wurden später fortgesetzt. Als Liselotte Wildt im Dezember 1943 nach Breitenau zurückgebracht wurde, erhielt sie für ihren Fluchtversuch eine dreiwöchige Arreststrafe. Nachdem sie zwei Wochen abgesessen hatte, wurde sie als nicht »tauglich« eingestuft, vor Mai 1944 die dritte Woche anzutreten. Andere hatten weniger Glück. Waltraud Pfeil starb innerhalb von drei Monaten nach ihrer Einweisung in Breitenau, nachdem sie im Sommer 1942 versucht hatte, in Richtung Kassel davonzulaufen. Ruth Felsmann starb im Oktober 1942, vier Tage nach einem vierzehntägigen »Nachtarrest«. Im August 1944 wurde im Ortskrankenhaus Melsungen festgestellt, daß das Körpergewicht von Lieselotte Schmidt von 62 auf 38 Kilogramm gefallen war. Sie hatte sich eine Tuberkulose zugezogen und starb kurz darauf.[9]

Diese Toten gehen auf das Konto der üblichen Sparsamkeit der öffentlichen Hand, die von den Nationalsozialisten mit besonderer Rücksichtslosigkeit betrieben wurde. In der Weltwirtschaftskrise wurden die Ausgaben für die Kinderwohlfahrt von 45,2 Millionen Mark in den Jahren 1928–29 auf 14,4 Millionen in den Jahren 1932–33 gekürzt, und viele Wohlfahrtseinrichtungen mußten ihre Insassen entlassen. Als die Erziehungsheime in den dreißiger Jahren wieder gefüllt wurden, waren sich die Verwaltungen einig, daß die Kosten niedrig gehalten werden sollten. 1937 betrug die Höchstzahl der Einlieferungen nach Breitenau 44; das Jahr darauf befanden sich dort 124 Jugendliche, davon 101 Mädchen. Doch um die Bilanzen auszugleichen, wurden die täglichen Nahrungskosten in Breitenau systematisch von 48 Pfennigen im Jahr 1934 auf 35 Pfennige pro Insasse im Jahr 1939 reduziert. Die Sonderverpflegung für Kranke wurde abgeschafft. Im Vergleich dazu wurde für die Grundverpflegung der durch die Kinderlandverschickung betreuten Kinder zwei Mark pro Tag und Kopf veranschlagt. In die magere Kost übersetzt bedeutet dies, »zwei Scheiben Brot morgens und Brühe mittags und abends (Einlage war eine Seltenheit)«, wie Dora Z., ein Mädchen in Breitenau, sich erinnerte. Kein Wunder, daß Karl Bachs Mutter behaupten sollte, ihr fünfzehnjähriger Sohn sei aus Breitenau ausgerissen, weil er verhungern hätte sollen. Das war im Oktober 1939, bevor die Rationen noch weiter gekürzt und die Arbeitszeit im Zuge der Kriegssparmaßnahmen zuerst auf elf, dann auf zwölf Stunden täglich heraufgesetzt wurden. Durch den Nahrungsentzug wurde die Einzelhaft in kalten Zellen aus einem psychischen Kampf zwischen Gefangenen und Wächtern zu einem Überlebenstest.[10]

Familien, die die Kühnheit besaßen, gegen die Behörden von Breitenau Einspruch zu erheben, drohte Strafverfolgung dafür, daß sie es wagten, derart »unverschämt« zu schreiben. Nach einer routinemäßigen Überprüfung der Post schrieb die Leitung folgende Warnung an die Eltern: »Wenn Sie Wert darauf legen, mit Ihrer Tochter weiter in schriftlicher Verbindung bleiben zu wollen, so bemühen Sie sich bitte in Ihren Briefen eines anderen Tones.«[11] Es half auch nicht, wenn eine Mutter die Partei ihrer Tochter ergriff, den festen Glauben an deren Unschuld zum Ausdruck brachte und sie in der Sprache christlicher Demut inständig bat, das Martyrium geduldig zu ertragen – und so dem Erziehungsheim die Rolle der Peiniger Christi zuwies:

»Ich sitze allein zu Hause und denke an Dich mein unschuldiges Kind und weine mich satt, über dein Leid aber <u>trage es nur mit Geduld. Sie bekommen alle ihre Strafe</u> [vom Direktor rot unterstrichen, N.S.]... den[n] sie wissen nicht was sie tun, mußt Du auch so denken.«[12]

Aber der Direktor hatte die Macht, und so bekam das Mädchen die Worte ihrer Mutter nie zu lesen. Als es sechs Monate später aus Breitenau entlassen wurde, war die Mutter gefügig geworden: Sie schrieb dem Direktor einen Dankesbrief und schickte ihm zwei Zigarren. In den Akten wird eine solche Mutter dann im psychiatrischen Gutachten üblicherweise als »erbbiologisch unterwertig« oder der Vater als »minderwertiger, leicht erregbarer Mann« bezeichnet.[13]

Solche Auseinandersetzungen mit den Familien bestärkten das örtliche Jugendamt und die Leitung des Erziehungsheims nur noch in der Überzeugung, daß ausschließlich institutionelle Verwahrung eine Gewähr für die »Umerziehung« sowohl der Eltern als auch der Kinder biete. Wenn nötig, wurden die Gerichte bemüht, um die elterlichen Vormundschaftsrechte gänzlich aufzuheben. Die einzige Hoffnung der Familien bestand darin, andere Staats- oder Parteibehörden dafür zu gewinnen, ernsthafte Zweifel an der Krankheit des Kindes anzumelden oder Fragen nach der Ursache seines Todes zu stellen; aber selbst da blockierten die Aufseher und Verwalter von Breitenau im allgemeinen weitere Nachforschungen und behaupteten, die Mädchen hätten nicht gegessen, ihr Essen weggegeben oder wären nikotinsüchtig.[14]

Breitenau hatte noch weitere Mittel, seine finanzielle Lebensfähigkeit unter Beweis zu stellen: Durch Vermietung von Arbeitskräften. Als die Aufrüstung das Heer der Arbeitslosen aufzusaugen begann, nahm man 1935 in Breitenau – wie auch in anderen Strafanstalten – die Praxis wieder auf, billige Arbeitskräfte an deutsche Bauern und Firmen zu vermieten. Akuter Arbeitskräftemangel erlaubte es 1940 den Behörden, den Preis pro Insasse und Tag von einer Mark auf vier zu erhöhen. Die Insassen der Arbeitshäuser und der Erziehungsheime erhielten selbst nur einen winzigen Teil davon: Von den 138 707 Mark, die sie 1941 Breitenau einbrachten, erhielten sie gerade einmal 6645 Mark. Dennoch schrieb im Frühjahr 1942 Anni Nagel ihrer Schwester von ihrem Wunsch, außerhalb des »Arbeitshauses« auf dem Land zu arbeiten:

»Liebe Lina ich bin so Unglücklich das[s] ich von euch allen die einzige bin die in so häußer[n] sitzen muss. Hätte ich nur einen lieben Menschen der mir helfen wirdet das ich auch draußen an die Arbeit gehen kann.«[15]

Obwohl der Arbeitstag außerhalb Breitenaus durch die Anfahrtszeit länger war als die üblichen zwölf Stunden, war dies dennoch vielen lieber, weil sie so die Möglichkeit hatten, auf dem Bauernhof Lebensmittel für sich zu sammeln oder zusätzlich von den Fabrikarbeitern Nahrungsmittel zu erwerben.[16]

Der Weg zurück in die »Volksgemeinschaft« war fast immer mühsam und hart. Gehorsam, Arbeit und Demut waren es, die zählten. Insassen von Erziehungsheimen wußten nicht, wie lange sie zu verbüßen hatten oder wann sie auf Entlassung hoffen konnten. Die »Umerziehungsbefugnis« ermöglichte es den Behörden, die Jugendlichen im Heim zu behalten, bis sie mündig waren. Selbst mit neunzehn konnte noch ein weiterer Antrag gestellt werden, um Jugendliche bis zu ihrem einundzwanzigsten Lebensjahr einzubehalten, wie dies bei Liselotte Scherer der Fall war. Ganz abgesehen von dem Gefühl, aus der vertrauten Welt herausgerissen zu werden, wußten diese Jugendlichen und Kinder, als sie die Tore von Breitenau durchschritten und ihre Kleider und Habseligkeiten abgegeben hatten, nicht, für wie lange sie ihre Strafe zu verbüßen hatten. Anneliese Grimm schrieb warnend nach Hause, daß sie verrückt werde, wenn sie nicht bald herauskäme. Der vierzehnjährige Rudolf Schramm fand sich vor Weihnachten 1943 voller Heimweh und bitterer Reue damit ab, daß er seinen Eltern die dreißig Mark und die lange Reise für einen Besuch nicht wert war.[17] Die »Schüler« der Erziehungsheime durften nur alle sechs Wochen für fünfzehn Minuten Besuch erhalten. Diese seltenen Besuche waren während des Krieges für viele Familien, deren Väter abwesend und deren Mütter mit Arbeit und der Betreuung der anderen Kinder oft überfordert waren, ein schwieriges Unterfangen. Rudolf hatte Angst, daß sogar seine Eltern ihn verstoßen hatten:

»Liebe Eltern nehmt es mir bitte nicht übel das ich so schlecht schreibe aber ich habe schon ganz kalte Finger so kalt ist es hier. ich bin nur noch im Häuschen Unglük das könnt ihr mir glauben liebe Eltern so schlecht bin ich bestimmt nicht wie ihr vieleicht denkt.«[18]

Als Rudolf Schramm seinen ungelenken Brief am 3. Dezember schloß, hatte er sich damit abgefunden, über Weihnachten in Breitenau zu bleiben. Dieses Schreiben eines halb des Schreibens Unkundigen bringt sowohl sein Elend als auch sein sehnlichstes Verlangen, von seiner Familie nicht vergessen zu werden, zum Ausdruck:

»... nun bin ich auch zum Weihnachtsfest nicht zu hauße vergeßt mich bitte zu Weihnachten nicht und schikt mir etwas. Seh doch einmal zu das du einen halben Stollen für mich zusammen bring u. etwas Pfefferkuchen u. wenn es geht ein paar Plätzchen u. ein paar Bong Bongs ...«[19]

Hungerträume und Einsamkeit! Am 25. Mai 1942, eine Woche, bevor sie starb, schrieb Anni Nagel ihrer Schwester und bat sie, ihr etwas zu essen zu schicken:

»Lina schicke mir auch etwas zu essen. Die Hauptsache Brot, Zucker, Marmalade Sulz, Butter, Kuchen Grieß, Mandelöhl, Honig Zitronnen Wurst, Käse.«[20]

Annis Phantasie suchte bei Marmelade, Wurst und Zitronen Zuflucht, während ihrem Körper lebensnotwendige Vitamine und Fette fehlten. Aber das Essen, um das sie ihre Schwester bat, bedeutete auch einen emotionalen Rettungsanker, eine materielle Veranschaulichung von Nahrung und Liebe in einem Augenblick, als sie sich immer trostloser fühlte und innerlich verzweifelte. Im Dezember 1943 schickte Ruth Buchholz ihrer Mutter eine Wunschliste, auf der ein Adventskalender, Adventsgebäck, Äpfel, Vanillesoße, Zucker, Suppenwürfel, Bratenwürfel, Essig, Salz, Pfeffer, Zwiebeln, Tee, Kaffee, Haferflocken, Grieß, Honig, Butter, Fett, Wurst, Brot, Semmeln und Zahnpasta standen. Als sie merkte, daß ihre Phantasie mit ihr durchgegangen war, fügte sie hastig hinzu: »Ich hoffe doch das ich dieses mal meine Wünsche wie ich sie auf geschrieben habe, erfült bekomme. Aber ich weiß das Ihr nicht viel habt und sparen müßt.« Auch in einem letzten vorweihnachtlichen Wunschbrief konnte sie sich nicht gegen den Hunger wehren: »Und vor allen Dingen habe ich Appetit noch.« Diesmal waren es Heidelbeeren, grüne hessische Gries- und Fleischklöße, die zu bekommen sie sich vorstellte.[21]

Obwohl auch das Erziehungsheim so etwas wie Weihnachten feierte mit einem Christbaum und einer Sonderverteilung von Briefen und Paketen, insofern diese die Zensur passiert hatten, waren es gerade an diesem Festtag die Gedanken an zu Hause, die das Eingesperrtsein so besonders elend erscheinen ließen. Heimweh in Verbindung mit Neid auf Geschenke und Briefe, die die anderen bekommen hatten, bildeten ein explosives Gefühlsgemisch. Dora Z. erinnerte sich, daß die Stimmung im Frauenflügel, in dem die Jugendlichen untergebracht waren, am Weihnachtsabend – dem Höhepunkt des Festes in Deutschland, wenn die meisten Familien in der Stube oder auch im einzigen Raum ihrer Wohnung um den lichtergeschmückten Weihnachtsbaum, unter dem die Geschenke lagen, versammelt waren und Weihnachtslieder sangen – besonders schlecht war. Die Frauen weinten vor Heimweh, und als Streit entstand, kam es unter den jungen Frauen zu einer tätlichen Auseinandersetzung. Männliche Wärter wurden in den Frauentrakt geschickt, um die Ordnung wieder herzustellen, was diese auf ihre übliche brutale Art taten, indem sie alle Frauen schlugen.[22]

Solchem Druck waren viele Kinder nicht gewachsen. Die einfachste Reaktion auf ein so schreckliches und grausames System war die Flucht, aber ein Ausbruch mißlang fast immer. Als Herbert Pflaum beim morgendlichen Auszug der Arbeitskommandos aus dem Breitenauer Haupttor davonlief, brauchte er drei Tage und vier gestohlene Fahrräder, bis er zu seiner Mutter in Schmölln gelangte. Etwa zehn Minuten nach seiner Ankunft erschien ein Polizist in der Wohnung und verhaftete ihn. Die Behörden suchten zunächst zu Hause. Als der vierzehnjährige Rudolf Schramm im Mai 1942 aus dem Erziehungsheim Hohenleuben davonlief, fand ihn die Polizei schließlich versteckt im Kleiderschrank seiner Mutter. Zwei Monate später floh er wieder und erlitt bei seiner neuerlichen Verhaftung durch zwei Fürsorgerinnen so schwere Verletzungen, daß er ins Krankenhaus eingeliefert werden mußte.[23]

In Deutschland wie auch im übrigen Europa brachten Kennkarten und Melderegister die Polizei auf die Spur der Ausreißer. Man ging davon aus, daß alle Beamten, ob im Forstwesen, bei der Eisenbahn, der Post oder auf den Gemeindeämtern beschäftigt, mit der Polizei zusammenarbeiteten. Für diejenigen, die auf der Flucht waren – versteckte Juden, die sich dem gesamten Apparat der Gestapo und der SS gegenübersahen, oder nur Ausreißer aus den Erziehungsheimen –, waren es häufig diese einfachen aber allgegenwärtigen Kontrollen, denen am schwersten zu entgehen war. Ausbrecher hatten die Wahl, dauerhaft unterwegs zu sein oder nach Hause zurückzukehren. Manchen blieb nichts übrig, als auf Wanderschaft zu bleiben, weil sie kein Zuhause hatten. Dies war der Fall bei Waltraud Pfeil, die zwar aus Breitenau entlassen worden war, deren Pflegeeltern sich jedoch mitten in einer schwierigen Trennung befanden und sie nicht aufnehmen wollten. Nachdem sie vier Monate in München, Innsbruck und Berchtesgaden unterwegs gewesen war, wurde sie schließlich in Nürnberg auf der Straße verhaftet und umgehend nach Breitenau zurückgeschickt. An jedem Ort war Waltraud, von Fremden abhängig, in einer prekären Existenz, die von Gelegenheitsarbeit, Zufall, Almosen und – vor allem – flüchtigen sexuellen Beziehungen bestimmt wurde, bevor sie wieder weiterziehen mußte.[24]

Es ist deshalb kaum verwunderlich, daß viele lieber auf ihre Familien bauten, auch wenn deren Familienleben alles andere als ideal war. Bisweilen machten sich die Behörden noch nicht einmal die Mühe, eine Fürsorgerin herumzuschicken. Ein Brief genügte. Ein Tag nach Waltraud Brands Flucht aus dem Erziehungsheim in Köstritz, schickte der Direktor den Eltern die Warnung: Wenn »Waltraud sich bei Ihnen aufhält oder Sie um ihren Aufenthalt wissen, sind Sie verpflichtet, sofort das zuständige Jugendamt und uns zu benachrichtigen, da Sie sich anderenfalles strafbar machen.« Schließlich wurde Waltraud Brand auf dem Bahnhof Erfurt in Polizeigewahrsam genommen, nachdem sie im Zug vorgegeben hatte, sie habe ihre Fahrkarte verloren. Offensichtlich zeitigten solche Briefe Wirkung. Denn als Waltraud einen Tag nach ihrer Rückkehr, nur mit einem Unterrock bekleidet, durch ein Toilettenfenster wieder ausbrach, wurde sie von ihrem Vater geprügelt und zurückgebracht.[25]

Es gab natürlich Familien, die sich mit Klauen und Zähnen dagegen wehrten, daß ihre Kinder wieder in Gewahrsam genommen wurden. Als der Stadtsekretär bei der Gefährdetenfürsorge, eine Fürsorgerin und ein Polizeioberwachtmeister Maria Gerber am 22. Juli 1939 wieder unter ihre Obhut nehmen wollten, »verbarg [sie] sich in der Küche hinter der zwar kleinen, aber wohlbeleibten und sehr kräftigen Mutter«. Marias dreizehnjähriger Bruder, ihr Freund und zuletzt noch ihr siebenundzwanzig Jahre alter Bruder Heinrich kamen ihr alle zu Hilfe und zwangen die Beamten zum Rückzug, bis Verstärkung durch ein Polizeieinsatzkommando anrückte. Tatsächlich hatte ihre Mutter, eine Frankfurter Marktfrau, einen Monat zuvor mit dem Wagen einen Fluchtversuch aus dem Erziehungsheim Homberg organisiert, und es war ihr gelungen, einer ihretwegen auf der neuen Autobahn angelegten Straßensperre zu entkommen.[26]

Marias Eltern waren ursprünglich damit einverstanden, daß ihre Tochter im Mai 1938, kurz vor ihrem siebzehnten Geburtstag, unter Aufsicht kam, vermutlich zu dem Zeitpunkt, als ihre Schwangerschaft sichtbar wurde. Nach der Niederkunft im Januar 1939 wurde der jugendlichen Mutter für zehn Wochen erlaubt, ihr Neugeborenes zu stillen, bevor sie von ihrem Kind getrennt und in das Heim in Homberg geschickt wurde. Mitte Juli hatte Alfred Brum seine Vaterschaft anerkannt, sich einverstanden erklärt, Unterhalt für das Kind zu zahlen und offenbar auch Maria zu heiraten. Doch als Minderjährige unter Aufsicht benötigte sie für die Heirat jetzt die Erlaubnis des Vormundschaftsgerichts. Anstatt Maria mit Alfred und ihrem Kind wieder zu vereinigen, meinte das Erbgesundheitsgericht – vermutlich beim Jugendamt – einen Antrag auf Marias Sterilisation stellen zu müssen. Der Anhörungstermin wurde auf den 18. Juli festgesetzt, während sie sich immer noch in Frankfurt versteckte. Nach ihrer Verhaftung am 22. Juli wurde sie erst in das Heim Monika geschickt, wo festgestellt wurde, daß sie derzeit tatsächlich nicht schwanger war. Sie wurde sodann in die Heilanstalt in Hadamar gebracht, wo ein Arzt ein ausführliches Gutachten erstellte, das notwendig war, bevor das Erbgesundheitsgericht die Sterilisation anordnen konnte. Entscheidend für den Ausgang von Marias Fall war die »Intelligenzprüfung«, die sowohl viel auswendig Gelerntes als auch Kopfrechnen und korrekte Sprachbeherrschung umfaßte. »Wer war Bismarck? Bismarck, das früher ein Mann wie jetzt unser Führer ist« – und danach kamen die Antworten auf moralische Fragen wie:

»Warum darf man falsche Gerüchte nicht weiter verbreiten? Weil immer mehr dazu gemacht wird.

Darf man Spionage treiben? Nein.

Warum nicht? Weil das Vaterlandsverrat ist.«[27]

Marias allgemeines Verhalten – »willig, freundlich und aufmerksam« – wie auch ihre Fähigkeiten im Kopfrechnen beeindruckten den Arzt; außerdem gab es keine Krankheitsfälle in der Familie, noch war ein Familienmitglied vor ihr je in eine Anstalt aufgenommen worden. Anstatt irgendwelche Zeichen von erblichem »Schwachsinn« zu diagnostizieren, die zur Rechtfertigung einer Sterilisation Marias gedient hätten, entschied der Psychiater, daß Maria einen »Pubertätskrise« erlitten habe und nur »psychopathisch« sei.[28]

Maria hatte einigermaßen Glück. Andere Kinder wurden allein für Bettnässen aus dem Erziehungsheim in psychiatrische Heilanstalten überwiesen. Und die Akten der Anstalt im Kloster Haina zeigen, wie entscheidend der Eindruck des ärztlichen Gutachters ist und wie leicht Marias Sterilisationsgeschichte einen anderen Verlauf hätte nehmen können. Ärzte brachen oft eklatant mit den Konventionen der Diagnostik, brachten unterschiedliche Krankheiten durcheinander und schrieben moralische wie erbliche Eigenschaften irgendwelchen Ereignissen zu, die weit entfernten Verwandten zugestoßen waren, um einen Grund für die Sterilisation zu finden. Auch Kinder, die die Intelligenzprüfungen bestanden hatten, konnten immer noch für »asoziales Verhalten« verurteilt werden. Anstatt sterilisiert zu werden, wurde Maria Ende August 1939 als »unerziehbar« nach Breitenau verbracht, wo sie die nächsten neun Monate blieb. Wegen eines weiteren Ausbruchsversuchs erhielt sie bei Anbruch des Winters vier Wochen »Arrest«. Schließlich wurde die Sorgerechtverfügung im Juni 1941, als sie neunzehn Jahre alt war, aufgehoben. Endlich war sie frei, ein eigenes Leben zu führen, doch bleibt ungewiß, ob sie ihr erstes Kind je wiedergefunden hat.[29]

Arrest und Rückkehr nach Breitenau zogen unvermeidlich harte Bestrafung nach sich; die Zeiten von Einzelhaft und Beschränkung auf Wasser und Brot wurden ordnungsgemäß in den Akten der Insassen verzeichnet. Für diejenigen, die kräftig genug waren, ein solches System zu überleben, und mutig oder töricht genug, weiterhin Ausbruchsversuche zu unternehmen, konnte der fürchterliche Kreislauf von Arrest, Flucht, neuem Arrest und Bestrafung auf Jahre hinaus weitergehen. Allein schon während der Arbeitszeit zu sprechen wurde als Auflehnung und Widersetzlichkeit geahndet. Indem sie die Erbschaft der Hafttradition des 19. Jahrhunderts antraten, die von der Vorstellung gekennzeichnet war, eigenes Denken im Geiste einer moralischen Gehorsamspflicht brechen zu müssen, trachteten Einrichtungen wie Breitenau danach, einen Grad der Kontrolle über die jungen Insassen auszuüben, den sie niemals wirklich erlangen konnten.

Eine Reihe von Liebesbriefen ist in den Akten der Institution erhalten geblieben; es sind natürlich nur solche, die entdeckt worden waren. Wie die zensierte Korrespondenz der Kinder mit ihren Eltern, so erlauben auch diese Briefe einen Einblick in ihre emotionalen Bindungen. Verliebt zu sein verhalf zu einer inneren Flucht in Gefühle, die das System von Arbeit und knapper Verpflegung zu unterdrücken und zerstören suchte. Statt dessen verlieh der erschreckende und düstere Charakter der Einrichtung den Schwärmereien, die innerhalb ihrer Mauern ihre Blüten trieben, eine besondere Intensität. Allein der Akt des Schreibens war aufgrund des Selbstverständnisses von Breitenau als einer »totalen« Einrichtung eine Provokation. Mit stumpfem Stift über Zeitungsausschnitte gekritzelt, mußten die Briefe verborgen vor den vielen Augen dem oder der Geliebten zugeschickt oder über die Mauer, die Jungen und Mädchen trennte, hinübergeworfen werden.

Im August 1942 wurde die sechzehnjährige Elisabeth Bachmeier zu vierzehn Tagen scharfem Arrest eingesperrt. Sie wurde beim »Schreiben an den Zögl[ing] M. heimlich Briefe« erwischt und dabei, wie sie die Briefe zum Fenster hinauswarf. Der Brief, mit dem sie erwischt wurde, als sie ihn hinauszuschmuggeln versuchte, war auch ein Pfand der Liebe für einen Jungen im Heim. Sie versprach, ihm eine Liebesgabe, nämlich ihr Essen, aufzusparen und es ihm über die Mauer zu werfen. »Du weißt für Dich tuhe ich alles,« fuhr sie fort, und sich Goethe zum Vorbild nehmend gelobte sie, »Liebster, ich bleibe Dir treu bis in den Tod«. Elisabeth wußte um den Wert ihres Liebesbeweises. Sie war bereits zwei Monate zuvor mit »Arrest« bestraft worden, weil sie versucht hatte, Briefe aus dem Heim zu schmuggeln. So wie die Heranwachsenden den Beweis der Loyalität ihrer Eltern an dem Essen maßen, das diese von zu Hause schickten, so äußerten sie ihre Liebeserklärungen ebenfalls dadurch, daß sie ihr Essen anboten.[30]

Eine andere Sechzehnjährige, Hannelore Büchner, besaß noch ein kleines Briefversteck in zwei Baumwollhüllen, die sie selbst genäht hatte und die – wie die fehlende Erwähnung in ihren Akten vermuten läßt – erst nach ihrer Entlassung gefunden wurden. Wahrscheinlich hatte sie die Briefe zurückgelassen, um der Gefahr zu entgehen, daß sie bei der abschließenden Körperkontrolle, die zur Entlassungsprozedur in Breitenau gehörte, bei ihr gefunden würden.[31] Hannelore schrieb Heinz und nannte ihn, nach Al Johnsons *The Jazz Singer*, »My Sonniboy«; sie schickte ihm ein Bild ihrer Mutter und fügte hinzu, sie hoffe, daß es ihm Freude bereite.[32] Noch leidenschaftlicher schrieb Hannelore an Lotti, einem Mädchen im selben Gebäudeflügel:

»Die ganze Zeit habe ich gewartet bis Käthi weg war. Meine kleine Sonne! Hoffentlich geht mein Wunsch einmal in Erfüllung, daß ich dich einmal besitzen darf. Wenn du nur wüßtest, wie mein Herz blutet, wenn Du mit einer anderer Frau zusammen bist. Oder glaubst Du mein darling mir nicht?? Du kannst ja alles von mir haben, was Du willst, denn Dir gebe ich alles. Es soll ja nicht nur hier sein, sondern auch draußen.«[33]

Bei der Anrede an ihre Geliebten als »My Sonniboy« und »My darling« wechselte sie ins Englische, und ihre Briefe an beide waren voller Kosenamen, Versprechen, sexuellem Verlangen und Angst, verlassen zu werden. Bei Lotti offenbarte sie sich in »enger Treue« und in »steter Liebe« und fragte, ob sie »mein heimliches Rufen« hören könne. Heinz gestand sie: «Denn wie wahnsinnig ich verliebt bin in dich kann ich dir garnicht sagen.« Sie hatte erfahren, daß er bald entlassen werde; und bei Lotti verlangte sie, daß ihre Liebe »nicht nur hier, sondern auch draußen« währen solle und fragte, was sie darüber denke. Wir kennen die Antwort von Lotti nicht. Heinz antwortete mit männlichem Stolz und warnte sie, andere Jungen zu haben, wobei er sich der Beamtensprache bediente, wenn er vom »Sachverhalt« sprach und drohte, daß es ihr »schlecht ergehen« werde, sollte sie seinem Rat nicht folgen. Wenn er entschlossen forderte, daß sie »Lu« – vermutlich ein anderer Junge – den Laufpaß geben solle, dann war sich Heinz hinlänglich im klaren über ihre »wahnsinnige« Verliebtheit in ihn. Anscheinend wußte er nichts von Lotti oder über andere Dinge, die sich jenseits der Mauer im Mädchenflügel abspielten. Er verlangte von ihr: »Du must mir treu sein. Wehe dem wenn du versuchst fremd zu gehen. Es wirde dir schlecht ergehen.«[34] Als ob es nicht genug

Zweifel innerhalb der Mauern von Breitenau gegeben hätte, bestand die eigentliche Prüfung für jeden der Beteiligten darin, ob die Beziehung seine Entlassung überdauern würde. Würde das Stigma des Erziehungsheims den anderen dazu bringen, ehemalige Freunde und Geliebte zu verleugnen?

Mochten sich Hannelores jugendliche Liebeserklärungen klischeehaft anhören und mochte ihr Verhalten auch von Absichten geleitet gewesen sein, so hatte sie doch allen Grund, einen Gefährten zu suchen, der treu zu ihr stand. Sie war allein, ein Einzelkind, das von seinem Großvater sexuell mißbraucht worden war und den Kontakt zum Vater nach der Scheidung der Eltern verloren hatte. Sie wußte auch, daß in einem Erziehungsheim Mädchen buchstäblich aus Liebe sterben konnten. Entdeckt zu werden, führte zu mindestens vierzehn Tagen Arrest in einer ungeheizten Zelle mit Hungerration, was in Breitenau während des Krieges ausreichte, um ein Mädchen zu töten.

Hannelore Büchner war durchaus nicht das einzige Opfer von sexuellem Mißbrauch, das in einem Erziehungsheim gelandet war. Dies war auch der Anfangspunkt von Anni Nagels sozialem Abstieg gewesen. Ihre Akte beginnt im September 1932, kurz vor ihrem achten Geburtstag. Das Jugendamt des kleinen thüringischen Städtchens Apolda – der Herkunftsort des Dobermanns – nahm Ermittlungen gegen eine Reihe von Jungen aus der Nachbarschaft auf, die mit Anni »gespielt« haben sollen. Jeder von ihnen bestritt die Anschuldigung entschieden. »Schweinereien habe ich nicht gemacht«, erklärte einer der Jungen und beschuldigte danach andere Jungen und ein Mädchen, miteinander oder mit Anni Geschlechtsverkehr gehabt zu haben. Und er sagte unverblümt, wo dies alles stattgefunden hatte: »Bei der Promenade, da machen sie es, auch auf dem Kirschberg. Es wissen alle, daß Anni N. immer von alleine anfängt.« Obwohl er drei Jahre älter als Anni war, stellte das Jugendamt seinen Bericht über Anni als Anführerin beim sexuellen Umgang nicht in Frage. Ein anderer Junge war noch älter, und auch er bestritt bei der Befragung den Vorwurf sexuellen Mißbrauchs. Am 13. Februar 1933 wurde Anni selbst auf das Jugendamt gebracht. Auf die Frage »welcher erwachsene Mann mit ihr gespielt habe« nannte Anni den Mann ihrer Tante, Erich H. Auch nach wiederholtem Befragen, ob sie auch die Wahrheit sage, beharrte Anni darauf, »doch, das ist wahr mit Onkel Erich, das ist wahr. Sonst hat es niemand außer dem Fredi F. mit mir gemacht. Ich weiß nur nicht genau, ob mein Onkel Erich älter ist wie achtzehn Jahre, oder jünger. Das andere ist alles wahr.«[35]

In Wirklichkeit war »Onkel Erich« zweiunddreißig Jahre alt. Im Unterschied zu den Jungen aus der Nachbarschaft versuchte er nicht einmal, gegenüber der Polizei den Vorwurf des sexuellen Mißbrauchs zu leugnen. Aber wie die Jungen vor ihm behauptete auch Onkel Erich, Anni habe ihn beim Spielen in seiner kleinen Arbeiterwohnung verführt. Trotz deutlicher Ungereimtheiten in seiner Geschichte, obwohl er zugab, sie mit Tripper angesteckt zu haben, und trotz seines Berichts über außereheliche Beziehungen, in dem auch eine illegitime Tochter aus einer früheren Verbindung vorkommt, glaubte ihm das Jugendgericht und bezeichnete Anni als »ungemein verlogen«. Im Oktober 1934 waren die Ermittlungen endlich abgeschlossen, und das Jugendgericht traf seine Entscheidung. Anni wurde »die vorläufige Fürsorgeerziehung angeordnet«. Obwohl das Kriminalgericht Onkel Erich zu einer Gefängnisstrafe verurteilte, hielt dies das Jugendgericht nicht davon ab, Annis Verlogenheit und »daß [das Mädchen] seinen Onkel zum Geschlechtsverkehr aufgefordert hatte«, als den eindrucksvollsten Beweis gegen sie anzuführen.[36]

Anni Nagels Fall war bezeichnend: Sie mußte von der Schule und der Straße genommen werden. Anni mußte in ein Heim eingewiesen werden, wie es das Jugendgericht in seiner üblichen Ausdrucksweise formulierte,

»damit seine Entwicklung in strenger Zucht auf andere Bahnen gelenkt wird. Jetzt ist das Kind geradezu eine Gefahr nicht nur für Erwachsene, sondern ganz besonders für die Schulkameraden.«[37]

Den örtlichen Behörden mochte es vielleicht an Mitteln fehlen, alle potentiellen Fälle undisziplinierten Verhaltens zu bestrafen, aber sie konnten versuchen, andere abzuschrecken. Und die Fälle, denen sie nachgingen, boten den Behörden Gelegenheit für eine eindringliche und demütigende Lektion in konservativer Moral, die die ganze Gemeinschaft erziehen sollte.

Aus den Akten geht wenig über die Hoffnungen und Erwartungen der kleinen Anni hervor. Die Männer mittleren Alters vom Jugendamt unternahmen wenig, was Anni dazu hätte ermutigen können, ihr Innenleben auszudrücken. Sie unterzogen sie nur der Qual der Aussage zum sexuellen Mißbrauch und zweifelten ihre Angaben an. Ironischerweise fand

Anni möglicherweise dank der Reformer der Weimarer Republik den Mut, ihre erste Aussage über sexuellen Mißbrauch überhaupt zu machen. Die Weimarer Republik kannte eine Anzahl einfallsreicher und humaner Versuche in der Jugendsozialarbeit, die von der Beschäftigung von Beratern und Therapeuten über Familienarbeit bis zum Beratungsangebot für Jugendliche in Erziehungsheimen reichten. Sogar in Breitenau gab es in den zwanziger Jahren eine Sozialarbeiterin, obwohl die traditionelle Arbeitshausatmosphäre jeden abgeschreckt hatte, lange auf dem Posten zu bleiben. 1933 waren mehr als neunzig Prozent der Fürsorger in Deutschland Frauen. Zu jedem der kritischen Punkte wurde Anni nicht von einem Mann, sondern von einer Betreuerin der örtlichen Behörde befragt, der sie anvertraute, wie Onkel Erich sie mißbraucht hatte. Nachdem sie einmal Vertrauen gefasst hatte, hielt Anni ihre Geschichte aufrecht, selbst dann, wenn sie frühere Aussagen, die sie gegenüber männlichen Ermittlern gemacht hatte, zurücknehmen mußte. Die Mehrheit der Beamten und Angestellten des Jugendamtes waren Männer. Sie hatten auch keinerlei pädagogische Ausbildung oder eine in Sozialarbeit, sondern waren auf dem üblichen Werdegang in religiösen karitativen Einrichtungen oder in der regionalen Regierungsverwaltung auf ihren Posten gelangt. Anni konnte nicht wissen, daß die Kreisfürsorgerin, der sie vertraute, kaum Macht in diesem System hatte. Auch wußte Anni nicht, daß diese Person nicht versuchen würde, sie zu schützen. Die Kreisfürsorgerin schloß sich als erste der Behauptung des Jungen an, Anni sei eine Lügnerin, was sich als so vernichtend für sie erweisen sollte und was das Jugendamt ihr von da an jedesmal, wenn sie vor diesem erscheinen mußte, von neuem vorhielt.[38]

Anni war ein Extremfall in einem System, in dem die Behörden eher davon ausgingen, daß es die Mädchen waren, die verführten, als daß sie Opfer waren. Die erste Pflicht des Jugendamts war es, die Gesellschaft und nicht das Kind zu schützen. Ein moralisch verdorbenes Mädchen war weniger ein Opfer von Kindesmißbrauch als eine Bedrohung von Ordnung und Moral. Auf Annis ersten Aufenthalt in einem Erziehungsheim folgte die Bewährung auf einem Bauernhof. Als sie im Oktober 1939 einen Besuch zu Hause machte, wurde sie erneut sexuell mißbraucht, diesmal von ihrem Stiefvater. Wieder erzählte sie es der Kreisfürsorgerin und wieder wurde sie der Lüge bezichtigt. Anni war nun fünfzehn Jahre alt und schwanger. Ihr Kind wurde nach der Geburt in ein Kinderheim nach Apolda gegeben, Anni nach Breitenau eingewiesen, eine Einrichtung, die deren Leiter wegen ihrer »geschlossenen, harten Anstaltsdisziplin« pries.[39] Im Februar 1942 riet der Direktor Breitenaus dem Jugendamt davon ab, Anni frühzeitig eine Beschäftigung außerhalb zu geben:

»Normalerweise ist bei derartigen Mädchen mindestens eine einjährige Unterbringungsdauer notwendig, damit sie eine gewisse Angst vor der Unterbringung hat, denn nur diese kann sie noch zu einem nützlichen Glied der Volksgemeinschaft machen.«[40]

In Annis Fall werden wir nie wissen, ob sie in diesem Sinn »umerzogen« werden konnte. Sie starb am 1. Juni 1942, nachdem sie zehn Jahre ihres siebzehnjährigen Lebens in »Bewahrung« verbracht hatte, an Tuberkulose, die sie sich zweifellos in den feuchten, ungeheizten Strafzellen von Breitenau geholt hatte.

So furchtbar Annis Leben war, ihre Geschichte war im nationalsozialistischen Deutschland keineswegs einmalig. Religiöse Konservative und liberale Reformer, Juristen und Psychologen waren durchweg abgeneigt, Zeugenaussagen von Kindern in Fällen sexuellen Mißbrauchs gelten zu lassen. Dieselben Kategorien für »verwahrlostes« Verhalten wurden in Nordamerika und Westeuropa seit dem ausgehenden 19. Jahrhundert bis in die fünfziger Jahre des 20. Jahrhunderts verwandt, gemäß der allgemein vorherrschenden Meinung, daß »schwierige« Kinder in einer Einrichtung untergebracht werden müssen, um sie und die ganze Gesellschaft vor moralischem Verfall zu schützen. Derselben paternalistischen Tradition in Kinderheimen und bei der Kindersozialarbeit privater, häufig christlicher Wohltätigkeitseinrichtungen im Zusammenspiel mit den örtlichen Behörden kann man zum Beispiel in den Heimen Dr. Barnardos in Großbritannien begegnen.[41]

Wie auf so vielen anderen Regierungsebenen haben die Nationalsozialisten eher mit den Denkmustern des Berufspersonals gearbeitet als gegen sie. Als die neuen Machthaber 1933 ins Amt kamen, stellten sie fest, daß die öffentliche und private Wohlfahrtslobby unter dem Eindruck der Weltwirtschaftskrise sich auf billigere und härtere Heilmethoden verlagert hatte. Ohne dem weiten und widersprüchlichen Meinungsspektrum unter den Experten Beachtung zu schenken, stützten sich die Nationalsozialisten auf die Vorschläge sowohl der konservativen als auch der christlichen karitativen Verbände sowie jener säkularen progressiven, die harte Strafmaßnahmen rechtfertigten. Führende Fortschrittliche der Weimarer Republik wie Ruth von der Leyen und Werner Villinger hatten dazu beigetragen, im Laufe der zwanziger Jahre die öffentliche Meinung zu verändern, indem sie behaupteten, daß schwierige Kinder als »abnormal« und »psychopathisch« angesehen werden sollten. Die Nationalsozialisten verbanden diese eugenischen Vorstellungen über die gesellschaftliche Gefahr, die von »unerziehbaren« Kindern ausging, mit konservativen, katholischen Rufen nach einem Gesetz, das die unbegrenzte Institutionalisierung oder »Bewahrung« erlauben sollte. In einem Gesundheits- und Wohlfahrtssystem, das von einer eugenischen und auf Sparsamkeit bedachten Einstellung durchdrungen war, wurden die Reformer für ihre zunehmende Rücksichtslosigkeit bei der Suche nach Wegen belohnt, die sicherstellen sollten, daß diejenigen, die der Gesellschaft nützlich sein könnten, ausgesucht und die »Erziehbaren« von den »Unerziehbaren« wie Spreu und Weizen voneinander getrennt werden konnten.[42]

Die NS-Politik wandte schnell radikalste Maßnahmen an, wie die Zwangssterilisation, die auch in den USA und in Skandinavien praktiziert wurde. Die Tatsache, daß Anni Nagel, ebenso wie Waltraut Pfeil, Ruth Felsmann und Lieselotte Schmidt aufgrund ihrer Behandlung in Breitenau starben, zeugt von einer Aushöhlung der Kontrolle über Disziplinarmaßnahmen, die für den NS-Staat typisch war. Diese Todesfälle im Gewahrsam deuten auch noch auf etwas anderes hin: Wie sehr sich die Machthaber auch um die Wirkung des Lebensmittelmangels auf die allgemeine deutsche Zivilmoral Sorgen machen mochten, der Krieg beendete jede Zurückhaltung, diese Jugendlichen, die aus der Volksgemeinschaft entfernt und in geschlossene Einrichtungen eingeliefert worden waren, nicht verhungern zu lassen.[43]

Am 22. Dezember 1939 berief Reinhard Heydrich, der Stellvertreter Heinrich Himmlers, ein Treffen im neuen Reichssicherheitshauptamt ein, um einen Plan zu prüfen, der die Kriminalpolizei ermächtigen sollte, junge Gesetzesbrecher in neue »Jugendschutzlager« zu bringen. Am 1. Februar 1940 erhielt Himmler das ministerielle Einverständnis, und im August wurde in Moringen bei Hannover ein Arbeitshaus des alten Wohlfahrtssystems in ein Konzentrationslager für Jungen über sechzehn umgewandelt. Zwei Jahre später wurde in der Uckermark, in bedrohlicher Nähe zum Frauenkonzentrationslager Ravensbrück, ein Lager für Mädchen eröffnet. Diese zwei neuen Lager stellten einen direkten Übergang vom traditionellen Wohlfahrtssystem der Kinderheime zum typischen nationalsozialistischen System der Konzentrationslager dar.[44]

Moringen und Uckermark wurden Laboratorien für das Kriminalbiologische Institut der Sicherheitspolizei, das von Robert Ritter geleitet wurde und dem Reichskriminalpolizeiamt angegliedert war. Die »Schüler« wurden nach Kategorien geordnet und entsprechend in unterschiedliche Gruppen eingeteilt. In der Uckermark gab es drei solche Gruppen für Mädchen: »Unter Beurteilung«, die »Erziehbaren« und schließlich »hoffnungslose Fälle«, zu denen die Mehrheit gezählt wurde. Die Jungen in Moringen wurden in sechs Gruppen erfaßt. Die Leiter griffen zur Erklärung der unterschiedlichen Behandlung auf die überkommenen Argumente von der Homogenität sexueller Promiskuität bei Mädchen im Vergleich zur Diversität diebischen und gewalttätigen Verhaltens bei Jungen zurück. Bis zum März 1945 wurden 1386 Jungen und junge Männer zwischen dreizehn und achtzehn Jahren nach Moringen gebracht, und bis Ende 1944 mindestens 1000 Mädchen und junge Frauen in die Uckermark. Einige wenige wurden entlassen; die meisten wurden in andere Einrichtungen wie Heilanstalten oder Konzentrationslager für Erwachsene verbracht, wo viele starben. Breitenau als eines der härtesten Erziehungsheime des alten Wohlfahrtssystems war dazu ausersehen, die ersten Aufnahmen zu stellen. Obwohl nur diese zwei Jugendkonzentrationslager eröffnet wurden und sie auch nie viele Insassen hatten, so zeigten sie doch die Absicht des Reichsführers-SS, das System der Konzentrationslager zur »Umerziehung« jugendlicher »Nichtstuer« über den Krieg hinaus beizubehalten. Aber mit zunehmendem Zeitdruck und zunehmender Knappheit der Ressourcen sowie dank einer Prioritätensetzung in der »Rassenpolitik« waren es nicht die deutschen Jugendlichen, die Himmlers Leute am meisten beschäftigten.[45]

Ritter begründete seinen Ruf durch seine »Zigeunerforschung«, und seine Mitarbeiter von der Rassenhygienischen und Bevölkerungsbiologischen Forschungsstelle im Reichsgesundheitsamt setzten sein Werk fort. Ein Jahr lang untersuchte Eva Justin, eine junge, ehrgeizige Doktorandin Ritters, die Kinder in der St. Josefspflege, einem katholischen Kinderheim in Württemberg, deren Eltern 1942 in die Konzentrationslager Ravensbrück und Buchenwald gebracht worden waren. Von dort erhielten die Kinder zunächst hin und wieder Postkarten, später dann die Urnen mit der Asche ihrer Eltern. In der St. Josefspflege vermaß Eva Justin die Schädel, verzeichnete die Augenfarbe und fotografierte die Kinder. Beim Fußball oder Völkerball belohnte sie sie mit Preisen und forderte sie im Unterschied zu den Nonnen, die sie ermahnten, ordentliche und saubere deutsche Kinder zu sein, dazu auf, auf Bäume zu klettern und wie die Wilden in den Wäldern herumzutoben. Tatsächlich war es genau das, was Eva Justin mit der Studie an 148 »Zigeunerkindern« in Pflege bewiesen zu haben meinte: Deren Moral war sogar »noch schlimmer« als bei denen, die bei ihren Eltern und bei den Nomadenstämmen geblieben waren. Sie schloß daraus, daß eine Assimilation keine Änderung bewirken würde und die einzige Lösung in der Sterilisation bestünde, »Halbzigeuner« mit eingeschlossen. Zu dieser Zeit waren allerdings andere Lösungen in Vorbereitung, und Justins Arbeit bei den Kindern der St. Josefspflege verschob sogar deren Abtransport aus dem Alt-Reich. Sie blieben bis 1944, bis die rotblonde Rassenhygienikerin ihre Doktorarbeit abgeschlossen hatte und die Kinder nicht mehr benötigt wurden. Am 9. Mai wurden 39 von ihnen zu einem »Sonderausflug« in einen Bus gesetzt: Die Stuttgarter Polizei schickte sie nach Auschwitz, von wo nur vier zurückkehren sollten.[46]

In Breitenau wiederum hatten andere Entwicklungen aus Himmlers Bereich einen stärkeren Einfluß auf das Leben der deutschen Zöglinge. Kurz nachdem Georg Sauerbier 1940 Direktor geworden war, führte er das hessische Erziehungsheim in das neue System der Arbeitserziehungslager über, deren Zweck darin bestand, ausländischen Zwangsarbeitern eine kurze, nachdrückliche Warnung zu sein. Etwa 8400 gingen in den folgenden vier Jahren dort ein und aus und wurden bald zur größten Gruppe. Sie blieben auch nur kurze Zeit, in der Regel nicht mehr als einige Wochen, im Vergleich zu den Monaten und Jahren, die deutsche Zöglinge in den Erziehungsheimen und Erwachsene in den Arbeitshäusern verbrachten. Die meisten ausländischen Arbeiter wurden zu ihren deutschen Arbeitgebern zurückgeschickt, etwa ein Fünftel kam in Konzentrationslager wie Buchenwald und Ravensbrück.[47]

Breitenau war bald voll bis unter das Dach. Mehr als 1000 Menschen waren dort zusammengedrängt und füllten die Dachkammern über der alten Basilika des ehemaligen Klosters sowie die Ställe und Nebengebäude, und selbst in die winzigen Einzelhaftzellen wurden bis zu sechs Insassen gepfercht. Dieses neue System brachte es mit sich, daß die SS-Wachen, die für die »Erziehung« der Fremdarbeiter zuständig waren, sich gelegentlich in die Belange des Arbeitshauses und Erziehungsheims für Deutsche einmischten. Die normalen Aufseher in Breitenau lernten durch die Verhöre der Gestapo, die allwöchentlich im Hof durchgeführt wurden, eine neue Brutalität kennen, wie auch das deutsche Gefängnispersonal während des Krieges die Gewalttätigkeit der Konzentrationslager übernahm. Je mehr der Bedarf an Zwangsarbeitern stieg, desto tiefer sank das Alter derer, die Breitenau zur Verfügung stellte: 1943 und 1944 wurden Tausende sowjetischer Kinder nach Deutschland deportiert, wo sie unter denselben drakonischen Bedingungen arbeiten mußten wie Erwachsene. Ein holländischer Insasse erinnerte sich, was geschah, als deutsche und russische Jugendliche im Winter 1943 aus Breitenau nach Kassel geschickt wurden, um dort Bombentrümmer beiseite zu räumen, und ein sechzehn Jahre alter russischer Junge ein Stück Vorhang in den Trümmern fand, aus dem er sich einen Verband für seine erfrorenen Füße machte. Eine von dem ehemaligen Besitzer wegen des »Diebstahls« herbeigerufene Wache verhaftete den Jungen auf der Stelle. Am nächsten Tag hatten sich die Gefangenen im Kreis aufzustellen, während der Junge sein eigenes Grab schaufeln mußte und dann gezwungen wurde, sich davor hinzuknien und auf den tödlichen Schuß zu warten. Dreimal richtete die Wache die Pistole auf ihn, bevor sie sie senkte und wieder ins Halfter steckte.[48]

Die härtesten Strafen galten der Vorbeugung der Verführung zur »Rassenschande«. Von Anfang an drohte polnischen Männern die Exekution, wenn sie mit deutschen Frauen Geschlechtsverkehr hatten. Aus Rücksicht auf die öffentliche Meinung in neutralen Ländern und im Westen scheinen sich die deutschen Machthaber bis zum Sieg über Frankreich noch zurückgehalten zu haben; aber vom Sommer 1940 an wurden Hunderte von Polen in Deutschland gehängt, viele von ihnen öffentlich, darunter mindestens drei Gefangene aus Breitenau. Nach solchen Szenen kehrten die polnischen Arbeiter, die gezwungen wurden zuzuschauen, stumm und eingeschüchtert in ihre Baracken zurück, während die einheimischen Deutschen, die freiwillig dabei waren, herumstanden und diskutierten, ob die Hinrichtung öffentlich hätte stattfinden sollen und ob die

Frau schwer genug bestraft worden sei, insbesondere, wenn man glaubte, sie habe den Mann »verführt«. Häufig kam es zu rituellen Demütigungen von Frauen, etwa wenn sie kahlgeschoren und mit Schildern um den Hals, die ihre »Verbrechen gegen die Rasse« kundtaten, durch die Straßen geführt wurden. Normalerweise folgte ein Gefängnisaufenthalt; und manche wurde in den Frauenflügel von Breitenau eingeliefert.[49]

In ihrer durchweg patriarchalischen Einstellung bestraften die Nationalsozialisten Geschlechtsverkehr von polnischen Frauen mit deutschen Männern weit milder. Da es unmöglich war, die unzähligen abgelegenen Bauernhöfe zu kontrollieren, wo Deutsche und Polen Seite an Seite lebten, mußte sich die Polizei auf schnüffelnde Nachbarn verlassen, um davon Kenntnis zu erhalten. Ebenso war die Gestapo auf Denunzianten angewiesen, wenn sie Juden nach den Nürnberger Rassengesetzen von 1935, die geschlechtliche Beziehungen zwischen »Deutschen« und »Juden« verboten, des Verbrechens der »Rassenschande« überführte. Obwohl die Fälle von Ausländern, insbesondere ihre Geschlechtsbeziehungen mit deutschen Frauen, nun die meiste Zeit der Gestapo in Anspruch nahm, war die Gesamtzahl sehr niedrig: 1942 kam es gerade einmal zu 1200 Verhaftungen bei insgesamt drei Millionen ausländischen Zwangsarbeitern. Auch hier ging es in der Hauptsache mehr um Kontrolle und Abschreckung durch aufsehenerregende Strafen als um die totalitäre Überwachung und Kontrolle der »Fremdarbeiter«.[50]

In Breitenau stießen diese unterschiedlichen Klassen von Gefangenen aufeinander, als deutsche Arbeitshausinsassen und Zöglinge der Erziehungsheime mit deren »rassischen« und nationalen »Feinden« zusammengelegt wurden. Für die polnischen und später auch sowjetischen Zwangsarbeiter war es eine harte, kurze Begegnung mit einer Sonderform eines Konzentrationslagers. Aber auch wenn sie in ihre ehemaligen Betriebe zurückgeschickt wurden und damit ein für allemal den Lagern entkommen konnten, kehrten sie in eine Welt des Hungers, der Baracken, der Zwangsarbeit und regelmäßigen Mißhandlung durch deutsche Aufseher zurück. Für sie war das ganze Land Feindesland, fremd und potentiell tödlich. Die Jungen und Mädchen des Erziehungsheims Breitenau mochten zwar ihrerseits Gegenstand sozialer Vorurteile sein, dennoch fühlten sie sich in der Regel nicht mit den Ausländern solidarisch, neben denen sie arbeiten mußten. Lieselotte Scherer konnte es nicht ertragen, daß sie an einem ihrer Arbeitsplätze auf dem Bauernhof gleich behandelt wurde wie die Polin, mit der sie arbeitete, und machte ihrer Empörung Luft, »daß ein Zögling in einer freien Dienststelle als Zwangsarbeiterin angesehen werden kann«. Wie tief Lieselotte auch gefallen war, sie betrachtete sich selbst noch immer als den deutschen »Herren« zugehörig. Breitenau war als Erziehungsheim für deutsche Jungen und Mädchen wahrhaftig die letzte Station in der »Volksgemeinschaft«. Jenseits davon – und bereits für die Fremdarbeiter innerhalb der Klostermauern – gab es keinen Weg zurück.[51]

Für die meisten Jungen und Mädchen ging die Entlassung aus dem Erziehungsheim etappenweise vor sich, normalerweise über die probeweise Unterbringung auf entlegenen Bauernhöfen. Hier mußten die Jugendlichen extrem hart arbeiten, und jeder Streit mit dem Bauer oder dessen Frau wurde mit dem Hinweis auf die Vergangenheit im Erziehungsheim beendet. So gut wie jede Klage zog Androhungen der Behörden nach sich, die Jugendlichen wieder ins Heim zurückzuschicken. Liebesgeschichten von Mädchen mit Soldaten führten zu Untersuchungen nach Geschlechtskrankheiten, versäumten es die Jungen, am Sonntagnachmittag die Kühe zu füttern, führte dies zu behördlichen Verwarnungen wegen Sabotierung kriegswichtiger Produktion. Kinder hatten Angst, daß die eigene Familie sich wie die übrige Gesellschaft gegen sie stellte.[52] Nach sechs Jahren Dasein als Zögling in verschiedenen Fürsorgeeinrichtungen versuchte Lieselotte Scherer sich vor ihrer Mutter, die sie kaum kannte, zu rechtfertigen:

»Ich bin damals als ein Kind von Dir gekommen und nun bin ich schon groß und Du weißt nicht wie ich jetzt im Menschlichen Leben stehe. … Vergesse alles was ich Dir antat. Ich will Dir alles wieder gut machen. Ich verspreche Dir hiermit das ich Dir zuliebe anders werde.«[53]

Lieselottes Angst, die Mutter könnte die gleiche Meinung von ihr haben wie die Behörden, zeigt, wie tief im allgemeinen Denken die Vorurteile verankert waren, auf denen Sachverständige, Ärzte, religiöse Wohlfahrtseinrichtungen und örtliche Behörden ihre Form des NS-Staats aufbauten. Sie wußten, daß die meisten Deutschen sie in ihrem Kampf gegen ungebührliches Benehmen der Jugend unterstützten. In einer Zeit der Vollbeschäftigung schien es, als verstießen der »Arbeitsscheue« und der »Asoziale« gegen den Gesellschaftsvertrag. Tatsächlich wurden in der öffentlichen Meinung, wie Umfragen zeigten, bis in die achtziger Jahre des 20. Jahrhunderts Strafmaßnahmen gegen sogenannte »asoziale« Elemente als populäre und positive Seite des Nationalsozialismus erinnert. Den Bürgern von Guxhagen fiel nach dem Krieg nichts besseres ein, als die Straße, die von ihrem kleinen Städtchen nach Breitenau führte, nach Heinrich Klimmer, dem alten Parteigenossen und Direktor der dreißiger Jahre, zu benennen.[54]

Der einzige Weg, schneller aus Breitenau herauszukommen, lief über den Patriotismus. Hier zumindest kreuzte sich die emotionale Welt der Jugendlichen mit den öffentlichen Werten ihrer Aufseher. Für Mädchen bedeutete patriotischer Eifer nicht mehr als die Bekundung des Willens zur Anpassung an die Gesellschaft, sich in die »Volksgemeinschaft« einzubringen. Aber es war der Patriotismus der Jungen, der dem Direktor des Erziehungsheims imponierte, und das Justizministerium hatte bereits genehmigt, daß die Jugendlichen ihre Bewährungszeit an der Front ableisten konnten. Sie konnten sich als Freiwillige melden und, sofern sie die Achtung des Direktors gewonnen hatten, erwarten, daß ihre »Fürsorgeerziehungsverfügung« aufgehoben wurde. 1941 und 1942 hatte die Wehrmacht genügend Rekruten, so daß sie junge Leute aus den Erziehungsheimen, die sich freiwillig zu den Elitewaffengattungen wie Marine oder Luftwaffe meldeten, ablehnen konnte. Im allgemeinen mußten sie sich gedulden, bis sie achtzehn Jahre alt waren und in das Heer eingezogen werden konnten; das beste, worauf sie hoffen konnten, waren die Panzerdivisionen.[55]

Wenn straffällige und verwahrloste Kinder sich am Rande der »Volksgemeinschaft« bewegten, liefen sie Gefahr, ganz aus ihr herauszufallen; und als die Sozialpolitik immer brutaler wurde und immer schärfere Strafmaßnahmen ergriff, tat sich ein immer tieferer Abgrund auf, der schnell in den Tod führen konnte. Es konnte Verhungern in den Strafzellen, das Jugendkonzentrationslager, eine Verfügung zur Sterilisation oder die Heilanstalt bedeuten. Bei der Anwendung solch drakonischer Maßnahmen konnte sich der Staat auf weitgehende Einigkeit bei der Behandlung junger Missetäter stützen. In mancher Hinsicht war die nationalsozialistische Glorifizierung der Arbeit ein sehr einfacher Gradmesser der Zugehörigkeit zum deutschen Volk. In den letzten Vorkriegsjahren hatte die Vollbeschäftigung zur Verhärtung der Einstellung gegenüber

»Arbeitsscheuen« und »Asozialen« beigetragen. Arbeit als solche wurde als positive Tugend in Umzügen für die »Schönheit der Arbeit« gefeiert, und unter den Arbeitern war die Selbständigkeit des Facharbeiters weiterhin anerkannt. In den Konzentrationslagern markierte die Zuteilung von Arbeit die Grenze zwischen Leben und Tod. In Gefängnissen trennte Arbeit sorgfältig die »Asozialen« und »Gemeinschaftsfremde« von Insassen, die eine Chance zur Rehabilitierung boten.[56] Und in den Erziehungsheimen trennte die Bereitschaft zur Arbeit die »Erziehbaren« von den »Unerziehbaren«. Wenn die Geschichten in den Akten eines berichten, dann, daß Fürsorgezöglingen von allen Seiten eine Lektion eingebleut wurde: trotz Hunger, Hohn und Schlägen fleißig und ohne Klagen zu arbeiten. Welche geheimen Sehnsüchte Fürsorgekinder auch gehabt haben mögen und welche anderen Erfahrungen sie voneinander auch lernten, sie mußten die Kunst beherrschen, die »richtige Einstellung« nicht nur gegenüber ihren Aufsehern und Arbeitsgebern an den Tag zu legen, sondern auch in ihren Briefen nach Hause. Tragischerweise zeugten Briefe, die zensiert wurden, weil ihr Ton zu wenig reumütig war, häufig davon, daß das Aufsichtspersonal einen einflußreicheren Verbündeten hatte als die bloße Kontrolle äußerlichen Verhaltens: Kinder hatten aufrichtig Angst davor, auch von ihren Eltern verurteilt zu werden.

3. Der Mord an den Kranken

Im Juli 1939 beauftragte Hitler Karl Brandt, einen seiner Ärzte, ein Ehepaar zu besuchen, das ihn einige Monate zuvor um die Erlaubnis ersucht hatte, ihr schwerbehindertes Kind töten zu lassen. Brandt traf die Familie, einen lutherischen Bauernknecht und seine Frau, im sächsischen Pomßen. Am 25. Juli verzeichnet das örtliche Kirchenregister den Tod des fünf Monate alten Jungen Gerhard Herbert K. aus »Herzschwäche«.

Das war der Anfang des Krankenmords: Innerhalb eines Monats machte es der Reichsausschuß zur wissenschaftlichen Erfassung von erb- und anlagebedingten schweren Leiden den Ärzten zur Pflicht, alle Neugeborenen mit Mongolismus (Down-Syndrom), Mikrozephalie, Hydrozephalus und spastischer Lähmung zu melden und auch solche, denen Gliedmaßen fehlten. Die Meldeformulare wurden an drei medizinische Gutachter geschickt, von denen einer, Professor Werner Catel aus Leipzig, schon im Fall Gerhard Herbert K. um sein Urteil gebeten worden war. Die drei Sachverständigen entschieden über das Schicksal der Kinder, ohne sie sich anzusehen, indem sie auf dem Meldeformular einfach ein »+« für Tod und ein »–« für Leben notierten. Töten war zu einem positiven Ergebnis geworden.[1] Am Ende dieser Pilotuntersuchung waren etwa fünftausend Kinder getötet worden, und die Zahl der Heilanstalten, die eigene »Kinderfachabteilungen« einrichteten, wuchs schrittweise, bis etwa dreißig von ihnen in das Programm der Kinderselektion und -tötung eingebunden waren.[2]

Wenn die deutsche Jugend Hitlers Forderung gerecht werden sollte, »flink wie ein Windhund, zäh wie Leder und hart wie Kruppstahl« zu werden, dann mußte Krankes und Schwachsinniges ausgemerzt werden. Wenn Schönheit erblühen sollte, war kein Platz für Menschen mit Mißbildungen im Deutschen Reich. Obwohl manche die »Kinderfachabteilungen« als Langzeitmaßnahmen betrachteten, die noch lange nach dem Krieg benötigt würden, um diejenigen zu eliminieren, deren Geburt durch Sterilisation und Abtreibung hätte verhindert werden sollen, lag das Augenmerk zunächst darauf, die Heilanstalten von Patienten zu säubern, die nicht zu den Kriegsleistungen beitragen konnten. Hitler betraute Karl Brandt und Philipp Bouhler, den Mann, der das Gesuch der Familie K. aus zweitausend anderen in seinem Büro eingehenden Bittbriefen herausgezogen hatte, mit der Einrichtung einer zweiten und umfassenderen Initiative. Brandt und Bouhler schufen im Dezember 1940 neue Voraussetzungen und nannten ihre Geheimoperation zur Aussonderung und Tötung erwachsener Anstaltspatienten nach ihrer Adresse in der Tiergartenstraße 4 schlicht »T-4«.[3]

Als in den ersten sechs Monaten des Kriegs zwei SS- und Polizei-Spezialeinheiten Pommern und Westpolen durchstreiften, wurden rund dreitausend Patienten erschossen und vergast. Im »Alt-Reich« vollzog sich der medizinische Mord in bürokratischeren, aber nicht minder schnellen Bahnen. Als führende Psychiater und Kinderärzte zur Gruppe der Sachverständigen stießen, um am »T-4«-Programm mitzuwirken, erhöhte sich rasch die Zahl der Fälle, die bearbeitet werden konnten. Im Januar 1940 führte man im ehemaligen Zuchthaus in Brandenburg eine Vergasungsmethode vor, die es ermöglichte, zwanzig Patienten auf einmal zu töten. Im Laufe der nächsten achtzehn Monate wurden Patienten aus Heilanstalten im ganzen Reich durch Durchgangssanatorien geschleust, sie sollten in Grafeneck auf der Schwäbischen Alb, in Hartheim bei Linz, in der Heilanstalt Sonnenstein bei Dresden und in Bernburg getötet werden. Im Januar 1941, ein Jahr nach Beginn der »Operation T-4«, wurde in Hadamar ein sechstes Zentrum eröffnet, das Grafeneck ersetzte.[4]

Die Heilanstalt auf einem Hügel über der Kleinstadt Hadamar, nördlich von Limburg, überblickte das Lahntal, einen vorwiegend katholischen und armen Landstrich mit kleinen Zinnminen. Die Heilanstalt Hadamar war 1906 eröffnet worden, zu einer Zeit, als die Gegend wirtschaftlich bereits daniederlag. Die Hauptanstalt in den Gebäuden eines Arbeitshauses aus dem späten 19. Jahrhundert war bei Ausbruch des Zweiten Weltkriegs von Patienten geräumt worden und diente als Militärkrankenhaus. Dies erleichterte die Umgestaltung mit tatkräftiger Unterstützung der Wiesbadener Provinzregierung. Aus der alten Belegschaft wurden fünfundzwanzig Angestellte übernommen, die anderen entweder neu eingestellt oder aus Grafeneck und Berlin geholt. Die Patienten stiegen am Bahnhof aus oder wurden mit den grauen Bussen der Gemeinnützigen Krankentransportgesellschaft (Gekrat) direkt zur Heilanstalt gebracht. Durch einen Seiteneingang hineingeführt, betraten die Patienten im Erdgeschoß einen hellen Raum mit großen Fenstern, wo sie sich auszuziehen hatten und ihre Identität überprüft wurde. Nach einer oberflächlichen Untersuchung entschied ein Arzt, welche der 71 möglichen aufgelisteten Todesursachen für jeden Patienten am ehesten in Frage kam. Dann wurden sie für die Sammlung von Gesichtern Geisteskranker fotografiert und in kleinen Gruppen über eine enge Treppe nach unten in einen kleinen Duschraum mit gefliestem Boden und Holzbänken an den Wänden geführt. Hier wurden sie mit Kohlenmonoxyd vergast und ihre Körper in den zwei Krematorien auf der anderen Seite des Kellers verbrannt. Zwischen Januar und August 1941 wurden in Hadamar 10 072 Menschen vergast.[5]

Unglücklicherweise – aus Sicht der Behörden – stießen die Kamine der Krematorien dicke Rauchwolken aus, was das leichtfertige Gerede der Arbeiter bestätigte, die die Leichen zu beseitigen hatten. Eine beunruhigte Öffentlichkeit hatte in Grafeneck auf der Schwäbischen Alb, wo 9839 Personen vergast worden waren, dafür gesorgt, daß die Operation überhaupt nach Hadamar verlegt wurde. Die große Zahl der zu Ermordenden ließ die Ärzte bei der Ausstellung der Totenscheine nachlässig werden. Einigen Angehörigen wurde erzählt, daß die Patienten an einer Entzündung des Blinddarms verstorben seien, obwohl dieser schon vor langer Zeit entfernt worden war. Auch die Versendung von Papierurnen mit der Asche hatte ihre Tücken: Als Angehörige in der Urne, die die Asche eines Mannes enthalten sollte, Haarnadeln fanden oder die Urne mit den Überresten ihre Sohnes erhielten, den sie zwei Wochen zuvor aus einer Heilanstalt abgeholt hatten, fingen sie an, nachzufragen. In der unmittelbaren Umgebung der Heilanstalt blieben die Vergasungen keineswegs unbemerkt. Als Bischof Antonius Hilfrich von Limburg beim Reichsjustizminister – einem Katholiken – brieflich protestierte, erwähnte er auch, daß die Kinder die durch Hadamar fahrenden grauen Busse mit dem Liedchen begrüßten: »Da kommt wieder die Mordkiste«.[6]

Am 3. August 1941 predigte der katholische Bischof von Münster, Clemens August Graf von Galen, von seiner Kanzel in der Lambertikirche gegen die Euthanasie. Er machte öffentlich, was er wußte und warnte

davor, was den Alten, den Gebrechlichen und den verwundeten Soldaten zustoßen konnte, »wenn man den Grundsatz aufstellt und anwen-
det, daß man den ›unproduktiven‹ Mitmenschen töten darf, dann wehe
uns allen, wenn wir alt und altersschwach werden!«Von Galens Predigt
hinterließ einen tiefen Eindruck in der Region. Sie wurde in den Diöze-
sankirchen des Münsterlandes verlesen, und die RAF warf ihren Text auf
Flugblättern ab.[7]

In seinen Tiraden beim Abendessen schwor Hitler, sich von Galens Kopf
zu holen, doch erkannte er, daß es nach einem Sommer der Konfrontationen mit der Kirche wegen der Zwangsschließungen von Klöstern unklug
wäre, die Katholiken des Münsterlandes zu erzürnen. Unbedeutendere
Personen hatten weniger Glück. Paula F., die in der Lebensmittelabtei-
lung der Heilanstalt Hadamar arbeitete, wurde von der Gestapo verhört
und für sechs Monate im KZ Ravensbrück inhaftiert, weil sie ein Exemplar von Bischof Galens Predigt besaß. Hier wie auf anderen Gebieten der
politischen Herrschaftsausübung im Dritten Reich war eine brutale und
selektive Anwendung von Terror und Einschüchterung am Werk, die eher
darauf abzielte, viele Andersdenkende zu zerbrechen und danach wieder
einzugliedern, als sie gänzlich zu vernichten. Als Paula wieder nach Hadamar zurückkehrte, hatte sie nicht nur ihre Arbeit verloren, sondern stellte
auch fest, daß die Einwohner ihr aus dem Weg gingen.[8]

Die »Operation T-4« wurde auf Eis gelegt und später abgebrochen.
Das Kernpersonal stellte sich und seine Sachkenntnis bald einem neuen
und weit umfangreicheren Vergasungsprojekt zur Verfügung, das zur
Vernichtung von Juden im polnischen Bełżec entwickelt wurde. Als im
August die »Operation T-4« beendet wurde, war deren Vorgabe mit über
70 000 Patienten bereits übererfüllt. Das »T-4«-Personal vertrieb sich die
Zeit damit, Berechnungen über den Wert von Nahrungsmitteln wie Eier,
Marmelade, Kartoffeln und Käse anzustellen, die sie so und durch Aus-
sonderung von 20 000 Häftlingen aus den KZ dem Reich gespart hatten.
Doch dies war nur die erste Phase des Krankenmordes.[9]

Paul Nitsche, einer der sächsischen Medizinaldirektoren der »Opera-
tion T-4«, hatte schon mit anderen Tötungsmethoden experimentiert.
In seiner Heilanstalt in Leipzig-Dösen verabreichte er seinen Patienten
Luminal; in Großschweidnitz wurden weitere 5000 Patienten durch eine
Kombination von Medikamenten und Nahrungsentzug getötet, während

die »T-4«-Vergasungsaktionen schon am Anlaufen waren. Diese Experimente ebneten den Weg zu einer dezentralisierteren, diskreteren Form des Tötens. In Hadamar stellte man den Betrieb der Gaskammern ein, und das Krematorium wurde nach dem »Einstellungsbefehl« im August 1941 abgerissen. Knapp ein Jahr später wurde für Hadamar ein neues Team unter der Leitung des höflichen 66jährigen Dr. Adolf Wahlmann und seines obersten Verwalters Alfons Klein zusammengestellt. Die erwachsenen Patienten wurden unmittelbar nach ihrer Ankunft aufgeteilt in arbeitsfähige und -unfähige. Letztere erhielten dreimal wöchentlich eine Brennesselsuppe, bis sie verhungerten. Über 90 Prozent derjenigen, die zwischen August 1942 und März 1945 nach Hadamar gebracht wurden, starben – etwa 4400 Menschen. Sie wurden begraben, damit die Bewohner nicht mehr über den verräterischen Rauch aus dem Krematorium erschraken.

Der Krankenmord war nun auf Pommern, Hessen-Nassau, Sachsen und Bayern konzentriert, mit den Zentren in Meseritz-Obrawalde in Pommern sowie Hadamar in Hessen-Nassau. Auch wenn andere Provinzen jetzt ihre Patienten in diese Tötungsanstalten schickten, grassierte in den Heilanstalten weiterhin der Hungertod, fast die Hälfte der Patienten in dieser Phase des Krankenmordes verhungerte. Es wird geschätzt, daß im ganzen 216 400 Geisteskranke im Reich getötet wurden, wovon dieser verdeckten Form des Tötens mehr Menschen zum Opfer fielen – geschätzte 87 400 – als solche, die in den »T-4«-Programmen von 1939-41 vergast wurden.[10]

Der Mord an behinderten Kindern ging ohne Unterbrechung weiter. Anders als die Vergasung Erwachsener wurde der Mord an ihnen von Anfang an verschleiert, indem Ärzte und Pflegepersonal verschiedene Medikamente anwandten: Luminal wurde in Puderform ins Abendessen gemischt, es wurde Morphium-Scopolamin gespritzt oder es wurden Luminal- und Trional-Tabletten verabreicht. Mit den Symptomen einer akuten Lungenentzündung oder Bronchitis war der Tod des Kindes meist weder plötzlich noch schmerzlos, sondern konnte sich über Tage hinziehen. Alfred Völkel, ein halbjüdischer Junge, der 1943 nach Hadamar kam, hatte die Aufgabe, in einer Dachkammer die Kinderkleider zu sortieren. Auf dem Weg dahin kam er durch die geschlossene Station, wo er das »Todesrasseln« der zwanzig bis dreißig hungernden und erschöpften Kinder anhören mußte, die gegen die Wirkungen der Medikamente ankämpften und nach Atem rangen. Es ist bis heute noch nicht genau erwiesen, wie viele Opfer des medizinischen Mordes Kinder waren, doch geht die Zahl zweifellos in die Tausende.[11]

Die am Krankenmord Beteiligten waren jederzeit entschlossen, die Geheimhaltung zu wahren und die Familien ihrer Opfer fernzuhalten. Der Erfolg dieser Bemühungen hing von der Manipulierung bürokratischer Vorgänge ab, etwa durch verspätete Benachrichtigung der Familien über die Stationen, auf denen Patienten nach Zwischenaufenthalten in anderen Heilanstalten schließlich in eine Tötungseinrichtung wie Hadamar gelangten – bis es zu spät war. Manche Anstalten wie der Kalmenhof in Idstein redeten sich regelmäßig damit heraus, daß das Militär bei der Bahn Vorrang habe, um Besuche zu untersagen. Doch viele Informationen, die zu den Protesten von 1941 führten, waren undichten Stellen in der öffentlichen Verwaltung zu verdanken gewesen und auch dem Wissen um das Geschehen vor Ort. Mit der Wiederaufnahme der Tötungen im Jahr 1942 wurde stärkerer Nachdruck auf die Geheimhaltung in der Verwaltung gelegt, indem den Landesbehörden, die die Patienten losschickten, der Name des Ziels nicht mehr bekanntgegeben wurde. Auch die Einsparungen im Haushaltsplan der Heilanstalten blieben geheim, wobei Millionen Mark in »Baufonds« versteckt wurden und Überschüsse in anderen Staatsausgaben – darunter wachsende Zuschüsse zur Denkmalpflege, zur Nassauischen Landesbibliothek und für das Rhein-Mainische Landesorchester – untergepflügt wurden.[12]

Die Tötung durch Medikamente sollte jene wenigen Anverwandten, denen es trotz des behördlichen Papierwustes gelungen war, vor der Beerdigung ihrer Kinder in die Heilanstalt zu gelangen, dadurch beruhigen, daß ihr Kind offensichtlich eines natürlichen Todes gestorben war. Die Leiche wurde zumindest dem Anschein nach mit einer Andacht begraben, obwohl der Ortspfarrer von Idstein sich wunderte, warum der Kindersarg auf dem Wagen, der im Leichenzug vor seinem Haus zum Friedhof vorbeikam, immer gleich aussah. Es war tatsächlich immer der gleiche. Der leichtbehinderte Jugendliche, der in der städtischen Heilanstalt Kalmenhof Gelegenheitsarbeiten verrichtete, war angewiesen worden, in das Bodenbrett des Sarges einen Klappmechanismus einzubauen, so daß der Leichnam in das Grab gelassen und der Sarg danach herausgezogen und wieder verwendet werden konnte.[13]

Die öffentliche Meinung zur »Euthanasie-Aktion«, soweit diese überhaupt bekannt wurde, war gespalten und führte zu den offensten Protesten während des Krieges. Sie drohten das Regime und prominente Gesundheitsexperten gegen die Mehrheit der deutschen Bevölkerung aufzubringen, da Begriffe wie »soziale Nützlichkeit« der Vorstellung von der Heiligkeit des Lebens gegenüberstanden. Für die medizinischen Gutachter war die Fähigkeit des Menschen zur Arbeit der entscheidende Faktor bei ihrem Urteilsspruch über Tod und Leben. Dies geschah in Übereinstimmung mit bürokratischen Kriterien wie andernorts: Bereitschaft zur Arbeit wurde auch in Erziehungsheimen, Gefängnissen und Konzentrationslagern als Unterscheidungskriterium zwischen »erziehbaren« Mitgliedern der »Volksgemeinschaft« und »Asozialen« oder »Gemeinschaftsfremden« eingesetzt; in diesen Fällen gab es keinen öffentlichen Aufschrei. Die Unfähigkeit von Psychiatriepatienten zur Arbeit jedoch als ein Kriterium für deren Tötung zu benutzen, war eine andere Sache, und von Anfang an wurde der Krankenmord in der Annahme durchgeführt, daß die Öffentlichkeit solche Maßnahmen nicht billigen würde. Obwohl die »Euthanasie-Aktion«, wie man sie zu nennen pflegte, sich auf die Mitarbeit sehr vieler Fachleute berufen konnte, inklusive solcher der evangelischen wie der katholischen Kirche, so rief sie doch die schärfste und am weitesten verbreitete Kritik hervor, mit der sich das Regime während des ganzen Kriegs konfrontiert sah.

In den Heilanstalten wurden in den dreißiger Jahren die Aufwendungen für Lebensmittel und andere Ausgaben mindestens ebenso drastisch reduziert wie in den Arbeitshäusern und Erziehungsheimen, und dies brachte eine Verwaltungskultur hervor, die völlig durchdrungen von Bilanzierungen war. Zwangssterilisierungen von Patientinnen mochten die Deutschen vor der Entartung zu einem »Volk von Schwachsinnigen« bewahren, die Anzahl der Patienten nahm dadurch aber nicht ab und mehr Krankenhausbetten standen der Wehrmacht auch nicht zur Verfügung. Bereits im Ersten Weltkrieg, als sie zusehen mußten, wie 71 000 ihrer Patienten an Hunger und daraus resultierenden Krankheiten starben, hatten deutsche Psychiater gelernt, mehr an ihre Pflicht gegenüber Volk und Staat und weniger an die Betreuung des einzelnen Patienten zu denken. Karl Binding und Alfred Hoche unternahmen den Versuch, den Begriff des »Gnadentods« in ihrer Broschüre *Die Freigabe der Vernich-*

tung lebensunwerten Lebens von 1920 radikal neu zu definieren, indem sie es als ein legitimes gesellschaftliches Mittel prüften, nutzlose »Ballastexistenzen« zu vernichten. Doch die wichtigsten medizinischen Lehrmeinungen in den zwanziger Jahren schreckten selbst vor der Vorstellung eines begleiteten Selbstmords noch zurück und waren zu einem solchen Angriff auf die Rechte des einzelnen nicht bereit, obgleich breite Übereinstimmung darüber herrschte, daß viele Patienten in der Psychiatrie dahinvegetierten und ein »wertloses« Leben führten. Unter den Schlägen der Weltwirtschaftskrise war eine wachsende Anzahl von Gesundheitsexperten bereit, ihre Pflicht als Teil des nationalen Ausnahmezustands zu Kriegszeiten zu begreifen, während radikalere Anstaltsleiter wie Hermann Pfannmüller und Friedrich Mennecke sowie einige höhere Provinzialbeamte wie Wilhelm Traupel die neue Idee des »Gnadentods« regelrecht begeistert und vorbehaltlos übernahmen. Männer wie Pfannmüller mochten ihre Ansichten vorbringen, wenn eine Gruppe der SS oder der HJ seine Heilanstalt in Bayern besuchte, doch öffentlich gemacht wurden diese Diskussionen nicht.[14]

Goebbels erkannte, daß die Bevölkerung nicht bereit war, einen so extremen Utilitarismus hinsichtlich des Rechts auf Leben zu unterstützen. Beim Thema »Gnadentod« ließ er umgehend alle Entwürfe zu Filmen früherer pseudodokumentarischer Propaganda über die Verschwendung von Mitteln an »Schwachsinnige« oder zugunsten der Zwangssterilisationen verschwinden. Nationalsozialistische Erzieher mochten Schulkindern noch Arithmetikaufgaben stellen, die die Steuereinnahmen, die für Heiratskredite ausgegeben wurden, gegen die Ausgaben für Anstaltspatienten aufrechneten. Doch die meisten Menschen sahen eine Behinderung weiterhin als ein Unglück an. Wie die negativen Reaktionen auf die Zwangssterilisationen gezeigt hatten, war die Furcht davor, daß eine Behinderung etwas war, was einem jeden widerfahren könnte, immer noch weit verbreitet, so beschämend die Leute eine Behinderung auch empfanden. Es war daher kein Zufall, daß von Galen gerade diesen Punkt hervorhob, als er sich entschloß, gegen den heimlichen Mord an Patienten der Heilanstalten zu predigen. Niemand war vor dem »Gnadentod« sicher, der auf diejenigen zielte, die nicht arbeiten konnten. Kein in der Schlacht schwer verwundeter Soldat, kein Arbeiter, der seine Gesundheit den Kriegsanstrengungen geopfert hatte, kein alter Mensch, der auf

Pflege angewiesen war, wäre noch sicher. Ein komplexes, umfassendes öffentliches Gesundheitssystem war eine der bemerkenswertesten Errungenschaften der deutschen Sozialpolitik gewesen, in der die sozialdemokratische Arbeiterbewegung neben den kirchlichen Wohlfahrtsorganisationen eine sehr aktive Rolle gespielt hatte. Was einigen Bürokraten und Gesundheitsexperten, die von Ideen der Zwangsbewirtschaftung besessen und von einer Kultur rassischer Eignung durchdrungen waren, sinnvoll erschien, brach mit einem bewährten gesellschaftlichen Konsens über das Recht auf Fürsorge und mit tief verankerten ethischen Normen von der Heiligkeit des Lebens.[15]

Goebbels Antwort bestand darin, die öffentliche Meinung sachte vorzubereiten, indem er einen Film über den begleiteten Selbstmord einer Frau drehen ließ, die langsam und schmerzvoll an Multipler Sklerose starb. Mit einer eindringlichen Musik von Norbert Schultze untermalt und mit einer Starbesetzung war Wolfgang Liebeneiers *Ich klage an* der teuerste Film des Sommers 1941. Bis Januar 1945 hatten den Film 15,3 Millionen Menschen gesehen. Die Geschworenen zählten die Argumente über Leistungen und Zwangsbewirtschaftung in Kriegszeiten auf, im Mittelpunkt aber stand doch das aufwühlende Drama. Wenn das Publikum den psychologisch spannenden Zwiespalt zwischen dem Recht der Frau, ihren Tod selbst zu wählen, und der ärztlichen Hilfe diskutierte, begannen manche über die Zweckmäßigkeit eines Gesetzes nachzudenken, das Euthanasie erlaubte. Doch wurde keine allgemeine Verbindung zwischen diesem Fall und dem ganz anders gelagerten des Krankenmords, wie er bereits betrieben wurde, hergestellt. Bischof Simon Konrad Landersdorfer von Passau verlas einen Hirtenbrief, in dem er diese Verbindung deutlich machte, und im Münsterland, wo von Galens Predigt weithin Gehör gefunden hatte, stellten die Menschen ebenfalls die Verbindung her zu dem, was sie über den Krankenmord wußten; in diesen Gegenden war der Film ein Mißerfolg.[16]

Trotz der öffentlichen Proteste in den Jahren 1940 und 1941 waren die Kenntnisse über den Krankenmord sehr unterschiedlich. Die meisten Eltern behinderter Kinder lebten zu weit weg von den Heilanstalten, um zu erfahren, was dort geschah, und viele lebten in zu abgelegenen Landstrichen, als daß sie Kontakt mit anderen Familien mit behinderten Kindern gehabt hätten. Außerhalb der unmittelbaren Umgebung der Heilanstalten war die Kenntnis darüber sehr vage. Nichtsahnende Eltern ließen sich von ihren früheren Erfahrungen im Umgang mit dem Personal der Heilanstalten leiten. Zwar bestand eine der Aufgaben des Verwaltungspersonals in Hadamar darin, Nachfragen abzuwimmeln, doch stellten nur wenige Eltern überhaupt unbequeme Fragen.[17]

Warum zweifelten so wenige Eltern die gefälschten Totenscheine an? Hatten sie Angst, Fragen zu stellen? Oder waren sie erleichtert, wie viele Euthanasieärzte in den Prozessen nach dem Krieg behaupteten, ihr behindertes Kind losgeworden zu sein und wollten von der Wahrheit verschont bleiben? Es ist möglich, daß bei einigen Familien beide Punkte eine Rolle spielten; doch um zu verstehen, was sie empfanden, reicht es nicht aus, von Nachkriegsaussagen auszugehen oder von dem Moment, als Eltern vom Tod ihres Kindes Kenntnis erhielten. Der Tod war das Ende einer langen Geschichte, von Jahren der Unterbringung in vorhergehenden Einrichtungen, in denen sowohl die Kinder als auch deren Familien erfahren hatten, was eine solche Heimversorgung mit sich brachte.

Eine dieser Einrichtungen war die Heilanstalt der Inneren Mission in Scheuern, einem Ortsteil von Nassau. Karl Todt, der Direktor von Scheuern, hatte sich schnell untergeordnet, denn aus drei Richtungen wurde Druck auf ihn ausgeübt. Der Präsident des Zentralrats der Inneren Mission, Pastor Constantin Frick, war ein glühender Verfechter der »Euthanasie« und bereit, widerspenstige Direktoren auf Vordermann zu bringen. Am 20. März 1941, bei einer Lagebesprechung von Direktoren regionaler Heilanstalten, die an dem Programm teilnahmen, wurde Todt in Berlin darüber informiert, daß Hitler den Befehl zu den Tötungen gegeben hatte. Aber zu dieser Zeit waren er und sein Personal schon tief in die »Euthanasie-Aktion« verstrickt und hatten Kinder aus ihrer Obhut zuerst in das Sanatorium Eichberg, später nach Hadamar gebracht. Von den 370 Kindern, die in Scheuern in Pflege waren, wurden 228 nach Hadamar in den Tod geschickt, 89 in der Zeit von Januar bis August 1941 und 139 von August 1942 bis März 1945. Scheuern war auch eine der Zwischenstationen im Netz, die kindliche Patienten auf ihrem Weg aus Anstalten im Rheinland und in Hamburg nach Hadamar aufnahmen.[18]

Die Hauptrolle bei der Gleichschaltung von Scheuern spielte der Bezirksverband Nassau in Wiesbaden. Der für die Heilanstalten verantwortliche Landesrat Friedrich Bernotat war ein glühender Anhänger des

Krankenmordes und entschlossen, seine Kollegen durch Schmeicheln, Drohen und Überreden dazu zu bringen, sich einzuordnen. Bernotat versuchte nicht nur, sich jener, die ihm im Wege standen, zu entledigen. Als ehemaliger Ulan aus Ostpreußen, der nach dem Ersten Weltkrieg zur Provinzverwaltung kam, nutzte er mit Vorliebe seine Kontakte zur Partei und zur SS, um seine Konkurrenten und Gegner zur Wehrmacht einziehen zu lassen; und in einem Fall stellte er sicher, daß Friedrich Mennecke, ein alter Rivale und enthusiastischer Mitstreiter der »Euthanasie-Aktion«, an die Ostfront kam. Bernotat konnte auch stets damit drohen, keine staatlich finanzierten Patienten mehr einzuweisen, was zum finanziellen Ruin privater, religiöser Stiftungen wie Scheuern geführt hätte. Bereits 1937 hatte sich Todt damit einverstanden erklärt, die Heilanstalt Bernotats Kontrolle zu unterstellen.[19]

Der Krankenmord erlaubte es Bernotat, sein berufliches Fortkommen mit ideologischem Eifer zu verbinden. Während die meisten Beamten der Gesundheitsämter offenbar zwar ohne unangenehme Fragen zu stellen, aber auch ohne große Begeisterung mitmachen, trugen Bürokraten wie Bernotat dazu bei, Berlin mit den Ländern und die staatliche Verwaltung mit den Gauleitern und den Anstaltsdirektoren zu verbinden. Sofort nachdem er 1943 das Provinzjugendamt und dadurch die Kontrolle über die Erziehungsheime übernommen hatte, begann Bernotat nach Wegen zu suchen, wie er die Heilanstalten mit den Erziehungsheimen unter seiner Leitung fest miteinander verklammern konnte. Die erste Gelegenheit bot sich im Mai, als es ihm gelang, den Beamten des Innenministeriums in Berlin dabei behilflich zu sein, 42 halbjüdische »Mischlingskinder« loszuwerden, indem er sie aus Kinderheimen nach Hadamar bringen ließ. Alfred Völkel war einer der fünf Glücklichen, die dank Interventionen von außen entlassen wurden. Er erinnerte sich, daß ein- bis zweimal in der Woche einige Kinder ins »Büro« gerufen wurden und nicht mehr zurückkamen. Als er mit der Arbeit betraut wurde, deren Kleider auszusortieren, merkte er, was mit ihnen geschehen war. Obwohl wenige »arische« Zöglinge der Erziehungsheime nach Hadamar in den Tod geschickt wurden, begann Bernotat 1943 und 1944 ein System einzurichten, das die Erziehungsheime in die Mordmaschinerie integrierte. Diejenigen, die keine Anzeichen von »Besserung« zeigten, konnten nun in Arbeitserziehungslager für Jugendliche, in Himmlers Jugendkonzentrationslager in

Moringen und in der Uckermark geschickt oder in der Heilanstalt Hadamar ermordet werden. In dieser Form sowie zur Ausmerzung behinderter Neugeborener war die »Euthanasie« offenbar dazu bestimmt, ein fester Bestandteil der »sozialen Wohlfahrt« im NS-Staat zu werden.[20]

Zu dem Zeitpunkt, da den Eltern mitgeteilt wurde, daß ihre Kinder gestorben seien, hatten die Eltern oft Zutrauen zu den Psychiatern und den Pflegern gefaßt. Dieses Vertrauen war zu diesem Zeitpunkt sicher eher gerechtfertigt als in dem Augenblick, als sie die Kinder den Einrichtungen übergeben hatten. In der Zwischenzeit, die Jahre dauern konnte, entwickelten sich von den Familien durch gelegentliche Besuche und regelmäßige Briefe zum Anstaltspersonal Beziehungen mit einer eigenen, vielschichtigen Dynamik aus Sorge, Hoffnung, Zorn und Vertrauen. Die Täuschung der Familien fußte weitgehend darauf, daß deren Vertrauen ausgenutzt wurde. Alle Berichte über schwerbehinderte Kinder enthalten Geschichten von Familientragödien, die manchmal noch vor der Geburt des Kindes lagen. Während einige alleinstehende Mütter ihre Tochter oder ihren Sohn nach der Geburt weggaben, versuchten die meisten Eltern ihre Kinder auch dann noch selbst großzuziehen, nachdem sie gemerkt hatten, daß etwas nicht stimmte. Wenn die Kleinen dann immer gewalttätiger wurden, Gegenstände zerbrachen und andere schlugen, sahen die Eltern, daß sie diese Belastung, zusätzlich zu den Bedürfnissen ihrer gesunden Kinder, überforderte.[21]

Der Krieg forderte seinen Tribut auch von der Familie, da er den meisten Müttern die Last der alleinigen Erziehung aufbürdete. Diejenigen, die, wie in vielen ärmeren städtischen Haushalten, außer Haus arbeiten mußten, standen jetzt noch größerer Beanspruchung gegenüber. Für manche war es nur ein vorübergehendes Zugeständnis, das Kind in ein Heim zu geben in der Erwartung, es nach Kriegsende zurückzuholen, so wie seit dem 18. Jahrhundert arme Leute ihre Kinder zeitweise in Waisenhäuser gegeben hatten. Willi Lorenz war anderthalb Jahre alt, als er im Dezember 1937 in die Heilanstalt Scheuern kam. Seine Mutter war anfangs des Jahres beim Kleiderwaschen in der Lahn ertrunken und sein Vater, der sehr arm war, hatte offensichtlich versucht, sein Kind allein aufzuziehen, und war daran gescheitert. Im Februar 1941 versuchte der Vater, der inzwischen wieder geheiratet hatte, das Sorgerecht für Willi zurückzuerlangen.

Die Verwaltung der Heilanstalt in Scheuern, bereits tief in die »Kinder-euthanasie« verstrickt, lehnte das Ersuchen des Kreiswohlfahrtsamtes ab und behauptete, das Kind sei »vielmehr hochgradig schwachsinnig und stellt einen tiefstehenden reinen Pflegefall dar. Infolgedessen ist es für Familienpflege, auch im Haushalt des Vaters, völlig ungeeignet. Anstalts-pflege ist wahrscheinlich für dauernd unumgänglich notwendig.« Zwei Jahre später wurde Willi Lorenz nach Hadamar gebracht und dort getö-tet. Willis Familie war arm, wie die vieler anderer Anstaltspatienten auch. Die Mütter waren entweder bei der Arbeit verunglückt oder es mangelte ihnen während der Schwangerschaft an ausreichender medizinischer Ver-sorgung. Im allgemeinen blieb Arbeiterfamilien, die weniger Zeit, Geld und Zugang zu Informationen hatten als bürgerlichen Familien, kaum eine andere Wahl. Und so wie die Kinder aus den unteren Klassen in den Erziehungsheimen überrepräsentiert waren, war die Wahrscheinlichkeit größer, daß sie die Aufmerksamkeit eines Arztes erregten, der nach Anzei-chen von »Schwachsinn« oder »Idiotie« Ausschau hielt.[22]

Eltern versuchten, so gut sie konnten, den Kontakt aufrechtzuerhal-ten. Eine Mutter, die selbst Ärztin war, schrieb, vermutlich im Sommer 1944, ihrem Sohn in Großbuchstaben, damit er ihren Brief leichter lesen konnte:

LIEBES PETERLE.
WIR SIND NICHT MEHR IN HANNOVER. WEIL IMMER DIE FLIEGER KOMMEN, SIND WIR BEIM OPA IN SCHRIMM. ICH SCHICKE DIR EINE NEUE ZAHNBÜRSTE UND PFEFFERKU-CHEN. – ICH HABE SCHON SOLANGE KEINE NACHRICHT VON DIR. SCHREIBE MIR DOCH EINMAL.
HERZLICHE GRÜSSE
DEINE [MUTTI][23]

Nur wenige Kinder konnten zurückschreiben, und nur ganz wenige ihrer Antworten sind erhalten. Die gängigste Kommunikationsform bestand darin, den Kindern Päckchen mit Süßigkeiten oder anderen Leckerbissen zu schicken. An seinem zwölften Geburtstag erhielt Alfred Kempe von seinen Eltern ein Paket mit Kuchen. Alfred, Sohn eines Stahlarbeiters, war fast stumm, doch machte er dies durch mimische Verständigung wett.

So grüßte er regelmäßig den Arzt bei dessen morgendlicher Runde und ahmte dessen Untersuchung von Ohren und Herz nach; bei einer Gelegenheit spielte er einen epileptischen Anfall, den er mit angesehen hatte, dermaßen echt, daß das Arztpersonal meinte, er könnte auch ein großes Publikum damit überzeugen. Mit zehn Jahren entwickelte er einen so ungewöhnlichen Appetit, daß die Krankenschwestern ihn zu hindern suchten, das Essen in sich hineinzuschlingen, indem sie seine Rationen aufteilten. Dementsprechend gab ihm eine Schwester seinen Geburtstagskuchen Stück für Stück. Da Alfred jedoch weder lesen noch schreiben konnte, mußte das Anstaltspersonal den Eltern schreiben und diesen mitteilen, wie sehr er deren Liebesmüh geschätzt hatte:

»Ihr Geburtstagspaketchen für Alfred ist am 17., also am Geburtstag, eingegangen. Alfred hat sich darüber sehr gefreut. Er sagte sogar von ›Papa und Mama‹. Frau Schulz gibt ihm jeden Tag von dem Kuchen, auch an der Mundharmonika freut er sich und bläst gerne hinein.«[24]

Begierig darauf, etwas von ihren Kindern zu hören, wandten sich manche Eltern direkt an einzelne Stationsschwestern, obwohl die Anstaltsdirektoren dieses Vorgehen mißbilligten. Während Eltern haufenweise »Heil Hitler!«, »Mit deutschem Gruß« und »Mit freundlichen Grüßen« in ängstlicher Litanei ihren Schreiben an die Direktion anfügten, konnten sie den Schwestern, die in der Regel aus ähnlich einfachen Kreisen kamen wie sie selbst, warmherzige, unverstellte Briefe schreiben.

Besuche waren besonders in den Kriegsjahren schwierig. Gesuche um Reisekostenübernahme von Eltern wurden unweigerlich abgelehnt (und erforderten einen Papierkrieg mit zahlreichen Ämtern). Selbst wenn diese ihre Kinder sehen durften, konnte das Ergebnis sehr gemischte Gefühle hervorrufen. Als zum Beispiel Alfred Kempes Mutter kam, um ihn zum Weihnachtsfest 1940 nach Hause zu holen, benahm sich der Leitung zufolge die Mutter »hier sehr aufgeregt [und] herausfordernd, war mit nichts zufrieden«. Sie hatte wohl gute Gründe entsetzt zu sein angesichts der Patienten, die nur mit schmutzigen Nachthemden bekleidet in den ungeheizten Räumen herumrannten. Helena Donahue, deren Familie aus Holland kam, konnte nicht sprechen, sabberte fortwährend und erkannte ihre Mutter nicht, als diese sie Mitte Mai 1942, sechs Monate nach der Ankunft der Sechsjährigen, in Scheuern besuchte. Offenbar war die Mutter »äußerst nervös, äußerte sich entsetzt über den Zustand des

Kindes, obwohl dieser sich seit der Anstaltsaufnahme in keiner Weise verändert hat«, wie die Pflegerin belehrend hinzufügte. Tatsächlich waren
die Patienten seit spätestens 1937, als ihre Tagessätze auf 46 Pfennige pro
Tag gesenkt worden waren, auf Hungerrationen gesetzt; im ersten Kriegsjahr starb ein Drittel der Patienten in den Heilanstalten der Provinz.[25]

Es gab aber noch andere Probleme. Denn obwohl Alfreds Besuch zu
Hause offenbar gut verlaufen war und der im allgemeinen freundliche
und gesellige Junge sogar noch eine Woche länger blieb, hatte er seine
Mutter nicht wiedererkannt, als sie ihn abholte. So hielt eine der Pflege-
rinnen in seiner Akte fest: »K. zeigte keine besondere Freude über den
Besuch der Mutter, kennt diese anscheinend gar nicht mehr richtig.«[26]

Nicht alle Eltern reagierten auf diese Weise, auch nicht alle machten
die Heilanstalt für den Zustand ihres Kindes verantwortlich. Die sechsjährige Rosemarie Roth bekam im Dezember 1940 ebenfalls Besuch von
ihren Eltern. Auch diese »machten nach Angabe der Schwestern beide
einen sehr nervösen Eindruck«, und der Vater war mit der Behandlung von Rosemarie nicht zufrieden; er hatte den Eindruck, daß zuviel
und nicht zuwenig für sie getan werde. Er erzählte den Schwestern: »Zu
Hause hätten sie dem Kind einfach einen nassen Lappen gegeben, auf
dem es den ganzen Tag herumgekaut habe. Es sei darauf erheblich ruhi-
ger gewesen.« Rosemaries Vater richtete seinen Unmut nicht gegen die
Psychiater und das Pflegepersonal, sondern gegen seine Frau. Als sie
nicht anwesend war, verwünschte er sie und sagte, «das sei nicht die richtige Frau, wenn er eine andere hätte, wäre es auch mit dem Kind anders
geworden«. Die Familie hatte Rosemaries Behinderung ursprünglich der
Tatsache zugeschrieben, daß ihre Mutter während der Schwangerschaft
weiterhin Milch aus ihrem Milchgeschäft mit dem Fahrrad ausfuhr, und
es eine Steißgeburt war. Aber wie üblich hatte der Aufnahmearzt diese
Geschichte ignoriert und den »Schwachsinn« als »angeboren« diagnostiziert. Wenn nun Jakob Roth, der Vater, in diesem trostlosen, kahlen und
kalten Anstaltszimmer an diesem Dezembertag die Mutter beschimpfte,
dann war er auf dem besten Weg, die medizinische Zwangsvorstellung
der »Rassenhygiene« und der »Vererbung« zu verinnerlichen und mit
dem Gezänk und Elend seines Ehe- und Familienlebens zusammenzubringen. Dennoch schrieben beide weiterhin Briefe, der Vater von der
Ostfront, die Mutter von zu Hause, in denen sie ihre Liebe zu ihrem ein-

zigen Kind und ihr Verlangen, Nachrichten zu erhalten, deutlich zeigten. Als Rosemarie starb, gelang es der Mutter sogar, am Begräbnis in Hadamar teilzunehmen.[27]

Für die Anstaltskinder war das Leben streng zwischen Tag und Nacht getrennt. Die Dunkelheit und die Stille der Nacht tauchten die Kinder in eine Einsamkeit, die durch gemeinsame Schlafsäle keineswegs gemildert wurde. Viele Kinder weinten und schrieen in der Nacht haltlos. Wenn das psychiatrische Aufsichtspersonal schon gleich zu Anfang dazu bemerkte, daß ein Kind keine Anzeichen von Heimweh von sich gebe, so stellten dieselben Aufsichtspersonen bisweilen später fest, das nächtliche Weinen – und in manchen Fällen das Bettnässen – habe in den folgenden Monaten nachgelassen, vielleicht weil die Kinder anfingen, sich etwas sicherer zu fühlen. Schlechte Ernährung mag ebenfalls zur verbreiteten Inkontinenz beigetragen haben, wohingegen vielen Kindern in der Nacht Beruhigungsmittel verabreicht wurden, damit ihr Weinen andere Kinder nicht aufweckte.[28]

Viele Kinder glaubten, daß sie zur Strafe in die Heilanstalt gebracht worden waren. Karl Otto Freimut verband es mit einem Fußball, den er in einer anderen Anstalt kaputtgemacht hatte. Während manche Kinder ihren Stuhl nicht kontrollieren konnten, näßten sich andere aus Angst ein. Von der siebenjährigen Gertrud Dietmar berichtete die Schwester: »Wenn sie einen Klaps bekommt, näßt sie jedesmal sofort ein. Wenn sie ausgeschimpft wird, näßt sie nicht ein.«[29] Doch trotz aller Ähnlichkeiten des Alltags in geschlossenen Einrichtungen mit knapper Verpflegung und schlechtem Personal, war das Leben eines Kindes in einer Heilanstalt von dem in einem Erziehungsheim doch sehr verschieden.

In Scheuern wurden die Kinder getrennt nach denen, die nur leicht behindert waren und die zur Heilanstalt gehörige Hilfsschule besuchen konnten, und denen, deren Behinderung dafür zu schwer war. Die an die Heilanstalt angeschlossene Schule hatte ein starkes Geschlechtergefälle zur Folge, wobei die Zahl der Jungen diejenige der Mädchen im Verhältnis von fünf zu zwei überstieg, zumindest bei denen, die in der zweiten Phase des »Euthanasieprogramms« nach Hadamar überstellt wurden. Man war der Meinung, daß leichtbehinderte Mädchen sich besser zu Hause bei ihren Müttern nützlich machen konnten und keine Spezialschule zu besuchen brauchten, eine Geschlechtertrennung, die ihnen ihr Leben retten konnte.[30]

Friedrich Bauer war beinahe elf Jahre alt, als er Ende Mai 1941 nach Scheuern kam. Friedrich mit seinen spastischen Bewegungen hatte nie richtig gehen oder sprechen gelernt und nie eine Schule besucht. Dennoch unterzog man ihn bei seiner Ankunft einer Intelligenzprüfung, um zu sehen, ob er die Hilfsschule besuchen könnte. Friedrich wußte, wo er war, woher er gekommen war, er kannte die Wochentage und konnte bis zwanzig zählen. Obwohl er sich nicht mehr als die Hälfte der Monate des Jahres merken konnte oder sagen konnte, in welchem Monat Weihnachten war, beantwortete er ohne zu zögern die wichtigsten politischen Fragen, die man ihm stellte:

»(Wie heißt unser Führer?) Adolf Hitler

(Wer ist Hermann Göring?) Das ist so ein dicke [sic] (hält beide Hände an den Kopf, bläst die Backen auf.)

(Mit wem sind wir im Krieg?) Mit dem Engländer.«[31]

Die Prüfung richtete sich mehr auf das Abfragen von Wissen als auf einen Test der Intelligenz und zeigten einen Abklatsch dessen, was die Behörden als Grundschulwissen von deutschen Kindern erwarteten, auch wenn diese, wie Friedrich, nie eine Schule von innen gesehen hatten. Daß behinderte Kinder ohne Zögern den Namen des »Führers« nannten, auch wenn sie sonst keine der anderen Fragen beantworten konnten, war typisch für diese Art von Prüfung. Die meisten wußten auch, daß sich der Krieg gegen England und später gegen Rußland richtete, obwohl sie keine Ahnung hatten, wo diese Länder lagen oder wer sie regierte.[32]

Die meisten Kinder in Scheuern waren zu schwer behindert, um eine Prüfung ablegen zu können. Sie vermochten größere Ereignisse wie einen Krieg nicht zu erfassen, und Scheuern war weit weg von den Bombardierungen. In solchen Fällen richteten die Ärzte ihr Augenmerk auf einige Hauptmerkmale wie Koordinierung der Körperbewegungen, Erlernen der Sprache, Aufsuchen der Toilette, die Fähigkeit, mit einfachem Spielzeug zu spielen, Verhalten gegenüber anderen Kindern und das Verhältnis zum Anstaltspersonal. Diese Überwachung hatte bis zu einem gewissen Grad eine einfache regulative Funktion. Aggressive und disruptive Kinder sowie Kinder, die nicht zur Toilette gehen konnten, galten als sehr schwierig und betreuungsbedürftig, besonders zu einer Zeit, da Anstaltspersonal und -finanzierung auf ein Minimum reduziert wurden. Margarethe Günther war zwölfeinhalb Jahre alt, als sie 1940 nach Scheuern kam und so disruptiv, daß das Personal sie tagsüber auf ihrem »Nachtstuhl« festband, weil sie sich selbst und die anderen Kinder gefährdete. Anderthalb Jahre später stellte man bei ihrer letzten Observation fest: »Sitzt schaukelnd auf ihrem Stühlchen, muß wegen der dauernden Umfallgefahr angebunden werden.« Es gab Kinder, die tagsüber an keiner Aktivität teilnehmen konnten oder wollten. Edda Braun, die bis dahin ihr gesamtes 32 Monate langes Leben im Bethanien Kinderheim in Marburg verbracht hatte, war nicht physisch behindert, wies aber, als sie im September 1942 nach Scheuern kam, alle Annäherungsversuche zurück, stand nur in einer Ecke und starrte die Wand an. Das Pflegepersonal brachte denn auch entsprechend wenig Interesse für sie auf.[33]

Quälend ist die Lektüre von Krankheitsgeschichten, die mit der Tötung enden. An einem bestimmten Punkt in den Akten verurteilten die Ärzte und Schwestern die Kinder, die sie unter Beobachtung hatten, zum Tod. Plötzliche Abbrüche in den Krankengeschichten lassen ahnen, wann das Schicksal eines Kindes entschieden wurde. Die wenigen letzten Zeilen in der Krankengeschichte eines jeden ermordeten Kindes liefern den Vorwand für das Todesurteil, eine Mischung von Fakten und Fiktion, reale Angaben zur Überstellung nach Hadamar und – mit größter Wahrscheinlichkeit – zum dortigen Tod, neben erfundenen tödlichen Krankheiten. Aus einigen Krankengeschichten wird deutlich, daß dem eine neue, äußerst negative Bewertung des Patienten vorausgegangen war, ein Anzeichen für eine Art medizinischer »Selektion«. Demgemäß heißt es in der letzten Eintragung in Scheuern in Waltraud Blums Akte:

»1. 11. 42: Geistig wie körperlich keine nennenswerten Fortschritte, bietet auch keine Aussicht auf weitere Entwicklung. Reiner Pflegefall.«[34]

Dagegen verzeichneten die vorhergegangenen Eintragungen Waltrauds eine langsame, gleichwohl ansteigende Lernkurve. Sie konnte in den ersten drei Monaten in Scheuern nur auf ihrem Stuhl sitzen, an der Hand saugen und einen Zelluloidring in ihren Fingern drehen. Sie war zweieinhalb Jahre alt, konnte nicht gehen, gab auf ihren Namen keine Antwort und reagierte nicht auf Gegenstände wie eine Puppe oder einen Ball. Die einzigen Worte, die sie sagte, waren »Mama« und »Baba«. Sechs Monate später, Mitte März 1940, fing sie an zu gehen und einen kleinen Stuhl, an dem sie sich festhielt, herumzuschieben. In der zweiten Hälfte des Monats Juni ging sie ohne Hilfe in den Garten und spielte mit Bauklötzen und Papier. Mit drei Jahren lernte sie zu Beginn des Jahres 1941 Ringelreihenspiel mit anderen Kindern. Die letzte derartig optimistische Eintragung in Scheuern vom 15. Februar 1942 hatte folgendermaßen gelautet, sie sei »gleichbleibend ruhig, freundlich, brav, hat keine besonderen Unarten, macht wenig Schwierigkeiten auf der Abteilung«. Die nächste Eintragung zu Waltrauds Aufenthalt in Scheuern war: »Es spricht noch nicht, wenigstens keine verständlichen Worte, lallt nur vor sich hin. Keine geistige Weiterentwicklung sonst erkennbar.« Der letzte Satz in einer anderen Schrifttype wurde vermutlich später, möglicherweise zur gleichen Zeit wie die letzte Eintragung hinzugesetzt; sie leitete Waltrauds Transport nach Hadamar ein, der gemeinsam mit 23 Kindern und drei Erwachsenen, am 19. Februar 1943 stattfand. Wendungen wie »reiner Pflegefall« und »keine Aussicht auf weitere Entwicklung« dienten als Code für das Todesurteil bei medizinischer Selektion.[35]

Als das Personal nur vier Tage vor ihrer Abreise Waltraud als ruhiges, freundliches und braves Kind lobte, gab es noch keine Anzeichen für das, was kommen sollte. Aller Wahrscheinlichkeit nach wußte die Schwester, die die Akte führte, noch nichts davon. Ihr Engagement für die Kinder auf ihrer Abteilung war auch nicht unüblich. Die Schwestern mochten schlecht ausgebildet und bezahlt gewesen sein, eine niedrige Arbeitsmoral, zu viele Patienten und sich in erster Linie ihren Vorgesetzten und nicht ihren Schützlingen gegenüber verpflichtet gefühlt haben. Sie mochten die chronische Unterernährung ihrer Patienten übersehen, und ihre Kolleginnen in den Anstalten Eichberg und Kalmenhof mochten gar unter Polizeiverdacht geraten, Lebensmittelrationen abzuzweigen und mit den Kleidern und Lebensmittelkarten ihrer Patienten Handel zu treiben. Dennoch verzeichneten Schwestern die wenigen Fortschritte der Kinder als kleine Siege, so, als ob diese helfen könnten, den Glauben an ihren Beruf einigermaßen aufrechtzuerhalten.[36]

Paul Egger, der mit drei Jahren nach Scheuern kam, wurde bei seiner Ankunft als »völlig hilflos, ab und zu, ohne besonderen Anlaß, freundliches Lächeln« beschrieben. Drei Monate später konnte er sich immer noch nicht fortbewegen oder sprechen und hatte Mühe, seinen Brei zu essen. Mit acht Jahren jedoch hatte sich seine physische Koordinationsfähigkeit wie auch seine Fähigkeit, sich auf Menschen und Gegenstände einzulassen, so weit entwickelt, daß beobachtet wurde, wie er mit einem Ball und einem Stofftier spielte, das er unter seinem Kopfkissen oder seiner Bettdecke versteckte und es von dort auch wieder hervorholte.[37]

Die Anstaltsroutine förderte sowohl Einzel- als auch Gruppenspiele, vor allem Ringelspiele. Bis zu welchem Grad Kinder in der Lage waren, sich selbst in diese Spiele einzubringen, war Teil der psychiatrischen Beurteilung ihres geistigen wie körperlichen Zustands. Gruppenspiele wie Ringelspiele, insbesondere Gemeinschaftsspiele ohne komplizierte Regeln wurden offenbar auch als Mittel eingesetzt, um ein Gemeinschaftsgefühl zwischen Kindern zu fördern, die ansonsten dazu neigten, gewalttätig zu reagieren. Gewalttätige Handlungen wurden oft durch Unterbrechung der Einzelspiele und durch Streit um Spielsachen ausgelöst.[38] Selbst zu dieser Zeit fanden die musikalischen Talente mancher behinderter Kinder Beachtung. Obgleich die Kinder sich fast immer mehr für das Spielen als für das Zuhören interessierten und obgleich ihre Konzentration nur kurz anhielt und ihre Aufmerksamkeit für andere Kinder gering war, weckten Singen, Summen oder das Spielen auf der Mundharmonika freundliche Gemütszustände. Viele behinderte Kinder konnten nur allein oder mit Erwachsenen spielen.[39]

Während das Erziehungsheim Breitenau seine jungen Zöglinge eindeutig zur Angst vor dem Personal und der Einrichtung erzog, damit sie lernten, »nützliche Mitglieder der Volksgemeinschaft« zu werden, betrachteten die behinderten Kinder in Scheuern die Einrichtung als ihr Heim. Sahen die Kinder in den Erziehungsheimen ihre Familie als Rettungsanker an und stellten Beziehungen untereinander her, vergaßen viele behinderte Kinder ihre Familien schon bald und waren nicht in der Lage, miteinander zu spielen. Kinder in Erziehungsheimen reagierten auf die harte Disziplin und die Hungerrationen mit Fluchtversuchen, behinderte Kinder durch Anklammern an ihre Pflegerinnen.

Als Karl-Heinz Koch neun Jahre alt war, hatte er ein ausgeklügeltes Phantasiespiel entwickelt. Er »kommt in das Zimmer des Arztes, geht sofort auf den Schreibtisch zu, ruft: ›Ah, der [sic] Telefon.‹ Er nimmt den Hörer ab, ruft: ›Halloh‹, schwätzt in die Sprechmuschel hinein, hält zwischendurch mehrmals die Öffnung zu, als ob nicht gehört werden sollte, was im Zimmer gesprochen wurde, dann telefoniert er weiter, sagt einigemale ›ja‹, spricht dann von einer Gießkanne, sagt zuletzt ›auf Wiedersehen‹, legt den Hörer auf die Gabel. Auf die Frage, mit wem er telefoniert habe, sagt er: ›ja, der Karl-Heinz mit der Schwester Emma‹«; das war der Name der Abteilungspflegerin.

Karl-Heinz ahmte zwar die Sprecherrolle des Arztes nach, so wie Alfred Kempe mit seinem Mimikspiel den Arzt bei der Morgenvisite, aber sein stiller Gesprächspartner »Schwester Emma« war mindestens ebenso wichtig. »Emmi« und »Ida« waren tatsächlich die ersten Namen, die er in Scheuern lernte; es waren nicht die Namen von Krankenschwestern, sondern von zwei jungen Frauen, die kochten und in seiner Abteilung putzten. Drei Monate nach seiner Ankunft fing er an, Emma »Mama« zu nennen, obwohl er ihren richtigen Namen kannte.[40]

Mongoloide Kinder, von denen es dort viele gab, neigten besonders zur Anhänglichkeit gegenüber dem jüngeren Pflegepersonal. Das waren die Frauen, die stets in der Nähe waren und die vertrautesten mütterlichen Tätigkeiten wie füttern, säubern und ankleiden der Kinder übernahmen, sie im Garten spazierenführten oder ihnen in vielen Fällen erst das hart erarbeitete Selbstvertrauen gaben, überhaupt ohne Hilfe gehen zu lernen. Emma tauchte in vielen Akten als die Frau auf, deren Namen die Kinder gelernt hatten. Zu »Emma« zu gehen bedeutete für den vierjährigen Willi Barth einen Monat nach seiner Ankunft in Scheuern, aus der beunruhigenden Umgebung der medizinischen Untersuchung in die vertraute Umgebung seiner Abteilung zurückzukehren. Als Alfred Kempe nach sechs Monaten in Hephata in der Nacht einen Anfall erlitt, wies er mit dem Finger auf seinen Kopf, um der Schwester, die an sein Bett eilte, zu zeigen, wo die Schmerzen sind. Der fast stumme Junge nannte sie »Mama«. In Scheuern übertrug er die Zuneigung erneut:

»17.5.40: Beim Spaziergehen im Anstaltsgelände interessiert sich K. für alles ihm Neue, springt, wenn er etwas sieht, aufgeregt zur Pflegerin, deutet mit allen Zeichen der Aufregung auf das Gesehene, beruhigt sich erst wenn er sieht, daß sich auch die Pflegerin dafür interessiert.«[41]

Einige Monate später wurde an dem knapp fünf Jahre alten Harald Baer beobachtet, daß er beim Spielen den anderen Kinder nur zuschaute; aber gleichzeitig wurde festgestellt, wie sehr er an den Schwestern hing: er »läuft in dem Garten herum, pflückt Blumen bringt sie der Schwester«.[42]

Solche Übertragungen der Zuneigung waren nicht immer eindeutig. Für einige Kinder hatte Weihnachten keine Bedeutung, weil sie Geschenke oder Spielsachen damit nicht in Verbindung bringen konnten und selbst der Christbaum keine Reaktion hervorrief. Bei anderen wiederum riefen die Geschenke von zu Hause starke, wenn auch unklare Reaktionen hervor. Als zu Weihnachten 1943 Gertrud Dietmar

»ein Paket von der Mutter bekam, freute sie sich, fragte aber nicht, woher das Paket sei. Als die Pflegerin sagte, es sei von der ›Mama‹, sagte D., ›Ja, Mama‹.«[43]

In diesem Fall hatte die Trennung von der Mutter bereits stattgefunden. Zweieinhalb Jahre früher wurde in ihrer Fallbeschreibung festgestellt, daß Gertrud weder zum Geburtstag noch zu Weihnachten Briefe oder Geschenke erhalten habe. Vielleicht konnten sich die Eltern keine Präsente leisten; oder vielleicht hatte sich Gertruds Mutter nach der mangelnden Begeisterung des Kindes beim ersten Weihnachtsbesuch ein Jahr zuvor zurückgezogen. Ein ähnliches Muster zeichnet sich im Fall von Karl Otto Freimut ab, obwohl sein Verhalten noch weit weniger eindeutig ist als das Gertruds. Ebenfalls an Weihnachten 1940 erhielt Karl Otto, der drei Monate jünger war als Gertrud, auch ein Paket von zu Hause:

»(Was war darin?) ›Äpfel, Spielzeug ... und Kleider.‹ (Hast du dich bedankt?) ›Ja‹. (Wie?) ›Beten‹ (Für wen gebetet?) ›Für liebe[n] Gott‹. (Hast du geschrieben?) ›Ja‹. (Was?) ... (Hast [du] selbst geschrieben?) ›Schwester Malchen‹. (Was hat sie geschrieben?) ›Daß ich die Mütze in der Wohnstube angehabt habe‹.«[44]

Weil Karl Otto beinahe blind war, konnte er ohnehin nicht schreiben, doch schon zwei Jahre zuvor, im August 1938, herrschte bei ihm Verwirrung darüber, wo sein Zuhause war. Seine Mutter war gekommen, um ihn für einen Besuch abzuholen. Offensichtlich »freute [er] sich, als die Mutter kam, war freundlich und herzlich zu ihr, begrüßte sie mit einem Kuß«. Auf die Frage, ob er zurückkäme, sagte er »Ja, ich komme wieder«. Als Karl Otto von seinem Besuch zurückkehrte, war er offenbar unsicher und spielte, er werde von seiner Mutter abgeholt: »Ich geh in Urlaub... Meine Mama kommt morgen ...«, hatte er gesagt; doch nun, nachdem er die Zeit mit seiner Mutter zu Hause verbracht hatte, brachte er den Mut auf zu sagen: »Ich komme überhaupt nicht wieder.« Daraufhin »über solche Selbstgespräche lacht er selbst laut«. Die Verwirrung, das Lachen, der

Besuch und der Wechsel des Schwerpunkts von der Heilanstalt in das elterliche Heim und wieder zurück, läßt auf Karl Ottos innere Unruhe schließen wie auch auf seine Sorge, was andere von ihm erwarten mochten.[45]

So wie die Kinder sich an die Anstaltsschwestern und das weibliche Hilfspersonal als Ersatzmütter klammerten, gewöhnten sich die richtigen Mütter daran, den Stationsschwestern zu schreiben, um Nachricht über ihre Kinder zu erhalten. Bande des Vertrauens wurden zwischen den Eltern und den untersten Rängen der Anstaltshierarchie geknüpft. Eltern, die die Konsequenzen fürchteten, als sie ihre behinderten Kinder in die Obhut der öffentlichen Wohlfahrt gegeben hatten, begannen durch solche Vertraulichkeiten Zutrauen in die Anstaltsverwaltung zu fassen.

Als Frau Wally Linden im März 1943 die Bestätigung für den Erhalt der persönlichen Dinge ihres verstorbenen Sohnes Dietrich unterschrieb, stellte sie die gefälschte Todesbescheinigung nicht in Frage. Bei Dietrich, geboren im Juli 1938, war »Idiotie« diagnostiziert worden, und im Alter von zwei Jahren wurde er nach Scheuern verbracht. In den folgenden zwei Jahren schrieb seine Mutter regelmäßig dem Direktor Karl Todt, um sich nach dem Befinden des Kindes zu erkundigen. In der postwendenden Antwort gab die Heilanstalt beruhigende Auskunft, die dazu angetan war, ihr Vertrauen zu gewinnen. Am 5. Mai 1941 hatte der Direktor geschrieben:

> »Geehrte Frau L.!
> Auf Ihre Anfrage teile ich Ihnen mit, daß Dietrich sich recht gut befindet. Er ist körperlich im allgemeinen durchaus gesund und ist auch im übrigen ganz munter zwischen seinen Kameraden, macht auch weiter kleine Fortschritte im Gehen, wenn er sich am Tisch und Stuhl festhalten kann, läuft er ganz nett umher. Das Essen schmeckt ihm gut. Die Kinderstation bei Schwester Otti, auf der er bisher war, wurde aus organisatorischen Gründen aufgehoben und Dietrich ist infolgedessen bei einer anderen Schwester. Aber auch diese pflegt ihn sehr sorgfältig und mit rührender Liebe. In Dietrichs Namen fr[eun]dl[iche] Grüße.
> Heil Hitler!
> Der Direktor«[46]

Der Brief ist in mancher Hinsicht typisch: Der aufgeräumte Ton, mit dem die Kinder in einer Gruppe von »Kameraden« beschrieben werden, die fast durchweg »munter« sind; der Bericht über Einzelheiten, der auf stetige Fortschritte des Sohnes schließen läßt; vor allem der beruhigende Hinweis auf die Schwestern, die unmittelbar für ihn verantwortlich sind; die bürokratische Korrektheit, mit der die Anfrage einen Tag später beantwortet wurde. Vielleicht der wichtigste Teil des Briefes ist jedoch in der letzten formellen Wendung zu sehen: »In Dietrichs Namen«. Wie die Behörden schon in einem früheren Brief verlauten ließen, konnte Dietrich kaum sprechen: »Ab und zu sagt er Mama; sonst spricht er weiter nichts. In seinem Namen beste Grüße.«[47]

Die Klinik mußte – oder machte sich anheischig – in seinem Namen zu sprechen. Die Eltern wollten unbedingt Nachrichten von ihren Kindern haben, die meist nicht direkt mit ihnen in Kontakt treten konnten, und die Anstaltsbehörden schlüpften zur Beruhigung in die Rolle des Vermittlers. Durch die Post und die immer selteneren, streng kontrollierten Besuche beim Kind wurde dieses Vertrauensverhältnis zum wichtigsten Übertragungsweg für die Liebe der Eltern. Diese mußten an die Informationen glauben, andernfalls hätten sie davon ausgehen müssen, bereits jeden Kontakt mit ihrem Kind verloren zu haben. Die Familien waren nicht einfach leichtgläubig, wenn sie den Behörden Glauben schenkten; sie hatten gelernt, ihr Mißtrauen zu überwinden.

Vertrauen war in den Augen der Architekten des Krankenmordprogramms sicher ein wichtiger Faktor. Im internen Rundschreiben vom 1. Juli 1940, mit dem der Reichsminister des Inneren das dezentrale System der Kindertötungen in Zentren wie der Heilanstalt Eichberg einführte, wurde auch das Problem angesprochen, wie Eltern dazu überredet werden konnten, ihr behindertes Kind abzugeben: »Sache der Amtsärzte ist es, die Eltern des in Rede stehenden Kindes von der sich in der Nähe bezeichneten Heilanstalt bzw. Abteilung bietenden Behandlungsmöglichkeit in Kenntnis zu setzen und sie gleichzeitig zu einer beschleunigten Einweisung des Kindes zu veranlassen. Den Eltern wird hierbei zu eröffnen sein, daß durch die Behandlung bei einzelnen Erkrankungen eine Möglichkeit bestehen kann, auch in Fällen, die bisher als hoffnungslos gelten mußten, gewisse Heilerfolge zu erzielen.«[48]

Von Anfang an gingen die Architekten des medizinischen Kindermordes von der Annahme aus, daß selbst Eltern, die die Euthanasie billigten, es vorzogen, die Verantwortung, davon zu wissen, nicht mitzutragen. Diese Annahme beruht auf einer Umfrage über die Einstellung der Eltern, die Mitte der zwanziger Jahre durch Ewald Meltzer, dem Direktor der Heilanstalt Katharinenhof in Sachsen, durchgeführt worden war. Meltzers Erkenntnisse, insbesondere die Ansicht, daß Eltern lieber hören wollten, ihre Kinder seien an einer Krankheit gestorben, wurden auch vom Leibarzt Hitlers, Theo Morell, in seinen Vorschlägen zur Durchführung der »Euthanasie« im Sommer 1939 übernommen.[49]

Eltern mochten vielleicht mehr Vertrauen in religiöse Einrichtungen wie Scheuern haben als in staatliche Anstalten, doch wurde ihr Vertrauen auch gestärkt durch prompte Antwort auf ihre Briefe, durch Besuche und Briefe, in denen ihnen mitgeteilt wurde, wie ihre Weihnachtspäckchen aufgenommen worden waren. Ihr langsam erworbenes Vertrauen in Einrichtungen, die sich um ihre Kinder kümmerten, machte es um so leichter, das medizinische Lügengespinst zu knüpfen, das mit den Tötungen verbunden war. Und auch die Bürokraten trugen dazu bei, indem sie etwa nicht benötigte Kleiderkarten und Kleider zurückschickten, die vielleicht Geschwister weitertragen konnten. Schuldgefühle, Gefühle der Erleichterung und der Hilflosigkeit mochten ebenfalls eine Rolle gespielt haben, doch die Eltern lebten weit verstreut in einer Gesellschaft, in der die Behinderung von Kindern außerhalb der Familie ein Tabu darstellte. In einer Gesellschaft, die an die Ermordung der eigenen Bürger nicht gewohnt war, konnte selbst der Mord auch an Tausenden von Kindern weitgehend verheimlicht werden. Es verwundert daher kaum, daß so wenige Eltern daran dachten, die gefälschten Totenscheine ihrer Kinder in Frage zu stellen.

Dank der Tatsache, daß die Kinder das Bedürfnis hatten, Ersatzeltern im Heim zu finden, war es für das Anstaltspersonal nur natürlich, die Rolle als Beschützer, Pflegeeltern und Vermittler einzunehmen, die sowohl an der Entwicklung der Kinder Anteil hatten als auch weiterhin im Kontakt mit den Eltern standen, und die sich vielleicht selbst eine Zeitlang vormachten, daß gerade diese Kinder nicht nach Hadamar geschickt würden. Die Krankenakten verraten uns nicht, wie groß die Verzweiflung der Kinder war, denen es an Aufmerksamkeit, Wärme, sauberer Kleidung oder ausreichendem Essen fehlte. Aber sie zeigen, daß selbst in dieser vollkommen entmutigenden, elenden und ausgezehrten Umgebung sich Kinder instinktiv denen zuwandten, von denen sie Liebe zu erhalten hofften.

II. Teil

Der Rassenkrieg

4. Der Kampf um Lebensraum

Das kreischende Heulen und der schwindelerregende Sturzflug der Stukas, die das deutsche Kinopublikum so beeindruckten, verbreiteten unter den Flüchtlingen auf den polnischen Straßen im September 1939 Angst und Schrecken. In den Städten lernten die Polen auf das tiefe Dröhnen der schweren Bomber zu achten, die auf ihrem Weg nach Warschau, Posen und Krakau, der alten Pilgerstadt Tschenstochau und nach Lodz, der lauten Hauptstadt der Textilindustrie, waren. Von Beginn des Kriegs an machten die Deutschen kaum einen Unterschied zwischen militärischen und zivilen Zielen, als sie der Welt zeigten, was das neue Wort »Blitzkrieg« bedeutete. Am 2. September wurde Lodz von schweren Bombenangriffen getroffen. Müde und dennoch stolz vom Ausheben der Verteidigungsgräben im schweren Lehmboden rings um die Stadt schloß sich Dawid Sierakowiak einer Gruppe anderer Jugendlicher an, die vor dem Rathaus herumsaßen. Als sie dann im Luftschutzraum Schutz suchten, unterhielt er alle mit einer Parodie auf Hitlers Reichstagsrede vom vorhergehenden Tag. Für die meisten Menschen gab es jedoch nicht genügend Schutzräume. Bauern, die in die Stadt gekommen waren, um ihre Erzeugnisse zu verkaufen, halfen dem kleinen Wacław Major und seinem Freund Pietrek, sich in einem Kartoffelhaufen zu verstecken. Als Wacław, ein frommer katholischer Junge von acht Jahren, nach oben schaute, um zu sehen, woher die Bomben kämen, glaubte er, daß Gott »böse« sei; denn was er am Himmel erblickte, war eine Reihe von schwarzen Kreuzen.[1]

Dawid Sierakowiak hatte am 6. September um ein Uhr nachts Dienstschluß und traf die von Polizei und Behörden geräumte Stadt in Panik an. Als die Zivilisten flohen, wurden Dawids Familie und die Nachbarn »von der Psychose einer Herde ergriffen, die gleich zur Schlachtbank geführt wird. Vater verliert seinen Kopf – er weiß nicht, was er tun soll.« Die Sierakowiaks setzten sich mit ihren jüdischen Nachbarn zusammen. Sie beschlossen, sich nicht von der Stelle zu rühren, und Dawid konnte dem

Massenexodus nur zuschauen. Die ersten, die gingen, waren die Einberufenen und Reservisten von Lodz, danach die «Frauen mit Bündeln auf dem Rücken – Kleider, Bettzeug, Essen. Selbst die kleinen Kinder gehen.« Verbittert setzten sich Dawid und seine Freunde daraufhin an die Stelle der Kommandeure, die geflohen waren. Am Abend begannen die Kolonnen der polnischen Armee in guter Ordnung aus der Stadt abzurücken, gefolgt von einigen der wenigen kostbaren polnischen Panzer. Am nächsten Tag begaben sich Dawid und seine Freunde zur Straße, die gen Süden nach Pabianice führte. Sie hofften verzweifelt, daß sich das so vorzügliche militärische Aufgebot zum Gefecht stelle, um den deutschen Vormarsch aufzuhalten, und daß sie Zeugen der Wiederholung einer übernatürlichen Wendung des Kriegsglücks würden, wie sie – woran Dawid voller Optimismus erinnerte – 1914 die Franzosen an der Marne und die Polen 1920 an der Vistula zustande gebracht hatten. Der politisch frühreife vierzehnjährige Dawid Sierakowiak besaß als Tagebuchschreiber die seltene Gabe, die emotionale Atmosphäre jeder Wendung der Ereignisse festzuhalten. Die Wendungen seines Schicksals zu beobachten, wurde seine Hauptbeschäftigung in den langen dreieinhalb Jahren, die nun folgen sollten.[2]

Miriam Wattenberg und ihre Familie schlossen sich der Menschenmenge an, die aus der Stadt strömte. Wie die meisten anderen Menschen wollten sie nach Warschau und erfuhren erst später, daß diejenigen, die der polnischen Armee auf dem anderen Weg Richtung Brzeziny gefolgt waren, von den Stukas angegriffen wurden. Sie hatten drei Fahrräder für vier Leute, und es gelang ihnen, von einem vorbeikommenden Bauern ein viertes »zum phantastischen Preis von zweihundert Zloty« zu kaufen. In der Hitze dieses prächtigen Spätsommers quälte sie schrecklicher Durst, doch weil Gerüchte in der Gegend von Sochaczew umgingen, deutsche Agenten hätten die Brunnen vergiftet, wagten sie nicht, daraus zu trinken. Miriams Vater entdeckte ein Haus am Wegrand, aus dessen Kamin Rauch aufstieg, und machte sich auf, um Wasser zu bitten. Die Fenster des Hauses waren zerschossen, der Besitzer in seinem Bett getötet. Miriams Vater nahm einen großen Kessel und füllte ihn in der Küche mit Wasser. Sie hängten ihn an ein Fahrrad und fuhren weiter. Als sie an der ersten Kolonne deutscher Kriegsgefangener vorbeikamen, grinsten die Deutschen sie überheblich, mit siegesgewisser Miene an.[3]

In Warschau standen die Wattenbergs bald unter deutscher Belagerung. Sie richteten sich in einer Wohnung an der Zielna Straße 31 ein, dessen Bewohner geflohen waren. Doch das Dienstmädchen war zurückgeblieben und servierte ihnen ein Abendessen mit Hering, Tomaten, Butter und Weißbrot auf einem weißen Tischtuch wie in der Vorkriegszeit. Es war ihre erste richtige Mahlzeit, seit sie Lodz verlassen hatten. Nur allzubald sahen sie sich zwischen deutschen Bombenangriffen um Brot anstehen und wieder in den Keller zurückhasten, bis das Haus, das gefährlich nahe bei der Telefonzentrale lag, selbst getroffen wurde. Daraufhin mußten sie wieder weiterziehen.[4]

Dawid Sierakowiak saß im Park und zeichnete eine Freundin, als er hörte, daß sich Lodz kampflos ergeben habe. Deutsche Patrouillen waren in der Piotrowska Straße unterwegs, und das Grand Hotel war bereits mit Blumen für den Empfang des deutschen Generalstabs geschmückt. Er beobachtete, wie Angehörige der etwa 60 000 Personen umfaßenden deutschen Minderheit von Lodz herbeiströmten, um die ersten Abteilungen zu begrüßen: »Zivilisten – Jungen wie Mädchen – sprangen mit fröhlichen ›Heil Hitler‹-Rufen auf die vorüberfahrenden Militärfahrzeuge auf.« Dawid und die anderen christlichen und jüdischen Polen zogen sich indes in ihre Häuser zurück. Wenn er sich am Ende dieses ersten Tages unter der Besatzung umschaute, sah und spürte er, wie »düster, streng, hart und feindselig Gesichter und Herzen waren«. Am Samstag traf die Hauptmacht ein, und am Sonntag folgten die ersten Anordnungen der deutschen Besatzung: »Sie zwingen Juden zum Graben.«[5]

Janina konnte in Borowa-Góra, nur gut dreißig Kilometer von Warschau entfernt, hören, daß die Hauptstadt beschossen wurde. Sie hatte von einer Niederlage nach der anderen erfahren müssen, bevor sie ihrem Tagebuch etwas Tröstliches hinzufügen konnte. Denn am 11. September kam endlich die Nachricht, daß englische Truppen auf dem Kontinent gelandet waren. Die Zehnjährige rief: »Die Engländer kommen!«, und ihre hübsche Tante Aniela fing an, Polka zu tanzen. Janina versuchte sich vorzustellen, wie sie sich mit einer großen Platte voller Pfannkuchen in ihrem gelben Organzakleid freundlich lächelnd in die Menge der englischen Soldaten drängen würde. »*How do you do?*«, würde ich sagen« – Tante Aniela hatte ihnen bereits etwas englisch beigebracht – »und alle würden mein perfektes Englisch loben.« Am 16. September kamen die langersehnten Nachrichten wie gerufen: Die Deutschen wurden »an der Westfront zurückgeschlagen«. Aber die französischen und britischen Befehlshaber hielten die den Polen von ihren Regierungen gegebenen Versprechen nicht, und die französische Invasion von Westen wurde gleich auf der anderen Seite des Rheins in Kehl gestoppt.[6]

Militärisch war Polen schon vor dem Einmarsch der Sowjetunion besiegt. Als die Rote Armee am 17. September im Einklang mit dem Geheimabkommen, das Hitlers Außenminister Joachim von Ribbentrop knapp vier Wochen zuvor in Moskau unterzeichnet hatte, die polnische Ostgrenze überschritt, unterband sie jede Möglichkeit der polnischen Armee, sich in den Schutz der Wälder und Sümpfe zurückzuziehen und sich dort wieder neu zu sammeln. Alle Einheiten, die sich jetzt ostwärts zurückzogen, liefen Gefahr, in die Arme der Roten Armee zu laufen, und die hartnäckige Verteidigung Warschaus gegen die Deutschen hatte keinen strategischen Zweck mehr. Als die Rote Armee weiter nach Westen, in Richtung der mit den Deutschen festgelegten Demarkationslinie, vorrückte, stieß sie auf keinen nennenswerten Widerstand mehr und verlor gerade einmal 2600 Mann im Gegensatz zu den 45 000 deutschen oder gar den 200 000 polnischen Toten und Verwundeten. Obwohl ein Großteil der polnischen Militärplanung seit 1938 auf eine Wiederaufnahme des Krieges von 1920 mit der Sowjetunion abzielte, war die sowjetische Invasion jetzt eine Überraschung. Viele Menschen auf dem Land dachten, die Rote Armee sei auf dem Weg, die Deutschen zu bekämpfen. Und viele hießen die Rote Armee mit den traditionellen Gastgeschenken Brot und Salz sowie mit Blumen und in aller Eile errichteten »Triumphbögen« willkommen. Einige Leiter der Regionalverwaltungen forderten die Bevölkerung auf, freundlich zur Roten Armee zu sein, weil sie Polens Verbündete sei.[7]

Am 18. September schaute Henryk N. aus dem Fenster der Pension seiner Eltern in Zaleszczyki. Das goldene Herbstwetter neigte sich gerade dem Ende zu und es fing anhaltend an zu regnen, als zwei Panzer um die Ecke rasselten und die Grenzbrücke zwischen Polen und Rumänien besetzten. Die Ortsansässigen knüpften auf ukrainisch Gespräche mit den Rotarmisten an. Die Soldaten erzählten allen fortwährend, wie billig Streichhölzer in der Sowjetunion seien, hatten aber deutliche Anweisungen, sich auf weitere Vergleiche nicht einzulassen. Da sie gelangweilt herumsaßen und ihr Nachschub nicht eintraf, wurden sie lockerer und fielen

über das ihnen von der Pension servierte Essen her. Vier Jahre später erinnerte sich Henryk: »Wir stellten fest, daß sie in der Armee nie Milch oder
Eier bekamen, und sie wollten immer wieder ›Honig‹ und meinten damit
Marmelade.« Selbst im ärmlichen Ostpolen merkten die Leute schnell,
daß ihre neuen Herren sie für privilegiert und wohlhabend hielten.[8]

Am 20. September sickerten Nachrichten bis zu der zehnjährigen
Janina in Borowa-Góra durch, daß die Russen und die Deutschen in
Brest-Litowsk zusammengetroffen waren. »Wir sind von Sorge überwältigt, Warschau ist am Ende«, schrieb sie in ihr Tagebuch. An diesem Tag
vergruben die Männer ihre Gewehre in ihrem Garten, und Janina ging
auf die Felder hinaus, um den Einmarsch der Deutschen zu beobachten.
Dabei wurde auf sie geschossen. Als sie durch das hohe Gras nach Hause
zurückkroch, wurde sie von einer verwundeten Kuh erschreckt und fing
an zu rennen. Ihre Mutter war so erleichtert, als das Mädchen zu Hause
eintraf, daß sie ihrer Tochter den Hintern versohlte und sie schnurstracks
auf ihr Zimmer schickte.[9]

Unterdessen hatte das Bombardement von Warschau an Heftigkeit
zugenommen, so daß die Regierung – ohne irgendeine Rückzugsmög-
lichkeit zu haben – die Hauptstadt verließ und ins Exil ging. Der Bürgermeister organisierte weiterhin den Widerstand in Warschau und schaffte
damit heroisch die Voraussetzung für die Bildung der polnischen Untergrundarmee, als die Stadt eine Woche später zur Kapitulation gezwungen wurde. Die vierzehnjährige Miriam Wattenberg und ihre Eltern verbrachten die letzte Nacht der Belagerung im überfüllten Keller eines
ausgebombten Hauses. Miriam konnte den Wundbrand in den Schuß-
verletzungen des kleinen Jungen riechen, der zusammengekrümmt auf
dem Zementboden in ihrer Nähe lag. Als die Nachricht von der Kapitulation in die gespenstische Stille des 27. September einsickerte, kletterten sie aus dem Keller und sahen, daß freiwillige Rettungstrupps in den
Trümmern mit der Suche nach Überlebenden begonnen hatten und die
Toten auf Karren luden. In Decken gehüllt schleppten sich die Wattenbergs an Menschen vorbei, die damit beschäftigt waren, Fleisch aus Pfer-
dekadavern, von denen manche noch zuckten, herauszuschneiden. Ihre
letzte Wohnung war noch so gut wie unversehrt, und der Hausmeister
lud die Wattenbergs zum Abendessen ein: Alle zusammen aßen sie einen
der letzten Schwäne aus dem Krasiński Park.[10]

Als die Sowjets und die Deutschen von Osten und Westen in die junge polnische Republik einfielen, entfachten sie einen ethnischen Bürgerkrieg, indem sie die Ressentiments und den aufgestauten Haß der Zwischenkriegszeit bedienten, um die Souveränität Polens so tiefgreifend wie möglich zu zerstören. In vielen Städten und Dörfern Westpreußens hatten bei den Volksentscheiden, die über den genauen Verlauf der nationalen Grenzen nach dem Ersten Weltkrieg entschieden, die Polen gegenüber den Deutschen nur eine knappe Mehrheit, und die Wahlkämpfe waren von wachsender Gewalt durch Milizen von beiden Seiten begleitet gewesen, was zu einer nachhaltigen Spaltung der Gesellschaft entlang strikter nationaler Trennungslinien führte. Im Osten waren die Polen in der Minderheit, 1921 hatte Polen Gebiete Sowjetrußlands und Litauens erobert und machte sich daran, die neuen Ostbezirke zu kolonisieren. Wie die Preußen und die Österreicher zuvor, bedienten sich die Polen der bewährten Praxis, Beihilfen und Land zu vergeben, um aus der Armee entlassene Polen bei der Ansiedlung zu unterstützen. Doch auch 1939 waren von den 13 Millionen polnischer Bürger der Ostprovinzen, die die Rote Armee nun besetzte, nur 5,2 Millionen ethnische Polen.

Die ukrainische Mehrheit in Ostpolen bedurfte keiner großen Ermunterung, um alte Rechnungen zu begleichen. Es hatte zahllose Brandanschläge, Prügeleien und vereinzelt auch Morde zwischen polnischen Siedlern und Ukrainern gegeben. 1930 und 1936 war die polnische Armee eingeschritten und hatte einen brutalen Befriedungsfeldzug unternommen. Als Vorbereitung für den Vorstoß sowjetischer Bodentruppen begann die russische Luftwaffe nun damit, Flugblätter abzuwerfen, von denen eines der dreizehnjährige Zdzisław Jagodziński in Krzemieniec auflas; es »rief die Bauern auf, die Grundstücke der Landbesitzer zu besetzen und diese zu verprügeln«. Henryk N. erinnerte sich, wie »ukrainische Banden die zurückkehrenden polnischen Soldaten angriffen, ihnen ihre Kleider raubten und sie nackt und verprügelt nach Hause schickten«. Eine größere Abteilung der polnischen Armee suchte der Gefangennahme zu entgehen; sie machten sich zur rumänischen und ungarischen Grenze auf, um sich auf neutralem Boden internieren zu lassen. Auf ihrem Weg dahin setzten sie eine Reihe Dörfer in dem überwiegend ukrainischen Bezirk Polesien in Brand und brachten deren Bewohner als

»Vergeltungsmaßnahme« um. Vielen erschien die Ankunft der sowjetischen Herrschaft wie eine Wiederherstellung der Ordnung.[11]

Das Verhalten der sowjetischen Besatzer bestärkte die Polen bald in ihrem Glauben an die eigene kulturelle Überlegenheit. Überall waren polnische Jungen angestoßen vom Teergeruch russischer Soldatenstiefel, vom Geplärre der Propagandalieder aus Lautsprechern in den Straßen und dem Schmutz und Verfall, der bald schon in allen öffentlichen Räumen Einzug hielt. Ein Junge aus Włodzimierz Wolinski schrieb:»Innerhalb einer Woche hat sich unsere Stadt vollkommen verändert. Schmutz allerorten, niemand kümmert sich um's Saubermachen, Abfallhaufen der Armee faulen auf den Straßen dahin, Fußwege, Bäume, Rasen, alles von Lastwagen und Traktoren zerstört.« Weil der Wechselkurs von Rubel und Zloty auf eins zu eins gesetzt wurde und, was noch wichtiger war, es keine Rationierungskontrollen wie in der Sowjetunion gab, kauften die Angehörigen der Roten Armee in Ostpolen wie besessen ein. Für die Soldaten und das Heer der ihnen auf dem Fuß folgenden Funktionäre und Polizeibeamten war das überwiegend ländliche Ostpolen eine neue Welt des bürgerlichen Luxus. Da sie über die scheinbar unerschöpflichen Bestände von Butter, Sauerrahm, Fleisch, Würsten, Eiern und Käse herfielen, wahllos Kleider, Schuhe und Uhren zusammenkauften, waren die Vorräte schnell erschöpft. Die offizielle Politik spielte hier auch eine Rolle, da praktisch die gesamte Textilindustrie von Białystok demontiert und nach Osten transportiert worden war. Desgleichen die Holzböden, Öfen, Türklinken aus Messing und Eisen, Kachel- und Fliesenböden aus Regierungsgebäuden, Krankenhäusern und Schulen. Inzwischen wurden Öl, Getreide und Vieh gemäß dem sowjetisch-deutschen Handelsabkommen nach Westen verfrachtet. Nach wenigen Monaten konnten die Bewohner in den von Flüchtlingen aus Westpolen überfüllten Städten zwar nur noch Salz, Petroleum, Streichhölzer und Tabak in den staatlichen Geschäften kaufen, sich dafür aber an Geschichten über die allgegenwärtigen Frauen der NKWD-Funktionäre erheitern, die beim Theaterbesuch rosarote Nachthemden trugen, weil sie glaubten, es seien Abendkleider. Die Städter machten Ausflüge aufs Land, um bei den Bauern gebrauchte Kleider gegen Lebensmittel einzutauschen.[12]

In den westlichen Landesteilen, die dem Deutschen Reich angegliedert werden sollten, überflutete eine Welle der Gewalt die von Polen, Deutschen und Juden bewohnten Gemeinden. In der kleinen westpreußischen Stadt Konitz wandten sich evangelische deutsche Milizangehörige gegen ihre polnischen katholischen und jüdischen Nachbarn. Am 26. September erschossen sie vierzig Polen und Juden. Am nächsten Tag ermordeten sie einen katholischen Priester, am Tag darauf 208 Patienten der Psychiatrie des örtlichen Krankenhauses. Im Oktober und November wurden 200 Patienten einer anderen psychiatrischen Einrichtung in der Nähe erschossen. Bis Januar hatten einheimische Milizangehörige unter Mithilfe der Wehrmacht und Gestapo 900 Polen und Juden in Konitz und den umliegenden Dörfern umgebracht.

Um 1900 war Konitz eine überwiegend preußische Stadt. In diesem Jahr hatte sich die deutsche und die polnische Gemeinde zusammengetan: Auf die Beschuldigung eines Ritualmordes hin veranstalteten sie ein Pogrom gegen die blühende jüdische Gemeinde der Stadt. Der Glaube, daß Juden Christenkinder schlachteten und deren Blut für religiöse Rituale verwendeten, war in Teilen Polens noch weit verbreitet. Noch 1919 hatte der Verband der Westpreußischen Synagogengemeinde seine unverbrüchliche Treue zum »Deutschtum« erklärt und »polnische Willkür und Intoleranz« beanstandet. Zwanzig Jahre später waren es die deutschen Nachbarn, von denen seine Mitglieder massakriert wurden.[13]

Solche Massaker wiederholten sich quer durch die ehemalige Provinz Posen um Bromberg. In Ermangelung vollständiger Zahlen kann von der Tatsache, daß in den ersten Monaten 65 000 Menschen umgebracht wurden, auf eine ungefähre Größenordnung geschlossen werden, wobei nur die größeren Massaker, in denen mehr als 1000 Personen umkamen, gezählt wurden. Etwa die Hälfte davon geht auf das Konto der örtlichen deutschen Miliz. In Städten wie Bromberg, wo in den ersten Tagen des Kriegs Angriffe der sich zurückziehenden polnischen Armee auf ethnische Deutsche beobachtet worden waren, roch viel an dem Morden nach wilder Angst, angefacht durch finstere und maßlos übertriebene Greuelgeschichten der deutschen Propaganda. In Rippin ließ man polnische Gefangene zu ihren Zellen Spießrutenlaufen, Nägel wurden ihnen in den Rücken getrieben und die Augen mit Bajonetten ausgestochen. Als polnische Männer in die Wälder flohen, machten einige deutsche Männer Jagd auf polnische Frauen und Kinder. In Bromberg selbst wurden Pfadfinder, die als Läufer und Kundschafter der polnischen Armee Dienst getan hatten, bei der Jesuitenkirche auf dem Platz der Stadt an eine Wand gestellt und gemeinsam mit dem Priester, der ihnen die Sakramente zu spenden suchte, erschossen.[14]

Als die »deutsche Ordnung« hergestellt war, nahm der Terror nicht ab, sondern zu. Massenhinrichtungen wurden von der neuen SS-Zentrale und dem Polizeiapparat in Berlin, dem Reichssicherheitshauptamt, koordiniert. Von Ende Oktober 1939 bis Anfang 1940 organisierten diese Leute die »Intelligenzaktion« und setzten Hitlers Vorstellungen – und ihre eigenen – für die polnische Kolonie in die Praxis um. Unter diesem Begriff wurden Lehrer, Priester, Akademiker, ehemalige Offiziere und Beamte, Grundbesitzer, ehemalige Politiker und Journalisten Opfer von Hinrichtungen oder von Deportationen in Konzentrationslager, wo es zu weiteren Massenhinrichtungen kam. In die Verfolgung ihrer ideologischen Ziele bezogen die Milizen und die Einsatzgruppen der SS bei ihren »Aktionen« regelmäßig Juden wie Patienten der Psychiatrie ohne weitere Abklärung mit ein. Einer der wenigen polnischen Zeugen der Massenerschießungen im Wald bei Trischen sagte gegenüber den Ermittlern nach dem Krieg aus, daß auch Jungen in Schuluniform unter den Opfern waren. Aber: »Der schlimmste Anblick war, als ein Lastwagen kam, auf dem sich etwa zwanzig bis dreißig Polinnen im Alter von sechzehn bis achtzehn Jahren in Pfadfinderuniformen befanden. Sie waren blaß, abgezehrt und fielen wahrscheinlich vor Hunger um [...]. Sie mußten sich auf Anordnung der Deutschen ebenfalls in dem Graben hinlegen, und die Soldaten der Wehrmacht schossen sie in den Hinterkopf.« Die Erschießungen gingen weiter, bis alle Verteidigungsgräben, die fünf Wochen vorher ausgehoben worden waren, um den deutschen Einmarsch aufzuhalten, zu einem Massengrab geworden waren.[15]

Diese Teilzeitmilizen lernten, wie man eine große Anzahl von Opfern in kleine, leichter zu kontrollierende Gruppen aufteilte, wie man sie mit dem Gesicht nach unten sich buchstäblich ins eigene Grab legen ließ und wie man auf den Nacken zielen mußte; sie entwickelten exakt die Techniken, die später im Krieg von den Einsatzgruppen und ihren Hilfskräften weiterhin angewendet wurden. Wie in Polen wandten in der Ukraine, in Weißrußland, in den baltischen Staaten und in Jugoslawien die SS, ihre örtlichen Hiwis, die Wehrmacht und die deutsche Polizei weiterhin dieselben Methoden für die Massenerschießungen an, bei denen kleine Mordkommandos ihre Opfer mit einzelnen Schüssen töteten. Diese zuerst in Westpolen »perfektionierte« Technik sollte für die Ermordung von 2,2 Millionen Juden und Millionen sowjetischer Soldaten und Zivilisten verantwortlich sein. Wie später in der Sowjetunion so auch bei Kriegsbeginn in Polen, konnten sich die Täter nie entscheiden, wie geheim ihre Taten wirklich bleiben sollten. In vielen Städten und Dörfern hatte man sich gegen Massen von entsetzten wie faszinierten deutschen Soldaten zu behaupten. Manche legten willig Hand mit an, andere äußerten ihr Entsetzen und ihre Abscheu. Wieder andere fotografierten einfach. Als Nachrichten nach Deutschland durchsickerten, hatte Goebbels' Propaganda bereits dafür gesorgt, daß das Morden allgemein als legitime Vergeltung für von Polen an Volksdeutschen begangene Massaker angesehen wurde.[16]

Als das NS-Regime Mitte der dreißiger Jahre seine heimischen Gegner gefügig gemacht hatte und im Ausland um Ansehen warb, war das KZ-Imperium der SS noch klein und ihr Betätigungsfeld für antisemitische Aktionen eng. Sobald Hitler den Krieg erklärt hatte, ließ er den radikalsten Vertretern der rassischen Eroberung freie Hand. Sie stammten aus der SS und dem von Heinrich Himmler aufgebauten Sicherheitspolizeiapparat und lösten eine selbst in ihrer eigenen blutigen Geschichte beispiellose Welle von Morden an Zivilisten aus. Als der neue Oberbefehlshaber Ost, Generaloberst Johannes Blaskowitz, eine kritische Denkschrift direkt an Hitler richtete, tobte dieser, daß man mit »Heilsarmee Methoden« keinen Krieg führen könne. Nach der Auflösung der hunderttausend Mann starken volksdeutschen Miliz im November 1939, traten viele Begeisterte der SS oder der Polizei bei, während die Spitzen der SS-Einsatzgruppen die Leitung der neuen Ämter der Gestapo und der Sicherheitspolizei in Polen übernahmen. Die Polen waren nationale und jetzt auch »rassische« Feinde, und die der nationalsozialistischen Gewalt in Deutschland gesetzten Grenzen galten hier nicht, wenn Kinder zusammen mit ihren Müttern abgeschlachtet wurden.[17]

Selbst polnische Kinder, die wenig oder gar keine Gewalt gesehen hatten, lernten rasch die neue Dimension des Terrors kennen. Im September 1939 setzte die Angst mit einem Wort ein, das aus dem Radio und dem Mund der Erwachsenen unentwegt zu hören war: Krieg! Jungen in Polen hatten ebenso wie anderswo Soldaten gespielt und sich selbst in der Rolle der Sieger vorgestellt, und einige hatten auch tatsächlich gekämpft oder während des Feldzugs Botschaften überbracht. Doch für viele Kinder war Krieg eine vollkommen neue Vorstellung und Erfahrung. Für die zehnjährige Janina in Borowa-Góra ereignete sich der Krieg in den ersten beiden Wochen des September im Radio, begleitet von den Gebeten ihres Großvaters, dem Tanz ihrer Tante und ihren eigenen Englischstunden, als sie freudig erregt die Ankunft der Franzosen und Briten erwartete. Für Wanda Przybylska war »der Krieg« mit Rosen verbunden. Die Neunjährige konnte nicht verstehen, warum dieses eigenartige Wort ihre Mutter zum Weinen brachte, wo sie doch umgeben war von weißen Rosen, deren Duft schwer über dem Garten ihrer Eltern hing. Eines Abends kam die Mutter ins Schlafzimmer, das Wanda mit ihrer Schwester teilte, und sagte ihnen, daß alles verloren sei. In Wandas Erinnerung an diesen Moment, fünf Jahre danach, überwog der Eindruck ihres damaligen Unverständnisses. 1939 vermochte sie weder das Wort noch die Tränen ihrer Mutter verstehen. Bald darauf besetzten die Deutschen ihren Ort Piotrków Kujawski zwischen Bromberg und Kutno und verhafteten ihren Vater, der dort Dorfschullehrer war.[18]

An dem Tag, als die Deutschen Borowa-Góra einnahmen, lernte Janina die Angst kennen, doch in dem Alptraum, den sie ihrem Tagebuch anvertraute, erlebte sie das Brüllen der verwundeten Kuh nicht noch einmal, auch nicht, daß auf sie geschossen wurde, als sie durch die Wiese nach Hause kroch. Statt dessen träumte sie von einem toten deutschen Soldaten. Kurz vor Weihnachten waren sie und andere Dorfkinder auf dessen Leichnam gestoßen, der im Wald aus dem Schnee hervorragte. Wenige Tage zuvor hatten sie mit großem Vergnügen einen Schneemann gebaut, der wie Hitler aussah, und den sie dann kaputtmachten. Aus Angst vor Repressalien der Deutschen, sollten diese den Leichnam entdecken, gingen die Männer des Dorfes in der Nacht in den Wald, um den Soldaten heimlich zu begraben. Obwohl Janina durch das nachdrückliche Verbot ihres Vaters, darüber zu reden, bereits eingeschüchtert war, wurde ihre Angst durch die der Erwachsenen um sie herum noch größer: »Ich träumte, ich renne durch tiefen Schnee und falle über den Stiefel des toten Soldaten. Denselben Traum träumte ich letzte Nacht dreimal und jedesmal erwachte ich schweißgebadet«, schrieb die Zehnjährige am 22. Dezember in ihr Tagebuch. Als der Schnee schmolz und der Frühling kam, dachte Janina immer, wenn sie in den Wald ging und den Moosteppich mit den Tannennadeln sah, an die toten Soldaten und fragte sich, wo er wohl liegen mochte. Mehr als durch den militärischen Feldzug lernten die Kinder durch die Besatzung die Angst kennen. Und sie begegnete ihnen in der plötzlichen Ohnmacht der Erwachsenen, die vordem so mächtig erschienen waren.[19]

Die alten Kriegsspiele der Jungen änderten sich bald. Während deutsche Kinder ihren Kriegsspielen lediglich französische Militärmützen und Schulterstücke hinzufügten, nahmen die Spiele in Polen die Form der alltäglichen Wirklichkeit an. Die Kinder fingen an, zwischen Revolvern und Maschinengewehren zu unterscheiden. In Bromberg spielten Vier- und Sechsjährige jetzt die Hinrichtungen auf dem Stadtplatz nach und spendeten denen Beifall, die »noch ist Polen nicht verloren!« riefen, bevor sie »starben«. In Warschau spielten die Jungen Gefangenenbefreiung, sie wurden aber auch dabei beobachtet, wie sie Gestapo-Verhöre nachspielten und sich bei diesem wilden Spiel gegenseitig ins Gesicht schlugen. Je mehr die Wirklichkeit in ihre Phantasiewelt eindrang, desto heftiger wurden die Kinder zwischen Vorbildern des heldenhaften Widerstandes und der Macht der Eroberer hin- und hergerissen.[20]

Angst, Neid und Haß durchdrangen die Gesellschaft, und ihr Voranschreiten machte sich in Zentralpolen nicht durch große Massaker, sondern durch kleinere Ereignisse bemerkbar. Mit dem Eintreffen der Wehrmacht in Lodz wurden Juden zu Freiwild. Dawid Sierakowiak beobachtete von seinem Fenster aus, wie jüdische Frauen in der Straße geschlagen und gedemütigt wurden und Männer zur Zwangsarbeit abmarschierten. Bei der Rückkehr der Wattenbergs aus Warschau erbot sich eine Reihe von Wehrmachtsoffizieren, Gemälde von Miriams Vater, einem bekannten Antikenhändler, zu »kaufen«, doch die häufigsten und unverschämtesten Besucher waren ihre deutschen Nachbarn, eine Eisenbahnerfamilie, die ankam und sich Bettzeug und anderen Hausrat »erbat«.[21]

Eines Sonntagmorgens im Oktober klopfte es an der Tür der Sierakowiaks, und als sie öffneten, stand ein deutscher Wehrmachtsoffizier mit zwei Polizisten davor, um die Wohnung zu durchsuchen. Dawids Vater war mitten im Gebet und begann vor Angst zu zittern, weil sie ihn im Gebetsmantel und mit Gebetsriemen, den *tefillin*, an der Stirn und an den Armen angetroffen hatten. Anstatt ihn zu bedrohen, wie es die ganze Familie erwartete, schaute der Offizier nur auf die Betten, fragte nach Wanzen und erkundigte sich, ob sie ein Radio hätten. Deutlich enttäuscht von der Behausung – er »fand nichts, was ihm mitzunehmen wert schien«, bemerkte Dawid lakonisch – zog die Gruppe ab.[22]

Am Samstag darauf, Dawid las gerade ein Buch, stürzte seine Mutter herein und sagte, daß die deutschen Offiziere wieder bei Juden nach Radioapparaten suchten. Obwohl deren Besitz bis Mitte November 1939 nicht offiziell verboten war, dienten die Durchsuchungen als Vorwand für private Plünderungen. Wieder fanden die Besucher nichts, was wert gewesen wäre, mitgenommen zu werden, und die Verhältnisse, in denen die Familie lebte, waren nicht von der Art, daß die Deutschen daran gedacht hätten, die Wohnung zu beschlagnahmen. Aber sie nahmen Dawid mit und ließen ihn die Waren tragen, die sie bei den reichen Juden am Reymont Platz konfisziert hatten. Dawid konnte den Korb, den er aus dem Haus eines Arztes schleppen mußte, kaum heben. Bei diesem Besuch wurde der Offizier von einem Jungen begleitet, der etwa in Dawids Alter war. Drei Tage später erschien der Junge wieder, diesmal mit einem SS-Offizier, einem Wehrmachtsoffizier und einem Militärpolizisten. Sie durchwühlten den Kleiderschrank und nahmen Dawids Rasiermesser und zwei alte Klingen mit, daraufhin verlangten sie Geld und neue Unterwäsche. »Der arische Typ, der die anderen herumführte, flüsterte dem enttäuschten Offizier zu, er solle mich zumindest zum Arbeiten mitnehmen, doch der Offizier antwortete nicht.« Dawids Mutter zitterte noch lange, nachdem sie gegangen waren. Der Junge hatte es offensichtlich darauf angelegt, Juden zu schikanieren, und schleppte jeden Tag neue Fahnder an.[23]

Die Mutter machte Dawid etwas zu Essen und schickte ihn schnell zur Schule, damit er in Sicherheit war. Doch in der Schule standen die Dinge nicht besser. Der Rektor hatte Dawid und neun andere Jungen bereits wegen Nichtbezahlung des Schulgeldes der Schule verwiesen und ihn erst wieder aufgenommen, als eine Freundin der Familie die Summe gesammelt hatte, damit der Unterricht bis zu den Weihnachtsferien bezahlt werden konnte. Die Auseinandersetzung mit dem Schulleiter hatte in aller Öffentlichkeit stattgefunden, und Dawid ging wutentbrannt und gedemütigt davon. »Ich verfluchte ihn in meinem Innersten mit aller Macht und schwor, eines Tages ›in einem anderen Sozialsystem‹« mit ihm abzurechnen, gelobte Dawid und verschob seine Rache bis zum Sieg der Kommunisten.[24]

Am 8. November machte Dawid die ungewohnte Erfahrung »in Alltagskleidung und ohne Schulabzeichen (dem stolzen Schmuck der Schuljungen) zur Schule« zu gehen. Lodz war gerade dem vom Deutschen Reich einverleibten Gebiet Westpolens zugeschlagen worden, und am Tag zuvor waren in den deutschen Zeitungen neue Einschränkungen angekündigt worden. Juden war das Betreten der Hauptstraße, der Piotrowska Straße, und das Tragen jeglicher Uniform bis hin zu den gestreiften Hosen und den glänzenden Knöpfen der Schulblazer verboten. Am 10. November, dem Vorabend des polnischen Nationalfeiertags, wurden zweiundzwanzig Mitglieder des jüdischen Gemeinderats verhaftet und, was Dawid da noch nicht wußte, hingerichtet. Am 15. November war eine der Synagogen niedergebrannt worden, weil der jüdische Gemeinderat die als Schutzgeld verlangten fünfundzwanzig Millionen Zloty nicht besaß. Als Dawid erfuhr, daß die einheimischen Deutschen zur Miliz einberufen wurden, wurde seine Angst vor dem, was diese anrichten könnten, wenn die Besatzungsmacht verkleinert würde, größer als seine Angst vor den deutschen Soldaten und den Reichsbehörden.[25]

Am 18. November wurden die Juden von Lodz gezwungen, eine gelbe Armbinde zu tragen. Dawid blieb lieber zu Hause, als daß er ein Spießrutenlaufen auf den Straßen riskierte. Die ersten Berichte waren noch beruhigend: »Die Polen schlagen beim Anblick von Juden mit Armbinden ihre Augen nieder; Freunde beruhigen uns, ›es wird nicht lange dauern‹.« Doch Anfang Dezember lohnte es sich nicht mehr, zur Schule zu gehen. Lehrer verschwanden bei Massenverhaftungen, und es fand kaum noch Unterricht statt. Am 11. Dezember hatte auch dieser Junge, dessen Tagebuch von seinem Wissensdurst und seinem Verlangen nach Büchern zeugt, völlig den Mut verloren: »Ich mag auch diese Ersatzlesungen und diesen Kurzunterricht nicht mehr besuchen.« An diesem Tag brach eine neue Welle der Angst über Dawids Familie herein. Sein Vater überbrachte die Nachricht, daß an diesem Abend um sechs Uhr die Deportationen der Juden von Lodz beginnen sollten. Sie folgten dem Beispiel ihrer Nachbarn und begannen zu packen. Nur Dawid bezeichnete es als ein wildes Gerücht und ging zu Bett. Doch am Abend des 13. Dezember bestätigte der jüdische Gemeinderat, daß die Deportation der gesamten

Bevölkerung innerhalb von vier Tagen anlaufe. Wer, wie Dawids Onkel, für einen Platz in einem Auto oder auf einem Karren bezahlen konnte, floh nach Süden, nach Böhmen oder Mähren, oder unternahm die riskantere Reise nach Osten, in die sowjetische Zone. Doch die Sierakowiaks, die noch nicht einmal eine Menora für die Kerzen an Chanukka hatten, konnten es sich nicht leisten, zu gehen. Statt dessen zündeten sie ihre erste Kerze in einer ausgehöhlten Kartoffel mit einem Docht aus Baumwolle an.[26]

Je mehr das Leben der Juden in Lodz sich auflöste, desto bessere Nachrichten hörte Dawid. Am 19. November behaupteten die Leute, sie hätten einen BBC-Bericht über eine siebenstündige Schlacht zwischen Russen und Deutschen bei Lemberg gehört. Am Tag davor sollten zweitausend britische Flugzeuge Berlin bombardiert und es in ein zweites Warschau verwandelt haben. Am 1. Dezember sagten die Leute, Hamburg sei von englischen Fallschirmjägern besetzt worden, Berlin stehe in Flammen, das Rheinland liege in Schutt und Asche und Danzig brenne. Diesmal wußte es Dawid besser: »Schöne Vorstellungen, doch wie können sie uns helfen?«, bemerkte er wehmütig. Aber als die Preise weiterhin stiegen und die Kohle knapper wurde, die Straßen unsicherer und die Nachrichten über Deportationen immer bedrohlicher wurden, verbreiteten die heimlichen Besitzer von Radios neue Hoffnung. Seit der Reichstagsrede Anfang Oktober hatte es keine Rede von Hitler mehr gegeben: Er mußte tot oder abgesetzt worden sein.[27]

In der Stadt jagte ein Gerücht das andere, und nicht nur die Juden waren verwirrt. Das neu eingerichtete Rasse- und Siedlungshauptamt der SS befand sich ebenfalls in einer verzwickten Lage. Im November 1939 war der Bezirk Lodz den anderen, in den neuen deutschen Reichsgau Wartheland integrierten polnischen Bezirken zugeschlagen worden. Infolgedessen waren weitere 300 000 Juden ins Deutsche Reich gekommen, aus einem Gebiet, das im 19. Jahrhundert von Rußland regiert worden war. Zwischen dem 1. und 17. Dezember schloß die SS die Deportation der Juden aus dem westlichen, ehedem preußischen Teil des Warthelands ab. Trotz aller Bemühungen wurden sie durch den Kohlemangel im Winter gezwungen, die Unternehmung abzubrechen und die Lodzer Juden zu lassen, wo sie waren. Als Behelfsmaßnahme beschloß das SS-Rasse- und Siedlungshauptamt am 19. Januar 1940, ein vorübergehendes Ghetto einzurichten und die Lodzer Juden dort unterzubringen. Mit 160 000 Bewohnern war das von Lodz das erste einer Reihe von großen polnischen Ghettos und blieb für die nächsten beiden Jahre das zweitgrößte jüdische Zentrum in Europa. Als das neue Ghetto im baufälligen nördlichen Bezirk der Stadt am 30. April 1940 abgeriegelt wurde, wurden Dawid Sierakowiak und seine Eltern gezwungen, sich im überfüllten Gebiet des ehemaligen jüdischen Teils von Lodz einzurichten. Er sollte es nie mehr verlassen.[28]

Lodz, oder Litzmannstadt, wie es die Deutschen jetzt nannten, lag am östlichen Rand der extrem schnell und mit äußerster Gewalttätigkeit vorangetriebenen deutschen Kolonisierung. Zum vierten Mal in seiner Geschichte zwischen Deutschen und Russen aufgeteilt, wurde Polen sogleich in weitere Sektoren innerhalb der deutschen Zone gegliedert. Der Viehwaggon, das Transportmittel für Massenarmeen, wurde nun zu einem des »Bevölkerungstransfers«. Östlich des Bug setzten die Sowjets vier große Deportationswellen in Gang, bei denen 880 000 Menschen in Arbeitslager, Waisenhäuser und Landwirtschaftskollektive verfrachtet wurden. Da die Sowjets auch Flüchtlinge aus dem Westen und enteignete Geschäftsleute zusammentrieben, waren etwa dreißig Prozent der Deportierten Juden. Auch Kinder waren überproportional vertreten und machten ein Viertel aus: Diejenigen, die in sowjetische Waisenhäuser kamen, liefen Gefahr bestraft zu werden, weil sie Polnisch sprachen oder weil sie zugaben, an Gott zu glauben.[29]

Während die in die Sowjetunion Deportierten sowjetisiert wurden, waren die Deutschen damit beschäftigt, Polen und Juden zu vertreiben, um das Gebiet für die deutsche Besiedelung freizumachen. Nach Jahrzehnten deutscher Auswanderung aus den östlichen Reichsteilen, richteten die Nazis jetzt ihre Bemühungen darauf, deutsche Siedler, insbesondere aus den sowjetischen Gebieten, herbeizubringen, um die zwei neuen Reichsgaue Danzig-Westpreußen, das sich von der Ostseeküste bis nach Bromberg und Thorn im Süden erstreckte, sowie Wartheland, das Posen, Lodz, Kalisch und Kattowitz umfaßte, zu bevölkern. Sechzigtausend Volksdeutsche der siebenhundert Jahre alten Siedlungsgemeinden im Baltikum wurden entwurzelt und »heim ins Reich« geschickt. Mehrere Zehntausend kamen aus den überwiegend polnischsprachigen Gebieten Wolhynien und Galizien dazu. Ein Jahr später wurden auch die Deutschen aus Bessarabien, der Bukowina und Dobrudscha »heim« gebracht, von denen viele monatelang in provisorischen deutschen Lagern darbten und darauf warteten, daß Häuser, Höfe und Geschäfte für sie frei gemacht würden. Festgebaute Unterkünfte für die Siedler wurden einfach durch Übernahme bestehender Gebäude beschafft. Viele Priester und Nonnen wurden in Konzentrationslager verschleppt, da das NS-Regime den Standpunkt vertraten, daß das Konkordat mit der katholischen Kirche nur innerhalb der Grenzen des »alten« Reichs gelte.[30]

Geheime Richtlinien des Rasse- und Siedlungshauptamts der SS wiesen darauf hin, daß sich die deutschen Bauern zwar in der Nähe der polnischen Höfe, die sie zu übernehmen hatten, aufhalten mussten, damit das Füttern und Melken des Viehs nicht unterbrochen werde, der Anblick der Zwangsräumungen sollte ihnen aber erspart bleiben. Ein Beamter, dem klar war, daß die deutschen Bauern aus dem sowjetisch besetzten Polen fließend polnisch sprachen, sagte, dies sei nicht unwichtig für die Psyche der wolhynischen und galizischen Deutschen.[31]

Die Vertreibung der Polen und Juden aus den annektierten Gebieten war nicht nur das Werk deutscher SS-Männer, der Polizei und der Wehrmacht. Sie wurden auch von jungen Rekrutinnen aus den deutschen Frauenorganisationen, studentischen Freiwilligen, den Organisatoren des BDM und von Mädchen, die ihre Dienstzeit beim verpflichtenden Reichsarbeitsdienst absolvierten, unterstützt. Die Führung des Frauenarbeitsdienstes in Danzig-Westpreußen veröffentlichte sogar einen Artikel, in dem beschrieben wird, wie vier Führerinnen und fünfzig ihrer Mädchen Seite an Seite mit ebenso vielen SS-Männern im Umsiedlungsprogramm eingesetzt wurden. Manche der jungen Frauen sollten am Bahnhof die deutschen Siedler willkommen heißen, andere die SS bei der Vertreibung der Polen unterstützen und danach die polnischen Frauen beim Putzen überwachen. Eine deutsche Studentin analysierte in einem Artikel 1942 ihre Gefühle, als sie mitansah, wie die SS polnische Dorfbewohner bei einer Räumung in einen Stall trieben:

»Mitleid mit diesen Geschöpfen? – Nein, höchstens ein leises Grauen, daß es solche Menschen gibt, Menschen, die uns in ihrem Sein und Wesen so unendlich fremd und unverständlich sind, daß es keinen Weg zu ihnen gibt. Zum ersten Mal in unserem Leben Menschen, deren Leben oder Tod gleichgültig ist.«[32]

Melita Maschmann traf an einem nassen Novemberabend in Posen ein. Frisch aus Berlin gekommen, wo sie in einer wohlhabenden, konservativen Familie aufgewachsen war, brannte sie darauf, sich in die Arbeit des BDM bei der Wiedergewinnung der alten preußischen und österreichischen Gebiete im Osten zu stürzen und deutsche Kultur in die neuen Reichsgaue zu tragen. Die von der mächtigen Burg überragte Stadt war kalt, dunkel und abweisend. Obwohl Melita sogleich das beste Zimmer in ihrer neuen Unterkunft erhielt, begegnete sie niemandem außer der nervösen und unterwürfigen Pensionswirtin. Doch als sie alle möglichen Geräusche und das Gemurmel von Stimmen hinter Wänden und Türen hörte, wurde sie allmählich gewahr, daß die anderen Räume des Hauses mit unsichtbaren Leuten vollgestopft sein mußten. Die Zwanzigjährige, die zum erstenmal von zu Hause weg war, fürchtete sich vor der Welt, die wiederzugewinnen sie gekommen war.[33]

Melita erinnerte sich an den »Geruch nasser Kleider, alten Brots, ungewaschener Kinder und billigen Parfüms«. Kinder mit um die Füße gewickelten Lumpen kamen aus stinkenden Höfen. Manche bettelten. Ihre ausgehungerten Gesichter und Körper verfolgten sie in ihre Träume. Da sie keinen Polen aus Kreisen der Intelligenz begegnete, wurde ihr Vorurteil rasch bestätigt, daß die Polen unfähig waren, selbst eine herrschende Klasse hervorzubringen, stets dazu bestimmt, von anderen regiert zu werden. Ob sie von den an der polnischen Intelligenz vollstreckten Massenerschießungen wußte, sagte sie nicht, als sie in den sechziger Jahren ihr »Fazit« zog. Auf der Straße zur Burg hielt sie inne und beobachtete die Kinder, die an den Winterabenden hinaufschlichen, um Kohle von den dort gelagerten Haufen zu stehlen. Wenn die Kinder ihre kleinen Eimer und Säcke mit dem kostbaren Heizmaterial füllen wollten, versuchten die Wachen sie zu verjagen, indem sie mit Koksbrocken nach ihnen warfen oder Warnschüsse abgaben. Jedes Kind, das erwischt wurde, wurde geschlagen.

Erschüttert von dem, was sie gesehen hatte, zog sich Melita darauf zurück, ihre Kameraden und Kameradinnen in der HJ und im BDM moralisch zu unterstützen. Sie dachte auch an die Erklärungen ihres nationalistischen Vaters zur demographischen Bedrohung durch die Polen und an die bunte Bevölkerungskarte, die er ihr früher als Kleinkind in der Weimarer Republik gezeigt hatte. Deutschland, mit seiner niedrigen Geburtenrate, war durch eine blaue Fläche gekennzeichnet, auf der ein verängstigtes kleines Mädchen saß. Gleich daneben auf der gelben Fläche »krabbelte ein stämmiger kleiner Bub auf allen Vieren angriffslustig in die Richtung zur deutschen Grenze«. Ihr Vater hatte Melita gewarnt, daß der polnische Junge eines Tages »das kleine Mädchen überrennen« werde. Das Bild auf der Karte blieb ihr in Erinnerung und hielt das Gefühl wach, daß die Polen eine Bedrohung für das deutsche Volk waren. Solche Bilder waren nicht nur Teil der nationalsozialistischen Propaganda. Sie wiesen auf die breite Übereinstimmung nationalistischer und konservativer Kreise in Deutschland nach der Niederlage und dem Verlust der überseeischen Kolonien im Ersten Weltkrieg hin, daß das nationale Schicksal des Landes in der Kolonisierung der Ostgebiete liege. Melita war bestrebt, ihre Gefühle zu beherrschen und wollte sichergehen, daß weder die Polen noch die deutschen Mädchen, die sie bei ihrem obligatorischen Arbeitsdienst anleitete, jemals ein Zeichen der Furcht hinter ihrem gebieterischen Auftreten erblickten.[34]

Indessen mußten die Kinder der Neusiedler umerzogen und auch regermanisiert werden. Die Lehrerinnen und Aktivistinnen des BDM, die aus dem »Alt-Reich« kamen, führten die schmutzigen und zerrissenen Kleider der Siedlerkinder, die Tatsache, daß sie im Winter keine Schuhe trugen, ihre Kopfläuse und ihre »Falschheit« regelmäßig auf ihre »polnische Erziehung« zurück. Ein Schulleiter, der an die zackige Haltung der HJ im Reich gewöhnt war, berichtete, wie krumm diese Kinder vor ihm standen, die Mützen zurückgeschoben, die Hände tief in den Taschen vergraben, während sie nichts anderes im Sinn hatten als herumzuschreien, zu pfeifen und im Unterricht mit Papier umherzuwerfen. In den Dörfern verübelten die einheimischen Deutschen häufig den Neusiedlern das ihnen angebotene Land und die Finanzhilfe. Sie nannten die litauischen Deutschen »Kommunisten« und jene aus der Bukowina »Zigeuner«, und zwischen den einheimischen deutschen Kindern und denen aus Bessarabien kam es zu Schlägereien.[35]

Wenn die Deportationszüge auf der anderen Seite der Grenze zwischen den neuen östlichen Reichsgauen und dem Rest des deutsch besetzten Polen ankamen, waren Polen und Juden, aus denen die Ladung bestand, seit Tagen in den ungeheizten Güterwagen zusammengedrängt unterwegs gewesen. Zygmunt Gizella hatte sich das Gefühl der Scham am tiefsten eingeprägt. Da Männer und Frauen gezwungen waren, ihre Bedürfnisse unter den Augen der anderen achtunddreißig Menschen in diesem Viehwaggon zu verrichten, war es, als ob alle mächtigen Tabus der frühen Kindheit direkt vor ihm gebrochen würden.[36]

Unterwegs wurden die Deportierten in alten Fabrikgebäuden ohne Heizung und sanitäre Einrichtungen untergebracht. Während diejenigen, die noch in der Lage waren zu arbeiten, auf Bauernhöfe und in Fabriken abgeschoben wurden, ließ man die Kinder ohne Betten oder Bettzeug mitunter für Monate auf feuchten, im Winter mit ein wenig Stroh bedeckten Zementböden liegen. In den »Umsiedlungslagern« von Potulice, Posen, Thorn und Lodz gediehen nur Läuse und Bakterien. Kinder hatten Würmer und bekamen Scharlach, Typhus und Lungenentzündung. Ein Augenzeuge berichtete der polnischen Exilregierung: »Husten und kraftloses Wimmern der sterbenden Kinder waren die gewöhnliche Musik in diesen Lagern.«[37]

Bis Dezember 1940 waren 305000 Polen, davon 110000 Juden, in dieses polnische Rumpfgebiet, das die Deutschen »Generalgouvernement« nannten, gekarrt worden. Am Ende waren es 619000 polnische Bürger, die »umgesiedelt« wurden, um den Deutschen Platz zu machen. Die überwiegende Mehrheit, etwa 435000, kam aus dem Wartheland, wo der neue Reichsstatthalter, Arthur Greiser, Himmlers Vision von einer radikalen kolonialen Besiedlung begeistert teilte.[38]

Im Winter 1939/40 waren diese Transporte besonders brutal, da die Deportierten ohne ausreichendes Essen, Wasser und hinlängliche Kleidung in die Züge getrieben wurden. Ein Pole, der zuschaute, als die Türen der Züge schließlich geöffnet wurden, sah, wie die Menschen herauskrochen, auf die Knie fielen und anfingen, Schnee zu essen. Frauen, noch die gefrorenen Bündel, die ihre Kinder gewesen waren, an sich gepreßt, kletterten heraus und wurden gezwungen, sie auf einen Lastwagen zu laden. Als in Krakau, Debice und Sandomierz die Züge aufgemacht wurden, entdeckte das Bahnhofspersonal ganze Güterwagen, vollgestopft mit jüdischen Kindern und deren Müttern, die erfroren waren. Der übereifrige SS- und Polizeiführer des Bezirks Lublin, Odilo Globočnik, machte bereits im Februar 1940 den Vorschlag, es sollte erlaubt sein, jüdische Evakuierte verhungern zu lassen, und beabsichtigte, die Fahrten zu ver-

langsamen, um im eiskalten Winter einen natürlichen Schwund herbei-
zuführen.[39]

Die riesige Anzahl »umgesiedelter« Polen wurde nur noch von der
Anzahl der Polen übertroffen, die zur Zwangsarbeit in Deutschland ein-
gesetzt wurden. Bis Ende Januar 1941 waren 798 000 Polen nach Deutschland geschickt worden, viele von ihnen aus den annektierten Gebieten.
Während die ganz Jungen und ganz Alten, die physisch und »rassisch«
»Untauglichen« alle weiterhin nach Osten in das Generalgouvernement
transportiert wurden, gingen dort die Massenrekrutierungen für die
Bauernhöfe und Fabriken im Reich weiter. Im Frühling 1943 feierte der
Generalgouverneur Hans Frank den Erfolg der deutschen Requirierun-
gen und schenkte dem einmillionsten »Freiwilligen« eine goldene Uhr,
bevor dessen Zug Warschau verließ. Hitlers Überzeugung, die Masse der
Polen sollte im Generalgouvernement wie in einem Eingeborenenreser-
vat oder wie in einem riesigen Lager gehalten werden, damit von dort
Hilfsarbeiter für die deutsche Wirtschaft geliefert werden konnten, war
damit buchstäblich in Erfüllung gegangen.[40]

Für die Polen folgten die Lehren der Unterwerfung Schlag auf Schlag.
Wenn auch das Ausmaß der Gewalt von Gau zu Gau sowie zwischen den
annektierten Gebieten und dem Generalgouvernement unterschiedlich
war, so war doch der allgemeine Plan der gleiche. An vielen Orten hatten
Polen und Juden den Gehsteig zu räumen, um Deutsche vorbeizulassen.
In einigen Regionen, wie im Wartheland und in Ostpommern, wurde
ihnen im Oktober 1940 befohlen, beim Auftauchen einer deutschen Uniform die Kopfbedeckung abzunehmen. Manche Beamte gingen mit Reit-
gerten oder Hundepeitschen durch die Straßen, um die neuen Verordnungen durchzusetzen. Eine Reihe deutscher Erlasse verbot polnischen
Schulen, regulären Unterricht zu geben, so auch deutsche Grammatik zu
lehren, damit die Polen nicht als Deutsche durchgehen konnten. Sport,
Geographie, Geschichte und Volksliteratur, Kernstücke der Erziehung
im nationalsozialistischen Deutschland, waren an polnischen Schulen
verboten, im Wartheland sogar der Polnischunterricht. Da sie mit Eifer
die polnischen Lehrer erschossen oder vertrieben hatten, überließen die
Behörden im Wartheland riesige Klassen, die täglich nicht mehr als eine
bis zweieinhalb Stunden Unterricht erhielten, den Frauen deutscher Bauern und Unteroffizieren. Die neuen Verordnungen für die Erziehung

polnischer Kinder sahen »Erziehung zur Sauberkeit und Ordnung, zum anständigen Benehmen und Gehorsamkeit gegenüber den Deutschen« vor, weshalb diese angehalten waren, aufzustehen, beiseite zu treten, im Unterricht gerade und still zu sitzen, schnelle und höfliche Antworten auf Fragen zu geben, saubere Kleider zu tragen, Haar, Ohren, Hals und Hände zu waschen und vor allem Disziplin zu wahren.[41]

Zahlreiche polnische Lehrer, die in das Generalgouvernement vertrieben worden waren, landeten in Warschau und halfen, die Untergrundorganisation aufzubauen. Ihre größte Anstrengung richtete sich darauf, die Auswirkungen der deutschen Besetzung auf die jungen Menschen auszugleichen. Vorrang hatte die Stärkung ihrer patriotischen Gefühle, insbesondere durch heimlichen Schulunterricht. 1942 hatten 150 000 Schüler zusätzlichen verbotenen Unterricht in Naturgeschichte und Geographie erhalten. Unter der Tarnung technischer Fortbildungskurse, konnte Gymnasial- und Sekundarschulunterricht erteilt werden: 65 000 Schüler legten während der Okkupation an Gymnasien und weitere Tausende an Universitäten ihre Abschlussprüfungen ab. Illegalen Unterricht zu besuchen war aufregend. Illegale Erziehung in polnischer Geschichte führte die Schüler schnell zur Mitwirkung in den »grauen Reihen« der polnischen Pfadfinder. Jungen ließen sich heimlich militärisch ausbilden, während Mädchen wie Janina Kenntnisse in Krankenpflege erwarben. Unterdessen suchten alle, ähnlich wie ihre deutschen Altersgenossen bei der Hitlerjugend und dem BDM, dem Volkswohl zu dienen, mit dem entscheidenden Unterschied, daß sie dabei Gefahr liefen, von den Deutschen bestraft zu werden: Kleider und Essen für die Waisen von 1939 zu sammeln, Kleider für Säuglinge, die in den Gefängnissen geboren wurden, zu nähen, und denen, die zwangsweise »umgesiedelt« worden waren, bei der Wohnungssuche zu helfen.[42]

Die geheimen polnischen Schulen konnten, bezogen auf die Gesamtbevölkerung, den Schaden, den die deutsche Besetzung angerichtet hatte, nicht ausgleichen. Es waren auch zu wenige: Selbst im »arischen« Warschau gingen die meisten Kinder nicht zur Schule. Sooft deutsche Beamte in den neuen Gauen polnische Kinder sahen, die sich auf den Straßen herumtrieben, fragten sie sich beunruhigt, wie sie sie unter Kontrolle halten konnten. Eine BDM-Aktivistin schrieb Anfang Juli 1942 an ihre Familie und beschrieb darin die Kinder: »Sind frech wie nichts und gaffen uns an wie Weltwunder.« Einer ihrer Lösungsvorschläge war, die Kinder arbeiten zu lassen. Tatsächlich wurden im Oktober 1941 Kinder über zwölf Jahren zur Arbeit in den neuen Gauen registriert, und im Frühjahr 1943 wurde die Zwangsarbeit gebietsweise auf Kinder ab zehn Jahren erweitert. In manchen Bezirken mußte jedes Kind im Schulalter – das war im Vorkriegspolen von sieben bis vierzehn – sechs Stunden täglich als Straßenfeger arbeiten oder Gartenarbeiten verrichten. Manchmal wurden Kinder auf Lastwagen von der Schule ohne Rücksicht auf ihre Kraft, Kleidung oder auf das Wetter direkt zur Arbeit im Steinbruch oder zu Straßenarbeiten gebracht.[43]

Deutsche Kinder aus dem »Alt-Reich« sollten sich an ihren neuen Rang als Angehörige der »Herrenrasse« gewöhnen und Abstand halten. Kinder aus jüdischen, bürgerlichen Familien, wie Sonia Games, die in einer ethnisch gemischten Gemeinde in Schlesien aufgewachsen und in Ehrfurcht vor der deutschen Kultur erzogen worden war, lebten noch für kurze Zeit gern in der Nähe deutscher Familien. Zu ihren Spielkameradinnen gehörte Anna Weiner, die Tochter eines deutschen Beamten. Sie ging sogar zum Essen zu Anna nach Hause. Doch als die Juden gezwungen wurden, vorn und hinten auf der Kleidung einen gelben Stern zu tragen, »hörte Klein-Anna auf an meiner Tür zu klopfen«, wie Sonia sich erinnerte. Und wo, wie noch 1942 in Hohensalza, polnische und deutsche Schulkinder im gleichen Schulgebäude untergebracht waren, wurden Innen- und Außenraum aufgeteilt, um die deutschen Kinder vor schlechten sozialen Einflüssen zu »schützen«.[44]

Jost Hermand gehörte zu einem der ersten Jahrgänge von Kindern, die im Herbst 1940 aus Berlin evakuiert wurden. Mit zehn Jahren war er auch einer der Jüngsten aus seiner Schule, der in ein Kinderlandverschickungslager kam, das von der HJ im Wartheland betrieben wurde. Jost war erst seit Ostern beim Jungvolk. Seine Erlebnisse wurden davon überschattet, daß er einer der Jüngsten und Schutzbedürftigsten im Lager war. Leicht stotternd und schwächlich, wurde er meistens als letzter beim Sport in die Mannschaften gewählt, und beim Völkerball tat er nichts anderes, als dem Ball auszuweichen, wenn er von den älteren Jungen quer durch den Hof auf ihn geworfen wurde. Im Schlafsaal wies eine strikte Hackordnung jedem Jungen seine Stellung zu. Die Sportasse belegten die oberen Plätze in den Hochbetten, Schwächlinge – wie Jost – die unteren, wo sie sich kaum gegen nächtliche Angriffe nach dem Lichterlöschen wehren konnten. Jost erinnerte sich bitter: »Jeder wußte genau, wem er die Schuhe putzen mußte und von wem er die Schuhe geputzt bekam, für wen er die Schulaufgaben machen mußte und wer ihm die Schulaufgaben machte, ja wen er nachts manuell befriedigen mußte und wer ihn zu befriedigen hatte.« Seine Bestrebungen zielten einzig darauf ab, innerhalb dieser Hierarchie aufzusteigen. Es war so ziemlich das einzige, womit Jost sich in diesen sechsunddreißig Monaten beschäftigte, die er in fünf Lagern weitgehend mit denselben Klassenkameraden verbrachte.[45]

Jost bemerkte gleich, daß die Lebensmittel im Unterschied zu Berlin noch nicht rationiert waren und es keinen Mangel an Fleisch, Eiern und Obst gab. Sogleich nahm er etwas von seinem Geld, das er von zu Hause mitgebracht hatte, und schickte seiner Mutter zwei Paar Socken, mit mehreren Pfund Zucker gefüllt. Andere Jungen, so auch der junge Ralf Dahrendorf, merkten bald, daß sie ungestraft in den Läden stehlen konnten. In dieser für ihn so unglücklichen Welt nahm Jost die Gegenwart der Polen kaum wahr.[46]

Aber es gab auch gewisse sorgfältig vorbereitete Unternehmungen, an denen alle deutschen Jungen und Mädchen teilnahmen, wie die Märsche über Land und durch die polnischen Städte und Dörfer als symbolische Eroberung des öffentlichen Raums. Auch wenn die Polen für unwürdig erachtet wurden, mit »Heil Hitler« zu grüßen oder gegrüßt zu werden, und es ihnen verboten war, das Deutschlandlied zu singen, so mußten sie doch ihre Mützen oder Hüte abnehmen, wenn die Hymne in ihrer Umgebung gesungen wurde. Für die Gruppen der Hitlerjugend war dies eine allzu schöne Gelegenheit, als daß man sie verpassen wollte: Sie nutzten ihre Marschlieder und Fahnen als Vorwand, um über jeden, der nicht rechtzeitig seinen Kopf entblößte, herzufallen.[47]

Im Mai 1940 besuchte einer der vielen deutschen Touristen Warschaus neues »jüdisches Wohnviertel« und war überrascht, daß die Leute nicht automatisch das Haupt entblößten, als er vorbeiging. Da er nicht wußte, daß diese Maßnahme, die für das Wartheland galt, nicht auf das Generalgouvernement ausgedehnt worden war, fing er an, auf die Leute einzuschlagen, und es entstand eine Panik. In diesem Moment taten die Ghettokinder, die zusammengelaufen waren und zuschauten, etwas Unerwartetes: Sie stellten sich in großer Zahl mit einem gekünstelten

Ausdruck der Ehrfurcht auf ihren Gesichtern vor dem Deutschen auf. Sie machten eine tiefe Verneigung und lüfteten immer wieder ihre Mützen. Manche bemühten sich, mehrere Male an ihm vorbeizukommen, so daß sie ihre Ehrerbietung wiederholen konnten. Als der allgemeine Schrecken nachließ, versammelte sich eine Menge von Erwachsenen, um zuzuschauen; schließlich verabschiedeten sie ihn mit lautem Beifall und spöttischem Gelächter. »Das ist die jüdische Rache«, bemerkte der scharfsichtige Chronist des Ghettos Chaim Kaplan mit bitterer Ironie.[48]

Spott war nicht die einzige Waffe der Schwachen. Auch Phantasie war ein gutes Ventil für den Haß, der sonst keinen unmittelbaren Ausdruck fand. Die meiste Zeit der Okkupation blieben die Deutschen unangreifbar. Das Ergebnis war eine auffallende Zunahme an Schimpfworten, die vom »blutigen Henker« bis zum kurzlebigen »Saisonherrn« reichten. Der Widerstand mochte zwar die Verbotsschilder in vielen Parks, Schwimmbädern, auf Sportplätzen, in Theatern und auf Kinderspielplätzen durch Graffitis mit einem Galgen parodieren, unter dem »Nur für Deutsche« stand, doch das Gelächter verstummte schnell, wenn ein Deutscher vorbeikam.[49] Racheträume voller ausgestochener Augen und abgeschnittener Hände kamen in einem »Gebet für die Deutschen« zum Ausdruck, in dem Gott angefleht wurde, alles Unglück der Welt über den Feind zu bringen. Mit dem ausgefeilten Traumgebilde von Rache und Scheußlichkeiten, die den Deutschen zugedacht wurden, drückte das Gebet auch die Marter der alltäglichen Ohnmacht aus bis hin zu der Inversion des Vaterunsers im Schlußvers:

»Für ihre gemeinen Morde, Verbrechen, Grausamkeiten / Verzeih ihnen nicht, vergib ihnen nie ihre Schuld.«[50]

Allein Gott vermochte das Schicksal der Polen zu entscheiden, denn im Augenblick zumindest war die Rache nur in der Dichtung und im Gebet zu haben. Die Deutschen indes blieben mächtig und anziehend: »Scharen von Burschen stolzierten in Offiziersreithosen und hohen, eleganten Stiefeln in Warschau umher. Dazu eine Jacke aus handgewebtem Stoff oder eine Windjacke. Dieses Aussehen sollte jedem zu verstehn geben, daß der junge Mann mit Leib und Seele Partisan und Kämpfer sei, daß er unter seiner weiten Jacke mindestens zwei Maschinenpistolen trage«, bemerkte Kazimierz Koźniewski in seinem Bericht über die Halbwelt des Widerstands bitter. Ihre Vorbilder waren wohl die ehemaligen Kavallerieoffiziere, die die Leitung beim Aufbau der polnischen Untergrundarmee übernommen hatten, doch kopierten sie auch die besondere Vorliebe der Deutschen für Reithosen und Stiefel. Durch die ostentative Zurschaustellung ihrer Bereitschaft zum Widerstand gegen die NS-Herrschaft, machten sich diese Halbwüchsigen zur Zielscheibe der Gestapo. Allein wegen der hohen Preise für gewöhnliche Lederschuhe, ganz zu schweigen von hohen Reitstiefeln zu einer Zeit, da viele Leute nur noch Holzschuhe hatten, sprach nicht nur die von den Deutschen kontrollierte »Kriechtierpresse« von solchen Jugendlichen als einer neuen *Jeunesse dorée*. Manche Warschauer Arbeiter stimmten dem voll und ganz zu. Doch trotz aller Unannehmlichkeiten hielt sich die Mode während der gesamten Okkupationszeit.[51]

Niederlage und Okkupation waren besonders für Halbwüchsige häufig eine Herausforderung an ihre Männlichkeit und an ihren Nationalstolz, der ihnen in jedem Klassenzimmer eingehämmert worden war und sie verpflichtete, namentlich Frauen und Kinder zu verteidigen. Das Versagen der Männer und die nationale Niederlage spiegelten sich auch auf der Straße, wenn polnische Männer in schäbigen Militärmänteln und unförmigen, aus Decken zusammengenähten Kleidern aus den Kriegsgefangenenlagern zurückkehrten. Nach der gepflegten Frau mit ihrem entschlossenen Gang drehten sich dagegen alle um. In den Städten veränderte sich auch die Frauenmode. Da die Frauen die Jacken und Mäntel der Männer für sich zurechtschneiderten, wurden die Farben und Schnitte männlicher. Außerdem beeindruckten die Warschauer Frauen die deutschen Männer mit ihren Pelzmänteln, etwas, das man im Reich kaum mehr zu sehen bekam. Von den Deutschen genehmigte Blätter zeigten den Menschen, wie man Schminke, Seife, Schuhcreme, Tinte, Farben, Wasch- und Desinfektionsmittel selbst herstellen konnte. Gut angezogen zu sein, war mehr als nur eine Zurschaustellung. Es war ein Weg zum Erfolg; Gefallen zu wecken, konnte den Weg durch das Dickicht der Verordnungen ebnen oder eine Fülle rationierter Waren einbringen.[52]

Neid auf Macht, Bestimmung und Kleidung der Deutschen war unvermeidlich. Jugendlicher Männerneid und Haß auf die Deutschen waren frauenfeindlich aufgeladen, und polnische Frauen und Mädchen waren oft die Opfer davon; ihnen wurde mit Verfrachtung in ein Bordell gedroht, sollten sie einen Deutschen zum Geliebten nehmen, oder sie wurden an den Pranger gestellt, weil sie den vergeblichen Boykott des Widerstands gegen die billigen Liebes-, Abenteuer- und Kriegsfilme, die die Deutschen in polnischen Kinos zuließen, gebrochen hatten.[53] Mit ihrer Vorgehensweise, deutschen Frauen, die mit Polen oder Juden sexuelle Beziehungen hatten, den Kopf kahlzuscheren, haben die Nationalsozialisten den europäischen Widerstandsbewegungen vorgemacht, gegen wen die Gewalt zu richten war, wenn die »Befreiung« kam. Quer durch Europa waren am Ende des Krieges Halbwüchsige die Eifrigsten dabei.[54]

Unter der neuen Klientel in Warschaus Kinos und Bars befanden sich viele Jugendliche und Kinder, die ihre durch den Handel in den Straßen der Stadt gewonnene finanzielle Unabhängigkeit zur Schau stellten. Als der Widerstand den »Sittenverfall« der Jugend beklagte, die sich an Lügen, Stehlen, Verschwendung, Trinken und Sex gewöhnt habe, wurden damit die gesellschaftlichen Folgen einer der Erfolgsgeschichten des Lebens unter Besatzung beschrieben, nämlich die des Schwarzmarktes.[55]

Auf dem Land hungerte man 1940 und 1941 nicht, und die Abtransporte landwirtschaftlicher Güter aus Polen nach Deutschland waren, verglichen mit dem, was noch kommen sollte, gering. Die Bürger Warschaus und anderer polnischer Städte litten jedoch bereits Hunger, und die jüdischen Ghettos waren am Verhungern. In den ersten sechs Monaten der deutschen Okkupation stieg die Kindersterblichkeit bei der polnischen Bevölkerung Warschaus um das Doppelte und bei der jüdischen Bevölkerung der Stadt um das Dreifache. Wo offizielle Lebensmittelzuteilungen – wenn sie überhaupt kamen – weniger als die Hälfte dessen deckten, was Polen zum Überleben brauchten, mußten die Juden eine Kluft von neunzig Prozent überbrücken zwischen dem, was sie offiziell zugeteilt bekamen und dem, was sie zum physischen Überleben benötigten. Bedingt durch die amtlichen Restriktionen entstand aus den unvermeidlichen Zwängen von Angebot und Nachfrage ein Schwarzmarkt. Schwarzmarktpreise waren natürlich dort am höchsten, wo die Rationierungen am strengsten gehandhabt wurden: in den Ghettos.[56]

Die Warschauer Nahverkehrszüge waren überfüllt mit Müttern und Kindern, die auf dem Land Lebensmittel eintauschen wollten. Ältere Kinder fuhren hinaus, um auf eigene Faust Handel zu treiben. Sie nähten Beutel für Butter und Eier in ihre Mantelsäume und Haken unter ihre Mantelkragen, an denen sie Würste und Fleisch aufhängten. Die Eisenbahnarbeiter organisierten ein Frühwarnsystem vor Polizeirazzien, dennoch stießen die Schmuggler gelegentlich auf unerwartete Kontrollen und mußten sich entscheiden, ihre Ware wegzuwerfen oder den Versuch zu wagen, die Deutschen zu bestechen. Um deutsche Kontrollen im Warschauer Hauptbahnhof zu umgehen, stiegen viele Leute vorher aus und nahmen die Straßenbahn oder setzten per Boot über die Weichsel.[57]

Alle diese Unternehmungen nahmen viel Zeit in Anspruch, versprachen aber oft bessere Einkünfte als die niedrigen offiziellen Gehälter. Arbeitgeber hatten keine andere Wahl, als hohe Quoten unentschuldigter Abwesenheit vom Arbeitsplatz in Kauf zu nehmen, die 1943 an die dreißig Prozent reichten. Möbel, Haushaltsgegenstände und vor allem Kleider aus zweiter Hand, die auf dem Warschauer Viehmarkt verkauft wurden, erzielten höhere Summen als die Bücher verarmter Gelehrter. Trotz vieler Razzien in Zügen, auf Bahnhöfen und Stadtmärkten mußten die deutschen Behörden einsehen, daß sie den Schwarzmarkt nicht kontrollieren konnten, und der Stadtkommandant von Warschau gab sogar zu, daß der Schwarzmarkt lebenswichtig war für die Versorgung der Bevölkerung.[58]

Im Januar 1941 fuhr Stanisław Srokowski zusammen mit anderen Berufspendlern in einem Warschauer Vorortzug und hörte einen etwa elfjährigen Jungen, der ein Lied über den Feind sang, wie er seine Stadt zerstörte, und über die wunderbare Zukunft, die Polen erwartete. Er sang voller Zuversicht und gut; die Passagiere weinten in aller Öffentlichkeit und gaben ihm großzügig Geld dafür, daß er ihnen ihre Träume in Erinnerung brachte, bevor sie zu den Entbehrungen des täglichen Lebens zurückkehrten. Solche Träume wiederzuerwecken war wichtig für die Moral, und dem Jungen brachte es Geld, um die Familie zu unterstützen.[59]

Auch im Warschauer Ghetto sangen die Kinder. Die Menschen gewöhnten sich an den Anblick von Jungen und Mädchen, die Instrumente spielten oder einfach die Hand ausstreckten und baten: »Jüdische Herzen, habt Erbarmen!« Am 4. Januar 1942 bemerkte Chaim Kaplan, wie wenige Menschen bereit waren, weiterhin zu geben, wie selbst fromme Männer schnell an den fast nackten, barfüßigen kleinen Kindern vorbeigingen, die zwischen Abfall in den Rinnsteinen wimmerten: »Jeden Morgen kannst du ihre erfrorenen Körper in den Straßen des Ghettos sehen. Es ist ein gewohnter Anblick geworden. Selbsterhaltung hat unsere Herzen verhärtet und uns gleichgültig für die Leiden anderer gemacht.« Als Miriam

Wattenbergs Mädchengruppe eine Kunstausstellung eröffnete, strömten die Leute herbei, um sich zu zerstreuen. Aber sie wandten sich von den Zeichnungen mit Bettlern ab. – »Sie sind für niemanden eine Offenbarung«, schrieb Miriam, sie ziehen es vor, »ihre Augen an Äpfeln, Karotten und anderen realistisch gemalten Nahrungsmitteln zu ›weiden‹.«[60]

In Liedern wie »Koyft geto-beygelekh« (Kauft Ghetto-Kringelchen) feierten Musiker die kindlichen Hausierer, die um die Kolonnen herumschwirrten und ihnen Lebensmittel und Zigaretten zum Verkauf anboten, wenn diese am Morgen auf den Abmarsch zur Arbeit außerhalb des Ghettos warteten. In einem Lied, das ein Vater von seiner Tochter singt, ahmt sein Jiddisch den Rhythmus und die melodischen Rufe des Straßenhändlers nach:

Mein Vater, mein' Mutter, mein Bruder Zschamele,
Mein Kind Nekhamele sind nicht da,
Mein einziges Mädchen, in seinem Kleidchen
Verkauft jetzt Kringelchen und steht da.
Kauft Ghetto-Kringelchen ...[61]

Das Lied beschwor die brüchige Fröhlichkeit der hungernden kleinen Straßenverkäuferin, die ihre Kunden aufforderte, die kleinen Freuden des Augenblicks zu genießen, Ghetto-Lieder zu singen und Ghetto-Fiedeln zu spielen, wenn sie nur dem Refrain, »kauft Ghetto-Kringelchen«, folgten und bei ihr kauften. Hunger ließ Kinder vom Essen phantasieren. Mädchen in Lodz spielten Mütter, die um Gemüserationen anstanden, in der Schlange vor sich mit einer »Witwe« stritten und sich über die empfangenen Rationen beklagten. Wie eine Lehrerin beobachtete, steigerte sich ein Mädchen mit kurzen blonden Zöpfen und einem schmalen, abgemagerten Gesicht in die Rolle und schrie: »Was für ein Unglück! Was für eine Katastrophe! Sie haben mich betrogen, diese Räuber! Sie haben mir einen Haufen faule Kartoffeln gegeben! Was soll ich meinen Kindern zum Essen geben?«[62]

Als das Ghetto keine Almosen mehr geben konnte, krochen die jüdischen Kinder unter der Mauer hindurch oder kletterten darüber, um in der »arischen« Stadt zu betteln. Dort stießen die Reporter der Okkupations- und der Untergrundpresse auf Tausende von ihnen, wie sie zitternd

vor Kälte in Matsch und Frost auf den winterlichen Straßen herumstanden. Als die Schwierigkeiten im Winter 1941/42 zunahmen, befahl die
SS den polnischen Wohlfahrtsbehörden, der Ursache der Kinderbettelei nachzugehen. Eine polnische Razzia im Januar 1942 ergab, daß etwas
über die Hälfte (49 von 96) derer, die auf der Straße aufgegriffen wurden, Juden waren. Sie wurden gebadet, erhielten zu Essen und wurden
ins Ghetto zurückgeschickt. Die polnischen Kinder wurden befragt und
medizinisch untersucht. Lediglich eine der sechsunddreißig Familien, aus
denen sie kamen, hatte einen erwachsenen männlichen Ernährer. Arbeitslosigkeit, Kriegsverluste, Deportation nach Deutschland und in die Konzentrationslager hatten ihren Tribut gefordert. Die meisten dieser Kinder
waren auch deutlich unterernährt. Sie litten an Krätze, pilzartigen Aus-
wüchsen auf der Haut und Zahnausfall, und alle wiesen Symptome von
Tuberkulose auf. Keines von ihnen besuchte eine Schule. Wenn sie aufgegriffen wurden, war jedoch ihre größte Sorge, wie ihre Familien nun mit
Essen versorgt würden. Sie waren deren wichtigste Ernährer und opferten sich, um ihre noch kränkeren und schwächeren Brüder und Schwestern durchzubringen. Die deutschen Behörden akzeptierten den polnischen Bericht und ließen das Thema der Kinderbettelei stillschweigend
fallen.[63]

Es waren ebenfalls Schmuggler, die die wichtigsten Kontakte zwischen
den zunehmend fremden und sich feindlich gegenüberstehenden Welten der Nichtjuden und Juden herstellten. Wegen der Strafen, die allen
Beteiligten drohten, bedurften diese Aktivitäten eines gewissen Vertrauens, und ein Gutteil des Netzes von Polen, die bereit waren, Juden auf
der »arischen« Seite von Warschau zu verstecken, war aus Kontakten
der Schmuggelkinder entstanden. Lebensmittelpakete wurden über die
Mauer geworfen, durch die Tore hereingeschmuggelt – häufig unter still-
schweigender Duldung der Wachen –, von Straßenbahnen herunter fallen gelassen oder von den zurückkehrenden Müllmännern unter Heu-
haufen hereingebracht, nachdem sie den Müll außerhalb des Ghettos in
der Wolska Straße abgeladen hatten. Der von den Deutschen kontrollierte
Nowy Kurier Warszawski verhöhnte Polen, die auf diese Weise den Juden
halfen, als *Shabbesgoyim*, »Judenknechte«. Es war aber auch ein gutes
Geschäft. Janina Pładeks Vater, der auch für die deutsche Verwaltung
arbeitete, brachte Erzeugnisse von ihrem Bauernhof in Judrowice in das

Ghetto von Lodz. Weil Janina bemerkte, wie ihr Vater jedesmal schweiß-
naß war vor Angst, wenn er an den deutschen Posten vorbei mußte, die
ihn ohne weiteres ins KZ bringen konnten, wies er sie darauf hin, daß die
Juden Lebensmittel benötigten. Die Einnahmen aus den Lebensmittel-
verkäufen ins Ghetto waren auch höher als irgendwo sonst.[64]

Der Schmuggel von kleineren Waren ins Warschauer Ghetto wurde
hauptsächlich von Kindern betrieben. Halina Grabowska, die auf der »arischen« Seite lebte, bewahrte die Briefe auf, die ihr ihre Freundin Wanda
Lubelska aus dem Ghetto schickte. In ihrem letzten Brief beschrieb
Wanda, wie sie die Kinder beobachtete, die durch das Warenlager, in dem
sie arbeitete, ins Ghetto zurückkehrten. »Wenn Du diese ganze Szene-
rie sehen könntest. Kleine Kinder, in deren Kleidung versteckt Säcke für
Kartoffeln oder Zwiebeln eingenäht sind, laufen zwischen den Autos und
den Beinen der Polizisten umher«, schrieb sie ihrer polnischen Freundin.
Wanda bekümmerte, daß sie der tägliche Blutzoll der Kinder, die beim
Hinausschlüpfen aus dem Ghetto oder auf ihrem Rückweg erschossen
wurden, nicht mehr so berührte wie ein halbes Jahr zuvor. Die Kinder
erregten auch Miriam Wattenbergs Aufmerksamkeit. Sie war jetzt siebzehn und bemerkte, daß die älteren Kinder aufpaßten und den jüngeren Zeichen gaben, wann sie wieder hineinhuschen konnten. Die kleinen
Kinder kamen ihr »wie kleine, mit einer samtenen gelben Haut überzo-
gene Skelette« vor.[65]

Die deutschen Eingangswachen vom Polizeibataillon 304, von denen
viele Familienväter mittleren Alters waren, spielten im Handelsverkehr
zwischen dem »arischen« und dem jüdischen Warschau eine entscheidende Rolle. An jedem Eingang waren stets drei Polizisten postiert, ein
Deutscher, ein Jude und ein Pole. Wenn die jüdischen Polizisten herausfinden wollten, ob die Deutschen ihnen feindselig gesinnt waren, rückten sie näher heran, um zu sehen, ob der Deutsche sich zurückzog oder
bereit war, in der Eintönigkeit und Kälte des polnischen Winters ein
Gespräch zu beginnen. Wenn er mit einem sprach, dann war es am klüg-
sten, menschlichen Kontakt herzustellen, indem man die Unterhaltung
auf seine Familie zu Hause lenkte. Nach Angaben eines ehemaligen jüdischen Polizisten waren sie auf diese Art am ehesten dazu zu bewegen,
beim unerlaubten Handel von Waren und Menschen behilflich zu sein.
Die meisten Deutschen waren jedoch, stellte Miriam Wattenberg fest, nur

allzu bereit, auf Juden zu schießen, und überließen es danach ihren jüdischen Kollegen, »die blutigen Opfer, die wie verletzte Vögel herunterfielen, aufzuheben und sie auf eine vorbeikommende Rikscha zu werfen«, wie man die Handkarren im Ghetto nannte.[66]

Henryka Łazowert, eine polnische Dichterin, die sich erst jüdischen Motiven zuwandte, nachdem man sie gezwungen hatte, ins Ghetto zu gehen, besang ebenfalls die gefährlichen Unternehmungen der Kinder:

> Durch Mauern, durch Löcher, durch Trümmer,
> Durch Drähte gibt's wohl einen Gang,
> Ohn' Schuh, mit Durst und mit Hunger
> Schlüpf ich hindurch wie die Schlang.

Sie sang ihren Zuhörern das Bild des Kindes vor Augen, das sich, von Qualen und Not getrieben, durch Mauern und Ruinen zwängte, um seiner Mutter Brot zu bringen, und weiß, daß sein Leben früher oder später enden wird:

> Ich will zurück nicht mehr kommen,
> Bleibst, Mutter, alleine dahint',
> Die Gaß wird alsbald verschlingen
> Den Schrei vom geliebten Kind
>
> Ein' Sach, bereitet mir Sorgen,
> Nicht Armut, noch Pein und Not,
> Doch wer wird, Mutter, morgen
> Dir bringen das Stückchen Brot?[67]

Die Motive und die Zwangslage, die Henryka Łazowert darstellte, waren nur allzu real. Denn viele Kinder wurden durch den Schmuggel zu Ernährern ihrer Familien. Jack Klajman nahm seinen achtjährigen Bruder mit; manchmal arbeiteten sie mit organisierten Banden, manchmal auf eigene Rechnung. Für ihn war es Ehrensache, seinen Vater zu ersetzen, der bis zum Krieg ein eigenes Geschäft geführt hatte; für seinen Vater war es eine Pein, die Abhängigkeit von seinem kleinen Sohn einzugestehen. Zum September 1941 waren Vater und Mutter bereits tot und der zehneinhalbjährige Jack wurde Hauptversorger für seine Schwester und seine beiden Brüder.[68]

So wie die Deutschen ständig die Juden ihrer Besitztümer zu berauben versuchten, so zog der Schwarzmarkt automatisch die letzten eintauschbaren Vermögenswerte aus den Ghettos. Trotz ihrer immensen Anstrengungen, dem Hungertod die Stirn zu bieten, wurden die Juden gezwungen, sich mit ihrer allmählichen ökonomischen und physischen Vernichtung abzufinden: Die meisten Waren, die sie verkauften, um Lebensmittel zu beschaffen, konnten nicht ersetzt werden. Im Oktober 1941 brach im Warschauer Ghetto Typhus aus; Mitte Mai 1942 schätzte Chaim Kaplan, daß sechzig Prozent der Bewohner des Ghettos am Verhungern waren und weitere dreißig Prozent extremen Mangel litten. Unaufhaltbar war auch die aus der Not geborene neue soziale Ordnung. Zu denen, die an die Spitze des Klassensystems im Ghetto gelangten, gehörten Schwarzmarktschieber, Polizisten, medizinisches Personal und solche, die mit der Versorgung beauftragt waren. Da Familienangehörige ihre Beziehungen nutzten, um an privilegierte und sichere Posten heranzukommen, wurden die Ghettoverwaltungen in Warschau und Lodz immer größer. Die Privilegien reichten von Sonderrationen bis zu den Restaurants des Judenrates in Warschau und der exklusiven Unterkunft in einer jener Villen der Lodzer Elite in Marysin, außerhalb des Hauptghettos. Während viele Angehörige der Amtselite im Ghetto aus bürgerlichen Berufen kamen, stammten die Neureichen, die die Schmuggelringe betrieben und sich in den Kaffeehäusern und Konzertveranstaltungen des Ghettos unter die Amtselite mischten, häufig aus eher zwielichtigen und dunklen Milieus.[69]

Als Tochter eines ehemals wohlhabenden Vaters, der jetzt das schwindende Familienvermögen durch seine Mitarbeit bei der Warschauer Ghettopolizei zu retten versuchte, hatte sich Janina David von den Jungenbanden ferngehalten, die auf den Treppen wilde Scheinschlachten ausfochten. Einige Frauen in ihrem Block organisierten eine Kinderaufführung von Schneewittchen. Als Janina die Titelrolle erhielt, kannte die Begeisterung der Zehnjährigen keine Grenzen. Das Kostüm war ein purpurnes Kleid – ein zurechtgeschneidertes Abendkleid aus den zwanziger Jahren – mit einer grünen Schärpe und mit Pailletten besetzt. Die Aufführung, die lose auf dem Walt-Disney-Film von 1937 basierte, war ein großer Erfolg, und Tanz und Gesang der Kinder ernteten bei den Erwachsenen viel Beifall.[70]

Um Janina davon abzuhalten, auf den gefährlichen Straßen des Ghettos oder auf dem mit Müll übersäten Hof herumzustreichen, trieb ihre Mutter Geld auf, damit Janina Zutritt zu einem privaten Kinderspielplatz erhielt. Hier spielten die Mädchen an drei Nachmittagen in der Woche Korbball. Weil ihre Mutter ihr grundsätzlich verboten hatte, Bücher zum Lesen mitzubringen, stellte Janina, die jetzt elf Jahre alt war, eine Gymnastikgruppe zusammen und fand eine Balletttänzerin, die ihnen Unterricht gab, bis sie mit perfekter Leichtigkeit Spagat, Handstand und Brücke machen konnten. Körperliche Übungen abseits von der »stinkenden Luft« des restlichen Ghettos wurden als sehr wichtig erachtet im Kampf, die Kinder vor Depressionen und erst recht vor Tuberkulose zu bewahren. Noch im Spätherbst 1940 suchten Mütter nach einem kleinen Flekken Sonnenlicht auf den Gehsteigen, damit ihre Kleinkinder ein paar Sonnenstrahlen abbekamen. Im Frühsommer des nächsten Jahres konnten Erwachsene, die zwei Zloty übrig hatten, im neuen Kaffeehaus »Märchen« einen Liegestuhl mieten, solange sie in Übereinstimmung mit dem »Strand«-Motiv dieses Trümmergrundstücks Badekostüme trugen.[71]

Janina David verdankte ihr glückliches Los mehr als nur der Mitarbeit ihres Vaters bei der Ghettopolizei. Kurz nachdem das Warschauer Ghetto im November 1940 geschlossen worden war, erhielten sie überraschenden Besuch von Lydia, einer früheren Freundin von Janinas Vater. Janina warf einen Blick durch den kleinen, dunklen Raum auf diese große, wunderschöne Frau mit ihrem langen, honigfarbenen Haar, das sie wie eine geflochtene Krone trug, mit ihrem strahlenden Lächeln und ihren großen blauen Augen – und lief zu ihr hin und vergrub ihren Kopf in Lydias Mantel. Nachdem sie bei ihrem ersten Besuch demonstrativ die Ausgangssperre übertreten hatte, kam Lydia noch einmal zurück, um Janina über Weihnachten auf die »arische« Seite mitzunehmen. Auch hier zählte Stil mehr als alles andere: Als sie Hand in Hand zum Tor des Ghettos hinausgingen, reichte Lydias Pelzmantel aus, den Blick der Polizisten von Janina abzulenken.[72]

Janina fand sich plötzlich in einer sehr erwachsenen Welt von Sex, Betrug und Treue wieder. Lydia und ihr Vater hatten ein Verhältnis miteinander gehabt, als er noch ein gut betuchter Lebemann war. Lydia war jetzt mit Eric, einem deutschstämmigen Friseur, verheiratet, der sich während der Okkupation auf die Seite der Polen geschlagen hatte und standhaft die Vorteile ausschlug, die er als Deutscher hätte haben können. Lydias gegenwärtiger Liebhaber war ein deutscher Offizier, groß, blond und gutaussehend, mit meergrünen Augen; die beiden planten bereits, Polen zu verlassen und sich zusammen in Italien niederzulassen, wenn Deutschland den Krieg gewonnen hatte. Obgleich Janina mit Eric Mitleid hatte, mit seinen traurigen Augen, klein und dick, wie er war, und mit seinem Stottern, so wurde sie doch von Lydias ungestümer und rastloser Energie gefesselt. Sie kannte diese Art von Spannungen zwischen einem Paar auch schon von den Streitereien ihrer Eltern in dem schäbigen Zimmer im Ghetto, wenn die Mutter ihrem Vater seine Untreue vorwarf. Da sie in ein engmaschiges Netz von Vertraulichkeiten und Geheimnissen der Erwachsenen hineingezogen wurde, lernte Janina schnell, wieviel komplizierter als in *Schneewittchen* Liebe, Schönheit und Eifersucht in Wirklichkeit waren.

Waren auch nur wenige jüdische Kinder so privilegiert wie Miriam Wattenberg oder Janina David, so hatten die Eltern auf der »arischen« Seite mehr Möglichkeiten, ihre Kinder zu schützen. Auch Wanda Przybylska mußte schließlich nach der Entlassung des Vaters aus dem Gefängnis mit ihrer Familie in einem einzigen Raum leben. Nachdem die Przybylskas das Dorf Piotrków Kujawski verlassen hatten, fanden sie zusammen mit anderen Flüchtlingen in einem ehemaligen Studentenheim ein Unterkommen. Hier konnten sich ihre Eltern der Erziehung der Töchter widmen und sie schließlich in einem der geheimen Gymnasien unterbringen. Ihr Nationalismus war liberal und in mancher Hinsicht tolerant.[73]

Für Wanda waren die Monate, die sie in den Schulferien außerhalb Warschaus auf dem Land verbrachte, besonders wichtig. In Anin spielte sie mit ihrer besten Freundin Danuta und deren Schwester Volleyball, kletterte auf Bäume und betrachtete den Sonnenuntergang. Die Mädchen erzählten sich ihre Träume, und auf ihren Spaziergängen durch die Wälder redeten sie im Flüsterton miteinander, um die Schönheit der Stille nicht zu zerstören. Wanda ahnte nicht, daß sie zwei Jahre später im Warschauer Aufstand getötet werden sollte. Wie die Zwölfjährige sich im Komponieren von Lobliedern auf die Natur, Schönheit und Wahrheit versuchte, so war sie auch eine bereitwillige Leserin der Sammlung patriotischer Gedichte ihrer Eltern und fand Geschmack an der Stimmung von romantischer Melancholie, ausgelöst durch die rauschenden Bäume, die in den Schriften von Roman Kołoniecki und Adam Mickiewicz eine moralische Bestimmung hatten. Sich Soldaten vorzustellen, die sich heroisch für das Vaterland opferten, war eine Sache, aber Deutsche hassen zu lernen, war eine andere. Wanda war betreten, verwirrt und zutiefst empört, als sie die Schadenfreude sah, mit der die Menschen in Warschau auf verwundete deutsche Soldaten blickten; sie war von deren Zerbrechlichkeit bewegt. Es dauerte noch eine ganze Weile in Wandas kurzem Leben, bis sie das Gefühl einer allgemeinen Menschlichkeit, das ihr ihre Eltern eingepflanzt hatten, überwinden konnte und richtig zu hassen lernte.[74]

Weder Wanda noch ihre Eltern waren typisch. Bereits vor dem Krieg hatten sich viele Polen einer weniger toleranten Geisteshaltung verschrieben; die Regierung hatte stillschweigend Quoten für die Zulassung jüdischer Studenten zu den Universitäten festgelegt, und die nationalistische Rechte um Roman Dmowski war für den totalen Ausschluß von Juden und Ukrainern aus der Gesellschaft eingetreten. Die meisten Kinder, so auch Wanda, hatten weniger enge Beziehungen zu Juden als die Generation ihrer Eltern, und ihre Einstellung gegenüber Juden hing weitgehend von ihrer Erziehung ab. Kinder lernten unter der deutschen Besatzung den neuen moralischen Verhaltenskodex schneller als ihre Eltern. Dawid Sierakowiak hatte in den ersten Tagen der Okkupation selbst bittere Erfahrungen mit polnischen Jungen seines Alters gemacht, die ihren Lebensunterhalt durch das Quälen von Juden zu verdienen versuchten. Viele Straßenkinder hatten wenig anderes zu tun, und der Widerstand sorgte sich zunehmend über das Ansteigen der Jugendkriminalität. Für manche auf der jüdischen wie auf der »arischen« Seite der Stadt mochte es wenig Unterschied machen, welche Tätigkeit ihnen ihr Netz verschaffte: Schmuggeln, Schwarzmarkt oder Arbeit für die Deutschen. Andere wiederum sahen ihren Kampf ums Überleben in einem idealistischeren Licht und witzelten, daß sie nach dem Krieg dem »unbekannten Schmuggler« ein Denkmal errichten sollten. Für die Schmuggelkinder selbst, die ihr Leben bei der Versorgung ihrer Familien einsetzten, gab es keine Erfolgsgarantie. Selbst wenn sie nicht erwischt wurden, konnten viele ihre Familien nicht retten. Wenn ihre Eltern und Geschwister starben, zogen sie manchmal mit anderen Kindern zusammen, die sie beim Schmuggeln kennengelernt hatten. Sie unterstützten sich gegenseitig, da sie sonst niemanden hatten, und bildeten kleine Banden, deren Belastbarkeit von der Zähigkeit und dem gegenseitigen Vertrauen der Kinder abhängig war.[75]

Als die bürgerlichen Polen der Mittelklasse ihre Vorkriegsgarderoben verkauften, verfiel die frühere bürgerliche Ordnung sichtlich. Auch der alte Moralkodex löste sich auf. Die deutsche Okkupation zerstörte die auf Vertrauen und Solidarität beruhenden gesellschaftlichen Beziehungen, splitterte die Bevölkerung in eine eingeschüchterte Masse selbstbezogener Individuen, deren einzige Hoffnung war, ihren deutschen Herren zu gehorchen. Deren System von Rationierungen, Verboten, Strafgeldern und Bestrafungen begründete eine ausgefeilte Hierarchie, die sich von den Deutschen aus dem »Alt-Reich« über die Volksdeutschen, die »germanisierten« Polen und – etwa auf gleicher Ebene – die Tschechen bis hinunter zu den Ukrainern, Polen und – zuallerunterst – den Juden erstreckte. Diese feine Abstufung von Ansprüchen sollte die rassische und nationale Ungleichheit zur Geltung bringen und gegenseitigen Neid und Haß schüren.[76]

Doch die Nationalsozialisten waren nicht so erfolgreich, wie sie hofften. Die besondere Wirkungsweise des Schwarzmarktes steuerte der sozialen Atomisierung entgegen und offenbarte die Bestechlichkeit der Verwalter mit ihrer Macht, alles zu verbieten und alles zu verkaufen. Illegale Großhändler benötigten deutsche Passierscheine für ihre Lieferfahrzeuge, die die Bäckereien mit Mehl versorgten, und Bezugsscheine für das Benzin. Deutsches Militär verkaufte Lebensmittel- und Kleiderbestände, bisweilen sogar Waffen, an polnische Händler in Transaktionen, deren Umfang und Verzweigung bei skurrilen Lieferungen, die niemand kaufen wollte, gelegentlich ans Tageslicht kamen, wie zum Beispiel, als die Warschauer Märkte mit Schildkröten überschwemmt wurden, die auf dem Weg von Griechenland oder Bulgarien nach Deutschland aus Versehen abgeladen worden waren.[77]

Die Korruption der lokalen deutschen Militärs und Zivilbehörden milderte punktuell deren ideologische Unbarmherzigkeit. Einer Londoner Veröffentlichung aus dem Jahr 1941 zufolge kostete ein Ariernachweis für einen Polen 500 Zloty, für einen »Mischling« oder »Halbjuden«

1200 Zloty. Jemanden von der Gestapo freizukaufen kostete zwischen 10 000 Zloty und 10 000 Dollar. Und in Krakau war ein deutscher Beamter bereit, Juden mit ausländischen Pässen zu versorgen. Schon im Februar 1940 hatte Ludwik Landau bemerkt, daß gerade Agenten der Gestapo, die für die Durchsetzung deutscher »Ordnung und Disziplin« zu sorgen hatten, bereit waren, für eine Reihe von Dienstleistungen Schmiergelder entgegenzunehmen. Die polnische »blaue« Polizei und die jüdische Ghettopolizei ahmten das Beispiel so erfolgreich nach, daß die deutsche Polizei, als sie im März 1942 Salomon Hercberg, den Chef der Ghettopolizei in Lodz, schließlich verhaftete, eine Ladung Pelze, Lebensmittel und Schmuck sowie 2955 Mark in seinen drei Wohnungen fand. Korruption war lebenswichtig in einer Gesellschaft, die von unmöglichen Verordnungen stranguliert wurde, und man pflegte geheime Kommunikationskanäle zu denen, die ihrerseits »Einfluß« hatten.[78]

Wenn auch die gänzliche Zerschlagung der Gesellschaft ein Zukunftstraum der Nationalsozialisten blieb, gelang es der deutschen Besatzung doch, allgemein Angst und Ressentiments zu schüren. Juden empörten sich über Polen, die ihre »arisierten« Geschäfte übernahmen oder sie unter dem Schutz der Deutschen mißhandelten, angriffen und ausraubten. Manche Polen behaupteten ihrerseits, die Juden hätten während des Feldzugs als erste Greueltaten gegen die Volksdeutschen begangen, und bildeten sich immer noch ein, die Juden besäßen riesige Schätze an Pelzen, Gold und Diamanten und empörten sich schließlich über die Tatsache, daß Juden von der Zwangsarbeit in Deutschland »befreit« waren. Angesichts dieser tatsächlichen und eingebildeten Unterschiede wies ein Berichterstatter der polnischen Exilregierung in London warnend darauf hin, daß »Polen und Juden gleichermaßen die typisch menschliche Neigung zeigen, in der Situation nur Vorteile für die andere Seite zu sehen und nur Nachteile und Schwierigkeiten in dem, was sie selbst erleben«. Beider Lage war aber nicht gleich. Bereits im Winter 1940 hielt es Jan Karski, entsetzt über die Zustände, die er im Warschauer Ghetto gesehen hatte, für angebracht, die polnische Exilregierung über den wahren Stand der öffentlichen Meinung aufzuklären. Karski hob warnend hervor, daß durch Vorrechte für Polen gegenüber den Juden die Nationalsozialisten in die Lage versetzt wurden, die jüdische Frage zu »einer schmalen Brücke« zu machen, »auf der Deutsche und ein großer Teil der polnischen Bevölkerung Übereinstimmung erzielen« könnten. Die polnische Exilregierung, sehr darauf bedacht, dem Ausland ein liberales und emanzipiertes Bild zu vermitteln, strich daraufhin diese Abschnitte aus der Fassung von Karskis Bericht, der bei den Alliierten im Umlauf war, heraus. In Polen speiste sich die gegenseitige Feindseligkeit aus der jeweiligen, wenn auch ungleich großen Machtlosigkeit beider Gemeinden.[79] Was konnten jüdische Eltern und Lehrer den Kindern sagen? Es war schwierig zu ahnen, welche Ideale oder welche Zukunftsvorstellungen sie ansprechen würden. Paulina Braun, eine Komponistin des polnischen Vorkriegstheaters, schrieb im Ghetto einige Lieder für die Sängerin Diana Blumenfeld. In einem Schlager, den sie an einem bedeutenden Aufführungsort, dem Femina Theater, sang, versetzte sie sich in die Lage einer Mutter, die versucht, die Fragen ihres Kindes, was es bedeutete, Jude zu sein, zu beantworten:

Sag, liebe Mutter, ist es denn Sünd,
Daß ich nur bin ein klein's Judenkind?

– Ein Jud, mein liebes Kind, ist Leiden,
Ein Jud, mein liebes Kind, ist Last,
Ein Jud, mein liebes Kind, kann nicht vermeiden,
Das schwere Los, wenn kommt der Haß.
Ein Jud, mein liebes Kind, heißt Glauben,
Ein Jud verliert niemals den Mut.

Der Jud, mein Kind, ist heilig, glaub es mir,
Nur er kennt den Geschmack der Tränen,
Verfolgung, Sorgen, Leiden – ohn' Ende schier.[80]

Doch dies war eine in erster Linie für Erwachsene vorgetragene Klage, die deren Ängste in ihrer »Stunde des Unglücks« zum Ausdruck brachte. Und auch hier hatte Paulina Braun bestätigt, wie viel Kinder gesehen hatten und wie wenig vor ihnen verborgen werden konnte. Alle Wut, die Hunger und Ohnmacht in einem jüdischen Kind entfachen konnten, ballte sich in dem Achtjährigen zusammen, den Emmanuel Ringelblum schreien hörte: »Ich will stehlen, ich will rauben, ich will essen, ich will ein Deutscher sein.«[81]

5. Der Kreuzzug

»Eine unerhörte, herrliche Nachricht!«, freute sich Dawid Sierakowiak am Sonntag, den 22. Juni 1941. Er hatte gerade vom Angriff Deutschlands auf die Sowjetunion vom Vortag gehört. Das ganze jüdische Ghetto von Lodz »ist wie elektrisiert von dieser Botschaft«, schrieb Dawid voller Begeisterung. Zum erstenmal sah es so aus, als hätte Hitler eine Front eröffnet, an der er schnell geschlagen würde. Nach dem Zusammenbruch Frankreichs im Sommer davor schien die Macht der Nationalsozialisten durch nichts zu erschüttern sein, und alle optimistischen Gerüchte in den ersten Monaten der deutschen Besetzung Polens hatten sich zerstreut. Dawid hatte sich daran gewöhnt, gute Nachrichten aus dem Ghetto ohne Illusionen hinzunehmen, so daß er noch nicht einmal an den Krieg gegen die Sowjetunion zu glauben wagte, bevor diesen die deutsch kontrollierte Presse am Montag bestätigte. Erst da fing er an, auf seine bevorstehende Befreiung durch die siegreiche Rote Armee zu hoffen.[1]

Dawids Hoffnungen wurden schließlich erfüllt. Die Rote Armee sollte triumphieren, aber erst, nachdem die Wehrmacht die meisten Truppen, die die Rote Armee 1941 besaß, vernichtet und die westliche Sowjetunion überrannt hatte. Sowjettruppen sollten nicht vor dem 18. Januar 1945 die Tore von Lodz erreichen. Inzwischen war das Ghetto vollkommen zerstört, und von den dort eingesperrten ehemals 190 000 Juden kamen nur noch einige Hundert aus ihren Verstecken, um die Befreier zu begrüßen. Dawid sollte diesen Tag nicht mehr erleben.[2]

Der schnelle und erfolgreiche Angriff Deutschlands auf die Sowjetunion trieb Dawid zusehends zur Verzweiflung. »Seit gestern bin ich völlig außer mir«, schrieb er am 1. Juli 1941. »Soll es denn wirklich ewig so weitergehen mit diesen deutschen Siegen? Der Mythos muß doch einmal platzen! Er muß!«[3] Nachdem er am 19. Juli erfahren hatte, daß die Deutschen ihren Angriff auf Weißrußland mit der Eroberung von Smolensk erfolgreich abgeschlossen hatten und auf dem Weg Richtung Moskau waren, mußte sich Dawid mit etwas anderem beschäftigen. Er wandte sich der Übersetzung hebräischer Dichtung in das Jiddische des Ghettos zu und wählte dafür Saul Tschernikowkys Gedicht *Baruch von Magenca* aus dem Jahr 1902. Tschernikowsky hatte in diesem qualvollen Bericht über das im Mittelalter an Juden verübte Blutbad und in deren Martyrium göttlichen Trost gesucht.

Viele der drei Millionen deutschen Soldaten, die für den Angriff im Juni 1941 zusammengezogen worden waren, hatten das tiefe Gefühl, an einem historischen Unterfangen teilzunehmen. Der deutsch-russische Pakt von 1939 hatte wenig dazu beigetragen, den heftigen Antikommunismus, der Nationalsozialisten und den Kern der konservativen Christen verband, zu beseitigen. Selbst einige der vernehmlichsten konservativen religiösen Kritiker stellten sich nun an die Seite der Nationalsozialisten. Trotz seines erbitterten Streits mit dem NS-Regime über die Schließung katholischer Klosterschulen und Klöster in seiner Diözese, und ungeachtet seiner zunehmenden Opposition gegen den Mord an deutschen Psychiatriepatienten, erflehte August Clemens Graf von Galen, der Bischof von Münster, wie viele andere Bischöfe, im Gebet für die deutschen Soldaten, »daß Gottes Beistand auch in Zukunft mit ihnen sei, zur erfolgreichen Abwehr der bolschewistischen Bedrohung von unserem Volk und Land«.[4]

Robert R., ein katholischer Lehrer aus Süddeutschland, der an der Ostfront kämpfte, nahm sich vor, diesmal ein Tagebuch über den deutschen Kreuzzug gegen den Bolschewismus zu führen, nachdem er es versäumt hatte, den Feldzug gegen Frankreich aufzuzeichnen. Am dritten Tag des Krieges überquerte er den Bug, der die deutsche von der russischen Zone in Polen trennte, und der von seinem Lastwagen aufgewirbelte dichte Staub nahm ihm viel von der Sicht auf das Land. Als er am 25. Juni gerade einen Mittagsschlaf hielt, wurde er durch zwei Schüsse geweckt. Verärgert, daß jemand auf einen Hund schoß, stand er auf, um nach dem Rechten zu sehen, und traf auf eine Gruppe Soldaten, die sich um ein Grab drängten, das zwei russische Gefangene hatten ausheben müssen, bevor sie darin erschossen worden waren. Die Männer sagten, daß einer von ihnen geschossen habe, nachdem er sich ergeben hatte, und daß der andere Dumdumgeschosse bei sich gehabt habe. Einer bewegte noch für eine Weile seinen Arm im aussichtslosen Versuch, aus dem Grab zu entkommen, nachdem bereits Erde auf seinen

Körper geschaufelt worden war. Robert kam gerade rechtzeitig, um vier andere Gefangene ein weiteres Grab schaufeln zu sehen; er war überrascht, den Verwundeten zu erblicken, dem er noch am selben Morgen Tee zu trinken gegeben hatte; auch dieser wurde an das Grab geführt und man befahl ihm, sich hineinzulegen, bevor er von einem Unteroffizier erschossen wurde. Als die umstehenden Männer anfingen darüber zu diskutieren, ob die Erschießungen gerechtfertigt wären oder nicht, hörte Robert, daß der Verwundete ein Kommissar gewesen war. Robert war ein gläubiger, nachdenklicher Mensch und meinte, daß es in diesem Feldzug viele Dinge gab, die er in den Briefen an seine Frau zu Hause nicht erwähnen konnte. Statt dessen vertraute er sie seinem Tagebuch an und hoffte, daß er es eines Tages zusammen mit seiner Frau und seinem Sohn Rainer lesen werde.[5]

Am nächsten Tag rückte Roberts Maschinengewehreinheit zur Frontlinie vor. Als sie an einem Dorf vorbeikamen, sah er Männer in Zivil, die ein großes Grab aushoben, während Frauen und Kinder daneben standen. »Hinrichtung?«, fragte er sich, als der Lastwagen beschleunigte und bald darauf einen Abschnitt der Straße erreichte, wo die Gräben voller Kriegsgerät, zerschossener Fahrzeuge und zerstückelter Pferdeleiber waren. In den Feldern links und rechts lagen immer mehr Tote, auch tote Zivilisten. Am Abend stießen sie bei ihrem Vormarsch auf Minsk auf frische Gräber von deutschen Soldaten auf beiden Seiten. Dann kamen sie an einem Massengrab zu ihrer Rechten vorbei. Einige behaupteten, daß dort fünfzig Deutsche lägen, andere meinten, es wären Russen.[6]

Am 28. Juni wurde Roberts Einheit zum erstenmal eingesetzt. Bei dem Versuch, die befestigte Linie zwischen Stołpce und Koidanow zu durchbrechen, suchten sie im Straßengraben auf der Seite, von der sie kamen, unter heftigem feindlichem Feuer Deckung. Robert wollte mit seinen Kameraden sprechen, merkte aber, daß sein Mund vom Sprung in den Graben voller Erde war. Vor ihnen lag ein Feld mit hohem, goldfarbenem Korn, das der Spähtrupp sichern mußte. Als sie danach ihre Toten und Verwundeten zählten, brachte Robert der Anblick der Küken und jungen Gänse aus der Fassung, die um ein nahegelegenes Holzhaus rannten. Er betrat das Haus und stand hilflos dreinblickenden Zicklein gegenüber, die an ihren Leinen kauten. Ein kleiner Junge und ein Mädchen kamen mit erhobenen Armen über das Feld gelaufen; bleich und mit Tränen in

den Augen erkundete ihr fragender Blick, ob sie das Haus betreten konnten. Robert war so erschüttert, daß er ihnen auf Französisch antwortete,
in der Sprache des letzten Feldzugs, den er mitgemacht hatte.[7]

Am gleichen Tag vertraute Robert seinem Tagebuch an, daß er von
einem Führerbefehl gehört habe, der die Erschießung von Gefangenen
verbiete. »Das freut mich. Endlich!«, bemerkt er dazu. »Viele Erschos-
sene, die ich liegen sah, lagen mit erhobenen Händen da und ohne Waffen und sogar ohne Koppel. Mindestens hundert sah ich so liegen.« Allein
in den ersten vierzehn Tagen machte die Heeresgruppe Mitte, der Robert
R. zugeteilt war, in zwei riesigen Kesselschlachten bei Białystok und Minsk
dreihunderttausend Gefangene.[8]

Robert R. täuschte sich. Zwar gab es Führerbefehle, aber sie besagten
genau das Gegenteil dessen, was er sich vorstellte. Mehr als einmal hatte
Hitler seinen Befehlshabern eingeschärft, daß dieser Krieg ein Erobe-
rungs- und Vernichtungskrieg sei, in dem deutsche Soldaten die Männer der Roten Armee nicht als »Kameraden« zu betrachten hätten. Seit
Beginn des Feldzugs waren die Kommandanten nicht gezwungen, gegen
Soldaten vorzugehen, die sich an der Zivilbevölkerung oder an Gefangenen vergingen. Die Einsatzgruppen waren ebenfalls angewiesen, alle politischen Kommissare und alle Juden in Partei- und Staatsdiensten auf der
Stelle zu erschießen, und es war den Kommandanten überlassen, wie weit
diese Befehle auszulegen waren. Wenn manche Einsatzgruppen auf Sinti
und Roma trafen, exekutierten sie diese ebenfalls ohne Befehl.[9]

Im September 1939 war die deutsche Öffentlichkeit und die Wehrmacht mit Propaganda über polnische Massaker an Volksdeutschen überschwemmt worden. Jetzt richteten die Medien das Augenmerk auf die
Notwendigkeit, sowjetische Greueltaten wie das von dem sich zurückziehenden NKWD begangene Massaker im Gefängnis von Lwów zu rächen.
Viele Soldaten bestätigten in ihren Briefen nach Hause die Presseberichte.
So schrieb ein Mann: »Da wird man Zeuge jüdischer, bolschewistischer
Grausamkeit, wie ich sie aber kaum für möglich gehalten hätte. Gestern
zogen wir durch eine größere Stadt, an einem Gefängnis vorbei. Es stank
schon von weitem unheimlich nach Leichen. Als wir näher herkamen,
war es kaum zum Aushalten. Drinnen lagen 8000 tote gefangene Zivilisten, erschlagen, ermordet, keineswegs erschossen, ein Blutbad, das die
Bolschewisten kurz vor ihrem Abzug anrichteten.« An der Heimatfront

war die Reaktion ähnlich, und es erhoben sich Stimmen, die das verlangten, was der Sicherheitsdienst freudig eine »radikale Behandlung der Juden im Reich« nannte.[10]

Propagandisten brachten noch ein weiteres wirksames Bild auf: Das »Flintenweib«, eine kommunistische Perversion der natürlichen Ordnung. Tatsächlich gab es viele weibliche sowjetische Fronttruppen, und deutsche Soldaten rissen sich darum, sie zu sehen und zu fotografieren, wenn sie, wie im Sommer 1941, gefangengenommen wurden. Oft behandelten die Deutschen sie als Heckenschützen und erschossen sie kurzerhand. Da die deutsche Propaganda das häusliche Ideal der deutschen Frau und Mutter dem Bild des grausamen und ungezähmten russischen Steppenweibs entgegenstellte, waren die Männer der Wehrmacht sowohl fasziniert als auch von Furcht ergriffen. Als ein Kaufmann mittleren Alters aus Bremen seiner Frau mitteilte, daß ein »Flintenweib« seinem Polizeibataillon übergeben worden war, damit dieses sich mit der Frau befasse, beschrieb er sie als »eine zwanzigjährige Person, schwarz und düster, in Uniform und langen Stiefeln. [...] Furchtbar, daß Weiber sich zu solchen Sachen hergeben.« Er war sich ziemlich sicher, schrieb er nach Hause, daß seine Kameraden die Frau erschießen würden. Die zweite Wochenschau des Rußlandfeldzugs führte dem deutschen Kinopublikum ein gefangenes »Flintenweib« vor und provozierte damit die heftigste Reaktion seit den Bildern von schwarzen Soldaten unter den französischen Gefangenen von 1940. Den Berichterstattern des Sicherheitsdiensts zufolge ging die überwiegende Ansicht dahin, daß solche Frauen »nicht leben dürften«.[11]

Am 27. Oktober 1941 erhielt Robert R. zum erstenmal den Befehl, an einer »Befriedungsaktion« teilzunehmen. Als die Männer Zivilisten mit vorgehaltener Waffe in die Steppe hinaus trieben, bevor sie mit Raketen in die Strohdächer hineinschossen, um die Dörfer in Brand zu setzen, zitterte Robert vor Entsetzen und betete inständig. Er brüllte den Frauen Befehle zu, um sie und die Kinder zu verscheuchen und ihm war »zum Weinen« zumute. Von all dem vermochte er seiner Frau Maria am nächsten Tag in einem Brief nur den Drang zu weinen mitzuteilen; die Einzelheiten der Aktion verbannte er in sein Tagebuch. Sie konnte die Taten nicht erahnen, die diesem plötzlichen Eingeständnis von Schwäche ihres Manns zugrundelagen.[12]

Roberts Schamgefühl über die Exzesse des deutschen Kreuzzugs nahmen zu, und doch hielt er an seiner Überzeugung fest, daß er im Grunde gerechtfertigt war. Er brauchte nur auf die russischen Verwundeten zu schauen, die von ihren Kameraden auf dem Schlachtfeld zurückgelassen wurden, um sich vor Augen zu rufen, wie wenig wert ein Leben in Rußland war. Tatsächlich kam ihm immer wieder der Gedanke, daß es nicht nur seine patriotische Pflicht war, in diesem Krieg zu kämpfen, sondern viel mehr noch seine Vaterpflicht. Wenn er damit verhindern konnte, daß sein zweijähriger Sohn Rainer hier in Zukunft je in einem Krieg kämpfen mußte, dann war er tausendmal bereit, dies zu tun. Robert wurde wie jeder andere Deutschen am 22. Juni eingeschärft, die Wehrmacht habe die Sowjetunion angegriffen, um einem bevorstehenden Angriff von Seiten der Bolschewiken zuvorzukommen. Wie die meisten anderen scheint auch er das geglaubt zu haben. Doch die Notwendigkeit, diesen Punkt stets von neuem zu wiederholen, zeigt, wieviel emotionale Energie er zu seiner Rechtfertigung aufbringen mußte. Teil des Problems war, wie er Maria schrieb, daß er in den Gesichtern der russischen Frauen und Kinder sie und Rainer erblickte. Als seine Einheit am 20. August das Dorf Pochep einnahm, wurde er wieder von Scham überwältigt, ausgelöst durch die alten Männer, die Frauen und Kinder, die seine Hände küßten, seine Knie umarmten und vor Dankbarkeit weinten, als er ihnen erklärte, daß sie nicht erschossen und ihre Häuser nicht niedergebrannt würden.[13]

Dieser innere, moralische Druck wuchs unter Roberts zunehmender Todeserwartung und der Trauer um die gefallenen Kameraden. Vor dem Beginn der Aktion in Pochep hatte er unruhig geschlafen. Er hatte geträumt, Maria und er hätten an einer Trauerfeier im Dom von Eichstätt teilgenommen. Er hatte Marias Aufmerksamkeit auf die Gräber gelenkt: »Es sind ja so viele, schau!« Dann hatte er lange vor dem Altar gekniet, bis jemand ihn anschnauzte weiterzugehen. Doch während dieser Auseinandersetzung verlor er Maria aus den Augen, statt dessen sah er, daß im Dom ein Postamt eingerichtet war, in dem die Leute fieberhaft arbeiteten, um die Feldpost weiterzubefördern. Als er in der dichtgedrängten Versammlung Maria suchte, fragten ihn die Leute, ob es denn wahr wäre, daß er gestorben sei. »Nein, ich lebe doch!«, antwortete er im Traum. Als er in der ersten Bank, »die ich für mich reserviert betrachte«, niederkniete, dachte Robert: »Ach, jetzt sehe ich Maria nicht mehr.« Roberts

Träume, die voller Vorahnungen auf seinen Tod waren, bekundeten noch etwas anderes, das in seinem Tagebuch und in den Briefen an seine Frau immer deutlicher wurde: Das Gefühl, durch die rücksichtslose Brutalität dieses Krieges von seinem Zuhause und seiner Gemeinde losgerissen zu sein. Im Kampf mit seiner Gewissensnot wuchsen sein Schamgefühl, seine Schwermut und seine innere Anspannung, und er richtete alle seine Hoffnungen auf seine Frau und seinen Sohn. Rainer, nach dem Robert R. in seinen Briefen so häufig fragte und dessen kindliche Entdeckungen ihm so viel Freude bereiteten, tauchte in seinen Träumen nicht auf. Der Junge war 1939 in der Nacht der Mobilmachung geboren worden, und wenn Robert bei seinen seltenen Urlaubstagen plötzlich auftauchte, versteckte Rainer Sachen in den großen Stiefeln dieses fremden Mannes im Zimmer seiner Mutter.[14]

Nachdem er am 4. Dezember in der Nähe von Kaschira tödlich verwundet worden war, wurde Robert von seinen Kameraden acht Kilometer weit getragen, bis sie einen passenden Ort fanden, um ihn zu begraben. Ob aus Hochachtung oder mit unfreiwilliger Ironie wählten sie dafür den Eingang zu einer Schule. Die vier Schreibhefte, die seine Tagebücher enthielten, wurden Maria nach Hause überbracht. Aber einer von Roberts Wünschen erfüllte sich nicht: Sein Tagebuch wurde keine Familienchronik. Selbst ein halbes Jahrhundert später, als Maria zwei Historikerinnen die Veröffentlichung der Tagebücher gestattete, zeigte sie sie Rainer immer noch nicht.[15]

Wie viel deutsche Soldaten gewillt waren, ihren Familien über den Krieg zu erzählen, war sehr unterschiedlich. Robert R. war mit seinem Versuch, sein ziviles und sein soldatisches Ich zwischen seinen Briefen nach Hause und seinem privaten, bekenntnishaften Tagebuch aufzuteilen, ein treffendes Beispiel dafür. Die meisten Männer waren nicht in der Lage, zwischen der Front und zu Hause eine so strenge Trennung aufrechtzuerhalten. Hatten sie sich erst an den Osten gewöhnt, dann hatten sie häufig auch das Bedürfnis, sich den ihren zu Hause mitzuteilen. Ein vierzig Jahre alter Kaufmann aus Bremen, der im 105. Polizeibataillon diente, schrieb seiner Frau in sachlichem Ton über das Vorgehen seiner Einheit bei der Vernichtung der Juden in seinem Bezirk: »Hier werden sämtliche Juden erschossen. [...] Gestern Nacht sind aus diesem Ort 150 Juden erschossen, Männer, Frauen und Kinder, alles umgelegt. Die

Juden werden gänzlich ausgerottet.« Daraufhin jedoch verlangte er, als ob er das moralische Problem einräumen wollte, nicht weiter daran zu denken. Er ermahnte seine Frau auch beständig, der Tochter nichts von diesen Dingen zu erzählen. Gleichzeitig schrieb er stolz von dem Film fürs Heimkino, den er für sie über die Heldentaten seiner Einheit in Rußland drehte. Schließlich nahm·dieser selbstsüchtige, gefühllose und gleichzeitig zimperliche Angestellte seinen Mut zusammen und sah zu, als seine Kameraden eine der vielen Exekutionen durchführten. Auch dies habe er gefilmt, schrieb er seiner Frau, doch wäre es besser, wenn sie den Film erst »später« anschauten, wie er in seiner ihm eigenen Zögerlichkeit hinzufügte. Männer wie er hatten andere moralische und ästhetische Grenzen als Robert R. Anstatt sich unter ethischen Druck zu setzen und einen Unterschied zu machen, ob man nach Hause schrieb oder für sich selbst, wie Robert R. es getan hatte, überließen sie es ihren Frauen, ihre Briefe für die Kinder zu zensieren. Diese Männer zogen keine Grenze zwischen der Front und der Heimatfront; sie überließen diese Aufgabe ihren Familien zu Hause. Dort verlief die Grenze zwischen Erwachsenen und Kindern.[16]

Von Anfang an wurden jüdische Männer erschossen, ob sie ein Amt innehatten oder Mitglieder der kommunistischen Partei waren oder nicht, doch bis Ende August übergingen einige SS- und Polizeieinheiten Frauen und Kinder, während andere sie erfassten. Am 22. August 1941 gegen halb vier Uhr nachmittags zog ein Traktor einen Anhänger zu einem ruhigen Ort am Waldrand außerhalb der kleinen ukrainischen Stadt Bjelaja-Zerkow, gut siebzig Kilometer vor Kiew. Eine Gruppe ukrainischer Milizsoldaten unter dem Kommando von SS-Obersturmführer August Häfner stand wartend herum. Er erinnerte sich, daß die Männer zitterten. Der Traktor hatte achtzig bis neunzig Kinder im Alter von sechs oder sieben Jahren bis hin zu ein paar Monaten hergekarrt. Die Kinder wurden am Rand eines Grabes, das vorher ausgehoben worden war, in einer Reihe aufgestellt, erinnerte sich Häfner, und es wurde so auf sie geschossen, daß sie in dieses hineinfielen. Die Ukrainer zielten nicht – konnten es vielleicht nicht – auf einen bestimmten Teil des Körpers, und viele Kinder wurden vier oder fünf Mal getroffen, bevor sie starben. »Es war ein unbeschreiblicher Jammer ... Insbesondere ist mir ein Erlebnis mit einem kleinen blonden Mädchen in Erinnerung, das mich an der Hand nahm. Es wurde später auch erschossen«, sagte Häfner aus.[17]

Zwei Tage zuvor, am 20. August, waren die Kinder, die in zwei kleinen Räumen im ersten Stock eines Hauses in einer Seitenstraße von Bjelaja-Zerkow herumlagen, entdeckt worden. Deutsche Soldaten, die am Tag zuvor eingetroffen und in der Umgebung Quartier bezogen hatten, fühlten sich vom Gewimmer und Weinen der Jungen und Mädchen gestört. Als sie in das Haus eindrangen, fanden sie die Kinder auf dem Boden in den zwei Räumen in ihrem eigenen Kot liegend oder sitzend. Die Soldaten, Männer der 295. Infanteriedivision, waren entsetzt und wandten sich an ihre evangelischen und katholischen Feldgeistlichen um Hilfe. Diese verwiesen das Problem der Kinder in der Befehlskette weiter nach oben an den evangelischen Divisionspfarrer Kornmann und seinen katholischen Amtskollegen Dr. Reuss. Beide Männer besichtigten das Haus am Nachmittag. Und sahen, wie Reuss am selben Tag in seinem Bericht festhielt,

»Fliegen saßen zum großen Teil auf den teilweise nur halb bekleideten Kindern auf Beinen und Unterleib. Einige größere Kinder (zwei, drei, vier Jahre) kratzten den Mörtel von der Wand und aßen ihn. Zwei Männer, dem Aussehen nach Juden, suchten die Zimmer zu reinigen. Die Luft war abscheulich verpestet, die kleinen Kinder, besonders die, die erst einige Monate alte waren, weinten und wimmerten dauernd.«

»Es fehlte vor allen Dingen jeder Tropfen Trinkwasser«, wie der Wehrmachtoberpfarrer Kornmann bestätigte, »worunter die Kinder bei der Hitze sehr litten.« »Die Soldaten äußerten über die Zustände bei den eingesperrten Kindern stärksten Unwillen; einer erwähnte noch, daß er selbst Kinder zu Hause habe«, berichtete Reuss dem Stabsoffizier der Infanteriedivision in Bjelaja-Zerkow, Oberstleutnant Helmuth Groscurth.

Es waren jüdische Kinder, deren Eltern vom SS-Einsatzkommando 4a in den vergangenen elf Tagen erschossen worden waren. Drei Lastwagenladungen mit Kindern waren bereits am Abend davor weggeschafft und exekutiert worden. Helmuth Groscurth inspizierte mit Dr. Reuss, seinem Ordonnanzoffizier und einem Übersetzer umgehend das Haus und traf alles so an, wie Dr. Reuss es beschrieben hatte. Während er dort war, kam Oberscharführer Jäger vom Sicherheitsdienst dazu und bestätigte, daß »die Angehörigen der Kinder erschossen seien und daß die Kinder auch beseitigt werden sollten«. Um dies unbedingt zu verhindern, wollte Groscurth den örtlichen Militärbefehlshaber, Feldkommandant Oberstleutnant Riedl, einschalten. Als sich herausstellte, daß Riedl die Aktionen des SS-Einsatzkommandos guthieß, entschloß sich Groscurth, über dessen Kopf hinweg zu handeln und gab einen Bericht an Generalfeldmarschall von Reichenau, den Oberbefehlshaber der 6. Armee, weiter. Derweil setzte Groscurth seine Männer ein, um die SS davon abzuhalten, einen Lastwagen, auf den sie die Kinder bereits geladen hatten, abfahren zu lassen, und schickte die ukrainischen Milizen weg, die verhinderten, daß für die Kinder Nahrung und Wasser in das Haus gebracht wurden.

Groscurth war sich seiner Sache nicht sicher, als er den Fall an Reichenau weitergab. Zwar konnte er ihm sagen, er habe »den Feldkommandanten [gefragt], ob er glaube, daß der Obersturmführer Befehl von oberster Stelle erhalten habe, sowohl die Kinder als auch die Erwachsenen zu beseitigen«, aber aus seiner Verteidigung der Kinder eine klare Frage der Menschlichkeit zu machen, wagte er denn doch nicht. Denn die Definition des Unmenschlichen stand im NS-System nicht mehr in direktem Zusammenhang mit dem Töten. In Groscurths Formulierung gab es andere Beweggründe für eine Intervention. Der erste bestand darin, daß die geplante Exekution der Kinder bereits öffentlich bekannt geworden war. Tatsächlich, so behauptete er, wären die in der Umgebung stationierten Truppen empört über deren Behandlung und erwarteten, daß ihre Offiziere intervenierten. Neben diesem pragmatischen Grund tauchte auch so etwas wie Menschlichkeit, wenn auch nur unterschwellig, auf: »Aus der Erschießung der gesamten Judenschaft der Stadt ergab sich zwangsweise die Notwendigkeit der Beseitigung der jüdischen Kinder, vor allem der Säuglinge. Diese hätte sofort mit Beseitigung der Eltern erfolgen müssen, um diese unmenschliche Quälerei zu verhindern«, schrieb er am Schluß seines Berichts vom 21. August. Zu dieser Zeit hatte Reichenau seine Unterstützung für die »Notwendigkeit der Beseitigung der jüdischen Kinder«, so wie Häfner und der Sicherheitsdienst sie verlangten, schon bestätigt. Doch selbst als sich Groscurth von der Allmacht der SS und der Polizeidienststellen, der Militärverwaltung und vom eigenen Oberbefehlshaber in die Ecke getrieben sah, konnte er sich nicht enthalten, darauf hinzuweisen, daß ein moralischer Unterschied zwischen der Hinrichtung von Freischärlern und der von Frauen und Kindern bestehe.

Solche Aktionen, betonte er, »sind aber Maßnahmen gegen Frauen und Kinder ergriffen, die sich in nichts unterscheiden von Greueln des Gegners, die fortlaufend der Truppe bekannt gegeben werden«. Und er fuhr fort: »Es ist nicht zu verhindern, daß über diese Zustände in die Heimat berichtet wird, und daß diese dort in Vergleich zu den Lemberger Greueln gesetzt werden.«

Wie vorherzusehen, war Reichenau wütend. Der Generalfeldmarschall griff Groscuths Vorwurf der moralischen Gleichsetzung mit dem bolschewistischen Terror heraus und verurteilte ihn als »unrichtig und im höchsten Maße ungehörig und unzweckmäßig«. Er verwies darauf, daß der Bericht bereits durch mehrere Hände gegangen war und schloß, »der Bericht wäre überhaupt besser unterblieben«. Fünf Wochen später, am 28. September, telegrafierte die Einsatzgruppe C von Reichenaus Front: »Maßnahmen eingeleitet zur Erfassung des gesamten Judentums, Exekution von mindestens 50 000 Juden vorgesehen. Wehrmacht begrüßt Maßnahmen und erbittet radikales Vorgehen.« In den folgenden zwei Tagen trieben ukrainische Milizen und Angehörige des Sonderkommandos 4a 33 771 Kiewer Juden in die Schlucht von Babi Yar und ermordeten einen nach dem anderen durch Nackenschüsse. Am 10. Oktober erteilte von Reichenau all seinen Truppen den Befehl, in vollem Umfang bei der Vernichtung der Juden zu kooperieren. Innerhalb von zwei Tagen hatte der Oberbefehlshaber der Heeresgruppe Süd, Generalfeldmarschall von Rundstedt, Reichenaus Befehl seinen Kommandanten zugehen lassen. Nachdem auch Hitler seine Befriedigung über Reichenaus »hervorragende« Formulierung zum Ausdruck gebracht hatte, unterrichtete das Oberkommando des Heeres alle untergebenen Stellen, gleichlautende Befehle auszugeben. Helmuth Groscurth diente weiter in der 6. Armee und fiel in Stalingrad. Seine schnell unterbundene Intervention war weit entfernt von den Protesten gegen die Vorgehensweise der SS in Polen 1939, die General Blaskowitz unmittelbar bei Hitler vorgebracht hatte. Aber dies war eine andere Art Krieg.[18]

Am Sonntag, den 9. November 1941, erwachte Lev Abramovsky vom Lärm der Schüsse in den Straßen der kleinen weißrussischen Stadt Mir. Auf die Rufe seiner Mutter hin rannte die Familie zusammen mit ihren Nachbarn auf die Straße, wo die Menschen in Panik davonliefen. Lev war barfuß, und es gelang ihm nur noch, ein Paar Galoschen überzuziehen. Seine älteste Schwester und ihr Mann trugen ihre kleinen Jungen, seine Mutter hatte seine dreijährigen Zwillingsschwestern, Lea und Briandel, bei sich. Die ganze Familie rannte zum jüdischen Friedhof. Auf ihrer panischen Flucht wurden viele von der Ortspolizei erschossen. In der Nähe des Friedhofs versteckte sich Lev in einer Scheune; er kletterte auf den Heuboden, von wo er die Grabsteine des jüdischen Friedhofs und des Tartarenfriedhofs überblicken und auf das verlassene Schloß des Grafen Mirsky sehen konnte.[19]

Am selben Morgen hatte Regina Bedynska, die Tochter des polnischen Schulleiters, gesehen, daß deutsche Soldaten auf einem Lastwagen aus Stołpce eintrafen. Anders als bei den Pogromen in der Gegend von Białystok und in den baltischen Staaten, hatte sich die einheimische Bevölkerung nicht zu Massakern an den Juden hinreißen lassen, und die Deutschen mußten die Morde selbst in die Wege leiten. Das Morden wurde jedoch von der einheimischen Polizei ausgeführt, einer Gruppe von etwa dreißig Freiwilligen, die in den ersten zwei Wochen nach dem Einmarsch der Deutschen aus weißrussischen Männern und wenigen Polen und Tartaren gebildet worden war. Manche von ihnen hatten Verwandte, die während der sowjetischen Herrschaft deportiert worden waren, andere waren als aggressive Judenhasser bekannt. Regina sah, wie sie die Juden vor dem Schlachthaus töteten. Der dreizehnjährige Jacob Lipszyc wurde mit seiner Familie von deutschen Soldaten und der einheimischen Polizei auf dem Hauptplatz der Stadt zusammengetrieben. Als die Polizei das Feuer eröffnete, hörte er auf das dringende Flehen seiner Mutter und rannte los. Seine Mutter, sein Bruder und seine Schwester wurden von den zwei Maschinengewehren, die an den Ecken des Platzes aufgestellt waren, getötet. Jacob, der klein genug war, um unter die Treppenstufen der zerstörten Apotheke schlüpfen zu können, sah Hunderte von Menschen auf dem dicht gedrängten Platz taumeln. Ein Lastwagen mit Plane fuhr rückwärts in den Platz ein. Als die Abdeckplane zurückgeschlagen wurde, begann ein weiterer Polizist mit dem Maschinengewehr, das darunter versteckt gewesen war, in die Menge der Juden zu schießen.[20]

Von seinem Heuboden aus sah Lev Abramovsky, wie eine lange Schlange Juden, die sich den ganzen Weg entlang bis zurück zur katholischen Kirche im Dorf zog, zu der Grube beim Schloß geführt wurde, wo Hausbauer normalerweise den Sand herholten. Er sah, wie seine Mutter und sein Vater, seine zwei Brüder Motia und Elia, seine Schwester Zlata und ihr Mann Yeisif Landa auf dem jüdischen Friedhof erschossen wurden. Er sah auch, wie die Kleinkinder seiner Schwester bei den Beinen gepackt und an einem Grabstein zu Tode geschlagen wurden. Später am Nachmittag kamen weißrussische Polizisten und deutsche Gendarmen in die Scheune und stachen mit aufgesetzten Bajonetten in das Stroh am Boden. Lev und sein Bruder Bera wurden auf dem Heuboden entdeckt und zu den Juden gebracht, die noch in der Schlange auf ihren Tod in der Sandgrube beim Schloß warteten.

Zu gut bewacht, als daß sie ans Ausbrechen denken konnten, wurden sie geschlagen und zum Hinrichtungsplatz getrieben, den Lev von seinem Heuboden so deutlich gesehen hatte. Vor ihnen ratterten vier oder fünf schwere Maschinengewehre, um sie herum das Schluchzen, Flehen und die Gebete derer, die in den Tod getrieben wurden. Staub lag in der Luft, als Lev näher rückte. Er sah, wie der »verrückte Yeshil«, einer der Juden, der gezwungen wurde, über jede Lage Körper eine Schaufel Erde zu werfen, sich umdrehte und sich mit dem Spaten auf einen der Polizisten stürzte, woraufhin er erschossen wurde und in das Massengrab fiel, bevor er seinen Mörder erreichte. Lev und sein Bruder waren in der letzten Gruppe. Als sie dicht beieinander standen, über den Rand des Grabens schauten und auf das Feuer der Maschinengewehre hinter ihnen warteten, sahen sie, wie das Blut aus der bebenden Masse der Toten und Sterbenden spritzte. Levs Bruder war sofort tot. Lev fiel mit ihm, von dem Gewicht der Menschen hinter ihm geschoben, in den Graben. Fünf oder sechs Körper stürzten auf ihn und er verlor das Bewußtsein.

Als Lev wieder zu sich kam, lag er zwischen warmen Körpern und in warmem Blut. Er spürte einen kalten Luftzug, folgte ihm, schob sich durch die dunklen, ineinander verkrallten Massen von Toten nach oben und kletterte aus dem Graben. Es schneite leise und die Polizei war weg. Nur ein einziger Mann stand dort und betete, doch beim Anblick von Lev rannte er weg. Betäubt, weinend und plötzlich frierend, begann Lev, sich mit Schnee abzuwaschen und erbrach das Blut, das er im Graben geschluckt hatte. Sodann bemerkte er, daß er seine Galoschen verloren hatte, und umwickelte seine Füße mit Stoff von einer Jacke, die er am

Boden fand, bevor er die Straße aus der Stadt entlang stolperte. Er versteckte sich in der Scheune eines Försters, mit dem sein Vater bekannt gewesen war. Am nächsten Tag machten sie ihm ein Bad, gaben ihm frische Kleider und setzten ihn auf einen russischen Kachelofen. Lev wurde unaufhörlich von Weinkrämpfen geschüttelt, bis sie ihm ein Pflanzenheilmittel gaben. Der Förster rieb auch Levs erfrorene Finger mit Dachsöl ein, doch noch immer vermochte Lev das Essen nicht bei sich zu behalten. In den folgenden Tagen blieb er im Haus, während der Förster in Erfahrung brachte, was in Mir vor sich ging. Als Lev erfuhr, daß die Überlebenden ins Ghetto zurückgekehrt waren und in Ruhe gelassen wurden und daß sein Bruder Yankel, der beim Massaker nicht im Ghetto anwesend gewesen war, auch dort war, kehrte er zu den Überlebenden nach Mir zurück. Dort fand er auch seine zwei anderen Schwestern, El'ka und Lea.

Lev blieb bis zum August 1942 im Ghetto. Um diese Zeit wurden die Juden vor einem neuen Pogrom gewarnt, und die kleine Gruppe bewaffneter Juden im Ghetto brach nachts ein Loch in die Steinwand der Burg, in der sie eingesperrt waren. Lev schlief zufälligerweise auf der Treppe, wo sie das Loch schlugen, und hatte keine Zeit mehr, vor seiner Flucht seine zwei Schwestern zu holen. Als die bewaffnete Gruppe diejenigen ohne Waffen, wie Lev, zurückzutreiben suchte, machte sich eine zweite Gruppe von ungefähr zwanzig unbewaffneten Juden allein zum Tartarenfriedhof und in die Wälder auf. Dort schloß sich Lev den Partisanen an.

Im November 1941 berichtete die deutsche Wehrmacht, daß es in Weißrussland auf dem Land vor Juden wimmle, und sie suchte regelmäßig das ehemalige deutsch-sowjetische Grenzland und die Eisenbahnstrecke Minsk-Brest ab. Zur selben Zeit weigerten sich andere Juden in Ghettos wie Baranoviči, die Geschichten über Massenmorde zu glauben, die ihnen von Überlebenden aus Gorodišče, Lachoviče und Ansoviči erzählt wurden, und selbst als die Deutschen zu selektieren anfingen, hofften sie, verschont zu bleiben. In Slonim stellte ein einheimischer Russischlehrer fest, daß Handwerker und solche, die deutsch sprachen, davon ausgingen, ihre Fähigkeiten und Kenntnisse würden sie unentbehrlich machen. In Baranoviči selbst besaßen 140 der 157 in einer Razzia im August 1941 Verhafteten Papiere, von denen sie annahmen, daß der Sicherheitsdienst diese anerkennen würden. Er tat es nicht. Lev Abramovsky war nicht der einzige, der nach einem Massaker ins Ghetto zurückkehrte. Noch an Neujahr 1943 glaubten viele der Ghettobewohner von Iv'e deutschen Versprechungen und kehrten freiwillig aus den Wäldern zurück.[21]

Die flache weißrussische Landschaft hatte unwirtliche Sümpfe, an denen sowohl die Jäger als auch die Gejagten scheiterten. Doch gelang es Juden in den Urwäldern der Region eine Zuflucht zu finden. Frida Nordau und ihre Familie gruben zwei Löcher im Wald. In einem versteckten sie sich, während sie das andere, zwar mit Zweigen getarnt, aber leer ließen, so daß Razziatrupps glauben sollten, die Bewohner wären weitergezogen. Die Wälder waren voller Flüchtiger, insbesondere Rotarmisten, die der Kriegsgefangenschaft entgangen oder aus ihr geflohen waren. Während diese Banden noch zu schwach und desorganisiert waren, um die Deutschen zu beunruhigen, bedrohten sie sich im Kampf um Verpflegung und die Herrschaft in den Wäldern gegenseitig. In Ostpolen und Weißrußland berichtete der Sicherheitsdienst über zahlreiche Kämpfe zwischen polnischen und jüdischen Gruppen, die normalerweise mit der vollständigen Vernichtung der unterlegenen Partei endeten. Als in der letzten Phase der Okkupation Teile der weißrussischen Verwaltung, der Polizei und anderer von den Deutschen gegründeten nationalen Organe zu den Partisanen überliefen, verschafften sie auch dort den älteren antisemitischen Anschauungen von Juden als Spionen und Brunnenvergiftern vermehrt Geltung. Die Dinge gingen so weit, daß einige kommunistische Partisanenbrigadenführer ihren sowjetischen Vorgesetzten berichteten, nur der Rückgriff auf Todesstrafen ermögliche es ihnen, den Haß auf die Juden in ihren Einheiten im Zaum zu halten.[22]

Es war der Hunger, der Juden häufig zurück in die Ghettos trieb. Die Dorfbevölkerung versuchte sich gegen die Verheerungen durch die Banden aus den Wäldern zu schützen. Als die Last der deutschen Besatzung härter wurde und die Banden wuchsen, sahen sich die Dörfer oft inmitten eines eskalierenden Kreislaufs von Vergeltung und Wiedervergeltung, der den Partisanenkrieg kennzeichnete. In der Regel waren die Dorfältesten gezwungen, sowohl bei der Auswahl von Zwangsarbeitern, die nach Deutschland gebracht wurden, wie von denjenigen, die den Deutschen als Vergeltung für lokale Widerstandshandlungen zu übergeben waren, eine führende Rolle zu spielen. Vermittler wurden so selbst immer mehr zu Ausführenden.[23]

Obwohl es einigen jüdischen Kämpfern gelang, sich den Partisanengruppen anzuschließen – im März 1944 hatte die 4. weißrussische Partisanenbrigade beinahe so viele Juden wie Russen unter ihren 578 Kämpfern –, bildeten andere Flüchtige aus den Ghettos eigene, unabhängige jüdische Gruppen. Um die Jahreswende 1942/43 waren die jüdischen Verbände in den Wäldern stark genug, um zusammen mit den sowjetischen Partisanen Aktionen durchzuführen. Häufig verfolgten sie jedoch unterschiedliche Ziele. Eine große Gruppe wie etwa die 1200 Mann starken Bielski-Partisanen handelte selbständig, weil sie ebenso Leben retten wie gegen die Deutschen kämpfen wollte. Ihre Kämpfer genossen, wie in andere Gruppen, großes Ansehen, aber sie nahmen auch Alte, Kranke und Kinder aus den Wäldern auf und gaben ihnen zu essen. Ihr Anführer Tuvia Bielski ging mit persönlichem Beispiel voran, indem er auf dem Marsch den Kindern von seinem Brot gab. Ab 1943 begann die Macht der Deutschen zu schwinden, und die Bielski erhielten durch Ausbrüche aus den Ghettos Verstärkung. Als 150 Leute aus dem Ghetto von Novogrudok durch einen Geheimtunnel flohen, brachten einige der Neuankömmlinge ihre Werkzeuge mit, und schon bald kamen Bauern herbei, die vorher Angst vor den Banden gehabt hatten, um Metall- und Ledergeräte von den jüdischen Handwerkern, die es inzwischen nirgendwo sonst mehr gab, reparieren und herstellen zu lassen.[24]

Häufig folgten auch große Gruppen verwaister oder verlassener Kinder den polnischen, ukrainischen und sowjetischen Partisanenverbänden. Diese *besprizorniki* oder heimatlosen Kinder, Überlebende aus Ghettos und Dörfern, die bei Aktionen gegen Juden oder Partisanen zerstört worden waren, zogen durch die Wälder und versuchten von Nüssen, Pilzen, Beeren und Baumrinde zu leben. Da jedoch viele Gruppen mit diesen Haufen von heimatlosen Kindern um den Verlust ihrer Beweglichkeit bangten und sie davonjagten, liefen die Kinder Gefahr, nicht nur von den Deutschen, sondern auch von sowjetischen und polnischen Partisanen erschossen zu werden. Manche versuchten, sich den Partisanen nützlich zu machen, indem sie Botschaften und Waffen durch die vielen deutschen Straßensperren schleusten oder deutsche Stellungen und Truppenbewegungen auskundschafteten. Abgesehen davon, daß diesen Kindern drohte, von den Deutschen entdeckt zu werden, setzten sie auch das Leben der Partisanen aufs Spiel, die sich auf sie verlassen hatten – und die jeden Verdacht auf Verrat an Angehörigen der Kinder rächen konnten. Wie manche Gruppen der Schmuggelkinder in den Ghettos, waren diese Kinder aus den Wäldern zum Überleben aufeinander angewiesen; wenn die Waldgruppe ihre neue Familie wurde, dann mußten sie sich ebenso oft wie ein Elternteil und wie Kinder verhalten.[25]

Die Bielski-Kinder, die gekürzte, abgetragene Erwachsenenkleider trugen, ahmten das Benehmen Erwachsener nach und zogen los, um Deutsche und Partisanen zu spielen, verbrachten aber auch viel Zeit damit, die Erwachsenen auszuspähen, und beobachteten das Auf und Ab beim Geschlechtsverkehr unter den Bäumen. Bei den Bielski amüsierte ein kleiner Junge namens Garfunk alle, der am Morgen vor Tuvia strammstand und verkündete:»Kommandant, bitte melden zu dürfen, daß in unserer *ziemlanka* Hurerei stattgefunden hat.« Tatsächlich konnte sich ein einziges Mitglied der Bielski frei unter allen Partisaneneinheiten im Nalibokiwald bewegen, und das war Doktor Hirsch. Sie alle brauchten ihn für zahlreiche Abtreibungen.[26]

* * *

Versuchten die überlebenden Juden in Weißrußland, einiges von ihrem bisherigen Leben in die Wälder hinüberzuretten, so waren in den Städten und Dörfern alle Zeichen ihrer früheren Anwesenheit bald getilgt. Die Deutschen fraßen das Land wie ein Heuschreckenschwarm ab. Überall beschuldigten sie Kommunisten und Juden, die Bevölkerung ausgeraubt und ausgebeutet zu haben, bevor sie sie selbst umbrachten und ausplünderten. Dies galt sowohl für die offizielle Politik als auch für private Unternehmungen. Der oberste SS- und Polizeiführer für Zentralrußland, Erich von dem Bach-Zelewski, trieb zehntausend Paar Kindersocken und zweitausend Paar Kinderhandschuhe ein und sandte sie über den persönlichen Stab des Reichsführers-SS als Weihnachtsgeschenke an Familien von SS-Männern. Es ist fraglich, was die Kinder über die Herkunft dieser Waren wußten, doch waren sie häufig nicht ganz ahnungslos. Im Kindergarten von Dornfeld in Galizien wußten die Kinder zwischen Messinglöffeln »aus Judenbeständen« und denen aus Aluminium ihrer Dienststelle in Lwów zu unterscheiden, und ihr Lehrer berichtete, daß sich ein Dreijähriger standhaft weigerte, seine Suppe zu essen, bevor er nicht einen blanken »Deutschland-Löffel« aus Aluminium bekam. Für dieses Kleinkind kam der Unterschied zwischen Messing und Aluminium höchstwahrscheinlich über Prestige und Zustimmung zustande.[27]

Hitler hatte seit dem 30. Januar 1939 die »Vernichtung der jüdischen Rasse in Europa« prophezeit, und die NSDAP ließ im September 1941 die Prophezeiung des Führers für den »Wochenspruch« als Plakat drucken. Am 16. November 1941 veröffentlichte Goebbels in *Das Reich* einen Artikel unter der Überschrift »Die Juden sind schuld«, worin er ankündigte, daß »wir den Vollzug dieser Prophezeiung [erleben], und es erfüllt sich damit am Judentum ein Schicksal, das zwar hart, aber mehr als verdient ist«. Goebbels fuhr fort: »Das Weltjudentum hat in der Anzettlung dieses Krieges die ihm zur Verfügung stehenden Kräfte vollkommen falsch eingeschätzt, und es erleidet nun einen allmählichen Vernichtungsprozeß, den es uns zugedacht hatte und auch bedenkenlos an uns vollstrecken ließe, wenn es dazu die Macht besäße.« Zwei Tage später wurde Alfred Rosenberg bei einer Pressekonferenz noch deutlicher. Er wich von der offiziellen Sprachregelung von den »Judenreservoiren« ab und sprach davon, daß »die Zahl der Juden in diesem ganzen Raum auf sechs Millionen geschätzt wird, die im Laufe der Jahre über den Ural gebracht werden sollen oder sonst irgendwie der Ausmerzung verfallen werden«. Es war, als ob der Rausch über die Entfesselung des lange ersehnten Kriegs gegen die Juden diese Männer übermannt hätte und als ob sie – bei aller politischen Vorsicht in öffentlichen Ankündigungen – ein großes inneres Bedürfnis verspürten, Anspruch auf die bedeutungsschweren Entscheidungen zu erheben, an denen sie beteiligt waren. Dennoch hätte es eines scharfsichtigen Lesers bedurft, um aus solchen Äußerungen allein zu ermessen, daß die abgedroschenen Metaphern des Regimes ihre praktische Bedeutung geändert hatten.[28]

Immerhin sickerten so viele Nachrichten über Juden, Zivilisten und Kriegsgefangene, die in Massengräbern erschossen worden waren, nach Deutschland durch, daß die Deutschen darum zwar wußten, es aber nicht wissen wollten. Die Erzählungen von Soldaten auf Urlaub und Mitteilungen in Briefen, einige als Bekenntnis, andere nüchtern oder auch prahlerisch, verrieten Frauen und Eltern, den Müttern und sogar – unabsichtlich – den Kindern Dinge, von denen offiziell nicht berichtet wurde. Hinweise auf Juden, die ihre Gräber selbst schaufeln mußten, bevor sie

erschossen wurden, fanden 1941 sogar Eingang in einem Band mit Soldatenbriefen, der vom Propagandaministerium veröffentlicht wurde.[29]

Auch die Deportation von Juden aus Deutschland hatte eingesetzt,
kurz bevor Goebbels seinen Artikel veröffentlichte, und Erwachsene,
die es wissen wollten, konnten sich durchaus eine Vorstellung machen,
was mit ihnen geschah. Michael Meister, ein Anwalt und einfacher Parteigenosse der NSDAP, fotografierte sorgfältig die Zwangsräumung der
Juden aus München, ihre Arbeiten auf dem Bau im Übergangslager am
Bahnhof Milbertshofen und ihre weitere Einkerkerung, um den Beitrag
des Stadtwirtschaftsamtes, wo er tätig war, bei der Säuberung der Stadt
von Juden zu dokumentieren. Ende November und Anfang Dezember
1941 sprachen die Leute in Minden bei Bielefeld über das, was mit den
Juden aus ihrer Stadt geschah. Bis Warschau war es diesen noch möglich,
in Personenwagen zu bleiben. »Von dort« ging es »mit Viehwagen der
Deutschen Reichsbahn … In Rußland würden die Juden zur Arbeit in
ehemals sowjetischen Fabriken herangezogen, während die älteren und-
kranken Juden erschossen werden sollten«, wurde nach Hause berichtet.
Im Laufe der nächsten anderthalb Jahre verzeichneten die Behörden wohl
die Informationen über Massenerschießungen, die zurück nach Deutschland gelangten, waren jedoch nicht in der Lage, sie zu unterbinden. Es gab
zu viele Einzelaktionen und zu viele Zuschauer und Mitwisser. Hatten im
August 1939 Zehntausende deutscher Soldaten die Hinrichtungsstätten
in Polen gesehen, waren unterdessen Hunderttausende, wenn nicht Millionen unmittelbar Zeugen des Mordens geworden. Der Wunsch, zu fotografieren und darüber nach Hause zu schreiben, blieb stark.[30]

Ob Jugendliche eine Ahnung hatten von dem, was vor sich ging, hing
weitgehend davon ab, was ihre Eltern wußten und ihnen erzählten. Am
31. August 1943 vertraute Liselotte Günzel, die fünfzehnjährige Tochter
von Sozialdemokraten, ihrem Tagebuch an: »Mutti erzählte neulich, die
Juden seien in den Lagern zum größten Teil umgebracht worden, aber
ich kann es nicht glauben.« Als ob sie überprüfen wollte, ob ihr Sinn für
moralische Verhältnismäßigkeit noch mit der Realität in Einklang stand,
überlegte sie: »Daß sie aus Deutschland raus sind, ist gut, aber sie gleich
zu ermorden!« Ein anderes Mädchen aus Berlin erinnerte sich nur daran,
daß das Gespräch ihrer Eltern verstummte, wenn sie das Wohnzimmer
betrat; ihr Vater war ein Nazi und Pastor. Noch nach Jahrzehnten über-

wältigte sie der Gedanke an »Onkel« Leonhardt, den älteren jüdischen Mann, der ihr in ihrem Wohnblock immer Märchen vorgelesen hatte, und bereitete ihr Kummer und Schmerz. Eines Tages war er fort; er hatte ihr sein Exemplar von Andersens Märchen zurückgelassen.[31]

Viele Ehemänner und Väter konnten sich einfach nicht überwinden, ihren Frauen und Kindern vom eigentlichen Krieg zu schreiben und griffen auf die Technik zurück, die sie schon im Winter des Sitzkriegs angewandt hatten. Sie versuchten ein heikles Gefühl der Nähe aufrechtzuerhalten, indem sie den Krieg als eine Art Reise beschrieben. Giselas 38jähriger Vater wurde 1941 von seiner Druckerpresse in Leipzig weggeholt und nach Graudenz in Westpreußen geschickt, um dort sowjetische Kriegsgefangene zu bewachen. Was er aber seiner zwölfjährigen Tochter im Oktober 1942 beschrieb, war die Stille, wenn er am Fluß saß und den Kähnen und Anglern zuschaute.[32]

Ingeborgs Vater, der zu der Zeit an die Ostfront abkommandiert war und 1943 den Rückzug in der Sowjetunion miterlebte, schrieb von der Sommerhitze schon am frühen Morgen, dem fehlenden Leitungswasser in den Hütten, dem Schmutz, den andere Briefschreiber schlicht als Beweis kommunistischer und jüdischer Ausbeutung verdammten, und verwandelte so alles in eine abenteuerliche Reisebeschreibung. Ingeborg konnte sein greifbares Gefühl der Freude schwerlich entgangen sein, wenn er schrieb, wie er auf seinen »Turkmenen-Soldaten« wartete, der Wasser bringen sollte, damit er sich in der Wärme eines frühen Sommermorgens waschen und rasieren konnte. Wie so manche Reiseliteratur sprang er ohne weiteres von der Beschreibung des primitiven russischen Lebens, wo man unsauberes Wasser aus einem entfernten Brunnen herbeischaffen mußte – »Nun kannst Du Dir denken, wie sehr wir uns nach einem Glas Wasser aus der Wasserleitung, wie Du sie in H. hast, sehnen. Und wie Ihr Gott danken müßt, daß Ihr in der Heimat das schöne, klare Wasser habt« –, zu der für europäische Augen fremdartigen Schönheit der Steppen, wenn die Sonne über den wilden Blumen untergeht. Einige davon hatte er gepreßt und nach Hause geschickt, eine einsame und friedliche Tätigkeit, die ihn – wie das Briefschreiben – von der erzwungenen Abhängigkeit und Nähe seiner Kameraden wegführte und ihn an seine Liebe zu seiner Familie und seine Verbundenheit mit zu Hause denken ließ.[33]

Die elfjährige Ingeborg schrieb ihrem Vater zurück, daß sie auf ihre Geschwister, insbesondere ihre kleine Schwester Lotte aufpaßte, die sich an sie kuschelte, während sie am Ofen ihre Briefe schrieb. Lottes Kleinkinderspiele von der Prinzessin und den Räubern, ihr »Wu wu, wu wu« nach den Hunden, die sie im Park umsprangen, all dies muß dem Vater ein kleines Stück Heimat vermittelt haben. Er hütete Inges Briefe wie einen Schatz und hatte sie noch immer bei sich, als seiner Einheit in Rumänien die Gefangenschaft drohte. Bevor für ihn der Krieg gegen die Russen zu Ende ging, vergrub er sie unter einem Baum, und sie bedeuteten ihm so viel, daß er in den fünfziger Jahren zurückkehrte und sie ausgrub. Aus Leipzig in Sachsen schrieb Gisela ihrem Vater in Graudenz aufgeregt vom Ostereiersuchen im Schlafanzug. Als ihr Vater aber lange Zeit nichts von ihr hörte, machte er ihr wegen ihrer Faulheit Vorwürfe. Um den Kontakt aufrechtzuerhalten, verfiel er schließlich auf die Idee, die Zwölfjährige zu seiner Mitverschworenen zu machen und ließ sie für ihre Mutter zu ihrer beider Hochzeitstag ein Geschenk kaufen.[34]

An der holländischen Grenze war die Schule durch den Rußlandfeldzug wieder einmal unterbrochen. Es waren so viele Lehrer einberufen worden, daß die elfjährige Trudi normalerweise schon um elf Uhr vormittags wieder zu Hause war. Sonst nahm alles seinen üblichen Gang, wie sie dem Vater versicherte. Die einzigen Neuigkeiten zu Hause waren die Sammlungen für die Soldaten, die neuen farbigen Karten des Frontverlaufs in der Schule und die vielen russischen Gefangenen, die auf dem Gut zur Arbeit eingesetzt wurden. Die Kinder waren neugierig und berichteten, »die sollen sehr dumm aussehen«. Aber sie wußte, daß sie auch gefährlich waren. Als ob es sich um Tiere im Zoo handelte, schrieb Trudi ihrem Vater, »einer ist kürzlich ausgebrochen und hat in der Nähe des Lagers eine Frau ermordet. Man hat ihn geschnappt, und sicher wird er schon erschossen sein.« Aber alles war in Ordnung und die Familie habe genug zu essen, versicherte sie ihm im September 1941.[35]

1943 erklärte sich Hitler schließlich bereit, deutsche Dienstmädchen zum Kriegsdienst einzuziehen. In manchen Familien mit den richtigen Verbindungen zur Partei, zu den Arbeitsämtern oder in den besetzten Gebieten wurden sie beinahe umgehend durch junge Mädchen aus Polen, Rußland und der Ukraine ersetzt. Im Vergleich zu den Millionen Fremdarbeitern in Deutschland im Sommer 1943 befanden sich die fünfhunderttausend zwangsverpflichteten Kindermädchen am relativ privilegierten oberen Ende der Hierarchie. Sie kamen auch in engeren Kontakt mit den deutschen Kindern als die Fabrikarbeiter, die den Hohn der HJ in den Straßen über sich ergehen lassen mußten. Die Kinder waren oft zu klein, um die Grenzen auszumachen, die für ihre Kindermädchen und Eltern sonst nur allzu deutlich waren. Edith P., bei Kriegsende noch ein Kleinkind, erinnerte sich an die warme und tröstende Gegenwart Franziskas, einer jungen slowenischen Frau, die ihr Vater aus dem Konzentrationslager Ravensbrück nach Hause gebracht hatte. Franziska pflegte sie in der Nacht zu sich zu nehmen und zu streicheln, wenn die strenge und ungeduldige Mutter das schreiende Kind im Badezimmer stehenließ.[36]

Für deutsche Kinder begannen diese Beziehungsgeschichten mit der Ankunft des Kindermädchens vor der Haustür – einer Mary Poppins der Steppen mit wattierter Jacke, Holzschuhen oder Stiefeln und hochgestecktem Haar. Sie sprach kein Deutsch, hatte noch nie eine Innentoilette oder ein Badezimmer gesehen, und die allererste Handlung der Kindesmutter bestand normalerweise darin, das Kindermädchen sauber zu schrubben und ihr deutsche Hygiene beizubringen. Für die jungen Mädchen waren die Läuse und der Dreck das Ende einer Geschichte, in deren Verlauf sie sich in Wäldern verstecken mußten, nachdem ihre Dörfer niedergebrannt, sie selbst von Armeeeinheiten mit Hunden gejagt und mit wenig Nahrung und Wasser für eine lange Reise in Viehwaggons verladen worden waren. Andreas G. war sieben Jahre alt, als Nastasia 1943 die Stelle des Kindermädchens übernahm. Sie war wahrscheinlich nicht älter als vierzehn oder fünfzehn, doch in seinen Augen wirkte sie sehr fraulich und erwachsen. Sie kam aus der Ukraine, und er mochte sie. Anders als die früheren deutschen Kindermädchen blieb sie, und selbst nach ihrer Versetzung in einen Rüstungsbetrieb im Jahr darauf kam sie zu Sonntagsbesuchen vorbei. Sie aß, gegen alle Vorschriften, mit der Familie im Eßzimmer und nicht in der Küche. Nastasia wurde durch die körperliche Nähe sehr vertraut mit Andreas, da sie ihm im Bad die Haare wusch und ihn herumplanschen ließ, selbst wenn er beide naßspritzte. Und sie brachte ihm eine Geheimsprache bei – Russisch. Sie war lustig, während seine Mutter eher eine strenge und kühle Offiziersgattin war.[37]

Eines Tages erschreckte Andreas Nastasia mit dem Ruf »Hände hoch!« auf Russisch, als sie am Boden mit seinen Soldaten spielten. Das war kein

Satz, den sie ihm beigebracht hatte. Schlimmer noch: Sie fand den roten Stern des Kommissars, den sein Vater ihm geschickt hatte. Welche Bedeutung auch immer dieser Moment für Nastasia haben mochte, für den siebenjährigen Andreas war der rote Stern der letzte Ausrüstungsgegenstand für seinen Krieg, die 1943er Version des französischen Käppis, das Christoph 1940 in Eisersdorf zu seinen Schätzen gezählt hatte. Andreas gestand später, er habe bereits von seiner Familie und der Schule her eine Vorstellung von »den Russen« als »bolschewistische Untermenschen« gehabt, doch sie hatte nichts mit Nastasia zu tun. Für ihn blieb sie eine warmherzige und muntere Spielgefährtin. Sie mochte ihm Russisch beigebracht haben, doch war sie keine von »den Russen«. Und er verriet sie nicht, wenn sie darüber stritten, wer den Krieg gewinnen würde.[38]

»Gegen die Russen kämpfen« mochte kleinen Jungen zur Bestätigung ihrer männlichen Identität in einer zunehmend weiblichen Umgebung dienen. Lutz Niethammer war so begeistert von der hölzernen Lokomotive, die sein Vater ihm aus Weißrußland geschickt hatte, daß er sie als einziges Spielzeug mitnahm, als sie aus Stuttgart in den Schwarzwald evakuiert wurden. Mit ihren hellen Farben und der schwarzen deutschen Schrift »MOGILEW« an der Frontseite, symbolisierte die Lokomotive Lutzens Kindheit in seinem »weiblichen Nest«. Dies hinderte den Vierjährigen nicht daran zu sagen, »der [Sol]'dat soll gehen«, als sein Vater auf Urlaub nach Hause kam. Im Gegenteil, Lutz war nur allzu glücklich, während der Abwesenheit seines Vaters den »Mann« im Haus zu spielen.[39]

Als der neunzehnjährige Karl-Heinz Timm hörte, daß sein kleiner Bruder Uwe »alle Russen totschießen und mit mir türmen« wollte, schrieb er dem Dreijährigen nach Hamburg und versprach, mit ihm zu spielen, sobald er auf Urlaub nach Hause komme. Drei Tage später schrieb der junge Soldat seinen Eltern verwundert über den warmen Empfang, der seiner Einheit soeben von ukrainischen Mädchen in Konstantinowka bereitet worden war. »Scheinbar haben diese Leute hier unten nichts mit der SS zu tun gehabt.« Als Karl-Heinz die Gestalt eines alleinstehenden russischen Wachpostens wie ein »Fressen für mein MG« sah, spielte er in der Waffen-SS-Division Totenkopf etwas gänzlich anderes als die Spiele seines dreijährigen Bruders; doch jeder idealisierte den anderen in seiner Vorstellung. Mittlerweile brachten Jungen in der Heimat ihre Kriegsspiele auf den neuesten Stand. Sie spielten »Gefangene-in-den-Nacken-schießen«. Sie gaben nicht etwa vor, Mitglieder der Einsatzgruppen zu sein – eine Bezeichnung, die nur wenige kannten –, sondern der schrecklichen sowjetischen Geheimpolizei, des NKWD. Der Genickschuß war endgültig zum Symbol des bolschewistischen Terrors geworden und damit Gegenstand der Vorstellung von der Grausamkeit des Feindes.[40]

Je länger der Krieg in Rußland sich hinzog, desto länger wurde auch die Liste derer, die an der Ostfront den Heldentod gefunden hatten. Statistiken konnten geheimgehalten werden, doch die Listen der Todesanzeigen in den Zeitungen wurden länger. Gretel Bechtolds Mutter fing an, sie auszuschneiden, nachdem ihr Sohn 1940 gefallen war. Die schlimmsten Befürchtungen, die bei Beginn des Rußlandfeldzugs geäußert worden waren, standen im Begriff, Wirklichkeit zu werden: Der Krieg würde nun lang und kostspielig werden. Für kleine Kinder war der Tod in nächster Nähe schon schwer zu verstehen, doch aus der Entfernung traf sie der Verlust von jemandem, dessen Abwesenheit zu einem Bestandteil des Alltagslebens geworden war, hauptsächlich durch den Schmerz und die Trauer der Älteren. Einen Monat, nachdem Gertrud L. die Nachricht vom Tod ihres Mannes erhalten hatte, wurde die Gedenkfeier in derselben Kirche abgehalten, in der sie acht Jahre zuvor derselbe Pfarrer getraut hatte. In der vollen Kirche schluchzte die Trauergemeinde während der Predigt leise, doch Gertrud konnte nur mit trockenen Augen vor sich hinstarren. Pfarrer Kurowski stellte die Frage nach ihrem Glauben: »Man muß sich fragen, gibt es einen Herrgott, der es zuläßt, daß einer so jungen Frau der liebende Mann genommen wird und vier Kinder den Vater verlieren?« Während eine andere Witwe vielleicht gezweifelt hätte, war Gertrud getröstet und fühlte sich durch seine Antwort wieder im Schoß des Glaubens und der Kirche aufgehoben. Der Pfarrrer versicherte allen Anwesenden: »Gott legt uns nicht mehr auf, als wir tragen können.« Es war der 3. Mai, und die Kirche war mit Lorbeer geschmückt. Als die Trauergemeinde die Kirche verließ, ging sie an einem Stahlhelm und einer Pyramide zusammengestellter Gewehre vorüber, die den gefallenen Soldaten und dessen Kameraden, die nicht anwesend sein konnten, repräsentierten. Sie erinnerten die Trauergemeinde an die Würde des Kampfes, in dem er gefallen war. Sie sollten zwar trauern, aber beim Gedanken an seinen Tod auch Stolz empfinden.[41]

Solche Zurschaustellung der Trauer bot Gelegenheit für Nachbarn, Fa-milien und Freunde, zu Gedenkfeiern zusammenzukommen. Die

Begräbnisse ohne einen Leichnam, den man begraben konnte, bei dem sie in steifen, unbequemen Kleidern stillzusitzen hatten, mußten auf die Kinder bedrückend wirken. Als Gertruds kleinem Sohn Manfred die Düsternis der Totenfeier für seinen Vater unerträglich wurde, fing er an, am Arm seiner Tante Selma zu ziehen und sagte ihr, man solle jetzt »Alle meine Entchen« und andere Kinderlieder singen. Was seine Mutter tröstete, fand er ermüdend und jagte ihm Angst ein.[42]

Viele der Heldengedenktage der ersten Kriegsjahre waren so emotionsgeladen und voller Pathos, daß Kindern, die Verwandte verloren hatten, beim Absingen von »Ich hatt' einen Kameraden« oder beim rituellen Anzünden von Kerzen für den Toten die Tränen kamen. Als aber 1942 die deutschen Verluste an der Ostfront immer größer wurden, entschied das Regime, daß das Volk der Aufmunterung bedurfte. In einer Neugestaltung der Rundfunkprogramme ordnete Goebbels an, daß der leichten Unterhaltung mehr Sendezeit eingeräumt werden müsse. Ungeachtet der Beschwerden der Hinterbliebenen, entschied er, die vom Regime ausgegebenen pathetischen Beschwörungen zu verkürzen.[43]

Im Bemühen, die Kluft zwischen Heimat und Front zu überbrücken, brachten die deutschen Rundfunkstationen in Sendungen wie *Blinkfeuer Heimat* oder *Gruß aus der Heimat* Familiengrüße sowie das beliebteste aller Programme während des Krieges, die musikalischen Grüße an die Liebsten im sonntäglichen *Wunschkonzert*. Am Muttertag und an Weihnachten versuchte der Rundfunk Direktverbindungen zwischen Müttern und Söhnen oder zwischen Ehepaaren herzustellen. Zur fünfhundertsten Sendung des täglichen *Kameradschaftsdienstes* zwischen fünf und sechs Uhr morgens lud der Rundfunk sogar zur Hochzeit mit der wahrhaft märchenhaften Zahl von zwölf Brautpaaren. Während sie ihr Jawort gaben, wurden den neuen Ehemännern auf ihren weit entlegenen Posten die Kleider und Liliensträuße ihrer Bräute beschrieben.[44]

Soldaten wurden im deutschen Sender mit schmalzigen Unterhaltungsprogrammen getröstet, bisweilen beschwerten sie sich aber auch, insbesondere wenn sie von »jungen Damen« als »Kameraden« angesprochen wurden, so als ob die »Heimatfront« jeglichen Sinn für Anstand und Respekt vor der Einzigartigkeit der Männerehre verloren habe. Es war dies nur das lauteste Echo aus der Kluft von Vorstellungen und Gefühlen, die zwischen den Männern an der Front und den Familien zu Hause herrschte. Sie war jetzt erheblich größer als noch in den ersten Kriegsjahren. Die Männer hatten so viel gesehen und getan, wofür sie keine angemessenen Worte fanden.[45]

In den besetzten Gebieten im Osten selbst machte der Erhalt der bei den Juden requirierten Kleider und Möbel, der Werkzeuge und Landwirtschaftsgeräte die einheimische Bevölkerung zu unmittelbaren Komplizen des Mordens. Hatten die nichtjüdischen Nachbarn die Verfolgung der Juden noch mißbilligt, so bemächtigten sie sich in Städten wie Slonim später doch der leeren Wohnungen im Ghetto. Die Herausgabe entschärfte die Krise der Versorgung mit Fertiggütern – besonders von Kleidern und Schuhzeug – ein wenig, die die deutsche Besatzung absichtlich herbeigeführt hatte. Schon bevor der Feldzug begann, hatte die deutsche Politik das Urteil über die sowjetischen Städte gesprochen. Sobald die ersten Pläne zur Eroberung der Sowjetunion im Dezember 1940 gefaßt worden waren, trat das Reichsministerium für Landwirtschaft dafür ein, bis zu dreißig Millionen sowjetischer Bürger dem Hungertod zu überlassen, damit die deutschen Truppen ernährt werden konnten, ohne daß die Heimatfront allzusehr in Anspruch genommen wurde. Nur die reichen landwirtschaftlichen Regionen und die Bergbaugebiete, die für Deutschland von Vorteil waren, sollten ausgenommen sein.[46]

Als die deutschen Truppen im ersten Winter des Rußlandkriegs eingeschneit wurden, durchstreiften sie das Umland auf der Suche nach Vieh und Getreide, Pferden und Schlitten, Winterkleidung, Schneeschuhen, Skiern, Pelzen und Stiefeln. Selbst als die einheimische Bevölkerung bereits Hunger litt, konnte der Bremer Kaufmann im Polizeibataillon 105 zu seiner großen Freude der Familie Lebensmittel nach Hause schicken. Er war sorgsam darauf bedacht, die Sendungen in kleinere Pakete zu packen für den Fall, daß sie Aufmerksamkeit unter den Nachbarn erregten, und schickte Dutzende von ein bis zwei Kilo schweren Paketen nach Hause. Zweifelsohne fand dieser Vater, der so weit von zu Hause entfernt war, Trost darin, daß er die Stellung als Ernährer der Familie auch unter solch schwierigen Umständen aufrechtzuerhalten vermochte.[47]

Der Aktivismus der HJ und des BDM verriet der Bevölkerung das ganze Ausmaß der Krise, als »Volksgenossen« in Deutschland aufgefordert wurden, auch Felle und Skier abzugeben. Indessen wurden über Weihnachten im Warschauer Ghetto Pelze beschlagnahmt: 16 654 Pelzmäntel und pelz-besetzte Mäntel, 18 000 Pelzjacken, 8300 Muffe und 74 446 Pelzkrägen. Der polnische Untergrund machte sich mit Plakaten lustig, auf denen ein deutscher Soldat zu sehen ist, der eine Fuchsstola um seinen Hals geschlungen hat und die Hände in einem Damenmuff wärmt.[48]

Als die deutschen Kinobesucher in den ersten Wochen des Rußland-feldzugs die langen Reihen gefangener Rotarmisten in den Wochen-schauen sahen, fragten sie sich, wer diese ernähren sollte und machten sich Sorgen, daß die deutschen Lebensmittelrationen gekürzt werden könnten. Anfang 1942 waren von den 3,3 Millionen sowjetischer Gefan-gener bereits 2,5 Millionen gestorben. Zehntausende waren erschos-sen worden, aber die meisten starben Hungers. Tatsächlich wurden die Lebensmittelrationen im Altreich im April 1942 für fünf Monate redu-ziert, was sich sogleich auf die Moral niederschlug. Dies geschah aber, um die Wehrmacht zu unterstützen, nicht ihre Kriegsgefangenen. Wie stets im Dritten Reich hatten andere die größte Last zu tragen.[49]

Obwohl die polnische Landwirtschaft bereits stark unter dem Abzug von Arbeitskräften gelitten hatte, mußte sie von nun an auch noch hohe Abgaben nach Deutschland liefern, eine Tendenz, die sich im gesamten besetzten östlichen und westlichen Europa wiederholte. Während die akute Knappheit den Schwarzmarkt begünstigte und Hunger zur Folge hatte, waren diejenigen, die am meisten litten, in Gefängnissen, Wohl-fahrtseinrichtungen, Ghettos und Kriegsgefangenenlagern eingesperrt, hatten also keinen direkten Zugang aufs Land und häufig auch nicht zum Schwarzmarkt. Die meisten Hungertoten gab es nicht durch eine massen-hafte Hungersnot unter der städtischen Bevölkerung im Osten, wie die deutschen Experten erwartet hatten, sondern unter dem eingesperrten Teil der Bevölkerung. Die Kindersterblichkeit jedoch stieg überall stark an, weil die notwendigen Fette knapper wurden; in Polen trug dies zum absoluten Bevölkerungsrückgang bei, der von 1942/43 an einsetzte.[50]

In Lodz eröffnete der »Älteste der Juden«, Chaim Rumkowoski, im »privilegierten« Ghettoviertel Marysin Sandkästen für Kinder, damit diese in besserer Luft spielen konnten. Mitunter ordnete er ab und zu Sonderrationen für die Schulkinder an. Dennoch beschäftigen sich die Tagebucheintragungen von Dawid Sierakowiak immer mehr mit seinem »nie nachlassende Hunger«. Er konnte sich noch so sehr anstrengen, sein

Haushaltsgeld durch Unterricht für seine Privatschüler in Polnisch, Französisch, Deutsch, Mathematik und Hebräisch auf dem Nachhauseweg von der Schule oder am Fensterbrett des überfüllten Raums aufzubessern, seine Einnahmen konnten mit den steigenden Preisen nicht Schritt halten. Die Inflation wurde durch den Zustrom wohlhabender, gut gekleideter Juden angeheizt: Die zwanzigtausend, die im Oktober und November 1941 neu in Lodz angekommen waren, waren Deportierte aus dem Reich und kauften trotz einer »Wagenladung Brot [...] und phantastische[n] Koffer[n]« die Vorräte auf, nachdem sie der Realität eines polnischen Ghettos gewahr geworden waren; auf diese Weise verarmten sie selbst und ein Großteil der anderen Bewohner ebenfalls.

Doch die Reihe deutscher Siege hatte eine gespenstische Ruhe im Ghetto herbeigeführt: Es wurden mehr Werkstätten eröffnet, um den Bedarf der Deutschen zu decken, und das Reden über den Krieg hörte auf. Selbst Dawids Gedanken richteten sich auf seinen Eintritt ins Erwachsenenleben, als er mit den besten Noten – außer im Turnen – vom jüdischen Gymnasium abging. Den letzten Schultag erlebte er in melancholisch nostalgischer Stimmung. Für einen Moment ließ die beständige Vergegenwärtigung des Krieges und die Sorgen um das Schicksal der Gemeinde nach, und er erlaubte es sich, von »solch eine[r] Lappalie« bewegt zu sein, »denn es betrifft mich selbst, ein neuer Abschnitt in meinem Leben beginnt«. Er hoffte noch immer, das Lyzeum besuchen zu können, doch da das Schulgebäude weiterhin die tschechischen, österreichischen und deutschen Juden beherbergte und die Konkurrenz um Arbeitsplätze zunahm, blieb ihm nichts anderes übrig, als seine Kontakte zu nutzen, um sich eine Stelle in einer Sattlerei zu sichern. Der Schandfleck der »Rasse« traf alle und jeden. Während die *Jekkes*, wie die Juden aus Deutschland genannt wurden, neue Motive für die Kabarettisten und Sänger des Ghettos hergaben, wurden die fünftausend Sinti und Roma, die mit ihnen angekommen waren, in eigenen Nebenlagern unter der Kontrolle der Ghettoverwaltung isoliert. Innerhalb weniger Wochen litten sie an Hunger und Typhus, und ihre Kinder starben zuhauf.[51]

Der Rußlandfeldzug enthüllte mehr als nur die militärische Hybris Hitlers. Er zeigte auch die Unmöglichkeit, eine groß angelegte Politik rassischer Kolonisation durchzuführen. Die Wehrmacht mochte zwar nicht in der Lage sein, die Rote Armee in einem Blitzkrieg zu besiegen, dennoch hatte sie schon mehr »Lebensraum« erobert, als es Deutsche gab, diesen zu füllen. Bereits im September 1941 ließ der Reichskommissar für die Festigung des deutschen Volkstums, Heinrich Himmler, deutsche rassenbiologische Kommissionen einsetzen, die die Waisenhäuser Weißrußlands nicht nur nach versteckten jüdischen Kindern absuchen sollten, sondern auch nach Kindern, die sich zur »Germanisierung« eigneten. Das Ziel war, wie der Reichsführer-SS erklärte, jeden Tropfen »guten Blutes« aus dem rassischen »Mischmasch« der östlichen Völker »herauszudestillieren« und die Kinder mit oder ohne Zustimmung ihrer Eltern zu holen. Dies bedeutete eine neue Vorgehensweise. In der ersten Zeit der deutschen Herrschaft in Polen von 1939 und 1941 konzentrierte sich das Rasse- und Siedlungshauptamt der SS darauf, mit dem Viehwaggon die rassische Zusammensetzung der Bevölkerung zu verändern, indem man Polen und Juden weg- und Deutsche heranschaffte. Es hatte viel Streit zwischen den verschiedenen deutschen Verwaltungsinstanzen gegeben, wie strikt das nationale Klassifikationssystem anzuwenden sei, und wie viele Polen Deutsche wurden, variierte von Gau zu Gau erheblich; doch nach dem Angriff auf die Sowjetunion erweiterte die SS das ehrgeizige Projekt einer »Germanisierung« einzelner Kinder. Zur selben Zeit, als sie Juden aufgrund ihrer rassischen Unreinheit umbrachte, fing die SS an, ihre eigenen Kriterien für »Deutschtum« zu verwässern.[52]

Viele dieser »Germanisierungsaktivitäten« fanden in eben dem Gebiet statt, das der Brennpunkt deutscher Besiedlung gewesen war und wohin viele Jugendliche aus dem »Alt-Reich« zu ihrer Sicherheit evakuiert worden waren: im Wartheland. Die staatlichen Jugendämter waren angehalten, mit den Experten des Rasse- und Siedlungshauptamtes und den SS eigenen Heimen, die von der Organisation *Lebensborn* betrieben wurden, zusammenzuarbeiten. Mehrere tausend Kinder waren nach Lodz, Kalisch und Brockau gebracht worden. Nur zweihundertfünfzig bis dreihundert bestanden tatsächlich die ersten Aussonderungen mit ihren zweiundsechzig Rassenprüfungen und ihren langwierigen Charakterbeobachtungen. In Pabianice kamen 1943 drei Männer ins Waisenhaus und stellten die Kinder an der Wand in einer Reihe auf. Ilona Helena Wilkanowicz war eines von sieben Kindern, die aus etwa hundert ausgewählt wurden. Aber sie war, wie viele andere Kinder in Heimen, kein Waisenkind. Ihr Vater hatte zu verhindern versucht, daß sie weggenommen wurde – und war gescheitert. In der ersten Hälfte des Jahres 1943, als SS und die ukrainischen Einheiten einmal mehr mit Mädchen von RAD und BDM zusammenarbeiteten, diesmal in dem Bezirk Zamość, um polnische Dörfer für deutsche Ansiedlungen freizumachen, wurden weitere 4454 Kinder zwischen zwei und vierzehn Jahren aus dem Generalgouvernement in die Heime zur Selektion geschickt.[53]

Im »doppelten Denken« der Rassenexperten der SS waren dies deutsche Kinder, deren frühere »Polonisierung« jetzt rückgängig gemacht wurde, wie auch immer der Status ihrer Eltern gewesen sein mochte. »Ausländische Waisen« wurden nun in der scheinlegalen Sprache der Bürokraten des Innenministeriums »Findelkinder«. Am 10. Dezember 1942 genehmigte es die Einrichtung einer geheimen Meldestelle im Gaukinderheim Kalisch im Wartheland, das die Kinder mit neuen, deutschen Ausweispapieren versah. Häufig wurden ähnlichlautende deutsche Namen ausgewählt, um sie den Kindern leichter verständlich zu machen: Ilona Helena Wilkanowicz wurde Helen Winkenauer. Mit ihrer offiziellen Wiedergeburt wurde die Spur der Kinder sowohl für polnische Verwandte, die sie aufnehmen wollten, als auch für die neuen deutschen Eltern, die die Herkunft ihrer »volksdeutschen Waisen« herausfinden wollten, verwischt.[54]

Am 7. Juni 1942 erlag Reinhard Heydrich, Reichsprotektor von Böhmen und Mähren, seinen Wunden; es war einer der wenigen von alliierten Geheimdiensten gegen nationalsozialistische Größen gelungenen Attentatsversuche. Zwei Nächte später wurden die Dorfbewohner von Lidice im Zuge der Vergeltungsmaßnahmen aus ihren Häusern geholt; 196 Frauen und 105 Kinder wurden auf Lastwagen geladen und in eine Schule im nahe gelegenen Kladno gefahren, während ihr Dorf dem Erdboden gleichgemacht und die Männer erschossen wurden. Die Frauen brachte man in das Konzentrationslager Ravensbrück, die Kinder kamen zur weiteren rassischen Selektion nach Lodz. Himmler, der fürchtete, daß »die gutrassigen Kinder, selbstverständlich die gefährlichsten Rächer ihrer Eltern werden könnten, wenn sie nicht menschlich und richtig erzogen« würden, hoffte zugleich, daß sie in deutschen Heimen umerzogen werden konnten. Sie kamen in das Sammellager II in der Strzelców-Kaniowskich-Straße, eines von vier Durchgangs- und Deportationslagern in der Stadt, wo sie in alten Fabrikgebäuden untergebracht waren; die Zustände waren ungefähr gleich wie diejenigen 1940 für die Deportierten aus dem Wartheland. Auch hier fehlten sanitäre Einrichtungen, und die Kinder durften nur einmal am Morgen und am Abend geschlossen zur Toilette gehen. Nur sieben Kinder kamen durch die Prüfungen und nur siebzehn von 105 konnten nach dem Krieg ausfindig gemacht werden. Die meisten anderen sind wahrscheinlich umgekommen.[55]

Die tschechischen Kinder, die für die Germanisierung ausgewählt wurden, wurden erst in ein Kloster in Lodz gebracht, wo die Zustände besser waren, danach, im August, in ein Kinderheim in Puschkau, Wartheland, wo ihre Germanisierung erst richtig begann. Vier Kinder kamen aus der gleichen Familie aus Lidice. Es waren die drei Geschwister Hanf, Anna, Marie und Vaclav, und deren achtjährige Cousine Emilie, die zu ihnen gekommen war, nachdem ihre Mutter gestorben war. Ihnen wurde unter Schlägen und durch Essensentzug bald beigebracht, nicht tschechisch miteinander zu sprechen, und manche von ihnen vergaßen bis zum Ende des Jahres ihre Muttersprache fast ganz. Emilie wurde von einem kinderlosen Ehepaar in Saßnitz adoptiert, das sie in ihrem Boot zum Segeln mitnahm, sie mit ihrem Schäferhund Zenta spielen und ihr von den Kriegsgefangenen im Ort zu Weihnachten ein Puppenhaus bauen ließ. Ihr neuer Vater Otto Kuckuk war der Bürgermeister der Stadt und SS-Offizier. Vaclav Hanf hingegen wurde nie adoptiert, weil er sich weigerte, deutsch zu lernen. Statt dessen wurde er von einer Einrichtung zur anderen geschoben, wo das Personal ihn häufig unter irgendwelchen Vorwänden schlug. Auch die zwei Schwestern machten vollkommen unterschiedliche Erfahrungen. Während Anna Hanfová bei ihrer Adoptivfamilie Klavier spielen lernte, wurde Marie von der ihren zum Dienstmädchen gemacht. Beide Familien wußten, daß die Mädchen tschechisch waren, jedoch nur Marie mußte dies durch Hohn und durch Schläge täglich neu erleiden.[56]

Kleineren Kindern war es schlicht unmöglich, sich in den Heimen im Wartheland gegen die »Germanisierung« zu wehren. Mit drei und fünf Jahren waren Daryjka und Alusia Witaszek zu klein, um sich an ihre Eltern zu erinnern, obgleich Alusia Erinnerungsbruchstücke – ihren roten Mantel und die schwarzen Stiefel der Deutschen – an den Tag behielt, als die Polizei kam und ihre Mutter verhaftete. Doch als die beiden Mädchen, von ihren zwei älteren Geschwistern getrennt, die Zeit in den Kinderlagern von Lodz und Kalisch verbringen mußten, sehnten sie sich nach einer freundlichen, mütterlichen Person, die käme und sie mitnehmen würde. Alusia überzeugte ihre zukünftige deutsche Mutter Frau Dahl schnell von der Idee, sie beide zu adoptieren, aber die Behörden des *Lebensborns* blieben unnachgiebig. Sie beharrten auf der Trennung der beiden Mädchen, damit keine Spur ihrer polnischen Kindheit zurückbleibe. Obwohl sie jede Beziehung Alusias zur polnischen Sprache und Kultur erfolgreich verdeckt hatten, so daß sie nie mehr in der Lage sein sollte, polnisch ohne deutschen Akzent zu sprechen, erreichten sie nicht, daß die ältere ihre kleinere Schwester vergaß. Womöglich hatte der Verlust der Eltern, der beiden älteren Schwestern und des jüngeren Bruders ihre Bindung an Daryika noch enger werden lassen. Auf ihr Drängen versuchte Frau Dahl Daryika zu finden, was jedoch vom *Lebensborn* bis zum Ende des Kriegs verhindert wurde.[57]

Für ältere Kinder war es leichter, sich ihrer Bindungen zu erinnern und sie in eine mitteilbare Form zu bringen. Manche hatten bereits ein waches und zutiefst feindseliges Gefühl für das, wofür die Deutschen standen. Überdies erwies es sich in Kinderheimen zu Kriegszeiten, ebenso wie heuzutage, als schwieriger, ältere Jungen unterzubringen als Mädchen oder kleine Kinder. Alexander Michelowski war einer von denen, nach dem im *Lebensborn*-Heim von Schloß Oberweis in Österreich nie gefragt wurde. Trotz der Hitlerjugendausbildung mit Marschieren, Singen und Drill blieb dem zwölfjährigen Alexander ein Gefühl für seine polnische Identität erhalten. Dabei half ihm der Umstand, daß er sich in einer Gruppe polnischer Jungen befand, die sich bei ihren heimlichen Jagden nach Eßbarem in den Kellern und benachbarten Gärten sowie bei den nächtlichen Feiern in den Schlafsälen auf Polnisch unterhielten, obwohl sie wußten, daß sie arg geprügelt wurden, wenn man sie dabei erwischte. Auf einem dieser Raubzüge nach frischem Obst wurden sie von einer polnischen Frau ertappt, die als Zwangsarbeiterin auf den Bauernhof gebracht worden war. Sie erklärte sich bereit, Briefe für sie zu befördern, damit sie die Verbindung nach Hause wiederherstellen konnten. Obwohl Alexander keinen Kontakt mit irgendjemandem aus seiner Familie aufzunehmen vermochte, hatte er eine andere, geheime Verbindung zu seinen polnischen Wurzeln. Als er auf dem Posener Bahnhof auf den Zug wartete, der ihn und seine Gruppe nach Kalisch bringen sollte, flüsterte ihm eine Frau in mittleren Jahren etwas zu und gab ihm das Bild der

Schwarzen Madonna von Tschenstochau. Sie war, wie sie sagte, die Oberin des nahe gelegenen Klosters, wagte aber nicht, ihr Ordenskleid zu tragen, weil sie auf einer Fahndungsliste stand. Alexander, der Meßdiener gewesen war, erinnerte sich an ihren Segen beim Abschied: »Möge dich die Muttergottes beschützen.«[58]

Obwohl immer mehr Einrichtungen für Kinder als »Lager« bestimmt wurden, gab es solche und solche. In den gut ausgerüsteten, von der HJ, Lehrern und der Volkswohlfahrt organisierten KLV-Lagern erhielten deutsche Kinder eine Art von Selbstvertrauen, das mit den nationalsozialistischen Zielen in Einklang stand. Für Ilse Pfahl und ihre siebzehn Klassenkameradinnen aus Essen war der siebenmonatige Aufenthalt in Kremsier im Jahr 1941 ein langer Sommerurlaub. Sie gingen jeden Tag zum Schwimmen – außer an den drei Tagen, als sie einen Besichtigungsausflug nach Prag machten –, und sie nahmen jeden Geburtstag zum Anlaß, um sich das Radiogerät der Lagerführerin zu leihen und zu tanzen. Die Mädchen marschierten auch bei jeder sich bietenden Gelegenheit in ihren BDM-Uniformen durch die Straßen, um ihre Führerinnen zu empfangen oder zu verabschieden, die tschechische Palmsonntagsprozession zu stören oder den Ausbruch des Kriegs mit Rußland zu begrüßen. Für diese Mädchen, wenn nicht sogar für die Tschechen, waren das eher unschuldige Veranstaltungen, ein lustiges Feiern ihrer Macht im Protektorat Böhmen und Mähren; aber es war weit weg vom Krieg ihrer Väter im Osten.[59]

Solch sorgenfreies Heranwachsen stand im krassen Gegensatz zum Ersten Weltkrieg, als deutsche Mädchen dieses Alters zu Tausenden an Tuberkulose starben.[60] Im Vergleich dazu war es den Nationalsozialisten in den ersten Kriegsjahren weitgehend gelungen, die deutsche Heimatfront abzuschirmen und die deutschen Kinder vor dem Krieg zu bewahren. Obwohl das Regime den Kindern den Verlust ihrer Väter, Brüder und Onkel nicht ersparen konnte, schützte es sie vor Unterernährung und Arbeit in Rüstungsbetrieben. In den ersten Kriegsjahren rekrutierte das Regime Millionen von Zwangsarbeitern aus den besetzten Gebieten, um den Arbeitermangel im Reich auszugleichen. Nach dem Angriff auf die Sowjetunion hatte das Regime diese Politik noch weiter ausgebaut und schuf ein den ganzen Kontinent überziehendes System der Zwangs-

bewirtschaftung und Abgabequoten, das die jeweils unterworfene Bevölkerung dem Hunger aussetzte und die Kindersterblichkeit ansteigen ließ,
damit die Deutschen dergleichen nicht erleiden mußten.

Massenerschießungen fanden überall an der Ostfront statt, und Hunderttausende, vielleicht Millionen Deutsche wurden zu Zeugen. Und
dennoch, während sich Verwandte und Freunde in der Straßenbahn und
im Zug oder beim Anstehen in den Geschäften über das unterhielten,
was sie gehört hatten, war es möglich, darum zu wissen, ohne Verantwortung übernehmen zu müssen. Hitler mochte immer häufiger die Vernichtung der Juden prophezeien, dennoch sprach er nie öffentlich über
die Politik des Massenmordes oder verlangte dafür die Billigung des deutschen Volkes. Manche Jugendliche wie Liselotte Günzel wußten auch
etwas von diesem Geheimnis; andere merkten nur, daß etwas vor ihnen
verheimlicht wurde, wenn jüdische Nachbarn verschwanden oder wenn
ihre Eltern verstummten, sobald sie den Raum betraten. Versteigerun-
gen und Märkte, auf denen jüdisches Eigentum verkauft wurde, brachten Möbel und Kleider in den Handel, von deren Herkunft man in deutschen Häusern durchaus Kenntnis hatte. Doch für die meisten jungen
Deutschen gab es keinen zwingenden Grund, große Anstrengungen zu
unternehmen, um dies alles zu verstehen. Seit 1935 war jüdischen Kindern der Zugang zu deutschen Schulen versperrt. Bei Kriegsausbruch war
die »Entassimilierung« der in Deutschland verbliebenen Juden so gut wie
vollzogen. Besonders für Kinder war die Existenz der Juden weitgehend
zu einer abstrakten Propagandaformel geworden: als reale Schulkameraden und Nachbarn verschwanden, blieben nur »verräterische Ausbeuter«
und »Kriegstreiber«.

Der Krieg hatte allen anderen abstrakten Lehren über rassische Überlegenheit eine handfeste Form verliehen. Die Nationalsozialisten machten kein Geheimnis aus der Ausbeutung Osteuropas und veröffentlichten
Berichte über die brutale Vertreibung der Bevölkerung aus polnischen
Dörfern, um zu zeigen, daß das Versprechen auf »Lebensraum« im Osten
erfüllt wurde. Junge Frauen und Mädchen im Reichsarbeitsdienst hatten
ihren Teil zu diesen »Rücksiedlungsaktionen« beizutragen, während die
Jungen und Mädchen im HJ- und BDM-Alter das ihrige taten, als sie sym-
bolisch die Straßen und Plätze der polnischen und tschechischen Städte,
in die sie evakuiert worden waren, in Anspruch nahmen. In Deutschland

empörten sich selbst Zöglinge der Erziehungsanstalten darüber, während ihrer Probezeit für eine Stelle genau so behandelt zu werden wie ihre polnischen Mitarbeiter. Rassismus hatte häufig einen widersprüchlichen und geschlechterspezifischen Charakter: Hitlerjungen warfen Schneebälle auf polnische und russische Arbeiter und beschimpften sie, führten aber gleichzeitig polnische Mädchen ins Kino aus. Berichte über das Morden mögen zwar als zensierte und unerlaubte Nachrichten große Faszination ausgeübt haben, doch war die gewaltsame Durchsetzung der rassischen Herrschaft der Deutschen beinahe zu alltäglich geworden, als daß sie noch bemerkt wurde.

6. Deportation

Am 1. Dezember 1941 schloß SS-Standartenführer Karl Jäger, Kommandant des Einsatzkommandos 3 des Sicherheitsdienstes, seinen Bericht über die Aktivitäten seiner Einheit in Litauen ab. Zu dieser Zeit nahm die von den Nationalsozialisten vorgesehene »Endlösung der Judenfrage« Gestalt an. Jäger gab die Gesamtzahl der bei Pogromen und Exekutionen liquidierten Juden mit 137 346 an, wobei er Zeit und Ort aller 117 Aktionen, die seine Männer durchgeführt hatten, ausführlich darstellte und am Ende einer jeden Seite wie ein guter Buchhalter die Summe übertrug. Er machte auch deutlich, daß er nur jene Gemeinden ausgespart hatte, bei denen die deutsche Zivil- und Militärverwaltung darauf bestanden hatte, weil sie einen wichtigen Beitrag zu den Kriegsleistungen beisteuerten. Gab in den baltischen Staaten und in der Sowjetunion offenbar die SS das Tempo vor, setzten sich andere im »Alt-Reich« bei Hitler dafür ein, sie ebenfalls in Aktion treten zu lassen. So überzeugte Goebbels Hitler schließlich, vom 1. September 1941 an im Reich den Judenstern einzuführen, eine öffentliche Brandmarkung, die den Juden Angst vor jedem beliebigen Passanten einjagte. Bei den Gauleitern erhöhte sich der Druck, Juden in den »Osten« zu deportieren. Während noch 1940 Einwände deutscher Behörden in Polen gegen die Überbelegung in den Ghettos solche Versuche eingedämmt hatten, zählten diese Argumente nun nicht mehr. Die Ghettos von Riga, Minsk und Lodz wurden jetzt zum unmittelbaren Bestimmungsort für deutsche Juden. Diejenigen, die mit den ersten Zügen nach Riga und Minsk geschickt worden waren, wurden nach wenigen Tagen erschossen. Am 23. Oktober wurde die Emigration von Juden im gesamten von den Deutschen besetzten Europa verboten. Alle wichtigen Zusammenkünfte und Diskussionen über den Massenmord fanden im geheimen statt. Nach den in diesem Herbst von Heinrich Himmler wahrgenommenen Terminen zu schließen, geschah dies über die Lagebesprechung mit anderen Drahtziehern, die Lösung von Konflikten über die Zuständigkeit einzelner Behörden und die Ausarbeitung des politischen Verfahrens in unspektakulären Treffen von zwei oder drei Personen.[1]

Nachdem der Reichstag am 11. Dezember wegen der Kriegserklärung an die USA zu einer Sitzung zusammengerufen worden war, fuhr Hitler am nächsten Tag noch in einer langen Darlegung vor den Reichs- und Gauleitern zur allgemeinen Lage fort. Goebbels Tagebuch zufolge kam der »Führer« auf seine Prophezeiung zurück, die er in seiner Reichstagsrede vom 30. Januar 1939 gemacht hatte: »Er hat den Juden prophezeit, daß, wenn sie noch einmal einen Weltkrieg herbeiführen würden, sie dabei ihre Vernichtung erleben würden. Das ist keine Phrase gewesen. Der Weltkrieg ist da, die Vernichtung des Judentums muß die notwendige Folge sein.« Das war alles. Die Worte hatten eine feste, formelhafte Gestalt angenommen, die in Hitlers öffentlichen und privaten Ankündigungen wiederholt wurden. Am 30. Januar 1941 hatte Hitler den Reichstag an seine »Prophezeiung« von zwei Jahren zuvor erinnert, daß der Weltkrieg »die Vernichtung der jüdischen Rasse« bedeuten würde, und er sollte diese finstere Warnung öffentlich und privat bis in sein Testament im Berliner Führerbunker in dieser Form wiederholen.[2]

Bei der Konferenz der Gauleiter im Dezember war klar, daß die Metapher von der »Vernichtung« nun Wirklichkeit würde. Nachdem Hans Frank das Reichssicherheitshauptamt zu den anstehenden Maßnahmen konsultiert hatte, teilte er seinen Beamten in Krakau mit, wie mit den Juden im Generalgouvernement zu verfahren sei: »Diese 3,5 Millionen können wir nicht erschießen, wir können sie nicht vergiften, werden aber Eingriffe vornehmen können, die irgendwie zu einem Vernichtungserfolg führen. [...] Man hat uns in Berlin gesagt: weshalb macht man uns diese Schererein; wir können im Ostland oder im Reichskommissariat auch nichts mit ihnen anfangen, liquidiert sie selber!« Stationäre Vergasungsanlagen waren im Generalgouvernement bereits in Bełżec unter der Leitung des rücksichtslosen und ehrgeizigen Wiener Nationalsozialisten und Polizeiführers des Bezirks Lublin, Odilo Globocnik, im Bau. Die SS lernte in diesem November in Bełżec, wie man die Gaskammern konstruierte und betrieb, indem sie die gerade brachliegende Fachkenntnis derer nutzte, die die »T-4 Aktion« zur Tötung der Psychiatriepatienten durchgeführt hatten. Verglichen mit den Todeslagern, die man in Sobibór und Treblinka in den darauffolgenden Monaten baute, war Bełżec relativ klein. Doch gemessen am kleinen Duschraum in Hadamar mit seinem Fassungsvermögen von zwanzig bis dreißig Psychiatriepatienten wurde Bełżec in weit größerem Maßstab geplant, groß genug jedenfalls, um letztlich Hunderttausende Lubliner Juden zu ermorden. Auch waren die SS nicht die einzigen Bürokraten, die in diese Richtung dachten. Schon bevor Bełżec gebaut wurde, schrieb der zuständige Beamte für Rassenfragen in Alfred Rosenbergs neuem Reichsministerium für die besetzten Ostgebiete dem Reichskommissar für das Ostland, Hinrich Lohse, und zog die gleichen Schlüsse: Ehemaliges »Euthanasie«-Personal, meinte er, könnte ihnen zeigen, wie man Gaseinrichtungen baute, um die Juden, die »arbeitsuntauglich« waren, zu eliminieren.[3]

Am 20. Januar berief Heydrich ein Treffen von Staatssekretären ein, um diesen die umfassende Zuständigkeit des Reichssicherheitshauptamtes bei der »Endlösung« beizubringen. Er machte ihnen das europaweite Ausmaß klar, bis hin zu einer ungefähren Auflistung der Anzahl von Juden in jedem der Länder unter deutscher Kontrolle. Sie belief sich auf »über elf Millionen«. Selbst das zweimal umgeschriebene Protokoll dieser Konferenz am Wannsee, das aus der besprochenen Tötung und Vernichtung »Evakuierung« und »Umsiedlung« werden ließ, machte den Staatssekretären noch immer deutlich, daß kein Jude erwarten konnte, diese Maßnahmen zu überleben, und daß für »Halbjuden« die Zwangssterilisation als privilegierte Ausnahme zu gelten hatte.[4]

Als ab Frühjahr 1942 die Deportationszüge aus Zentral- und Westeuropa auf direktem Weg in die Todeslager zu rollen begannen, bewirkte allein das enorme Ausmaß der Operation, daß sich das Wissen um das Geschehen durch viele untere Dienststellen bis in die entlegensten Gebiete des von den Deutschen beherrschten Europa verbreitete. Das besetzte Polen wurde zum Zentrum dieser Tötungsindustrie, einesteils wegen der Größe der jüdischen Ghettos von Lodz und Warschau, zum anderen wegen der guten Eisenbahnverbindungen in den Westen und zweifelsohne auch, weil Polen seit Kriegsbeginn als mörderisches Laboratorium der Rassenpolitik gedient hatte.

Den jüdischen Gemeinden in den großen Ghettos Polens erschienen diese Monate voller Gefahr, dennoch hatten sie noch wenig oder gar keine Ahnung von dem, was da in Bewegung gesetzt wurde. Obwohl selbst Knaben wie Dawid Sierakowiak alle im Ghetto von Lodz zirkulierenden Nachrichten sorgfältig sammelten, waren die einzigen Vorboten des Verderbens in Polen die Neuankömmlinge vom Land, die von der schrecklichen Gewalttätigkeit berichteten, mit der die Deutschen sie in die großen Ghettos gejagt hatten. Und Ende August 1942 waren auch die erwachsenen Chronisten im Ghetto von Lodz beunruhigt, weil sie nicht in der Lage waren, »irgendeine Leitlinie in all dem zu entdecken, und gerade das ist es, was jedermann am meisten bekümmert«.[5]

Durch Karl Jägers Einsatzkommando kannten die Juden von Wilna ihr wahrscheinliches Schicksal bereits. Am 6. September 1941 wurden die Juden dieses »Jerusalems Litauens« ins Ghetto gezwungen, Tausende jedoch waren in den Wochen unmittelbar davor und danach niedergemetzelt worden.[6] In den improvisierten Musikhallen des Ghettos hofften diejenigen, die in den deutschen Werkstätten Sklavenarbeit verrichteten, sie würden vielleicht doch »arbeiten, um zu leben«, wozu sie die Ghettoführung drängte, und lauschten dem populären jiddischen Theaterlied *Papirosn* (»Zigaretten«). Aber das Lied hatte einen neuen Text:

Es war an einem Sommertag,
Sonnig und schön wie stets,
und die Natur
war wie verzaubert.
Die Vögel sangen
und hüpften fröhlich herum.
Wir wurden ins Ghetto geschickt.

Unserer waren zu viele,
Der Gebieter befahl,
die Juden aus der Gegend fortzuschaffen
und in Ponar zu erschießen.
Die Häuser leerten sich,
aber die Gräber füllten sich.
Der Feind hat sein großes Ziel erreicht.

In Ponar kann man an der Straße
Gegenstände sehen, vom Regen durchnäßte Hüte.

Diese Dinge gehörten den Opfern,
den heiligen Seelen,
die die Erde für immer bedeckt hat.

Und jetzt ist es wieder sonnig und schön,
alles umher duftet herrlich.
Und wir werden gefoltert
und leiden schweigend,
abgeschnitten von der Welt,
getrennt durch hohe Mauern.
Kaum ein Hoffnungsstrahl keimt.[7]

Neben den Greueltaten beim Zusammentreiben in den Straßen und den Erschießungen an den riesigen Gräben im Wald von Ponar schilderte Rikle Glezer das Gefühl des Alleinseins und der Verlassenheit der Juden, die im Ghetto »von der Welt abgeschnitten« waren. Ihre Klage war die Klage einer auf sich selbst zurückgeworfenen Gemeinde, und sie wurde von denen gehört, die das Glück gehabt hatten, mit dem kostbaren gelben Arbeitsausweis versehen worden zu sein, der sie dazu berechtigte, im »größeren« Ghetto zu bleiben. Yitskhok Rudashevski war einer von denen, die nach einer der ersten Deportationen in das »kleinere« Ghetto zurückkehrte. Als er durch die Straßen ging, sah er die Trümmer und den Schutt, die nach der Aktion übriggeblieben waren, die zerrissenen Gebetsriemen und zerfetzten Gebetbücher, die im Hof der Synagoge herumlagen. »Ponar hängt über den alten Straßen des Ghettos«, spürte er, als er auf all das, was zerstört und verlassen worden war, blickte. Er stand kurz vor seinem vierzehnten Geburtstag. Er fand seinen Onkel, der die Liquidierung überlebt hatte, indem er sich in einer kleinen Kammer, die hinter einem Schrank lag, eine Woche lang versteckt hatte.[8]

Nachdem die Kinder im Wilnaer Ghetto die Bedeutung von Wörtern wie »Aktion«, »Todestransport«, »Nazi«, »SS-Mann«, »Bunker« und »Partisan« gelernt hatten, fingen sie an, sie in ihre Spiele einzubauen. Sie spielten »Aktionen«, »Bunker sprengen«, »abschlachten« und »den Toten die Kleider rauben«. Das Ghetto war dann Schauplatz dieses seltsamen Versteckspiels, das für Yitskhoks Onkel und so viele Kinder gerade Wirklichkeit geworden war. Das Spiel begann damit, daß alle Türen und Ausgänge zum verlassenen Innenhof gesperrt wurden. Die Kinder wurden sodann in Juden, die sich unter Stühlen, Tischen, in Fässern und Mülleimern verstecken mußten, und litauische Polizisten sowie Deutsche, die sie suchten, unterteilt. Wenn ein verkleideter »Polizist« ein »jüdisches« Kind entdeckte, übergab er es den »Deutschen«. Da ein Jahrgang Kinder den nächsten ablöste, hielt sich das »Blockade«-Spiel zumindest bis 1943; nur der Name des »Kommandanten« wechselte, um mit der Realität Schritt zu halten. Er wurde jedoch stets von dem stärksten Jungen oder Mädchen gespielt.[9]

Diese Rollenverteilung war kein Zufall. Von den Kindern wurde auch ein anderes Spiel gespielt, das »Durch-das-Tor-gehen« hieß und auf dem Umstand basierte, daß die erwachsenen Arbeiter durch ein einziges hölzernes Tor aus- und eingingen, um außerhalb des Ghettos ihre Arbeit zu verrichten. Eine der meistgefürchteten und meistgehaßten Gestalten im Wilnaer Ghetto war Meir Levas, der Vorsteher der jüdischen Ghettowache, ein Mann, der, wie Yitskhok erbittert seinem Tagebuch anvertraute, höchstpersönlich den kleinen, schmächtigen Jungen, den sie Elke nannten, auspeitschte, weil er Mehl und Kartoffeln ins Ghetto geschmuggelt hatte. Die schrecklichste und mächtigste Gestalt, die die Kinder kannten, war allerdings der deutsche Offizier Franz Murer, der leitende Beamte der Lebensmittelzuteilung für das Ghetto, ein Mann, den die Kinder zum Chef der Gestapo machten. Wenn sie jüdische Arbeiter spielten, die versuchten, Lebensmittel ins Ghetto zu schmuggeln, und jüdische Wachen, die sie danach durchsuchten, mußte »Murer« dazukommen. Sogleich pflegte »die jüdische Polizei« ihre Brutalität zu verschärfen, und die »Arbeiter« versuchten verzweifelt, ihre sie belastende Ware wegzuwerfen. Sobald »Murer« etwas fand, wurden die »Arbeiter« zurückgehalten und später von der Polizei ausgepeitscht. Stets die stärksten Jungen spielten Franz Murer und Meir Levas und überließen den kleineren die Rolle der jüdischen Arbeiter, die – in der Wirklichkeit – häufig ihre Brüder, Schwestern, Tanten, Onkel und Eltern waren. Sie spielten, daß sie wie die Erwachsenen machtlos waren, sich vor den Schlägen zu schützen, die – in diesem Fall von den größeren, stärkeren Kindern – auf sie niedergingen.[10]

Die Macht steckte in der Uniform, gerade wie in den Spielen »Deutsche gegen Franzosen«, die Christoph und Detlef in Eisersdorf und in Westfalen in den ersten Kriegsjahren gespielt hatten, oder »Deutsche gegen

Russen«, an denen sich Uwe Timm in Hamburg ergötzte. Aber Detlef, Christoph und Uwe wollten nur wie ihre Väter und älteren Brüder sein, in deren Krieg, der so weit entfernt war. Die jüdischen Kinder wetteiferten nicht darum, ihre Eltern zu sein, sondern ihre Feinde. Deutsche Kinder mochten in ihren Spielen NKWD-Exekutionen nachstellen, aber den Genickschuß dachten sie sich nur aus; er war weit entfernt von allem, was sie vom Krieg je gesehen oder erlebt hatten. Die jüdischen Ghettokinder stellten nach, was sie täglich erleben mußten. Manche Spiele wie die »Blockade« verwandelten die grausige Wirklichkeit, den Treibjagden im Ghetto entgehen zu müssen, in ein Versteckspiel, in die ersehnte Fertigkeit, lautlos und unsichtbar zu sein, die das Leben dieser Kinder retten könnte. Doch wie die Inszenierungen von Exekutionen und Verhörszenen der polnischen Kinder, die diese mitangesehen oder mitgehört hatten, hatten diese Spiele jüdischer Kinder einen zutiefst ambivalenten Charakter: Die Hauptrollen der Gestapoleute und der Torwachen zeugen vom Neid und von der Sehnsucht, mit denen Kinder die Feinde, die sie am meisten haßten, manchmal betrachteten. Doch im Gegensatz zu dem Jungen, den man im Warschauer Ghetto schreien hörte, er wolle »ein Deutscher sein«, ging es hier um ein Spiel, in dem Kinder, was sie am meisten fürchteten, einbanden.

Im Gegensatz zu Wilna waren die jüdischen Gemeinden von Lodz und Warschau auf ihre Vernichtung nicht vorbereitet. Zwischen Januar und Mai 1942 wurden fünfundfünfzigtausend Juden aus Lodz verschleppt und umgebracht. Dazu gehörten zwölftausend von den sechzigtausend kürzlich aus Deutschland, der Tschechei und Österreich Angekommenen. Deren Wohlstand hatte die Lebensmittelpreise einige Monate zuvor zur Bestürzung der polnischen Juden im Ghetto in die Höhe getrieben, doch fehlte es ihnen an der lebenswichtigen Unterstützung durch Verwandte in der jüdischen Verwaltung, die ihnen Sonderbeschäftigungen beschaffen und sicherstellen konnten, daß ihre Namen nicht auf den Deportationslisten erschienen. Einige ließen sich sogar freiwillig aus Lodz deportieren in der Annahme, daß jedes Arbeitslager dem Hungertod an Ort und Stelle vorzuziehen wäre. Hunger trug dazu bei, die wahre Natur der Deportation zu verschleiern.[11]

Im Ghetto von Lodz konnten die Juden leichter von der Außenwelt abgeschnitten werden als in den anderen größeren Ghettos wie Warschau, Wilna und Bialystok. Es war schwieriger, Lebensmittel aus der zunehmend »germanisierten« Stadt jenseits des Stacheldrahtzauns hereinzubringen. Der Winter bedeutete Hungersnot. Im Februar 1942 starben 1875 Menschen von den 151 001 Ghettobewohnern, im Monat darauf 2244. In seinem Tagebuchfragment von Ende Februar bis Mitte März schrieb ein Mädchen im frühen Pubertätsalter fast ausschließlich vom Essen und von den damit zusammenhängenden Familienkonflikten. Als jüngstes Kind blieb es zu Hause, während die Eltern, Brüder und Schwestern zur Arbeit gingen. Ihr Vater, schrieb sie am 27. Februar, »sieht schrecklich aus. Er hat dreißig Kilo verloren.« Dann führte ihn seine Arbeit als Maler und Tapezierer in die Küche des Judenrats, und er konnte ihr etwas Suppe mitbringen. »Ich war im siebenten Himmel«, frohlockte sie. Doch ihr älterer Bruder, der nichts davon abbekam, »war so außer sich, daß er wie ein Säugling schrie«. Da sie den Haushalt führte, mußte sie die Lebensmittelrationen für die Familie abholen. Nachdem sie am 10. März drei Stunden in der Schlange gestanden hatte, bekam sie schließlich drei Brote und »mußte einfach eines essen«, als sie zu Hause ankam; sie sagte sich, daß sie am Abend darauf verzichten würde. Doch am Abend sah ihr Vater, wie sie sich heimlich einen Löffel von den zweihundert Gramm Kartoffelklopsen, die sie abwog, nahm. Er »begann mich anzuschreien, und er hatte recht«. Sie fing ihrerseits an zurückzuschreien und zu fluchen. Unter Gewissensbissen, aber unfähig zu einer Entschuldigung, gestand sie ihre Schuld ihrem Tagebuch: »Der ganze Streit ging von mir aus. Ich muß von einer bösen Macht besessen sein.« In der Tat sehnte sie sich in diesen bitterkalten Spätwintertagen, in denen die Stunden des Tages so qualvoll dahingingen, nach der Nacht. »Ich liebe die Nacht«, schrieb sie. »Oh Nacht! Wenn du doch auf ewig da wärest an all diesen Hungertagen!« Der vorsätzlich herbeigeführte Hunger wurde zu einem wichtigen Faktor bei der Täuschung und Falschinformation der Juden.[12]

Erst am 1. September 1942 wurde klar, daß man die Deportierten nicht zur Zwangsarbeit geschickt hatte. An diesem Tag wurden alle Krankenhäuser geleert. Überlebende anderer Ghettos hatten davon erzählt, wie die Deutschen mit den Kranken »umgingen«, und Dawid Sierakowiak kamen die Panik und das Grausen, die jetzt das gesamte Ghetto erfaßten, wie Szenen aus Dantes Hölle vor. »Die Menschen wissen, daß sie in den Tod gehen«, erinnert er sich an diese Nacht. »Sie setzen sich sogar zur Wehr gegen die Deutschen, und man mußte sie mit Gewalt auf die Wagen laden.« Als eine Gruppe tschechisch-jüdischer Ärzte – »alte, bösartig und verbitterte Aussiedler aus Prag« – an diesem Tag in seinen Wohnblock kamen, untersuchten sie jeden Bewohner gründlich. Bei seiner Mutter stellten sie nichts Schwerwiegendes fest, bemerkten aber, daß sie »sehr schwach« war. Er merkte schnell, daß diese zwei Wörter ihre sichere Deportation bedeuteten. Sie sei, warf er ein, nur erschöpft und ausgelaugt. Dawids Familie wurde ebenfalls vom Hunger zerrissen. Wenn er zuschaute, wie sein Vater ihren Anteil von den Rationen verschlang, konnte er sehen, daß der Hunger ihn unerbittlich zu dieser Selbstsucht trieb, doch wußte er auch, daß er und seine Mutter den Preis dafür bezahlten. Obwohl Dawids Zorn und Verbitterung gegen seinen Vater weit über das normale Maß eines Generationenkonflikts hinausgingen, war ihm auch bewußt, daß er sehr wenig tun konnte.[13]

An diesem Tag vermochte sich Dawid nicht auf seine Arbeit zu konzentrieren und konnte nur an seine Mutter denken. »... plötzlich befinde ich mich, wie zweigeteilt, in ihrem Hirn und ihrem Körper.« Er war gegenüber dem allgemeinen Unglück wie abgestumpft. »Wehklagen, Wahnsinnsschreie, Heulen und Weinen sind etwas so Alltägliches, daß man es kaum beachtet. Was geht mich das Weinen einer anderen Mutter an, wenn man mir meine Mutter geholt hat!«, fragt er sich verbittert. »Dafür gibt es wohl keine angemessene Rache!«[14]

Am 4. September machte Chaim Rumkowski, der launische, autoritäre und am Ende machtlose »Älteste der Juden« einen letzten öffentlichen Aufruf für weitere zwanzigtausend Deportierte, damit vielleicht ein Teil des Ghettos überleben konnte, indem er sich in der deutschen Rüstungsindustrie nützlich machte. »In meinem hohen Alter«, schrie er vor der Feuerwache des Ghettos ins Mikrophon, »muß ich meine Hand ausstrecken und betteln: Brüder und Schwestern, übergebt sie mir! Väter und Mütter, übergebt mir eure Kinder!« Als seine Stimme im entsetzten und schrecklichen Wehgeschrei der dichtgedrängten Menge auf dem Platz unterging, konnte niemand mehr Illusionen haben. Jemand rief zurück: »Herr Vorsitzender, ein Einzelkind sollte man nicht wegnehmen. Es sollen Kinder von Familien mit mehreren Kindern genommen werden!« Aber Rumkowski konnte nur entgegnen: »Was ist dann besser? Was willst du denn: Daß achtzig- bis neunzigtausend Juden bleiben oder daß, Gott bewahre, die ganze Bevölkerung vernichtet wird?«[15]

In Lodz preßte Ettie ihre Stoffpuppe an sich und sprach zu ihr mit ernster Stimme: »Weine nicht, meine kleine Puppe! Wenn die Deutschen kommen, um dich zu ergreifen, lasse ich dich nicht los. Ich gehe mit dir wie Rosies Mutter.« Und indem sie die Tränen ihres Puppenkindes mit ihrem Schürzenzipfel wegwischte, fuhr sie fort: »Komm, ich bringe dich zu Bett. Ich habe kein Brot mehr für dich. Du hast die heutige Ration aufgegessen, es gibt nichts mehr; ich muß den Rest für morgen aufbewahren.«[16]

Auch in Warschau waren die Bewohner des Ghettos noch im Frühjahr und frühen Sommer 1942 über das ihnen drohende Schicksal im Ungewissen. Was sie seit dem vorangegangenen Sommer und Herbst gehört hatten, waren die schrecklichen Berichte Überlebender aus den kleineren polnischen Ghettos. Miriam Wattenberg war sogleich das Aussehen der Flüchtlinge aufgefallen. Zerlumpt und barfuß, »mit dem tragischen Blick von Hungernden«, hoben sie sich sogar im Ghetto ab. Meist waren es Frauen und Kinder, und viele hatten das Zusammentreiben, sogar die Erschießungen ihrer Männer miterlebt. Weil sie nichts Verkaufbares und keine Beziehungen zu den für das Überleben im Ghetto wichtigen Dienststellen besaßen, waren die meisten der Neuangekommenen von den kärglichen Wohlfahrtseinrichtungen abhängig. Da diese Flüchtlinge bald schon auf die unterste Ebene der atavistischen sozialen Hierarchie des Ghettos abgesunken waren, riefen sie mehr Mitleid als Schrecken hervor.

Um sich selbst ein Urteil zu bilden, besuchte Miriam eine der Unterkünfte dieser Flüchtlinge. Die einzelnen Zimmer waren zu großen Dielen zusammengelegt worden, an deren Wänden entlang improvisierte Betten aus Brettern und Stoffetzen standen. Sie sah halbnackte Kinder, die teilnahmslos auf dem Boden lagen. Da es keine sanitären Einrichtungen gab, konnten sie sich nicht waschen. Sie ging zu »einem schönen vier- oder fünfjährigen kleinen Mädchen«, das weinend in einer Ecke saß, und strich über sein zerzaustes blondes Haar. Als das Kind zu Miriam aufschaute und sagte: »Ich bin hungrig«, vermochte Miriam ihm nicht in seine blauen Augen zu schauen und wandte sich beschämt ab. Sie hatte ihre Brotration schon aufgegessen und konnte dem Mädchen nichts mehr geben.[17]

6. Deportation

Als die Menge der Bettler in den Straßen zunahm, mußten viele dort schlafen, wo sie gerade waren, weil sie auch in den Flüchtlingslagern dieses Ghettos mit seinen vierhunderttausend Einwohnern keinen Platz mehr fanden. In den Winternächten erfroren viele. Manche legten als Zeichen des Respekts eine Zeitung über sie, während andere sich ihre Schuhe oder Kleidungsstücke nahmen. Im Mai 1942 sah der bekannte Kinderarzt Janusz Korczak überall Verhungerte. Er blieb auf der Straße stehen, um drei Jungen zuzuschauen, die neben dem ausgestreckten Körper eines toten oder sterbenden Kindes Pferdchen und Kutscher spielten. Sie beachteten das Kind nicht, bis sich ihre Zügel verhedderten. Korczak notierte in sein Tagebuch: »Sie probieren alles, um die Zügel loszubekommen, werden ungeduldig und stolpern dabei über den am Boden liegenden Jungen. Endlich meint einer: ›Laßt uns hier weggehen, der ist uns im Weg.‹ Sie gehen einige Schritte weiter und hantieren dort weiter mit den Zügeln.«[18]

Janusz Korczaks große Liebe zu den Kindern sollte nach und nach zu seinem Untergang führen, denn er verausgabte seine Kräfte, um ihnen unter unmöglichen Bedingungen zu helfen. Im Warschauer Ghetto konnten nur wenige Kinder private Kinderspielplätze besuchen und an Theateraufführungen teilnehmen, so wie Miriam Wattenberg und Janina David. Viele andere trieben sich bettelnd, stehlend oder schmuggelnd auf den Straßen herum. Im zweiten Jahr seit Bestehen des Ghettos lebten viertausend Kinder in verschiedenen Pflegeheimen. Korczak hatte sein Leben der Fürsorge verlassener Kinder geweiht und dafür dreißig Jahre zuvor eine erfolgreiche Arztkarriere aufgegeben, um ein Modellwaisenhaus zu eröffnen. In der Zwischenkriegszeit war Korczaks Waisenhaus in der Krochmalna Straße 92 schon dadurch, daß zwischen Juden und Nichtjuden kein Unterschied gemacht wurde, sowie durch seine Reformpädagogik für das liberale und säkular eingestellte Bürgertum zu einem kulturellen Wahrzeichen Warschaus geworden. Als die Juden im November 1940 ins Ghetto gezwungen wurden, wurde das Waisenhaus in die Chlodna Straße im kleinen Ghetto verlegt. Auf die Tatsache, daß Korczak mitging und auch weiterhin alle Angebote zu fliehen ablehnte, war das Ghetto stolz. Für seine Kinderwohlfahrtseinrichtung gab die schwindende Klasse wohlhabender Juden weiterhin großzügig Geld. Beim Versuch, die immer tiefer werdende soziale Kluft zu überbrücken, die den Abstieg des Ghettos in absolute Armut kennzeichnete, erschöpfte sich Korczak. Er machte die Runde bei der Prominenz des Ghettos und bat um Spenden; er sprach bei der Ghettoverwaltung und selbst bei den deutschen Behörden vor; sogar Säcke mit Kinderunterwäsche, die heimlich in einer deutschen Wäscherei gewaschen wurden, transportierte er selber.[19]

Als Korczak das öffentliche Obdachlosenheim für tausend Kinder in der Dzielna Straße 39 übernahm, erbte er dort eine Kindersterblichkeitsrate von sechzig Prozent und ein demoralisiertes, vom Hunger geplagtes Personal, das den Kindern das Essen stahl. Korczak betrachtete es als »ein Schlachthaus und ein Leichenhaus« und machte sich daran, die Arbeit des bestehenden Personals zu verbessern und gegen die Mißstände anzugehen. Er scheiterte mit beidem. In seinem Versuch, sich vor Korczaks Reformplänen zu schützen, war sich das jüdische Personal des Heimes nicht zu schade, ihn bei der Gestapo zu denunzieren, weil er einen Typhusfall nicht gemeldet habe, worauf die Todesstrafe stand. In diesem demoralisierenden Zermürbungskrieg mußte Korczac Klinken putzen und alle Hebel an höheren Stellen in Bewegung setzen, damit die Angelegenheit niedergeschlagen werde. Von seinen Besuchen kam er hungrig zurück, weil er es nicht ertragen konnte, bei so viel Hungerleiden zu essen, und fühlte sich »blutbefleckt, beschmiert und stinkend«. Das spartanische, aber ordentliche Waisenhaus in der Chlodna Straße, wo Korczak schlief, war eine vollkommen andere Welt: Dort konnte er das Tagesgeschäft seiner Mitarbeiterin der letzten dreißig Jahre, Stefa Wilczyńska, anvertrauen.[20]

Vom vielen Herumrennen im Ghetto war der »alte Doktor«, wie er überall genannt wurde, inzwischen fußkrank und litt an Erschöpfung und Schwindelanfällen. Mit achthundert Kalorien pro Tag war es Korczak unmöglich, seinen gewöhnlichen Arbeitsrhythmus aufrechtzuerhalten, außerdem war er beunruhigt über plötzlich Anfälle von Vergeßlichkeit und nachlassende Konzentrationsfähigkeit. Tagsüber nahm er kleine Mengen Wodka oder reinen Alkohol, vermischt mit Wasser und gezukkert, zu sich, um sich zu »inspirieren« und die Schmerzen im Bein, das Augenbrennen und das Brennen im Scrotum zu lindern.[21]

Die Kräfte des Doktors und sein Interesse an anderen Menschen ließen nach. Nur die Kinder übten immer noch dieselbe Faszination auf ihn aus wie eh und je. Noch bei Tagesanbruch im Licht der Karbidlampe am Tisch sitzend, versuchte Korczak, in seinen Schriften den Ausdruck äußerster Arglosigkeit beim Aufwachen festzuhalten, die Geste einer kleinen Hand, die an einem Ohr zupft, ein Arm, der ein Kleidungsstück in die Luft hält, während der, zu dem er gehört, unbeweglich in den Raum starrt, die Art und Weise, wie ein Kind seinen Mund mit dem Ärmel des Nachthemdes abwischt.

Die Kinder des Waisenhauses waren ebenfalls unruhig und am Unterricht oder am Samstagritual desinteressiert, wenn die Zeitung, an der sie selbst mitgearbeitet hatten, laut vorgelesen wurde. Korczak ermunterte sie, wie er Tagebuch zu führen und es laut vorzulesen; er selbst beteiligte sich daran mit einer bereinigten Form seines eigenen. Marceli gelobte, den Armen fünfzehn Groschen zu spenden, wenn das Taschenmesser, das er verloren hatte, wiedergefunden würde. Szlama schrieb über eine Witwe, die weinte und darauf wartete, daß ihr schmuggelnder Sohn mit etwas von jenseits der Mauer zurückkomme, und die nicht wußte, daß ein deutscher Polizist ihn erschossen hatte. Szymonek schrieb, wie sein »Vater täglich darum kämpfte, daß Brot auf dem Tisch war. Obwohl er immer beschäftigt war, liebte er mich.« Mietek wollte einen Einband für das Gebetbuch, das seinem toten Bruder zu seiner Bar Mizwa aus Palästina geschickt worden war. Leon feilschte um den Kauf einer lackierten Dose, in der er seine Schätze aufbewahren wollte. Jakob schrieb ein Gedicht über Moses, und Abus, der damit die gemeinsamen Wünsche und das ängstliche Gefühl der Verpflichtung der Kinder auf den Punkt brachte, sorgte sich, »wenn ich etwas länger auf dem Klo sitze, sagen sie sofort, ich sei selbstsüchtig. Und ich will doch von den anderen gemocht werden.«[22]

Am 7. Juni 1942 verwirklichte Adam Czerniaków, der Vorsitzende des Judenrates, einen lange gehegten Wunsch. Er eröffnete in der Grzybowska Straße, genau gegenüber der Ghettoverwaltung, einen Kinderspielplatz.[23] Während die fünfhundert Würdenträger zur Einweihung zusammenkamen, spielte das jüdische Polizeiorchester Musik und setzte gerade mit der »Hatikvah« ein, als Czerniaków im weißen Tropenanzug mit Tropenhelm auftauchte. Er beschwor alle, für das Überleben der Kinder in diesen tragischen Zeiten zu sorgen und versprach, daß dies erst der Anfang sei: Er war dabei, noch mehr Kinderspielplätze einzurichten, ebenso ein Ausbildungsinstitut für Lehrer und eine Ballettschule für junge Mädchen.

Nachdem er gesprochen hatte, marschierten die Schulkinder und ihre Lehrer vorbei und gaben eine Aufführung in Singen, Tanzen und Turnen. Zum Schluß erhielten die Kinder kleine Tüten mit Süßigkeiten, die im Ghetto aus Melasse hergestellt wurden. Die Schulen des Ghettos und die Tagesheime stellten schnell einen Stundenplan auf, so daß jede Klasse den Spielplatz zweimal wöchentlich besuchen konnte. Die berühmte Gestalt des alten Doktor Korczak machte den Schluß, als die Zöglinge aus seinem Waisenhaus in guter Ordnung durch den Park marschierten.[24]

Czerniaków wollte auf dem Spielplatz regelmäßige wöchentliche Konzerte stattfinden lassen. Er gab einen Erlaß heraus, daß Kinder, die von der Polizei inhaftiert worden waren, ebenfalls hingebracht wurden. Als einige von ihnen über die Straße kamen und ihn in seinem Büro im Verwaltungsgebäude besuchten, war er von ihrem Aussehen und dem, was sie sagten, schockiert: »Es sind lebende Skelette wie die Straßenbettler. [...] Sie sprachen wie Erwachsene – diese achtjährigen Bürger. Ich schäme mich, es einzugestehen, aber ich weinte, wie ich schon lange nicht mehr geweint habe.« Er gab jedem von ihnen einen Riegel Schokolade und sorgte dafür, daß alle auch eine Suppe erhielten. Anfang Juli war Czerniaków damit beschäftigt, den Fortgang der Dinge zur Eröffnung zweier weiterer Spielplätze zu überprüfen, und am 5. Juli setzte er ein noch größeres Festprogramm auf dem Spielplatz an der Grzybowska Straße durch, ungeachtet der religiösen Opposition gegen jegliche Unterhaltung zu dieser Jahreszeit. Das Polizeiorchester des Ghettos spielte und sechshundert Kinder aus den Grundschulen traten auf. Ein kleines, als Charlie Chaplin verkleidetes Mädchen kam und setzte sich zu Czerniaków auf das Podium. Eine Woche danach wurden die zwei neuen Spielplätze eröffnet, und noch mehr Leute säumten die Straßen, standen auf den Balkonen und Hausdächern und saßen sogar auf den Kaminen. Die Chor- und Orchesterkonzerte sowie die Ballettaufführungen waren hinreißend, und Czerniaków erntete großen Beifall von den Kindern.[25]

Trotz all dieser Spielplatzprojekte und Maßnahmen zur Beruhigung der Öffentlichkeit hatte Czerniaków seit Dezember 1941 Gerüchte von Massakern gehört, und im April und Mai 1942 befahlen die Deutschen, daß das Ghetto Hunderte Deportierter zum Bau eines neuen »Arbeitslagers« in Treblinka bereitstelle. Am 8. Juli bekannte Czerniaków, daß er mit Blick auf sich selbst »an einen Film erinnert« werde: »Ein Schiff sinkt, und, um die Stimmung der Passagiere zu heben, befiehlt der Kapitän dem Orchester, Jazz zu spielen.« Vertraulich in seinem Tagebuch gestand der Vorsitzende der Ghettoverwaltung zumindest sich selbst ein: »Ich habe mich entschlossen, es dem Kapitän gleichzutun.«[26]

Vier Tage nach Eröffnung der beiden neuen Spielplätze begannen Gerüchte über eine Massendeportation im Ghetto umzugehen. Die Straßenbettler wurden von der jüdischen Polizei zusammengetrieben und weggebracht, und, so berichtete man, auch Krankenhauspatienten und Gefängnisinsassen im Pawiak seien abgeholt worden. Am selben Tag, dem 16. Juli, berichtete Chaim Kaplan, daß Juden mit ausländischem Paß, die bisher Sonderrechte genossen hatten, von einem plötzlichen Umschwung betroffen waren und ins Pawiak-Gefängnis abgeführt wurden. Miriam Wattenberg und ihre amerikanische Mutter gehörten zu ihnen. Czerniaków soll versucht haben, die Gestapo mit zehn Millionen Zloty zu bestechen. Tatsächlich wurde ihm von der Gestapo mitgeteilt, daß die Gerüchte unbegründet seien, und er verbrachte den Tag damit, die Bevölkerung zu beruhigen, indem er durch die Straßen des Ghettos fuhr und die drei Spielplätze besuchte.[27]

Am 22. Juli begannen die Massendeportationen. Um zehn Uhr vormittags betraten SS-Sturmbannführer Hermann Höfle und sein Deportationstrupp Czerniakóws Büro und wiesen ihn an, bis vier Uhr nachmittags ein Kontingent von sechstausend Juden zur Deportation bereitzuhalten. Diese Anzahl sollte das tägliche Minimum sein, bis alle Juden mit wenigen Ausnahmen – dazu gehörten Mitglieder der jüdischen Polizei und der Verwaltung mit ihren Familien – nach Osten deportiert waren. Noch während er zuhörte, sah Czerniaków mit Entsetzen, wie die Kinder vom Spielplatz gegenüber dem jüdischen Gemeindehaus weggeführt wurden. Er bat inständig darum, daß die Kinder aus den Waisenhäuser verschont würden, erhielt jedoch keine klare Antwort. Am 23. Juli, dem zweiten Tag der Deportationen, rief Höfle Czerniaków um sieben Uhr abends in sein Büro und gab neue Anweisungen zur »Umsiedlung« der unproduktiven Waisen. Sobald Höfle fertig war, verlangte Czerniaków ein Glas Wasser, schloß die Tür zu seinem Büro ab und schrieb zwei Abschiedsbriefe, einen an seine Kollegen und den anderen an seine Frau Niusia: »Ich bin machtlos. Mein Herz bebt vor Kummer und Mitleid. Ich kann es nicht mehr ertragen. Mein Handeln wird jedermann zeigen, was zu tun ist.«

Daraufhin schluckte er die Zyankalitablette, die er schon seit langem bei sich trug. Czerniakóẇs Selbstmord war mehr als eine private Gewissenstat. Sie war auch eine öffentliche Warnung für das Warschauer Ghetto.[28] Als die »Große Aktion« am 22. Juli 1942 begann, erinnerte sich Chaim Kaplan sogleich an die Berichte von einem Lager, in dem Menschen mit elektrischem Strom und durch Gas getötet würden, die er im Monat davor von einem deutschen Juden gehört hatte, der aus Sobibór entkommen war. Der Leiter der Geheimarchive des Ghettos, Emmanuel Ringelblum, hatte Mitte Juni ähnliche Geschichten gehört, wußte aber nicht, wie er sie deuten sollte. Kaplan, der das Gefühl hatte, er habe nicht »die Kraft, die Feder zu halten«, konnte nur noch sein Entsetzen niederschreiben: »Ich bin gebrochen, erschüttert. Meine Gedanken gehen wirr durcheinander. Ich weiß nicht, wo anfangen und aufhören.«[29] Am 3. August wurden die Geheimarchive *Oneg Shabbat* in Milchkannen und Metallkanistern versenkt, damit zumindest ein ausführlicher Bericht über das jüdische Leben unter deutscher Verfolgung erhalten bliebe. Die drei jungen Männer, die die Arbeit ausführten, legten ihr Testament dem Archiv bei. Die Sätze des achtzehnjährigen Nahum Grzuwacz lauteten:

»Gestern waren wir bis spät in der Nacht auf, da wir nicht wußten, ob wir bis heute überleben würden. Jetzt bin ich mitten am Schreiben, während in den Straßen das schreckliche Schießen weitergeht. [...] Auf etwas bin ich stolz: Daß ich in diesen schweren und verhängnisvollen Tagen einer von denen war, die den Schatz vergraben haben [...] damit ihr von den Folterungen und den Morden der Nazi-Tyrannei erfahrt.«[30]

Am Morgen des 6. August, gleich nach dem Frühstück, waren die Lehrer und Pfleger im Waisenhaus an der Chlodna Straße gerade dabei, abzudecken, als der seit langem gefürchtete Ruf »Alle Juden raus!« durch das Gebäude schallte. Stefa Wilczyńska und Janusz Korczak rückten instinktiv zusammen, um die Kinder zu beruhigen und sie ihre Sachen sammeln zu lassen, wie es ihnen gezeigt worden war. Einer der Lehrer ging in den Hof und erhielt von der jüdischen Polizei eine Viertelstunde zugestanden, damit die Kinder zusammenpacken und geordnet herauskommen konnten. 192 Kinder und zehn Erwachsene traten heraus und wurden abgezählt. Als sie sich in fünfzig Reihen zu viert nebeneinander aufstellten, stellte sich Korczak mit den kleineren Kindern vorne auf, damit sie nicht von den älteren überholt würden. Stefa Wilczyńska folgte mit den

Neun- bis Zwölfjährigen. Unter den älteren Kindern waren Abus, der stets zu lange auf dem Klo saß, und Mietek, der immer das Gebetbuch seines toten Bruders bei sich trug.[31]

An diesem Tag wurden alle Kinderheime im Ghetto von den Deutschen geräumt, aber dennoch war es die Nachricht über Korczaks Heim, die das Ghetto elektrisierte. Der alte Doktor mit seinem entwaffnenden Charme und seiner Selbstironie war als das Gewissen des Ghettos anerkannt. Die Leute hatten für sein Waisenhaus bereitwillig Wäsche und Lebensmittel gespendet, selbst noch als Säle für Flüchtlingskinder leer blieben. Nun schaute die Menschenmenge zu, die während der »Aktion« gezwungen wurde, außerhalb ihrer Häuser zu warten, wie die Kinder ihren gut drei Kilometer langen Weg zum »Umschlagplatz« entlangzogen. Die älteren Kinder lösten sich beim Tragen ihrer Flagge ab. Auf der einen Seite flatterte die zionistische Fahne mit dem blauen Davidstern auf weißem Grund, und auch die Farben der Armbinden, die zu tragen die Juden von Warschau gezwungen wurden. Auf der anderen Seite war die grüne Flagge des Waisenhauses, nach der Fahne von König Matt, einem mythischen Helden, den Korczak zweiundzwanzig Jahre zuvor erdacht hatte. Solange die Kinder hinter der grünen Fahne herzogen, blieben sie als Gruppe zusammen, gewissermaßen in den Fußstapfen des Königs der Waisen, von dem ihnen Korczak so oft erzählt hatte.

Nach seiner Rückkehr aus dem polnisch-sowjetischen Krieg 1920 hatte Janusz Korczak eine Geschichte über einen König geschrieben, der sein Land von einem Kinderparlament regieren ließ. Als der Feind schließlich König Matts Reich überrannte, schritt dieser in goldenen Ketten durch die Straßen zu seiner Hinrichtung. Es war, wie Korczak schrieb, »ein schöner Tag. Die Sonne schien, alle waren auf die Straße gegangen, um zum letzten Mal ihren König zu sehen. Viele Menschen hatten Tränen in den Augen. Matt aber sah diese Tränen nicht. [...] Er schaute zum Himmel, zur Sonne empor.« Als König Matt schließlich den Hinrichtungsplatz erreichte, weigerte er sich, die Augenbinde anzulegen, um zu zeigen, daß Helden »schön« sterben – und fühlte sich betrogen, als er in letzter Minute zu Verbannung auf einer verlassenen Insel begnadigt wurde.[32]

Als Korczak zweiundzwanzig Jahre danach durch die Straßen ging, schaute er nicht zum Himmel und nicht zur Sonne auf. Er war jetzt vierundsechzig Jahre alt, eine gebeugte Gestalt, vom Hunger und von der

Sorge ausgelaugt und nachts von Hungerträumen und Schuldgefühlen heimgesucht. Als der Zug am »Umschlagplatz« an der Nordseite des Hauptghettos ankam, schaute Joanna Swadosh, eine Krankenschwester, von der Arbeit auf und sah, wie er ein Kind trug, ein anderes an der Hand hielt und ihm offenbar ruhig zusprach. Hin und wieder drehte er sich um und beruhigte die Kinder hinter sich. Den Kindern war heiß, sie waren durstig und hatten wunde Füße; nach so vielen Monaten mangelhafter Ernährung wurden sie vom langen Marsch durch das kleine und große Ghetto schnell müde. Doch auch jetzt hatte die jüdische Polizei noch zu viel Respekt vor Korczak, als daß sie, wie sonst üblich, die Kinder stießen oder schlugen. Sie bildeten nur eine Kette auf beiden Seiten und trennten die Kolonne der Kinder und ihrer Betreuer von der Menge auf dem Gehsteig, die dem Zug zusah. Selbst als sie aus dem Ghetto herauskamen und die Straße zum »Umschlagplatz« mit seinen litauischen und SS-Wächtern überquerten, wo Tausende verstörter Deportierter mit ihren Bündeln im heißen Staub darauf warteten, in die Züge nach »Osten« verladen zu werden, stachen Korczaks Kinder heraus. Er weigerte sich, sie auch nur für einen Augenblick allein zu lassen, damit sie nicht in Panik gerieten. Nahum Remba, ein Beamter des Judenrats, der an diesem Tag dort bei einer Erste Hilfe-Station Dienst tat, konnte nur zusehen, als die jüdische Polizei einen Weg freimachte, um die Kinder in die Güterwagen zu verladen. Wie zuvor marschierten sie in Viererreihen; und wieder führte Korczak die erste, Stefa Wilczyńska die zweite Gruppe an. Als ein Deutscher ihn fragte, wer dieser Mann sei, brach Remba in Tränen aus. Am nächsten Tag übergab ein rothaariger Junge Korczaks Tagebuch einem Freund auf der »arischen« Seite der Stadt, der dafür sorgte, daß es in einem polnischen Waisenhaus außerhalb von Warschau versteckt wurde.

Bevor die Deportationen begannen, war der Vater von Janina, Mark David, guten Mutes. Als Ghettopolizist, der zum Begleitdienst auf der »anderen Seite« gehörte, konnte er jeden Tag kleine Mengen Lebensmittel für seine Familie heranschaffen. Durch die Gefahr und seine neue Tätigkeit aufgekratzt, fing er an, alte russische Soldatenlieder zu singen. Aber die Deportationen änderten alles. Am 4. September wurden Janinas Großeltern bei einer allgemeinen Selektion erfaßt, und alle Anstrengungen ihres Vaters, sie freizubekommen, scheiterten. Er konnte jetzt nur noch seine Frau und sein Kind schützen. Als er Janina aus dem Gedränge auf dem Platz wegführte, hielt sie weiterhin die Hand des Großvaters, bis die Menge sie schließlich trennte. Danach streifte Janina durch die verlassenen Wohnungen, spielte mit all den Perlen, der Schminke und den Edelsteinimitationen in einem Juweliergeschäft, bevor sie schließlich in einer anderen Wohnung ein Schminkkästchen und warme Unterwäsche an sich nahm. Yom Kippur, das Versöhnungsfest, fiel auf den 21. September, und an diesem Tag verloren die Polizisten des Ghettos und ihre Familien ihre Immunität und konnten ebenfalls deportiert werden. Wieder gelang es Janinas Vater in dieser Nacht, bei jemandem, der davon ausgenommen war, Zuflucht zu finden.[33]

In den vorangegangenen drei Monaten waren dreihunderttausend Menschen deportiert worden. Mit beispielloser Geschwindigkeit hatte diese »große Aktion« gerade noch fünfundfünfzig- bis sechzigtausend Juden übriggelassen, überwiegend Männer. Das Verhältnis von Männern zu Frauen betrug zwei zu eins. Von 7804 Personen, die über siebzig Jahre alt waren, blieben fünfundvierzig zurück, und von 51 458 Kindern unter zehn ganze 498. Das geschrumpfte Ghetto wurde um einige Betriebe oder Arbeitslager herum neu geordnet, die von deutschen Unternehmern wie Walter C. Többens betrieben wurden. Am 17. Dezember hörte Miriam Wattenberg, die noch immer mit den anderen Ausländern zusammen im Pawiak-Gefängnis saß, von einem Lager in »Treblinki«, wo Leute nackt durch heißen Dampf, Gas und elektrischen Strom im Bad umgebracht wurden und wo die Deutschen angeblich einen speziellen Bagger benutzten, um Massengräber auszuheben. In dieser Nacht konnte in ihrer Zelle niemand schlafen.[34]

Allmählich vermehrten sich die Berichte über Treblinka, und der Warschauer Komponist Schenker verfaßte ein Wiegenlied, um der Klage eines Vaters über sein ermordetes Kind eine Stimme zu geben:

Shlof, mayn kind, shlof
Nit in betele dayn
Schlaf, Kindlein, schlaf
Nicht in deinem Bettchen,
Nur in einem Aschehügelchen,
Schlaf, Kindlein, schlaf ein.

Du hast's so lieb gehabt
Bei deiner Mama zu schlafen –
Doch liegst du heute
Mit ihr zusammen?

Der läßt dich nicht schlafen,
Der böse Wind,
Er weht dich
So rasch fort von hier.

In deinen jungen Jahren
Hattest du keine Ruh' –
Und jetzt, da du tot bist,
Wo bist du, wo?

Der letzte Refrain ließ diejenigen nicht mehr im Zweifel, die noch immer hofften, sich auf den Schutz der größten jüdischen Gemeinde Europas verlassen zu können:

S'vet kumen, s'vet kumen,
S'vet kumen di sho ...

Sie wird kommen, wird kommen,
Wird kommen die Stunde,
Sie wird kommen, wird kommen,
Auch für mich hier.[35]

Im Wilnaer Ghetto wußte man von Anfang an über die Massenerschießungen von Ponar Bescheid. Deportationen und Mord waren von jeher ein Bestandteil von Kinderspielen und der Bemühungen der Erwachsenen, »zu arbeiten, um zu leben«, gewesen. Nach den Massendeportationen aus Lodz und Warschau suchte die Todesgefahr die Vorstellung derer heim, die verschont geblieben waren. Sich den Weg in die Ghettoelite zu erkaufen oder Papiere zu verschaffen, brachte keine Sicherheit mehr. In den vergangenen zwanzig Monaten der »Ghettonormalität« vom November 1940 bis zum Juli 1942 nutzten diese Dinge Schmugglern und Händlern, die in den Kaffeehäusern ihren Kuchen aßen und Konzerte und Varietés besuchten. Sie gehörten zu denen, die es sich aussuchen konnten, ob sie im Ghetto leben oder versuchen wollten, sich »auf der anderen Seite« zu verstecken. 1941 gab es im Ghetto nur achttausend Geburten gegenüber hunderttausend Sterbefällen, und die Sterblichkeit stieg neunmal höher als bei den nichtjüdischen Polen im restlichen Generalgouvernement. Doch für Juden mit Geld und guten Beziehungen war das Ausmaß der Zermürbung innerhalb des Ghettos immer noch gering genug, um die Gefahren, die das Verstecken auf der anderen Seite mit sich brachte, aufzuwiegen.[36]

Nach der »großen Deportation« begannen die »Prominenten« in geheimere und raffiniertere Verstecke zu investieren, in *malines*, die mit den Wasserleitungen der Stadt außerhalb der Ghettomauern verbunden und – mitten in der Hungersnot – zum Überleben der Gejagten mit Vorräten an Wasser und Essen für Wochen versehen waren. In Warschau erleichterte der neue SS-Dienstleiter Karl Brandt unabsichtlich diesen Vorgang, indem er den Juden erlaubte, Luftschutzkeller zu bauen. So entstand ein Netz von Tunneln, das sich beim Aufstand des Warschauer Ghettos im Frühjahr darauf von unschätzbarem Wert erwies.[37]

Etwa sechstausend Juden waren während der großen Deportation aus dem Ghetto geflohen, während mehr als doppelt so viele danach auf die »arische« Seite entkamen. Bis zum Juli 1942 war es relativ einfach, das Warschauer Ghetto zu verlassen: Die Schmuggelkinder und Straßenbettler taten es jeden Tag. Auf der anderen Seite zu überleben, war schwierig, obwohl Warschau mit seiner großen Gruppe assimilierter Juden, die nie das Ghetto betreten hatten, und deren polnischem Netz von Freunden und Helfern ein günstigeres Versteck für Juden war als andere Orte in Polen.[38]

Die »große Deportation« veränderte alle Überlebensstrategien: Welche Gefahren für das Überleben auch immer auf der anderen Seite lauerten, war dies nun die einzige Möglichkeit, außer für Wochen in geheimen Verstecken zu leben. Die nächste »Aktion« im Ghetto begann am 18. Januar 1943. Janina David und ihre Mutter, die jetzt nicht mehr durch die Stellung ihres Vaters bei der Ghettopolizei geschützt waren, überlebten die zweitägige Aktion in einem engen Keller zusammen mit fremden Leuten. Von der Mila Straße aus waren bereits die ersten Schüsse auf die SS abgegeben worden, und Teile des jüdischen Untergrunds begannen sich ernsthaft für den bewaffneten Widerstand zu rüsten. Am 20. Januar, noch vor Tagesanbruch, brachte Janinas Vater sie auf einem Lastwagen mit Arbeitern, die er begleitete, durch das Ghettotor. Sie setzten Janina an einer Straßenecke im Schneetreiben ab, wo ihr ein kleiner, dicker Mann mit einem Hund zuflüsterte, sie solle ihm folgen. Es war Lydias Mann Eric.[39]

Nach dem Ende der »großen Deportation« wurde es noch einmal relativ einfach, das Warschauer Ghetto zu verlassen. Aber sich draußen zu verstecken, war äußerst gefährlich. Um offen zu leben, brauchte man falsche Papiere sowie großes Selbstvertrauen und bestimmte Kenntnisse. Polen waren sehr gut darin, jiddische Betonung, jüdisches Aussehen und die »traurigen Augen« auszumachen. Die Gefahr der Erpressung oder Denunziation lauerte bei jeder Begegnung. Kinder, die in Familien als »Neffen« oder »Nichten« vom Land aufgenommen worden waren, mußten ihre Geschichte lernen und jederzeit abrufen können. Sie mußten katholische Gebete lernen, den Katechismus und die Geschichten des Neuen Testaments kennen. Sie mußten prompt auf Testfragen »Gehst du zur Schule?« oder »Wie hast du vorher geheißen?« antworten können. Aber selbst wenn sie alle diese Prüfungen bestanden, konnte die geringste Unachtsamkeit ausreichen. Ein fünfjähriger Junge spielte seine Rolle als Christ sehr gut, bis der Großvater bei Tisch eine Geschichte von Pferdebahnen erzählte, die in seiner Jugend noch in den Straßen Warschaus verkehrten. Der Junge, der vergessen hatte, daß es diese Wagen jetzt nur noch im Ghetto gab, bemerkte, daß er auch eine Pferdestraßenbahn in der Zamenhoff Straße gesehen habe. Seine Tarnung war aufgeflogen, er mußte gehen, damit nicht Nachbarn oder Berufsverbrecher anfingen, Geld zu erpressen.[40]

Solche Gefahren führten dazu, daß sich Familien, die sich versteckten, üblicherweise zu trennen und andauernd ihre Unterkunft zu wechseln hatten. Wie Janina David floh auch Janina Lewinson im Januar 1943 aus dem Ghetto. Janina Lewinson, ihre Mutter und ihre Schwester mußten sich aufteilen und häufig die Verstecke wechseln. Auch sie erhielten Hilfe von Menschen, die schon in der Vorkriegszeit Beziehungen zur Familie gehabt hatten, von der früheren Haushälterin ihrer Großeltern und dem Kindermädchen der Mutter Maria Bułat. In Janina Davids Fall war es die ehemalige Geliebte des Vaters, Lydia, von der sie so fasziniert war, als diese in einer Parfumwolke, mit seidigglänzendem Haar und im

Zobelpelzmantel in das schäbige Zimmer gerauscht war, das die Familie bewohnte, und das Mädchen an Weihnachten und Ostern zu Besuchen mitnahm. Aus diesen früheren Besuchen bei Lydias Familie waren so enge Bindungen und eine solche Zuneigung zu Lydias Mann Eric und den beiden Söhnen entstanden, daß sie bereit waren, das Risiko auf sich zu nehmen und Janina zu verstecken. Das erste, was sie taten, war, ihr Filzpantoffeln anzuziehen, um ihre Laufgeräusche vor den Nachbarn zu dämpfen. Sie sollte nicht ans Fenster gehen und sich in einem Besenschrank verstecken, wenn Besuch kam.[41]

Kinder hatten im Ghetto gelernt, tagelang unbeweglich, zusammengedrängt und still in den *malines* zu sitzen. Jetzt setzten sie ihre Erfahrungen in der Besenkammer ihrer Beschützer ein. Sie hatten gelernt, sich nicht durch Reaktionen zu verraten, wenn sie etwas mit anhörten, wie schrecklich dies auch immer sein mochte. Ein Junge, dessen Vater im Warschauer Ghetto zurückgeblieben war, hatte gerade noch Zeit, sich hinter dem Sofa zu verstecken, als Nachbarn zu Besuch kamen. Während des Gesprächs hörte man im Hintergrund die Explosionen des Ghetto-Aufstands. Als die Besucher ihre Befriedigung darüber äußerten, daß die Deutschen die Judenfrage für die Polen lösten, wagte weder sein Beschützer noch der Junge auf diese Wendung der Unterhaltung zu reagieren.[42]

Das Verstecken ließ das enge und gedrängte Zusammenleben mit anderen Menschen zu einem ununterbrochenen Rhythmus von Langeweile und Klaustrophobie werden. Die achtjährige Nelly Landau, die sich bei den früheren Mietern *Pan* Wojtek und seiner Frau in einer schicken Straße im deutschen Teil von Lwów versteckte, vertrieb sich die Zeit damit, daß sie mit Wasserfarben malte und die Bücher las, die eine kommunistische Freundin gebracht hatte. Das Malen half ihr, der Wohnung in die hellen Farben im Freien zu entfliehen. Nelly las sich durch Gorki, Dostojewski und Alexandre Dumas, mochte Jack London, Jules Verne und vor allem den Liebling deutscher Kinder, Karl May. Sie war empört über die Misere des Sklavenmädchens Alicia in *Onkel Toms Hütte* und malte Bilder, auf denen Alicia ihrem schrecklichen Besitzer entlief. Aber viel Zeit verbrachte Nelly damit, aus dem Fenster zu starren, besonders wenn sie einsam und traurig war. Der einzige Kontakt zu anderen Kindern bestand darin, ihnen auf der Straße zuzuschauen, während sie selbst weit hinter dem Fenster unsichtbar blieb.[43]

Nelly war nicht allein. Ihre Mutter war ihre dauernde Gefährtin und gab der beengten Monotonie ihrer Tage eine Ordnung, und wenn sie nur jeden Morgen Nellys Haar mit Bändern schmückte, als ob sie ausgingen. Wenn sie nicht vorlas oder ihr die griechischen Mythen erzählte, spielten sie endlos Domino. Während sie auf ihren Vater wartete und die Kinder und Erwachsenen, die vorbeigingen, beobachtete, malte Nelly Bilder von Kindern und Erwachsenen beim Spiel. Sie malte ihre Mutter beim Strikken und ihre endlosen Dominospiele. Sie malte nicht den Krieg, die Polizei oder gefährliche und bedrohliche Szenen. Nur einmal malte sie ein einzelnes Kind, und dieses Bild nannte sie »Ganz allein«.

Nellys Vater hatte die Wojteks nicht nur deshalb ausgesucht, weil diese ihre früheren Hausbesitzer immer noch gerne mochten und genügend Hochachtung für sie hatten, um das Risiko auf sich zu nehmen, Mutter und Tochter zu verstecken. Als ehemaliger Eigentümer des Gebäudes kannte Landau auch dessen Geheimnisse. Ihre Wohnung, die zu klein und dunkel war, als daß sie einem deutschen Mieter gefallen hätte, hatte ein Fenster, das von außen zugemauert, von innen jedoch zugänglich war und so eine Nische bildete, in der sich Nelly und ihre Mutter bei einer Durchsuchung hinter einem Wandteppich verstecken konnten. Bevor er sie verließ, zeigte ihnen Nellys Vater noch, welches Dielenbrett sie hochheben mußten, um den Familienschmuck herauszunehmen.

Gelegentlich wurden das tägliche Einerlei und die quälende Langeweile unterbrochen. Als eines Tages ein Nachbar an die Türe der Wojteks klopfte, ließ Nellys Mutter, als sie zu der versteckten Nische in ihrem Zimmer eilte, ein rotes Wollknäuel fallen und versuchte es dann gedankenlos unter der Tür zu sich herzuziehen. Die Nachbarn, die das Wollknäuel über den Boden rollen sahen, fragten sogleich, wen die Wojteks dort versteckten. Glücklicherweise riß Nelly auf der anderen Seite noch rechtzeitig den Faden ab, so daß ihr Gastgeber den neugierigen Besucher davon überzeugen konnte, daß die Wolle dort noch von alleine rollte. Solche Augenblicke, in denen man beinahe entdeckt worden wäre, hinterließen ihre unvergeßlichen Spuren, und Nelly verarbeitete den Vorfall auch in einem ihrer Bilder.[44]

Überall in den kleinen Städten und auf dem Land waren Kinder vor der Liquidierung der Ghettos geflohen und auf Gedeih und Verderb den Bauern ausgeliefert. Von denen hatten manche zuviel Angst, entdeckt zu werden, und schickten die Kinder fort. Einige nahmen die Kinder auf und gaben sie als Neffen oder Nichten aus oder beuteten sie als billige Landarbeiter aus. Andere versteckten sie trotz der Gefahr, von Nachbarn oder Verwandten denunziert zu werden, und schachteten in ihren Scheunen Verstecke aus. Wenn die Jugendlichen das Glück hatten, unentdeckt zu überleben, dann waren ihre Augen von solchen feuchten und beengten Orten bald nicht mehr ans Tageslicht gewöhnt, und sie fingen an, an Muskelschwund und an Erkrankungen der Atemwege zu leiden. Jedesmal, wenn Dawid Wulf und seine Mutter ihr Versteck wechseln mußten, versuchte die Mutter ihren siebenjährigen Sohn auf den Fall vorzubereiten, daß sie entdeckt und von den Deutschen erschossen würden. Dawid fragte sie, ob es sehr weh täte und erklärte ihr, daß sie beide mit derselben Kugel erschossen werden sollten. Einheimische Bauern und eine Gruppe polnischer Partisanen taten sich auch bei der Jagd auf Juden, die aus dem Krakauer Ghetto geflohen waren, zusammen, und die neuen Gruben wurden daraufhin noch geheimer und dunkler. Als Dawids Mutter ihren Sohn aufforderte, ihr Haus und den Garten mit dem Himmel und der Sonne zu zeichnen, gestand er ihr, daß er vergessen habe, wie der Himmel und die Sonne aussähen. Statt dessen baute er aus Erde Bunker, Panzer, Kanonen und Schiffe. Dawid brachte sich auch Deutsch bei und lernte Gedichte von Heinrich Heine auswendig.[45]

Außerhalb des Ghettos zu bleiben, brachte jedoch große Gefahren mit sich. Im Bezirk Zamość in Zentralpolen hatte die Liquidierung der Ghettos eine »schreckliche Demoralisierung« zur Folge, wie Dr. Zygmunt Klukowski, der Direktor des Krankenhauses von Szczebrzeszyn, schrieb. Als er sah, wie Bauern Juden herbeischleppten, die sich in den Weilern verstecken wollten, war er entsetzt. »Eine Psychose hatte sie ergriffen«, schrieb er am 4. November 1942 in sein Tagebuch, »und sie eifern den Deutschen nach, da sie in den Juden keine Menschen sehen, sondern nur irgendwelche schädlichen Tiere, die mit allen Mitteln vernichtet werden müssen wie tollwütige Hunde oder Ratten.« Sogar im Dorf Bełżec hatte die vierjährige Irena Schnitzer gehört, daß im nahen Lager Juden in einer mit Gas gefüllten Badewanne umgebracht würden. Als die SS einige Monate später anfing, die polnischen Dörfer im Bezirk zu säubern, hatten die ansässigen Bauern Angst, sie würden ebenfalls in die Gaskammern von Bełżec gebracht, aber zur Zeit der Deportation der Juden hatten sie ihre Fuhrwerke auf die Marktplätze gefahren, dort getrunken und darauf gewartet, den Besitz der Juden zu übernehmen, sobald diese auf die Züge verladen worden waren.[46]

Kindern waren solche Szenen nicht unbekannt. Am 1. August 1942 hörte Wanda Przybylska, die wieder einmal in Anin in den Ferien war, in der Ferne Schüsse. Die Zwölfjährige schrieb weiter in ihrem Tagebuch und notierte noch, daß die Schüsse von den Zügen kamen, mit denen die Juden deportiert wurden, bevor sie sich wieder ihren zwei Gedichten über Herbst und Wehmut zuwandte. Alles schien so weit weg zu sein. Zwei Wochen später mußten Wanda und ihre Familie in Falenica umsteigen, als sie vom Schwimmen in Świder, einem beliebten Urlaubsort der Warschauer, zurückkamen. Am nächsten Tag, überwältigt von dem, was sie gesehen hatte, rang sie nach Worten, um »die Menschenmengen, die regungslos in der Hitze sitzen«, »all die Leichen«, »die Mütter, die ihre Säuglinge an ihre Brust drücken«, zu beschreiben. Auf der Veranda des Landhauses in Anin mochte sie nicht mehr die Sterne betrachten. »Alles in mir ist tot«, schrieb die Zwölfjährige. Bei jeder Maschinengewehrsalve, die sie aus der Ferne hörte, sah sie einen Körper vor sich zu Boden stürzen. All die Wälder, die Weizenfelder und der Vogelgesang, die ihre innere Lebenskraft auszudrücken schienen, waren jetzt durch die Barbarei und die Macht des Feindes wie verschwunden. Noch Nächte danach lag das Mädchen wach und weinte und konnte sich nicht erklären, warum es geschah: »Weil sie diesem oder jenem Volk angehören? Weil sie Juden sind? Weil sie nicht so sind wie jene?«[47]

Weil sie kaum andere Unterhaltung hatten, wollten manche Kinder auch eine aktive Rolle spielen. Als eine Gruppe von Jungen den zehnjährigen Izak Klajman entdeckten, der allein am Flußufer außerhalb von Będzin unterwegs war, packten ihn drei von ihnen, zogen ihm die Hosen herunter, um zu schauen, ob er beschnitten war, und fingen an »Jude, Jude, Jude« zu rufen. Dann drehten sie ihm die Arme auf den Rücken und berieten darüber, ob sie ihn ertränken oder der deutschen Polizei übergeben sollten. Er hatte Glück. Es gelang ihm, sich mit Tritten freizukämpfen, und eine Frau, die seinen Vater gekannt hatte, nahm ihn zu sich herein. Als sie den Vorfall den Eltern der Jungen erzählte, erhielten diese dafür Prügel; von da an ließen sie Izak in Frieden. Aber durch diese Mischung von Großzügigkeit und Niedertracht, von Mut und Angst, von mitfühlenden und antisemitischen Nachbarn hatten die polnischen Kinder weniger Verbindungen zu Juden als die Generation ihrer Eltern. Sie waren unter der deutschen Besatzung aufgewachsen, und es schien, daß sie – auf dem Land wie in der Stadt – die neuen Regeln, jüdische Kinder zu jagen, quälen und zu denunzieren, schneller lernten.[48]

Weil es keine einheitliche Politik der Kirche oder des polnischen Untergrunds gegenüber den Juden gab, und angesichts der Todesstrafen, die von Seiten der Deutschen drohte, war das Spektrum derer, die bereit waren, Juden zu verstecken, noch heterogener als dasjenige derer, die willens waren, sie zu denunzieren. Janina Lewinson wurde verschiedentlich von einem polnischen Aristokraten, Andrzej Szawernowski, geholfen und von Lily, einer deutschen Prostituierten, deren Bruder bei der Eisenbahn als Polizist arbeitete und Schmuggler und Juden ergreifen sollte. Ihr wurde auch von mindestens zwei Volksdeutschen und einer Anzahl polnischer Arbeiter sowie von Mitgliedern des konservativen polnischen Widerstands geholfen. Einige halfen aus Idealismus, andere für Geld; manche Geschäftsverbindung führte zu einer Freundschaft, Gastgeber beschützten eine Familie weiterhin, auch wenn diese nichts mehr besaß. Doch jedesmal, wenn ein Versteck von einem polnischen Erpresser entdeckt wurde, mußte eine neue Zuflucht gefunden werden, so daß Janina Lewinson dreizehn Mal umziehen mußte. Da alte Netze sich auflösten und neue zu knüpfen waren, waren die Lewinsons ganz und gar auf die Improvisationskünste einiger weniger aufopferungsvoller Leute angewiesen. Manche, wie der mutige homosexuelle Stanisław Chmielewski, ein Mann, der seinem Geliebten 1939 zur Flucht in die Sowjetunion verholfen hatte, bevor er sich selbst dem Widerstand anschloß, handelten aus politischer Überzeugung. Andere, wie das ehemalige Kindermädchen der Lewinsons, »Tantchen« Maria Bułat, und die geschiedene Ehefrau des ehemaligen Fahrers, Zena Ziegler, bewiesen gegenüber ihren früheren Arbeitgebern eine weit größere Loyalität als alle nichtjüdischen, bürgerlichen Freunde der Lewinsons. Es waren vor allem diese ehemaligen Bediensteten, die ihre Familien und Freunde aufforderten, die Lewinsons zu verstecken. Als die Mittel der Familie erschöpft waren, verkaufte »Tantchen« Maria sogar ein Stück Land, das sie von Janinas Großeltern bekommen hatte.[49]

Die »große Deportation« aus dem Warschauer Ghetto bot Wanda Przybylskas Eltern endlich die Gelegenheit, ihr Zimmer im früheren Studentenheim in der Tamka Straße zu verlassen. Das Ghetto war verkleinert worden, und sie konnten, zusammen mit anderen polnischen Familien, in die Pańska Straße umziehen. Wanda mußte nicht mehr im Korridor spielen oder mit ihren Freundinnen auf der Fensterbank im ersten Stock zusammensitzen. Am 24. Februar 1943 erfuhr sie, daß ihnen eine Vierzimmerwohnung mit eigener Küche zugewiesen wurde. Noch mehr begeisterte sich Wanda an diesem Abend in ihrem Tagebuch dafür, daß es »ein Zimmer nur für mich« gab. »Ein Wunder!« Und so war es. Als sie einen Monat später einzogen, war es fast noch schöner, als sie es sich vorgestellt hatte. Ihr weiß-blauer Schreibtisch war »wirklich hübsch, genauso wie ich ihn wollte«. Das Zimmer mit den wenigen Bildern, dem Kruzifix an der Wand und den Blumen auf einem Regal war einfach, hell, warm und angenehm. Wanda erwähnte in ihrem Tagebuch allerdings nicht, daß ihre Eltern anscheinend auch zwei jüdische Frauen in der Wohnung versteckten. Zu ihrem dreizehnten Geburtstag nahm Wanda jedoch die Ermahnungen ihrer Mutter krumm, höchste Vorsicht walten zu lassen, als eine unwürdige Aufforderung, nicht ganz »ehrlich« zu sein. Aus Trotz stellte Wanda ihre Tagebucheintragungen gänzlich ein.[50]

Im Herbst 1943, sechs Monate nach der Zerstörung des Warschauer Ghettos, erblickte Józef Ziemian, Mitglied des jüdischen sozialistischen Untergrunds, zwei jüdische Jugendliche, die gerade die Volksküche an der Nowy Swiat betraten. Waren Polen schon darauf eingestellt, jüdische Sprachbesonderheiten und -wendungen herauszuhören, so waren die Sinne eines Juden, der unter falscher Identität lebte, noch weit besser geschärft. Auch die beiden Jünglinge erkannten Ziemian als Juden und fingen mit ihm eine Unterhaltung an, nachdem sie ihr Mißtrauen überwunden hatten. Der eine war »Bulle«, dessen dunkelblondes Haar und blaue Augen ihn recht gut tarnten, der andere, »Langnase«, hatte zwar blaue Augen, die sich – unglücklicherweise unter diesen Umständen – vom »schlechten Aussehen« seiner langen Nase abhoben.[51]

Bei ihrem zweiten Zusammentreffen nahmen die zwei Jungen Ziemian zu den anderen mit. Es waren mehr als zwölf in ihrer Gruppe, die am verkehrsreichen Drei-Kreuze-Platz arbeiteten, wo sich auch die Endhaltestelle der Straßenbahn befand. Hier, mitten im deutschen Bezirk von Warschau mit einem nahe gelegenen deutschen Polizeiposten in der

Wiejska Straße und einer SS-Baracke im ehemaligen CVJM-Gebäude an der Konopnicka Straße, mit Lebensmittelgeschäften und Restaurants »nur für Deutsche«, betrieb diese Bande jüdischer Gören ihren Handel mit Zigaretten, die sie an Passanten verkauften. Da gab es »Beißerchen« Jankiel, einen mageren Dreizehnjährigen mit hervorstehenden Zähnen, der barfuß war, oder Zbeyszek und Pawel, die so »arisch« aussahen, daß selbst Ziemian an ihrer jüdischen Herkunft zweifelte. Vor der Blinden- und Taubstummenanstalt lernte er Teresa kennen. Sie trug ein zerrissenes Kleid und einen schmutzigen Pullover, ihre hellen Haare fielen ihr bis auf die Schultern und über einem Auge hatte sie eine große Narbe. Sie teilte ihren Standplatz mit Yosef, dessen Hinken ihm den Spitznamen »Hüpfer« eingebracht hatte. Vor dem CVJM-Gebäude traf Ziemian auf den zwölfjährigen »Burek«, »den Bauern«, sowie auf einen kleineren Jungen, dessen ängstlicher Gesichtsausdruck das Blau seiner Augen und sein blondes Haar Lügen strafte. Ziemian hatte keine Schwierigkeiten, den »kleinen Stasiek« als Juden auszumachen. Dann kam »Bolús« dazu, mit sieben Jahren der Jüngste und der Liebling von allen, in einem zerschlissenen Damenpelzmantel, um den er einen Strick gebunden hatte, und in einer zerrissenen Hose, die an der Seite mit Sicherheitsnadeln zusammengehalten wurde. »Bolús« – Bencjon Fiks – war bereits von den rivalisierenden polnischen Jungen, die den Handel auf dem Platz monopolisieren wollten, ausgemacht worden. Er und seine Freunde liefen Gefahr, als Juden denunziert zu werden.

Die Jugendlichen beäugten Ziemian mißtrauisch, wichen seinen Fragen aus und gingen, wenn er zu viele stellte. Auch er achtete darauf, nicht zu verraten, daß er für das Jüdische Nationalkomitee im Untergrund arbeitete. Es war Bulle, der Anführer der Bande und der erste von ihnen, den Ziemian kennengelernt hatte, der die anderen davon überzeugte, ihn zu akzeptieren. Ziemian erfuhr, daß sie in verschiedenen Volksküchen aßen und sowohl diejenigen in der Zurawia Straße und Krucza Straße als auch die von Nowy Swiat aufsuchten. Zwei Hauswartsfrauen gaben ihnen für eine Weile Unterkunft. Einer hatte sogar in der Nische eines Grabes auf dem katholischen Friedhof in der Okopowa Straße geschlafen, bis ein Anwohner, der ihn beobachtete, die Polizei verständigte.[52]

Ziemian überredete das Jüdische Nationalkomitee, den Straßenkindern zu helfen; sie wiesen aber die Kleider oder das Geld, das er ihnen anbot, zurück und zogen es vor, sich auf eigene Faust durchzuschlagen. Die meisten waren schon im Ghetto Schmuggler gewesen. Einige, wie zum Beispiel Bulle, waren sogar aus den Deportationszügen nach Treblinka entkommen. Einem der ältesten, dem siebzehnjährigen Mosze oder »Stasiek«, war es gelungen, einem Paar polnischer Erpresser zu entkommen, die ihn gezwungen hatten, reiche Juden ausfindig zu machen, damit sie vom erpreßten Geld leben konnten. Nachdem Mosze-Stasiek mit den polnischen Straßenbahnarbeitern Karten gespielt hatte, tauchte er betrunken auf dem Platz auf und überredete die jüdischen und polnischen Jungen, ihr ganzes Geld in einem Restaurant in der Nähe auszugeben. Ziemian erkannte schnell, daß er nicht in der Lage war, Mosze-Stasiek aus der Gruppe zu vertreiben, so sehr ihm daran lag. Der Junge hatte seinen Platz erobert, indem er die Gruppe gegen die Angriffe der polnischen Jungen verteidigt hatte. Jetzt versuchte er, die beiden Welten zusammenzubringen. Jedenfalls konnte Ziemian das nächste Jahr über zusehen, wie sich das Leben der Jungen verbesserte. Sie erhielten jeden Morgen am Rozycki Markt ein Frühstück, konnten ihre Ghettolumpen gegen bessere Kleidung eintauschen und sich beim Fotografen am Platz fotografieren lassen.[53]

Was die Jungen wirklich von Ziemian brauchten, waren Papiere. Ab 1943 benötigten alle Erwachsenen sowohl eine Kennkarte nach deutschem Muster, die bewies, daß sie eine Anstellung und einen festen Wohnsitz hatten, als auch eine Bescheinigung, die bestätigte, daß ihr Arbeitgeber eine Arbeitserlaubnis für sie besaß. Dank ihrer Druckerpressen und ihrem Netz von Angestellten innerhalb der Zivilverwaltung war der polnische Untergrund in der Lage, sich Tausende davon zu verschaffen. Sobald im Jahre 1942 *egota*, das polnische Komitee für die Judenhilfe, eingerichtet war, begann dort eine eigene Abteilung mit der Herstellung einer großen Anzahl falscher Kennkarten, Geburtsurkunden, Totenscheinen, Heiratsurkunden, Anmeldescheinen und Reisepässen. Jedesmal wenn jemand aufgespürt und erpreßt wurde, mußte die Adresse gewechselt werden oder eben auch die Identität.[54]

Ein Teil des Geldes zur Unterstützung der Juden kam aus Amerika. Die wichtigste sozialistische Partei, der jüdische *Bund*, erhielt Geld von der *Jewish Labor Party* in New York, das Jüdische Nationalkomitee vom Jüdischen Weltkongreß und *Zegota* vom amerikanischen *Joint Distribu-*

tion Committee. Als einzige geschlossene polnisch-jüdische Organisation konnte *Zegota* Hilfsmittel der polnischen Exilregierung in Anspruch nehmen und damit die Verbindung mit der Außenwelt aufrechterhalten beziehungsweise Dollars in Reichsmark wechseln. Zu gewissen Zeiten lebten fünfundzwanzigtausend Juden illegal auf der »arischen« Seite Warschaus; ein Historiker hat dies »die geheime Stadt« genannt. Etwa viertausend von ihnen wurden von *Zegota* unterstützt. Die Hilfsorganisationen hatten einfach nicht genügend Mittel. Doch Flüchtlinge wie die Jungen vom Drei-Kreuze-Platz zögerten auch, ihr Leben Listen anzuvertrauen, die in die Hände der deutschen oder polnischen Polizei fallen konnten. Dennoch waren sie Ziemian dankbar dafür, daß er Bolús von der Straße nahm. Das jüngste und unverkennbar jüdisch aussehende Kind in der Bande hatte langsam die Aufmerksamkeit auf die ganze Gruppe gezogen. Tadeusz Idzikowski, ein Lehrer aus dem Warschauer Bezirk Grochów, nahm ihn auf.[55]

Erpressung war nicht nur auf Fremde beschränkt. Immer wenn *Pan* (Herr) Wojtek trank, pflegte er seine Frau Krysia zu schlagen. So aufopferungsvoll sie gegenüber Nelly Landau und ihrer Mutter war, drehte sie schließlich den Spieß gegen ihn: Sie fing an, ihrem Mann zu drohen, ihn zu denunzieren, weil er Juden versteckte. In Lydias und Erics Wohnung sah sich Janina David ebenfalls den Streitereien und Drohungen einer zerfallenden Ehe ausgesetzt. Obwohl Lydia diejenige gewesen war, die Janina aufgenommen hatte, hielt sie es bald für zweckmäßig, ihren deutschstämmigen Ehemann damit zu erpressen, daß er eine Jüdin versteckte. Eric sah sich gezwungen, eine andere Wohnung in der Stadt zu mieten, die Lydia mit ihrem neuen Liebhaber bezog; ihre Besuche zu Hause wechselten zwischen Krach und tränenreicher Versöhnung, wobei die Jungen sich an ihre Mutter klammerten und Eric zeitweise sein Stottern verlor. Nach und nach nahm Lydia das Geschirr, die Bilder, das Silber, die Tischtücher und die Kristallgläser mit. Eines Tages schließlich war Janina allein in der Wohnung und fürchtete vor allem, was Lydia im Treppenhaus herumschreien könnte, wenn sie sie nicht hereinließe. Sie öffnete die Tür und sah, daß Lydia die Möbelpacker mitgebracht hatte. Als Eric und die Jungen zurückkamen, war die Wohnung leer.[56]

Auch Eric erkannte nun, daß Janina nicht mehr bei ihm verborgen bleiben konnte. Sie mußte in einem Kloster versteckt werden. Er besorgte

Papiere für sie und brachte ihr den neuen Namen Danuta Teresa Markowska bei. Laut ihrer Tarngeschichte kam Danuta aus der Hafenstadt Gdynia, einem Ort, in dem Janina nie gewesen war. Sie mußte auch katholische Gebete und Responsorien lernen. Sie tat dies mit großer Begeisterung. Für sie erfüllte sich ein langgehegter Wunsch, in ihrer Muttersprache polnisch zu beten und einen Schutzengel zu haben, der über sie wachte. Da sie das Gefühl hatte, der Gott ihrer vergessenen hebräischen und aramäischen Gebete aus der Vorkriegszeit habe sein auserwähltes Volk dem Untergang überlassen, »ließ ich Ihn auch hinter mir, als ich das Ghetto verließ«.[57]

Das von Eric ausgesuchte Kloster lag außerhalb von Warschau am Ende einer langen, gewundenen Lindenallee, mit einem großen Gemüsegarten, der an der Straßenbiegung lag. Janina und Eric trafen an einem Sommertag des Jahres 1943 ein, mitten im Gesumme, das von den kegelförmigen Bienenkörben herkam. Nach dem Halbschatten in der Lindenallee war das Innere des weißgetünchten Hauses dunkel und der Flur roch nach frisch gebohnerten Dielen, muffigem Essen und vielen Menschen, die zu eng zusammenlebten. Janina mußte sich an diesem fremden Ort eingewöhnen, ohne ihre Tarnung zu lüften. Ihr erster Schock war das Essen. Selbst im Ghetto hatte sie nie so etwas Ungenießbares bekommen, was vielleicht eines der beredtesten Zeugnisse dafür ist, wie sehr sich ihr Vater um sie gekümmert hatte. Während der ersten Monate hungerte sie.

Janina mußte auch ihren Platz unter den Mädchen innerhalb der strengen Hierarchie von Macht und Privilegien finden. Um den kalten Duschen in einem feuchten Kellergeschoß mit Fröschen, die auf dem dunklen Zementboden herumhüpften, zu entgehen, bestach sie die privilegierten älteren Mädchen, sie sich mit ihnen zusammen in dem von den Nonnen zurückgelassenen Badewasser waschen zu lassen; dabei entdeckte sie, daß einige sich darum stritten, im Badewasser derjenigen Frauen zu baden, in die sie verliebt waren. Es dauerte aber bis Anfang Dezember, daß sie von den älteren Mädchen akzeptiert wurde. Freiwillig unangenehme Aufgaben zu übernehmen und als Ersatzlehrerin in den jüngeren Schulklassen eingesetzt zu werden, öffnete ihr die Tür. Nachdem sie schließlich ihre Bereitschaft bewiesen hatte, all die schweren Arbeiten zu erledigen, von denen man glaubte, daß Juden sie scheuten, wagte sie es, diejenigen bloßzustellen, die insgeheim herumflüsterten, sie sei eine Jüdin. In einem

Spiel »wie siehst du aus« erklärte sie selbst, sie sehe jüdisch aus, und überließ es der dicken Krysia, dem ältesten Mädchen, einzuschreiten und dies
zu bestreiten. Für jüdische Jungen war es schwieriger, Ausflüchte zu finden. In Zakrzówek bei Krakau sagte der Superior eines Heims, das von
Albertinerbrüdern geführt wurde, dem acht Jahre alten Zygmunt Weinreb, er solle in Badehosen baden wie die älteren Jungen.[58]

Während Janina schlau ihre nächsten Schritte plante, um zum Tisch
der »Alten« aufzurücken, wurde sie von religiösen Zweifeln gepeinigt. Sie
wollte eine echte Katholikin werden und brachte es nicht über sich, erstmals zur Kommunion zu gehen, ohne getauft zu sein. Anfang 1944 fand
sie schließlich in Schwester Zofia eine Nonne, der sie ihr Herz ausschüt-
ten konnte. Eine Woche vor Ostern nahm Zofia sie mit und führte sie
quer durch Warschau, damit sie außerhalb des Klosters in einem Kinderheim getauft werden konnte. In der darauffolgenden Woche bat die Vierzehnjährige zusammen mit den anderen Mädchen die Nonnen um Ver-
gebung für alle Kränkungen im vergangenen Jahr, und am Ostersonntag
erhielt Janina an der Seite der Acht- und Neunjährigen mit einem neuen,
inneren Zugehörigkeitsgefühl die erste Kommunion. Das Silbermedaillon, das Schwester Zofia ihr gegeben hatte, hütete sie wie einen Schatz.[59]

Wie die Ghettoleitung befürchtet hatte, als die Kirche anbot, im Verlauf der »großen Deportation« mehrere hundert jüdische Kinder in den
Klöstern unterzubringen, gewann sie viele deren Seelen. Es war jedoch
der Marienkult, der viele jüdische Waisenkinder bewegte. Und dies nicht
nur, weil die Verehrung der Jungfrau Maria im polnischen Katholizismus
eine zentrale Stellung einnahm. Wenn sie vor der Statue mit dem liebli-
chen Antlitz knieten, die mit einem langen, weißen Kleid und einem him-
melblauen Gürtel bekleidet war, hatten die Kinder etwas gefunden, was
sie schmerzlich vermißten: den Schutz einer Mutter.[60]

7. Das »Familienlager«

Es war Nacht, als die Tür von Yehuda Bacons Güterwagen aufgerissen wurde. Er blinzelte in das grelle Scheinwerferlicht und erkannte Männer in gestreiften Pyjamas, die sich auf Stöcke stützten. Sein erster Gedanke war, sie seien in einer Art Rekonvaleszenzlager für Behinderte angekommen. Dann sah er. wie die Stöcke eingesetzt wurden, begleitet von Rufen in einer fremden Sprache, die er nicht verstand. Unter Schlägen trieben sie die Männer und Frauen in zwei getrennte Reihen neben den Gleisen. Sie mußten ihr Gepäck zurücklassen und auf die Ladeflächen von Lastwagen klettern. Als sie in die Nacht fuhren, strahlten die Scheinwerfer den schnee-bedeckten Boden und die Sperrballons an. Die Landschaft war eben, es ließ sich nur das Flimmern vieler Lichter ausmachen. Bacon konnte die Masten, an denen sie befestigt waren, nicht erkennen, geschweige denn den Stacheldraht, der zwischen ihnen gespannt war, er konnte nur die Größe des Lagers an der geometrischen Verteilung der Lichter erraten. Es schien weitläufig, still und leer zu sein. Irgendwann bogen die Lastwagen von der Straße ab, und die Neuankömmlinge wurden in leere Baracken getrieben, wo die hölzernen Schlafkojen nicht einmal Strohmatratzen hatten. Yehuda war zu müde, zu entmutigt, um das Essen, das sein Vater während ihrer zweitägigen Reise für ihn aufgespart hatte, zu sich zu nehmen.[1]

Yehuda Bacon traf am 17. Dezember 1943 in Auschwitz-Birkenau ein. Schon als Vierzehnjähriger wollte er Maler werden, ein Wunsch, der sich später einmal erfüllen sollte. Die letzten anderthalb Jahre hatte er in dem Ghetto verbracht, das Reinhard Heydrich in Theresienstadt hatte errichten lassen, um die Juden seines Reichsprotektorats Böhmen und Mähren zu sammeln. Der Junge verkehrte mit vielen Musikern und Künstlern, die sich in der kleinen Garnisonsstadt aus dem 18. Jahrhundert eingefunden hatten, und durfte Leo Haas, Otto Ungar und Bedřich Fritta beim Malen zuschauen und bei ihnen lernen. Am 18. Januar 1945 sollte Bacon mit den Häftlingskolonnen, die die SS vor dem Eintreffen der Roten Armee evakuieren wollten, Birkenau verlassen, wieder bei Nacht und Schnee, doch diesmal zu Fuß. Zu dieser Zeit hatte der Jugendliche bereits seine Kindheit und einen Teil seiner Jugend im Todeslager hinter sich gebracht, wo sein Vater und die meisten, mit denen er aus Theresienstadt gekommen war, gestorben waren. In den letzten sechs Monaten der Gefangenschaft waren Yehuda und einige wenige tschechische Jungen den Männern zugeteilt, die in den Gaskammern und im Strafblock, dem »Sonderkommando« und der »Strafkompanie« arbeiteten. Unter dem Einfluß dieser mächtigen, schrecklichen, aber gegenüber den Jungen auch großzügigen Männer, nahm Yehuda Bacon viel von ihrem geheimen Wissen und ihren Einstellungen in das, was er als »Normalität« empfand, auf.[2]

Auf jeder Stufe war das, was kommen würde, unbekannt. Als Yehuda Bacon in Theresienstadt war, wußte er nichts von Auschwitz-Birkenau, obwohl er, als er dort ankam, Viehwagen mit zusammengepferchten Deportierten gesehen hatte, die das Ghetto verließen. Yehuda wußte auch nichts über den Zustand der polnischen Ghettos oder deren Zerstörung. Auch von Massenerschießungen der Juden in den baltischen Staaten und den sowjetischen Gebieten hatte er nichts gehört. Im Vergleich zu allen diesen Ghettos wirkte Theresienstadt »privilegiert«, obgleich dies den wenigsten Bewohnern dort zu dieser Zeit bewußt war. Als Bacon und sein Vater im Dezember 1943 in Birkenau ankamen, wurden sie in einem der »privilegiertesten« Abschnitte untergebracht, in dem den Bewohnern bei der Ankunft nicht der Kopf kahlgeschoren wurde und sie keine Lagerkleider tragen mußten. Auch ihre Verpflegung war besser. Vor allem waren die Frauen und Männer nur zum Teil getrennt. Nur im angrenzenden »Zigeunerlager« lebten die Familien richtig zusammen. Die tschechischen Juden waren zwar in nach Geschlecht gesonderten Blöcken untergebracht, sie wurden jedoch nicht strikt voneinander getrennt, wofür sie von den Häftlingen in anderen Abschnitten des Lagers sehr beneidet wurden. Von diesem eigentümlichen Anschein einer »Normalität« in Sichtweite der Krematoriumschornsteine bezog das tschechische »Familienlager« seinen Namen. Vor allem gab es dort Kinder, und dies in einem Todeslager, wo sonst die überwiegende Mehrzahl der Kinder geradewegs in die Gaskammern geschickt wurde.

Die »Privilegien«, die den tschechischen Juden in Theresienstadt und im »Familienlager« von Birkenau gewährt wurden, rührten aus einer

Reihe improvisierter Pläne der SS, die auf den Herbst und den Winter 1941 zurückgingen. Reinhard Heydrich hatte am Schicksal der tschechischen Juden von Anfang an entscheidenden Anteil. Als Chef des Reichssicherheitshauptamts organisierte er bis zu seiner Ermordung im Juli 1942 die Deportation der Juden in ganz Europa. Als Reichsprotektor von Böhmen und Mähren war Heydrich mindestens so wie andere NS-Satrapen versessen darauf, sein Lehen als erster für »judenfrei« erklären zu können. Als die Deportation der Juden im September 1941 begann, hatte er ursprünglich vor, alle abzuschieben und sie den Exekutionskommandos der Einsatzgruppen und den Polizeibataillons im Osten zuzuführen oder sie zusammen mit den deutschen und österreichischen Juden in das Ghetto von Lodz zu bringen. Im Oktober mußte Heydrich hinnehmen, daß das Militär auf den Eisenbahnen Vorrang hatte, und statt dessen ein Ghetto innerhalb seines »Reichsprotektorats« eröffnen. Doch war Heydrich stets der Meinung, Theresienstadt sollte nur ein Auffang- und Durchgangslager sein.[3]

Als die Instandsetzungsarbeiten an den Baracken der ehemaligen tschechischen Garnison im Dezember 1941 einsetzten, meinte der erst kürzlich gegründete und überwiegend zionistische und kommunistische Judenrat, daß die Juden, so wie in Wilna und den polnischen Ghettos, ihre Bedeutung für die deutsche Kriegswirtschaft beweisen müßten, wenn sie überleben wollten. Das Durchschnittsalter der tschechischen und mährischen Juden war sechsundvierzig, und der Plan schien dem ersten Vorsitzenden des Jüdischen Rates, Jakub Edelstein, durchführbar zu sein. Doch schon nach wenigen Monaten erwies sich diese Einschätzung als falsch. Im Sommer und Herbst 1942 wurden 43 000 deutsche und österreichische Juden nach Theresienstadt geschickt. Es waren meist ältere Menschen. Das Durchschnittsalter derer, die aus Berlin und München dorthin gebracht wurden, war 69, von denen aus Köln 70 und von denen aus Wien 73. Theresienstadt wurde im wahrsten Sinn des Wortes ein »Altersheim«, und der größte Arbeitsaufwand der Bewohner galt der Selbstversorgung.[4]

Dieser Zustrom von älteren deutschen und österreichischen Juden hatte seinen Ursprung in einem Ad-hoc-Alibi der SS. Der erste Transport von deutschen Juden nach Minsk und Riga hatte dazu geführt, daß sich über vierzig prominente Nationalsozialisten schriftlich an Heydrich

mit der Bitte zu intervenieren wandten. Dieser begriff schnell, daß Theresienstadt dazu dienen konnte, die Bedenken hochrangiger Nationalsozialisten zu zerstreuen, indem man sie davon überzeugte, daß keine
deutschen Juden, die unter ihrem Schutz standen, »in den Osten« verbracht wurden, sondern im Reich blieben. Bei der Wannsee-Konferenz
am 20. Januar 1942 wurde diese doppelte Rolle von Theresienstadt als
Durchgangslager und als Tarnung der »Endlösung« Teil eines Gesamt-
plans. Heydrich erklärte, deutsche und österreichische Juden über 65 und
»schwer kriegsbeschädigte Juden und Juden mit Kriegsauszeichnungen
(EK I)« würden in ein »Altersghetto« geschickt. Mit deutlicher Erleichterung stellte er fest: »Mit dieser zweckmäßigen Lösung werden mit einem
Schlag die vielen Interventionen ausgeschaltet.« Doch für viele war das
Privileg, nach Theresienstadt gebracht zu werden, nur ein kurzer Auf-
schub: Von Januar 1942 an wurden sie zu den Erschießungskommandos
der SS-Einsatzgruppen um Riga und Minsk transportiert. Im Juli 1942
fuhren Züge von Theresienstadt direkt zu den Gaskammern in Sobibór,
Majdanek und Treblinka. Als Durchgangsghetto bot Theresienstadt herzlich wenig Stabilität: Bis zum Ende des Jahres waren 96 000 Juden angekommen und 43 000 mit dem bedrohlichen, jedoch noch immer unkla-
ren Ziel »Osten« wieder abgereist.[5]

Überraschend verbot Himmler am 16. Februar 1943 Ernst Kalten-
brunner, Heydrichs Nachfolger als Chef des Reichssicherheitshauptamts,
weitere Deportationen älterer österreichischer und deutscher Juden aus
Theresienstadt zuzulassen. Dies allein machte schon jeden rücksichtslosen Umbau des Ghettos in Werkstätten nach dem Prinzip von Lodz
unmöglich. Tatsächlich verließen in den folgenden sieben Monaten keine
Transporte Theresienstadt. Himmler erklärte, weitere Deportationen
»widersprechen den offiziellen Erklärungen, daß die Juden im Theresienstädter Ghetto für die Alten dort in Frieden leben und sterben könnten«.
Was Himmlers wirkliche Gründe waren, ist nicht ganz klar, obwohl er
vielleicht schon anfing darüber nachzudenken, daß Theresienstadt mehr
sein könnte, als nur ein Alibi zur Beruhigung prominenter Nationalsozialisten, die über die »Evakuierung ihrer Juden« aufgebracht waren. Am
18. Dezember 1942 gaben zwölf alliierte Regierungen, darunter auch die
tschechische Exilregierung, eine Erklärung ab, in der sie die Vernichtung
der Juden verurteilten. Einen Monat später, als die 6. Armee in Stalingrad

kurz vor ihrem Untergang stand, nahm Himmler die ersten Kontakte zu alliierten Geheimdiensten auf.[6]

Im Frühjahr 1943 leitete die SS ein Programm zur Verschönerung des Theresienstädter Ghettos ein, das schließlich mit einem inszenierten Besuch von Delegierten des schwedischen und dänischen Roten Kreuzes sowie des Internationalen Roten Kreuzes am 23. Juni 1944 abgeschlossen werden sollte. Die Gruppe des Internationalen Roten Kreuzes wurde auch eingeladen, ein jüdisches »Arbeitslager« zu besuchen. Es war das »Familienlager« von Birkenau, das im September und Dezember 1943 mit Deportierten aus Theresienstadt aufgebaut und im Mai 1944 aufgefüllt wurde. Aus Himmlers Sicht diente die Öffnung von Theresienstadt zur Besichtigung dazu, den Vorwurf des Massenmordes zurückzuweisen; großes Gewicht wurde auf die Bestätigung der Behauptung gelegt, daß es sich um ein »Endlager« handle und nicht um ein Durchgangsghetto, das es in Wirklichkeit war. Das Wort »Ghetto« wurde freilich durch die Bezeichnung »jüdisches Siedlungsgebiet« ersetzt – nur um ungewollt in den »Ghettokronen« seines falschen Papiergeldes wieder zu erscheinen. Darüber hinaus schien der offenbar gute Zustand der Juden in Theresienstadt Himmlers redliche Absichten bei der Einfädelung einer eigenen, geheimen Außenpolitik zu bestätigen: Er würde Juden im Austausch gegen amerikanische Dollars, deutsche Kriegsgefangenen und amerikanische Lastwagen anbieten, und er überlegte, wie er am besten einen Separatfrieden im Westen aushandeln könnte, eine Strategie, der er sich erst in den letzten Wochen des Krieges voll und ganz verschrieb.[7]

Wie der übelste jüdische Schacherer seiner antisemitischen Vorstellungswelt wollte Himmler beides haben. Als sich die deutsche Lage an der Ostfront 1943 und 1944 verschlechterte, suchte er die Reichsleiter, die Gauleiter und die deutschen Generäle mit einer gemeinsamen Schuld am Judenmord zu behaften, um zu verhindern, daß auch nur ein Machtblock innerhalb des NS-Systems wegbrechen und einen Separatfrieden schließen könnte. Und im Sommer 1944 drängte er Adolf Eichmann zur schnellen Durchführung der Massendeportationen von ungarischen und slowakischen Juden in die Gaskammern von Auschwitz-Birkenau, zum einen, um zu verhindern, daß sich die Marionettenregimes abspalteten, zum anderen, um den Genozid so weit wie möglich zu Ende zu führen. Gleichzeitig wollte Himmler das Theresienstädter Ghetto und das »Familienlager« zum Beweis nutzen, daß er der geeignete Verhandlungspartner für die Westmächte war, weil er Juden zu verkaufen hatte. Der Schlüssel zu Himmlers »Doppelgedanken« lag in der Ideologie seines Antisemitismus, und sein Handeln ist dann verständlich, wenn er ernsthaft daran glaubte, die Juden wären so einflußreich, daß sie liefern könnten, worauf er aus war: einen Separatfrieden mit dem Westen. Dieser würde es Deutschland ermöglichen, alle Mittel für den Krieg gegen den Bolschewismus einzusetzen. Mit diesem Ziel sollte er am 20. April 1945, als die Rote Armee bereits vor den Stadtgrenzen Berlins stand, Hitlers Geburtstagsfeierlichkeiten verlassen, um sich heimlich mit Norbert Masur zu treffen, als ob dieser schwedische Vertreter des Jüdischen Weltkongresses tatsächlich einer der »Weisen von Zion« wäre, der ein Abkommen mit den Vereinigten Staaten aushandeln könnte.[8]

Weder Jakub Edelstein noch der Judenrat, geschweige denn die normalen Insassen des Theresienstädter Ghettos, wußten um diese sich entwickelnden Prioritäten beim Reichsführer-SS. Was sie sahen, waren die neue Ausstattung des Ghettos und daß die Deportationen zwischen Februar und September 1943 aufhörten. Selbst auf dem Höhepunkt der Deportationen im Sommer 1942 versuchte der Judenrat zu verhindern, daß Kinder auf die Transportlisten kamen, und eröffnete eine Reihe von Kinderheimen. Sie waren ganz anders als jene, die Miriam Wattenberg so niedergedrückt und Janusz Korczak in Warschau zur Verzweiflung getrieben hatten. Dort war es Adam Czerniaków, dem Vorsitzenden des Judenrates, nicht gelungen, seine Absichten zu verwirklichen, das Bewirtschaftungssystem zur Verschonung der Kinder zu nutzen.[9]

Ohne die unerwartete Entscheidung der SS zu Beginn des Jahres 1943, mehr Mittel in Theresienstadt hineinzupumpen, dürfte das von der jüdischen Verwaltung hoch geschätzte Projekt der Kinderheime schwerlich die 26 Monate, in denen sie voll funktionsfähig waren, überstanden haben. Kein anderes Ghetto im Archipel der westeuropäischen Durchgangslager und osteuropäischen Ghettos war in der Lage, so etwas wie dieses System getrennter Heime für Jungen und Mädchen, Deutsche und Tschechen – mit Zusatzrationen und später auch noch mit eigenen Küchen – auf die Beine zu stellen oder den Kindern ein gewisses Maß an Schutz vor der unmittelbaren Umgebung zu verschaffen. Etwa 12000 Kinder gingen durch Theresienstadt. Die ganze Zeit über befanden sich dort zwischen

2700 und 3875 Kinder unter fünfzehn Jahren. Ungefähr die Hälfte von ihnen lebte in den unentgeltlichen Kinderheimen, der Rest wohnte normalerweise mit einem Elternteil in den nach Geschlechtern getrennten Baracken der Erwachsenen.[10]

Entgegen allen Erwartungen funktionierten die Kinderheime. Überlebende haben häufig den Wert der alltäglichen Routine hervorgehoben, die in krassem Kontrast stand zur mangelnden Strukturierung des Lebens jener Kinder, die in den Baracken der Erwachsenen verblieben waren. In den Kinderheimen herrschte Ordnung und in den überfüllten Schlafsälen gab es einen Putzplan. Das tägliche gemeinsame Frühstück und der darauf folgende Namensappell, religiöse Versammlungen am Freitagabend, süße Brötchen am Wochenende – und das kontinuierlich gut organisierte Ausweichen vor der SS – all dies trug zu einer gewissen Zielstrebigkeit bei. Nach den grotesken und andauernd wechselnden Befehlen der Deutschen, die jeden Aspekt der neuen Gesellschaft regelten, war es den Kindern verboten, Unterricht zu erhalten; dennoch wurde er insgeheim weitergeführt. In Yehuda Bacons Bericht über seine Zeit im tschechischen Heim für Jungen wird die Gefahr, entdeckt zu werden, und sein Stolz, der Entdeckung zu entgehen, deutlich:

»Zwei Schüler hielten immer Wache, einer beim Haustor und einer bei der Türe. Falls ein SS-Mann vorüberging, so meldeten sie es. Wir wußten schon, wie wir uns verhalten sollten, man begann sofort über etwas Bestimmtes zu reden, oder es wurde aus einem Buche vorgelesen. Unsere Papiere wurden schnell versteckt.«[11]

Die Kinder waren zwar freiwillig in den Heimen, aber Eltern und erwachsene Verwandte hatten im Ghetto in der Regel ohnehin keine Mittel, um für ihre Kinder selbst zu sorgen. Die Disziplin hing zu einem großen Teil vom Bewußtsein der Kinder ab, daß sie eine Art Elite bildeten, daß ihre Verhältnisse besser waren als die ihrer Altersgenossen in den Erwachsenenbaracken und daß sie Glück hatten, einen Platz bekommen zu haben. Ruth Klüger erinnerte sich, wie sehr sie fürchtete, aus dem deutschen Mädchenheim ausgewiesen zu werden, weil sie das Verbot, verunreinigtes Wasser zu trinken, übertreten hatte. Im tschechischen Jungenheim bildeten die Jungen aus dem jüdischen Waisenhaus in Prag, die sich sowohl untereinander als auch das Heimleben bereits kannten, den Kern der Gruppe. Für einige war es nicht so leicht. Helga Pollak beschrieb in ihrem Tagebuch, wie verwirrt, allein und untröstlich ihre vierzehnjährige Nachbarin im tschechischen Mädchenheim war. Das Mädchen war glühende Katholikin und unter Anwendung der Gesetze für sogenannte »Mischlinge« deportiert worden. Hingegen haben vorpubertäre Jungen und Mädchen offenbar häufig in ihren Zimmern »Paare« gebildet und schlossen enge gleichgeschlechtliche Freundschaften.[12]

Die Kinder entwickelten auch enge Bindungen zu ihren erwachsenen Betreuern. Während die Lehrer von Fach zu Fach wechselten, waren der Betreuer oder die Betreuerin stets anwesend. Ella Pollak, die das Zimmer der tschechischen Mädchen beaufsichtigte, war mit ihnen während der ganzen Zeit, als sie in Theresienstadt eingesperrt waren, und bei der späteren Deportation zusammen. Für die Mädchen war sie einfach »Tella«. Valtr Eisinger und sein Assistent Josef Stiassny stellten ihre Betten in den Schlafsaal des tschechischen Knabenheims, nahmen an den Spielen der Jungen teil und erzählten Gutenachtgeschichten. Es war bekannt, daß Stiassny einen Bruder im Widerstand verloren hatte, was ihm die Aura eines Helden verlieh. Die tschechischen Jungen nannten ihn »Pepek«. Der winzige Eisinger verschaffte sich Respekt, indem er die nichtsahnenden SS-Leute, die den Raum inspizierten, mit der Gebärde intellektuellen Hohns, nämlich der Zurschaustellung einer übertriebenen Respekthaltung, lächerlich machte. Die Jungen nannten ihn »den Kleinen«. Diese Bindungen zeigten sich im Gebrauch der hebräischen Bezeichnung *madrich*; aus dem deutschen »Betreuer«, dem Lehrer und Aufpasser, wurde ein Jugendführer und Freund.[13]

Die kulturelle Atmosphäre, die solche erzieherischen Experimente belebte, war typisch mitteleuropäisch: Eine Mischung fortschrittlicher deutscher Reformpädagogik, zionistischer und kommunistischer Ideale des Kollektivs, abgemildert durch eine Beimischung von Freud. Es war eine intellektuelle Atmosphäre, in der Eisinger keine Bedenken hatte, sich der Symbolfigur Goethe zuzuwenden, um den Kindern zu erklären, warum sie die Deutschen und die deutsche Kultur nicht insgesamt ablehnen oder kollektiv für die Judenverfolgung verantwortlich machen sollten. Es sei unmöglich, behauptete er, »eines der kultiviertesten Völker der Welt zu hassen, dem ich selbst weitgehend meine Erziehung zu verdanken habe«. Statt dessen forderte er die intellektuell frühreifen Jungen in seinem Raum auf, eine »Republik von *Shkid*« nach dem Muster eines nachrevolutionären Waisenhauses in Petrograd, der *Shkola Imeni Dostoevskovo*, zu gründen. Diese ihrerseits forderten Lesungen russischer Literatur aus dem Wochenblatt *Vedem* (»Wir führen«), das Petr Ginz, ein halbjüdischer Junge aus Prag, herausgab. Das Zimmer wurde »demokratisch« geführt, per Abstimmung und Veto, wie sich Yehuda Bacon mit einem Anflug von Nostalgie erinnert. Aber auch mit Disziplin: Das Bettzeug schlecht gemachter Betten wurde auf den Hof hinausgeworfen, und die Jungen konnten mit Hausarrest am Samstag bestraft werden.[14]

Der Alltag im tschechischen Mädchenheim war ziemlich ähnlich. Auch sie hielten Ordnung, hatten turnusgemäß Haushaltsdienst, erhielten Unterricht, hatten ein Hauslied, erhielten besseres Essen als außerhalb der Heime und besaßen eine Uniform für besondere Anlässe. Für kurze Zeit existierte sogar eine Zeitschrift, *Bonaco*, das Akronym für tschechisch *bordel na kolečkách*, eine Wortspiel, das sowohl Unordnung als auch fahrbares Bordell bedeutete. Indem sie mit Bedacht russische und hebräische Bezeichnungen wie etwa *madrich* verwendeten statt der üblicheren deutschen oder tschechischen, und durch Bildung von Akronymen wie *Shkid* und *Bonaco*, die nur Eingeweihte entziffern konnten, bildeten die Kinder eine enge Gemeinschaft mit eigenen Witzen und Geheimzeichen. Sie schufen eigene Codes, von denen einige sogar das Zusammentreffen mit dem Lageridiom von Birkenau überdauerten.

Eine Wiener Künstlerin fing an, den Mädchen Unterricht im Zeichnen und Malen zu erteilen. Friedl Dicker-Brandeis war einst Mitglied des Weimarer Bauhauses gewesen. Da die SS nichts dagegen hatte, durfte von den alten tschechischen Armeeformularen bis zu Packpapier von eingegangenen Paketen alles offiziell von der Jugendfürsorge des Ghettos als Künstlermaterial wiederverwendet werden. Eine Spur von Friedl Dicker-Brandeis' Begeisterung und kreativer Intelligenz ist in den Notizen zu finden, die sie für einen Vortrag bei einer Ausstellungsführung im Juli 1943 machte. Anläßlich des ersten Jahrestags des Kinderheims stellte die Kunstlehrerin für die Eltern ihrer Schülerinnen und andere interessierte Erwachsene ihre Bilder aus. Sie teilte die Überzeugung ihres früheren Lehrers in Malerei, Johannes Itten, die Kunst als eine kreative Befreiung zu sehen – unter Einbeziehung von Meditation und Atemübungen –, und baute auf Ittens Methode auf, um die Schülerinnen vom mechanischen Abmalen abzubringen und ihnen Wege zu zeigen, ihre eigene Persönlichkeit auszudrücken. Friedl Dicker-Brandeis ermutigte die Kinder, ohne ihnen vorzugeben, was sie zeichnen sollten. Obwohl sie den Mädchen anhand von Reproduktionen der Werke Giottos, Cranachs, Vermeers und Van Goghs die rhythmische Bewegung des Pinselstrichs in deren Malerei zeigte, lernte sie auch, den Mädchen keine Suggestivfragen zu stellen, nachdem ein Mädchen sich beeilt hatte, sein Bild zu verbessern, um ihr zu gefallen. Vielleicht um solchen Tendenzen gegenzusteuern, erhielten die Mädchen Zeichenstifte, damit sie außerhalb des Zeichenunterrichts »frei« zeichnen konnten, was zu einigen ihrer interessantesten Bildern führte.[15]

Da nichts die Kinder davon abhalten konnte, das Ghetto außerhalb des Heimes zu erkunden, brachten sie, was sie draußen gesehen hatten, in ihr »Freizeichnen« ein. Gemeinschaftsküchen waren in Theresienstadt die Norm. Inge Auerbacher hatte diese Szenen als Sieben- bis Zehnjährige gesehen und erinnerte sich, wie lang die Schlangen der Wartenden waren, bis diese in den offenen Höfen an die Reihe kamen. »Im Winter war es besonders hart, in der bitteren Kälte warten zu müssen«, schrieb sie. »Das Frühstück bestand aus Kaffee, einer schlammig aussehenden Flüssigkeit, die immer abscheulich schmeckte. Zum Mittagessen gab es eine wässerige Suppe.« Das Anstehen in der Schlange wurde zu einer Art sozialer Initiation für die Neuangekommenen und war Quelle endloser Beschwerden, von Beschuldigungen und Gegenbeschuldigungen über korrupte Verfahrensweisen unter den Erwachsenen. Nachdem die Kinder hinter dem Brotwagen her durch die Straßen des Ghettos gelaufen waren und dem Kampf ums Überleben zugeschaut hatten, in den die Schlange bei der Essenausgabe die meisten Erwachsenen trieb – ihre Eltern eingeschlossen –, kehrten sie in die relative Sicherheit ihrer Heime zurück.[16]

Obwohl die Perspektive noch fehlt, sind die Figuren bei der Essenausgabe im Bild der zwölfjährigen Věra Würzelová bestimmt und entschlossen gezeichnet. Wie zu erwarten, sind die Autoritätsfiguren, die Wachbegleitung links und die Köche, die die Rationen austeilen, rechts im Bild, beträchtlich größer als die Männer und Frauen – ganz abgesehen vom Kind –, die auf das Essen warten. In Liliane Franklovás Bild sieht man in der oberen Hälfte eine ähnliche Szene: Vier Erwachsene stehen geduldig bei der Gemeinschaftsküche an. Ein kleines Kind steht oder wartet auf der falschen Seite. Unten scheint ein Mädchen – oder vielleicht eine

Frau – im Meer zu ertrinken und um Hilfe zu rufen, während ein Junge und ein Mädchen am Ufer stehen. Sowohl in der oberen als auch in der unteren Hälfte der Zeichnung steht das Mädchen unbeweglich offenbar am falschen Ort.[17]

In Theresienstadt waren, wie in anderen Ghettos mit einer ausgeprägten Hierarchie, die knappen Mittel zum Lebensunterhalt ungleich verteilt. Neben der offiziellen Zuteilung existierte ein gut entwickelter Schwarzmarkt sowie schlichter Diebstahl. Auf jeder Stufe der Wirtschaftsdienststellen nahmen sich die Leute ein Stück vom Kuchen: von den Mitgliedern des Ältestenrats über die Lebensmittelverwaltung bis zu den Bäckern, Metzgern, Köchen und der Ghettopolizei. Wie der Topf umgerührt und mit welchen Löffeln die Suppe verteilt wurde, wurde zum Anlaß heftiger – und häufig eingehend berichteter – Kämpfe. Überlebende erinnerten sich, daß diejenigen, die einen guten Platz in diesem System hatten, ihre Zuteilungskarten als Zahlungsmittel benutzten sowie für Zigaretten, Kleider, Wohnungen, Prostitution, Luxusnahrungsmittel wie Zucker, Äpfel, Orangen und Zitronen einsetzten, die hereingeschmuggelt werden mußten oder aus privaten Paketen auf den Schwarzmarkt geraten waren. Die einzige Art Alkohol, die es gab, wurde beschönigend »Bier« genannt: kalter, schwarzer Kaffeeersatz, leicht gesüßt und für einige Tage zur Gärung in der Flasche belassen. Einige Gemälde der Gruppe erwachsener Künstler in Theresienstadt waren von dieser neuen Elite der Köche und Bäcker in Auftrag gegeben worden.[18]

Das ist die Welt, in der Liliane Franklovás Kind von der falschen Seite aus auf den Suppentopf schaut. Sie mag das hierarchische Verteilungs- und Machtssystem des Ghettos vielleicht nicht ganz verstanden haben, sie und Věra Würzelová wußten jedoch, daß diejenigen, die Autorität besaßen, größer waren als die anderen.

Die jüdische Verwaltung kürzte die Zuteilung für die Älteren, um diejenige für Kinder und für jene Erwachsene, die in geschützten Berufen arbeiteten, anzuheben. Dies hatte unmittelbare Auswirkungen auf die Sterblichkeitsrate der Alten. In der zweiten Hälfte des Jahres 1942 starben 14 627 ältere deutsche und österreichische Juden in Theresienstadt, was der Anzahl der im Herbst nach Treblinka Deportierten gleichkommt. Himmler mochte zwar im Februar 1943 weitere Deportationen untersagt haben, doch in diesem Jahr waren unter den insgesamt im Ghetto gestorbenen 12 701 Menschen 10 366 alte deutsche und österreichische Juden. Im Mai 1943 verbesserte sich die Situation ein wenig, da die SS im Rahmen der allgemeinen »Verschönerung des Ghettos« Pakete aus dem Ausland zuließ und Sardinendosen aus Portugal zur Verteilung ankamen.[19]

Mit der Unterernährung ging der physische Verfall einher. Erwachsene Überlebende bekunden, wie sie von Hungerphantasien vollkommen überwältigt wurden und wie immer feinere Rezepte für ungarisches Gulasch heraufbeschworen wurden, nachdem das Interesse am Geschlechtsleben erloschen war. Hans Günther Adler, bekannt als Historiker und Überlebender von Theresienstadt, deutete an, daß, obwohl die Bewohner des Ghettos nie merklich »jüdischer« ausgesehen haben als der Durchschnitt der europäischen Bevölkerung, sie sich einander und den NS-Karikaturen in einer Hinsicht glichen: Sie hatten den sogenannten jüdischen Blick angenommen, den unsteten Blick der Entkräfteten, Verängstigten und frühzeitig Gealterten. Plattfüße waren weit verbreitet; die Gelenke wurden steifer und die Bewegungen ungelenker und härter. Manche berichten von einem Gefühl andauernder Reizbarkeit und einem rapiden Verfall des Einfühlungsvermögens und des Interesses für andere.[20]

Die jüngeren deutschen und tschechischen Juden, die die Ghettoverwaltung geführt hatten, kamen recht lange einigermaßen gut damit zurecht, viele jedoch zogen sich einfach in sich selbst zurück. Das Theresienstädter Tagebuch der Martha Glass, die mit 64 Jahren aus Hamburg deportiert wurde, bezieht sich dauernd auf »die Kinder«. Damit meinte sie ihre Tochter und den »arischen« Schwiegersohn in Berlin, die sie regelmäßig mit Lebensmittelpaketen versorgten, von denen ihr Überleben abhing. In Theresienstadt baute sie sich eine soziale Welt um die – zumeist deutschen – Frauen in ihrem Zimmer und frischte alte Bekanntschaften aus Hamburg und Berlin auf. Ihre einzigen Kontakte mit dem restlichen Ghetto liefen über die Gemeindeküche, den Sanitätsdienst und vor allem über die unentgeltlichen klassischen Konzerte. Zu den Kindern des Ghettos steht nur ein Wort im gesamten Tagebuch, als sie die von den Transporten im Oktober 1944 ausgelösten Tumulte erwähnt: »22. Oktober: [...] Kranke, Blinde, Tuberkulöse, Waisenkinder, alles ist fort. Ein solches Elend und Jammer hat's noch nie gegeben.«[21]

Eine Mauer der Gleichgültigkeit trennte die deutschsprachigen Älteren und die hauptsächlich tschechisch sprechenden Kinder in den Heimen.

Yehuda Bacon fand es normal, daß er und seine Kameraden im tschechischen Jungenheim im allgemeinen die Verachtung der Kinder für die Alten und Schwachen teilten, obwohl er selbst weiterhin seinen kranken und entmutigten Vater besuchte und aufmunterte. Jugendführer wie Stiassny mochten ihn und seine Kameraden zwar ermahnen, die Pfadfindertradition der Vor-Ghetto-Gesellschaft weiter zu pflegen und den Alten zu helfen, ihnen ihre Rationen aus der Gemeindeküche zu bringen, ihnen vorzulesen und ihnen Mut zu machen, aber die Kinder entgegneten nur, wie sehr die Baracken, die Zimmer und selbst die Körper der Alten »stanken«.[22]

Janusz Korczak war schockiert gewesen, als er gesehen hatte, wie gleichgültig Straßenkinder gegenüber dem Tod im Warschauer Ghetto geworden waren. Sie hatten nicht auf den Leichnam geachtet, bis er ihnen bei ihrem Spiel »Pferdchen und Kutscher« im Weg war. Es war, als ob solche Kinder die äußere Wirklichkeit zeitweilig, aber vollständig verlassen hätten und gänzlich in ihre Phantasiewelt eingetreten wären. Bei den Kindern von Theresienstadt war dies nicht der Fall. Sie waren hungrig, aber verhungerten – zumindest in den Gemeinschaftshäusern – nicht. Für Věra Würzelová und Liliane Franklová war das Essen eine soziale Angelegenheit. Sie dachten über dessen Verteilung und Knappheit nach, dennoch öffnete das Essen das Fenster zum Ghetto eher, als daß es dieses schloß. Es war keine – oder noch keine – Besessenheit, und sie konnten noch immer in gewisser Weise damit umgehen. Für Ilona Weissová nahm Essen märchenhafte Züge an, als sie alle Nahrungsmittel zeichnete, die sie zu essen wünschte.

Auf ihrer Zeichnung steht die Elfjährige nachdenklich lächelnd inmitten ausgefallener Lebensmittel: Ein nicht gerade koscheres Schwein und ein Igel mit Früchten an den Stacheln, in denen je eine Gabel stecken; ein Fisch mit einer Gabel im Rücken auf einer Platte; zu ihren Füßen Hühner, aus denen Gabeln herausragen; eine geflügelte Figur, die mit einem Korb voller Eier von oben herabschwebt; zwei Flaschen auf einem niedrigen Servierwagen; Töpfe mit Kakao und Kaffee; Sardinen, Käse, Süßigkeiten, Kuchen, Milch, ein Apfel und anderes mehr. Um die Sache deutlich zu machen, hängt hinter dem Mädchen ein Schild, auf dem »Märchenland. Eintritt 1 Krone« steht. Ilona Weissová hat sich in der gefälligen rundlichen Gestalt des Mädchens im Festtagskleid und mit gescheiteltem Haar ins Schlaraffenland versetzt, wo gebratene Schweine direkt in die Mäuler der schlafenden Bauern fliegen. In den Märchen der frühen Neuzeit und des 19. Jahrhunderts war die Welt von »Schlaraffenland«, in der einem ohne Arbeit alles zuflog, eine Umkehrung der normalen Lebenswelt; ihr Leben im Ghetto hingegen wurde einfach durch den Import von Lebensmitteln aus der Welt vor dem Ghetto unterbrochen.[23]

Ruth Klüger beschrieb in ihren Erinnerungen, wie im deutschen Mädchenheim, wo – und darauf beharrte sie – das Essen schlechter gewesen sei als im tschechischen Heim, stundenlang über Essen phantasiert wurde, während sie und ihre Freundinnen mit der Gabel Milch schlugen. Die Küche der Kinder profitierte von den vielen Paketen, die nicht ausgeliefert werden konnten, weil die Empfänger entweder gestorben oder deportiert worden waren. Lebensnotwendige Fette, Vitamine und Eiweiß kamen auf diesem Weg an: Fleisch, Salami, Käse, Eier und Butter neben Frisch- und Trockengemüse, Zwiebeln, Marmelade, Schokolade und Obst. Einige dieser Waren tauchen auf den Etiketten von Ilona Weissovás gemalten Behältern und Verpackungen auf, doch am meisten richtete sich ihre Phantasie auf das, was sie nicht hatte.[24]

In einer bemerkenswerten Zeichnung machte Maria Mühlsteinová das Fehlen von Lebensmitteln zum Hauptgegenstand. In dieser Straßenszene stehen vor einem Lebensmittelladen zwei Mädchen zu beiden Seiten einer freundlich dreinblickenden alten Frau. Oben links verkauft ein Straßenverkäufer Zeitungen an Buspassagiere, eine alltägliche Szene aus der Welt vor dem Ghetto, in Theresienstadt jedoch völlig deplaziert. Der Hund auf Rollen, den das ältere Mädchen an einer Leine hinter sich herzieht, spielt vielleicht ironisch auf die Zeit vor dem Ghetto an, als den Juden untersagt wurde, Haustiere zu halten. Oder es könnte den Ersatz eines Spielzeugs darstellen, das bei der Deportation sicher verloren gegangen war. Sowohl die Blumen, die die alte Frau den Mädchen reicht, als auch der Lebensmittelladen gehören der Welt vor dem Ghetto an. Die gähnende Leere dieser gezeichneten Regale wird durch das Schild *Vyprodáno!* (»ausverkauft!«) noch verstärkt. Ein Ghettopolizist regelt den Verkehr einer Stadt aus der Zeit vor dem Ghetto. Gegenwart und Vergangenheit verschmelzen in diesen sich überschneidenden Motiven und löschen den Moment der Veränderung aus, wie dies nur Bilder, nicht aber Worte können. Statt des Übergangs zeigt Marias Zeichnung eine Zusammensetzung beider Welten.[25]

Im Ringen mit ihrer Deportationserfahrung waren die Kinder offenbar am meisten darauf bedacht, zu begreifen, woher sie gekommen waren und was sie verloren hatten. Daher bildeten sie, wenn sie in der freien Zeit in den Gemeinschaftsbaracken zeichneten, meistens ihr früheres Zuhause und nicht die Dreierbetten ab, in denen sie jetzt schliefen. Sie zeichneten sie auf die gleiche stilisierte Art, wie sie dies vor der Deportation getan hatten, mit Topfpflanzen auf den Fensterbrettern, mit halb aufgezogenen Vorhängen und Hängelampen über dem Tisch in der Mitte des Raumes.[26]

Die zehn- oder elfjährige Edita Bikková veranschaulicht diese optimistische Ordnung und befriedigende Symmetrie, die auch typisch ist für die Bilder nichtjüdischer deutscher Kinder in dieser Zeit. Alle Figuren in ihrem Wohnzimmer sind beschäftigt. Sie selbst ist nicht anwesend, nur ihre Brüder. Der größte Junge in Schuluniform spricht. Der kleinste rechnet auf einer Schultafel – und alle Rechnungen stimmen. Die Vorhänge haben ein feines Blumenmuster. Jedes Kind ist an seiner Kleidung zu erkennen; das Kleid der Mutter – wie es sich gehört, die wichtigste Figur – ist bis zu einzelnen Knöpfen am genauesten ausgeführt. Obwohl auch Editas Eltern und Brüder in Theresienstadt waren, hatte sie sie möglicherweise nur sehen können, wenn sie sich aus dem Hof der Frauenbaracke schlich, bevor sie zum Abendessen wieder in den Schlafsaal zurückkehrte. Aber das Barackenleben war nicht, was sie zu Papier bringen wollte. Statt dessen knetet die Mutter Teig, vielleicht, um *challah* für den Sabbath zu machen.[27]

Das Bild von Jiřina Steinerová ist ähnlich gestaltet. Jiřina, drei Jahre älter als Edita Bikková, rang mit der Dreidimensionalität der Objekte, was ihr nicht auf Anhieb gelang. Vielleicht zum Ausgleich sind die Einzelheiten der zwei Teppiche und zweier zurückgebundener Vorhänge sehr genau beobachtet. Das Bild zeigt ein Wohnzimmer: Eine Frau – die Mutter? – sitzt an einem mit einer Fransendecke bedeckten Tisch und liest. Eine zweite Frau steht hinter ihr, vielleicht ein Dienstmädchen oder eine ältere Tochter. In der Mitte des Raums steht ein zweiter Tisch auf einem weiteren Teppich und in der Mitte des Tisches ist etwas, was wie ein Teller aussieht, auf dem acht Kekse liegen. Alles weist auf Ordnung, Sauberkeit und Behaglichkeit hin. Aber wo ist Jiřina selbst? Ist sie nur im Porträt eines Mädchens, das an der Wand hängt, zugegen? Unter diesem

Porträt wurde die Gestalt eines Mädchens ausradiert und die Linien der Wand über seinem grauen Schatten gezeichnet. Die Details dieses Bildes machen einen eher beunruhigenden Eindruck. Da ist die wahrheitsgetreue Wiedergabe des Kindes – die gewissenhafte Darstellung der Fransen und des geometrischen Musters der zwei Teppiche, sowie der Vorhänge mit ihren Halteschlaufen und ihren Gardinenleisten. Vielleicht waren dies Gegenstände aus ihrer Vergangenheit, die sie faszinierten, als sie kleiner war, und an die sie sich jetzt an einem Ort, an dem es keine Teppiche, geschweige denn ein Familienleben gab, zurücksehnte. Oder sie hatte so viel Fleiß darauf verwendet, um den Mangel an technischer Sicherheit und ihre Unfähigkeit, die Perspektive zu beherrschen, auszugleichen. Dann ist da noch die verkrampfte Reglosigkeit der Figuren, auch dies möglicherweise nur ein Mangel an Kunstfertigkeit, wäre da nicht das seltsame Porträt des Mädchens an der Wand, im Rahmen eingeschlossen wie Jiřina selbst in Theresienstadt und außerstande, den Raum wieder zu betreten, den sie betrachtet. Dennoch bleibt Jiřina Steinerovás Zuhause wie das von Edita Bikková intakt, eine vollkommene Welt für sich. Auf beiden Bildern sind die Einzelheiten kompliziert und akribisch gezeichnet und verstärken den Eindruck der Trennung von Raum und Zeit vor dem Ghetto.[28]

In der Zeichnung von Zuzana Winterová hat der ordentliche Haushalt die Form eines Triptychons. Unten ist das Zimmer sauber und hell. Blumentöpfe stehen auf dem Fensterbrett. Die Stühle sind ordentlich hingestellt, und auf einen ist der Junge wie ein Kissen daraufgesetzt, als wäre er nachträglich hinzugefügt worden. Oben im Bild ist die Mutter beim Putzen, während der Vater die Zeitung liest. Obwohl beide dem Betrachter zugewandt sind, ist nur der Vater so ausdrucksvoll gezeichnet, daß er den Blick, die Augen über die Zeitung hinwegrichtend, erwidert. Und hier gerät das alte Gefüge ins Rutschen. Anstatt »Tageszeitung« heißt die Zeitung »Tagesbehfel«, eine falsche Schreibweise von »Tagesbefehl«. Angeschlagen im Judenrat des Ghettos auf Befehl der SS, pflegte der Tagesbefehl Zuzana beim morgendlichen Appell vom Heimleiter vorgelesen zu werden. Auf ihrem Bild hatte sie tatsächlich den Vater zum Heimleiter gemacht – oder umgekehrt –, und dabei so unvermeidlich wie unbewusst den im übrigen stimmigen Versuch, die Erinnerung an ein beständiges und sicheres Familienleben aufrechtzuerhalten, untergraben.[29]

Es gibt auch ein Muster bei diesen Fehlern und der Verschmelzung unterschiedlicher Zeiten. Mit Ausnahme von Winterovás Zeitungsüberschrift neigen die Bilder von Interieurs aus der Zeit vor dem Ghetto dazu, ihre Besonderheit und Vollständigkeit unangetastet zu lassen, auch wenn die Künstler sie selbst nicht mehr betreten können. Es gibt keine Ghettopolizisten. Niemand trägt einen Davidstern, worauf in anderen Bildern von Juden so sorgfältig geachtet wurde. Nur außerhalb des Elternhauses zeigten sich Zeit und Verhältnisse als wandelbar und unbeständig. Auf der Straße begegneten die Kinder dem wahren Antlitz des Ghettos, dort stellten sie fest, daß die Alten »stanken«. War die Gegenwart eine Zeit und ein Ort, ehe die Welt aus den Fugen geriet, so ist das zukünftige Utopia der Kinder weder der Zionismus noch der Kommunismus ihrer Jugendführer, sondern das familiäre Wohnzimmer der Vergangenheit.

Als sich die Nachrichten von einem bevorstehenden neuen Transport aus dem Ghetto verbreiteten, wurden diejenigen, deren Namen auf der Deportationsliste standen, von der Angst ergriffen, die sie so lange verdrängt hatten. Jungen und Mädchen, Männer und Frauen waren nun nicht mehr Mitglieder im Kollektiv der nach Geschlecht getrennten Baracken. Sie kamen als Familien an und gingen als solche fort. Von Panik ergriffene Familien mußten aussortieren, was von ihrem auf fünfzig Kilo beschränkten Gepäck zurückzulassen war. Manche Eltern versuchten ihre Kinder zu beruhigen, indem sie die Transporte zu einem ausgeklügelten Spiel machten. Das Museum von Terezín enthält eine große Puppe mit Kinderkleidern, auf deren Brusttasche der Judenstern gestickt ist und die einen eigenen kleinen Koffer trägt. Wie Yehuda Bacon war auch Eva Ginzová in Theresienstadt angekommen, als gerade ein Transport nach Birkenau abfuhr. Am 28. September 1944 war ihr Bruder an der Reihe. Eva bahnte sich ihren Weg durch die Menge und kroch unter der Absperrung durch, um Petr und ihrem Cousin Pavel zwei Scheiben Brot zuzustecken, bevor sie von einer Ghettowache wieder zurückgedrängt wurde. Um sie herum war so viel Schreien und Weinen, daß sie sich nur mit Blicken verständigen konnten.[30]

Da sie dies zumindest schon einmal durchgemacht hatten, bevor sie ins Ghetto gekommen waren, waren die Menschen besser darauf vorbereitet, alles außer dem Notwendigsten auf die nächste Reise mitzunehmen. Von 1943 bis 1944 gab es nur wenige Deportationen aus Theresienstadt. Im

September und Oktober 1944 wurden sie wieder aufgenommen, und die Kinder aus den Heimen wurden während der Massendeportationen in die Gaskammern von Auschwitz-Birkenau gebracht. Die Kinder und ihre Lehrer hinterließen viertausend Zeichnungen und Gemälde. Nur wenige Kinder überlebten. Aber Willi Groag, der letzte Leiter der Ghetto-Jugendfürsorge, schaffte die Zeichnungen und Bilder nach der Befreiung von Theresienstadt im Mai 1945 in einem Koffer nach Prag. Dieser Koffer enthielt ein unvergleichliches Zeugnis der Kinderkunst vom Genozid; die leuchtenden Wasserfarben und schwachen Bleistiftstriche der Bilder halten einzelne Momente der kindlichen Vorstellung fest.[31]

* * *

Yehuda Bacon wurde im Dezember 1943 nach Birkenau deportiert; er ließ viele Freunde im tschechischen Jungenheim zurück. Als die Kinderheime in Theresienstadt im Herbst 1944 liquidiert wurden, war das »Familienlager« in Birkenau bereits aufgelöst und die meisten seiner Bewohner getötet oder in andere Lager geschafft worden. Bacon sah Hunderttausende ungarischer und slowakischer Frauen und Kinder, die den Weg an den Gleisen entlanggingen oder geduldig in langen Schlangen anstanden, bis die Gaskammer und Krematorien frei waren. Er mußte beim Einsammeln ihrer Habseligkeiten an der neu errichteten Rampe, an der die Züge hielten, mithelfen. Er hatte von den riesigen Gräben hinter den Krematorien mit ihren Abflüssen und Auffangbecken für menschliches Fett gehört, in denen die Leichen verbrannt wurden, wenn die Krematorien überlastet waren. Bacon hörte wohl die griechischen Gefangenen singen, wenn sie die verkohlten Überreste im Freien zu Asche zerstießen. Und er wusste von seltsamen Akten des Mitgefühls, etwa als die SS eine Gruppe slowakischer Kinder in das Lager für Männer zurückschickte, nachdem sie sich bereits in den Umkleideräumen vor den Gaskammern ausgezogen hatten.[32]

Yehuda Bacons Beziehungen zu der schwindenden Gruppe von tschechischen Jungen, die die Auflösung des »Familienlagers« überlebt hatten, wurden noch enger, und er behielt seine Zeit im tschechischen Jungenheim in Theresienstadt in Erinnerung. Während er dort von seinem alten Zuhause in Mährisch Ostrau geträumt hatte, das jetzt zu weit zurücklag, träumte er in Birkenau vom tschechischen Jungenheim in Theresienstadt.

Aber zum Herbst 1944 war er bereits so sehr in das Leben der Männer der Strafkompagnie eingebunden, daß ihm die Perspektive der frisch aus den Heimen in Theresienstadt eintreffenden Kinder vielleicht fremd vorgekommen wäre. Er hatte kaum Gelegenheit, es herauszufinden. Wie die meisten aus den Transporten vom September und Oktober 1944 wurde auch Petr Ginz, der ganz allein *Vedem*, das Wochenblatt der Jungen, herausgegeben hatte, unverzüglich in die Gaskammern geschickt, so auch Zuzana Winterová, Jiřina Steinerová, Edita Bikková, Maria Mühlsteinová und Liliane Franklová. Aber Yehuda und seine Freunde entdeckten eine Gruppe von Kindern aus Theresienstadt auf der anderen Seite des elektrisch geladenen Zauns, die nicht in die Gaskammern gebracht worden waren, gaben ihnen zu essen und wertvolle Überlebenshinweise.[33]

Die allmähliche Verwandlung derer, die wie Yehuda Bacon verschont geblieben waren, fing mit ihrem Eintritt in das »Familienlager« von Birkenau an. Das Aufnahmeritual begann mit dem Gang in die Duschen zum Entlausen, zur Tätowierung und zur Ausgabe der zerlumpten Lagerkleider, sodann ging es zurück zur Ausgabe der ersten Nahrung, des Lager-»Kaffees«. Als Yehuda und die anderen aus seinem Transport vom Dezember 1943 wieder mit denen zusammengeführt wurden, die das »Familienlager« im September aufgebaut hatten, lernten sie die Bedeutung der Rangordnung unter den Häftlingen kennen, die »Kapos« und die »Blockältesten« mit ihren Armbinden. Zum ersten Mal, seit die Deutschen in der Tschechoslowakei einmarschiert waren, sah Yehuda, wie sein Vater geschlagen wurde – nicht von SS-Männern, sondern von einem jungen Tschechen und jüdischen Kapo –, und er wußte, daß er danebenstehen mußte und nichts tun konnte. Jeden Morgen sah Yehuda die Leichen derer vor dem Block aufgestapelt, die in der Nacht gestorben waren. Er bekam mit, daß die Häftlinge eiligst versuchten, ihre schlechteren Kleider und Schuhe gegen die der Toten zu tauschen, sollten diese am Abend noch daliegen. Er sah, wie manche einen Toten als krank meldeten, um dessen Ration zu bekommen. Und als er in die benachbarten Anlagen von Birkenau hinüberschaute, sah er die Schläge und die nackten Frauen, die bei Selektionen im Frauenlager von Baracke zu Baracke liefen.[34]

Zwei oder drei Wochen nach Bacons Ankunft wurde im »Familienlager« ein »Kinderblock« eingerichtet. Der Initiator war der Kapo Fredy Hirsch, ein junger, athletischer und blonder deutscher Jude, der zusammen mit Egon Redlich und Willi Groag in der Jugendfürsorge von Theresienstadt gearbeitet hatte. Vorbild ihrer Bemühungen waren die Heime von Theresienstadt, und Hirsch sowie die anderen Jugendleiter machten sich daran, die materielle Grundversorgung der Kinder zu sichern. Sie suchten deren Kleider täglich nach Läusen ab und kontrollierten, ob Hände, Fingernägel, Ohren und Teller sauber waren. Da sie die kollektive Disziplin weiterführten, die sie aus den Kinderheimen in Theresienstadt kannten, lief die ganze Klasse Gefahr, um ihre Sondertagesration von Hirsch zu kommen; die Jungen nannten dies »die Schwanzparade«.[35]

Da es ihnen an Stiften und Papier mangelte, erhielten sie fünf Stunden am Tag meist mündlichen Unterricht. Sie sangen tschechische und einige hebräische Volkslieder, während ihre Lehrer versuchten, ihnen zionistisches Gedankengut zu vermitteln. Der zehnjährige Otto Dov Kulka, der überlebte, beim Prozeß gegen die Aufseher von Auschwitz 1964 aussagte und Historiker des deutschen Judentums unter dem Nationalsozialismus wurde, erinnerte sich, daß seine Lehrer ihm von den Kämpfen der Makkabäer und der Schlacht bei den Thermopylen erzählten. An die Musik erinnerte er sich allerdings besser als an den Geschichtsunterricht: an den Kinderchor und an die »Ode an die Freude« von Beethoven, gespielt auf der Mundharmonika. Auf Bacon machte den größten Eindruck die Stunde, in der er sich vorstellen sollte, wie es wäre, von der Erdanziehung befreit zu sein und zum Mond fliegen zu können: die ultimative Flucht aus der NS-Haft. Er erinnerte sich aber auch an die heimliche Aufführung eines Sketches über einen Traum, in den Himmel zu kommen, nur um festzustellen, daß die SS auch schon da war. Die Haltung der Jungen gegenüber der SS war vielschichtig, bedingt nicht zuletzt durch die Tatsache, daß Yehuda und andere überlebende Kinder die »väterliche« Art nicht vergaßen, in der einige SS-Männer, insbesondere die Ärzte, sich ihnen gegenüber verhalten hatten und ihnen manche nützlichen Dinge brachten, auch einen Fußball. Die SS-Leute ihrerseits kamen gern vorbei, um die Kinder deutsche Gedichte aufsagen zu hören, und brachten auch Kollegen aus anderen Blöcken mit. Die SS war so beeindruckt von den Bildern, die einer der Lehrer nach dem Walt-Disney-Film *Schneewittchen* gemalt hatte, daß man sich während der nächsten drei Monate den Proben zu einer musikalischen Aufführung auf deutsch widmete. Bühne und Bühnenbild wurden aus Tischen, Bänken und Strohsäcken zusammenge-

baut. Die Zwerge stellten die Ordnung und Sauberkeit dar, die böse Stiefmutter die Demoralisierung.[36]

Fredy Hirsch machte auf Bacon und seine Freunde den größten Eindruck. Indem er sie im Schnee turnen und sie Kleider wie Körper in eis-
kaltem Wasser waschen ließ, drillte er sie und »härtete sie ab«, damit sie
nicht mit den ausgemergelten Gestalten, zu denen die meisten Lagerinsassen alsbald wurden, verwechselt würden. Wie in Theresienstadt verfügte
der Kinderblock bald über eine eigene Küche und erhielt Versorgungs-
zulagen, nachdem Hirsch die SS überredet hatte, ihnen die Essenspakete
zu überlassen, die noch für bereits verstorbene, nichtjüdische Gefangene
eintrafen. In Birkenau wurde die Kluft zwischen jung und alt, die sich
bereits in Theresienstadt aufgetan hatte, zu einem Abgrund. »Du Alter,
was mischst Du Dich da rein, das geht Dich nichts an. Du bist ja sowieso
mit einem Fuß schon im Krematorium!« So beschrieb Bacon die Art, wie
Kinder mit den Alten sprachen. Die Lehrer ihrerseits hatten nichts vom
Anrecht der Kinder auf Essenszulage, eine Entbehrung, die, Hanna Hoffmann-Fischel zufolge, für manche jungen Lehrer sehr schwer zu ertragen
war. Sie erinnerte sich auch, wie Versuche, den Kindern etwas über den
Zionismus beizubringen, häufig damit endeten, daß die Lehrer dastanden
und schwer schluckten, während sie zuschauten, wie die Kinder aßen.[37]

Wenn sie sich selbst überlassen waren, spielten selbst die kleinen Kinder
»Lagerältester und Blockältester«, »Appell« und »Mützen ab!« Sie spielten Kranke, die während des Appells geschlagen wurden, weil sie zusammengebrochen waren, und sie spielten den Arzt, der ihnen das Essen weg-
nahm und sich weigerte, denen zu helfen, die ihm nichts geben konnten.
Als Hanna Hoffmann-Fischel die kleineren Kinder bei solchen Spielen
beobachtete, erkannte sie, wie hoffnungslos das Unterfangen war, ihnen
ihre Unschuld zu bewahren.[38]

Wollten die kleineren Kinder das Ausüben von Macht spielen, so lernten die älteren die Macht, die sie hatten, zu gebrauchen. Sie fanden heraus,
daß sie ihre Weißbrotration bei Erwachsenen, deren Mägen das schwere
Schwarzbrot nicht mehr vertrugen, gegen größere Mengen Schwarzbrot
eintauschen konnten. Yehuda und seine Mitheizer in der Kinderküche
machten einen schwunghaften Handel auf, indem sie Weißbrotschei-
ben für die Älteren rösteten und für jede fünfte oder sechste eine halbe
Scheibe abbekamen. Sogar Kapos und SS-Männer kamen vorbei, um sich

am Ofen zu wärmen oder den Jungen etwas für deren Holzschnitzereien zu geben. Und ältere Kinder lernten Sex gegen Essen zu tauschen. Bacon erinnerte sich, wie ein Freund der Zuhälter seiner hübschen Schwester wurde und für jedes Mal eine Packung Zigaretten verlangte. Bacon war der Ansicht, daß der Junge nicht begriff, was er tat, außer Gefallen daran zu finden, Zigaretten zu erhalten und Macht auszuüben. Solche Praktiken schlossen selbst kleinere Kinder mit ein. Als es einem Achtjährigen, der mit einem Kapo Waren in einem anderen Teil des Lagers tauschte, gelang, ein Verhältnis zwischen diesem und seiner Mutter einzufädeln, erweckten sein Essen und seine Kleidung rundherum Neid.[39]

Während die Erwachsenen im allgemeinen die Nähe zu den Gaskammern zu ignorieren versuchten, spielten die Kinder mit dem Tod, indem sie sich gegenseitig herausforderten, zum elektrische Zaun zu rennen und ihn mit den Fingerspitzen zu berühren, weil sie wußten, daß der Starkstrom normalerweise – wenn auch nicht immer – tagsüber abgestellt war. Wenn Bacon und seine Freunde die Suppe auf dem Ofen umrührten, konnten sie den Kamin des Krematoriums sehen und kochten mit den Verbrennungen um die Wette. Klammerten sich die Erwachsenen an jeden Hoffnungsschimmer, so verlegten er und seine Genossen sich auf einen trockenen, bitteren Sarkasmus und wetteiferten, sich gegenseitig mit ihrem »Galgenhumor« zu überbieten; weißer Rauch bedeutete: »Diesmal sind es fette Leute.«[40]

Eines Tages traf Hanna Hoffmann-Fischel die jüngeren Kinder dabei an, wie sie vor ihrem Block »Gaskammer« spielten. Bei ihren üblichen Spielen wie »Appell« pflegten die älteren Kinder die Kapos oder die SS-Männer zu spielen und schlugen die kleineren dafür, daß sie »ohnmächtig« wurden, so wie die größeren Jungen in Wilna die kleineren schlugen, wenn sie »Durch-das-Tor-Gehen« spielten. Doch jetzt spielte keiner »sterben«. Anstatt sich in die Grube im Boden, die sie Gaskammer nannten, zu setzen, warfen sie Steine hinein und ahmten die Schreie der Menschen im Inneren nach. Es war eine Sache, Neid auf die mächtigen SS-Männer zu verspüren oder kleinere Kinder bei anderen Spielen zu schlagen. Eine ganz andere war es, den eigenen Tod zu spielen; durch das Versagen ihres Spiels zeigten die Kinder den Punkt auf, an dem die Identifizierung mit dem Feind zu selbstzerstörerisch wurde, als daß sie hätten fortfahren können. Ihrer Neugier tat dies aber keinen Abbruch. Als Hanna Hoffmann-Fischel zu ihnen hinging, fragten die Kinder sie sogar, wie sie den Kamin am besten aufstellen sollten. Im Vergleich zur Flucht ins Wunschdenken so mancher Erwachsenen richtete sich die Neugier der Kinder brutal auf die Gegenwart. Nur an dem Punkt, wo ihr Rollenspiel scheiterte, zogen auch sie die Grenze, sich selbst im Todeslager vorzustellen, von dem sie bereits so viel entdeckt hatten.[41]

Am 7. März 1944 gab es im Kinderblock eine Abschiedsfeier für den einstigen Septembertransport. Der SS-Lagerkommandant hatte ihnen gerade mitgeteilt, daß sie in ein Arbeitslager in Heydebreck gebracht würden. Einige Leute verstanden »Heidelberg«. Andere fragten, wo denn dieses »Heidebrück« liege und ob es auch ein Konzentrationslager sei. Die SS gab sich alle Mühe, ein Gefühl der Sicherheit zu vermitteln, und notierte die Berufe aller Männer und Frauen unter vierzig, wie um deren Aufnahme in ein Arbeitslager vorzubereiten. Aber das Sonderkommando der Gefangenen, das die Gaskammern und das Krematorium betrieb, hatte das »Familienlager« schon seit Wochen vor einer bevorstehenden Aktion gewarnt und drängte die tschechischen Juden, sich für einen gemeinsamen Aufstand zu rüsten. Fredy Hirsch und sein Helfer waren zu nervös, um an dem Kinderfest teilzunehmen. Doch viele Erwachsene klammerten sich weiter an ihre Hoffnungen, ihre Sonderrationen, und auf ihren vordatierten Postkarten baten sie Verwandte darum, ihnen nach Heydebreck zu schreiben. Von den älteren Kindern hegten offenbar nur wenige solche Illusionen. Yehuda Bacons Freund und Heizerkollege Cupik sagte zu Bacon, als sie auf den Kamin schauten, nur: »Heute werde ich auch noch im Himmel Heizer sein.«[42]

Am frühen Morgen des 8. März 1944 wurden die 3732 Überlebenden des einstigen Septembertransports zu einer stacheldrahtumzäunten Einfriedung des Quarantänelagers gebracht, wo sie bis zum Abend in Bereitschaft gehalten wurden. Otto Dov Kulka, der im Chor von Schneewittchen mitgesungen hatte, gehörte zu den Kranken, die die SS zurückließ, um die Illusion, daß es sich wirklich um einen Transport in ein Arbeitslager handelte, aufrechtzuerhalten. Kulka sah aus dem Fenster des Krankenzimmers, daß an diesem Abend Hunderte von Lastwagen kamen, um den Rest des Septembertransports einzusammeln. Unter einem Hagel von Schlägen seitens der SS wurden Männer und Frauen, die immer noch ihre Sonderrationen für die Reise an sich preßten, getrennt und auf die

Wagen verladen. Die Hecktüren wurden geschlossen und die Planen heruntergelassen, so daß sie nicht sehen konnten, wohin es ging.[43]

Am darauffolgenden Morgen erfuhren diejenigen, die im Familienlager zurückgeblieben waren, was in der Nacht geschehen war. Elektriker und andere Häftlinge, die dank ihrer handwerklichen Fähigkeiten berechtigt waren, sich zwischen den einzelnen Lagerkomplexen in Birkenau zu bewegen, brachten Nachrichten vom Sonderkommando, von dem sich einige eng mit dem Familienlager verbunden fühlten. Filip Müller, ein slowakischer Jude aus Seren, hatte sogar seinen Posten im Krematoriumsraum über der unterirdischen Gaskammer verlassen und sich unter die Frauen gemischt. Er war von ihrem Gesang ergriffen, als sie warteten, bis die Lastwagen ausgeladen waren und die Türen geschlossen wurden. Es schien eine Ewigkeit zu dauern. Erst hatten sie die »Internationale« gesungen, danach die tschechoslowakische Nationalhymne »Wo ist mein Heim, mein Vaterland«. Während sie weiter warteten, stimmten sie die »Hatikvah« (»Die Hoffnung«) an und sangen das Lied der Partisanen.[44]

Als Müller sich hinter einer Betonsäule verstecken wollte, stand vor ihm ein Kind, das seine Mutter in dem überfüllten und spärlich beleuchteten Raum suchte. »Weißt du, wo meine Mama und mein Papi sich versteckt haben?«, fragte der kleine Junge Müller schüchtern. Das Singen erstarb für eine Weile. Der Raum füllte sich immer noch, als eine Gruppe tschechischer Mädchen Müller an der Uniform des »Sonderkommandos« erkannte, die er immer noch anhatte, und ihn dringend anhielt, nicht zu bleiben. Eine von ihnen mit langen, schwarzen Haaren und flammendem Blick bat ihn, den Zurückgebliebenen im Familienlager zu berichten, was vor sich ging, damit sie gegen die SS kämpften. Und sie bat ihn, ihr nach dem Tod die Goldkette vom Hals zu nehmen und ihrem Freund Sasha in der Bäckerei zu geben. »Sag, ›alles Liebe von Jana‹. Wenn alles vorüber ist, wirst du mich hier finden.« Sie zeigte auf die Säule, wo Müller stand. Als er sich aus der Gaskammer herauswand, wurde er von einem SS-Offizier, unter dem er arbeitete, niedergeschlagen und geprügelt – und dann zurückgeschickt, um den Ofen zu bedienen.[45]

Als alles vorbei war und die Ventilatoren das Gas abgesaugt hatten, mußte Müller in die Gaskammer zurück und die Leichen zum Aufzug schleppen, damit sie im Krematorium darüber verbrannt werden konnten. Die Türen wurden aufgeschlossen und die oberste Schicht der Leich name, die sich dahinter häuften, fiel in den Korridor. Filip Müller hatte dies in den vergangenen 23 Monaten schon häufig mitangesehen. Durch die Gläser seiner Gasmaske, die er zum Schutz seiner Augen und Lungen vor Gasblasen zwischen den Leichenstapeln trug, konnte er sehen, was geschehen war, als das Licht ausgemacht und das Gas angedreht worden war. Die Menschen waren panisch wie in einem »unterirdischen Labyrinth« herumgeirrt, hatten sich gegenseitig umgestoßen und waren aufeinander herumgetrampelt beim Versuch, den letzten Sauerstoff unter der Decke des Raumes einzuatmen. Doch unter den Gaseinlässen in der Decke war der Boden leer. Die Menschen wichen vor dem brennenden Geruch des Schädlingsbekämpfungsmittels zurück und flohen vor dem widerwärtig süßlichen Geschmack, der die Kehle reizte und heftigen Druck im Kopf erzeugte. Die Leichname lagen verdreht in ungleichen Haufen herum, die Münder mit Speichel bedeckt, die Beine mit Urin und Kot. Die Haufen waren kaum voneinander zu lösen, stellte Müller fest, so dicht ineinander verschlungen waren sie. Manche lagen, wie er sich zwanzig Jahre später erinnerte, »einander in den Armen, andere hielten sich an den Händen; ganze Gruppen waren an die Wand gelehnt, gegeneinander gepreßt wie Basaltsäulen«. Er fand Jana bei der Säule, auf die sie gezeigt hatte, und steckte die Halskette in die Tasche. Am nächsten Tag ging er zum Brotladen und gab sie Sasha, einem Unteroffizier der Roten Armee, der zu den ersten sowjetischen Kriegsgefangenen gehörte, die 1941 in Auschwitz eingetroffen waren. Von ihm erfuhr Filip Müller, daß Jana in Prag Kinderpflegerin gewesen war.[46]

Die Überlebenden im Familienlager rechneten sich aus, daß, wenn dem Septembertransport sechs Monate Zeit zu leben geblieben waren, dem Dezembertransport nur noch drei Monate blieben. Häftlinge, die in der zentralen Lagerverwaltung arbeiteten, bestätigten diese Befürchtungen und berichteten, daß auf den Karteikarten die Anweisung »sechs Monate Sonderbehandlung« stehe. Die Atmosphäre im Lager wurde seltsam entspannt, die Überlebenden erhielten mehr zu essen, mußten weniger arbeiten und wurden von den neuen Kapos besser behandelt.[47]

Als Mitte Mai weitere Transporte aus Theresienstadt ankamen, füllte sich das Familienlager bis zum Bersten. Weitere 7500 Juden, überwiegend aus Deutschland, Holland und Österreich kamen zu den tschechischen und mährischen, die bereits dort waren, dazu. Yehuda Bacon und seine

Freunde schlossen ihre harmlosen Mitteilungen, die ihrer Meinung nach durch die SS-Zensur gehen würden, an das Jungenheim in Theresienstadt mit speziellen Grüße auf Hebräisch: »Moti« oder »Mein Tod«. Anna Kovanicová schrieb ihrer Schwester in Theresienstadt auf die Weise, daß der letzte Buchstabe jeder Zeile von oben nach unten gelesen die Worte »GAS« und »TOD« ergaben. Die Botschaften kamen wohl an, allein man glaubte ihnen vermutlich nicht.[48]

Es waren dies nicht die einzigen Botschaften an die Außenwelt. Einige Angehörige der Sonderkommandos hatten schriftliche Berichte in Krüge und leere Bierflaschen gelegt, die sie in diesem Sommer in den Aschegruben versteckten mit der Hoffnung, ihre Aufzeichnungen würden nach der Befreiung an dem Ort gefunden, wo man nach ihrer Meinung am ehesten nach den Überresten der in Birkenau getöteten Menschen suchen würde. Filip Müller wußte, daß sein slowakischer Leidensgenosse und Freund Walter Rosenberg plante, aus Birkenau zu fliehen, und unterrichtete ihn in vollem Umfang über die Vergasung der Häftlinge aus Theresienstadt. Er gab ihm auch ein wertvolles Beweisstück über die Vergasungen mit: das Etikett einer Zyklon B-Dose.[49]

Einen Monat später floh Walter Rosenberg zusammen mit Alfred Wetzler, einem anderen Häftling. Mit der Hilfe russischer Kriegsgefangener, die ein Versteck unter den Pferdeställen in der dritten Umgrenzung des Lagers angelegt und ausgestattet hatten, konnten sich die zwei Männer so lange verstecken, bis die SS die Suche aufgab. Nach einer grauenvollen, achtzehn Tage währenden Reise erreichten Rosenberg und Wetzler Žilina in der Slowakei, wo sie bei Freunden, die Rosenberg eine neue Identität als Rudolf Vrba verschafften, in Sicherheit waren. Die zwei Männer stellten den ersten detaillierten Bericht über das Todeslager Birkenau und die Vergasung der Männer, Frauen und Kinder vom 8. März 1944 zusammen. Ende April erreichte der Bericht von Vrba und Wetzler die führenden jüdischen Funktionäre in Bratislava und Budapest. Während die Führer der ungarischen Juden zauderten, machten sich ihre slowakischen Kollegen daran, ihn über den Geschäftsträger des Vatikans in Bratislava, Giuseppe Burzio, in den Westen zu schmuggeln. Burzio nahm sich volle fünf Monate Zeit, ihn nach Rom zu befördern. Weitere Exemplare gingen per Untergrundkurier an Dr. Jaromir Kopecky, den Schweizer Vertreter der tschechischen Exilregierung. Wenige Tage, nachdem Kopecky den

Brief Ende Mai erhalten hatte, leitete er ihn an die Exilregierung in London, den Jüdischen Weltkongreß und an das Internationale Rote Kreuz in Genf weiter. Am 14. Juni brachte die tschechische und slowakische Sendung der BBC die Nachrichten von den Vergasungen im Rundfunk.[50]

Die Reaktion auf diese Nachricht war Unglaube, sogar bei denen, die sie nicht pauschal abtaten. In Berlin schloß sich Ursula von Kardorff im Dezember 1944 bei Freunden in die Toilette ein, um im *Journal de Genève* den Bericht von Vrba und Metzler zu lesen. Obwohl sie sich in Widerstandskreisen bewegte, ganz allgemein bereits über den Massenmord an den Juden unterrichtet war und selbst das Risiko auf sich genommen hatte, Juden in Berlin zu verstecken, überstieg die sachliche, ausführliche Darstellung des Todeslagers von Auschwitz ihr Fassungsvermögen. »Muß ich diesem entsetzlichen Bericht glauben? Er übersteigt die schlimmsten Ahnungen,« fragte sich die junge Frau in ihrem Tagebuch. »Das kann einfach nicht möglich sein. So viehisch können selbst die brutalsten Fanatiker nicht sein.« Sollte es aber dennoch wahr sein, überlegte sie, dann kann man nur noch für eine schnelle Befreiung von den Nazis beten. Als ein weiterer Flüchtling aus dem Familienlager, Vítězslav Lederer, die Nachrichten zu Dr. Paul Eppstein, dem Nachfolger Edelsteins als Vorsitzender des Judenrats in Theresienstadt brachte, wurde die Geschichte unterdrückt. Vielleicht glaubte man sie nicht. Vielleicht befürchtete der Rat, Panik im Ghetto zu verbreiten. Selbst das »Familienlager« in Birkenau hatte den Warnungen des Sonderkommandos in den Wochen vor der März-»Aktion« keinen Glauben geschenkt.[51]

Zumindest im »Familienlager« hatte man nun keine Illusionen mehr. Bacon und der Rest des Dezembertransports begannen die Tage bis zum 20. Juni 1944 zu zählen, an dem ihre sechs Monate abgelaufen sein würden. Aber es geschah nichts. Sie konnten nicht wissen, daß drei Tage danach die lang erwartete internationale Inspektion in Theresienstadt stattfand. Die Transporte vom Mai reduzierten die Bevölkerung von Theresienstadt auf 27 000 Bewohner, und die »Verschönerung« des Ghettos wurde abgeschlossen. Die Neuankömmlinge würden im »Familienlager« einen gesünderen und weniger erschreckenden Eindruck machen als die entkräfteten Überlebenden des Septembertransports, sollte die Delegation des Internationalen Roten Kreuzes die Einladung der deutschen Kollegen annehmen, auch dorthin zu gehen.[52]

Dr. Maurice Rossel, der Vertreter des Internationalen Roten Kreuzes, wurde von zwei dänischen Delegierten auf dem sorgfältig inszenierten Rundgang durch Theresienstadt begleitet, den er in seinem blühenden Bericht beschrieb: »Lassen Sie uns sagen, daß wir zu unserem größten Erstaunen im Ghetto eine Stadt mit einem beinahe normalen Leben vorfanden. [...] Diese jüdische Stadt ist bemerkenswert.« Sodann fuhr er mit der Aufzählung all dessen fort, was ihn die SS auch sehen lassen wollte. Rossel schickte sogar Fotos – einschließlich der spielenden Kinder im Park –, die er in Theresienstadt gemacht hatte, an Eberhard von Thadden im deutschen Außenministerium. Thadden bedankte sich und versicherte ihm, daß die Fotos verwendet würden, wenn »sich wieder Ausländer in Hinblick auf angebliche Greuel in Theresienstadt an ihn wenden« sollten. Thadden sandte auch Abzüge an die schwedische Botschaft, die es nicht für nötig befunden hatte, einen eigenen Delegierten des Roten Kreuzes mitzuschicken; und Rossels Bericht wurde am 19. Juli 1944 den ausländischen Korrespondenten in Berlin präsentiert. Himmler hatte ein glaubwürdiges Dementi des Genozids erhalten.

Bemerkenswert war Maurice Rossels Bereitschaft, Informationen, die das Rote Kreuz in den Wochen davor erhalten hatte, keine Beachtung zu schenken, so auch dem Bericht von Vrba und Wetzler. Rossel hatte den Versicherungen der SS geglaubt, daß Theresienstadt ganz bestimmt ein »Endlager« sei, von dem aus niemand mehr weiterdeportiert würde. Auch hielt er es nicht für angebracht, der vom deutschen Roten Kreuz ausgesprochenen Einladung Himmlers nachzukommen, das »Arbeitslager Birkenau bei Neu Berun« zu besuchen, um zu sehen, ob irgendeine der darüber aufgestellten Behauptungen wahr seien.

Das »Familienlager« hatte seinen Zweck erfüllt und wurde Anfang Juli 1944 von der SS aufgelöst. Das Vorgehen der SS hatte sich seit März erheblich verändert. Die großen Siege der Roten Armee in Weißrußland zeichneten sich ab, und die Evakuierung der Lagerinsassen setzte ein, um den Mangel an Arbeitskräften im Westen auszugleichen. Diesmal war das Gerede der SS von Arbeitslagern keine List: Es wurden 3500 körperlich leistungsfähige Männer und Frauen selektiert und abgeordnet. Mehrere SS-Aufseher waren bei der Selektion betrunken und erlaubten einigen Kindern, die sie abgewiesen hatten, sich wieder in die Schlange zu stellen. Beim zweiten Versuch gelang es der zwölfjährigen Ruth Klüger durchzuschlüpfen. Doch für viele Familien bedeuteten die Selektionen im Juli die endgültige Trennung. Die sechzehnjährige Anna Kovanicová wurde zum ersten Mal zur Arbeit abkommandiert. Ihre Mutter nicht, obwohl es auch ihr gelungen war, sich in der Schlange anzustellen und sich mehrmals zu melden. Daraufhin entschied Annas Vater, sich für die Selektion erst gar nicht zu melden und zog es vor, mit ihrer Mutter zurückzubleiben. Yehuda Bacons Schwester und seine Mutter kamen durch; er und sein Vater wurden abgewiesen. So ging es weiter, und schließlich wurden alle diese Familien getrennt, die bis dahin dem üblichen Schicksal in Birkenau entgangen waren. Als der Zeitpunkt der Trennung kam, bedeuteten die Eltern Anna immer wieder, zu gehen, hielten aber gleichzeitig ihre Hand. Schließlich riß sie sich los. Als sie sich zum letzten Mal umdrehte, war es der Anblick, den sie Jahrzehnte später ihren Kindern beschrieb. »Ich kann sie noch immer sehen«, schrieb sie, »mager, grau, frierend, ausgebrannt, verlassen.«[53]

Bei den 6500 Zurückgebliebenen im Familienlager von Birkenau brach nun jede Ordnung zusammen. Niemand belästigte sie mit Appellen, und die Leute badeten in den Wasserbecken vor den Blocks, ohne dafür bestraft zu werden. Sie wußten, daß sie dem Tod geweiht waren. Dann gab es eine überraschende Selektion, angeordnet vom Lagerleiter, SS-Obersturmführer Johann Schwarzhuber, dem Offizier, der seinerzeit dem Septembertransport so zynisch sein Ehrenwort gegeben hatte, daß sie nach Heydebreck gebracht würden. Jetzt schien es, daß derselbe Mann die Jungen und Mädchen, die älter als vierzehn Jahre alt waren, retten wollte. Einer der SS-Ärzte führte die Selektion wieder durch und sonderte alle Mädchen und die kleineren Kinder aus. Aber auch diesmal wollten einige der brutalsten SS-Männer wohl einige Jungen retten. Als Otto Dov Kulka behauptete, er sei zwölf – was immer noch nicht alt genug war, durchzukommen –, schaute der SS-Mann Fritz Buntrock auf die Karteikarte und dann wieder auf ihn und fragte ihn, warum er lüge. Daraufhin winkte er ihn durch, sich zu Yehuda Bacon und den anderen etwa achtzig Jungen über vierzehn zu gesellen.[54]

Für den fünfzehnjährigen Yehuda Bacon war die Trennung von seinem Vater qualvoll. Das Fürsorgeverhältnis zwischen Vater und Sohn hatte sich nach und nach umgekehrt. Bacon hatte, zuerst im tschechischen Kinderheim in Theresienstadt, dann im Kinderblock des »Famili-

enlagers«, aus seinen Sonderrationen und aus seiner Gruppe Kraft und
Selbstbewußtsein gezogen. Schon im Ghetto hatte er die Hinfälligkeit seines Vaters erkannt, und als dieser schwächer wurde, hatte er ihm bei seinen Besuchen weiterhin Essen gebracht und ihn gepflegt. Dies war lange,
bevor er am Tag der Ankunft in Birkenau mitansehen mußte, wie sein
Vater geschlagen wurde. Aber im Laufe der folgenden sieben Monate sah
er, wie sein Vater immer schneller verfiel und sein eigenes Verantwor-
tungsgefühl wuchs. Yehuda erkannte, daß sein Vater sein Schicksal angenommen hatte; er bot seinem Sohn seine Goldkrone an, die sich gelok-
kert hatte. Aber noch immer war es dem Jungen unmöglich, die zum
Tode verurteilten Verbliebenen des Familienlagers zurückzulassen, ohne
seinem Vater in die Augen zu sehen und zu versprechen, daß sie sich wiedersehen würden.[55]

Am 6. Juli wurden Yehuda Bacon und die anderen Jungen zum sogenannten »Zigeunerlager« neben dem Krematorium 4 geführt. Wie die
Juden im Familienlager hatten die Sinti und Roma Privilegien und die
Erlaubnis, die eigenen Kleider zu tragen, und mussten nicht mit gescho-
renem Kopf herumlaufen. Sie lebten sogar im Familienverband. Sie hatten einen Fußballplatz und einen Spielplatz für die Kinder und auch sie
wurden häufig von SS-Männern außerhalb der Dienstzeit besucht, die
Spaß an ihrer Musik und ihren Tänzen hatten. Einige hatten ein Verhältnis mit Frauen dort. Ohne zu ahnen, was im Lauf des nächsten Monats
auf sie wartete, verspotteten die Kinder der Sinti und Roma die Gruppe
der tschechischen Kinder, indem sie auf das Krematorium zeigten, das sie
die »Marmeladefabrik« oder die »Brotfabrik« für die Juden nannten. Bei
Einbruch der Nacht wurden die Jungen wieder fortgebracht, diesmal zum
Sonderkommando Birkenau und zur Strafkompanie.[56]

In dieser Woche wurde eine Ausgangssperre verhängt, was in Birkenau
stets eine »Aktion« einleitete. Angespannt und bedrückt drängten sich die
Kinder um das winzige Fenster ihres Blocks und versuchten vergeblich,
die Leute zu erkennen, die in das Krematorium hineingingen. Am nächsten Tag kamen die Männer des Sonderkommandos und brachten Bacon
und seinen Kameraden Fotografien und kleine persönliche Gegenstände.
Es gab keinen Zweifel mehr, daß ihre Verwandten ermordet worden
waren. »Wir waren sehr, sehr bestürzt. Traurig. Aber niemand von uns
weinte«, erinnerte sich Bacon 1959 in Israel. Die Jungen klammerten sich

noch mehr aneinander und an ihre neuen Beschützer, die Männer vom Strafbataillon des »Sonderkommandos«, der sogenannten »Strafkompanie«. Zum ersten Mal begannen die Jungen, ihr Essen zu teilen und sich um ihre Kranken zu kümmern.[57]

Die schrumpfende Gruppe tschechischer, holländischer und deutscher Jungen wurde das Maskottchen der »Strafkompanie« von Birkenau, in deren Block sie einquartiert war. Diese Männer brachten sie in das riesige Lagerhaus, das wegen seiner Fülle »Kanada« genannt wurde und wo die Kleider und Habseligkeiten der Ermordeten sortiert wurden, bevor man sie nach Deutschland schickte. Die neuen Beschützer sorgten dafür, daß die Jungen passende Schuhe erhielten, eine der größten Vergünstigungen, die man im Lager gewähren konnte. Selbst die kleine Gruppe der russischen Kriegsgefangenen, die so gefürchtet war, daß selbst die SS und die deutschen Blockältesten sie mit gehörigem Respekt behandelten, nahmen die Kinder zu sich und erzählten ihnen Geschichten oder nahmen an ihren Spielen im Hof teil. Am Sonntagabend pflegten die Kinder den Blockältesten von Baracke zu Baracke zu begleiten und tschechische und deutsche Lieder für die Häftlinge zu singen.[58]

Bacon war mit einer Gruppe von zwanzig Jungen im »Rollwagen«. Wie Pferde eingespannt, zogen sie einen hölzernen Güterwagen innerhalb von Birkenau von einem Lager zum anderen. Bacon erinnert sich daran als an eine relativ »leichte« Arbeit, die ihnen auch Zugang zum gesamten Lager verschaffte, da sie Kleider, Brennholz und andere Waren von einer Umzäunung zu nächsten beförderten, sowie die Habseligkeiten hereinkommender Transporte sammelten, die sie sofort plünderten. Eines Tages kamen die Jungen zum Krematorium, als es leer war, und einer der Männer des Sonderkommandos zeigte Bacon die Einrichtungen. In Theresienstadt hatten die tschechischen Jungen, die für das Wochenblatt *Vedem* schrieben, angefangen, über ihre »Streifzüge« durch das Ghetto, die Besichtigungen der Leichenhalle und des neu gebauten Krematoriums zu berichten. Sie erklärten dessen mechanische Funktionsweise und Leistungsfähigkeit mit der Begeisterung von Jungen für Technik sowie der Faszination Halbwüchsiger für den Verbleib der Toten. Jetzt schaute sich Bacon all die technischen Details genau an, merkte sich, daß die Duschbrausen an der Gaskammer nicht angeschlossen waren und überprüfte die Größe der Öffnungen für die Zyklon B-Dosen. Er und seine Freunde

hörten gespannt zu. Bacon schaute in den Raum, wo das Sonderkommando mit den Stöcken zu warten pflegte, um die Widerspenstigen aus
den »Umkleideräumen« in die Gaskammer zu treiben, und er erinnerte
sich an die Männer mit »Stöcken«, die er in der Nacht seiner Ankunft in
Auschwitz gesehen hatte.[59]

Unter den Männern des Sonderkommandos und der Strafkompanie fanden die Jungen auch persönliche Beschützer. Bacons Beschützer
war Kalmin Fuhrman, ein vierundzwanzig Jahre alter Pole, dessen Aufgabe es war, denen, die in dem kleinen Exekutionsraum im Krematorium
erschossen wurden, die Arme festzuhalten oder ihnen die Ohren zuzuhal-
ten. Yehuda kannte einen der Männer im Sonderkommando aus Theresienstadt; Fuhrman stellte ihn den anderen vor. Einige dieser Freundschaften zwischen den Jungen und ihren Beschützern mögen auch sexueller
Art gewesen sein, doch ausschlaggebend war wohl die emotionale Nähe
zu diesen mächtigen und schrecklichen Männern, die buchstäblich die
Macht hatten, sie zu retten oder zu töten. In Theresienstadt war Yehuda
nur dank der Intervention des Ratsvorsitzenden Jakub Edelstein in das
tschechische Jungenheim aufgenommen worden, dessen einziger Sohn
ein enger Freund Yehudas war. Jetzt konnte ihm Kalmin Fuhrman berichten, daß sein Spielkamerad aus der Kindheit gemeinsam mit seinen Eltern
erschossen worden war.[60]

Als Yehuda Bacon 1959 seine Geschichte einem israelischen Interviewer zum ersten Mal erzählte, kamen sie an einen Punkt, an dem die
beiden einen Teil der Abschrift des Interviews zensierten. Unmittelbar
vor dieser Stelle berichtete Bacon:

»Öfters brachten die Sonderkommandanten uns Kindern verschiedene
Wäsche, und erzählten uns, daß immer wenn ein Transport komme, sie
die schönste Frau des Transportes extra behandeln, und zwar lassen sie
sie als Letzte zurück, ziehen sie als Letzte aus und führen sie als Letzte in
die Gaskammer. Sie schmissen sie dann auch zuletzt mit einer gewissen
Pietät extra in den Ofen, nicht mit den Anderen.«[61]

Ob es wirklich so war oder nicht, sei dahingestellt, jedenfalls hörten
die Jungen den Geschichten der Männer in ihrer gemeinsamen Baracke
in der Nacht aufmerksam zu und waren tagsüber unterwegs, um den
Frauen im Lager Büstenhalter und Schminke zu verkaufen, wichtige
Gegenstände, dazu da, die gesund aussehenden »Prominenten« bei den

Selektionen von den anderen abzuheben. Es ist nicht klar, was Yehuda Bacon mit dem Gehörten anfing, doch seinem einzigen Versuch nach zu schließen, die Geschichte jemand anderem zu erzählen, fiel es ihm schwer, darüber zu reden. Bacon wurde noch einige Male danach interviewt, aber er machte keinen neuen Versuch zu berichten, welche Bedeutung dieser rätselhaften und vieldeutigen Geschichte über die Entdeckung weiblicher Schönheit durch die Männer des Sonderkommandos zukam. Vielleicht war er durch die Reaktion des ersten Interviewers abgeschreckt. Dennoch beharrte er weiterhin darauf, daß ihm und seinen Freunden das Todeslager »als etwas selbstverständliches« vorgekommen sei und wie sehr es ein Teil seiner Jugendzeit gewesen war. Und in diesem Eingeständnis liegt die schreckliche Erkenntnis begründet, daß es keine Identität vor dem Lager gab, die er nach der Befreiung hätte wiederentdecken können. »Man soll auch nicht vergessen, daß es für die Jugendlichen *das* Erlebnis war, in einem Alter, wo man sehr empfangsfähig ist, wo alles mit einem fast gierigen Interesse festgehalten wird; wir alle betrachteten die Erlebnisse als das normale, fast als das romantische, beinahe auch die Grausamkeiten.« Yehuda Bacon wuchs in Birkenau auf, und dies unterscheidet ihn und die anderen Jungen von den mächtigen und erschreckenden Männern, von denen sie beschützt wurden.[62]

Gegenüber der Außenwelt schotteten sich Bacon und die anderen Jungen ab und wurden »hart«. Der Genozid an 400 000 ungarischen Juden in demselben Sommer brachte dem Sonderkommando eine Zeit des Überflusses. Während die Jungen offen mit Lebensmitteln und Kleidern handelten, tauschten die Männer innerhalb des Lagers heimlich Diamanten und Gold gegen Waffen und Munition für ihren geplanten Aufstand gegen die SS. Von Ende September bis gegen Ende Oktober 1944 trafen die letzten elf Transporte aus Theresienstadt ein, darunter die zuletzt verbliebenen Kinder aus den Heimen. Von den 18 402 Menschen aus diesen Transporten sollten letztlich 1474 überleben. Bei dem fehlgeschlagenen slowakischen Aufstand im Sommer hatten die Aufständischen unverzüglich die Juden befreit, und die Furcht davor, daß die Tschechen dem Beispiel folgen könnten, mochte Himmler schließlich veranlaßt haben, von seinem Handel mit den Theresienstädter Juden Abstand zu nehmen und diese loszuwerden. Als weniger Transporte eintrafen, nahm der parasitäre Wohlstand des Sonderkommandos wieder ab. Auch die Jungen wußten, daß ihr weiteres Überleben unmittelbar von frischen Transporten in die Fabrik abhing, in der ihre Familien getötet worden waren. Als Himmler im November und Dezember die Demontage der Gaskammern anordnete, war Birkenau ein Lager im Endstadium, und das Sonderkommando beschränkte sich darauf, Messingbeschläge einzuschmelzen und der SS als Gold anzudrehen. Versunken im Schnee, verspürten die Häftlingsfunktionäre und ihre jugendliche Lagergefolgschaft wieder beißenden Hunger.[63]

Noch immer tat Yehuda Bacon, wie auch Filip Müller im Sonderkommando, alles, um in dieser Ecke Oberschlesiens bleiben zu können, die sie so gut kannten. Vom Sommer 1944 bis Januar 1945 wurden 63 000 der 130 000 Häftlinge aus Auschwitz und seinen Außenlagern nach Westen geschafft. Der Junge und der Mann schätzten, daß ihnen hier – selbst in der Asche eines Todeslagers – ihre hart erworbenen Kenntnisse und die Verbindungen mehr nützten als die Evakuierung in unbekannte Lager. Beiden gelang es zu bleiben, bis sie Mitte Januar 1945 das dumpfe Donnern der russischen Geschütze hörten.[64]

III. Teil

Der Krieg kehrt heim

8. Im Bombenkrieg

Am 24. Juli 1943 hatte der sechzehnjährige Klaus Seidel Dienst bei seiner Flak-Batterie im Hamburger Stadtpark; es war eine der ersten 1943 mit den größeren 105 Millimeter-Geschützen ausgerüsteten. Kurz vor ein Uhr nachts trat die Flak in Aktion, als die erste der sechs Wellen von Bombern über die Stadt hinwegzog. Der Angriff dauerte 45 Minuten. Die 740 Flugzeuge flogen von Norden nach Süden über die Stadt hinweg und warfen 1346 Tonnen Sprengbomben und 938 Brandbomben ab, während die Hamburger Flak über 50 000 Mal in den nächtlichen Himmel schoß. Obwohl Hamburgs 54 schwere und 26 leichte Flak-Batterien, unterstützt von 24 Scheinwerferstellungen, eines der stärksten Luftabwehrsysteme Deutschlands darstellten, schossen sie nur zwei Flugzeuge ab. In dieser Nacht hatte die RAF zum erstenmal »Window« eingesetzt, indem sie eine Kaskade von Aluminiumstreifen abwarf, die das deutsche Radar blendeten. Außerstande, die Bomber oben orten zu können, suchten die Scheinwerfer den Himmel ab, und die Flak-Geschütze feuerten wahllos in die Nacht.[1]

Um drei Uhr früh wurde Klaus Seidel wieder hinausgerufen, diesmal, um die Feuer in der Stadthalle zu bekämpfen. Nur mit Pyjama, Trainingsanzug, Stahlhelm und Stiefeln bekleidet, versuchten er und seine Kameraden, Mobiliar zu bergen und das Feuer mit Wasserschläuchen zu bekämpfen. Glücklicherweise hatte ihn ein anderer Junge zum Spaß angespritzt, das schützte ihn vor den Funken der herunterfallenden Holzbalken. Klaus schrieb seiner Mutter noch am selben Tag, er sei so unerfahren, daß er doch tatsächlich in Sandalen habe hingehen wollen. Nach anderthalb Stunden kehrten sie zur Flak-Stellung zurück, wo er, noch immer durchnäßt, bis sechs Uhr früh Nachrichten durchgab. Die Polizei schätzte, daß in dieser Nacht 10 289 Menschen umkamen. Nach drei Stunden Schlaf war Klaus Seidel wieder auf seinem Posten und bereitete die Flak-Geschütze für den nächsten Angriff vor.

Er kam um 16 Uhr 30, von amerikanischen Fliegenden Festungen. Um 0 Uhr 35 kreisten sechs Mosquitos der RAF zur Bildaufklärung über der Stadt, denen gegen Mittag des 26. Juli weitere 54 Fliegende Festungen folgten. Am folgenden Tag kamen 722 Bomber, diesmal von Osten her, und hatten bis dahin unversehrt gebliebene Viertel zum Ziel: Hammerbrook, Rothenburgsort, Borgfelde, Hamm, Hohenfelde, Billwerder und St. Georg. Zehntausende kleiner Feuerherde vereinigten sich zu einem Flächenbrand, der für die nächsten Wellen angreifender Flugzeuge gut sichtbar war. Ein Bombenschütze der RAF meinte, der zweite und dritte Angriff seien gewesen, als hätte man »Kohle ins Feuer geschaufelt«. Außergewöhnliche Wetterverhältnisse und die übermäßige, durch die Phosphorbomben verursachte Hitze ließen den riesigen Brand zu einem Feuersturm von beispiellosem Ausmaß anwachsen. Gegenstände und Menschen verpufften, meterdicke Bäume wurden vom Orkan gefällt. Diejenigen, die in ihren Kellern und Luftschutzunterständen blieben, drohten darin zu verbrennen oder am Kohlenmonoxid zu ersticken, diejenigen, die flohen, liefen Gefahr, von den Flammen eingeschlossen zu werden und im kochenden Straßenbelag zu verbrennen oder von herunterstürzenden Fassaden erschlagen zu werden. In dieser Nacht fanden weitere 18 474 Menschen den Tod.

Bei Tag ging Klaus auf die Suche nach seinen Großeltern. Da er sie nicht finden konnte, grub er in den Ruinen ihres Hauses, um sicherzugehen, daß sie dort nicht umgekommen waren. Er riet seiner Mutter nachdrücklich, nicht aus den Sommerferien in Darmstadt zurückzukommen. An diesem Tag machte der Gauleiter von Hamburg, Karl Kaufmann, seine frühere Anordnung, daß die Stadt nicht verlassen werden dürfe, rückgängig und gab Anweisung, alle zur Verfügung stehenden Mittel aufzubieten, um die Stadt auf Schienen, auf der Straße oder mit Schiffen zu evakuieren.

Währenddessen strömten die Ausgebombten in den Stadtpark und bedienten sich an Stapeln von Broten, die in großen Fuhren auf den Boden gekippt wurden. Klaus Seidel war schockiert, wie die Ausgebombten die Lebensmittel, die für sie ausgegeben wurden, verschwendeten; er fand halbvolle Fleischkonservendosen im Gebüsch und haufenweise Pflaumen am Boden. In ihrem Schock warfen die Geflüchteten alle Regeln der Rationierung und der Sparsamkeit über Bord. Das Regime, das einen moralischen Zusammenbruch der Bevölkerung unter den Luftangriffen befürchtete, gab für die betroffenen Gebiete zusätzliche Lebensmittel und lebenswichtiges Material frei. Dies zeitigte paradoxe Folgen: Nach dem Brandbombenangriff auf Wuppertal im Mai 1943 stellte der dreizehnjährige Hitlerjunge Lothar Carsten, noch wie betäubt vor Erschöpfung vom Kampf gegen das Feuer und vom Hilfseinsatz für die Obdachlosen, auch fest, daß sie schon lange nicht mehr so gut gegessen hatten. In Hamburg schaute Klaus verbittert zu, wie Privatwagen, die seit Kriegsbeginn nicht mehr gefahren wurden, Benzin erhielten, um die Fliehenden zu evakuieren, während seine Flak-Stellung kaum genug hatte, um den Generator in Betrieb zu halten. Als er den Flüchtlingen half, ihre oft merkwürdig zusammengewürfelten Sortimente geretteter Besitztümer wegzuschaffen, war er überrascht und peinlich berührt, daß sie glaubten, ihn bezahlen zu müssen.[2]

In der Nacht vom 29. auf den 30. Juli kehrte die RAF wieder nach Hamburg zurück und tötete weitere 9666 Einwohner. In dieser Nacht benötigte Klaus keine Kerze, um seiner Mutter zu schreiben, da sein Papier vom Schein der »Feuerwalzen« beleuchtet wurde. Am 31. Juli hatte Klaus Zeit, sich zu vergewissern, daß die Wohnung seiner Mutter verschont geblieben war, und ihre Wertgegenstände sowie die der Nachbarn in den Keller zu bringen. Es schien, als ob seine Ausbildung im nationalsozialistischen Elternhaus, in der Schule, in der HJ und bei der Flak die Vorbereitung auf genau diesen Moment gewesen sei. Er erklärte, nicht zu verstehen, warum die Nachbarn weggehen wollten, und folgerte mit kühler Logik, daß es jetzt, da alles rundherum zerstört war, um den Wohnblock eine Feuerschneise gebe, die mehr Sicherheit biete als zuvor.[3]

Klaus bemühte sich in seinen Briefen, einen Ton anzuschlagen, wie es sich für einen jungen, sechzehnjährigen Mann gehörte, der zum ersten Mal eine Luftwaffenuniform trug. Nie erwähnte er auch nur einen Leichnam und niemals gestand er ein, er oder seine Kameraden hätten Angst – außer vielleicht indirekt, als er erwähnte, daß er rauchen mußte, um einen Angriff durchzustehen, was jedoch durchaus gängiger militärischer Brauch war. Sein Bericht war nüchterner und weniger gefühlsbetont als der Geheimbericht des Polizeipräsidenten der Stadt. Als Klaus Seidel seine Mutter wissen lassen wollte, was sie durchgemacht hatten, zitierte er den Oberleutnant seiner Flak-Batterie, der behauptete, die Bombardierung von Hamburg sei schlimmer als alles, was er im Frankreich- und Polenfeldzug erlebt habe.[4]

Wieviel Kraft es diese Jungen kostete, eine so kühle Haltung an den Tag zu legen, ist schwer zu beurteilen, jedenfalls entsprach sie ihrer Selbsteinschätzung, nun erwachsen zu sein und zur Männerwelt zu gehören. Für Klaus und die anderen Jungen der sechsten und siebenten Klasse der Lichtwarck-Oberschule, die im Februar 1943 als Flakhelfer eingesetzt wurden, waren die neuen Luftwaffen- und Marineuniformen nicht nur die Verwirklichung eines lang gehegten Traums aus ihrer Zeit beim Jungvolk und in der Hitlerjugend. Die Uniformen wurden durch die Feuerprobe geweiht, und sie selbst unterschieden sich nun von den anderen Jungen in der Hitlerjugend. Sie schauten jetzt mit Verachtung auf diejenigen herab, die sie erst vor kurzem verlassen hatten. Als Klaus hörte, daß Hitlerjungen mit dem Eisernen Kreuz ausgezeichnet worden waren, weil sie Brandbomben gelöscht hatten, verlor er zum erstenmal in den Briefen an seine Mutter die Selbstbeherrschung. »Brandbomben löschen kann jeder; aber wenn die Richtleute ausrufen: ›Flugzeug wirft Bomben‹, dann ruhig weiter zu arbeiten, verlangt ganz andere Kräfte.« Klaus Seidel konnte nicht wissen, daß viele Hitlerjungen zu den letzten gehören sollten, die das Reich verteidigten; noch dachte er darüber nach, wieviel von seiner Überlebenskunst er sich in der Jugendbewegung angeeignet hatte. Als es in der ganzen Stadt weder Gas noch Elektrizität, weder Wasser noch Telefonverbindungen gab, badete er, ohne lange zu überlegen, wie ein Junge im Sommerlager im See mitten im Stadtpark. Aber Klaus Seidel war auch noch ein halbes Kind. Bevor die Angriffe begannen, hatte er sich Sorgen gemacht, er würde keinen erwachsenen Verwandten finden, der sein Schulzeugnis unterschrieb. Und noch in der ersten Nacht und am ersten Tag der Bombenangriffe kehrten seine Gedanken immer wieder zum Modellflugzeug zurück, das er gerade in der Schule baute.[5]

Brandbomben veränderten das Antlitz des Krieges. Pawel Wassiljewitsch Pawlenko war einer von 450 Häftlingen aus dem Konzentrationslager Neuengamme, die abgestellt wurden, um die knapp 650 Hektar große »tote Zone« von Rothenburgsort, Hammerbrook und Hamm-Süd freizuräumen, in der die Straßen mit Leichen übersät waren. Die schlimmste Arbeit für den siebzehnjährigen Ukrainer war das Aufbrechen der Keller. Sie konnten jeden Moment einbrechen und waren manchmal im

Inneren noch glühendheiß; und es gab noch Kohlenmonoxidkammern. Sie waren auch »voller Vertrockneter«, die dort immer noch saßen, erinnerte er sich. Er half, die Knochen in einer Badewanne zu sammeln und sie nach draußen zu schaffen. Und obwohl die Deutschen seine Feinde waren, fiel es ihm zunächst schwer, die toten Zivilisten anzusehen. Der Hamburger Polizeipräsident berichtete, daß viele deutsche Soldaten auf Urlaub bei der Suche nach ihren Familien nur noch ein paar Knochen fanden. Obgleich die Toten bisweilen auf die Hälfte ihrer Lebendgröße geschrumpft waren, konnte man sie immer noch erkennen, ein Phänomen, das der Pathologe Siegfried Gräff auf die proportionale Dehydration aller inneren Organe zurückführte, wenn der Körper in diesen Kellern nach dem Tod förmlich gebacken wurde.[6]

Da ganze Bezirke in Schutt und Asche lagen, verirrten sich sogar Alteingesessene, wenn sie ihre Viertel suchten. Die Ausgebombten hefteten häufig Mitteilungen an Gebäude in der Nähe ihrer zerstörten Häuser, um andere wissen zu lassen, wo sie zu finden waren. Klaus Seidel brauchte zwei Wochen, um herauszufinden, daß seine Großeltern überlebt hatten. Verwandte suchten ihre Toten in den Straßen und in Behelfskrankenhäusern und versuchten, deren Überreste anhand von verstreuten Kleidungsstücken, die intakt geblieben waren, zu identifizieren. Sanitäter griffen zur Zange, um Eheringe abzuziehen, nachdem die Totenstarre eingesetzt hatte. Danach mußten die Verwandten den Toten noch bei den Zivilbehörden melden. Diese traurigen und erschöpfenden Beschäftigungen stumpften manche Leute zu sehr ab, als daß sie in dieser Zeit noch an den Krieg denken konnten.[7]

Die Bombardierung Hamburgs war ein Wendepunkt im Luftkrieg. Sie überstieg jedes bisher bekannte Ausmaß und kam zu einem Zeitpunkt, als die britische wie die deutsche Regierung glaubten, daß solche Angriffe auf deutsche Zivilisten kriegsentscheidend sein könnten. Daher machten das RAF-Bomber Command und Winston Churchill Hamburg zum Maßstab für das, was sie auch woanders erreichen wollten. Die örtliche wie die nationale NS-Führung gerieten in Panik. Als sich die Ordnung aufzulösen begann, ließ Gauleiter Kaufmann sogar politische Häftlinge frei. Auch auf nationaler Ebene konnten sich die NS-Oberen mittlerweile ausmalen – so wie dies ihre britischen Gegenüber auch taten –, daß die Moral der Zivilbevölkerung keinen weiteren Angriffen wie diesen standhalten dürfte. Und so verbrachten sie die Sommermonate voller düsterer Vorahnungen der eigenen Verwundbarkeit, zum Teil auch bedingt durch Mussolinis Sturz in Italien, Anfang September. Hitlers ständige Furcht vor einem Zusammenbruch der Heimatfront wie im November 1918 schien berechtigt zu sein. Die Regierung gab Kontingente an Schnaps und echtem Bohnenkaffee für die ausgebombten Gebiete frei. Um diejenigen, die alles verloren hatten, möglichst schnell wieder mit dem Notwendigsten zu versehen, begannen die deutschen Vertretungen in den besetzten Gebieten damit, das den Juden geraubte Eigentum, das eigentlich den deutschen Siedlern zugedacht war, direkt in die nord- und westdeutschen Städte zu schaffen. Die Regierung mochte die Verluste untertreiben, mit dem Ergebnis, daß die Gerüchte ins Kraut schossen, und die aus der Stadt Evakuierten verbreiteten Geschichten vom kompletten Zusammenbruch der öffentlichen Ordnung in Hamburg in die entlegensten Gegenden Deutschlands. Zur Bestürzung des NS-Regimes und des RAF-Bomber Commands schätzte die schwedische Presse, daß 100 000 Menschen umgekommen waren, eine Zahl, auf die sich im Nachkriegsdeutschland noch lange berufen wurde. Das wirkliche Ausmaß war katastrophal genug: Zwischen 35 000 und 41 000 Menschen waren getötet worden.[8]

Die Bombenangriffe auf Hamburg waren der Kulminationspunkt einer RAF-Kriegführung, die im Frühjahr 1943 begann und für die Arthur Harris, seit Februar 1942 Leiter des Bomber Commands, die Grundlagen geschaffen hatte. Mit den Angriffen auf Essen am 5. März 1943 startete das Bomber Command nächtliche Angriffe unter massenhaftem Einsatz schwerer Bomber auf die dichtbesiedelten Zentren der Arbeiterstädte des Ruhrgebiets. Mit der Rechtfertigung, daß die Angriffe auf das industrielle Arbeitskräftepotential die Produktion stören sollten, wurden sie bald zur Hauptstoßrichtung der RAF, zum Teil auch, weil die großen Städte für Flugzeuge, die hoch flogen, um der Flak zu entgehen, und die über ungenaue Bombenzielgeräte verfügten, relativ leicht zu treffen waren. Der Erfolg der Operation *Gomorrah,* dem Angriff auf Hamburg, bewog Churchill, Harris' Plan zuzustimmen, noch schwerere Bombenangriffe auf die deutsche Hauptstadt zu fliegen. »Wir können Berlin von einem Ende zum anderen zertrümmern«, versprach Harris Anfang November 1943 und fügte hinzu: »Uns kostet das vierhundert bis fünfhundert Flugzeuge. Deutschland kostet es den Krieg.« Die Angriffswellen, die die RAF ohne Unterlaß bis zum 24. März 1944 gegen Berlin flogen, waren die schwersten und am längsten anhaltenden auf dem europäischen Kriegsschauplatz. Aber Deutschland kapitulierte nicht am 1. April 1944, wie Harris vorschnell prophezeit hatte. Statt dessen wurden im März die Verluste der RAF durch deutsche Flugabwehr und Nachtjägerstaffeln der Luftwaffe untragbar. Die ganze Strategie der Flächenbombardierungen wurde auf Eis gelegt. Harris konnte seinen Willen nicht mehr durchsetzen, bis die neuen amerikanischen Langstreckenjäger die Jägerstaffeln der Luftwaffe zerstört hatten, und auch nicht mehr vor der Landung der Alliierten in der Normandie, bei der das Bombenkommando höchst wirkungsvoll als »Fliegende Artillerie« im deutschen Stil über dem Schlachtfeld operierte. Inzwischen war aber auch allen klar geworden, daß der Sieg der Alliierten auf dem Boden und nicht aus der Luft errungen werden würde.[9]

Über eine lange Zeit war es jedoch die Bedrohung von oben, die der deutschen Zivilbevölkerung in den Städten des Nordwestens zu schaffen machte. Dauernde Wiederholung ließ die Kinder auf das Heulen der Sirenen im Schlaf reagieren. Ein Mädchen, das mit seiner Familie bei der Bombardierung von Mainz evakuiert wurde, erinnerte sich, daß sie beim Ton der Sirenen im Schlaf laut geweint und ihre Eltern gebeten hatte, sie in den Luftschutzkeller zu bringen. Für die kleineren »Kriegskinder« war es ganz normal, ihre ersten oder stärksten Erinnerungen an diese Zeit mit den Bombardierungen zu assoziieren. Die Verbindung zwischen plötzlichem Aufwachen und dem Ton der Sirenen war besonders stark. Als die Bomben der RAF 1942 und 1943 immer gefährlicher wurden, gewöhnten sich die Kinder daran, im Trainingsanzug zu Bett zu gehen. In Bochum wiederholte Karl-Heinz Bödecker jeden Abend, wenn er ins Bett mußte: »Hoffentlich lassen uns die Tommies heute nacht in Frieden.« Die ersten Worten, die Ute Rau stammeln konnte, waren: »Nell, nell, Männele aa, Teller« (Schnell, schnell, Mäntele an, Keller). Einige Kinder nahmen Tornister oder Rucksäcke mit in die Luftschutzräume, vermutlich gab ihnen dies das Gefühl, eine Aufgabe zu haben und am Geschehen beteiligt zu sein. Manche schliefen sofort auf den Feldbetten oder Schlafstellen wieder ein, die in den Kellern und Schutzräumen aufgestellt worden waren. Andere liefen herum und spielten und erheiterten bisweilen die Erwachsenen. Ein Junge erinnerte sich sogar, Besuch vom Nikolaus bekommen und Kekse im Luftschutzraum erhalten zu haben.[10]

Die Sirenen hatten eine so tiefe Wirkung, weil sie eine Reihe unausweichlicher Ereignisse ankündigten. Ein Junge aus Essen schrieb später: »Ich war damals vier, fünf Jahre alt und habe die Nächte, in denen wir im Keller lagen und buchstäblich auf den nächsten Angriff warteten, noch gut vor Augen. Unter dem Geheul und Gekreisch der Sirenen liefen wir dann in einen feuchten, stickigen und von Menschen überfüllten Bunker. Hier spürte man zwar nichts von dem Angriff, aber die Angst blieb doch.« Die Stadt Essen war relativ gut mit Betonbunkern versehen; dank ihrer besonderen Lage mitten im Kruppschen Rüstungsimperium wurde Essen schon früh als eine Stadt eingestuft, die eine Luftabwehr brauchte. Aber selbst in den massiv gebauten Schutzräumen, in denen der Schall gedämpft wurde und die Bewegung, ja sogar der Einsturz der Gebäude weniger zu spüren war, registrierten die Kinder die Anzeichen der Bombardierung. Ein Mädchen erinnerte sich, wie schwere Erschütterungen die Gaslampen im Luftschutzkeller zum Erlöschen brachten. Aber auch das Gedränge und Geschrei verängstigter Menschen blieb ihr im Gedächtnis.[11]

Die Sirenen hatten einen ähnlichen Effekt auf Erwachsene und Kinder. Selbst die Berichterstatter des Sicherheitsdienstes der SS fühlten sich im Mai 1944 während einer Pause im Bombenkrieg und knapp zwei Monate nach der Luftschlacht der RAF um Berlin veranlaßt, zu bemerken:

»Vor allem das Verhalten der Frauen gebe die Frage auf, ob bei längerem Andauern des gegenwärtigen Zustandes die bisher gehaltene Disziplin der Bevölkerung nervenmäßig durchgehalten wird. Viele Volksgenossen hätten das Sirenengeheul, das Motorengebrumm der angreifenden Maschinen, das Schießen der Flak und das Krachen der Bomben dauernd in den Ohren und würden diese Eindrücke beim besten Willen nicht mehr los (Berlin u. a.).«[12]

Kinder behaupten häufig, die Angst von den Eltern übernommen zu haben. So schrieb ein Junge vom Burg-Gymnasium in Essen:

»Ich selbst war bei Ausbruch des Krieges gerade geboren, so daß ich mich an die ersten Jahre nicht erinnern kann. Vom fünften Lebensjahre an aber, steht mir vieles unerschütterlich ins Gedächtnis geschrieben. Lange Bombennächte hindurch saß ich zwischen zitternden Erwachsenen im Keller oder Bunker.«[13]

Oder wie ein anderer Junge von der Berufsschule es knapper ausdrückte: »Dann ging's ab in den Bunker wo die Menschen in allen Ecken
und Winkeln hockten. Bei jeder Bombe die fiel, ertönten die Vater Unser
lauter.« Diejenigen, die keinen Zugang zu einem Bunker hatten – und
das war in fast allen deutschen Städten die überwiegende Mehrheit der
Bevölkerung –, suchten in ihren Kellern Zuflucht, wo jede Erschütterung
und jeder Stoß zu spüren waren. Kinder lernten auf die unterschiedlichen
Geräusche zu achten und konnten die Sprengbomben an ihrem »Krach,
bum« von dem »dumpfen Knall« der Brandbomben unterscheiden, deren
»klack, klack, klack« ein Kind an eine saftige Ohrfeige erinnerte.[14]

Sobald Liselotte Günzel am 29. Dezember 1943 aus dem Keller nach
oben gekommen war, griff sie nach ihrem Tagebuch und fing an zu schreiben: »Es war wieder ein schrecklicher Angriff«, schrieb die Fünfzehnjährige, als sie ihre Gefühle zu beschreiben und sie in einen geordneten
Zustand zu bringen versuchte. »Etwas haben wir den Menschen früherer
Generationen voraus«, fuhr sie mit kindlichem Ernst fort, »wir haben die
Todesangst kennengelernt. Da fällt alles vom Menschen ab; Alle Tünche,
auch das, was mir im Leben außer Gott das Heiligste war, verließ mich, als
der Tod seine Finger nach mir ausstreckte (Ich hätte nie geglaubt): meine
Liebe zu Frau L. Auch Sie hat das Grauen verjagen können. Allein blieb
im Herzen als Trost, einziger Trost in Todesnot: die ewige Liebe Gottes.
Sie hat mich nicht verlassen.« Liselotte hatte Trost im Gebet gefunden
und wiederholte die Worte, die sie bei ihrer Konfirmation neun Monate
zuvor gesprochen hatte:

»Mein schönstes Zier und Kleinod bist auf Erden du, Herr Jesu Christ,
dich will ich lassen walten, u. alle Zeit in Lieb u. Leid in meinem Herzen halten.
Dein Lieb u. Treu vor allem geht, kein Ding auf Erd so Fest besteht, das
muß ich frei bekennen, drum soll nicht Tod, nicht Angst, nicht Not
von deiner Lieb mich trennen.
Dein Wort ist wahr u. trüget nicht u. hält gewiß, was es verspricht, im
Tod u. auch im Leben. Du bist nun mein u. ich bin dein, dir hab ich
mich ergeben.«[15]

Als Liselotte diese Worte lernte, hatte sie keine Ahnung, wie bald sie sie
brauchen sollte. Sie schöpfte jetzt Mut aus der nüchternen Wahrheit ihres

Gelöbnisses, «drum soll nicht Tod, nicht Angst, nicht Not von deiner Lieb mich trennen«. Beinahe ebenso verstörend wie die Angst im Keller während der Bombenangriffe war die unheimliche Normalität, die einsetzte, als die Familie die Treppen zu ihrer Wohnung hinaufstieg und ihr Alltagsleben wieder aufnahm. Liselotte hatte Schwierigkeiten, in ihren wechselnden Gefühlen einen Sinn zu entdecken; sobald sie in ihre Wohnung zurückgekehrt war und ihr Tagebuch wieder aufgenommen hatte, fand sie ihre Angst im Keller plötzlich befremdlich.[16]

Liselotte Günzel lebte in Friedrichshagen, am östlichen Rand von Berlin. Ihre Bombenerlebnisse begannen am 22. November 1943, in der Nacht des zweiten, großen Angriffs der RAF auf Berlin. Ihr Viertel bekam nichts ab, aber das Büro ihres Vaters wurde zerstört und ihre Mutter sorgte sich um ihren Lebensunterhalt. Die Telefonleitungen waren unterbrochen und S-Bahn sowie Straßenbahnen fuhren nicht. Die folgende Nacht war nicht besser: »Die ganze Innenstadt soll ein Schutthaufen sein. Friedrichstr., Linden, Leipziger Str., Alex. alles kaputt. Tante K. ausgebombt. Meine Schule ausgebrannt, kann nicht mehr hingehen.«[17]

Innerhalb von vierzig Minuten hatte die RAF 1132 Tonnen Sprengbomben und 1331 Tonnen Brandbomben abgeworfen. Die Zerstörungen waren so enorm, daß die Feuerwehrbereitschaften und die Luftschutztruppen größte Mühe hatten durchzukommen, um die Brände zu bekämpfen. Die Brände, die um den Hausvogteiplatz wüteten, drohten sich zu einem Flächenbrand zu vereinigen. Einheiten der Wehrmacht und Feuerwehr kamen aus Stettin, Magdeburg und Leipzig herbei; die Brände waren schließlich gelöscht, kurz bevor in der nächsten Nacht die Bomber erneut kamen. Mittlerweile waren die Luftabwehr- und Feuerwehrmannschaften völlig erschöpft, und ein scharfer, kalter Wind drohte, die neuen Brände im Verwaltungsbezirk der Innenstadt in ein, nach Goebbels' Worten, »Inferno« zu verwandeln. Die Weitläufigkeit der Berliner Straßen und Plätze sowie das wenige Bauholz, das beim Bau der Berliner Gebäude verwendet wurde, verhinderten einen Feuersturm wie in den alten Innenstädten von Kassel und Hamburg. Dennoch wurden der Stadt zwischen dem 22. und dem 26. November enorme Schäden und ihren Bewohnern viel Leid zugefügt: 3758 Menschen wurden getötet, weitere 574 galten als vermißt und nahezu eine halbe Million war obdachlos. Um mit der gewaltigen Anzahl Ausgebombter, die nirgendwo anders hingehen konnten, fertig zu werden, errichteten die Stadtbehörden provisorische Unterkünfte in den Außenvierteln der Stadt und im Grüngürtel.[18]

Liselotte Günzels Bezirk Friedrichshagen blieb während dieser ersten Bombenangriffe verschont, so daß die Wirkung auf sie eher allmählich und mehr psychischer denn plötzlicher und physischer Art war. Dennoch war der Eindruck überwältigend. In der Weihnachtsnacht um 3 Uhr 45 hörte sie die Sirenen heulen. Ihre Eltern und sie dachten, die Angriffe würden nicht zu schwer sein, da es schon beinahe Morgen war, viel später als bei früheren Angriffen; doch diesmal schlugen die Bomben dichter ein. Die »Pathfinders«, die das Abwurfgebiet markierten, hatten Schwierigkeiten mit ihren Navigationsgeräten, so daß die Bomben auf viele verschiedene Stadtviertel fielen, auch auf die bisher verschonten östlichen Bezirke wie Friedrichshagen. Bei dem siebenten Angriff der RAF waren Liselotte und ihre Eltern mit ihren Koffern die Treppen heruntergestolpert und hatten gerade den Keller erreicht, als das Licht mit einem fürchterlichen Knall ausging. Später an diesem Tag schrieb sie in ihr Tagebuch: »Wir sprangen auf, ergriffen unsre Koffer u. wollten rausstürzen, glaubten, die Mauern fallen schon zusammen, Kalk rieselte, Fenster klirrten, draußen sahen wir rote Glutwolken. Unsere Männer sorgten für Ordnung, verboten uns, rauszugehen, weil noch Flakbeschuß u. Bombenfallen war. Eine halbe Stunde saßen wir im Dunkeln unter entsetzlichem Geknalle, dicht zusammengekauert u. warteten auf das Letzte.« Zum erstenmal gestand Liselotte ein, daß sie ernsthaft Angst hatte.[19]

Glücklicherweise hörte der Angriff bald auf. Ihr Vater ging nach oben und berichtete nach seiner Rückkehr, daß alle Fenster zerbrochen waren und daß es in der Umgebung brannte. Die ganze Familie ging hinauf und begann unverzüglich mit dem Aufräumen. Der ganze Boden war mit Glas und Schutt bedeckt, die Einmachgläser waren zerschlagen, die Gewürzgurken lagen auf dem Küchenboden herum und die Uhr war um fünf Minuten nach vier stehen geblieben. Die Radioantenne war gebrochen. Liselotte sah dies alles wie in einem Traum. Sie rollten die Teppiche zusammen, nahmen den zerfetzten Verdunklungsstoff ab und nähten ihn wieder zusammen, trugen den Schutt nach unten und warfen ihn auf die Straße, in normalen Zeiten ein schweres Vergehen. Jetzt machten das alle, schrieb Liselotte zur Selbstrechtfertigung.

Als sie um sich herum all die Häuser mit zerbrochenen Fenstern sah, war sie begeistert. In der Dunkelheit des frühen Dezembermorgens waren alle Fenster in der Umgebung zum erstenmal seit Jahren erleuchtet. »Es war ein Bild wie im Frieden!! Und heut war Heiliger Abend! Ich hatte mich so gefreut.« Bald sollte niemand mehr aus den Fenstern sehen können, da die Leute Pappe auftrieben, um sich vor Wind und Wetter zu schützen. Lieselotte ging zum Rathaus und erhielt dort auch welche. Trotz allem machte sich die Familie wieder an die Weihnachtsvorbereitungen.[20]

Als Liselotte in der Nacht vom 28. auf den 29. Dezember im Keller ihre Konfirmationsgebete aufsagte, lagen bereits fünf Wochen hinter ihr, in denen sie keine Nacht durchgeschlafen hatte. Die Häufigkeit des Bombenalarms, die schweren Bombardierungen und das passive Abwarten im Keller, all das hatte sie arg mitgenommen. In den Tagen nach Weihnachten suchten die Bomben sie im Schlaf und in ihren Träumen heim. Selbst tagsüber war sie nicht frei von Angst. Zu Beginn des neuen Jahres spitzte Liselotte ihre Anstrengungen und die beständigen moralischen Anforderungen an sich selbst zu: Sie durfte nicht zusammenbrechen, wiederholte sie refrainartig. Sie glaubte, daß der Tod seine Hand nach ihr ausstreckte, wenn rund um sie herum die Bomben explodierten. »Nur einen Gedanken hast du: ›wenn es doch aufhörte!‹ Aber es hört nicht auf, du meinst, im nächsten Augenblick müßten deine Nerven zerspringen, müßtest du aufschreien, aber du darfst es ja nicht, mußt ja Haltung bewahren, darfst nicht schwach werden, denn das hat mir Frau L. geboten«, schrieb sie am 3. Januar 1944.[21]

Frau L. war Liselottes Deutschlehrerin und für gut ein Jahr Gegenstand einer glühenden Backfischliebe. Für Liselotte war die nationalistische Ehefrau eines preußischen Offiziers die Verkörperung ihres Ideals von der »deutschen Frau«, und sie fand ihre eigene Haltung gemessen an der von Frau L. ständig schwach. Liselotte verzeichnete jedes eigene Versagen mit derselben hochmütigen Unduldsamkeit, mit der sie die Welt der Erwachsenen um sich herum beurteilte. Und wie Klaus Seidel in Hamburg, war auch Liselotte Günzel sehr damit beschäftigt, Haltung zu zeigen. Während jedoch seine Flak-Stellung zurückfeuern konnte, war sie dazu verurteilt, die Bombenangriffe in klaustrophober Passivität zu ertragen mit dem Wissen, daß, wenn sie es das eine Mal überlebte, sie wieder und wieder in den feuchten Keller zurückkehren würde und es immer wieder aushalten mußte.

Kleine Kinder erlebten die Bombenangriffe deutlich anders als die fünfzehnjährige Liselotte. Als Mitte der fünfziger Jahre diejenigen über ihre Kriegserlebnisse zu schreiben versuchten, die 1943 und 1944 drei bis vier Jahre alt gewesen waren, wurden sie mit Kindheitserinnerungen konfrontiert, die sie verbal nicht ausdrücken konnten. Daher beschrieben sie die Angst derer, die um sie herum waren, oder wiederholten die Geschichten, die sie von den Eltern über ihre Kindheit gehört hatten; ein Junge berichtet sogar vom eigenen Verlust seiner Sprache. Mitte der fünfziger Jahre fanden Kinder für viele Erlebnisse keine Worte. Als Elfjährige stand Marion vor den Ruinen ihres Hauses und konnte nicht fassen, daß es zerstört war. Die fürchterlichsten Erlebnisse, von denen sie berichteten – ein Mädchen war zum Beispiel erst nach fünf Tagen aus den Trümmern seines Hauses geborgen worden – wurden oft nur äußerst flüchtig erzählt. Ein Jahrzehnt nach Kriegsende erwähnten nur sehr wenige dieser jungen Männer und Frauen, daß sie als Kinder Tote gesehen hatten.[22]

Manche Eltern versuchten, ihren Kindern die Verwüstungen von weitem zu zeigen. Sigrid Marr erinnerte sich, wie ihre Mutter sie in den dritten Stock ihres Hauses führte und sie

»starrten hinab auf das Flammenmeer zwischen den Häusern, sahen auf die glimmenden Giebel und Fensterrahmen. […] ›Dies ist das eine Gesicht des Krieges‹, sagte meine Mutter zu mir. ›Der Krieg hat viele Gesichter, aber alle sind schrecklich. […] Das eine zeigt er hier in der Stadt nach einem Bombenangriff, das andere draußen an der Front und in den Lazaretts. […]‹ Ich nickte. Ich wußte nun.«[23]

In mancher Hinsicht war das Verhalten der Kinder und ihrer Mütter auffallend ähnlich. Mütter zählten das Porzellan, das die Zerstörung ihrer Wohnungen wie durch ein Wunder unbeschadet überstanden hatte. Ihre Kinder kümmerten sich um die Schuhe oder Puppen, die sie wiedergefunden hatten. Ein Mädchen, das kurz nach Weihnachten zum zweiten Mal ausgebombt worden war, saß den ganzen Tag lang ruhig in der Ecke. Während ihre kleinere Schwester sich mit der Puppe tröstete, die der Großvater aus den Trümmern gerettet hatte, fand er auch das Weihnachtsgeschenk der Älteren, die sich sofort in das halbverkohlte Buch über Königin Luise von Preußen und deren heroischen Widerstand gegen Napoleon – ein Kinderklassiker der zwanziger Jahre – vertiefte. Die fünfzehnjährige Liselotte konnte in den Gebeten Zuflucht finden, die sie für ihre Konfirmation gelernt hatte und sich darauf konzentrieren, den Anschein äußerer Ruhe zu bewahren, wie es sich, so glaubte sie, für »die deutsche Frau« geziemte. Ältere Kinder und Erwachsene fanden Worte, um ihre Zweifel und ihren Schmerz, ihren Kummer und ihren Zorn auszudrücken, kleinere häufig nicht.[24]

Der dreijährige Uwe Timm konnte nur fragmentarische Bilder von der Zerstörung seines Hamburger Heims im Juli 1943 aus der Erinnerung abrufen: Zwei Porzellanfiguren, die seine ältere Schwester herausgetragen hatte, die Reihe brennender Fackeln auf beiden Seiten der Straße, die kleinen Feuer, die in der Luft zu hängen schienen. Erst viel später erfuhr er, daß diese von zerissenen Vorhängen, die der Wind trieb, herrührten, und daß die Fackeln Bäume gewesen waren. Die fehlende Hand der erhaltenen Schäferin aus Porzellan stand für alles, was die Familie am 25. Juli 1943 verloren hatte. Uwes älterer Bruder Karl-Heinz hingegen reagierte auf die Nachricht der Ausbombung mit Empörung. Als er den Brief seines Vaters las, schrieb der junge SS-Mann unverzüglich aus der besetzten Sowjetunion zurück: »Das ist doch kein Krieg, das ist ja Mord an Frauen und Kinder – und das ist nicht human.«[25]

Andere Kinder betrachteten diesen seltsamen Anblick der Zerstörung aus der Ferne häufig mit Ehrfurcht und Verwunderung, erregt von den lebhaften Farben und der wilden Schönheit. Harald Holzhausen, der vor den Angriffen im Juli 1943 in Hamburg lebte, konnte nach einem Bombenangriff die brennenden Öltanker im Harburger Hafen sehen. Für den dreizehnjährigen übermüdeten Jungen, der in der Nacht zweimal durch die Sirenen geweckt worden war, waren die Farben bestrickend und zauberhaft:

»Fasziniert sah ich dem Farbenspiel zu, in das Gelb und Rot der Flammen, die sich auf dem Hintergrund des dunklen Nachthimmels vermischten und wieder trennten. Noch nie sah ich, auch später nicht, ein so sauberes, leuchtendes Gelb, ein so pralles Rot, ein so strahlendes Orange, in das sich die beiden Farben mischten. Heute, 55 Jahre später, denke ich, dieser Anblick war für mich das eindrücklichste Erlebnis des ganzen Krieges. Ich stand minutenlang auf der Strasse und blickte in diese Farbensinfonie, die sich nur langsam veränderte. Nie hab ich später, auch

1. Karin Isolde Leh-
mann, 12 Jahre,
Schwarzwald:
»Zuhause«, 1945

. Hugo R., 11 Jahre:
»Über die Juden«,
November 1938

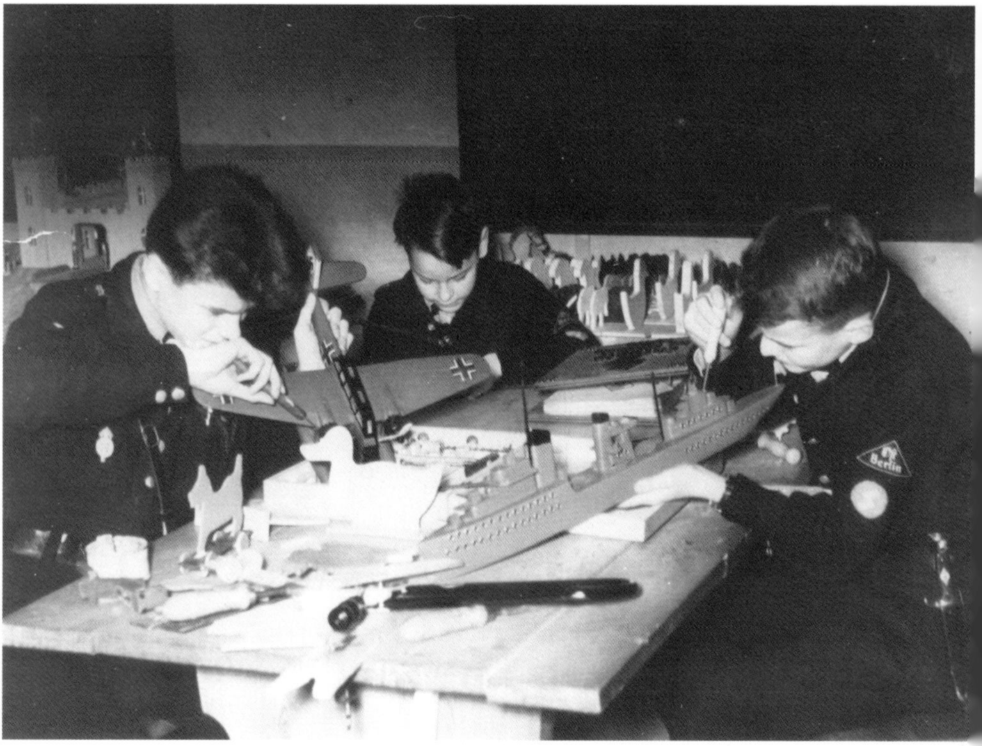

3. Modellbau bei der Hitlerjugend, 1942

4. »Bomben auf Coventry«: Umschlag einer Wochenzeitschrift für die deutsche Jugend

5. Deutsche Kinder beim Einstieg in einen Luftschutzraum in den ersten Kriegsjahren

6. Polnische Kinderzeichnung von einem Luftschutzkeller

7. Kryzysztof Aleksander, 13 Jahre, Czestochowa, Polen 1946: »Nachtangriff« (*ganz unten*)

8. Aleksandra Łabanowski 9 Jahre, Inowroclaw, Polen 1946: »Mamas traurige Erinnerungen an Ravens- brück«

9. S. Kwiatkowski, 13 Jahre, Warschau: »Exekution«

10. Deutsches Lager für polnische Kinder in Lodz

11. Jüdische Kinder spielen Ghetto-
Polizei, Ghetto Lodz

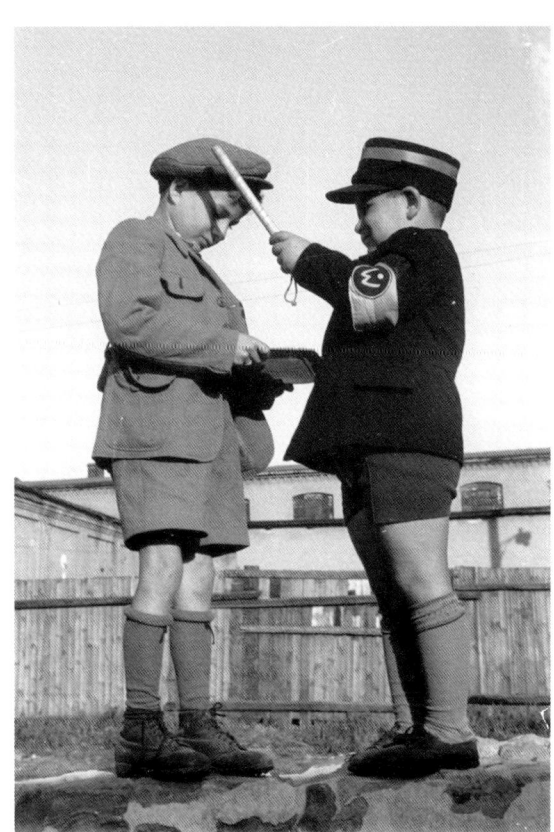

12. Jüdische Kinder spielen in der
Krochmalna Straße im Warschauer
Ghetto

13. Liliane Franklová, 11–12 Jahre, Ghetto Theresienstadt: »Gemeinschaftsküche«

14. Ilona Weissová, 11 Jahre, Ghetto Theresienstadt: »Eingang ins Schlaraffenland«

15. Maria Mühl-
steinová, 11 Jahre,
Ghetto Theresien-
stadt: »Ausverkauft«

16. Zuzana Win-
terová, Ghetto
Theresienstadt:
»Tagesbefehl«

17. Deutscher Luftschutzraum im Ruhrgebiet

18. Hitlerjugend und Bund Deutscher Mädchen helfen bei der Versorgung Ausgebombter, Ruhrgebiet 1942

19. Deutsche Kinder werden nach Marienbad evakuiert, Oktober 1941

In den Jahren des Krieges wie des Friedens darfft du niemals mehr den stillen Dank und das verpflichtende Gedenken an jene vergessen, deren Opfer dir die weihnachtliche Feier ermöglichten; deshalb brenne am Fest in jedem Hause ein Licht für alle die Getreuesten, die an den weiten Fronten dieses Krieges Ewige Wache halten.

20. Auszeichnung von Hilfskräften der Hitlerjugend, 9. November 1943

21. Deutscher Adventskalender für Heim und Schule, 1943

22. Deutsche Zivilisten auf der
Flucht nach Westen, 1945

23. Fritz Wandel, Zeichnung von
der Flucht, aus der Ausstellung
»Kinder sehen den Krieg«, Berlin,
Oktober 1945

Fritz Wandel, Kl. 7

24. Volkssturm
verteidigt Berlin,
April 1945

25. Kinder geben
NS-Schulbücher
zurück, 1945

26. Karin Isolde Lehmann, 12 Jahre, Schwarzwald: »Weihnacht 1945« [man beachte Abwesenheit des Vaters]

27. Junge sucht in Abfalleimern nach Eßbarem, Hamburg 1946

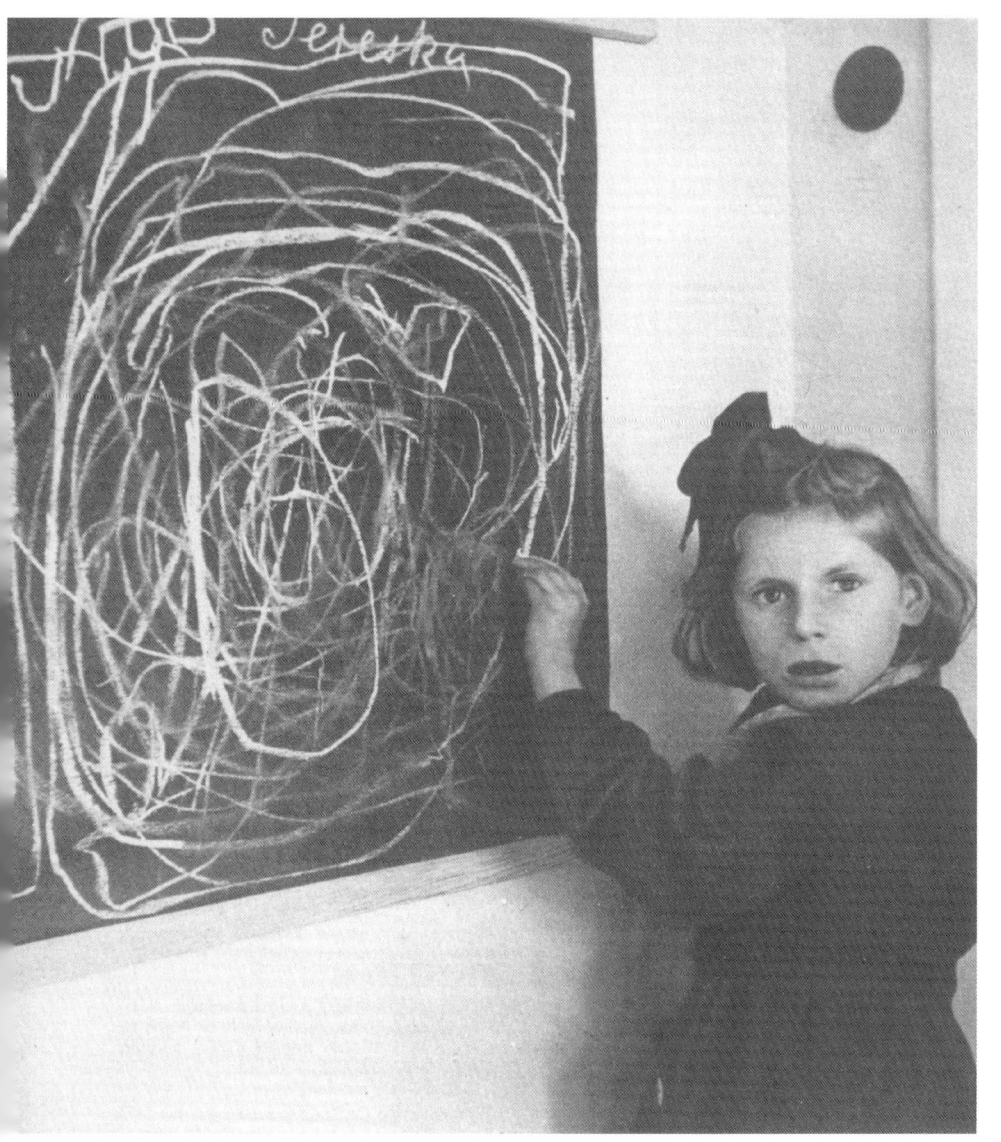

28. Polnisches Mädchen versucht nach dem Krieg sein Zuhause zu zeichnen

Bilder des 16jährigen Kalman
Landau aus seinem Leben im
Konzentrationslager, Schweiz
1945

29. »Appell«

30. »Wir Organisieren«

31. »Drei Häftlinge
verurteilt zum Galgen«

32. Todesmarsch: »So gehen wir kaputt«

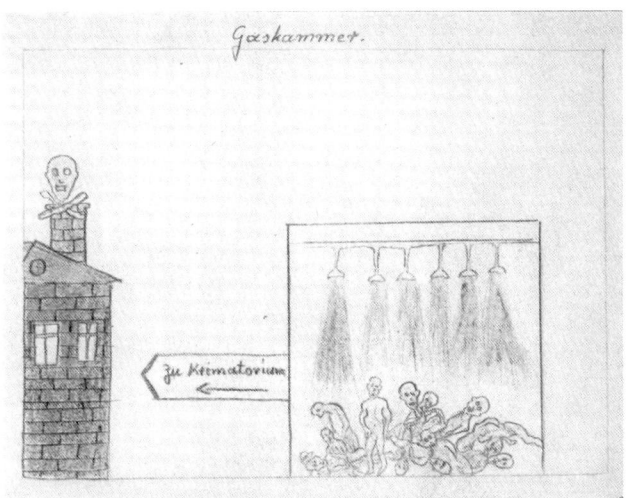

33. »Gaskammer«

34. Befreiung von Buchenwald

35. Thomas Gève, 16 Jahre:
»Es mahnen uns die Toten
der Konzentrationslager«,
1945

36. Yehuda Bacon, 16 Jahre:
»Im Gedenken an die tsche-
chischen Transporte in die
Gaskammern«, 1945

bei keinem Maler, solche satten, leuchtenden Farben mehr gesehen. Und, wäre ich selber Maler geworden, ich hab es schon so oft erwähnt, ein Leben lang wohl hätte ich nach diesen reinen Farben gesucht.«[26]

Das erste Auftauchen alliierter Flugzeuge am Himmel mußte bei den Kindern nicht unvermeidlich Angst auslösen. Ein fünfjähriges Mädchen, das 1943 von ihrem Haus außerhalb von Berlin den Anflug zu einem Angriff auf die Stadt beobachtete, erinnerte sich in einem Schulaufsatz zwölf Jahre später an den »Anblick der drohenden und brummenden Flugzeuge«, der so war, »daß ich dachte, ich träumte und wäre in einer Märchenwelt«. Ein anderes Mädchen stellte sich in ihrer Schule die Flugzeuge als große Vögel vor, die über ihre Heimatstadt Essen flogen, während Sabine Kaufmann in Breslau gefesselt war vom Anblick der amerikanischen Flugzeuge, die bei Tage und sehr hoch flogen, so daß sie im Licht des frühen Morgens dachte, sie sähen aus wie »silberne Vögel unter dem blauen Himmel«. »Es war ein schöner, majestätischer Anblick«, schrieb sie. »Mein Kindergemüt war so empfänglich für dieses Schauspiel, daß mich ein Glücksgefühl durchströmte. Ich hatte nur den einen Wunsch: mitzufliegen.«[27]

Immer wieder stellten die Kinder den Vergleich mit dem Theater an, als beobachteten sie eine Aufführung, die großartiger war, als alles, was sie je gesehen hatten. Während Kinder in diesen Werkzeugen der Zerstörung häufig große Schönheit entdeckten, äußerten Erwachsene sich nur selten zu diesem Aspekt des Luftkriegs. Eine Beobachterin wie Ursula von Kardorff beschränkte ihre Bemerkungen über »die wilde Schönheit« des bläulich-schwarzen Rauchs, der nach einem Luftangriff über das kalkweiße Straßenpflaster zog, auf die Privatsphäre ihres Tagebuchs; andere hätten diese Bemerkung als Geschmacklosigkeit auffassen können. Und doch schlich sich eine Spur kindlichen Entzückens auch in die Umgangssprache der Erwachsenen ein. Die verschiedenfarbigen Zielmarkierungsbomben, die von den Angreifern eingesetzt wurden oder von den Verteidigern als Attrappen zur Täuschung verschossen wurden, schwebten an kleinen Fallschirmen langsam am Nachthimmel herunter. Wegen ihres roten, grünen, blauen und gelben Blinkens wurden sie von den Deutschen als »Weihnachtsbäume« bezeichnet, ein Trugbild, das noch durch die Verwendung des Begriffs »Window« zur Täuschung des deutschen Radarsystems durch die RAF vervollständigt wurde. Die Kaskaden kleiner Aluminiumstreifen, die Jungen wie Harald Holzhausen nach einem Luftangriff fanden, sahen für alle aus wie das Lametta, mit dem man den Weihnachtsbaum schmückte.[28]

Nach den Luftangriffen machten sich die Erwachsenen daran, ihre Häuser und ihr Hab und Gut zu sichern oder halfen Verwandten und Nachbarn, während Hitlerjungen wie Lothar Carsten beim Notdienst mithalfen. Nachdem Wuppertal am 29. Mai 1943 getroffen worden war, wurden der Dreizehnjährige und andere seiner Jungvolk-Kameraden als Meldegänger eingesetzt oder sie halfen den Ausgebombten, ihre Habseligkeiten zu schleppen. Am nächsten Tag sammelten kleinere Kinder auf ihrem Schulweg die Aluminiumstreifen und Reste der Flakgranaten auf. Diese Granatsplitter waren sehr geschätzt bei den Jungen, die auf dem Schulhof damit handelten, so wie ihre älteren Brüder einst Zigarettenkarten getauscht hatten. Andere Spiele jedoch hatten keinen Sinn mehr: Das sechsjährige Mädchen, das so gerne »Stuka« spielte, hörte damit auf, nachdem Essen im März 1943 bombardiert worden war. Das Imaginäre war nun zu nah an der Wirklichkeit.[29]

Kinder kamen auch hinzu, um den Mannschaften beim Entschärfen der Bomben zuzusehen. Pawel Wassiljewitsch Pawlenko war mit einer Gruppe aus dem Konzentrationslager Neuengamme nach Wilhelmshaven geschickt worden, um Bomben zu entschärfen. Sie mußten im Kreis um die nicht explodierte Bombe herum graben; dann wurde einer von ihnen per Los dazu bestimmt, den Zünder herauszuschrauben – der gefährlichste Teil des ganzen Vorgangs. Gruppen wie diese verrichteten die schmutzigste und gefährlichste Arbeit. Aber wenn die Kinder in Essen von den Gefahren schrieben, denen die deutschen Experten und ihre Nachbarn ausgesetzt waren, erwähnten sie nie die Gefahren, denen sich die Gefangenen aus dem KZ aussetzten, selbst wenn sie sich noch an ihre Anwesenheit erinnerten. Halbwüchsige wie Liselotte Günzel waren meistens zu sehr damit beschäftigt, ihre eigene Welt zu entdecken, als anzuhalten und die Zwangsarbeiter wahrzunehmen, die die Straßen reinigten.[30]

Die deutschen Städter lebten in der Regel in Mietwohnungen, und ihr Gemeinschaftssinn richtete sich auf ihre Familien und die unmittelbare Nachbarschaft im selben Wohnhaus. Sie halfen sich gegenseitig beim Einrichten der Luftschutzkeller und löschten gemeinsam Brände, indem sie spontan Ketten bildeten, um die Wassereimer weiterzureichen. Nachbarn bewachten abwechslungsweise ihr Hab und Gut, das auf der Straße lag. Kindern wurde aufgetragen, auf die Koffer mit Wertsachen und Dokumenten aufzupassen, die ihre Eltern in die Luftschutzkeller mitgenommen hatten. Je mehr die gegenseitigen Verpflichtungen innerhalb dieser kleinen Gemeinschaft zunahmen, desto stärker konzentrierten sie sich auf ihren Block und ihre Straße. Die »Volksgemeinschaft« verlor an Bedeutung zugunsten übersichtlicherer Größen wie der Nachbarschaft und dem Wohnhaus. Bei Kriegsende pflegten Tagebuchschreiber von ihren »Kellergemeinschaften« zu schreiben. Die Kriminalpolizei sorgte sich bereits, ob die zunehmenden Diebstähle und der Zerfall der Solidarität ein Nachlassen des »Volkswillens« zum Sieg bedeutete.[31]

»Fremdarbeiter« waren nicht immer so unsichtbar, wie wenn sie in den Kommandos zur Bombenentschärfung arbeiteten. Wenn es zu Plünderungen kam, hielt die Polizei nach ihnen Ausschau, obwohl sich herausstellte, daß die meisten Verhafteten nach den Angriffen auf Hamburg Deutsche waren, darunter SA-Männer, Hilfskräfte des Roten Kreuzes und biedere Bürger. Die »Fremdarbeiter«, insbesondere die Häftlinge aus den KZ bei den Entschärfungskommandos, wurden selbst für die geringsten Vergehen, wie das Auflesen einer Steckrübe, grausam bestraft. Manche wurden nach Neuengamme zurückgebracht und vor versammeltem Lager gehängt, weil sie mit einem Stück Käse erwischt worden waren oder einer Streichholzschachtel, die sie zu tauschen hofften.[32]

Klimentij Iwanowitsch Bajdak war in Hamburg entgeistert über Schuljungen in HJ-Uniformen, die ihre Hohnreden »Russen kaputt« dadurch unterstrichen, daß sie den Zeremoniendolch aus der Scheide zogen und ihn mit der Klinge an ihrer Kehle vorbeizogen. Schon vor den Luftangriffen auf Essen schrieb ein französischer Zivilarbeiter aus dem Ruhrgebiet nach Hause mit der Hoffnung, daß »es bald zu Ende ist, denn hier haben die Leute eine Gesinnung wie die Wilden. Die fünfjährigen Rangen bedrohen uns schon auf der Straße. Man beißt sich förmlich die Finger ab, weil man nichts sagen darf; man muß alles einstecken.«[33]

Nicht überall konnte sich die Hitlerjugend durchsetzen. Unorganisierte Straßenbanden von Arbeiterkindern waren in den deutschen Städten, besonders im Rheinland und im Ruhrgebiet, entstanden, die im Laufe der frühen Kriegsjahre immer mehr wurden. Eine Schar von Jungarbeitern und Lehrlingen, zu denen auch Fritz Theilen gehörte, war es satt, sich in der Hitlerjugend herumbefehligen zu lassen. Sie verdienten jetzt eigenes Geld, wollten mehr Freiheit und weniger Reglementierungen und sich in den Parks herumtreiben und Gitarre spielen. Diese Zwölf- bis Siebzehnjährigen wollten den Mädchen imponieren, sie brachen die nächtliche Ausgangssperre und verteidigten ihr Territorium gegen andere Banden, vor allem aber gegen die HJ. Sie organisierten, in freier Nachahmung der Hitlerjugend, immer mehr eigene Wanderungen und Fahrradtouren. Diese jungen Dissidenten hielten häufig dieselben Dinge in Ehren, erbeuteten HJ-Abzeichen und Ehrendolche bei abendlichen Auseinandersetzungen und hüteten ihre eigenen Dolche und selbstgemachten Edelweiß-Abzeichen. In Hamburg bezog eine dieser Banden ihren Namen sogar von der SS und nannte sich »Totenkopf«. Patrouillen der HJ und der SA, denen es nicht gelang, sie unschädlich zu machen, jagten sie und zwangen mehrere Tausend von ihnen, sich die Haare zu scheren; einige von ihnen wurden sogar in Erziehungsheime, Arbeitserziehungslager und Jugendkonzentrationslager gesteckt. Aber ein kleiner harter Kern dieser Banden, die »Edelweiß-Piraten« und die »Navajos«, machten weiter, und je mehr sie von der HJ und der SA bedrängt wurden, um so mehr verhärtete sich ihre oppositionelle Haltung. Als Fritz Theilen und seine Freunde im Kölner Stadtviertel Ehrenfeld ihr Talent für politische Graffiti erprobten, nutzten sie den Bombenalarm, um unter Nazi-Sprüche wie »Räder müssen rollen für den Sieg« ihr »Nazi Köpfe rollen nach dem Krieg« zu setzen.[34] Doch ihre Lieder, die die männliche Kameradschaft im Kampf feierten, waren denen der Nationalsozialisten nicht ganz unähnlich:

>»Doch einmal werden wir wieder frei,
>wir werden die Ketten schon brechen.
>Denn unsere Fäuste, die sind hart,
>ja – und die Messer sitzen los,
>für die Freiheit der Jugend kämpfen Navajos.«

Und »Wenn die Sirenen in Hamburg ertönen«, dann sangen sie – wie alle anderen auch – »müssen Navajos an Bord«.[35]

Bomben lösten stets ein Gefühl der individuellen Hilflosigkeit aus. Dennoch übertrug sich das Gefühl, daß das ganze Volk hilflos sei, erst in der Endphase des Krieges auf Deutschland, erst als die Luftwaffe, die Flak und die Wehrmacht besiegt waren. Für die Zivilisten in den großen und kleineren Städten trat dieser Augenblick erst ein, als sie von Herbst 1944 bis Frühjahr 1945 den Bomben der Alliierten zum Opfer fielen. In der Endphase des Krieges erreichten die Bombardierungen und die Opferzahlen ihren Höhepunkt, und das NS-Regime fing zum erstenmal seit 1934 an, die eigene Bevölkerung offen zu terrorisieren. Doch in der mittleren Phase des Krieges, das heißt vom Angriff auf die Sowjetunion im Juni 1941 bis zur Landung in der Normandie drei Jahre später, machte Deutschland angesichts der alliierten Bomben keinen hilflosen Eindruck, obwohl die Alliierten gerade in dieser Periode den Bombenangriffen die größte strategische Bedeutung zumaßen. In dieser langen und entscheidenden mittleren Periode des Kriegs gab es für die Moral der deutschen Zivilbevölkerung gute Gründe, fest zu bleiben. Trotz der Bomben und der Niederlage von Stalingrad im Januar 1943 beherrschte die Wehrmacht noch immer den europäischen Kontinent vom Ärmelkanal und von den Atlantikhäfen bis tief in die Sowjetunion hinein. Der Luftkrieg war nicht einfach ein Kampf nur zwischen dem RAF-Bomber Command und der Zivilbevölkerung; die Leute hatten Anlaß zu glauben, daß Deutschland zurückschlagen konnte. Ende März 1944 waren die Flak und die Nachtjägerschwadronen der Luftwaffe durchaus noch in der Lage, die Bombengeschwader ernsthaft zu schwächen, bis die RAF ihre »strategische Bombardierung« aufgeben mußte.[36]

Das leichtfertige Gerede über einen Regimewechsel und ein Ende des Kriegs, das sich im Sommer 1943 nach Mussolinis Sturz und dem Hamburger Feuersturm kurz erhob, verstummte bald wieder. Nachdem die Sondergerichte im Herbst 1943 mehrere Todesurteile für defätistisches Reden verhängt hatten, zogen sich die Menschen wieder in ihre Schneckenhäuser zurück. Trotz Hitlers Widerstand, Material von den Angriffskräften abzuziehen, wurden sie insgeheim nach hinten verlagert, um die Heimatfront zu verteidigen. Jagdgeschwader wurden von der Ostfront zurückgeholt, obwohl die Rote Luftarmee die Luftherrschaft über der großen Panzerschlacht von Kursk im Juli 1943 errungen hatte. Die Überlastung der deutschen Streitkräfte durch so viele offensive und defensive Aufgaben war genau, was Hitler befürchtet hatte. Ende 1943 war die Flak auf 55 000 Geschütze aufgerüstet worden, drei Viertel davon 8,8 cm Geschütze, die sich in Nordafrika und an der Ostfront als »Panzerknacker« einen furchteinflößenden Ruf geholt hatten. Churchill mochte übertrieben haben, als

er den Luftkrieg einer zweiten Front gleichgestellt hatte, doch die Flächenbombardierungen beeinträchtigten mehr und mehr den Transport von
Kriegsmaterial an die Ostfront, auch wenn die Bomber bei Angriffen auf
die Rüstungsindustrie selbst erstaunlich wenig ausrichteten.[37]

Mittlerweile zweifelte in der deutschen Regierung niemand mehr an
der Notwendigkeit der Ergreifung unverzüglicher und massiver Maßnahmen zur Zivilverteidigung. Ein umfassendes Programm zum Bun-
kerbau in den Großstädten wurde in die Wege geleitet. Bei vielen Werken
wurden unterirdische Schutzräume gebaut. In Berlin, Bremen, Hamburg und anderen Städten wurden auch Hochbunker in Form von massiven Türmen errichtet, imponierende Festungen mit vier Meter dicken,
eisenbetonbewehrten Mauern und Plattformen für Flak-Geschütze, mit
Radargeräten und Scheinwerfern auf den Flachdächern. Die drei Türme
in Berlin am Zoo, am Humboldthain und in Friedrichshain konnten je
zehntausend Menschen aufnehmen und dienten als Verteidigungsstütz-
punkte gegen Angriffe aus der Luft und, im Endkampf um die Hauptstadt, auch gegen Bodentruppen. Die Bevölkerung nutzte sie als Sammel-
punkte, als Schutz, und sie dienten auch als Symbole des geschlossenen
»Durchhaltewillens«.[38]

Dies alles erforderte den Einsatz riesiger Mittel. Die Berliner Bunker machten 1943 die Hälfte des Bauprogramms aus, doch selbst damit
konnte man nur einem kleinen Teil der Einwohner Schutz bieten. Wie
die Menschen in anderen deutschen Städten, mußten auch die Berliner
Schutz in den Kellern ihrer Wohnhäuser suchen. In kleineren Städten
waren die einheimischen Kräfte für die Zivilverteidigung weit weniger
gut ausgebildet und erlitten im Verhältnis höhere Verluste bei einzelnen
Bombenangriffen als die bekannten Ziele wie Berlin und Essen, die häufiger bombardiert wurden. Die Schulen taten, was sie konnten: Sie bildeten noch einen weiteren Jahrgang für die Zivilverteidigung aus, verteilten
Gasmasken an die Kinder und die Schulgebäude dienten als Sammel-
punkte für die Ausgebombten. 1944 mußten Vierzehnjährige wie Mathilde Mollenbauer »Bei Luftgefahr in den Luftschutzkeller. Vorsicht ist
keine Feigheit.« so oft abschreiben, bis die ganze Seite gefüllt war und sie
den Satz auswendig konnten.[39]

Nach zwei Wochen der Bomben auf Hamburg wurde deutlich, daß das
Land geteilt war zwischen denen, die unter den Bombenalarmen gelitten,

und denen, die es nicht hatten. Die Flüchtlingszüge, die Sicherheit suchten, wurden in Nord- und Mitteldeutschland herzlich und mit Mitgefühl
empfangen, während im Süden die Bevölkerung sich den Evakuierten
gegenüber eher kühl und bis zu einem gewissen Grad abweisend verhalten haben soll. In Süddeutschland und Österreich meldete der Sicherheitsdienst, daß die Leute einfach keine Vorstellung hätten von der Katastrophe und den damit verbundenen physischen und emotionalen Leiden,
die die Evakuierten durchzumachen hatten. In Ostpreußen nannten die
Einheimischen die Mütter »Bombenweiber« und die Mädchen und Jungen »Splitterkinder«. In Bayern riefen sie den Mädchen »Bombenkinder«
nach, als diese in ihren Uniformen über Land zogen, oder begrüßten sie
gleich mit der traditionellen Bezeichnung als »Saupreußen«. Nur in den
extrem primitiven Verhältnissen der Volksdeutschen im Wartheland, die
selbst zum Wegzug gezwungen worden waren, fanden die Flüchtlinge
spontane warmherzige Aufnahme.[40]

Einer Mutter, die mit ihren drei Kindern aus Hamburg geflohen war,
war es bei ihrer Ankunft im Süden nicht möglich, saubere Windeln für
ihren einjährigen Säugling zu bekommen. In Linz konnte sie mit den
Kindern nur auf dem Boden des Bahnhofs schlafen. Als die Kinder krank
wurden, schrieb sie ihrem Mann und bat ihn, ihr Geld für die Heim-
fahrt zu schicken und versicherte, daß der Keller ihres Hauses in Hamburg tausendmal besser sei als der Ort, an dem sie sich aufhielt. Vor allem
aber bat sie ihn: »Verhindere, wo Du kannst, daß die armen Menschen in
Gegenden fahren, wo der tiefste Frieden ist. [...] Kein Mensch hat hier
Verständnis in der Ostmark. Ich wünschte, daß die hier einmal Bomben
bekämen.«[41]

Weiter im Norden standen die Dinge ganz anders. Selbst in den Städten, die verschont geblieben waren, heulten die Sirenen entlang des ganzen Korridors, den die alliierten Bomber überflogen. Schon im Februar
1943 sagte die achtzehn Monate alte Ursel zu ihrer Oma, sie habe »Flieger
Anst! [sic]«, doch geschützt außerhalb Berlins war es erst das zweite Mal,
daß das Kleinkind das tiefe Brummen der feindlichen Flugzeuge gehört
hatte. Von März bis Juli flog die RAF einunddreißig größere Nachtan-
griffe auf die näher gelegenen Ruhrstädte, jedoch mit wechselnden Zielen, um den Bombern mehr Chancen gegen die Nachtjäger zu geben, da
die RAF noch nicht über Langstreckenjäger verfügte, mit denen sie diese

schützen konnte. Die Menschen gewöhnten sich allmählich daran, in der Nacht mehrmals geweckt zu werden, und entschieden dann, ob sie in den Keller gehen und die Entwarnung abwarten sollten. Sie hatten oft mehr Kraft, über die Bombenangriffe zu reden, als die erschöpften und entmutigten Flüchtlinge selbst. Maria, das vierzehnjährige polnische Dienstmädchen einer deutschen Familie außerhalb von Danzig, wurde jedesmal, wenn die Hauptstadt von Bombern angegriffen worden war, von der Hausfrau geschlagen. Ihr Mann, ein ehemaliger Lehrer einer deutschen Schule in Polen, wurde in Berlin tätig; Maria wurde oft geprügelt.[42]

Auch wenn die Deutschen noch nicht das Gefühl hatten, geschlagen zu sein, so war das Triumphgefühl von 1940 doch in weite Ferne gerückt. Obgleich Liselotte Günzel gegen Ende 1943 immer mutloser wurde, wurde sie dennoch nicht defätistisch, auch wenn ihr Vater, ein alter Sozialdemokrat, unaufhörlich durch die Wohnung stapfte, etwas von Revolution vor sich hin murmelte und sein Bestes tat, sie davon zu überzeugen, daß Deutschland den Krieg verloren hatte. Statt dessen wartete sie ungeduldig auf Anzeichen eines deutschen Gegenschlags gegen England. Diese Reaktion war im Laufe des Jahres 1943 gut vorbereitet worden. Denn die deutsche Niederlage von Stalingrad hatte Goebbels zu einer immer schärferen und schrilleren Propaganda veranlaßt. Im Frühjahr 1943 lancierte er eine Propagandakampagne zu sowjetischen Greueltaten, jüdischer Kriegsschuld und dem Versprechen, Vergeltung an den Engländern zu üben, für ihren wahllosen Bombenkrieg gegen deutsche Städte. Vom Sommer an beschwor die deutsche Propaganda den Besitz einer »Geheimwaffe«, die zum »Endsieg« führen sollte; aber noch immer geschah nichts. Im Sommer halten sowohl Berichte des Sicherheitsdienstes als auch Liselottes Tagebuch fest, daß große Sorge darüber herrsche, wie Deutschland den Krieg gewinnen wolle und wann die in Aussicht gestellte Vergeltung endlich käme.[43]

Hitler hatte das ganze Jahr 1943 über kaum öffentlich gesprochen. Im März war er aus dem ostpreußischen Führerhauptquartier zum Heldengedenktag nach Deutschland zurückgekehrt, erwähnte aber die Helden, die gerade an der Wolga gestorben waren, nicht. Statt dessen leierte er seine Rede so schnell und monoton herunter, daß sich manche Radiohörer fragten, ob es sich um einen Doppelgänger handelte. Seit der Bombardierung Hamburgs hatte sich Hitler Goebbels' Drängen verweigert, die bombardierten Städte zu besuchen oder eine Rundfunkansprache zu halten. Monate danach sprach der Führer am 8. November 1943 zu seinem Volk: Es war eines der Schlüsseldaten des NS-Kalenders, nämlich der Abend vor dem zwanzigste Jahrestag des Putschversuchs von München. Mittlerweile war er der einzige unter den Hauptpersonen geblieben, dessen Ruf unbefleckt geblieben war und der noch über Glaubwürdigkeit in der Öffentlichkeit verfügte.[44]

Als die Rede abends um 20 Uhr 15 ausgestrahlt wurde, waren die Straßen wie leergefegt. Die Menschen wollten Gewißheit und – noch wichtiger – eine Bestätigung dafür, daß England durch die neue Wunderwaffe, die die Partei den ganzen Sommer hindurch angekündigt hatte, ausgeschalten oder daß zumindest irgendeine Form echter Vergeltung geübt werden würde. Sie reagierten mit Freude und Erleichterung auf seine vagen Drohungen mit einem Schlag gegen England: »Wenn der Führer das sagt, glaube ich es auch. Der Tommy wird sein Fett schon kriegen.« Oder wie ein anderer SD-Spitzel notierte: »Ein Versprechen aus dem Munde des Führers wiegt schwerer als alle Erklärungen in Presse, Rundfunk und Kundgebungen der Partei.«[45]

In der Wohnung ihrer Eltern vertraute Liselotte dem Tagebuch an: »Ich höre gerade die Hitlerrede.« Trotz ihrer sonstigen Bedenken gegen den Führer wurde sie von seinen Worten aufgerichtet: »Hitler hat mir wieder Glauben geschenkt an den Sieg, er hat von einer Landung in England u. von einer Vergeltung für den Bombenterror gesprochen.« Dann, als Echo auf Hitlers Obsession, daß sich die Kapitulation von 1918 nicht wiederholen dürfe, sucht Liselotte ihr persönliches Heil in einer apokalyptischen öffentlichen Haltung: »Und wenn alle untergehen sollten, es kommt kein 1918 mehr. Adolf Hitler, ich glaube an dich u. den deutschen Sieg.« Der katholische Klerus forderte das Medienmonopol des Regimes wieder heraus, indem er von den Kanzeln aus warnte, daß Rache unchristlich sei. Doch im schwergetroffenen Rheinland und in Westfalen schenkten die Kirchengemeinden dieser moralischen Lektion häufig keine Beachtung und phantasierten lieber über das Ausmaß der Vergeltung gegen England. Dieser allgemeinen Hoffnung die Form eines Gelöbnisses zu geben, mag für Jugendliche wie Liselotte noch natürlich sein; aber Halbwüchsige waren keineswegs die einzigen, der Macht der »starken Herzen« zu huldigen und an den deutschen Sieg zu glauben.[46]

Sieben Wochen später waren alle kurzlebigen Hoffnungen, die Hitlers Rundfunkrede ausgelöst hatte, unter den Bombentonnagen der RAF und der Aussicht auf eine dritte frostige Weihnacht der Soldaten an der Ostfront verflogen. Eine neue Welle politischer Witze beunruhigte den Sicherheitsdienst mehr und mehr:

Goebbels ist ausgebombt worden. Er rettet zwei Koffer, stellt sie auf die Straße und geht wieder in das Haus, um noch andere Sachen herauszuholen. Als er wieder herauskommt, sind beide Koffer weg. Dr. Goebbels regt sich furchtbar auf, heult und schimpft. Auf die Frage, was denn so Wertvolles in den Koffern gewesen sei, meint er: »Im einen war die Vergeltung und in dem anderen der Endsieg!«

Und der andere, knappere: Beim letzten Angriff auf Berlin, warfen die Engländer Stroh für die Esel ab, die immer noch an Vergeltung glauben ...[47]

Inzwischen wünschten die Leute, die Bomber träfen andere Städte. Im Ruhrgebiet verfaßte jemand ein Spottliedchen, in dem die RAF aufgefordert wird, nach Berlin weiterzufliegen, weil dort alle diejenigen sitzen, die dem Schluß von Goebbels langer Rede zum »totalen Krieg« zugejubelt hatten:

> »Lieber Tommy fliege weiter,
> wir sind alle Bergarbeiter.
> Fliege weiter nach Berlin,
> die haben alle ›ja‹ geschrien.«[48]

Wenn die Leute im Bett lagen und beteten, die Bomben möchten auf andere Städte niedergehen, dann untergruben sie jenes Gefühl der »Volksgemeinschaft«, das die Propaganda über Rache und Vergeltung tagsüber mit aller Macht wiederzubeleben suchte.

Es gab aber eine noch finsterere Seite der deutschen Zivilmoral. Erhalten ist eine Reihe von Briefen an Goebbels vom Mai bis Juni 1944, in denen dem Regime geraten wird, die Juden in den deutschen Städten als menschliche Schutzschilde zu benutzen – obwohl sie ja bereits deportiert worden waren – und ihnen zu verbieten, Luftschutzkeller aufzusuchen. Die Anzahl der getöteten Juden sollte danach veröffentlicht werden: »Sollte sich dieses Mittel gegenüber dem Luftterror als nicht wirksam erweisen, so würde diese Pest der Menschheit auf Veranlassung der eigenen Artgenossen in den Feindländern selbst wenigstens teilweise ausgerottet werden.« Andere Vorschläge beriefen sich auf die deutsche Praxis in den besetzten europäischen Ländern, auf kollektive Vergeltungsmaßnahmen zurückzugreifen: »Der amerikanischen und britischen Regierung ist mitzuteilen, daß für jeden Terrorangriff, bei dem Zivilpersonen getötet werden, die zehnfache Anzahl Juden und Jüdinnen und deren Kinder erschossen werden.« Und einige Briefschreiber machten geltend, daß solche Maßnahmen eben jene Wirkung auf die Briten und die Amerikaner ausüben sollten, die die »neuen Waffen« und die »Vergeltung« nicht zu erzielen vermochten. Irma J. schrieb an Goebbels: »Im Sinne aller deutschen Frauen u. Mütter u. der hier im Reich lebenden Familien fordern wir, [....] sollen u. müssen für jeden deutschen Menschen zwanzig Juden, ganz gleich von wo sie hergeholt werden in diesem Ort erhängt werden, in dem unsere wehrlosen u. kostbaren deutschen Menschen von den Terrorfliegern feige u. bestialisch gemordet worden sind«, und sie gestand ihr Gefühl der Hilflosigkeit, »weil uns gar keine andere Waffe zur Verfügung steht«. K. von N. war derselben Ansicht und fügt noch an, daß diese Form der »Vergeltung« gegenüber den Alliierten noch den Vorteil habe, »daß wir bei der Vergeltung unsere Flieger nicht der Gefahr auszusetzen brauchen«. »Sie sollen sehen, wie rasch der Terror aufhört!«[49]

Das Gefühl der Hoffnungslosigkeit und der Verletzlichkeit, das diese rasende Wut schürte, wird vielleicht am deutlichsten in einem Brief von Georg R. aus Berlin-Charlottenburg. Zu Beginn des Briefes schreibt er: »Ich empfange meine Briefe postlagernd, weil ich inzwischen einmal ausgebrannt und zweimal ausgebombt wurde.« Er erinnerte sodann den Reichsminister an seinen Brief vom Jahr zuvor und setzte folgenden Vorschlag obenan: »Keine Vernichtung des deutschen Volkes und des deutschen Landes, sondern gänzliche Vernichtung der Juden.« Anstatt die Juden aus Deutschland auszuweisen, hatte er nun eine neue Idee:

»Die Handlungen meines neuen Vorschlages sind ja vielleicht unritterlich, vielleicht auch brutal, aber wir müssen uns helfen, so gut wir können, denn wir befinden uns hinsichtlich der Terrorangriffe, die nichts anderes als gemeines Morden und Hinschlachten sind, in der Notwehr. Demzufolge schlage ich vor, daß durch eine Volksabstimmung ad hoc und anschliessend veröffentlicht wird, daß ab sofort wir in England keinerlei Städte oder Ortschaften mehr angreifen und demzufolge auch die Feinde unsere Städte nicht mehr angreifen dürfen. Das können wir machen, denn wir haben mit den Angriffen auf englischen Städte erst dann begonnen, nachdem unsere Feinde schon eine lange Reihe von vielen Monaten unsere Städte und die harmlose Bevölkerung angegriffen und gemordet hatten, und nachdem der Führer schon mehrere Male ermahnt und unsere Angriffe angekündigt hat. [...] Sollten die Feinde es dennoch wagen, auch nur eine unserer Städte oder Ortschaften, [...] anzugreifen, dann werden wir 10 000 oder 20 000 oder 30 000 Juden rücksichtslos erschießen lassen.«[50]

Was diese Briefschreiber an Goebbels zurückschickten, war ein verstärktes Echo auf die NS-Medien. Im April hatte der Propagandaminister eine verstärkte antisemitische Propaganda angeordnet; siebzig bis achtzig Prozent des Radioprogramms widmeten sich der Judenfrage, der jüdischen Kriegsschuld und dem Schicksal, das die Deutschen von der Rache der Juden erwartete. Der neue »jüdische Schulplan«, der im April 1943 für das neue Schuljahr ausgegeben wurde, war voller »Beweise« geplanter jüdischer Rache an Nichtjuden. Mittelpunkt der Kampagne gegen die britische und amerikanische »Plutokratie« waren die geheimen Machenschaften des Juden, das immer gleiche Leitbild aller Propaganda der letzten beiden Kriegsjahre. Noch tief in der österreichischen Provinz wurde den kleinen Jungen in der Schule der Spruch »der Jude ist schuld am Krieg« in die Köpfe gehämmert. Edgar Plöchl und seine Klassenkameraden mußten es als erstes schon am Morgen herunterleiern. Sobald der strenge Lehrer ihre Hälse, Ohren, Fingernägel und Taschentücher auf Sauberkeit überprüft hatte und diejenigen, die zur Strafe Schläge bekommen sollten, sich in die Ecke gestellt hatten, sprachen ihm die Jungen feierlich nach: »Der Jude ist schuld am Krieg.« Jeden Tag ging Edgar voller Angst vor der morgendlichen Bestrafung zur Schule und stimmte dann mit den anderen Jungen in den gemeinsamen Chor magischer Worte ein.[51]

Hätte Goebbels' Propaganda nur standhafte Nationalsozialisten überzeugt, wäre ihre Wirkung vielleicht relativ gering geblieben. Goebbels' Inszenierung des Juden als des eigentlichen Kriegstreibers wurde jedoch, wie Victor Klemperer herausfand, zum Brennpunkt der Ängste und der Verwirrung auch jener Leute, die keine Nazis waren und die von der Vorstellung, jüdische Geiseln zu erschießen, entsetzt gewesen wären. Der nette Vorarbeiter, wie Klemperer ein Veteran des Ersten Weltkriegs, der am 12. März 1944 Mitgefühl für ihn zeigte, weil er seine wissenschaftliche Stelle verloren hatte, nur weil er Jude war, nahm eine Woche später Zuflucht in der Vorstellung von jüdischen »Billionären«, als er Klemperer gegenüber hilflos nach einem Grund für die letzte, sinnlose Bombardierung Hamburgs suchte. Für Leute wie ihn bot die Vorstellung von einer »jüdischen Plutokratie« eine Erklärung trotz ihrer Sympathie für einzelne Juden. Dies war etwas Neues: Denn selbst nach dem Pogrom vom November 1938 blieb die Begeisterung für den nationalsozialistischen Antisemitismus weitgehend auf bestimmte Gruppen und Regionen wie Hessen und Franken beschränkt, die bereits vor 1933 antisemitisch waren; sie hatte weniger Auswirkungen in Städten wie Berlin, Hamburg, Frankfurt oder im Ruhrgebiet, wo säkulare Traditionen und die Werte der Arbeiterbewegung tiefer verwurzelt waren. Der Krieg hatte diese regionale Verteilung verändert. Um der Grausamkeit und dem »Bombenterror« einen Sinn zu verleihen, neigte auch die Zivilbevölkerung der Städte mehr und mehr dazu, an die Verschwörung eines Feindes zu glauben, der einen unversöhnlichen Haß auf Deutsche und auf Deutschland hatte.[52]

Der Glaube an »jüdische« Bombardierungen reichte über die hartgesottenen Nationalsozialisten hinaus und wurde nicht nur von der antisemitischen Propaganda gestützt. Ihm zugrunde lag die weitverbreitete Kenntnis von den Massenerschießungen der Juden im Osten. Im Verlauf der Operation »Gomorrha« schrieb der kultivierte Hamburger Patrizier Lothar de la Camp seinen Geschwistern am 28. Juli 1943, im Privaten und auch in größerer Runde ließen die Leute aus einfachen Kreisen, aus der Mittelschicht und die übrige Bevölkerung wiederholt Bemerkungen fallen, daß die alliierten Angriffe die Rache für die Behandlung der Juden seien. In München, Essen, Hamburg und Kiel wurden Stimmen laut, die auf denselben Punkt hinwiesen. Mehr als zehn Prozent der Mitte August an Goebbels gerichteten Briefe protestierten gegen die antisemitischen Propagandakampagnen. Einige verwiesen darauf, daß die Leute andere Sorgen hätten, andere, daß die Deutschen jetzt für das, was sie den Juden angetan hatten, bestraft würden. Am 2. September 1943 sah sich der *Stuttgarter NS-Kurier* veranlaßt, das Argument, das Weltjudentum hätte nicht gegen Deutschland gekämpft, hätte dieses die Judenfrage nicht so radikal gelöst, mit einer Veröffentlichung zu widerlegen. Goebbels' antisemitische Rhetorik wurde langsam zum Bumerang für das Regime. Dennoch hatte er einen tiefer wirkenden Sieg errungen: Weder Lothar de la Camp noch die Leute, die er zitierte, zweifelten daran, daß die Juden über die Mittel verfügten, solche vernichtenden Angriffe auf die Deutschen auszuführen. Bei der Verbreitung des Glaubens an jüdische Macht hatte Goebbels' Propaganda über die jüdische »Plutokratie« gute Arbeit geleistet, wenn auch ihre augenblickliche Wirkung die Deutschen alles andere als zuversichtlich stimmte.[53]

Die pessimistische Beurteilung der Volkslage vollzog sich in Wellen, je nachdem welche Nachrichten von den verschiedenen Frontabschnitten während der langen mittleren Phase des Kriegs eintrafen. Als die Amerikaner im Herbst 1944 die Region Aachen erreichten, stießen sie auf eine Bevölkerung, die erwartete, für das, was man den Juden angetan hatte, kollektiv bestraft zu werden. Aber selbst kritische und unzufriedene Bürger gingen von der tief verinnerlichten Annahme aus, daß die Juden einig genug waren und die Macht besaßen, die Bomberoffensive der Alliierten zu steuern. Goebbels hatte recht, wenn er glaubte, er könne Angst- und Greuelpropaganda einsetzen, um zu verhindern, daß die schlechte Zivilmoral in einen regelrechten Defätismus umschlug.[54]

Mittlerweile unternahm das Regime alle Anstrengungen, um Kinder und Jugendliche vor den Bombenangriffen zu schützen. Nach den schweren Bombardierungen vom Frühjahr und Sommer 1943 wurden ganze Schulen aufs Land evakuiert. Vorgegangen wurde nach dem Muster der Evakuierungen von 1940, 1941 und 1942, mit dem Unterschied, daß jetzt der Umfang erheblich größer war und die Dauer nicht mehr auf sechs Monate beschränkt blieb. In Berlin nutzte Goebbels seine Position als Gauleiter und Vorsitzender des interministeriellen Luftkriegsschädenausschusses, um ein möglichst umfassendes Programm durchzusetzen. Viele Gaue folgten dem Beispiel, und diesmal sprach sich, im Unterschied zu den ersten Evakuierungen vom September 1940, auch der katholische Klerus für die Maßnahmen aus. Ende 1943 setzte eine riesige Wanderbewegung aufs Land vom Norden und Westen des Reichs nach Süden und Osten ein, die nur noch von der Vertreibung und der Flucht von Osten nach Westen am Kriegsende übertroffen wurde.[55]

Die Evakuierung ganzer Schulen in staatliche Heime, Schlösser und Klöster setzte häufig einiges an Improvisationsgabe voraus. Als das Pestalozzi-Mädchengymnasium in Berlin-Rummelsburg nach Schloß Streben, dem Herrensitz eines polnischen Grafen im Wartheland, verlegt wurde, mußten die Mädchen so lange auf dem mit Stroh bedeckten Boden schlafen und Mückenstiche ertragen, bis hölzerne Bettgestelle für sie gebaut worden waren. Doch die Zimmer waren geräumig, und die BDM-Führerin pflegte den Mädchen nach dem Zubettgehen bei flackerndem Licht der Petroleumlampen Gespenstergeschichten vorzulesen. Zum Frühstück gab es immer auch noch Suppe. Während die kleineren Mädchen die Bläschen auf der Suppe für Briefe von Zuhause zählten, nahmen die älteren sie für Küsse. Der freundliche Lagerdirektor, Herr Koethe, der immer in SS-Uniform auftrat, zensierte auch nicht die Briefe nach Hause.

Der polnische Graf zog in eine Wohnung neben dem Hauptaufgang um, die Mädchen sahen ihn jedoch nie, und es hinderte sie auch niemand daran, auf dem Treppengeländer herunterzurutschen. Meistenteils wurde die Disziplin von den Mädchen selbst aufrechterhalten: Die zwölfjährige Renate Schwartz mußte einmal auf dem Bauch liegenbleiben, ohne einen Mucks von sich zu geben, während alle anderen neun Mädchen in ihrem Zimmer der Reihe nach vorbeikamen und ihr einen Klaps auf den Hintern gaben, weil sie herumgerannt war und ihnen die Röcke gehoben hatte. Aber sonst hatte Renate glückliche Erinnerungen an die Zeit. Sie spielte sogar die Rolle des »Däumlings« und stolperte bei den sonntäglichen Theateraufführungen in den übergroßen SS-Stiefeln des Herrn Koethe auf der Bühne herum, wobei sie ein Tranchiermesser aus der Küche schwang. Als die theatralischen Ambitionen der Mädchen höher hinaus wollten, führten sie unten im Dorf zum großen Vergnügen der deutschen Familien eine erweiterte Fassung des »Riesen mit den drei goldenen Haaren« auf.[56]

Das kleinstädtische und ländliche Deutschland nahm den Strom geflüchteter Mütter und kleiner Kinder weniger freundlich in seinen Häusern und Gemeinden auf. Es kam den Bewohnern oft so vor, als würden sie einfach überflutet. Im September 1943 wurden 1241 Evakuierte aus Bochum, Hagen, Berlin, Stettin und anderen Städten in der achttausend Einwohner zählenden Gemeinde Rügenwalde in Ostpommern einquartiert. Überbelegung führte zu kleinen, aber nicht weniger deutlichen erniedrigenden täglichen Reibereien, bei denen die Gastgeber sich weigerten, Bettzeug oder ausreichend Heizmaterial zur Verfügung zu stellen

oder die Flüchtlinge die Küche benutzen zu lassen. In Rügenwalde mußten die Frauen und Kinder ihr Essen aus der improvisierten Volksküche
mitnehmen und in ihren Schlafzimmern zu sich nehmen. Als die Zahl
der Evakuierten zunahm, sträubten sich die Einheimischen immer heftiger, sie aufzunehmen, und die Bürgermeister oder Ortsgruppenführer
der Partei – häufig ein und dieselbe Person – mußte immer mehr Druck
ausüben, um die Unterbringung zu erreichen. Der zwölfjährige Erwin
Ebeling wurde in Lübow bei Stargard in Pommern zu einem Wirtshaus
gebracht, wo man den aus Frauen, Kindern und Halbwüchsigen bestehenden Transport aus Hagen unter den einheimischen Bauern »verstei-
gerte«. Die meisten Bauern wollten eine Frau mit nur einem Kind, um
daraus auf dem Hof den größten Nutzen zu ziehen. Erwin und zehn
andere Jungen fanden keine Abnehmer und mußten auf Strohmatten im
Haus des Schweinehirten schlafen, bis andere Familien für sie gefunden
werden konnten.[57]

Im Landkreis Bayreuth waren zwei Frauen und ein Kind gezwungen,
ein winziges, unzureichend möbliertes Zimmer zu teilen und stellten
fest, daß niemand im Ort bereit war, ihnen ein warmes Essen anzubieten.
Sie kehrten nach Hamburg zurück. Im August 1943 wollte in Naugard
niemand die dreizehnjährige Gisela Vedder und ihre Schwester aufnehmen. Schließlich stellte ihnen der Bürgermeister ein Bett in seine Küche,
die auch als Geschäftsraum diente. Während er dort am Abend mit seinen Besuchern zusammensaß und trank, versteckten sich die Mädchen
unter den Decken. Da sie nicht umziehen konnten und niemanden fanden, der selbstbewußt genug war, einzugreifen – auch ihre Lehrer nicht –,
gaben sie schließlich auf. Die schweren Holzkoffer hinter sich herziehend,
machten sie sich auf den heißen, staubigen Weg zum Bahnhof; auch da
kam ihnen niemand zu Hilfe.[58]

Überall hatten die Behörden mit der Schwierigkeit zu kämpfen, eine
vollständige Evakuierung ohne gesetzlichen Zwang durchzuführen. Hitler
hatte auf dem Schutz des Elternrechts bestanden, letzte Reste der Vorsicht
im Umgang mit der Heimatfront, die ihn hinderten, sein Einverständnis
zu den von Goebbels in seiner Rede vom »totalen Krieg« im Februar 1943
verlangten umfassenden Notmaßnahmen zu geben. Trotz aller Werbung
erteilten die Eltern nicht immer ihre Zustimmung. Die Partei und das
Erziehungsministerium mußten vielfach auf weitere Verfügungen zurück-

greifen, um die Eltern unter Druck zu setzen. Als die Schulen geschlossen wurden, warnte man widerspenstige Eltern, daß sie gesetzlich verpflichtet waren, ihre Kinder zur Schule zu schicken. In Städten wie Berlin fuhren manche Kinder hinaus nach Oranienburg, um die Schule dort zu besuchen, oder ihre Eltern nutzten ihre Kontakte, um ihre Kinder bei Pflegefamilien in Städten der Umgebung unterzubringen, wie in Nauen.[59]

Je umfassender die Evakuierungsmaßnahmen durchgeführt wurden, desto mehr Möglichkeiten boten sich, Kinder zu mißhandeln. Der achtjährige Peter Groote kam im Sommer 1943 nach Massow in Pommern, wo sich zwei Schwestern, beide Parteigenossinnen und beide unverheiratet, um ihn kümmerten. Alles ging gut, bis die Schwestern einen Hund kauften, den sie zu einem guten Teil mit Peters Rationen fütterten. Als seine Mutter im Winter auf Besuch kam, war er so dünn, daß er ins Krankenhaus mußte. In anderen Fällen war Bettnässen ein Anzeichen für die Anpassungsschwierigkeiten der Kinder. Es wurde von den Behörden als physische und psychische Schwäche behandelt. So wie Kinder aus einem Erziehungsheim entfernt und in eine Heilanstalt eingewiesen wurden, wurden auch in einigen wenigen Fällen bettnässende Kinder nach Hause zu ihren Familien geschickt.[60]

Im Laufe von zwei Monaten kehrten 27 von den 306 Schülern einer Schule in Hagen wieder nach Hause zurück. Die Heimleiter zählten verschiedene Gründe dafür auf, die von »Heimweh der Kinder« und »Sehnsucht der Eltern nach ihren Kindern« über »schlechtes Quartier«, »angeblich ungenügende Betreuung der Kinder durch ihre Pflegeeltern« bis zu »Eintritt nicht mehr schulpflichtiger Kinder ins Berufsleben« reichten. Um der Flut von Rückkehrern zu begegnen, ordneten der Gauleiter und Reichsverteidigungskommissar für Südwestfalen, Albert Hoffmann, an, daß die Lebensmittelkarten von Kindern, die ohne triftigen Grund nach Hause zurückkamen, zurückgehalten würden, was Proteste von Frauen – an manchen Orten im Revier auch ihrer Männer – vor den Ernährungsämtern in Witten, Hamm, Lünen und Bochum zur Folge hatte, bis die Behörden nachgaben.[61]

Doch viele Kinder fügten sich gut in ihre neue Umgebung ein. Günter Kühnholz, eines von drei Kindern, kam nach Rügenwalde zu einem kinderlosen Ehepaar. Am nächsten Morgen saß er auf der Türschwelle und heulte »Rotz und Wasser«. Aber er blieb und sagte bald »Onkel« und

»Tante«, wie es von ihm verlangt wurde. Er blieb für die nächsten dreieinhalb Jahre in Pommern in einer warmherzigen Umgebung mit engen
emotionalen Bindungen, die er später bei seiner Familie nicht mehr fand.
Der dreizehnjährige Friedrich Heiden rechte und worfelte in Siebenbürgen das Gras, das der Pflegevater und der Knecht gemäht hatten, und er
lernte, wie man es ordentlich auf den Karren lud, wenn es trocken war.
Wenn er ungleich beladen wurde, kippte der Karren um. Nachdem der
siebenjährige Karl Lukas mehr als dreiundzwanzig Fuder Heu auf dem
Hof in Enzersdorf im Bayerischen Wald mit eingebracht hatte, war er so
stolz auf seine Mitarbeit beim Heuen, daß er seiner Mutter ein Bild davon
malte. Während das Nannerl, die Tochter des Hauses, und der »Pole« das
Heu auf den Wagen werfen, hält die kleine Figur »Ich« die Pferde am
Geschirr. Friedrich war von den Rumänen und den Zigeunern, mit denen
er in Siebenbürgen arbeitete, fasziniert und wunderte sich, wieviel Essen
sie auf Kosten seines Pflegevaters verputzen konnten. Im Juni 1944 war
Karl Lukas so weit, seine Mutter im säkularen, evangelischen Hamburg
zu ermahnen, in die Kirche zu gehen. Die Bäuerinnen hatten auf dem
»Sklavenmarkt« der Evakuierten anfänglich Frauen gesucht in der Hoffnung, daß diese fleißiger arbeiten würden, doch zeigte sich häufig, daß
Kinder sich leichter in den landwirtschaftlichen Alltag zu integrieren vermochten.[62]

Evakuierte Mütter fügten sich oft weniger leicht ein. Ihre städtische
Lebensart und der norddeutsche Akzent, ihre Abneigung gegen das Essen
und ihre Geschichten von den luxuriösen Wohnungen, die sie verloren hatten, das alles störte Ordnung und Beständigkeit. Am schlimmsten war, daß viele Frauen nicht arbeiteten. Sie mußten auch nicht. Während die Bauersfrau mit vier oder fünf Kindern mit 45 bis 60 Mark im
Monat durchkommen mußte, konnte die kinderlose Frau eines Büroan-
gestellten 150 bis 180 Mark ausgeben. Schauten die aus Essen, Düsseldorf
und Hamburg nach Württemberg evakuierten Frauen auf die »einfälti-
gen und dummen« schwäbischen Bäuerinnen herunter, weil sie so viel
arbeiteten, ärgerten sich diese über die faulen Städterinnen, die glaubten,
sie könnten sich wie im Hotel bedienen lassen Die Schwäbinnen klagten,
sie würden im Haushalt noch nicht einmal beim Waschen und Flicken
helfen, geschweige denn bei der Feldarbeit, auch nicht, wenn alle Hände
gebraucht würden, um die Ernte einzubringen.[63]

Nachdem entbehrliche Arbeitskräfte, vor allem Frauen und Kinder, die Stadt verlassen hatten, rückte der Krieg für sie wieder in die Ferne. Als Liselotte Günzel im Februar 1944 von Berlin nach Droysen in Sachsen abreiste, waren eine siegreiche Vergeltung gegen England und die jüdischen Terrorbombardements kein Thema mehr in der Stadt. Die Zurückgebliebenen hielten sich an eine Propagandaparole, die bewußt den einzigen Ausweg beschwor, der ihnen noch blieb: nämlich »Durchhalten«. Oder besser noch, sie schalteten das Radio an, lauschten den neuen, seichten Wunschkonzertprogrammen, räumten die Möbel zur Seite und fingen an zu tanzen. Als sie in ihr neues Internat aufbrach, tröstete sich Liselotte Günzel darüber, daß sie ihr Zuhause und ihre Eltern zurücklassen mußte, mit dem Gedanken hinweg, »neben allem Weh des Abschieds drängt es mich doch mächtig in die Ferne. Dasselbe Gefühl, das vor Jahrtausenden die nordischen u. germanischen Eroberer zwang, die Heimat zu verlassen, wallt heut mächtig in meiner Brust.«[64]

9. Treck und Todesmarsch

Im Juni 1944 wurde die Wehrmacht überrumpelt. An der Ostfront startete die Rote Armee am dritten Jahrestag des deutschen Überfalls auf die Sowjetunion die Operation »Bagration«, ihre bis dahin größte Offensive dieses Kriegs. Mittels taktischer Überraschung schlug die Rote Armee eine Reihe von Kesselschlachten in Witebsk, Bobruisk, außerhalb von Brest und östlich von Wilna, ganz in der Nähe der eigenen, furchtbaren Niederlagen von 1941. Vom 4. Juli an war ein Großteil Weißrußlands in ihrer Hand. Die Verluste der Wehrmacht an Menschen und Material waren verheerend. Die Heeresgruppe Mitte und die Heeresgruppe Nordukraine waren praktisch aufgerieben; sie hatten 28 Divisionen und 350 000 Mann verloren. Es folgte die Vernichtung der Heeresgruppe Südukraine; damit war die Sowjetunion befreit und die Deutschen bis an die Weichsel zurückgeworfen. Im Westen folgte der D-Day, die anglo-amerikanische Landung an der Normandieküste, wo sie von den Deutschen nicht erwartet worden war und an einem Tag, an dem die deutsche Luft- und Seeaufklärung wegen der schlechten Wettervorhersage im Kanalgebiet abgebrochen worden war. Nachdem die Alliierten den deutschen Verteidigungsring in der Normandie durchbrochen hatten und die 7. US-Armee Mitte August von der französischen Mittelmeerküste nach Norden vorstieß, war Hitler gezwungen, den totalen Rückzug aus Frankreich einzuleiten. Paris wurde am 25. August befreit, und am 11. September überschritten die ersten amerikanischen Truppen die deutsche Grenze südlich von Aachen.[1]

Bis Ende Mai 1944 hatte das Dritte Reich Europa vom Schwarzen Meer bis zu den Ärmelkanalhäfen beherrscht. Der Ausstoß der Rüstungsindustrie wurde immer noch gesteigert, und der zivile Verbrauch im Land mußte nach den kurzzeitigen Rationierungen 1942 nicht bemerkenswert eingeschränkt werden. Die Massenbombardierungen der deutschen Städte hatten nachgelassen, und viele Eltern wollten ihre Kinder wieder zu Hause haben – ein Ausdruck ihrer Zuversicht. Eine Landung im Westen war allgemein erwartet worden, doch rechneten viele damit, daß sie ebenso katastrophal mißlingen werde wie jene bei Dieppe im Jahre 1942.

Trotz der erbitterten Gefechte in der Normandie, wo die Wehrmacht versuchte, die britisch-amerikanische Invasion ins Meer zurückzuwerfen, erlitten die Deutschen ihre größten Verluste an der Ostfront: allein im Jahr 1944 fielen dort 1 233 000 deutsche Soldaten. Dies entspricht ungeheuren fünfundvierzig Prozent der gesamten deutschen Verluste an der Ostfront seit Juni 1941. In den drei Monaten von Juli bis Ende September 1944 betrug die tägliche Zahl der deutschen Todesopfer 5750. Aber viele Angehörige wußten nicht, daß ihre Männer gefallen waren und warteten weiter auf Nachricht, denn das System der Gefallenenlisten der Wehrmacht begann ebenfalls zusammenzubrechen. Die eigenen Verluste bis Juni 1944 wurden um fünfhunderttausend Mann unterschätzt, Ende Dezember waren weitere fünfhunderttausend gefallen, deren Familien von nichts wußten.[2]

Die großen Niederlagen der Wehrmacht in diesem Sommer sowohl im Osten als auch im Westen beschleunigten die tiefste Krise, die das Volk bis dahin durchgemacht hatte. Vor den Menschen- und Gebietsverlusten in Frankreich, der Ukraine und in Weißrußland verblaßte die Niederlage von Stalingrad. Vorausschauende Generäle hatten bereits eine Niederlage befürchtet, als der Blitzkrieg in der Sowjetunion im Winter 1941/42 scheiterte. Dies führte dazu, daß Offiziere der Heeresgruppe Mitte beim Anschlag auf Hitler eine führende Rolle spielten, da sie keinen anderen Ausweg sahen, als Frieden im Westen zu schließen, um alle Kräfte an der Ostfront zu konzentrieren. Aber die meisten ihrer Landsleute waren nicht so gut informiert. 1944 erwarteten viele Deutsche keinen totalen Sieg mehr, aber die eigene Niederlage schien den meisten doch weit entfernt. Erste deutsche Reaktionen auf die Landung der Alliierten waren optimistisch und zeigten Erleichterung, daß die entscheidende Phase des Kriegs begonnen hatte und die Bombenangriffe auf Deutschland aufhörten. Ausführliche Berichterstattung zum Start der ersten »neuen Waffen« gegen London und Südengland hatte die Erwartung geweckt, daß die lang ersehnte »Vergeltung« begonnen habe, die England aus dem Krieg herauswerfen würde. Aber die Propaganda hatte zuviel versprochen und nach drei Wochen wurden die Menschen skeptisch. In Danzig und Frankfurt nannten einige die fliegende Bombe »V-1« bereits den »Versager-1«. Die Zivilmoral schwankte mit dem Kriegsverlauf: Die Stabilisierung der Frontlinien im September und Oktober wurde mit Erleichterung aufgenommen, und die überraschende Dezemberoffensive gegen die Briten und Amerikaner in den Ardennen weckte Hoffnung und fachte weitere Spekulationen über die Wirkung der »neuen Waffen« an. Selbst am Ende des Jahres glaubten noch viele an eine Pattsituation, die zu einem Kompromißfrieden führen würde, oder setzten ihre Hoffnung – wie auch die Führung des Regimes– in einen Separatfrieden mit den Westmächten.[3]

Nachdem die RAF und die US Air Force gegen die Reste der deutschen Luftwaffe die Luftherrschaft erkämpft hatten, nahmen sie im Herbst die Bombenangriffe wieder auf. Sie stießen tief nach Süden vor und ihren Verbänden gelang es zum erstenmal, das Eisenbahnnetz vollkommen zu unterbrechen sowie die Rüstungsindustrie zu treffen, die aus dem Ruhrgebiet nach Mittel- und Süddeutschland verlegt worden war. Im Winter kamen die fertiggestellten Rüstungsgüter häufig nicht mehr zur Wehrmacht durch. Vom strategischen Standpunkt markierten die Bombardierungen des Ruhrgebiets, Hamburgs und Berlins von März 1943 bis März 1944 die wichtigste Einzelphase der RAF-Kriegführung gegen Deutschland. Jetzt aber zeigten die Alliierten, was die Beherrschung des Himmels über Deutschland bedeutete. Die britischen und amerikanischen Bombergeschwader wurden immer größer, und auch die Sprengladungen der einzelnen Flugzeuge nahmen zu. Mehr als die Hälfte der gesamten Bombentonnage, die über Deutschland abgeworfen wurde, fiel in dieser letzten Phase des Kriegs. Über die Hälfte der zivilen Bombenopfer starben in den acht Monaten von September 1944 bis Mai 1945: 223 406 Zivilisten von insgesamt geschätzten 420 000 im ganzen Krieg. In Heilbronn kamen in der Nacht vom 5. Dezember 5092 Menschen um, 4000 am 16. Dezember in Magdeburg. Als in der Nacht vom 11. September 1944 in Darmstadt 8494 Menschen den Tod im Feuersturm fanden, übertraf dies die gesamte Zahl der Bombenopfer Essens während des ganzen Kriegs.[4]

In den immer stärker zerstörten und weiter entvölkerten Industriestädten Deutschlands entstand, parallel zur Eskalation der Brutalität der

Polizei gegenüber den »Ostarbeitern«, zunehmend eine Atmosphäre der Lynchjustiz. Am 14. Oktober 1944 nahm der Duisburger Volkssturm einen »verdächtig aussehenden« Russen fest, der nach einem Bombenangriff auf die Stadt in einem Aufräumkommando arbeitete. Sie stellten ihn an eine Wand und erschossen ihn, nur weil sie gehört hatten, daß irgendwelche russischen Kriegsgefangenen im Untergeschoß eines zerstörten Hauses nebenan – offenbar gestohlene – Marmelade gegessen hätten. Die Behörden wurden allmählich von moralischer und physischer Panik ergriffen, während Gestapo, Polizei, SA und HJ mit aller Macht versuchten, die Kontrolle über die Städte zu behalten, in denen für die Fremdarbeiter kein Wohnraum mehr beschafft werden konnte, wenn deren Baracken ausgebombt waren. Der Zusammenbruch des Eisenbahnnetzes bedeutete, daß auch weniger Nachschub die Städte erreichte. Es gab weniger Arbeit in den Fabriken, und in Städten wie Köln waren die Ladeninhaber mehr und mehr versucht, den Schwarzmarkt mit Waren zu versorgen und deren Verschwinden auf Einbrüche obdachloser Fremdarbeiter oder deutscher Jugendbanden wie der Edelweißpiraten zu schieben.

Die Art der sozialen Kontrolle, die aus einer Mischung aus Warnungen an Familien, Sanktionen bei der Arbeit und Wohnsitzkontrollen der Polizei bestand, konnte Edelweißpiraten wie Fritz Theilen, die hartnäckig dabei blieben, lange Haare zu tragen und Gitarre zu spielen, in die Illegalität treiben. Nachdem er und einige Freunde angefangen hatten, sich vor der SA und der Hitlerjugend im Schuppen eines Schrebergartens zu verstecken, fielen sie vollkommen aus dem öffentlichen Versorgungssystem heraus. Sie entschlossen sich, in einen Lagerraum einzubrechen, um Sonderlebensmittelkarten für Reisende zu stehlen. Ein Eisenbahnarbeiter versuchte, sie daran zu hindern, aber einer von Fritzens Freunden schlug den Mann bewußtlos. Als an einem Abend im August 1944 sein Freund Barthel Schlink eine Pistole aus der Tasche zog und auf eine SA-Streife schoß, war Fritz Theilen klar, daß die Gestapo sie verfolgen würde. Theilen hatte Glück, daß er gleich verhaftet und in ein Militärlager gebracht wurde. Doch in diesem Sommer und Herbst traten die übrigen Piraten in Köln in Kontakt zur neuen Unterwelt deutscher Schwarzhändler und zu Fremdarbeiterbanden. Und im Oktober nahm die Gestapo nach einer Reihe Schießereien einige der Ehrenfelder Edelweißpiraten zusammen mit Mitgliedern russischer Banden fest. Am 25. Oktober und am

10. November wurden sie vor einer Menge von über tausend Zuschauern öffentlich gehängt. Unter den Verurteilten vom 10. November waren sechs deutsche Jugendliche, darunter Theilens Freund, der sechzehnjährige Barthel Schlink, einer der mutmaßlichen Anführer der Kölner Edelweißpiraten. Das Hauptziel der Gestapo waren zwar die Fremdarbeiterbanden, Schlinks Leichnam ließ man aber doch den ganzen Tag über zur Warnung hängen.[5]

Sturzkampf- und Jagdbomber flogen jetzt ungehindert über Felder, Landstraßen, Dörfer und Kleinstädte. In einigen ländlichen Gegenden waren diese Flugzeuge das erste unmittelbare Anzeichen des Krieges. Manche Tiefflieger tauchten plötzlich aus dem Nichts auf, andere mit Sirenen und erzielten die gleiche furchteinflößende Wirkung wie die Stukas in Polen und Frankreich im ersten Jahr des Kriegs; sie machten Reisen in langsam fahrenden Zügen besonders beängstigend.[6]

Im österreichischen Unterthurnbach waren die zehnjährige Helga und ihre zwei Freundinnen Edith und Anni gerade dabei, mit ihren Fahrrädern nach Hause aufzubrechen, als der Alarm ertönte. Das drohende Brummen des Flugzeugs kam näher, da sprang Helga vom Fahrrad und warf sich in einen Wassergraben am Straßenrand. Nachdem das Flugzeug abgedreht hatte, kroch Helga aus dem Graben und rannte durch die Felder nach Hause. Edith tat dasselbe. Als der Großvater später das Rad holen ging, fand er die tote Anni, die versucht hatte, weiterzufahren. Warum, fragte sich Helga, »warum schießen sie auf ein zehnjähriges Mädchen«? Selbst die ländlichen Gebiete Bayerns und Österreichs boten keinen Schutz mehr vor dem Krieg. Aber auch in den Städten erinnerten sich später manche von denen, die schon viele Bombardierungen miterlebt hatten, wie sehr sie vor diesen Maschinengewehrangriffen aus der Luft Angst gehabt hatten, die die Straßen ohne vorherige Warnung bestrichen, schossen und zurückkehrten und wieder schossen.[7]

Trotz dieser heftigen Angriffe blieben die Grundstrukturen der deutschen Gesellschaft weitgehend intakt. Nachdem Hitler das Attentat vom 20. Juli 1944 überlebt hatte, war seine Herrschaft jedenfalls nicht mehr in Frage gestellt. Doch als die deutsche Gesellschaft im Herbst 1944 in diese neue – und letzte – Phase des Kriegs eintrat, wurde das apokalyptische »alles oder nichts« der nationalsozialistischen Rhetorik mehr und mehr zur Realität. Und dabei forderte das Regime immer mehr vom deutschen Volk, und die Bereitschaft, gegen »Defätisten«, Plünderer und diejenigen, die »heimtückische Äußerungen« machten, mit Gewalt vorzugehen, nahm stark zu. Gerichtsakten zeigen, daß nun zum erstenmal Deutsche auf der Anklagebank die Mehrheit bildeten.[8]

Während die Wehrmacht eiligst den Westwall aus den dreißiger Jahren wieder aufrüstete und Divisionen zur Vorbereitung eines Gegenangriffs an die Westfront warf, wurden 69000 Jungen aus dem besetzten Europa, inklusive 35000 aus der Sowjetunion, 16000 aus Ungarn und 18000 aus den Niederlanden, ausgehoben und zur Übernahme von Flugabwehraufgaben sowie zur Unterstützung der SS in das Reich geschickt. Zu Hause wurden die Gauleiter mit der Aushebung eines letzten Aufgebots von Jugendlichen und Männern in mittleren Jahren beauftragt, um die Verluste der Wehrmacht aus diesem Sommer auszugleichen. Als romantischer Anklang an die angebliche nationale Erhebung von 1813 gegen Napoleons Besetzung Preußens, wurde das Aufgebot »Volkssturm« genannt und die Ausgehobenen wurden als Infanteristen und Panzergrenadiere ausgebildet.[9]

Mit der Aufstellung des Volkssturms wurden die Widersprüche des nationalsozialistischen Kinderbildes offenkundig: Was für einen Sinn hatte es, in die Gesundheit der Kinder zu investieren, die Kinder mit strengen Gesetzen vor Kinderarbeit und gefährlicher Tätigkeit zu schützen, sie aus den Städten zu evakuieren, nur um sie dann auf Fahrrädern mit an die Lenkstange gebundenen Panzerfäusten gegen Panzer loszuschicken? Die Kinderwohlfahrtsprogramme entsprachen den nationalsozialistischen Vorstellungen von einem arischen Utopia gesunder, schöner und glücklicher Familien, doch jetzt wurde das gegenteilige Bild von der Zukunft des Volkes zum Anliegen Goebbels' und Hitlers: das Opfer. Es war moralisch besser, das gesamte Volk ginge zugrunde, als daß es kapitulierte. Hitlers stets wiederholte fixe Idee, daß es »nie mehr einen November 1918 geben darf«, wurde auf die Probe gestellt. Viele der jüngeren Offiziere des Ersten Weltkriegs waren mittlerweile in hohe Ränge der Wehrmacht aufgerückt und nicht bereit zu kapitulieren. Hitler warnte in seiner Anordnung zur Aufstellung des Volkssturms davor, daß das »Endziel des Feindes die Auslöschung des Deutschen Volkes« sei. Wieder einmal war Deutschland, wie schon im September 1939, allein, ohne Verbündete. Der Kampf war klar und einfach geworden, und er sollte noch rücksichtsloser werden.[10]

Dem Ernst der Lage entsprechend wurde die Berichterstattung in den Medien über die jüdische Bedrohung und die rote Flut des Bolschewismus noch schriller. Im Oktober 1944 überschritten die sowjetischen Truppen die deutschen Grenzen von 1939 zum erstenmal, drangen in den ostpreußischen Bezirk Gumbinnen vor und nahmen die Ortschaften Goldap und Nemmersdorf ein. Als die deutschen Truppen Nemmersdorf zurückeroberten, entdeckten sie die ersten in Ostpreußen verübten sowjetischen Greueltaten, und Goebbels' Propagandamaschinerie trat sofort in Aktion, um die Fotografien zerstückelter Körper von Zivilisten und Soldaten mit entsprechenden Berichten zu versehen. Die Journalisten hatten für die Titelgeschichte so wenige Einzelheiten, daß der Propagandaminister sie aufforderte, sich etwas auszudenken und sie mit »dichterischer Wahrheit« zu füllen. Diesmal traf er nicht weit daneben. Zum ersten, und beileibe nicht zum letztenmal, lieferte Ostpreußen den Beweis sowjetischer Barbarei.[11]

Obgleich die Männer der 11. Gardearmee überwiegend aus Rußland stammten, und obwohl später durchsickerte, daß einige sowjetische Politoffiziere versucht hatten, die Zivilisten vor ihren eigenen Leuten zu schützen, trugen die Greueltaten dazu bei, daß man die Ängste vor den durch »jüdische Kommissare« angestachelten »asiatischen Horden«, die Goebbels so eifrig geschürt hatte, für berechtigt hielt. Mit Titelgeschichten von den Massakern an Kriegsgefangenen in Lemberg (Lwów) und an polnischen Offizieren in Katyń und Winnitsa war die deutsche Öffentlichkeit drei Jahre lang auf Ereignisse wie diese vorbereitet worden. NKWD-Exekutionen waren sogar bereits Stoff von Kinderspielen geworden.[12] Aber die Medienkampagne hatte auch ihre Fallstricke. Anfang November berichtete der SD in Stuttgart von Empörung in weiten Teilen der Bevölkerung über die Veröffentlichung von Fotos aus Nemmersdorf in der Lokalpresse. Eine Ansicht, die die Polizei für typisch hielt:

»Was bezweckt die Führung wohl mit der Veröffentlichung solcher Bilder wie die im NS-Kurier am Samstag? Sie müßte sich doch sagen, daß jeder denkende Mensch, wenn er diese Blutopfer sieht, sofort an die Greueltaten denkt, die wir im Feindesland, ja sogar in Deutschland begangen haben. Haben wir nicht die Juden hingeschlachtet? Erzählen

nicht immer wieder Soldaten, Juden hätten in Polen ihre eigenen Gräber schaufeln müssen? Und wie haben wir es mit den Juden gemacht,
die im Elsaß im KZ waren? Die Juden sind doch auch Menschen. Damit
haben wir ja den Feinden vorgemacht, was sie im Falle ihres Sieges mit
uns machen dürfen.«[13]

Anstatt für alles Unglück Deutschlands die Juden verantwortlich zu
machen, beklagten jetzt viele deren harte Behandlung als Ursache für das
gegenwärtige Leiden der Deutschen. Am 12. September wurde Stuttgart
in einem Feuersturm, der tausend Menschen das Leben kostete, praktisch
zerstört. In ihrer Panik hatte die Bevölkerung inzwischen die gegenteilige
Botschaft aus dem, was Goebbels intendiert hatte, herausgehört: Anstatt
die Greueltaten zum Anlaß für Widerstand zu nehmen, betrachteten sie
sie als den ersten Teil der Vergeltung, die sie für den Mord an »Tausenden von Juden« zu erwarten hatten. Einmal mehr lösten schwere Bombenangriffe Angst vor der Rache der Juden aus, so wie in Hamburg nach
dem Feuersturm. Die Intensität dieser schwankenden Reaktionen stand
in direktem Verhältnis dazu, ob sich die Menschen mächtig oder machtlos fühlten. In ihrem neuerlichen Gefühl der Verwundbarkeit erschien es
ihnen offensichtlich, daß es ein Fehler gewesen war, die Juden zu bekämpfen, wenn sie tatsächlich so allmächtig waren, wie man den Leuten weis-
gemacht hatte. Der Kern der Goebbelschen Propaganda, daß die Juden
den Krieg gegen Deutschland orchestrierten, blieb tief in das nationale
Bewußtsein eingegraben. Selbst ein alltäglicher Streit zwischen deutschen
Passagieren über das Recht eines italienischen Arbeiters, in der Berliner
Straßenbahn sitzenzubleiben, brachte schnell ängstliche und defätistische
Gefühle ans Licht: »Wir [haben] doch schon genug Schuld auf uns geladen durch die Juden- und Polenbehandlung, die man uns noch heimzah-
len [wird].«[14]

Während erwachsene Männer, auch manche überzeugte Nationalsozialisten, häufig berufliche Gründe vorgaben, um dem aktiven Dienst im
Volkssturm zu entgehen, war die Begeisterung bei den Jugendlichen derart groß, daß viele vierzehn- und fünfzehnjährige Jungen sich meldeten,
obwohl sie offiziell sechzehn sein mußten. Sie hatten in der Nachbarschaft
für die Winterhilfe gesammelt und Altpapier, Kleider und Metallreste zur
Wiederverwertung zusammengetragen. Sie hatten auf den Feldern und in
den Wäldern haufenweise Kamille und Brennesseln geerntet und waren

auf den Bahnhöfen angetreten, um die Evakuierten, die aus den Frontgebieten oder aus bombengefährdeten Gebieten eintrafen, unterbringen zu helfen. Sie hatten in der Hitlerjugend Geländeübungen nach dem Handbuch für Infanterieausbildung absolviert und mit Kleinkalibergewehren schießen gelernt. Als Luftwaffen- und Marinehelfer hatten viele bereits Scheinwerfer bedient und waren Melder, während die Bomben um sie herum niedergingen. Einige hatten sogar ihre Kinderlandverschickungslager verlassen, um in vormilitärischen Lagern an der Waffe ausgebildet zu werden. Nun endlich doch Gewehre, Panzerfäuste und Pistolen aus den Lagerbeständen des Ersatzheeres zu erhalten, erschien manchen als frühe Belohnung, als Höhepunkt und würdiger Abschluß ihrer Ausbildung. Was wäre, sollte der Krieg zu Ende sein, bevor sie Soldaten sein konnten, hatte sich Dierk Sievert im Herbst vier Jahre zuvor gesorgt.[15]

Kurt Lutter war schockiert, als er in seinem KLV-Heim in einem kleinen Dorf im Bayerischen Wald hörte, daß die Hitlerjugend überall in Hamburg Schützengräben ausheben mußte. Aber im ostpreußischen Palmnicken auf der Halbinsel Samland trugen Martin Bergau und seine Freunde eine bunt zusammengewürfelte Sammlung an Gewehren und Granaten zusammen und gingen auf Patrouille, wohl wissend, daß sie über die Memel kommenden Einheiten der Roten Armee begegnen konnten. Es war großartig, die eigene Feldtauglichkeit an der Wirklichkeit zu messen, durch den Wald zu schlüpfen und über das Heideland zu schleichen, auch wenn Martin und sein Freund Gerhard, nachdem sie sich in einem verlassenen Haus zuviel Selbstgebrautes genehmigt hatten, zu guter Letzt noch aus Versehen aufeinander schossen, bevor sie nach Hause torkelten.[16]

Der Gedanke an »Einsatz« und »Dienst« hatte für Kinder, die ernst genommen werden wollten, oft etwas Bestechendes. So wie die vierzehnjährige Liese im September 1939 in Aktion getreten war und ihrem Vater an der Front von den Taten ihrer BDM-Gruppe berichtet hatte, leisteten auch im September 1944 viele dem Aufruf Folge. In Straßburg entschloß sich die zehnjährige Monika Schypulla, ihren »Kriegsdienst« anzutreten. Sie schrieb ihrem Vater stolz, daß sie das Haus morgens um 6 Uhr 45 verlassen müsse, um mit der Straßenbahn Nummer 16 zur Endstation zu fahren. Dann machte sie mit dem Kreisleiter einen 45minütigen Gang, um Nachrichten in sein Büro zu bringen. »Aber die darf ich nicht öffnen!

Das ist Geheimsache! Da stehen doch die Sachen drin, wie weit die Feinde noch von uns weg sind u.s.w.«, fuhr sie fort. Bis nachmittags um drei tat sie ihre Pflicht, sieben Tage in der Woche. »Ja, Daddy, das ist eben totaler Krieg. Auf jeden einzelnen kommt es an!!« Hoffnungslos auf der Halbinsel Kurland durch die Rote Armee abgeschnitten, konnte ihr Vater ihre Briefe erst Wochen später lesen und war für Nachrichten von der Westfront auf die Wehrmachtsberichte angewiesen. In diesem Fall kam eine Krise innerhalb der Familie dem Rückzug an der Westfront zuvor. Monikas Mutter starb am 1. November, und das zehnjährige Einzelkind kam zu ihrer Patentante nach Sachsen. Anstatt mit dem »Kriegsdienst« weiterzumachen, forderte ihr Vater sie jetzt auf, fleißig zu lernen, damit sie beide sich »der Mutti würdig erweisen« konnten.[17]

Am 12. Januar 1945 begannen die Sowjets ihre lang erwartete Winteroffensive. Im Süden eröffnete die 1. Ukrainische Front eine riesige Angriffsbewegung über die Weichsel und rückte durch den dichten Wald vor, der die erhöhten deutschen Positionen in Małopolska nach Ansicht des Generalstabs hätte schützen sollen. In der Nacht vom 22. auf den 23. Januar erreichten die ersten Einheiten der Roten Armee die Oder und errichteten in Brieg einen Brückenkopf. Damit war das letzte natürliche Hindernis auf dem Weg nach Berlin überwunden. Als die Sowjetarmeen durch Warschau, Lodz, Kalisch und Krakau, durch das Wartheland, durch Westpreußen und Schlesien Richtung Westen stürmten, brachen die bis dahin unverwüstlich erscheinenden Strukturen nationalsozialistischer Herrschaft in Panik und Massenflucht zusammen.[18]

Flußabwärts von Brieg ordnete der Gauleiter von Schlesien, Karl Hanke, am 20. Januar im letzten Moment die Evakuierung von Frauen und Kindern an und erklärte Breslau zur Festung. An anderen Orten flohen viele Parteiführer. Nachdem sie bis dahin jede Evakuierung untersagt hatten, überließen sie es jetzt Standortkommandanten, Bauerngemeinden, Freiwilligen der Volkswohlfahrt und adligen Gutsbesitzern, die Trecks Richtung Westen so gut es ging zu organisieren. Weil die SS ihre Gefangenen aus den Konzentrationslagern ebenfalls nach Westen abführte, drängten sich ihre Kolonnen und die der flüchtenden Zivilbevölkerung, der Kriegsgefangenen, der Einheiten der Wehrmacht und des Volkssturms auf den Straßen und Bahndämmen. Zum erstenmal brach die lange aufrechterhaltene Vorgabe einer körperlichen Trennung deutscher Frauen und Kinder von ihren »Rassenfeinden« vollkommen zusammen. Alles in allem jedoch sollten Deutsche ihre Flucht so in Erinnerung behalten, als hätten nur Deutsche auf den verschneiten und vereisten Straßen gelitten. Das war mehr als nur eine spätere Erinnerung, denn menschliche Anteilnahme und Solidarität waren zu diesem Zeitpunkt schon durchweg völkisch ausgerichtet. In ihrer Not konnten die Flüchtlinge nur Hilfe von ihren Landsleuten erwarten; und auch das war alles andere als gewährleistet, so daß die Leute häufig gezwungen waren, auf das Geflecht von Freundschaft, Familie, Dorf und Erziehung zurückzugreifen.[19]

Als sich ganze Dorfgemeinschaften in den Ostprovinzen zusammen auf den Zug nach Westen machten, erwiesen sich die tiefreichenden Strukturen traditioneller Ordnung häufig als erstaunlich belastbar. Ganze ostpreußische und schlesische Dörfer begaben sich geschlossen auf den Weg und folgten den Wagen ihrer adeligen Grundbesitzer. Der städtischen Bevölkerung erging es anders. Frauen von Beamten wie Lore Ehrich mußten sich in entscheidenden Momenten auf die Ritterlichkeit von Männern der eigenen gesellschaftlichen Schicht verlassen, höfliche SS- oder Wehrmachtsoffiziere ausfindig machen oder darauf hoffen, daß Freunde die Listen der Neuankömmlinge durchgingen und Ausschau nach ihnen hielten. Da die allgemeine Solidarität, die die Nationalsozialisten stets propagiert hatte, sich als unzuverlässig erwies und zerbröckelte, griffen die Deutschen auf tiefer verwurzelte Formen gemeinschaftlichen Handelns zurück. Doch das Gefühl der »Volksgemeinschaft« verschwand nicht ganz: Die abstrakten Grenzlinien völkischer und rassischer Trennungen, die unter der NS-Herrschaft so gewaltsam durchgesetzt worden waren, spielten mehr denn je eine Rolle. Gerade weil nichts mehr selbstverständlich war, beriefen sich die Deutschen auf ihre gemeinsame Angst vor den Russen, den Polen und den Gefangenen, um Mitleid zu erregen und Hilfe zu erhalten. Die den betroffenen Gebieten benachbarten Bauern waren oft äußerst freigebig darin, die Flüchtlingstrecks mit Essen zu versorgen und ihnen Unterkunft zu gewähren; aber je weiter weg die Flucht von den Ostprovinzen führte, desto weniger großzügig und verständnisvoll erwiesen sich ihre Mitbürger.

Konevs Truppen setzten zu einer ausgedehnten Einkreisung der oberschlesischen Bergwerks- und Industriestädte von Osten, Norden und

Süden an und ließen der Wehrmacht einen schmalen Fluchtweg nach Westen offen, in der Hoffnung, daß die Deutschen den unschätzbaren Industriegürtel intakt ließen. Krakau fiel am 19. Januar; die Deutschen zogen sich einfach zurück und gaben ihre Verteidigungsstellungen sowie die Hauptstadt ihres Generalgouvernements auf, ohne sie zu zerstören. Nachdem sie die Oder in Brieg erreicht hatte, ging Gusevs Armee von Westen her zum Angriff auf die deutschen Truppenstandorte über und schnitt damit den Fluchtweg der Zivilbevölkerung entlang der Hauptstrecke über Breslau ab. Selbst nach dem Fall von Krakau hatte der Gauleiter nur Frauen mit kleinen Kindern die Evakuierung erlaubt. Nun aber machten sich die meisten der 1,5 Millionen Deutschen in Oberschlesien auf die Flucht. Das horrende Tempo des russischen Vormarsches ließ den Dorfbewohnern oft weniger als 24 Stunden Zeit, wegzukommen. Dennoch entkam fast die gesamte Landbevölkerung – etwa sechshundert- von siebenhunderttausend Menschen – aus dem Gebiet zwischen Oppeln und Glogau. Von den Flüchtlingen aus den Städten verfügten nur wenige über Pferde oder Wagen, wie sie die Bauern hatten, und mehr als zweihunderttausend mußten zu Fuß über die überfüllten, verschneiten und vereisten Straßen ziehen, in der Hoffnung, die Eisenbahnlinie durch Südschlesien zu erreichen. Als sie auf die kleinen Bahnhöfe von Ratibor und Schweidnitz bis Liegnitz drängten, wurden die Freiwilligen der Nationalsozialistischen Volkswohlfahrt, die Essen, heiße Getränke und Decken verteilten, von der Masse der Menschen schier erdrückt. Manche Flüchtlinge mußten tagelang warten, bis sie einen Zug besteigen konnten. Andere mußten sich zu Fuß aufmachen, um sich hinter die deutschen Linien westlich der Oder in Sicherheit zu bringen.

Doch eine halbe Million Deutscher blieb in den Industriestädten Kattowitz, Beuthen, Gleiwitz und Hindenburg zurück, die die Truppen Gusevs nun von Westen her einschlossen. Manche wurden gezwungen, in den Zechen und den Fabriken bis zum Ende weiterzuarbeiten. Freilich war dies auch ein Gebiet Polens, in dem während der deutschen Besatzung die große Mehrheit der polnischen Bevölkerung stillschweigend als deutsch eingestuft worden war, um die Industrieproduktion nicht zu stören, und wo das System der Rassentrennung, das etwas weiter nördlich im Wartheland so brutal durchgesetzt wurde, am mildesten gehandhabt worden war. Vielleicht hatten die meisten deutschen Arbeiter angenommen, daß die gleichen pragmatischen Überlegungen auch auf sie angewendet würden.[20]

Durch diese oberschlesischen Städte ließ die SS die Gefangenen aus den Lagern von Auschwitz marschieren. 14 000 Männer und Frauen machten sich in Fünferreihen zur Eisenbahn in Gleiwitz auf. Weitere 25 000 mußten 41 Kilometer auf schneeverwehten Straßen nach Loslau marschieren. Mindestens 450 Gefangene starben auf der Strecke. Die SS hatte eine solche Angst vor der Roten Armee, daß sie in den ersten zwei Nächten nicht anhielten. Als sie es später doch taten, gab es weder zu essen noch etwas zu trinken. Holzpantinen, kaputte Schuhe und Fußlappen waren kein Schutz gegen den Schnee, die abgetragenen gestreiften Jacken und Hosen schützten ebenfalls nicht vor der Kälte. Die SS setzte das Lagerhaus in Brand, bevor sie Auschwitz verließ, und ließ ein Feuer zurück, das fünf Tage lang brannte. Nur Gefangenen mit guten Verbindungen wie Filip Müller und Yehuda Bacon gelang es, ausreichend Kleidung, Ausrüstung und Verpflegung zu »organisieren«, um den Marsch zu überstehen. Am ersten Tag brachen zuerst die Kinder, die aus dem ältesten und am stärksten ausgehungerten polnischen Ghetto Lodz nach Birkenau gekommen waren, vor Erschöpfung zusammen. Diejenigen, die weitermarschierten, gingen an den unförmigen Bündeln, die schon aus den Reihen vor ihnen herausgefallen waren, vorbei. Deren Leichen lagen im blutgetränkten Schnee neben der Straße. Die Gefangenen konnten sehen, was diejenigen, die zurückblieben, erwartete, bereits bevor sie die Schüsse oder die dumpfen Schläge der Gewehrkolben hörten.[21]

Polnische Dorfbewohner, die den Gefangenen Brot und Milch brachten, wurden von der SS weggejagt, dennoch kamen viele heraus, um zu schauen. Hier kam es zu den meisten Fluchtversuchen, wenn Gefangene aus den Rängen hinausschlüpften und sich mit den Menschenhaufen, die die Straßen säumten, vermischten. An anderen Orten, insbesondere wenn die Kolonnen durch vorwiegend deutsche Dörfer oder in der Nacht marschierten, kam den Gefangenen niemand zu Hilfe. Viele Deutsche, die bis dahin die Ansicht der Nationalsozialisten übernommen hatten, daß Lagerhäftlinge Schwerverbrecher, Kinderschänder, ausländische Terroristen und Juden seien, waren von dem, was sie sahen, doch schockiert. »Unglaublich!« und »nicht zu fassen!« waren die gängigsten Reaktionen, dennoch können sich nur wenige von denen, die diese Märsche durch

Schlesien überlebt hatten, daran erinnern, daß ihnen geholfen worden wäre. Zweifellos waren viele Beobachter mehr mit der eigenen unmittelbaren Zukunft beschäftigt. Für die deutschen Flüchtlinge waren die Gefangenen nur ein weiteres Hindernis auf ihrem Weg, neben den umgekippten Autos, toten Pferden, Wehrmachtseinheiten und Kolonnen von sowjetischen und britischen Kriegsgefangenen. Alles verstopfte die Straßen und zwang die Flüchtlinge, Feld- und Waldwege zu benutzen, was ihre Chancen schmälerte, nach Westen zu entkommen, bevor sie von der Roten Armee überrollt würden.[22]

Je länger die Gefangenen marschierten, desto stärker wurde das Verlangen, sich hinzulegen, Schnee zu essen und zu schlafen. Janina Komenda konnte sich nur aus Verbundenheit mit ihren Leidensgenossen zurückhalten und weil sie wußte, daß dies den sicheren Tod bedeuten würde. Als die Kolonne am Waldrand außerhalb von Ćwiklice über die Felder ging, mußte Janina gegen den eisigen Wind ankämpfen. Wie ein Automat vor sich hin trottend, sagte sie sich immer wieder: »Weiter, weiter, nicht hinfallen!«[23]

In Loslau wurde Natan Zelechower mit seiner Kolonne zum Warten in den Lokschuppen gebracht. Sie stolperten aus der Kälte in den warmen, miefigen Raum, wurden aber bei Tagesanbruch bereits wieder hinausgetrieben und zu Hunderten in offene Güterwagen verfrachtet, auf denen der Schnee zwanzig Zentimeter hoch lag. Als Jan Dziopek stundenlang, ohne sich rühren zu können, auf dem Güterwagen warten mußte, sah er, wie drei junge Männer beim Bahnhof aufs Feld hinausgeführt und erschossen wurden. Sie hatten versucht, sich in einer Scheune im Stroh zu verstecken, wo sie jedoch von Suchhunden entdeckt wurden. Zofia Stępień-Bator und andere Frauen durften endlich von dem Wasser trinken, das ihnen die Bahnarbeiter brachten; es gab aber zu wenig für alle. Einige Bahnarbeiter reichten etwas Kaffee, den sie gekocht hatten, bis ein SS-Mann von der Begleitmannschaft herbeikam und es verbot. Henryk Michalski, ein Bergarbeiter, verhalf zwei Frauen – Monika Zatka-Dombke und Zofia Brodzikowska-Pohorecka –, als er von der Schicht kam, zur Flucht. Er nahm sie mit zu sich, und als sie sich an seinem Ofen aufwärmten, tranken die beiden ihren ersten Kaffee. Auch ihn hatte der Schock über die Erschießungen von Häftlingen handeln lassen – »eine Schande«, hörte ihn Monika sagen.[24]

Auf dem Bahnhof hatten sich die Häftlinge dicht aneinandergedrängt, um sich gegenseitig zu wärmen. Als sich die Wagen jedoch in Bewegung setzten, wurden sie so eng aneinander gepreßt, daß sie sich nicht mehr bewegen konnten; sie erstarrten vor Kälte. Nur das Wegschaffen der Toten, die jede Nacht forderte, verschaffte den Lebenden Erleichterung, weil sie Platz bekamen, sich zu setzen, die Schuhe auszuziehen und die eisigen Füße zu massieren. Es wurde kein Essen verteilt, doch zumindest Filip Müller hatte genug aufbewahrt aus seiner Zeit im Sonderkommando Birkenau, so daß er sogar noch ein kleines Stück Brot hatte, als der Zug einige Tage später im österreichischen Lager Mauthausen eintraf. Yehuda Bacon und die anderen Jugendlichen, die überlebt hatten, wurden in zwei geschlossene Güterwagen geladen, was sie ein wenig vor der Kälte schützte. Zum zweitenmal, seit er Theresienstadt verlassen hatte, rollte Yehuda in einem verschlossenen Eisenbahnzug durch Mährisch Ostrau, die Stadt seiner Vorkriegserinnerungen, in der er geboren war.[25]

Am 20. Januar um vier Uhr morgens wurde Gero Hilbert befohlen, seine Sachen zu packen. Das Kinderlandverschickungslager Burgstadt bei Posen sollte innerhalb von vier Stunden geräumt werden. Gero nahm seine Schulbücher, seine Kleider und das Bettzeug, Schuhwichse und Nähzeug, Aufnahmen von der Stadt und Messer und Gabel mit. Sechs Wagen transportierten das Gepäck der Heimbewohner zum Bahnhof. Dank ihres monatelangen Trainings brauchten sie für den mehr als fünfzehn Kilometer langen Weg nur drei Stunden. Die achtzig Jungen wurden auf drei offenen Kohlewagen in das zweihundert Kilometer entfernte Züllichau gebracht. Ihre doppelten Decken schützten sie nur notdürftig gegen den Wind; und die Marmelade und die Butter, die sie dabei hatten, gefroren. Aber für den nächsten Tag hatten sie noch genügend trockenes Brot. Auf Umwegen und nach sechsunddreißig Stunden traf der aus sechzig Wagen bestehende Zug um zwei Uhr früh in Züllichau ein. Als sie sich im Bahnhof aufwärmen wollten, tauchten um vier Uhr zu ihrem Erstaunen Fürsorger von der Volkswohlfahrt auf, brachten ihnen Brot und Kaffee und führten sie zu einer Kaserne zum Übernachten. Am nächsten Morgen verschlangen sie die erste heiße Suppe auf dieser Fahrt; sie erfuhren auch, daß auf einem anderen Wagen in dieser Nacht zehn kleine Kinder erfroren waren. Später wurden ihre Kohlewagen an einen mit Flüchtlingen vollgepferchten Zug angehängt, der sie nach Frankfurt an der Oder brachte. Dort stahlen ihnen die Wachen, die auf ihr Gepäck aufpassen sollten, neun Pfund Butter und die Süßigkeiten, aber der Rest der Reise nach Dresden und Zwickau verlief ohne weitere Zwischenfälle, und Gero und seine Mitschüler hatten sogar ein richtiges Abteil für sich.[26]

Renate Schwartz und die anderen Mädchen von Schloß Streben im Wartheland drängelten und schoben sich in die Züge. Die Mädchen übernachteten, wo immer sie konnten, in anderen KLV-Lagern, und ihre Lehrer sowie die Volkswohlfahrt kümmerten sich um sie. Selbst als Renate von den anderen getrennt wurde, traf sie Fremde, die ihr halfen. Die Leute hoben sie durch das Fenster in die überfüllten Züge und auch wieder heraus. Als sie im Gang in ihrem dünnen Mantel vor Kälte zitterte, lieh ihr ein fremder Mann seine Reisedecke. Verglichen mit ihrer früheren Reise waren die zwei Tage, die sie brauchte, um nach Berlin und dort vom Schlesischen Bahnhof ohne Fahrkarte nach Hause zu kommen, schrecklich. Aber im Vergleich mit den meisten Fluchten in diesem Januar lief die Evakuierung der KLV-Kinder wie am Schnürchen ab.[27]

Als der zehnjährige Jürgen Ingwert mit seiner Mutter aus Breslau floh, war er bei der Ankunft in Cottbus so erschöpft, daß er sich auf dem Bahnsteig hinlegte. Eine deutsche Familie aus Wolhynien kam vorbei und gab ihm zwei Handvoll Zuckerstücke, damit er durchhalte. In Leipzig wurde ihnen von einer Gruppe Hitlerjungen und Rotkreuzschwestern durch das chaotische Gedränge auf den Bahnsteigen geholfen. Als er bei einem Bombenangriff den Zug verließ und Schutz in der großen Halle des Leipziger Bahnhofs suchte, warf er einen Blick über die Gleise hinweg und sah einen Güterzug mit offenen Wagen voller bewegungsloser, schneebedeckter Gestalten. Sie trugen die gestreifte Kleidung der Lagerinsassen, und er vermutete, daß sie schon erfroren waren. Jedenfalls wurden sie nicht zum Luftschutzkeller gebracht. Jemand meinte, es könnten Juden sein, aber eine Frau gab kaltschnäuzig zurück: »Juden sind das nicht gewesen. Die hat man in Polen doch schon alle erschossen.« Jürgen dachte noch häufig an sie.[28]

Auf einem der Häftlingstransporte, die damals durch Leipzig kamen, war auch ein fünfzehnjähriger deutsch-jüdische Junge aus Auschwitz. Thomas Gève traf in Leipzig in dem offenen Wagon ein, in dem sie, zusammengepfercht mit anderen Gefangenen aus Auschwitz, seit Loslau gesessen hatten. Als sie durch Ober- und Niederschlesien gerollt waren, hatten ihn die neidischen und bösen Blicke der deutschen Flüchtlinge getroffen, die auf den Bahnsteigen warten mußten. Zum erstenmal – und dies ausgerechnet in einem solch hoffnungslosen Moment – schienen die Lagerhäftlinge in den Augen der Deutschen privilegiert zu sein: Sie hatten bereits einen Platz auf einem Zug. In Leipzig sahen die Gefangenen einen Sanitätszug und baten die Rotkreuzschwestern verzweifelt um Wasser für ihre Kranken. Die Schwestern taten so, als sähen und hörten sie nichts, nur ein kleines Mädchen mit Zöpfen wußte noch nicht, daß man diese komischen Fremden nicht beachtete. In ihrem frischgebügelten schwarzen Kleidchen rannte sie zum Zug und machte ihre Mutter auf die jungen Gesichter im offenen Wagen aufmerksam. Gève und einige andere Jungen standen auf und winkten ihr.[29]

Am 27. Januar, dem Tag als Kurochkins Schützendivisionen ihr südliches Ziel, Rybnik, erreichten, stießen sie auf Auschwitz. Die neuntausend Häftlinge, die im Lager zurückgeblieben waren und von Dr. Haffner, dem Landesstaatsanwalt, als großes Sicherheitsrisiko eingestuft wurden, waren in Wirklichkeit zu schwach und zu krank gewesen, als daß sie hätten aufbrechen können. In den neun Tagen, seit die geschlossenen Reihen der Marschfähigen die Tore verlassen hatten, waren bereits zweitausend der Zurückgebliebenen gestorben. Bei der Einnahme von Lublin im Juli 1944 waren die Angehörigen der Roten Armee entsetzt von dem, was sie im Lager Majdanek sahen. Der sowjetische Vormarsch war so schnell, daß die SS kaum Zeit gehabt hatte, das Lager zu zerstören. Die Befreier inspizierten das Haus des Kommandanten, das Baustoffdepot, die Baracken der SS-Wachen sowie die Werkstätten der Gefangenen und fanden auch die in der Nähe gelegenen drei Gaskammern, die Krematorien und dahinter die Gruben für die Massenerschießungen, die Kleiderstapel, die Haufen von Schuhen und die Berge von Haaren. Obwohl die SS alles unternommen hatte, die Spuren in Auschwitz-Birkenau zu löschen, indem sie die Gaskammern sprengten und das zentrale Register verbrannten, war den Sowjets klar, was sie gefunden hatten. Medizinisches Personal und Journalisten wurden herbeigeholt, um den Überlebenden zu helfen und das Grauen öffentlich zu machen. Hier wie in Majdanek erwähnten die Artikel in den sowjetischen Zeitungen unter den Opfern nur die sowjetischen Bürger; Juden und Polen kamen nicht vor. Für die Soldaten der Roten Armee war Majdanek bereits zum Symbol dafür geworden, wie die

Deutschen ihre Kameraden behandelt hatten. Zusätzlich zu den Appellen von Ilja Ehrenburg und anderen Schriftstellern an die sowjetischen Soldaten, die Verbrechen der Besatzung an den Deutschen zu rächen, fachten die Bilder von Majdanek und Auschwitz den Wunsch an: »Tod den deutschen Besatzern!« Zwei Tage nach der Befreiung von Auschwitz schlossen die sowjetischen Armeen die Einnahme des schlesischen Industriegebiets ab.[30]

Am 13. Januar 1945, dem Tag nach Beginn der Offensive von Marschall Konev im Süden, eröffnete Marschall Tschernjakowskijs 3. weißrussische Front einen gewaltigen Angriff auf Ostpreußen und stieß von Nordosten her ins Reich vor. Mit ihren 1 670 000 Mann, 28 360 Geschützen und schweren Granatwerfern, 3000 Panzern und Selbstfahrlafetten sowie 3000 Flugzeugen waren die Sowjets den weitgehend erschöpften 41 deutschen Divisionen weit überlegen, die ihnen gerade einmal 580 000 Mann, 700 Panzer und Selbstfahrlafetten sowie 515 Flugzeuge entgegensetzen konnten. Doch hatten die Sowjets gegen schwerstbefestigte Linien zu kämpfen, die schon seit der Zeit vor dem Ersten Weltkrieg immer wieder auf den neuesten Stand gebracht und erweitert worden waren, außerdem rückte die Rote Armee auf die stärkste Flanke dieser Verteidigungsanlagen vor. Anders als der elftägige Vorstoß Konevs an die Oder benötigte die 3. weißrussische Front drei Monate, um sich durch Ostpreußen und Ostpommern durchzuschlagen und die Odermündung zu erreichen. Gdingen und Danzig hielten sich bis Ende März, ebenso kapitulierte östlich der Danziger Bucht die ostpreußische Hauptstadt Königsberg erst am 9. April.[31]

Ostpreußen sollte die schwersten Kämpfe der sowjetischen Winteroffensive erleben, und es sollte auch Zeuge der schrecklichsten Greueltaten gegen deutsche Soldaten wie gegen Zivilisten werden. Außer den 126 464 sowjetischen Soldaten, die bei der Eroberung Ostpreußens fielen, wurden 458 314 verwundet. Mit Abstand die schwersten Verluste trug die Infanterie, das Rückgrat aller Angriffe, da die sowjetischen Kommandanten das Leben ihrer Leute aufs Spiel setzten, um ihre kostbaren Panzer zurückzuhalten, bis sie wußten, wo man sie am besten einsetzen konnte. Swetlana Alexiejewitsch, eine Sanitäterin der 65. Armee, sah die Gesichter der Infanteristen, die zu ihrem Verbandsplatz kamen, und war so entsetzt, daß sie wegschauen mußte. Es war, wie sie sich noch ein halbes Jahrhundert später erinnerte, »nichts menschliches drin, es sind irgendwie ganz fremde Gesichter. Ich kann einfach nicht beschreiben, wie das ist. Man meint, man sei unter lauter Geisteskranken.«[32]

Als Yuri Uspensky, ein russischer Offizier des 5. Artilleriekorps, Gumbinnen brennen sah, erfüllte ihn der Zorn des Gerechten: »Das ist die Rache für alles, was die Deutschen bei uns angerichtet haben. Jetzt werden ihre Städte vernichtet und ihre Bevölkerung erfährt jetzt, was das bedeutet: Krieg!« Drei Tage später, am 27. Januar, im Bezirk Wehlau auf dem Weg nach Königsberg, entsetzte ihn der Anblick einer ermordeten Frau mit ihren zwei Kindern. Wie seine Tagebuchaufzeichnung zeigen, dachte er an diesem Tag über die vielen Leichen ermordeter Zivilisten nach, die er auf den Straßen gesehen hatte. Unabsichtlich verlieh er seiner Beunruhigung Ausdruck, indem er im Passiv weiterschrieb, als er eine abstrakte Rechtfertigung suchte: »Es muß nur an Majdanek und die Theorie vom Übermenschen gedacht werden, um zu verstehen, weshalb unsere Soldaten mit Befriedigung Ostpreußen in diesen Zustand versetzen. Gewiß, es ist unwahrscheinlich grausam, die Kinder zu töten, aber die deutsche Kaltblütigkeit in Majdanek ist hundertmal schlimmer gewesen.«[33]

Auf dem Gut Hohendorf im Bezirk Königsberg kam der Befehl zur Evakuierung in der Nacht des 20. Januar. Der Lehrer, der jetzt als »Hauptmann« angesprochen werden wollte, befahl den Kindern, ihre Schulbücher mitzunehmen; die Eltern hingegen wollten, daß sie die Ranzen leerten und nur Kleider und Bettzeug mitnähmen. Charlotte Kuhlmann und ihre Geschwister packten heimlich noch einige Spielsachen ein, und Charlotte nahm ihre Puppe mit. Sie zogen die wärmsten Sonntagskleider an, banden die Kühe los und machten sich auf den Weg. Zum Muhen der Kühe sang das Kindermädchen die Lieder, das es während ihrer Ausbildung in Schlesien gelernt hatte. Am Gasthof des Dorfes wurden drei der Kinder auf einen Wagen gesetzt, die zwei vierzehnjährigen Jungen sollten einen Handwagen ziehen und eines der Mädchen fuhr auf dem Fahrrad. Der Rest der großen Familie wurde auf verschiedene Wagen verteilt. Wie viele andere Dörfer in dieser feudalsten preußischen Provinz rückte die Gemeinde zu einer kollektiven Anstrengung zusammen, häufig angeführt von dem alten Gutsherrn und noch häufiger von seiner Frau.[34]

9. Treck und Todesmarsch

Als die Kuhlmanns eine Woche später erschöpft, durchnäßt und durchfroren die Weichsel erreichten, mußte ihr Treck die Karren über den vereisten Fluß schaffen; die Wehrmacht hatte die Brücke in der Deutschordensritterstadt Marienwerder dem Militärverkehr vorbehalten. In der Nacht des 28. Januars war Charlotte gerade an der Reihe, die schwindenden Vorräte zu bewachen, als sie in der Nähe eine junge Frau aus ihrem Dorf sah, die auf den Karren wartete. Sie hatte ihr Neugeborenes in einem Bündel in ihren Armen und stand bewegungslos da, mit gefrorenen Tränen auf ihren Wangen, die wie Perlen schimmerten. Charlotte wagte nicht, zu ihr hinzugehen, sie hatte plötzlich Angst, das Neugeborene könnte tot sein.

Es war einer der wenigen Trecks, der über Land aus Ostpreußen herauskam. Denn am 20. Januar stießen die Sowjets von Süden her entlang der Weichsel auf das Frische Haff zu, in der Absicht, Ostpreußen einzukreisen und so von Danzig und Ostpommern im Westen abzuschneiden. Nach Nordwesten vordringend, stürmte Oslikovskys 3. Gardekavalleriekorps am 21. Januar Allenstein und überrumpelte sowohl die Stadtbewohner als auch die Wehrmacht. Dasselbe geschah in Osterode, wo viele der vierhunderttausend abgeschnittenen Ostpreußen, die noch nicht weiter nach Westen geflohen waren, in der Falle saßen. Nachdem die Rote Armee den Verteidigungsgürtel durchbrochen hatte, konnte sie auf kürzestem Wege die Küste erreichen. Beim Vorstoß durch Preußisch Holland fuhr Hauptmann Dyachenko am 23. Januar mit seiner Spitzengruppe von sieben Panzern mit aufgeblendeten Scheinwerfern in Elbing geradewegs durch den Abendverkehr an Straßenbahnen und Fußgängern vorbei, von denen einige die Fahrzeuge für eine deutsche Übungseinheit hielten. Als der Rest hinter der Sturmspitze ankam, hatten sich die Verteidiger Elbings von der Überraschung erholt; die Panzer mußten jetzt östlich der Stadt abschwenken und stellten erst am nächsten Morgen in Tolkemit am Frischen Haff die Verbindung mit Dyachenko wieder her.[35]

Hermann Fischers Treck aus dem Bezirk Mohrungen wandte sich nach Nordosten und versuchte das Heilsberger Dreieck zu erreichen, wurde aber am 24. Januar von der Roten Armee überrollt. Selbst nachdem der Kreisleiter überredet werden konnte, sein Parteiabzeichen im Abfall zu vergraben, wurden Fischer und seine Frau mit vorgehaltener Waffe an eine Mauer gestellt und nur dank der Intervention einer polnischen Bauernmagd gerettet. In dieser Nacht vergewaltigte eine ganze sowjetische Panzereinheit ein einziges Mädchen; es dauerte dreizehn Stunden lang. Einen Monat lang versuchten Fischer und zwei seiner Nachbarn, ihre drei Töchter heil durchzubringen, indem sie sie im Wald versteckten. Aber am 25. Februar wurde er beobachtet, als er in den Wald ging, und am nächsten Tag kamen, nach einem Monat in extremer Kälte und unter Hunger, die zwei jungen Anfang zwanzigjährigen Frauen und das dreizehnjährige Mädchen aus ihren Verstecken hervor. Die dreizehnjährige Gerda hatte das Glück, daß man sie zur Arbeit für die Russen wegschickte, die beiden älteren, Elise und Trude, jedoch verschwanden spurlos. Hermann Fischer, der auf dem Hof zurückblieb, auf dem er überrascht und dessen Besitzer vor seinen Augen erschossen worden war, sah, wie eine ganze Lebensweise direkt vor ihm der Zerstörung anheimfiel. Er sah, wie die meisten anderen Männer, die Frauen und jungen Mädchen zur Arbeit in die Sowjetunion abtransportiert wurden, und er sah die Trümmer wiederholter Plünderungen in den verlassenen Häusern herumliegen oder wie sie vom Winterwind verweht wurden.[36]

Soldaten der Roten Armee wollten nicht nur Deutsche töten. Obwohl es strikt untersagt war, wollten viele von ihnen deutsche Militärmützen, Jacken und Stiefel aus den Häusern, die sie plünderten. Während die Deutschen diese nicht schnell genug loswerden konnten, zogen die jungen Offiziere und Soldaten der Roten Armee sie mit größtem Vergnügen an, trotz der daraus entstehenden Mißverständnisse, die zur Folge hatten, daß Angehörige der Roten Armee aufeinander schossen. Es war, als ob sie in der Euphorie über die Bezwingung des einstmals unbesiegbar scheinenden Gegners ihre Körper mit dem bekleiden müßten, was sie früher am meisten gefürchtet hatten. Ein toter Sowjetsoldat wurde gefunden, der von Kopf bis Fuß mit einer Parteiuniform der NSDAP bekleidet war.[37]

Es gab jetzt nur noch zwei Wege aus Ostpreußen heraus. Flüchtlinge aus den nördlichen Bezirken flohen nach Königsberg und auf die Halbinsel Samland in der Hoffnung, von Pillau über das Meer wegzukommen. Diejenigen aus dem Südosten und den zentralen Bezirken machten sich zum Frischen Haff auf und versuchten, über das Eis nach Kahlberg, einem kleinen Sommerkurort auf der schmalen, langen Landzunge der Frischen Nehrung zu gelangen, die das Frische Haff von der offenen Ostsee trennt. Von Kahlberg nahmen sie die Straße entlang den Sanddünen der Nehrung zu den Bernsteinablagerungen an der Weichselmündung. Auf dem Weg nach Danzig und Gdingen und von dort nach Ostpommern kamen sie am Konzentrationslager Stutthof vorbei.

Bedrängt von Tieffliegern und von den Nachrichten über den sowjetischen Vormarsch angetrieben, stießen in einer Enklave am südlichen Rand des Frischen Haff bei Heiligenbeil Hunderttausende Flüchtlinge zu den Resten der dreiundzwanzig deutschen Divisionen. Seit Ende Januar hielt die Wehrmacht diesen Kessel, der nicht mehr als zwanzig Kilometer Durchmesser hatte. Bis das Eis Ende Februar zu schmelzen begann, machte sich Treck nach Treck auf, um von der Küste zwischen Heiligenbeil und Braunsberg über das Haff auf die Nehrung zu kommen. Weil sie in Reichweite der sowjetischen Artillerie waren, brachen sie in der Nacht auf, wobei die Bauern ihre Karren hintereinander über gelegentlich mit Fackeln markierte Wege und da, wo das Eis aufgebrochen war, über improvisierte Brücken führten. Lore Ehrich, die am 12. Februar mit ihren beiden kleinen Kindern übersetzte, verdankte den SA-Männern in Braunsberg, daß sie mitgenommen wurde, da diese die Bauern mit gezogener Pistole gezwungen hatten, Flüchtlinge zu Fuß auf ihren Fuhrwerken mitzunehmen. Nach der ersten halben Stunde auf dem Eis brach sich das Fohlen, das neben dem Wagen herlief, zwei Beine und mußte zurückgelassen werden. Später stürzte eines der beiden Zugpferde im Dunkeln in ein Eisloch. Zitternd vor Angst, sein Pferd – und damit möglicherweise den Großteil seiner Habe – zu verlieren, befreite es der Bauer vorsichtig mit der Axt aus dem Eis. Das Eis hatte angefangen zu tauen und einzubrechen, und während sie warteten, merkten sie, daß der Pegel des Tauwassers auf dem Eis langsam stieg. Im Schein der in weiten Abständen leuchtenden Fackeln sahen die langsam sich vorwärts bewegenden Trecks aus wie Leichenzüge. Als die alles durchdringende Kälte ihr durch Mark und Bein kroch, versuchte Frau Ehrich, ihren Blick nur noch auf den breiten Rücken des Bauern vor ihr zu heften.[38]

Im Morgenlicht sah man die Trümmer des Trecks, die zusammengebrochenen Wagen und Karren und die Menschen, die sich daraus befreit hatten und sich über das Eis schleppten. Verwundete Soldaten lagen, Wind und Schnee ausgesetzt, auf Heuwagen. In der Nacht zog der Treck von Frau Ehrich weiter, und das Krachen des Eises hallte unheilvoll durch die Stille des Haffs. Die Kinder, erschöpft von der Kälte, waren still geworden. Als sie Kahlberg erreichten, wollten sie nicht mehr vom Wagen heruntersteigen. Die zwei Jungen hatten die »Landstraßenkrankheit«, das heißt chronischen Durchfall. Mehr noch von Durst als von Hunger gequält, machte sich Frau Ehrich auf einen hoffnungslosen Gang durch den Hafen und durch die Büros des Kreisleiters, wo sie nur auf Zorn und Enttäuschung anderer Flüchtlinge traf. Wegen der Typhusgefahr durfte das Wasser nicht getrunken werden. Sie kehrte zum Treck zurück, der sich jetzt langsam auf der schmalen, morastigen Straße der Nehrung vorwärtsquälte, in deren Löcher die Wagen vor ihnen immer wieder hineinkrachten und umstürzten. Die ganze Kolonne dahinter mußte dann anhalten und warten, bis die beschädigten Räder wieder instandgesetzt und die Ladungen wieder aufgepackt waren. Die Soldaten, an denen sie vorbeikamen, konnten ihnen kein Brot geben. An diesem ersten Tag seit Kahlberg schafften sie nicht mehr als knappe fünf Kilometer. Ihr Wagen mit Gummirädern, zwei Pferden und einem festen Verdeck war einer der stabilsten, aber die heiseren Rufe des Bauern, wenn er seine Pferde anzutreiben versuchte, verrieten, daß er Angst hatte, es könnte ihm wie denen ergehen, die Wagen und Habe zurücklassen mußten. Als sie an noch weiteren Wracks vorbeikamen, sahen sie, daß alte Leute und Mütter mit kleinen Kindern neben den toten Pferden lagen.

Zu ihrer Rechten war die Militärstraße und der Windschutz der Nadelbäume, der sie vor dem Wind von der Ostsee schützte; zur Linken das glänzende Eis des Frischen Haffs, über das ab und zu Artilleriefeuer kam. Während einem der langen Halte an der Straße wurden Tausende von russischen Kriegsgefangenen vorbeigeführt. Frau Ehrich sah, wie manche von ihnen zu den toten Pferden gingen und Streifen von Fleisch abschnitten, das sie roh aßen. Auch wenn sie Mitleid mit ihnen hatte, so überwog doch die Angst, sie könnten ihre Wachen überwältigen und über den Treck herfallen. Aber nichts geschah, und schon bald erreichten sie das Ende der Straße auf der Nehrung. Als sie in der riesigen Anlage des Lagers Stutthof ankamen, verließ sie den Bauern und merkte auf einmal, daß sie jetzt ohne jede Hilfe war. Niemand wollte sich über Stunden für sie in die Schlange stellen, bis Suppe und Brot verteilt waren, und sie konnte ihre Kinder nicht allein auf dem Stroh liegen lassen. Während sie versuchte, andere auf ihre Notlage aufmerksam zu machen, wurden ihr Gepäck und ihre Handtasche mit all ihrem Schmuck, Sparbüchern und Geld gestohlen. Dank der Hilfe eines SS-Offiziers, eines Polizisten und eines Bahnbeamten kamen Frau Ehrich und ihre Kinder schließlich nach Danzig. Letztlich halfen auch hier persönliche Beziehungen und Bekannte, die ihren Namen auf der vom Flüchtlingslager zusammengestellten Liste der Angekommenen gelesen hatten und sich nun um sie kümmerten, bis sie drei Wochen später in der Lage waren, mit einem Schiff nach Dänemark weiterzureisen.

Dorothea Dangels Treck wurde von der alten Gutsbesitzerin aus ihrem Dorf bei Rastenburg aufs Eis hinausgeführt. Dorothea, die Tochter eines Holzfällers, war nicht mehr das zwölfjährige Mädchen, das im September 1939 mit seinem Vater Ärger bekam, weil es den Soldaten stundenlang Blumen zugeworfen hatte, als diese vorbeimarschierten. Auch nicht mehr die Sechzehnjährige, die eines Nachts von einem bis über die Ohren verliebten deutschen Soldaten verfolgt wurde, oder das Mädchen, das gerne die schwere, lederne Posttasche durch die Lindenallee des Dorfes trug, dem es aber schwerfiel, die bangen Blicke der Frauen und Mütter zu ertragen, denen es die telegrafische Nachricht »Gefallen« aushändigen mußte. Sie fror und hatte Angst, besonders als ihr Treck von einem Wehrmachtskonvoi, der die Straße benötigte, zurück auf das Eis der Nehrung gedrängt wurde. Dem Beschuß durch die sowjetischen Flugzeuge konnten sie nur nachts entgehen, doch gerade dann war es auf dem Eis am gefährlichsten. Als Dorothea im Dunkeln den Treck entlangging, um ihrer Familie Essen zu bringen, wurde sie von einer Frau angesprochen, die ein Kleinkind trug und sie um etwas zu Essen bat. Dorothea lehnte ab. Bei ihrer Familie angekommen, schämte sie sich sehr dafür, zumal diese in ihrer Abwesenheit schon aus einer Feldküche zu essen bekommen hatte.[39]

Über sechshunderttausend Menschen flohen über das Haff oder entlang der Nehrung nach Danzig, etwa zehn- bis zwölftausend flohen über die Nehrung in die andere Richtung, weg von Danzig Richtung Osten nach Neutief und gingen, nachdem sie ihre Pferde, Wagen und den Großteil ihres Besitzes zurückgelassen hatten, in Pillau an Bord eines der Schiffe, die seit dem 25. Januar Flüchtlinge von der Halbinsel Samland evakuierten. Diese Ostseite der Danziger Bucht war der letzte Teil Ostpreußens, der an die Sowjets fiel, und wurde noch gehalten, als Königsberg im April kapitulierte. Wenn Martin Bergau und andere Hitlerjungen des Volkssturms von Palmnicken auf Nachtpatrouille gingen, schossen sie in ihrem Übereifer häufig auf bewegte Schatten im Schnee, und sie begegneten auch Soldaten, die sich im Schutz der Dunkelheit nach Pillau davonmachten. Als Bergau sie aufforderte, zu bleiben und ihr Land mit ihnen zu verteidigen, erteilten sie dem Sechzehnjährigen eine Lektion, wie man überlebte: »Glaubst du, wir wollen uns hier noch nen kalten Arsch holen?«[40]

In der Nacht vom 26. auf den 27. Januar hörte Martin Bergau vor seinem Haus in Palmnicken Schüsse. Automatisch tat er, was er während seiner Ausbildung in der Flak-Einheit und im Volkssturm gelernt hatte: Er warf sich in die Kleider, ergriff sein Gewehr und rannte aus dem Haus. Er sah eine Frau, die versucht hatte, sich im Vorgarten zu verstecken, auf die Straße zurücklaufen, wo sie niedergeschossen wurde. Noch halb schlaftrunken konnte er die Umrisse einer langen Kolonne abgerissener Gestalten erkennen, die unter Schüssen die Straße entlanggetrieben wurden. Sein Vater zog ihn ins Haus zurück und warnte ihn davor, sich in einen Häftlingstransport einzumischen. Am nächsten Morgen fand er blutverkrustete gefrorene Kleiderfetzen am Gartentor. Den ganzen Weg entlang in die Stadt hatten einheimische Deutsche gesehen, wie Häftlinge mit Karabinerkolben zu Tode geschlagen wurden oder am Straßenrand im Schnee kniend von hinten den Genickschuß erhielten. Es waren KZ-Häftlinge, die aus den Arbeitslagern in Heiligenbeil, Gerdauen, Seerappen, Schippenbeil und Jesau, alles Außenlager des Konzentrationslagers Stutthof, auf den Marsch geschickt worden waren.[41]

Ungefähr neunzig Prozent dieser Gefangenen waren jüdische Frauen, Überlebende der Vernichtung der ungarischen Juden und des Ghettos von Lodz. Sie hatten sich, so gut es ging, ausgerüstet, indem sie Blecheimer und -schalen mit Telefonkabel um die Hüften gebunden hatten; aber sie trugen Sommerkleidung, und ihre Füße waren mit Lappen umwickelt oder steckten in Holzschuhen, die im tiefen Schnee steckenblieben. Ohne klaren Marschbefehl und ohne Ziel, ohne Verpflegung oder Unterkunft trieben die SS-Leute und die russischen Hilfskräfte sie im Schnellschritt weiter, und wer nicht mitkam, wurde kurzerhand erschossen. Als die Rote Armee im April im Wald von Ellerhaus in der Nähe von Germau ein Massengrab aushob, fand sie verlauste und ausgemergelte Leichen, obwohl einige noch ein Stück Fisch, Kartoffeln und – wie die russischen Gefangenen, die Frau Ehrich auf der Straße der Nehrung gesehen hatte – Rüben in der Tasche hatten.

Nur die Hälfte der fünftausend Häftlinge, die von Königsberg aufgebrochen waren, schaffte es bis Palmnicken. Dort wurden sie in einer still-
gelegten Fabrik zusammengepfercht und erhielten auf Geheiß des örtlichen Volkssturmkommandanten zu essen. Vier Tage später wurden sie
in der Nacht an die Küste geführt, auf das Eis hinausgetrieben und mit
Maschinenpistolen niedergemacht. Die Täter waren nicht nur SS- und
Gestapo-Leute, die ihre Gefangenen loswerden und die eigene Haut retten wollten, sondern auch Angehörige des Volkssturms und der Hitlerjugend. Als Martin Bergau im Februar an der Küste entlangritt, erblickte
er aufgedunsene Leichen, die das Eis freigegeben hatte und die an den
Strand gespült worden waren. Angeekelt lenkte er sein Pferd weg. Er hatte
bereits Wache stehen müssen, als einige der zweihundert Frauen, die dem
Massaker entkommen waren, erschossen wurden. Die einzigen Namen
der Mörder unter seinen Kameraden aus der Hitlerjugend, die zu nennen er ein halbes Jahrhundert später doch über sich brachte, waren zwei
Jungen, die später in Palmnicken starben. Dennoch hatte Martin Bergau
genau beobachtet, wie die knienden Frauen exekutiert wurden und wie
professionell die SS-Männer die Magazine wechselten.[42]

Einigen wenigen Frauen, die das Massaker überlebt hatten, gelang es,
Einheimische zu finden, die sie versteckten. Dora Hauptmann entkam
mit einer Wunde an der Hand, klopfte an einer Türe und fand eine Familie, die sie eine Zeitlang versteckte. Doch da die neun Divisionen auf der
Halbinsel Samland dem Gegner weiterhin standhielten, mußte sie weiterziehen. Eine Schar Kinder umkreiste bald die benommene und erschöpfte
Frau auf dem Hexentanzplatz und rief: »Wir haben eine, wir haben eine!«
,bis eine energische Frau, Bertha Pulver, es in die Hand nahm, sie den
Behörden zu übergeben. In Wirklichkeit nahm Pulver Dora Hauptmann
mit nach Hause, rief den Arzt an und ließ sich sagen, wie man eine verwundete Hand säubert und pflegt. Trotz mindestens zwei einschüchtern-
den Befragungen versteckte Bertha Pulver Dora Hauptmann weiter, bis
die Sowjets Palmnicken am 15. April einnahmen.[43]

Als die Rote Armee im Februar auf die Halbinsel Samland vorstieß,
meldete eine NKWD-Einheit den Fund der ersten Massengräber. Andere
Soldaten der Roten Armee waren mehr vom Wohlstand in Samland beeindruckt. Einer schrieb seiner Frau nach Hause: »Die Leute wohnen hier gut.
Obwohl der Boden sandig ist, leben sie besser als wir. Wenn du in ein Haus

reingehst, weißt du nicht, auf was du zuerst schauen sollst. So viele schöne Sachen findest du hier vor. Fast ein jeder Hausherr hat ein Klavier.« Und fügte zur Information noch an: »So etwas, worauf man spielt.« Mittlerweile war Yuri Uspensky immer mehr von der Gewalttätigkeit der eigenen Seite abgestoßen. Am 2. Februar mochte er sie nicht mehr länger mit dem Hinweis auf die deutsche Besetzung von Smolensk oder die Greueltaten von Majdanek rechtfertigen: »Ich hasse Hitler und das Hitler-Deutschland von ganzem Herzen, aber dieser Haß rechtfertigt nicht solches Vorgehen. Wir rächen uns, aber nicht so«, machte er seinem Unmut Luft. Am 7. Februar war er im Dorf Kraussen und sah, wie ein Soldat eine Frau und ihren Säugling erschoß, weil sie sich geweigert hatte, mit ihm zu schlafen. Mitte Februar unternahmen die neun Divisionen der Wehrmacht, die auf der Halbinsel Samland eingeschlossen waren, einen Gegenangriff, schlugen die sowjetischen Truppen zurück und öffneten den Durchgang wieder, der Königsberg mit Pillau und der Ostsee verband. In Methgethen fanden sie weitere Beweise für die Greueltaten der Roten Armee. Am 19. Februar fiel Yuri Uspensky in den Kämpfen bei Kragau.[44]

Zum Glück für Martin Bergau mußte er nicht bleiben und die kläglichen hölzernen Barrikaden auf den Straßen nach Palmnicken verteidigen, die zu errichten er mitgeholfen hatte. Ende Februar erhielten er und andere Jungen des Jahrgangs 1928 den Befehl, sich nach Westen zu begeben. Sie hatten eine äußerst rauhe Überfahrt von Pillau nach Danzig, als die Brecher von der offenen See in die Bucht rollten. Eine Frau war auf der Überfahrt so verängstigt, daß sie anfing zu stammeln, sie sei die Kaiserin von China. Nach der Eisenbahnfahrt von Danzig nach Stettin stellte Martin Bergau fest, daß niemand seine Gruppe erwartete. Da er keine Verwandten im Westen hatte, überredete er die Besatzung eines SS-Zugs, ihn mit nach Danzig zurückzunehmen in der Hoffnung, wieder nach Pillau überzusetzen und den Kampf um die siegreiche Verteidigung seines Vaterlandes aufzunehmen. Ohne Zweifel hoffte er auch, wieder in den Besitz seines geheimen Waffenlagers zu kommen, das er unter dem Fußboden des Gartenhäuschens versteckt hatte, ein romantischer Zug, der seinen Vater beinahe das Leben kosten sollte, als im Frühling ein Pferd der Roten Armee durch die morschen Bretter trat.[45]

Just zu dieser Zeit ging die seltsame Stille, die im Februar entlang der Ostseeküste von Danzig bis Stettin geherrscht hatte, zu Ende. Während annähernd eine Million Flüchtlinge – von denen achthunderttausend aus Ostpreußen kamen – herbeiströmten, hatte die Wehrmacht gut hundert Kilometer landeinwärts die Hauptkampflinie stabilisiert, die durch Graudenz, Zempelburg, Märkisch Friedland, Stargard und Pyritz bis an die Oder verlief und über die Sowjetarmeen im Süden hinausragte. Mehr als die Hälfte der Flüchtlinge blieben in diesem Teil von Ostpommern; auch die einheimische Bevölkerung blieb. Die lokalen Zivil- und Militärbehörden mochten zwar Druck auf sie ausgeübt haben, aber sie glaubten offensichtlich immer noch, daß die Linie gehalten werden könnte.[46]

Anfang März griffen Schukows und Rokossowskijs Truppen von Süden an, trennten Pommern in zwei Teile und bogen dann nach Westen an die Oder ab, bevor sie sich wieder ostwärts Richtung Gdingen und Danzig wandten. Da die deutschen Truppen und Flüchtlinge im Osten nach Danzig, im Westen nach Kolberg flohen, bestand die Provinz bald nur noch aus einer Reihe von Kesseln entlang der Ostsee, von denen einer nach dem anderen zerschlagen wurde. Bald wurden noch einmal Pferdefuhrwerke auf überfüllten winterlichen Straßen von bewaffneten Kolonnen überholt. In den ersten Märzwochen wurde eine große Anzahl ostpreußischer, westpreußischer und pommerscher Trecks auf dem Weg nach Danzig im Gebiet von Stolp überrollt. Da gab es kein Mitleid, auch nicht mit KLV-Kindern. Der dreizehnjährige Herbert Hagener wurde im Hafen von Rügenwalde aus einem Boot gedrängt, um einem Einheimischen Platz zu machen. Man sagte ihm, da niemand die KLV-Kinder gebeten habe, in den Osten zu kommen, könne er jetzt selbst sehen, wie er seinen Weg nach Hause finde. Andere Jungen aus Hagen entschlossen sich, nach Hause zurückzukehren und nicht zu bleiben, um für einen Teil Deutschlands zu kämpfen, der nicht ihre Heimat war. Am 10. März war fast ganz Ostpommern von den Sowjets besetzt.[47]

Zwischen Ende Januar und Ende April wurden etwa neunhunderttausend Menschen aus der Danziger Bucht und den ostpommerschen Häfen über die Ostsee evakuiert. Das kleine Fischerdorf Hela auf der schmalen Landzunge, die die Bucht vom offenen Meer trennte, diente am Ende des Kriegs noch lange als Ausfalltor in die Ostsee, weil es dank seiner isolierten Lage leicht zu verteidigen war, und obwohl die Truppen und die Flüchtlinge, die auf die Sandbank drängten, kaum Schutz vor Luftangriffen fanden. Die Gräben, die Martin Bergau im Sand auszuheben half, stürzten schnell wieder ein. Dennoch gelang es allein im April, nachdem die Häfen von Danzig und Gdingen besetzt waren, 387 000 Menschen, von hier wegzukommen. Martin Bergau war einer von ihnen, und seine zweite Flucht aus der Region Danzig unternahm er diesmal auf einem U-Boot in der blau-weißen Uniform eines Marinehelfers.[48]

Die meisten Deutschen waren vom Durchbruch der Roten Armee von der Weichsel bis zur Oder vollkommen verblüfft und tief bestürzt. So kurz nach der optimistischen Aufwallung über die Weihnachtsoffensive in den Ardennen dachten wenige, daß sie schon bald gegen die Besetzung des eigenen Landes kämpfen müßten. In den Ostgebieten hatten die meisten bis zum letzten Augenblick gewartet, bevor sie flohen, weil sie glaubten, was ihnen mitgeteilt wurde. Noch im Februar hatte die Bevölkerung Ostpommerns – und die Hälfte davon waren Flüchtlinge aus Ostpreußen – geglaubt, die neue Hauptkampflinie der Wehrmacht sei sicher, und so blieben sie, wo sie waren.

Als sich die Nachrichten vom Ende Ostpreußens und Ostpommerns verbreiteten, war die Ernüchterung über alles, was das Regime behauptet hatte, um so tiefer, gerade weil sie erst so spät einsetzte. In Hamburg fanden die verbitterten Flüchtlinge für ihre Berichte bereitwillige Zuhörer: Wie alle Parteibonzen, die der einheimischen Bevölkerung die Flucht verboten hatten, sich selbst davonmachten. Funktionäre in Parteiuniform wurden in den öffentlichen Verkehrsmitteln feindselig behandelt, und die Leute hatten die optimistischen Propagandareden satt. Selbst in regimetreuen Kreisen in Baden hieß es: »Man soll uns nicht immer sagen, daß wir den Krieg gewinnen werden, weil wir ihn gewinnen müssen, sondern man soll einmal aufzeigen, wie ihn die anderen noch verlieren können.« Anstatt die Flugblätter der Alliierten zu kritisieren, fielen die Leute nun über die eigene Presse her: »Das ganze Gerede der Presse von heroischem Widerstand, von der Stärke der deutschen Herzen, von einem Aufstehen des ganzen Volkes, das ganze zu leerer Phraseologie verbrauchte Pathos, insbesondere der Presse, wird verärgert und verächtlich beiseite gelegt.« Selbst der Glaube an den Führer begann zu wanken, doch war dies nichts, verglichen mit der Geringschätzung und Verachtung gegenüber dem Rest des Regimes.[49]

Die Menschen hatten gewußt, daß der Sieg in immer weitere Ferne gerückt war. Manche dachten zweifellos, daß Deutschland geschlagen war, andere, daß der Krieg sich hinziehen und in einer Pattsituation enden würde. Viele hofften noch immer, daß die Westalliierten mit Deutschland vielleicht einen Separatfrieden schließen oder sogar mit dem Reich als Verbündetem einen Feldzug gegen den Bolschewismus führen würden. Aber nur wenige hatten einen Zusammenbruch der Ostfront erwartet, und die Wirkung auf die öffentliche Meinung ließ nicht auf sich warten. In jenen Gegenden des Reichs, die sich entlang der Saar und am Rhein den Briten und Amerikanern gegenübersahen, nahm der Defätismus überhand. Ein neuer Gruß tauchte in den Städten auf, der den immer selteneren Hitlergruß ersetzte: »Bleib übrig!«, ein spöttischer Fatalismus, abgekürzt auf den Mauern einfach mit »BÜ«. Doch dies war nicht überall der Fall.[50]

Am 3. Februar erlebte Berlin den schwersten Bombenangriff des Kriegs. Dennoch, auch jetzt, mit weiteren dreitausend Toten nach einem einzigen Luftangriff, gab es immer noch diejenigen, die die alten Parolen wie eh und je wiederholt haben wollten: »Durchhalten, blödsinnigste aller Vokabeln«, wütete Ursula von Kardorff am Ende dieses langen Tages. »Also werden sie durchhalten, bis sie alle tot sind, eine andere Erlösung gibt es nicht.« Berichten der Wehrmacht zufolge drehte sich jede Unterhaltung in der Hauptstadt um die Ostfront, den Bombenterror, die fehlende Luftverteidigung und das Versprechen »neuer« Waffen. Die Leute trugen zusammen, was sie über die Versorgungssituation, den Kohlemangel und die Rüstungsindustrie erfuhren, und versuchten eine eigene Bewertung der Kriegslage. Sie gaben denen, die das Vertrauen des Führers mißbraucht hatten, die Schuld dafür, daß der Krieg so lange dauerte, und manche spekulierten sogar, daß er ohne diese vielleicht schon gewonnen wäre. Mehr als alles andere wollten die Berliner »positive Tatsachen« hören. Die Wehrmacht stellte durch ihre eigene Mundpropaganda-Aktion fest: »Jede Meldung, auch von nur kleinen Erfolgen, wirkt sich günstig aus. Trotzdem immer noch viele Leute so sprechen, als wäre der Krieg nicht mehr zu gewinnen, hegt man allgemein die Hoffnung auf eine Wendung zum Besseren.« So schwankten sie zwischen Furcht und Hoffnung, und obwohl sich die Nachricht verbreitete, das diplomatische Korps verlasse die Hauptstadt, konnten sich viele Frauen nicht entscheiden, ob ihre kleinen Kinder in der Stadt bleiben oder sie verlassen sollten.[51]

Im Sommer und Herbst 1944 hatte Goebbels den Nachruf auf das deutsche Volk verfasst. Er wandte sich wie Himmler, als dieser anläßlich des 131. Jahrestages der »Völkerschlacht« bei Leipzig den Volkssturm inspizierte, dem Krieg gegen Napoleon und der Vorstellung von einer allgemeinen Volkserhebung zu. Doch anders als Himmler wählte er eine historische Niederlage, um den Wert des Opfers für das Volk zu beleuchten. Teurer als jeder vorherige Farbfilm und mit Zehntausenden Soldaten, Seeleuten und Pferden als Statisten waren in Veit Harlans Film *Kolberg* unverwechselbare Züge von Goebbels'Mitautorschaft erkennbar. Die Belagerung von Kolberg 1807 endete mit einem Sieg der Franzosen. Aber der entscheidende Punkt in Harlans Film war, daß dort ein neuer Widerstandsgeist entstanden war. Der Kolberger Bürgermeister Nettelbeck überzeugte den preußischen Kommandanten General von Gneisenau, daß er eher in den Trümmern begraben sein wolle, als zu kapitulieren, und er erhob sich erst wieder von seinen Knien, als der legendäre preußische General antwortete: »So wollte ich es von ihnen hören, Nettelbeck. Jetzt können wir zusammen sterben.« Immer wieder beschwor der Film die Worte Theodor Körners, die Goebbels seinerseits auf dem Höhepunkt seiner Rede zum »totalen Krieg« im Februar 1943 gebraucht hatte: »Das Volk steht auf, der Sturm bricht los!« Symbolischerweise wurde die abgeschnittene Garnison in La Rochelle als Ort für die Uraufführung des Films am 30. Januar 1945 ausgewählt. Goebbels konnte ja nicht wissen, daß bis dahin eine Reihe preußischer Städte unter Belagerung stehen würden. Als Kolberg am 18. März kapitulierte – im Unterschied zu Königsberg, Posen und Breslau nach einer Belagerung von weniger als vierzehn Tagen –, beschwatzte Goebbels die Wehrmacht, die Nachricht in ihrem täglichen Bulletin zurückzuhalten, damit sie die Propagandawirkung des Films nicht beschädige. Auch wenn nur wenige Deutsche den Film je sehen konnten, war die zentrale Botschaft von Heldentum und Ehre durch Selbstaufopferung und Tod gut vorbereitet worden.[52]

Die deutsche Moral war nicht nur je nach Region, sondern immer mehr auch je nach Alter unterschiedlich. Anfang 1945 ging Ruth Reimann das Papier für ihr Tagebuch aus, und sie meinte, daß das Jugendstilalbum, das sie von ihrer Tante geschenkt bekommen hatte, viel zu kostbar wäre, um von ihren »alltäglichen« Backfischsorgen entweiht zu werden. Statt dessen klebte sie ein Foto des Führers, das ihn in einem visionären Moment in den Bergen zeigte, auf die Vorderseite und trug auf der gegenüberliegenden Seite die schönsten Verse, die sie kannte ein; Hermann Claudius' »Gebet«:

Herr Gott, steh dem Führer bei,
daß sein Werk das Deine sei,
daß Dein Werk das seine sei.
Herrgott steh dem Führer bei.
Herrgott steh uns allen bei,
daß sein Werk das Unsre sei.
Unser Werk das seine sei.
Herrgott steh uns allen bei.[53]

Nationalsozialistische Wertvorstellungen, die die Polarisierung von Gut und Böse und die Aufforderung zu Treue, Glauben und Selbstaufopferung beinhalteten, hatten immer eine besondere Faszination auf Heranwachsende ausgeübt. Während sie sich gegen künftige Luftangriffe gewappnet hatte, war Liselotte Günzel im Januar 1944 von ihrem sozialdemokratischen Vater gezwungen worden, der Wahrscheinlichkeit einer Niederlage ins Auge zu sehen. Doch das Ideal einer gotischen Selbstaufopferung bot ihr eine Alternative:

»›Gilt es nicht mehr den Sieg, so gilt es doch die Ehre‹, rief Teja den untergehend noch kämpfenden Ostgoten zu. Kann man nicht doch den Feinden Deutschlands zurufen: Ihr könnt mich morden, aber töten könnt ihr mich nicht, denn ich bin ewig!«[54]

Im Januar 1944 verlangte niemand von Liselotte, dies auf die Probe zu stellen. Statt dessen wurde sie nach Sachsen evakuiert. Dank des Systems, ganze Schulen zu evakuieren, gehörte sie zu der Altersgruppe, die am besten vor dem Krieg geschützt wurde. Anders als die Kinder unter zehn Jahren mußten diese Kinder nicht zu Pflegefamilien in Dörfern, sondern übernahmen mit ihren Klassenkameraden Schlösser und Klöster; sie waren geschützt und vertieften so das Gefühl, einer Gruppe Auserwählter anzugehören, was von der Hitlerjugend stets gefördert wurde. Obwohl einige von ihnen im Osten steckenblieben, wurde ihnen bei der Reevakuierung nach Westen oft von Freiwilligen der Parteiorganisationen geholfen, die für die allgemeine Flut der Flüchtlinge nicht viel tun konnten. Durch die Solidarität in ihren KLV-Lagern vom Krieg abgeschirmt, glaubten viele Jugendliche weiterhin an das Versprechen vom »Endsieg« und sahen auch nach dem Chaos, dessen Zeugen sie im Januar und Februar 1945 wurden, Deutschland immer noch als ein Volk und nicht als eine lose Ansammlung von Dörfern und Familiennetzwerken, auf die so viele auf der Flucht zurückgreifen mußten.

Viele Jugendliche waren weiterhin für die Botschaften des Regimes empfänglich. In *Kolberg* projizierten Goebbels und Veit Harlan die für die nationale Wiedergeburt notwendigen heldenhaften Tugenden auf die Figur der Königin Luise von Preußen. Obwohl nur wenige Jugendliche den Film gesehen hatten, eiferten viele Mädchen, die mit Luises Geschichte von Mut und Opfersinn aufgewachsen waren, ganz spontan diesem Beispiel nach. Ruth Reimann, wie es einem guten Mitglied des Bundes Deutscher Mädel in Burg an der Elbe geziemte, wählte diesen Zeitpunkt, um die Worte der Königin in ihr Album einzutragen:

»Deutschland ist mir das Heiligste, das ich kenne. Deutschland ist meine Seele. Es ist, was ich bin und haben muß, um glücklich zu sein. [...] Wenn Deutschland stirbt, so sterbe ich auch.«[55]

10. Das letzte Aufgebot

Während der Schlachten um die Ostgebiete hatte man die Hitlerjungen-
bataillone im allgemeinen in Reserve gehalten. Das änderte sich nun. Die
bei Küstrin an der Oder stehenden Divisionen der Roten Armee trennten
nur noch achtzig Autobahnkilometer von Berlin. Im April 1945 verfügte
Hitler persönlich, sechstausend Berliner Hitlerjungen zur Verstärkung
auf die Seelower Höhen zu bringen, wo sie Schukows Truppen am anderen Ufer der Oder gegenüberlagen. Hitler und sein Regime zeigten nun,
welche Aussichten sie denen zu bieten hatten, die so lange als die Zukunft
des Volkes gefeiert wurden: den Tod.

Die Nationalsozialisten hatten den Heldentod schon immer beschworen. Filme wie Hans Steinhoffs 1933 produzierter *Hitlerjunge Quex* ver-
herrlichten den Tod eines Jungen für die Sache. 1934 verschob das Regime
den wichtigsten Gedenktag an den Ersten Weltkrieg vom Herbst in den
Frühling und nannte ihn nun »Heldengedenktag«, um das »Blutopfer«
zu einem für die nationale Wiedergeburt grundlegenden Fruchtbarkeits-
ritual umzudeuten. Der Krieg hatte die Gesellschaft mit der Vorstellung
des Heldenopfers durchtränkt. Millionen Familien mußten Todesanzeigen für ihre Gefallenen schreiben. Viele entschieden sich für die vom
Regime empfohlene Formulierung: »Für Führer, Volk und Vaterland«
Andere wiederum brachten eine gewisse Distanz zum Regime oder ihre
Zugehörigkeit zu einer der Kirchen zum Ausdruck, indem sie Gott oder
das Volk vor den Führer stellten oder gar jeden Hinweis auf Hitler weg-
ließen. Aber auch die konservativen und christlichen deutschen Traditionen hatten das Ihre dazu beigetragen, ihre Anhänger im Lauf von zwei
Weltkriegen im Ertragen von Opfern zu erziehen. Am Ende der zwanziger Jahre gab es keinen Mangel an Veteranenverbänden und Gruppen,
die »Treue um Treue, Glauben um Glauben, Opfergeist um Opfergeist«
pflegten. Im März 1943 wollte Marianne Peyinghaus ein Ehepaar trösten,
das vor kurzem seinen einzigen, neunzehnjährigen Sohn verloren hatte,

einen HJ-Führer, der eines Tages die Baufirma seines Vaters übernehmen sollte. Die Mutter sagte nur ganz ruhig zu Marianne: »Das Vaterland darf jedes Opfer fordern.« Als sie weinten, sah Marianne, daß sie in diesem Glauben einen Sinn für ihre Seelenpein zu finden suchten.[1]

Als die Hitlerjugend im Oktober 1944 zum Volkssturm eingezogen wurde, wurden die Eltern nicht nach ihrem Einverständnis gefragt. Im Gegensatz zur Evakuierung aufs Land war dies nun nicht mehr freiwillig. Ende 1944 wurden Eltern gesetzliche Konsequenzen angedroht, sollten sich ihre Söhne nicht melden. Viele Familien müssen der Einberufung ihrer halbwüchsigen Söhne mit Entsetzen entgegengesehen haben, aber nur wenige versuchten, sie am Weggehen zu hindern. Während der Schlacht um Berlin übernachteten manche der jungen Kämpfer zu Hause und kehrten am anderen Morgen mit einem Mittagessen von der Mutter in den Kampf zurück. Durch den Drill der Hitlerjugend, durch Feldübungen, Hilfsarbeiten in den zerbombten Städten und die Einberufung zur Flak hatten sich die Familien allmählich an die Vorstellung diensttuender Jugendlicher gewöhnt; mehr als 100 000 hatten bereits ihren Dienst getan. Im August 1944 ließ der Reichsjugendführer Arthur Axmann einen Aufruf an alle Jungen des Jahrgangs 1928 ergehen, sich freiwillig bei der Wehrmacht zu melden. Und da dies ganze HJ-Verbände geschlossen taten, hatten sich innerhalb von sechs Wochen siebzig Prozent des Jahrgangs eingetragen, ohne daß sie gezwungen werden mußten. Das »letzte Aufgebot« im Oktober 1944 brachte die inneren Widersprüche des Nationalsozialismus an einen kritischen Punkt.[2]

Das NS-Regime hatte sich als Beschützer der deutschen Jugend aufgespielt. Es hatte seine Forderungen nach Reinigung des Volkskörpers, seine Aufforderung zum Kampf für mehr »Lebensraum« und gegen die »jüdisch-bolschewistischen Kräfte« damit gerechtfertigt, daß Deutschland für die kommende Generation, die Zukunft der Volksrasse, gesichert werde. Das war die Begründung für die Sommerlager der Hitlerjugend und die Evakuierung der Kinder aus den von den Luftangriffen bedrohten Städten; und das war die Rechtfertigung dafür, die Mittel für die »unerziehbaren« jungen Delinquenten abzuziehen, die »schwachsinnigen« Mädchen sterilisieren zu lassen und die Juden zu deportieren. Nun wurde genau diese Jugend, in deren Namen das Regime seine Zukunftsvision betrieb, für seine Verteidigung geopfert. Für die nachfolgende Generation blieb die Vernichtung der Hitlerjugend in den letzten Wochen des Krieges von grundsätzlicher Bedeutung, da sie von nun an für die Manipulation der ganzen Gesellschaft und für den Verrat an ihr durch die Nationalsozialisten stand. Doch damals betrachteten viele junge Kämpfer die Dinge anders und sahen sich in der stolzen Tradition der Freiwilligen unter den deutschen Studenten von 1914. Und wie bei jener dem Untergang geweihten Generation war es nicht nur die offizielle Propaganda, die sie zu diesem Opfer trieb; auf diese Rolle hatten sie sich selbst vorbereitet.[3]

Im Januar 1945 war Werner Kolb sechzehn Jahre alt geworden, und die Nachrichten vom sowjetischen Durchbruch in Polen ließen ihn ungeduldig auf seinen Einsatz an der Front warten, während er sich auf einem unbedeutenden Luftstützpunkt in Immenbeck langweilte. Im Moment konnte er sich nur wehmütig seinem Tagebuch anvertrauen: »Keinem hab ich von meinem Wunsch erzählt, aber die Sehnsucht danach lebt in mir. Jeder hat geheime Sehnsüchte, nach einem lieben Mädchen, nach einem Geheimnis anderer Art. Dies ist meiner – irgendwo, an irgendeiner Front mitzukämpfen in diesem großen Krieg, für dich Führer, und für meine Heimat ...« Zehn Tage später wurde er »belohnt«: Seine Kompanie von Luftwaffenhelfern wurde von Mädchen, die ihren Reichsarbeitsdienst taten, abgelöst. Als die Mädchen Uniformen bekamen und Hilfsdienste übernahmen, damit die Jungen die Ränge des Volkssturms auffüllen konnten, legten sie ihren Eid ab und schworen in einer nationalistischen Feier, die einer religiösen Weihe glich, treu zum Führer zu stehen. Nachdem die Versammlungen vorbei waren, wurde die Realität behelfsmäßiger und prosaischer. Im Februar 1945, zwei Monate vor seinem sechzehnten Geburtstag, wurde Hugo Stehkämpfer im Rheinland zum Volkssturm eingezogen. Dort erhielten die Jungen alte schwarze SS-Uniformen, braune Mäntel der »Organisation Todt«, blaue Mützen der Luftwaffenhelfer und – für Fünfzehnjährige, die zeigen wollten, was sie für das Vaterland leisten konnten, besonders ärgerlich – französische Stahlhelme. Um auf keinen Fall als Partisanen erschossen zu werden, trugen diese Teilzeitsoldaten lieber irgendeine Uniform, als daß sie nur mit einer Armbinde über ihrer Zivilkleidung herumliefen. Im ganzen Land wurde hektisch nach Uniformen und Ausrüstungsstücken gesucht, um den Volkssturm wie echte Soldaten aussehen zu lassen. Die Lager der

Wehrmacht, der Polizei, der Eisenbahn, der Grenzwachen, der Post, der SA, der nationalsozialistischen Kraftfahrer, des Reichsarbeitsdienstes, der SS, der HJ und der Deutschen Arbeitsfront bis hin zu denen der Zoowärter und der Straßenbahnschaffner wurden auf der Suche nach Uniformen für den Volkssturm auf den Kopf gestellt.[4]

Doch es gab herzlich wenig Ausrüstung oder Ausbildung zu holen. Das Aufgebot war einfach zu groß. Angesichts einer Wehrmacht, der im Oktober 1944 714 000 Gewehre fehlten und die bei einem monatlichen Ausstoß von 186 000 Infanteriekarabinern selbst unterversorgt war, war nicht daran zu denken, auch noch eine Volksmiliz vollständig mit Waffen auszurüsten. Ende Januar 1945 war es dem Volkssturm gelungen, gerade einmal 40 500 Gewehre und 2900 Maschinengewehre in sein zentrales Waffendepot zu bringen, ein bunter Haufen meist ausländischer und veralteter Waffen, für die oft kaum passende Munition vorhanden war. Es gab auch zu wenig erfahrene Ausbilder. Die meisten Männer mittleren Alters erhielten nicht mehr als zehn bis vierzehn Tage Gesamtausbildung. Das Hauptgewicht lag auf Improvisation. Weitgehend wurden 2 cm-Vierlingsflakgeschütze für den Infanteriegebrauch umgebaut, Maschinengewehre aus Flugzeugen auf Dreifußgestelle montiert, und selbst Leuchtpistolen wurden so umgebaut, daß man mit ihnen Granaten abfeuern konnte.[5]

Ein Pressebericht zu den heldenhaften Taten der HJ in Ostpreußen schloß mit dem Satz: »Deutschland darf stolz sein auf diese seine kostbarste Wunderwaffe. Mit solcher Jugend müssen wir siegen.« Dennoch wurden die Jungen vom Volkssturm bis dahin noch weitgehend geschont. Obwohl die Hitlerjugend bei vielen Kämpfen in Ostpreußen, Schlesien und Pommern eine wichtige Rolle spielte, war es kein Zufall, daß Martin Bergau und sein Jahrgang 1928 von der Halbinsel Samland nach Westen evakuiert wurden. Es waren die älteren Männer, deren Leben man bei der Verteidigung Ostpreußens opferte: Mindestens zweihunderttausend wurden getötet, und die Anzahl Verwundeter belief sich auf mindestens achtzig Prozent. Das Aufgebot der Hitlerjugend wurde wertvoller eingeschätzt und sollte in Reserve gehalten werden, bis sie ordentlich ausgebildet waren und die Ränge der SS und der Wehrmacht auffüllen konnten.[6] Während Martin Bergau per Schiff von Danzig nach Westen gebracht wurde, marschierten seine Altersgenossen im Ruhrgebiet zu einem vom

Reichsarbeitsdienst geführten Lager in Lavesum in Westfalen. Da Heinz Müller und die anderen Jungen aus Duisburg bei der Hitlerjugend und in Wehrertüchtigungslagern geschult worden waren, hatten sie vor, den ungehobelten Bauernjungen in ihrer Gruppe zu zeigen, wie lässig sie waren. Sie schlurften den ganzen Weg über lässig daher und sangen Jazzstücke:

> Schwarz wie Kohle bis zur Sohle ist der Nigger Jim
> Seine beste weiße Weste trägt der Nigger Jim.
> Wie ein Tiger schleicht der Nigger in die nächste Bar.
> Er trank Whisky, immer wieder Whisky, bis er ganz besoffen war.[7]

Als die Jungen am Tor des Arbeitslagers ankamen, gab Heinz ein Tenorsolo. Nachdem der diensthabende Offizier seine neuen Rekruten mit gespielter Ehrerbietung begrüßt hatte, befahl er ihnen, sich bäuchlings auf den schlammigen Boden zu legen und ließ sie Liegestütz machen. Um dem Befehl »Hinlegen!« Nachdruck zu verleihen und sicherzugehen, daß ihre Zivilkleider total verschmutzten, bevor sie mit abgetragenen Socken, Unterwäsche, Stiefeln und Arbeitsdienstuniformen ausgestattet wurden, drückte er seinen Stiefel in den Rücken der Jungen. Es spielte kaum eine Rolle, unter wessen Schirmherrschaft die Ausbildungslager standen, die Einführung in das Militärleben blieb stets dieselbe. Diejenigen, die aus einer Bürotätigkeit kamen und dem Ruf nach Freiwilligen gefolgt waren, wurden zum Latrinenputzen geschickt, während der »Osterhase«, der ohne Karabiner zum Exerzieren antrat, zum Prügelknaben der Einheit wurde. In ihrer Freizeit malten sie sich ihr Lieblingsessen aus oder stritten bei den Mahlzeiten um Extraportionen Kartoffelpüree, und die Jungen aus dem Ruhrgebiet lernten schnell, ihre Tabakrationen gegen Teile der Freßpakete, die die Bauernjungen von zu Hause bekamen, einzutauschen. Heinz Müller, Sohn eines Kommunisten, der im Konzentrationslager saß, war ebenso erpicht darauf, sich für alle die Bombenangriffe, die er hatte durchmachen müssen, zu rächen.

Heinz war bald glücklicher denn je. Er schloß seine Grundausbildung am Maschinengewehr, an der Panzerfaust und im Umgang mit Handgranaten ab und lernte, den Karabiner 98k fest an die rechte Schulter zu drücken, um dem Rückschlag standzuhalten. Er fand sogar Zeit, sich zu verlieben. Da Heinz und sein Freund Gerd je ein Fahrrad gestellt bekommen hatten und jeden Abend zur Aufrechterhaltung der Verbindung mit einer Wehrmachteinheit ins nahegelegene Haltern losgeschickt wurden, waren sie vom normalen Dienst befreit. Heinz entwickelte schon bald ein System, wie Gerd für ihn einspringen konnte, während er ein Stelldichein mit einer Bauerntochter hatte, die er während eines Fliegeralarms kennengelernt hatte. Im Frühling radelte er die acht Kilometer nach Haltern, trunken vor Glück auf die Aussicht, sie zu treffen, ihre Hand zu halten und – nachdem er sich an den Kochkünsten ihrer Mutter gütlich getan hatte – ihr unter den Obstbäumen einen Abschiedskuß zu geben.

Am Morgen des 3. März marschierten in Franken Rudi Brill und die anderen Fünfzehn- bis Sechzehnjährigen ihrer HJ-Gruppe über den Hügel zwischen Fürth und Lautenbach, um zu den Befestigungsanlagen zu gelangen, die sie bauten, als plötzlich hinter einem Wald zwei Jagdbomber auftauchten. Ohne Deckung in offenem Gelände konnten sich die dreißig Jungen nur noch auf den Boden werfen. Als die Flugzeuge über sie hinwegdonnerten, sahen sie die Gesichter der Piloten. Mit einem Stoßgebet drückte sich Rudi noch dichter auf die Erde. Die Flugzeuge kreisten zweimal über ihnen und schwenkten dann ab, ohne das Feuer zu eröffnen. Nachdem sie den Hügel heruntergerannt und in der relativen Sicherheit ihrer Gräben angekommen waren, umarmten sie sich vor Freude über ihre Rettung. Sie gingen davon aus, daß die Piloten sie für Zwangsarbeiter gehalten hatten. Rudi erinnerte sich, daß nach einem oder zwei Tagen ihr Gespräch in der Nacht im Schlafsaal wieder zum gewohnten Thema zurückfand: Sex. Sie hatten ihre Angst überwunden. Doch anders als die schweren Bomber, die hoch oder in der Nacht flogen, waren diese Flugzeuge kein ferner Feind gewesen: Sie hatten die Augen der Piloten gesehen.[8]

Als die Alliierten näherrückten, schwankte Hitler zwischen überoptimistischen Plänen und der Inszenierung seiner Selbstvernichtung, um dazwischen auf das Modell des Neuaufbaus von Linz zu starren oder zum allerletzten Widerstand aufzurufen. Viele seiner strategischen Entscheidungen verraten in dieser letzten Phase des Kriegs einen selbstzerstörerischen Optimismus: Panzerdivisionen wurden im Dezember nicht zur Verstärkung an die Ostfront geschickt, die Westfront war gezwungen, deutsches Territorium jenseits des Rheins zu verteidigen, und zwei Millionen Mann starke deutsche Truppen, die anderswo in Europa standen, wurden nicht nach Hause gebracht, um das Reich zu verteidigen. In der Hoffnung, die Alliierten zurückzuschlagen oder zu entzweien, wollte Hitler die Kontrolle über den Handel der schwedischen Erzminen, über baltische U-Bootstützpunkte oder deutsche »Festungen« von Breslau bis La Rochelle nicht aufgeben, da er sich einbildete, diese Stellungen könnten noch einmal gebraucht werden. Der ewige Spieler Hitler war noch immer überzeugt, Trümpfe in der Hand zu haben und daß ein letztes Opfer das Blatt wenden könnte. Für ihn war der Krieg noch nicht verloren. Ohne einen Waffenstillstand im Westen oder eine Konzentration aller deutschen bewaffneten Verbände würde der Volkssturm den Großteil dieses letzten Opfers bringen müssen.[9]

Doch anders als bei seinen früheren Einsätzen ergriff Hitler diesmal nicht die Initiative. Auch bei ihm ging nun rationale Strategie problemlos in eine selbstmörderische Gruselromantik über. Als der Führer am 24. Februar wieder einmal seine Gauleiter um sich versammelte, sprach er zum erstenmal außerhalb des inneren Kreises seine Überzeugung aus, daß das deutsche Volk, sollte es die letzte Prüfung dieses Krieges nicht bestehen, sich als zu schwach erwiesen habe und seine Vernichtung verdiene. Das war kaum Stoff für die Propaganda, und auch Goebbels' enge Mitarbeiter im Propagandaministerium waren bestürzt, als dieser anfing von Selbstmord zu reden, so, als ob er ihnen Rollen in einer historischen Verfilmung zuwiese. Hitler und Goebbels sollten den Selbstmord wählen, doch erst, als es die einzige Alternative dazu war, von der Roten Armee gefangengenommen zu werden; denn beide hofften bis zum allerletzten Moment, daß sich ein Wunder ereignen werde.[10]

Hitler war nach dem Treffen mit den Gauleitern zu erschöpft, um seine übliche Rundfunkrede an das deutsche Volk zu halten. Was sich als seine letzte Ansprache erweisen sollte, wurde statt dessen von seinem alten Parteikameraden Hermann Esser im Radio verlesen, doch die Rede bestand aus den typischen Phrasen des Führers: »Diese jüdisch-bolschewistische Völkervernichtung und ihre westeuropäischen und amerikanischen Zuhälter«, »Freiheit der deutschen Nation«, »mit äußerstem Fanatismus und verbissener Standhaftigkeit auch die letzte Kraft einsetzen«. Nachdem der Parteichef von Lüneburg Hitlers Proklamation gehört hatte, meinte er mit bitterem Spott: »Der Führer prophezeit mal wieder.« Selbst Goebbels' treueste Briefeschreiber hatten aufgehört zu fordern, man möge als Vergeltung für alliierte Bomben Juden erschießen, und richteten ihre Hoffnungen auf Flugblätterabwürfe, mit denen die englischen und amerikanischen Truppen davon überzeugt werden sollten, sich nicht zum Pfand des »Weltjudentums« machen zu lassen. So formulierte der Leiter einer Berufsschule in Kaiserslautern: »helft uns die Vereinigten Staaten von Europa zu gründen, in denen es keine Juden mehr gibt«, und mit einer pseudomarxistischen Floskel: »Europäer aller Länder vereinigt euch!« Ein anderer Enthusiast schrieb an dem Tag, als die Rote Armee Auschwitz befreite: »Goi erwache! Nichtjuden aller Welt einigt euch!« Selbst solche wahrhaftigen Anhänger mußten ihre Hoffnungen darauf setzen, daß die Propaganda dort ihr Ziel erreichen würde, wo die Kraft sie selbst verließ.[11]

In der letzten Märzwoche 1945 überquerten die Westalliierten den Mittel- und Niederrhein und setzten zu einer riesigen Einkesselung der deutschen Streitkräfte im Ruhrgebiet an. Am Ostersonntag, dem 1. April, vereinigten sich amerikanische Panzerverbände in Lippstadt, nachdem es ihnen mit einer nördlichen und südlichen Zangenbewegung gelungen war, einen Ring um die Rhein- und Ruhrstädte zu ziehen. Auf ihrem Marsch durch das Lahntal zu ihrem letztendlichen Treffpunkt in Marburg hatten die amerikanischen Truppen eine Reihe kleinerer Städte befreit. Am 26. März besetzten sie Hadamar. Als Einheimische ihnen von den Morden in der Heilanstalt auf dem Hügel erzählten, verhafteten sie den Direktor Dr. Wahlmann und einige Mitglieder des Pflegepersonals, verdoppelten die Rationen der hungernden Patienten und ließen sie nach Belieben ein- und ausgehen. Der neue Direktor, Dr. Wilhelm Altvater, trat Anfang Mai seinen Dienst an und fand in der Anstaltsapotheke zwei große Behälter, von denen jeder fünf Kilo Veronal und Luminal enthielt. Am 28. März wurde Idstein besetzt, und der letzte Zeuge des Krankenmordes in der nahegelegenen Heilanstalt Kalmenhof kam aus seinem Versteck. Ludwig Heinrich Lohne, ein leicht behinderter Halbwüchsiger, war für Handlangerdienste eingesetzt und hatte gesehen, wie die Pflegerinnen Luminalpulver in das Essen der Kinder mischten. Er hatte ihre Gräber ausheben und die Leichen aus der Bodenklappe des kleinen, wiederverwendbaren Sarges, den er gebaut hatte, herausfallen lassen müssen. Lohne war es gewohnt, in der Heilanstalt geprügelt und schikaniert zu werden – seine Vorderzähne waren ausgeschlagen. Im Januar hatte er jedoch gesehen, wie die Haushälterin und Epileptikerin Margarethe Schmidt eine Spritze bekommen hatte und im Luftschutzkeller zum Sterben eingeschlossen wurde. Als der Arzt ihn holen wollte, floh Lohne und versteckte sich in einer Scheune, bis die Amerikaner eintrafen. In anderen Heilanstalten, wo ein Großteil der medizinischen Belegschaft weiterhin Dienst tat, verhungerten bis lange nach dem Zusammenbruch der NS-Herrschaft weiterhin Patienten.[12]

Am frühen Morgen des 31. März 1945 erreichten die Amerikaner Guxhagen bei Kassel. Sie befreiten die Insassen des Arbeitshauses und Erziehungsheims in Breitenau, darunter deutsche Landstreicher, jugendliche Zöglinge sowie ausländische Zwangsarbeiter; achtundzwanzig Gefangene hatte die Gestapo am Tag davor eiligst erschossen. Der nationalsozialistische Direktor der Anstalt, Georg Sauerbier, blieb auf seinem Posten und ließ seinem Ärger freien Lauf, indem er bei allen, die sich unerhörterweise davongemacht hatten, etwas von »feindlichen Truppen« auf die Fürsorgeakten schrieb.[13]

Während die Alliierten den Ring um das Ruhrgebiet enger zogen, beschoß ihre Artillerie vom linken Ufer des Rheins weiterhin die rechtsrheinischen Städte, und die Bomber warfen noch immer ihre tödliche Fracht ab. Seit Februar war in Duisburg der elektrische Strom unterbrochen. Am 22. März bombardierte die RAF Hildesheim. Die Hitze brachte die bronzenen Domtore zum Schmelzen, und die Holzhäuser wurden für mehr als tausend Menschen zu einer Feuerbestattung. In Hella Klingbeils Arbeiterviertel in Hannover schälten die Frauen und Mädchen eifrig Kartoffeln, damit die Hildesheimer wenigstens ihre »Bombensuppe« bekamen. Hitlerjungen kamen vom Aufräumen zurück und berichteten, »einige der Toten saßen dort wie lebendig und fielen sofort in Asche zusammen, wenn jemand sie anfaßte«. Internierte italienische Soldaten, die mit den Deutschen zusammen ein ausgebombtes Lebensmittellager räumten, wurden von den deutschen Wächtern aufgefordert, sich mit den weitgehend verdorbenen Erzeugnissen zu versorgen. Als die Polizei bei Hunderten von Gefangenen »geplünderte« Lebensmittel entdeckte, hängte die SS 208 Menschen in Fünfergruppen – 120 davon Italiener. Dabei schauten nach Aussagen von Augenzeugen viele bombengeschädigte Stadtbewohner teilnahmslos zu. Nicht nur die Sicherheitskräfte terrorisierten jetzt die ausländischen Arbeiter. In Oberhausen verhörte eine Gruppe Jugendlicher einen Arbeiter aus dem Osten, sie schlugen den Mann, bis er blutüberströmt war und gestand, daß er einige Kartoffeln gestohlen habe. Mit einer aus einem Wehrmachtsbüro entnommenen Pistole führte ein Telefonist seinen Gefangenen auf den Konkordia-Sportplatz, wobei eine wachsende Menge den Mann mit Knüppeln und Zaunpfählen schlug. Am Rande eines Bombenkraters traf der Telefonist den Mann in den Bauch. Die Menge besorgte den Rest.[14]

Als das nationalsozialistische Deutschland in unzusammenhängende Gebiete zerfiel, richtete sich der Terror des Regimes immer stärker auch gegen die eigene Bevölkerung. Nach dem Feuersturm von Dresden am 14. und 15. Februar wollten Hitler und Goebbels zur Vergeltung britische und amerikanische Gefangene hinrichten lassen. Erst der geschlossene Widerstand von Jodl, Dönitz, Ribbentrop und Keitel vermochte dem Führer den Befehl auszureden. Dafür gab das Justizministerium am 15. Februar eine Verordnung zur Einsetzung von Standgerichten für Zivilisten heraus, die besonders auf die Bevölkerung in Westdeutschland abzielte. Die Bewohner an Saar und Mosel westlich des Rheins waren vor den Amerikanern nicht geflohen, sondern hatten weiße Fahnen aus den Fenstern gehängt. An einem Ort hinderten deutsche Zivilisten die deutschen Truppen am Schießen, an einem anderen wurden deutsche Soldaten, die versuchten, unter einer Brücke eine Sprengladung anzubringen, von Bauern mit Mistgabeln angegriffen. Eine Gruppe Soldaten, die den Amerikanern entkommen war und sich bis zu den deutschen Linien durchgeschlagen hatte, wurde mit Rufen wie »Ihr verlängert den Krieg!« empfangen. Als Ende Februar die Wehrmacht Geislautern bei Völklingen wieder zurückeroberte, stellte der SS-Ortskommandant fest, daß die Amerikaner ihre Rationen, Schokolade und Zigaretten, mit der Bevölkerung geteilt und deren Häuser besser behandelt hatten als die deutschen Truppen. Er wies warnend darauf hin, daß den Amerikanern ein guter Ruf durch das ganze Gebiet vorauseilte. Und die deutsche Propaganda versuchte zu kontern, indem sie die Bevölkerung warnte, daß dies nur die Fronttruppen gewesen seien und die Greuel anfingen, wenn erst die rückwärtigen Truppen und »vor allem die Juden« die Kontrolle übernähmen.[15]

Unter dem Vorsitz eines Richters wurden die mit je einem Vertreter der Partei, der SS und der Wehrmacht besetzten Standgerichte ermächtigt, Schnellverfahren gegen defätistische Zivilisten durchzuführen. Die meisten der fünfhundert von diesen Kriegsgerichten zum Tode verurteilten Zivilisten wurden im Westen hingerichtet. Am 9. März wurden sogar weitere »fliegende Standgerichte« für das Militär eingesetzt. Es wurde geschätzt, daß etwa fünftausend bis achttausend Soldaten – ungefähr ein Viertel aller militärischen Hinrichtungen während des Kriegs – von diesen Kriegsgerichten verurteilt wurden. Nach dem Zusammenbruch des Ruhrgebiets wurde Südwestdeutschland zu einem wichtigen Tätigkeitsgebiet der fliegenden Standgerichte, wo Einheiten von Major Erwin Helms und Generalleutnant Max Simons XIII. SS-Armeekorps Terror ausübten, um Soldaten wie Zivilisten zum Weiterkämpfen zu zwingen, denn ihr gesunder Menschenverstand sagte, daß dies nun wirklich sinnlos war. Der Terror verlängerte den Krieg um einige Wochen, doch die Hauptverluste gab es immer noch in den Kämpfen mit dem Feind: In den ersten vier Monaten des Jahres 1945 fielen täglich Zehntausend deutsche Soldaten, im ganzen 1,5 Millionen von Dezember 1944 bis April 1945. Das war für die Wehrmacht eine doppelt so hohe Verlustrate wie während der katastrophalen Niederlagen in Weißrußland und in der Ukraine des vorangegangenen Sommers.[16]

Einmal im Ruhrgebiet eingeschlossen, zerfiel die Moral der Wehrmacht an der Westfront zusehends. Gegenüber den mit Panzer und Artillerie gut ausgerüsteten zwei Millionen alliierten Soldaten war für die 320 000 Mann unter Feldmarschall Walter Model an einen Ausbruch nicht zu denken. Erschöpft und innerlich geschlagen, ergaben sich Wehrmacht und Zivilbevölkerung in den meisten Ruhrstädten, ohne einen Schuß abzugeben. Die alliierten Truppen trafen überall auf kleine Einheiten von Zivilisten, die in den Fabriken und Bergwerken geblieben waren, nicht um diese zu verteidigen, sondern um die Übergabe an die Amerikaner zu sichern. Deutsche Arbeiter und Verwalter sorgten gemeinsam dafür, daß Hitlers oft verkündete Politik der verbrannten Erde nicht zur Ausführung kam. In Hannover wurden einige der Hitlerjungen von ihren Müttern nach Hause geholt. Aber die amerikanischen Kommandanten führten viele Beispiele von »Fanatismus« der Hitlerjugend als ein gravierendes Hindernis ihrer Säuberungsaktionen an. Am wichtigen Eisenbahnknotenpunkt

Hamm geriet die 9. US-Armee in ein »Wespennest« von Volkssturmver-
bänden. Außerhalb von Oberdorf im Landkreis Aalen befahl ein junger
SS-Leutnant seinen Vierzehn- bis Sechzehnjährigen, das Vorrücken der
alliierten Sherman-Panzer auf die deutschen Schützengräben aufzuhalten. In solchen kleinen Scharmützeln überraschten die Halbwüchsigen
den Gegner durch die Härte, mit der sie das tödliche Feuer aushielten.
Bei ihnen schien der vergängliche Gefühlszustand, in den Erwachsene
während der Gefechte versetzt wurden, noch weitaus stärker zu sein, und
sie überraschten dann bei ihrer Gefangennahme die Amerikaner auf ein
Neues, wenn sie sich wieder in völlig überforderte Kinder verwandelten,
die schlotterten, bluteten und »hysterisch« heulten.[17]

Als die Amerikaner in Hannover einmarschierten, rannte Hella Kling-
beil hinaus, um ihnen zuzusehen, obwohl ihre Mutter sie warnte, es könnten womöglich schwarze Soldaten darunter sein. Hella war tief beeindruckt. Die Uniformen der Amerikaner sahen wie neu aus, die Gesichter
wohlgenährt und unbewegt. Sie marschierten nicht, sangen nicht und
schrieen nicht hurra und warfen auch nicht mit Blumen. Statt dessen fuhren sie überall hin, zehn auf einem Wagen und bis an die Zähne bewaffnet. Sie waren ganz anders als die versprengten Deutschen, die einige
Tage zuvor dieselbe Straße entlanggekommen waren. Auch Rudi Brill
hatte ähnliche Gefühle, als er sah, wie die riesigen Panzer und die moto-
risierte Infanterie am 20. März die Straße zwischen Kleinottweiler und
der Altstadt entlangfuhren und wie sie allen Gräben auswichen, die er
und seine Kameraden in den letzten sechs Monaten ausgehoben hatten:
Er war überwältigt von dieser Kriegsmacht. In Essen jubelte die Bevölkerung gar, als die Panzer am 10. April heranrollten. Viele Volkssturmange-
hörige warfen heimlich ihre Armbinden und ihre lächerliche Ausrüstung
weg und gingen nach Hause.[18]

Einige Bataillone der Hitlerjugend waren unter der Führung ihrer
Unteroffiziere jedoch immer noch nicht bereit aufzugeben. Sie zogen sich
in die Wälder oder auf die Hügel zurück und versuchten Richtung Osten
außer Reichweite der Amerikaner zu gelangen. Jürgen Heitmanns Einheit
war draußen bei der Ausbildung, als sie sahen, daß die amerikanischen
Panzer in ihr Lager bei Lieberstein, nördlich von Fulda, hineinfeuerten.
Die siebzig Jungen rannten mit ihren Waffen, die sie bei sich hatten, über
die Felder davon und trafen am nächsten Nachmittag in einem RAD-

Lager ein. Dort wurden sie verpflegt, bis die Einheimischen sie aufforderten weiterzugehen, weil die Panzer das Dorf erreicht hätten. Als sie sich davonmachten, sahen sie, daß weiße Fahnen aus den Häusern hingen. In Lavesum wurde Heinz Müllers keimende Liebesgeschichte am 28. März jäh unterbrochen, als er erfuhr, daß die Amerikaner Haltern erreicht hatten. Gerade waren die 360 Jungen voller Zuversicht, sich jetzt endlich für die Zerbombung ihrer Städte rächen zu können, aus dem Lager marschiert, da sagten ihnen fliehende Soldaten, sie sollten ihre Panzerfäuste wegwerfen, weil sie ohnehin nichts gegen die Netze ausrichten konnten, mit denen die Panzer ausgerüstet waren. Doch die Jungen ignorierten den vernünftigen Rat und schleppten ihre Gewehre und Panzerfäuste auf einem fast fünfzig Kilometer langen Nachtmarsch weiter.[19]

Während Jürgens Kompanie sich in kleine Gruppen aufteilte, um unentdeckt durch den Thüringer Wald zu kommen, durchquerte Heinz Müllers Verband geschlossen den Teutoburger Wald. Aber die Bauernjungen aus dem Münsterland stahlen sich nach und nach davon, als sie an ihren Bauernhöfen vorbeikamen, und nur die lässigen jungen Jazzliebhaber aus der Stadt zogen weiter. Ihre Unteroffiziere führten sie über die Weser, indem sie sie mit Schauergeschichten von den schrecklichen Grausamkeiten, die sie bei der Gefangennahme erwarteten, und mit der Aussicht auf die wunderbare Erbsensuppe auf der anderen Seite der Brücke antrieben. Zu müde, um an Erbsensuppe oder ihren Hunger zu denken, schliefen sie auf einer Wiese ein, umgeben von Flüchtlingen und einem Haufen Versprengter aus verschiedenen Armee-Einheiten, die mit Waffengewalt zusammengetrieben worden waren, um den Flußübergang zu halten. Nur achtzig Jungen waren noch dabei, ein Viertel derer, die sechs Tage zuvor aufgebrochen waren. Am Mittwoch, dem 4. April, als ihre Kolonne nach einem Tieffliegerangriff aus den Gräben an der Straße nach Stadthagen hervorkroch, traf Heinz ein Mädchen aus Duisburg auf einem Fahrrad. Das Mädchen erzählte, daß Heinzens Mutter nach Nienstedt, das nächste Dorf, evakuiert sei. Heinz erbat sich vom Kommandanten drei Stunden Urlaub, besorgte sich ein Fahrrad und fuhr hin. Alle kamen herbei und starrten auf seine abgetragenen Stiefel, zerrissenen Kleider und in sein schmutziges, abgemagertes Gesicht. Sie beeilten sich, ihm zu essen zu geben, und um vier Uhr nachmittags bestand seine Mutter darauf, daß er sich noch eine Stunde hinlegte, bevor er wieder ging. Während Heinz schlief, verbrannte seine Mutter die Arbeitsdienstuniform, beschaffte sich von den Nachbarn Zivilkleidung und überredete den alten Major der Dorfverteidigung, die Entlassungspapiere zu unterschreiben. Heinz war so erschöpft, daß er erst zweieinhalb Tage später erwachte.

An dem Morgen, als Heinz nach Nienstedt ging, kam Jürgens Einheit an einem Marsch von KZ-Häftlingen vorbei. An den Leichen in den Gräben konnte er sehen, daß die SS Versprengte erschossen hatte, und im Vorbeigehen sah er, wie ein anderer umgebracht wurde. Jürgens Gruppe drang zehn Tage lang weiter nach Thüringen vor, indem sie sich immer auf halber Höhe entlang der Werra hielt. Sie holten sich bei der Wehrmacht oder bei vorbeikommenden Einheiten etwas zu essen und übernachteten auf Bauernhöfen oder auf dem Fußboden in Schulen und in den Wäldern. Schließlich stellten sie am Geräusch amerikanischer Lastwagen, die auf der Autobahn in der Nähe vorbeidonnerten, fest, daß sie bereits umzingelt waren. Sie blieben im Wald, und ein Major mit dem Ritterkreuz des Eisernen Kreuzes machte sich daran, sie für den letzten Kampf aufzustellen, aber Jürgens Kommandant befahl ihnen, die Waffen und Teile ihrer Uniformen im Wald zu vergraben. Am 16. April um neun Uhr früh entband er sie von ihrem Diensteid und ließ sie, so gut sie konnten, nach Hause gehen.

Währenddessen hielt sich zwischen der Ost- und der Westfront ein eigenartiger Anschein von Normalität. Die elfjährige Anna-Matilda Mombauer suchte ihrem mürrischen, ältlichen Lehrer mit einem Aufsatz über den Frühlingsanfang zu gefallen. In ihrer Umgebung, bei Braunschweig, hätte sehr wohl Frieden sein können, denn sie war im Schutz des Hügels voller Primeln und Schneeglöckchen.

Im flachen Moorland der Lüneburger Heide feierte die Lehrerin Agnes Seidel am 9. März den ersten Jahrestag der Evakuierung ihrer Hamburger Schulklasse. Die Kinder brachten ihr Blumen. Zehn Tage später spielte sie mit ihnen in der großen Scheune »Katz und Maus«. Ihr Sohn Klaus, der sich seine Sporen 1943 in der Flak-Batterie im Hamburger Stadtpark verdient hatte, schickte ihr deprimierende Briefe aus Stettin über den Schlamm und das schlechte Essen in den Gräben bei seinem ersten Dienst im Heer. Am Abend des 26. März weinte sie gar, als sie zu Bett ging, jedoch voller Wehmut: Die Kinder hatten zu ihrem vierundvierzigsten Geburts-

tag ihren Stuhl mit Blumen geschmückt und spielten Flöte und Mundharmonika. Erst Mitte April erkannte sie die akute Gefahr ihrer Situation.
Als das Waffendepot und die Militärlager in Melzingen in die Luft flogen,
schüttelte sie ein Weinkrampf; beim Durchblättern des Familienalbums
wurde ihr endlich klar, daß alle Gewißheiten ihrer Welt im Begriff waren
zusammenzubrechen. Am 16. April erwachte Agnes Seidel von ihrem
Mittagsschlaf und hörte den Lärm englischer Lastwagen und Panzer, die
in endloser Kolonne durch das Dorf fuhren. Sie war empört, als höfliche
englische Offiziere und ein aggressiver amerikanischer »Halbneger« später an diesem Tag die deutschen Offiziere auf ihrem Hof verhafteten. Sie
lief hinter dem Wagen her, um den beiden siebzehn Jahre alten SS-Männern darin etwas zu essen zu bringen und ihnen noch einmal die Hände
zu drücken.[20]

Stalin schrieb Roosevelt von seiner Verwunderung darüber, daß die
Deutschen bereit wären, wie die Verrückten gegen die Russen zu kämpfen und jede noch so kleine tschechische Eisenbahnstation zu halten,
während sie so wichtige Städte wie Osnabrück, Mannheim und Kassel
widerstandslos übergaben. Jetzt, da die Westalliierten, ohne auf Widerstand zu treffen, durch die norddeutsche Tiefebene vorstießen, schien es
möglich, daß sie nicht nur die Elbe, sondern auch Berlin vor den Russen
erreichten.[21]

Mitte März berichtete die Mundpropaganda-Aktion der Wehrmacht
vom Wiederaufleben der weitverbreiteten Furcht vor jüdischer Rache.
Zwei Arbeiter in der Moltkestraße in Westspandau waren sich am 19.
März einig, »daß wir selbst Schuld an diesem Kriege trügen, weil wir die
Juden zu schlecht behandelt hätten«, und kamen zum üblichen Schluß:
»Wir brauchten uns nicht zu wundern, wenn diese es jetzt mit uns
genauso machten.« Diese bange Vorahnung wuchs, wie vorherzusehen
war, wie seinerzeit im September 1944 in Aachen und Stuttgart. Während
die Stimmung in der Hauptstadt zwischen Hoffnung, Resignation und
Verzweiflung schwankte, konnte das Regime mit dem verstärkten Terror
an der Front einen gewissen Rückhalt bei der Bevölkerung gewinnen. In
der S-Bahn sprachen zwei Arbeiter beifällig darüber, daß drei Soldaten
und der Kreisleiter in Seelow an der Oderfront an Telefonmasten aufgehängt worden seien, mit Plakaten, daß es sich um Deserteure handle.
Andere forderten die Presse auf, die Anzahl hingerichteter Deserteure zu

veröffentlichen, und ärgerten sich über Fremdarbeiter, die Widerworte gaben. Mittlerweile veranlaßten die vielen Erschießungskommandos den Garnisonskommandanten der Festung Spandau, den Kommandanten von Berlin zu bitten, seine Männer von diesem Dienst zu befreien. Sein Gesuch wurde abgelehnt.[22]

Am 12. April hörte Liselotte Günzel in der Wohnung ihrer Eltern in Friedrichshagen am Radio, daß der Kommandant von Königsberg *in absentia* zum Tode verurteilt worden war, weil er nach der sechsmonatigen Belagerung kapituliert hatte. Sie war nach vierzehn Monaten gerade aus ihrem Internat in Sachsen nach Berlin zurückgekommen, und die Rundfunkmeldung machte sie wütend: »Seine Sippschaft wird haftbar gemacht. So ist das. Ist das nicht Schreckensherrschaft? Oh, daß das deutsche Volk und unsere Wehrmacht das alles über sich ergehen läßt. Weil der tapfere Offizier nicht alle seine Soldaten opfern wollte, erhängen sie ihn und seine ganze Familie, die nichts ahnend zu Hause sitzt. Einen deutschen, einen preußischen Offizier zu erhängen!« Sie war so verärgert, fühlte sich von dem Regime, dem sie in den letzten zweieinhalb Jahren, in denen sie Tagebuch geführt hatte, so oft die Treue geschworen hatte, so sehr verraten, daß sie es zum erstenmal verfluchte: »Fluch sei ihnen, Fluch der ganzen Nazibrut, diesen Kriegsverbrechern und Judenmördern, die nun auch noch die Ehre des deutschen Offiziers in den Schmutz ziehen.« Liselotte hatte die Nachricht, daß Juden in den Lagern ermordet wurden, nicht glauben wollen, als ihre sozialdemokratisch eingestellte Mutter im August 1943 davon berichtet hatte, aber sie hatte es auch nicht ganz vergessen. Das Wissen ruhte im Verborgenen, bereit, in ihrer derzeitigen Stimmung von Zorn und Verzweiflung wieder herauszubrechen.[23]

Sowohl Liselottes Bruder als auch ihr Vater waren zum Bau von Panzersperren eingezogen worden. Nachdem Liselotte die hastig zusammengeschobenen Barrikaden in der Nachbarschaft des östlichen Vorortes gesehen hatte, fand der Witz, der in Berlin zirkulierte, ihre Zustimmung: Die russischen Panzer stehen vor Berlin, und die Russen krümmen sich zwei Stunden lang vor Lachen, dann fahren sie in zwei Minuten über die Sperren. Aber das Ausheben von zwei Befestigungsringen um Berlin ging weiter. Die Brücken wurden vermint und einige veraltete Artilleriegeschütze des Volkssturms wurden neben den 12,8-, 8,8- und 2,0 cm-Flak-Geschützen aufgefahren. Den drei mächtigen Betonbunkern am Zoo, in

Humboldthain und in Friedrichshain kam nun eine zentrale Rolle zu. Von deren Flachdächern aus hatte die Berliner Flak-Division versucht, die Stadt vor Bombenangriffen zu schützen. Nun sollten sie die Viertel in unmittelbarer Umgebung im Erdkampf verteidigen.[24]

Liselotte war, wie 1943/44 bei den Bombenangriffen, innerlich gespalten. Wie ihr defätistischer, sozialdemokratisch denkender Vater wollte sie nicht, daß man Berlin verteidigte. Doch selbst jetzt noch in ihrer neuen, entschieden anti-nationalsozialistischen Stimmung vermochte sie der emotionalen Anziehungskraft, die der Heldentod auf sie ausübte, nicht zu widerstehen. Ein letztes Aufbäumen und dessen sicheres Scheitern würde ihm nur noch mehr Größe verleihen. Mit Blick darauf, daß ihr Bruder Bertel demnächst mit dem Volkssturm in der Schlacht um Berlin kämpfen sollte, schrieb sie kühl: »Für Bertel fürchte ich nur, weil es für Mutti so schrecklich wäre. Ich selbst würde bereit sein, ihn zu opfern, Frau L. hat ja auch ihr Lebensglück geopfert.« Würde Bertels Tod sie der Lehrerin gleichstellen, die schon ihren Mann verloren hatte? Sollte das ihr Eintritt ins Erwachsenenalter sein?[25]

Zwei Tage später, am 19. April, schaute die siebzehnjährige Liselotte zu, wie die Jungen vom Volkssturm, viele von ihnen jünger als sie selbst, mit den Fahrrädern durch Friedrichshagen fuhren, um Münchehofe zu verteidigen. Sie hatte noch immer gemischte Gefühle: »Ich bin so stolz auf unsere Jungs, die sich noch jetzt den Panzern entgegenwerfen, wenn der Befehl kommt. Aber sie werden in den Tod gehetzt«, schrieb sie am nächsten Tag, ohne eine Spur von persönlicher Verantwortung. Inzwischen war niemand mehr in ihrem östlichen Vorort, der auf den Generalstabskarten als Sektor B verzeichnet war, bereit, Goebbels' Anordnungen Folge zu leisten und zu Führers Geburtstag zu flaggen. Liselotte glaubte, daß die meisten Leute die Fahnen ohnehin schon verbrannt und ihre Parteiabzeichen »aus Angst vor den Russen« weggeworfen hätten. An diesem Morgen hatte Hitler zwanzig Jungen, die sich im Kampf hervorgetan hatten, gratuliert und sie ausgezeichnet. In der letzten Filmaufnahme vom Führer sieht man ihn, wie er einem der Jungen im Garten der Reichskanzlei die Wange tätschelt, bevor sie wieder zurück in den Kampf geschickt wurden.[26]

Keiner gab sich mehr der Illusion hin, daß die sowjetische Offensive nicht bald erfolgen werde. Auf der Strecke von Barth zur Ostseeküste erlebte Helga Maurer ihre erste Fahrt in einem Motorfahrzeug. Wenn das kleine Kind von der Ladefläche des offenen Militärlastwagens herunterschaute, sah es die Frühlingswiesen vorbeigleiten; ihre Mutter hielt daneben die kleine Edith auf ihrem Schoß. Ihre beiden Brüder folgten im nächsten Wagen; sie hatten ein Paket Zwieback dabei. Was Helga in Erinnerung blieb, war nicht Angst, sondern die Aufregung über das Abenteuer, und daß sie einem der Soldaten auf den Knien sitzen durfte. Als ihr Lastwagen um eine Ecke bog und sie ihre Brüder mit dem Zwieback nicht mehr sah, brach Helga in Tränen aus, und die Soldaten hoben sie hoch und trösteten sie.[27]

Im Brigittenhof außerhalb von Berlin bemerkte ein patriotischer Lehrer mittleren Alters, wie seine dreieinhalbjährige Tochter im Wohnzimmer herumlief und entschied, welche von ihren Sachen in den Kinderwagen kommen sollten, falls sie fliehen mußten. Als am 4. April die Alarmsirenen heulten, rannte die kleine Ursel zu ihrer Mutter und sagte: »Mutti, es sollen doch keine Flieger mehr kommen, damit du alles wieder auspacken kannst. Pack doch gleich aus, der liebe Gott behütet uns doch, ich bete doch alle Tage, behüte uns vor dem bösen Feind!«[28]

Schukows Trommelfeuer begann am 16. April um fünf Uhr morgens. Wie so viele Flüchtlinge aus den Ostgebieten vor ihnen, warteten die Eltern von Ursel, bis ihnen gesagt wurde, sie sollten ihre Sachen zusammenpacken. Der Luftwaffenhelfer Karl Damm und seine Kameraden lagen in den flachen Gräben, die sie zwei Tage zuvor ausgehoben hatten. Bevor sie nach Berlin geschickt worden waren, hatte man den Jungen schnell noch französische Gewehre aus dem Ersten Weltkrieg ausgehändigt, und jede Kompanie erhielt mehrere der einschüssigen Panzerfäuste, die als »Panzerjäger«-Element eingesetzt werden sollten, doch war keine Zeit, den Kadetten beizubringen, wie man sie abfeuerte. Gegen Mittag tauchten immer mehr kleine, versprengte Gruppen sich zurückziehender Soldaten in ihrem Schützengraben auf, verschmutzte, verschreckte Gestalten, die zur Elitedivision »Großdeutschland« gehörten. Als Karl bei Tagesanbruch vom Wachdienst kam, sahen die Jungen fünfzig sowjetische Panzer auf der Straße an ihren Gräben vorbeirollen. Ihr Feldwebel schrie, sie sollten aus den Gräben kommen, und führte sie über die ersten Leichen, die sie sahen; es waren ihre Kameraden im Laufgraben. Ihr Rückzug wurde erst von einem mit einer Pistole herumfuchtelnden Offizier gestoppt, der ihnen befahl, die Stellung zu halten, während die deutschen Panzer zum Gegenangriff übergingen – zunächst mit Erfolg. Aber Marschall Konevs Erste Ukrainische Front hatte die deutschen Linien im Süden durchbrochen, während weiter nördlich die Bataillone der Hitlerjugend immer noch mithalfen, Schukows Panzer an den drei Befestigungslinien auf den Seelower Höhen zurückzuhalten. Obwohl sich die Luftwaffenkadetten nach ihrer ersten Kampferfahrung hilflos vorkamen, wurden sie durch ihre Disziplin, ihren jugendlichen Heroismus und die Angst, in die Hände der Russen zu fallen, zusammengeschweißt.[29]

Ursel und ihre Eltern verließen Brigittenhof erst, als es fünfzehn Stunden lang unter Artilleriefeuer gestanden hatte. Um acht Uhr abends am 18. April brachen sie endlich auf; Ursel wurde von der Oma im Kinderwagen geschoben, ihre Mutter zog den großen Handwagen mit den Koffern und dem Bettzeug und der Vater den kleinen mit ihrer Verpflegung. Trotz der vielen Soldaten und Flüchtlinge auf den holprigen Straßen schlief Ursel ein, wobei ihr Kopf nach vorn fiel und sie »wie ein Zigeunerkind« aussah, wie ihr Vater, mit der Pein eines angesehenen, nun plötzlich obdachlos gewordenen Mannes dachte. Nach zwei Tagen und Nächten hatten sie Senftenberg-Buchwalde erreicht. Obwohl Bomben und Geschosse in der Nähe einschlugen, waren sie zu müde, um weiterzuziehen. Ein Soldat warnte sie davor, länger als eine Stunde zu bleiben; dennoch endete ihre Flucht hier. Die Russen verhafteten den Vater und hielten ihn vierundzwanzig Stunden lang fest. Als er freikam, fand er von seiner Familie keine Spur mehr. Zwei Monate später, am 16. Juni, fand er den Leichnam seiner Mutter in der Nähe ihres letzten Haltes. Aber er hatte noch immer kein Lebenszeichen von seiner Frau und seiner Tochter Ursel.[30]

Als 1,5 Millionen sowjetische Soldaten von Norden, Osten und Süden auf die deutsche Hauptstadt vorrückten, wurden auf deutscher Seite etwa 85 000 Mann zur Verteidigung aufgeboten. Ihren Linien fehlten all jene Eigenschaften, die dazu geführt hatten, daß der Roten Armee die Eroberung von Ostpreußen so teuer zu stehen kam. Knapp die Hälfte kam aus Verbänden des Berliner Volkssturms, von denen viele gezwungen wurden, ihre Waffen versprengten Truppen der Luftwaffe und der Marine zu übergeben. Neben ihnen wurden 45 000 Mann der Wehrmacht und der SS aufgestellt, die aus den Resten fünf verschiedener Divisionen zusammengezogen waren. Insgesamt konnten sie sechzig Panzer aufbieten. Wie immer darum besorgt, die Bevölkerung der Hauptstadt zu beruhigen, gab der *Völkische Beobachter* für den nächsten Tag nur die Warnung aus, die Straßen wegen der Gefahr von Flak-Splittern bei einer geplanten Artillerieübung zu meiden. Als die ersten Raketenschweife an diesem Abend die Stadt beleuchteten, sah es für einen Jungen aus Prenzlauer Berg so aus, als wollten die Russen Berlin fotografieren. Inzwischen hatten sich die Restbestände der Division »Großdeutschland« mit dem Volkssturm, der SS und der HJ vereinigt, um die Barrikaden auf den Bezirksstraßen und den Brücken zu schließen.[31]

Am 21. April begann die Schlacht: die 3. und 5. Stoßarmee, die 2. Garde-Panzerarmee und die 47. Armee der 1. Weißrussischen Front kämpften sich durch den äußeren Verteidigungsring in die nördlichen und östlichen Stadtviertel vor. Der sechzehnjährige Rudolf Vilter war auf den Anblick des T-34 Panzers, der auf ihn zusteuerte, gänzlich unvorbereitet. Seine Volkssturmeinheit war kaum ausgebildet, und schon gar nicht im Kampf gegen bewegliche Ziele. »Ich hatte das Gefühl, der rollt auf mich zu. Ich hatte damals panische Angst und hätte mich am liebsten zehn Meter tief vergraben.« Sein Feldwebel, ein alter, erfahrener Soldat, blieb stehen und schoß eine Panzerfaust auf den Panzer ab; damit zeigte er den Jungen, daß diese ebenso verwundbar waren wie sie selbst. In Prenzlauer Berg konnten Erwin P. und sein Bruder der Versuchung nicht widerstehen, mit Freunden an einem Seil auf die Bäume am Falkplatz zu klettern, um einen besseren Blick zu haben. In der Gleimstraße hielt eine Gruppe von Mädchen den Lärm des Artilleriesperrfeuers für Bomben und ging im Freien spielen, bis ein Polizist ihnen befahl, ins Haus zu gehen, weil die Russen kämen.[32]

Überall in Berlin zogen Familien in die Keller und verwandelten mit einer Geschwindigkeit, die sie sich während der monatelangen Bombenangriffe angeeignet hatten, ihre belebten Viertel in Kellergemeinschaften. Doch diesmal sollten viele Familien ihre Kinder für die nächsten zwölf Tage nicht mehr aus dem Keller lassen. In Prenzlauer Berg holte Helgas und Renates Vater Flaschen aus dem Keller, während ihre Mutter Wasser abkochte. Alle zogen zwei Schichten Kleider übereinander an; die Jüngste, Renate, zog noch ihre Trainingshose und zwei Mäntel darüber. Mit Gasmasken und Schulranzen ausgerüstet stiegen sie in den Keller hinunter.

Als dann am nächsten Tag der Strom und das Wasser abgestellt wurden, waren die Bewohner entweder auf das angewiesen, was sie mitgenommen hatten, oder sie mußten den gefährlichen Gang zu Hydranten oder an die Wasserpumpen in den Straßen wagen, um ihre Eimer zu füllen.[33]

Schwierig war es, die Kinder in den Kellern über so lange Zeit zu beschäftigen. Als es acht Monate später seine Erfahrungen niederschrieb, erinnerte sich ein Mädchen, daß sie die ganze Zeit damit verbracht habe, mit ihrer Freundin Märchenbilder zu malen. Manche Familien nutzten die Feuerpausen, vor Läden anzustehen, um etwas zum Essen zu besorgen oder Wasser zu holen. Andere gingen in ihre Wohnungen. Der kleine Keller in der Hochmeisterstraße 29, wo Helga und ihre zwei Schwestern untergebracht waren, war derart mit Flüchtenden vollgestopft, daß sie im Sitzen schlafen mußten. Damit sie in der schlechten Luft nicht langsam erstickten, brachten ihre Eltern sie während der nächtlichen Feuerpausen in die Wohnung.[34]

Als die Schriftstellerin Hertha von Gebhardt in ihre Wilmersdorfer Wohnung zurückkehrte, hörte sie sich gar die Zauberflöte im Radio an, die am selben Tag im Schauspielhaus am Gendarmenmarkt aufgeführt wurde. Sie ging in die Konditorei an der Ecke und trank dort mit ihrer erwachsenen Tochter Kaffee; der Besitzer, Herr Walter, tat sich in seiner SA-Uniform wichtig. Während sie sicher war, daß die älteren Volkssturmmänner ihre Waffen wegwerfen würden, bevor Wilmersdorf in den Kämpfen zerstört würde, war sie beim Anblick der Vierzehn- bis Sechzehnjährigen, die Waffen beinahe so groß wie sie selbst schleppten, besorgt, daß diese weniger pragmatisch sein könnten.[35]

Lothar Loewe flitzte als Melder unter Beschuß durch ein Gebiet von Berlin, das er wie seine Westentasche kannte. Sein Kommandant war ein Leutnant mit Auszeichnung und Holzbein, der jede Nacht zu seiner Freundin verschwand. Lothar und die anderen Hitlerjungen kehrten in der Nacht in ihre elterlichen Wohnungen zurück, und versammelten sich jeden Morgen wieder, um den Krieg weiterzuführen. Nachdem sie in einem Keller Deckung gesucht hatten, feuerten Lothar und ein alter Soldat mit Ärmelstreifen durch den Torweg auf drei Panzer. Als der glühendheiße Rückstrahl der Panzerfaust die Wand hinter ihm traf, jubelte der Sechzehnjährige: Einer der Panzer war in die Luft geflogen, und die Russen zogen sich zurück. Doch gleich darauf sah Lothar mit Entsetzen, wie

eine Gruppe SS-Männer alle Leute eines Hauses, die weiße Fahnen herausgehängt hatten, auf die Straße trieben und sie dort erschossen.[36]

Da der Zivilbevölkerung das Wasser ausging, kam es immer häufiger
zu Konflikten mit der SS. Am 25. April erschoß diese in der Landsberger Allee einhundertdreißig Frauen und Kinder, als sie versuchten, auf
die sowjetische Seite zurückzukehren. Viele hatten wahrscheinlich die
Linien auf der Suche nach Wasser überschritten. Ein Junge erinnerte
sich, daß er mit seiner »Hausgemeinschaft« in Prenzlauer Berg während
einer Kampfpause in der Morgenfrühe hinausging, um Wasser zu holen.
Als sie sich ihren Weg zwischen den toten Pferden, umgestürzten Autos,
verwundeten Soldaten, die in der Ystader Straße herumlagen, bahnten,
sprangen plötzlich SS-Männer aus einem Haus und wollten alle Männer erschießen, weil sie weiße Armbinden trugen. In der Schivelbeiner
Straße bezichtigte Hans Joachim S. »Werwölfe«, sich Wasserträger mit
weißen Armbinden von ihren Heckenschützennestern auf den Dächern
als Ziele auszusuchen; er meinte damit wahrscheinlich Hitlerjungen.
Dennoch brauchte die Zivilbevölkerung Wasser und versah sich mit weißen Armbinden, denn die Leute merkten, daß die Rotarmisten sie passie-
ren ließen. Um den schlechten Ruf, den sie sich in Ostpreußen und Schlesien erworben hatte, wieder gutzumachen, hatte die Rote Armee damit
begonnen, zivile Gefangene und sogar deutsche Kriegsgefangene durch
die Linien zu schicken, damit sie andere davon überzeugten, daß sie gut
behandelt würden.[37]

Hertha von Gebhardt stellte in ihrem Keller schließlich fest, »die Amerikaner scheinen nicht zu kommen. Unbegreiflich.« Alle die Gerüchte der
letzten Zeit über einen Separatfrieden mit den Westalliierten oder einem
Bündnis mit ihnen gegen den Bolschewismus, hatten sich in Luft aufgelöst. Der einzige in der »Kellergemeinschaft«, der äußerst erstaunt war,
daß Deutschland dabei war, den Krieg zu verlieren, und daß die Russen bereits in Berlin standen, war ein zwölfjähriger Spätheimkehrer aus
einem KLV-Lager. Einheimische Kinder schrieen schon nicht mehr vor
Angst bei den ohrenbetäubenden Detonationen, und als ihre Neugier die
Angst überwunden hatte, nahmen sie ihre Spiele auf der Straße wieder
auf, nachdem die Bombardements nachgelassen hatten.[38]

Am 23. April um zwei Uhr früh hörte Ingeborg D. das Knirschen von
Panzerketten und den Lärm von schweren Motoren oben auf der Straße,

doch niemand wagte sich hinauf, um nachzusehen, ob es deutsche oder russische waren. Um fünf Uhr entschlossen sie sich schließlich doch, hinaufzugehen und für einige Stunden in ihren Betten zu schlafen. Im Hauseingang sah die zehn- oder elfjährige Ingeborg ihren ersten russischen Soldaten. Als sie die Treppen weiter hinaufstiegen, konnten sie erkennen, daß die ganze Krügerstraße voller Panzer, Feldartillerie und Soldaten war. Ihr erster Gedanke, als sie die Männer mit ihren frischen Gesichtern ohne Stahlhelme sah, war, wie anders sie aussahen als die erschöpften und gefährlich aussehenden Typen, die sie unter den russischen Kriegsgefangenen gesehen hatte. Anfang 1946 schrieb sie: »Bald sahen wir, wie wir belogen worden waren. An die Männer verteilten sie Zigarren und an die Kinder Süßigkeiten. – Gegen Mittag des 23. gingen die Frauen unseres Hauses einkaufen. Es gab pro Person ein Pfund fettes Schweinefleisch.« Am 25. April ordnete der künftige Kommandant von Berlin, Generaloberst Nikolai Bersarin, an, Verpflegung für die Zivilbevölkerung herbeizuschaffen.[39]

Der 26. April, ein Donnerstag, war ein warmer Frühlingstag; die nördliche Frontlinie der Wehrmacht verlief nun von der Prenzlauer Allee zum großen Flak-Bunker in Friedrichshain. Im südlichen Teil der Stadt hatte Hertha von Gebhardt in dieser Nacht kaum geschlafen, und um sechs Uhr früh, gerade bevor die »Stalinorgeln« – die Katyusha-Raketen – in Aktion traten, weckte sie die anderen im Haus und hieß sie in den benachbarten Keller zu gehen, wie immer bei drohender Gefahr. Selbst dort warf sie die Druckwelle der russischen Raketen beinahe um. Gegen Mittag teilten Gebhardt und ihre Begleiter die Schnaps- und Tabakvorräte der abwesenden Nachbarn auf. Am Nachmittag waren sie damit beschäftigt, alle Waffen, Uniformen, Insignien und Militärkarten des Hauses, kurz alles, was die Russen provozieren konnte, zu suchen und zu vernichten. Als der Beschuß stärker wurde und sie die ersten Verluste aus ihrer Kellergemeinschaft zu beklagen hatten, fing Gebhardt an, den Kindern mit lauter Stimme »Rotkäppchen« und danach »Dornröschen« zu erzählen, um den Lärm der Raketen zu übertönen.[40]

Als die vierzehnjährige Wera K. vom Alexanderplatz im Zickzack durch das Gewirr kleiner Straßen in Berlin Mitte zurück zu dem beschädigten Keller in der Landsberger Straße lief, kam ihr der übliche fünfminütige Schulweg wie eine Ewigkeit vor. Mauerstücke brachen von oben herab, Pferde und Kühe waren ausgebrochen und ihr Wiehern und Brüllen übertönte sogar das Geschützfeuer. »Und ich muß gestehen, daß ich mir vor Angst in die Hosen gemacht habe bei diesem Rennen. Einfach aus panischer Angst«, gestand Wera ein halbes Jahrhundert später. Unbeschadet im Keller ihres ausgebombten Hauses angekommen, saßen Wera, ihre Mutter und ihre Großmutter mit einigen anderen Nachbarn in fast völliger Dunkelheit um ihre Wassereimer herum. Nachdem sie ihre Vorräte an Kerzen aufgebraucht hatten, wußten sie nicht mehr, ob es Tag oder Nacht war, und sie waren zu apathisch, um noch viel zu reden, obwohl dann und wann bitterer Streit über die Wasserverteilung ausbrach. Schließlich fingen die Leute an zu beten. Irgendwann tauchte draußen plötzlich eine Kuh auf, wie Wera sich erinnerte, und sie hatten Milch.[41]

Am 27. April wurden die Kämpfer der Hitlerjugend in Prenzlauer Berg immer noch von der deutschen Presse gefeiert, die Jungen für ihre Jagd auf Panzer, die Mädchen dafür, daß sie trotz heftigen Beschusses Munition für die Artilleriestellung herbeischafften. Mittlerweile hatten sowjetische Artilleristen Stellung auf dem Kreuzberg im Viktoriapark bezogen, von wo sie das Feuer auf den Anhalter Bahnhof eröffnen konnten, in dessen Bunker Tausende von Flüchtlingen genau wie die Sardinen, die sie dort zu essen bekamen, zusammengedrängt waren. Die Artilleristen waren verblüfft, als sie eine Marschkolonne von vierhundert Hitlerjungen mit Panzerfäusten wie bei einer Parade die Kolonnenstraße entlang auf sich zu marschieren sahen. Diejenigen an der Spitze starben in der ersten Artilleriesalve, der Rest floh. Sie konnten noch nicht wissen, daß die letzte winzige Chance auf Verstärkung nun vorbei war. Die 12. Armee von General Wenck blieb in Potsdam, sechzehn Kilometer vor Berlin, liegen.[42]

Am Abend des 30. April suchten die zehntausend Mann der deutschen Kampftruppen, die sich in den Regierungsbezirk zurückgezogen hatten, nach einem Ausweg. Als Matrosen, Hitlerjungen und SS-Einheiten den gemeinsamen Kampf um das Reichstagsgebäude aufnahmen, wußten viele noch nicht, daß sich der Führer am Nachmittag umgebracht hatte. Goebbels nahm die ersten Verhandlungen mit dem Sieger von Stalingrad, Vasily Chuikov, auf, um Berlin zu übergeben; vom Zoobunker in Tiergarten sicherte die deutsche Flak noch den Ring nach Norden hin, und im Westen besetzten die HJ-Bataillone die Heerstraße und die Pichelsdorfer Brücke über die Havel. Arthur Axmann, der Reichsjugendführer, war die meiste Zeit bei ihnen. Auf der Flucht nach Westen machte Rittmeister Gerhard Boldt an den Gräben Halt, in denen die Hitlerjungen einzeln oder zu zweit beiderseits der Heerstraße lagen. Bei Tagesanbruch am 30. April, als die Silhouetten der russischen Panzer, die ihre Geschützrohre auf die Brücke richteten, sichtbar wurden, hörte Boldt von ihrem erwachsenen Anführer, Obergebietsführer Schlünder, wie ihr ursprüngliches Kontingent nach fünftägigem russischem Feuer dezimiert worden war. Einzig mit Gewehren und Panzerfäusten ausgerüstet, um ihre Schützengräben zu verteidigen, waren gerade noch fünfhundert von ursprünglich fünftausend im Kampf; es gab keine Entlastung, und alle waren erschöpft. Doch so verbittert und entmutigt sich Schlünder auch äußerte, er führte weiterhin den Befehl aus, die Stellung zu halten. Selbst der Anblick ihrer verwundeten und getöteten Freunde neben sich, tat der Entschlossenheit dieser Hitlerjungen, den Befehlen Gehorsam zu leisten, keinen Abbruch. Sie sollten mit die letzten sein, die sich ergaben.[43]

Knapp zwei Kilometer weiter nördlich, in Spandau, hielten Verbände der Hitlerjugend immer noch die Charlottenbrücke, während auf der Insel am Zusammenfluß von Spree und Havel deutsche Truppen weiterhin die barocke Spandauer Zitadelle besetzten, obwohl sie wußten, daß sie sie nicht mehr lange würden halten können. Im Süden war es der 12. Armee bei ihrem Versuch, der Hauptstadt zu Hilfe zu kommen, zwar nicht gelungen, über Potsdam hinaus durchzubrechen, aber sie war noch in der Lage, einen Fluchtweg für die Überreste der 9. Armee Richtung Elbe und in den Schutz der amerikanischen Linien offenzuhalten. Als Rudolf Vilters Einheit sich dem Zug der Frauen, Kinder, verwundeten Soldaten und Kriegsgefangenen anschloß, bemerkte er am Straßenrand einen Major, der zusammen mit zwei Offizieren und einem Militärpolizisten versuchte, deutsche Deserteure zu erwischen. Die Flüchtlinge hatten bereits Erhängte an den Bäumen gesehen mit Zetteln, auf denen stand, »ich war zu feige, mein Vaterland zu verteidigen«. Als sie weiterdrängten, sah er, wie ein Unterscharführer der Waffen-SS einem verwundeten russischen Gefangenen in den Bauch schoß.[44]

In Prenzlauer Berg hörten die Kämpfe erst in der Nacht vom 2. Mai auf. Um zwei Uhr nachts weckte der Luftschutzwart die Kinder im Keller der Allensteiner Straße 12 und sagte ihnen, »der Krieg ist vorbei«. Die

Männer vom Volkssturm, die nach Hause zurückkehrten, bestätigten die Nachricht. Als der dreizehnjährige Hans Joachim in dieser Nacht auf die Straße trat, war er hoch erfreut: Die deutschen Soldaten trugen immer noch ihre Waffen und schwatzten oder tauschten Zigaretten und Schokolade mit den Männern der Roten Armee. Die achtjährige Jutta P. lief in die Allensteiner Straße, um die Russen mit ihrer Artillerie, den Autos und den Pferden zu sehen. Aber die Marschlieder der Soldaten beeindruckten sie am meisten. Es war nur ein begrenzter Waffenstillstand, während General Weidling, der Stadtkommandant, die formelle Übergabe der Reichshauptstadt verhandelte. Um sechs Uhr früh unterzeichnete er, und im Laufe des Vormittags sah der bitter enttäuschte Hans Joachim, wie die joviale Kameraderie der vorhergegangenen Nacht der Erniedrigung der Niederlage wich, als die deutschen Soldaten ihre Waffen übergaben und in sowjetische Kriegsgefangenschaft marschierten.[45]

Nicht alle Deutschen hatten in dieser Nacht in Prenzlauer Berg den Kampf eingestellt. Die neunjährige Christa B., die vom 23. April bis zum 2. Mai im Schlachtfeld der Schönhauser Allee festgesessen hatte, schlief im Keller, als die SS in der letzten Nacht der Schlacht um Berlin ihr großes Eckhaus in Brand steckte. In ihrer Angst und Verwirrung ließen die Bewohner ihre Koffer stehen und brachen in den Keller des nächsten Hauses ein, wo Soldaten in zerfetzten Uniformen mit geschwärzten Gesichtern ihnen die Nachricht von der Kapitulation eröffneten. Als sie nach oben gingen, konnten sie sehen, wie ihr Haus herunterbrannte und vor ihnen zusammenbrach; das war der Abschluß all der Nächte, die sie damit zugebracht hatten, es vor Brandbomben zu schützen.[46]

Berliner verbrachten ihren ersten Tag des Friedens damit, die übriggebliebenen Läden und Wehrmachtsdepots zu plündern. Die SS hatte ihre zentralen Lager in der Schultheißbrauerei während der Kämpfe in Brand gesetzt, doch jetzt wimmelte der Ort von Zivilisten, die begierig zu bergen suchten, was übriggeblieben war, und etwas für die Hungerzeiten, die nach der Niederlage zu erwarten waren, beiseite zu schaffen. Kinder, die zuschauten, waren von dem Tumult, der Verschwendung und auch von der plötzlich ausbrechenden Gewalt zwischen Erwachsenen verschreckt, die sie stets angehalten hatten, ordentlich zu spielen und Güter für die Wiederverwendung zu Kriegszwecken zu sammeln. Sie sahen, wie die Verdecke von Fahrzeugen mit Versorgungsgütern im

Hof der Brauerei aufgerissen wurden, bis schließlich die russischen Soldaten anfingen, in die Luft zu schießen, um die Ordnung wiederherzustellen. Vor dem Wasserturm am Prenzlauer Berg schaute die zwölfjährige Liselotte J. zu, wie jene, die »zu feige« waren, selbst hineinzugehen, »wie die Hyänen« über Leute herfielen, die ihre Beute davonschleppten. Als Walter B. daran dachte, daß russische Soldaten die balgende Menge fotografierten, meinte er beschämt: »Die Sieger von Deutschland haben kein gutes Bild bekommen.«[47]

Am 1. Mai wurde Lothar Loewe verwundet; der physische Schock, angeschossen worden zu sein, verwandelte seine Bravour im Panzerjagen sogleich in Entsetzen. In dieser Nacht, kurz vor Mitternacht – der vereinbarten Zeit zur Übergabe des Turms am Zoo –, hatte er sich an einem Durchbruchversuch aus Berlin über die Charlottenbrücke an der Havel nach Spandau beteiligt. Wider Erwarten gelang ihnen der Sturm über die Brücke und der Durchbruch durch die schwache sowjetische Linie am westlichen Ende. Lothar war von Geschichten über Sanitätszüge mit weißen Laken gelockt worden, die in Nauen warteten, um sie direkt nach Hamburg zu bringen, doch als die Einheit in der Gegend ankam, fand gerade eine Massenkapitulation statt: Die Stadt war bereits eine Woche zuvor gefallen. Lothar, noch immer nicht bereit, die Niederlage zu akzeptieren, unternahm mit einem Dutzend anderer Männer einen weiteren Durchbruchversuch, der schließlich damit endete, daß ihr Fahrzeug den Geist aufgab und die sechs Überlebenden absteigen und zu Fuß gehen mußten. Die Motive hinter solchen zum Scheitern verurteilten Handlungen sind, wie bei den Hitlerjungen, die beim Versuch, der Einkreisung durch die Amerikaner zu entgehen, durch den Thüringer Wald nach Osten marschierten, nicht ganz klar. Wurde Lothar von Furcht oder von Stolz getrieben oder einfach von der Weigerung, die Niederlage anzunehmen? Oder versuchte er nur wie andere Wehrmachtssoldaten, den Russen zu entkommen und sich den Amerikanern zu ergeben?

Erst vor einer russischen Infanterielinie, die in Gefechtsformation auf sie zukam, gaben diese Unverbesserlichen endlich auf. Sie wurden an eine Wand gestellt, vor der tote Zivilisten ihre schlimmsten Befürchtungen, daß die Russen sie erschießen würden, zu bestätigen schienen. Nach einer kurzen Diskussion mit einem der Offiziere kamen die Rotarmisten jedoch zu ihnen und nahmen ihnen Ringe und Uhren ab. Als

Lothar jedoch zwei Päckchen deutscher Zigaretten in die Hand gedrückt wurden, brach sein Bild von den russischen »Untermenschen« plötzlich und endgültig zusammen. Als sie in der nächsten Stadt einer ukrainischen Artillerieeinheit übergeben wurden, kümmerte sich die Ärztin des Verbands sofort um die deutschen Gefangenen. Und sie bekamen zu essen. Die Geste jedoch, die Lothar mehr als alles andere aus der Fassung brachte, war die eines Rotarmisten, der ihm sein Eßgeschirr lieh.

Doch zuvor hatten in der letzten Offensive von der Oder bis zur Einnahme Berlins 361 367 sowjetische und polnische Soldaten und 458 000 Wehmachtsangehörige sterben müssen. Vom Aufgebot der Hitlerjugend wurden 27 000 in den letzten Kriegsmonaten getötet.[48]

Am 5. Mai, dem Tag, als Lothar Loewe gefangengenommen wurde, erreichten die amerikanischen Truppen endlich das von Typhus und Ruhr heimgesuchte kleine österreichische Lager in Wels. Dort befanden sich unter anderen Gefangenen, die den Marsch von Mauthausen überlebt hatten, auch Yehuda Bacon und Filip Müller und warteten, von Läusen geplagt, inmitten von Verhungernden und Toten, auf ihre Befreiung.[49] Drei Tage später kapitulierte die Wehrmacht endültig.

IV. Teil

Danach

11. Die Besiegten

Der neunjährige Edgar Plöchl war gerade dabei, mit einem Kinderwagen Feuerholz zu sammeln, als er sah, wie die russische Panzerkolonne auf sein Dorf in der Obersteiermark zurollte. Der Junge lief auf Schleichwegen nach Hause und konnte seine Familie warnen. Die überwiegende Erinnerung Edgars an das Kriegsende war nicht die Ankunft der Russen, sondern die panische Angst, die dieser vorausgegangen war. Als er mit seiner Familie im Haus wartete, erlebte er zum erstenmal diese Todesangst, die Liselotte bei den Bombenangriffen auf Berlin im November 1943 und Miriam Wattenberg im September 1939 in Warschau empfunden hatten. In geschützten Gegenden wie der Obersteiermark folgten die ersten und letzten Kriegserfahrungen unmittelbar hintereinander. Ein kleines Mädchen in Mecklenburg hatte in den Tagen vor der Besetzung den Eindruck, »als ob die Erwachsenen Verstecken spielen wollten«. Die Uhren und der noch übriggebliebene Schmuck verschwanden in einem Einmachglas und wurden vergraben. Selbst ihre Puppen wurden unter einem Holzpfeiler versteckt für den Fall, daß die polnischen Hausmädchen danach suchen sollten. Wahrscheinlich wußte sie nicht, wie jung diese waren, aber sie wußte, daß sie ein kindliches Vergnügen an Spielzeug hatten.[1]

Angst nahm den Erwachsenen ihre Autorität und ihr Selbstbewußtsein und machte sie physisch ebenso hilflos wie die Kinder. Ein Mädchen, dessen Treck aus Ostpreußen von der Roten Armee überrollt wurde, erinnerte sich in den fünfziger Jahren als Halbwüchsige: »Bei dem geringsten verdächtigen Geräusch fuhren wir von unsern Schlafstätten auf und begannen zu schreien, so zu schreien, wie Tiere schreien, wenn sie in Todesangst sind.« Doch sobald die Soldaten eintraten, fuhr sie fort, »verstummte unser Geschrei. Unsere Hände krallten sich nur noch fester an die Mutter und schweigend, schweigend bis in die innerste Seelenschale starrten wir in die uns vorgehaltenen Maschinengewehre.

Einige der Soldaten machte sich immer sogleich über unser Gepäck her. Keiner der Erwachsenen wagte sich, ihnen zu erwehren. Beim Anblick der Russen erstarrte in uns aller Mut und alle Kraft und aller Wille vor Entsetzen.«[2]

Vom Februar 1945 an wurde Deutschland von einer Selbstmordwelle heimgesucht. Allein in Berlin nahmen sich im April und Mai fünftausend Menschen das Leben. Väter oder Mütter töteten manchmal ihre Kinder, bevor sie sich selbst umbrachten. Nach den Abschiedsbriefen zu urteilen, die die Polizei nach den Selbstmorden fand, fürchteten die meisten die Russen oder konnten sich eine Zukunft nach der Niederlage Deutschlands einfach nicht vorstellen.[3]

Für andere wiederum bedeutete die Ankunft der Russen ein enormes Gefühl der Erleichterung. Da die Soldaten Süßigkeiten und Schokolade verteilten und die Neugeborenen liebkosten, sprach sich die Kinderliebe der Russen bald herum. In Wien setzten die Russen den sechsjährigen Karl Pfandl auf ein Pferd, und in Berlin trieben sich die Kinder bei der Kavalleriekompanie herum, die in Prenzlauer Berg einquartiert war. Karl Kahrs kleine Schwester rannte schreiend nach Hause, verfolgt von einem russischen Soldaten, der ihr eine Wurst geben wollte.[4]

In der ersten Nacht der Besetzung von Friedrichshagen wurde Liselotte Günzels Mutter vergewaltigt. Auch in Wilmersdorf begannen die Vergewaltigungen mit der Ankunft der Rotarmisten. Hertha von Gebhardt versuchte, ihre Tochter hinter sich zu verbergen und hoffte jedesmal, wenn ein Russe ihren Keller betrat, er würde eine andere Frau nehmen. Als ein mordbereiter Soldat hereinkam, der drohte, er würde sie alle erschießen oder mit einer Handgranate in die Luft sprengen, forderten sie und andere Frauen eine tschechisch sprechende Frau aus dem Sudetenland auf, mit ihm zu reden, bis er aufhörte, sie zu bedrohen, und sie statt dessen mitnahm. In Zehlendorf erging es einer Freundin von Ursula von Kardoff, die sich hinter einem Kohlenhaufen versteckt hatte, als die Russen kamen, ähnlich: Sie wurde von einer Frau verraten, die ihre Tochter schützen wollte. Die lebhafte, hübsche junge Frau erzählte Kardoff bei ihrem ersten Besuch vier Monate später, daß sie das Opfer einer Gruppenvergewaltigung durch dreiundzwanzig Soldaten geworden war und danach im Krankenhaus genäht werden mußte. »Nie wieder will ich etwas mit einem Mann zu tun haben«, schloß sie ihren Bericht. Sie wollte auch nicht mehr in Deutschland bleiben. Mütter schoren ihren heranwachsenden Töchtern die Haare und verkleideten sie als Jungen. Als eine Ärztin jungen Frauen Schutz anbot, indem sie auf deutsch und russisch eine Typhuswarnung an die Tür hängte, verbreitete sich diese Nachricht wie ein Lauffeuer unter den Frauen, die an den Wasserpumpen in der Straße zusammenkamen.[5]

Frauen wurden in Kellern, Treppenhäusern, in ihren Wohnungen, auf der Straße, bei der Zwangsarbeit – das hieß, Trümmer beseitigen, Industrieanlagen demontieren, für die Russen Kartoffeln schälen – vergewaltigt; die allgegenwärtigen Rufe »Uhri, Uhri«, Uhren, Uhren, vermischten sich besonders nach Einbruch der Dunkelheit mit den Befehlen: »Frau komm!« Frauen wurden vor ihren Nachbarn, Ehemännern, Kindern und Wildfremden vergewaltigt, in einer Welle sexueller Gewalt, die während der Schlacht um Berlin begann und nach der Kapitulation der deutschen Streitkräfte am 3. Mai allmählich wieder abflaute. In den Hauptstädten Berlin, Wien und Budapest wurden schätzungsweise zwanzig bis dreißig Prozent der Frauen Opfer von Vergewaltigungen. Als die Soldaten der Roten Armee ihr Überleben und ihren Sieg feierten, hatten sie den neuen Befehl, sich als »Befreier« und nicht als »Rächer« aufzuführen. Kurz vor dem Vorstoß über die Oder hatten sich die sowjetischen Anweisungen dramatisch geändert: An die Stelle der Rachepropaganda, die die Rote Armee seit 1942 in Umlauf gesetzt hatte, trat der strikte Befehl, zwischen Nationalsozialisten und gewöhnlichen Deutschen zu unterscheiden. Nach dem Gipfeltreffen in Jalta überzeugt, daß die anglo-amerikanischen Verbündeten die sowjetische Besetzung Ostdeutschlands nicht verhindern würden, unternahm Stalin einiges, um seinen neuen Besitzstand zu schützen, und vor allem, um dafür zu sorgen, daß sich Massaker wie in Ostpreußen und Schlesien in Berlin nicht wiederholten. Aber es war reichlich spät, um einen solch dramatischen ethischen Wandel unter den kampfgestählten Streitkräften durchzusetzen, die noch gewaltige Verluste erleiden sollten. Und wenn es zu Vergewaltigungen kam, entschieden sich die sowjetischen Offiziere entweder häufig dafür, nichts zu tun, oder ordneten in manchen Fällen sofortige Exekutionen an, um ihre Leute im Zaum zu halten. Einige Offiziere schliefen in den ersten Nächten sogar selbst in den Kellern, um die Zivilisten durch ihre Gegenwart zu schützen; andere lachten nur, wenn deutsche Frauen Bericht erstatteten.[6]

Wie sahen Kinder diesen explosionsartigen Ausbruch sexueller Gewalt? Im Januar 1946 wurden Kinder in den 47 Schulen im Berliner Bezirk Prenzlauer Berg aufgefordert, über den Krieg zu schreiben. Viele konzentrierten sich auf den Kampf um die Stadt. Selbst Liane H., das kommunistische Mädchen, das »Generalissimus« Stalin für die Befreiung von den Nazis dankte und die »verdammten Nazischweine« und die »feigen Angeber« des Dritten Reiches verfluchte, gab zu, daß »die Russen die Frauen schändeten und den Leuten Vieles fortnahmen«. Ein Junge, der Tagebuch führte, notierte, daß in der ersten Nacht der Besetzung fünf Frauen aus seinem Keller in der Schivelbeiner Straße geholt und in der Erdgeschoßwohnung vergewaltigt worden waren. Dennoch, seine Beobachtung war selten. Die meisten Jungen und Mädchen, die Vergewaltigungen erwähnten, bestanden darauf, daß ihnen persönlich, ihren Müttern, selbst den Frauen in ihren Wohnhäusern, nichts geschehen sei. Und im Unterschied zu Liane zeigten sie keine besondere Sympathie für die Sowjets. Als zwei jener Mädchen in den neunziger Jahren, also beinahe fünfzig Jahre später und nach dem Zusammenbruch der DDR, interviewt wurden, blieben die Frauen bei diesen Geschichten. Eine von ihnen gab einen Hinweis auf ihr Schweigen, als sie bezüglich ihrer Klasse von Vierzehn- und Fünfzehnjährigen einräumte: »Viele meiner Klassenkameradinnen haben Vergewaltigungen erlebt. Ich kann mich einfach nicht erinnern, daß irgendeine darüber gesprochen hat. Die Angst gab es bei uns auch. Ich wurde also auch versteckt, irgendwo in eine dunkle Ecke im Keller.«[7]

Dieses Muster, daß Erinnerungen an Massenvergewaltigungen beschworen wurden und gleichzeitig darauf bestanden wurde, ihnen entgangen zu sein, verfolgte die Kinder in ihrer Erinnerung. Das Mädchen in Mecklenburg, das seine Puppe unter dem Holzpfeiler versteckt hatte, erinnerte sich ein Jahrzehnt später: »Sofort nach dem Einzug der Russen hatte meine Mutter ein altes Kleid angezogen und ein Kopftuch um die weiß gepuderten Haare gebunden.« Was ihre eigenen Gefühle den Russen gegenüber betrifft, entsann sie sich: »Das alles bewirkte einen solchen Haß in mir, den Russen gegenüber, daß ich, als die Verhältnisse geordneter waren, schrie und trampelte, als mich ein Russe auf den Schoß nehmen wollte.« Als in den neunziger Jahren die Kriegskinder anfingen, ihre Erinnerungen niederzuschreiben, waren ihre Geschichten so ziemlich die gleichen, nur die Einzelheiten wurden genauer beschrieben. Hermine

Dirrigl war vierzehn Jahre alt, als ein ganz junger Russe ihre Wohnung in Wien betrat und sogleich sie und ihre Freundin hinter dem Vorhang entdeckte. Die Freundin konnte davonlaufen, Hermine gelang es nicht. Aber ihre Mutter legte ihr ihren Bruder, der noch ein Säugling war, in den Arm. »Der Soldat gab mit Gebärden zu verstehen, ich soll den Säugling weggeben. Mein Onkel versuchte ihn hinauszudrängen. Der Russe bedrohte uns mit dem Gewehr. Schließlich zog er doch ab.« Verglichen mit den Geschichten Erwachsener, ist in Dirrigls Geschichte an der Art, wie der Russe einfach abzog, etwas nicht ganz vollständig. Ob es da ein Eingreifen Erwachsener gegeben hatte, das sie zu jener Zeit nicht verstand, eine verdrängte Erinnerung oder etwas, das in ihre privaten Erinnerungen einzuschließen, die von ihren Kindern und Enkelkindern gelesen werden sollten, sie zurückschreckte, ist unmöglich zu sagen. Selbst als sie dann erzählte, wie die Familie sich der Protektion eines allgegenwärtigen Schutzengels – eines russischen Offiziers – erfreute, geht sie darüber hinweg, ob dies mit irgendwelchen Gegenleistungen von Seiten ihrer Mutter verbunden war.[8]

Während Mädchen eher verschwiegen, was genau geschah, war ein Junge wie Hermann Greiner stolz darauf, wie er den Eingang zu der Wohnung seiner Eltern in Wien versperrt hatte und so einen russischen Soldaten daran hinderte, an eine Frau heranzukommen, die dieser an einem Fenster gesehen hatte:

»Wenn ich größer gewesen wäre, hätte ich ihn angegriffen und so blickte ich ihn auch an. Der Russe mußte ohne Worte dies auch erkannt haben und verließ die Wohnung indem er die Tür von außen zuschlug.«[9]

Als Beschützer seiner Mutter und deren Nachbarin diente ihm als Vorbild der Gedanke daran, wie sich sein Vater verhalten hätte. Und tatsächlich erzählt er gleich darauf, wie sein Vater auf die Straße hinausging, um auf russisch einem Soldaten, der eine junge Frau, die gegenüber wohnte, verfolgte, Vorhaltungen zu machen: »Alle anderen männlichen Flüchtlinge und Nachbarn waren in meinen Augen Waschlappen, die sich versteckten.« Hermann Greiner war damals acht Jahre alt.[10]

Die Zurückhaltung der Kinder stand in deutlichem Gegensatz zu der Freimütigkeit, mit der erwachsene Frauen zu jener Zeit in Berlin miteinander sprachen. Selbst bildungsbürgerliche Frauen in mittleren Jahren redeten wie Soldaten, wenn sie während des Kampfes um die Stadt für

Wasser und Lebensmittel anstanden. In den Monaten unmittelbar nach der Niederlage verglichen sie die Unterwäsche deutscher und russischer Soldaten, wie jede Seite während des Kriegs Geschlechtskrankheiten über den Kontinent verbreitet hatte und die unterschiedlichen sexuellen Präferenzen der Russen und der Amerikaner. Sie prägten einen neuen Jargon, der die Erniedrigung, die darin bestand, einen Offizier zu finden, der sie beschützte, in Sätzen wie »Essen anschlafen«, »Majorszucker«, »Schändungsschuhe« ausdrückte. Fraglicher ist jedoch, ob sie je so mit ihren Kindern gesprochen haben; wahrscheinlich noch nicht einmal mit ihren heranwachsenden Töchtern. Vierzehnjährige Mädchen, die keine sexuelle Aufklärung erhalten, geschweige denn sexuelle Erfahrung gemacht hatten, fanden keine Worte für das, was geschah, und weder die Schulen noch ihre Familien haben diesen Mädchen und Jungen offenbar geholfen, über ihre Erlebnisse zu sprechen.[11]

Als die »Normalität« wieder hergestellt war, wurde Vergewaltigung mehr und mehr zu einem tabuisierten Thema. In der sowjetischen Besatzungszone erwiderte Walter Ulbricht den Mitgliedern der Kommunistischen Partei, die ihn baten, in der Partei die sowjetischen Vergewaltigungen zur Sprache zu bringen, daß dies bis zu einem späteren Zeitpunkt warten müsse. Als dann der Kalte Krieg einsetzte, verhängte das neue ostdeutsche Regime die Zensur über das Thema, die bis zum Zusammenbruch von 1989 in Kraft blieb. In der Bundesrepublik hatte der Kalte Krieg eine gegenteilige Wirkung: Schlitzäugige mongolische Sowjetvergewaltiger tauchten 1949 auf den Wahlplakaten der CSU in Bayern anläßlich der ersten Bundestagswahl auf, wurden dann Anfang der fünfziger Jahre von der CDU für ganz Deutschland übernommen und wurden selbst in Teilen des Ruhrgebietes ein gängiges Motiv, wo nie ein sowjetischer Soldat gestanden hatte, dessen Städte jedoch von ihren neuen britischen und amerikanischen Verbündeten in Schutt und Asche gebombt worden waren. Während die antisemitische Bildersprache vom »jüdisch-bolschewistischen« Bazillus in der Bundesrepublik nicht mehr gefragt war, kam Goebbels' letzte Vorstellung von einer »europäischen Kultur«, die einer »asiatischen« russischen »Barbarei« gegenüberstand, zu neuer Blüte.[12]

Nichts von alledem half den Vergewaltigungsopfern. Da ihnen von der Regierung in den fünfziger Jahren jede Entschädigung für das erlittene Unrecht verweigert wurde, verloren die Frauen immer mehr den Mut, über ihre Erfahrungen zu sprechen. Die zunehmende soziale Tabuisierung des Themas machte es noch schwieriger, das Leid und die Erniedrigung eines solchen Angriffs zu beschreiben. Dies wurde deutlich, als Historiker der *Oral History* anfingen, Anfang der neunziger Jahre Fragen zu dem Thema zu stellen. Frauen, die noch Kinder gewesen waren, zögerten, darüber zu sprechen, was ihnen widerfahren war, verfielen statt dessen in die dritte Person und erzählten, was andere oder ihre Mütter erlebt hatten. Eine Schwierigkeit lag innerhalb der Familie selbst. Selbst in Ehen, in denen das Paar versucht hatte, eine intensive, lebendige Korrespondenz während des Kriegs aufrechtzuerhalten, hatten die Frauen häufig das Gefühl, ihrem Ehemann nicht erzählen zu können, daß sie vergewaltigt worden waren, ohne dessen männliches Schamgefühl und seine Abscheu befürchten zu müssen. Nicht nur, weil deutsche Soldaten, die aus der Kriegsgefangenschaft zurückkehrten, eine doppelte Moral hinsichtlich ihres eigenen sexuellen Verhaltens und dem ihrer Frauen gehabt hätten. Sie waren auch nach männlichen Ehrvorstellungen erzogen worden, die Vergewaltigung als eine Verletzung der Ehre des Hauses ansah, die zu verteidigen ihre Pflicht gewesen wäre. Es war sowohl ein Verrat als auch ein Zeichen ihrer Ohnmacht.[13]

War ein vorpubertärer Junge wie Hermann Greiner tief beunruhigt durch das Versagen der männlichen »Waschlappen« in Wien, seinem Ideal der männlichen Ehre gerecht zu werden, so war der Einbruch väterlicher Autorität für kleinere Jungen eine neue Erfahrung. Am Ende des Kriegs befanden sich Uwe Timm und seine Mutter in Coburg. Nach dem Feuersturm von Hamburg wohnten sie dort neben der Witwe eines Kreisleiters der NSDAP, die weiterhin viele ehemalige NS-Funktionäre empfing. Für den fünf Jahre alten Uwe waren »von einem Tag auf den anderen die Großen, die Erwachsenen, klein geworden«. Die Töne des Dritten Reiches verklangen. Die Stentorstimmen der Männer, die zu hören er auf der Straße und in den Treppenhäusern gewohnt war, wurden zu einem entschuldigenden Geflüster, gerade so wie der Marschschritt der genagelten Stiefel deutscher Soldaten abgelöst wurde von den beinahe lautlosen Gummisohlen der amerikanischen GIs. Selbst deren Benzin roch anders, süßer, fast wie Kaugummi und die Schokolade, die sie Kindern wie ihm zuwarfen. So wie polnische und jüdische Kinder oft unwillkürlich deutsche Soldaten beneidet hatten, so konnten sich jetzt deutsche Kinder der Faszination von alledem, was die Sieger besaßen, nicht entziehen.[14]

Weil Erwachsene sich fürchteten, den Russen nahezukommen, schickten sie oft ihre Kinder hin, um mit ihnen zu verhandeln. In Wien ging Helga Grötzsch zu den Russen, um bei ihnen Tabak für die selbstgedrehten Zigaretten ihres Vaters zu erbetteln. Bei anderer Gelegenheit wies ihre Mutter die Kinder an, laut zu weinen, als sie zu der sowjetischen *Kommandatura* gingen, um zu erbitten, nicht aus ihrer Wohnung ausgewiesen zu werden. Sie erinnerte sich trocken: »Offenkundig haben wir ordentlich genug geheult. Wir durften bleiben.« Ganz allgemein wurden Kinder als Vermittler eingesetzt. Helga Feyler erinnerte sich an die Vorkommnisse, als ihre Großmutter sie ins russische Lager in der Nähe des Dorfes schickte, um Lebensmittel zu erbetteln. Obwohl die Oma es für Erwachsene zu gefährlich hielt, war sie zuversichtlich, daß die Russen Kindern nichts taten. Das russische Lager war mit einem Zaun umgeben, von dem sie der erste Soldat, der sie erblickte, verjagte. Der zweite Soldat bot ihr Weißbrot im Tausch gegen ihren kleinen Bruder an. Als sie den Kopf schüttelte, zeigte er ihr ein Foto seines Jungen, um ihr Vertrauen zu gewinnen, wies auf sich selbst und sagte in gebrochenem Deutsch: »Ich Vater [...] wollen.« Sie hielt ihm zuerst ihren Beutel hin und hob dann den Säugling hoch. Der Soldat, der, wie sie dachte, wohl Heimweh hatte, nahm das Kind, schwang es im Kreis herum, drückte es dann an sich und streichelte sein Haar. Als der kleine Junge zu weinen anfing, reichte er ihn über den Zaun zurück. Oben auf den Beutel hatte er zwei Laibe Weißbrot gelegt, darunter fand sie Zucker und noch ein Stück Fleisch. Solche Vorkommnisse verschafften den Kinder ein neues Gefühl der Wichtigkeit zu einer Zeit, da so viele Erwachsene in ihren Augen an Größe verloren hatten. Kinder waren nicht einfach nur Beobachter von Eroberungsszenen; sie wurden schnell zu Beteiligten.[15]

Wenn die Erwachsenen ihre alten Uniformen, Parteiabzeichen und viele ihrer Bücher samt denen ihrer Kinder verbrannten, nahmen sie Abschied von manchen Dingen, die zu schätzen den Kindern anerzogen worden war. Als die britische Armee in Osnabrück einmarschierte, entfernte Dierk Sieverts Familie sogar seine Sammlung Zigarettenkarten aus dem Album, die er über den »Räuberstaat England« so gewissenhaft zusammengetragen hatte. Die Familien warfen die Litzen und Kleidungsstücke der Hitlerjugend, die Plakate der Wehrmacht und die SS-Uniformen weg und versenkten die HJ-Dolche zusammen mit anderen Waffen in den Dorfteichen. Unterdessen sammelten die Kinder beim Spielen in den Feldern und im Wald heimlich weggeworfene Waffen und Munition und spielten damit, mitunter mit fatalen Folgen. In Wien, das am 13. April 1945 kapituliert hatte, stellten die Bewohner eilig neue Fahnen zum 1. Mai her, indem sie rote Stoffstücke über den weißen Kreis in der Mitte nähten. Wie um diese Solidaritätsbeweise mit den »Befreiern« zu verhöhnen, zeigte sich dann im Sonnenlicht das schwarze Hakenkreuz darunter. Für Kinder war der Moment, wenn sie sich von ihren HJ-Abzeichen trennen und ihre Dolche wegwerfen mußten, oft besonders bitter und stellte alles in Frage, was sie je über Pflicht, Gehorsam und Ehre gelernt hatten. Manche Jungen merkten sich insgeheim, wo sie die Waffen hingeworfen hatten, um sie später wieder zu holen.[16]

Auch der Anblick zurückkehrender deutscher Väter vermittelte kein Gefühl der Sicherheit. Deutsche Psychiater und Psychologen prägten einen neuen Begriff, um deren Zustand zu beschreiben: »Dystrophie«. So wie Unterernährung zu Apathie, Depression und zum Verlust moralischer Hemmungen neben sichtbareren Leiden wie Leberschäden führte, so malten sie ein Bild der geschlagenen deutschen Männlichkeit in den Farben, das dieselben Kommentatoren einige Jahre davor den »slawischen Untermenschen« vorbehalten hatten. Offensichtlich sei der »Ostheimkehrer« »ein Mensch, den eines Teils das furchtbare Gefangensein in Russland zum anderen die völlig anders geartete Lebensweise des Landes in besonderem Masse geformt hat. Wesen und Gesichtsausdruck sind Russisch geworden«. Dadurch hatten sie »viel vom eigentlichen Mensch-Sein verloren«. Psychologen, die die Überlegenheit der deutschen Mannestugenden gegenüber der sowjetischen Barbarei noch vor kurzem gepriesen hatten, fürchteten nun, daß der Geschlechtstrieb bei den deutschen Gefangenen im Osten erloschen sein könnte. Als das Versagen in sexuellen Beziehungen die Ratgeberspalten der deutschen Illustrierten immer mehr zu füllen begann, sah Beate Uhse den Moment für gekommen, in das schnell wachsende Geschäft der Verhütungs- und Eheratgeber einzusteigen.[17]

In allen kriegführenden Ländern war die Rückkehr der Väter für viele Kinder eine unwillkommene und unnötige Störung. In Prenzlauer Berg hatte Christa J. während der fünfjährigen Abwesenheit ihres Vaters eine ungewöhnlich enge und intensive Beziehung zu ihrer Mutter hergestellt. Mit sechzig Jahren blickte Christa auf diese Zeit einer bemerkenswerten Kameradschaft und der gegenseitigen Anerkennung zurück. Sie war schon elf Jahre alt, als ihr Bruder 1942 geboren wurde, und sie stellte fest, daß sie und ihre Mutter ihre Probleme während des Krieges und danach diskutieren konnten. Dies war ganz anders als das Gefühl, das sie hatte, bevor ihr Vater 1941 einberufen wurde, wenn ihre Eltern verstummten, sobald sie den Raum betrat. Christas Vater war Pastor und konnte nach seiner Entlassung aus sowjetischer Gefangenschaft 1946 in seine Gemeinde zurückkehren. Aber er war nicht mehr in der Lage, sich in die Arbeit zu stürzen. Es fehlte ihm der »innere Schwung« dazu. Wie Christa sich erinnerte: »Er war nicht mehr bereit, viel zu sprechen, schon gar nicht über sich und seine Erlebnisse.« Er starb früh, erlebte aber gerade noch, wie seine Tochter ihr Medizinstudium aufnahm und allmählich ihren Glauben verlor.[18]

Viele Väter konnten ihren Platz in der Gesellschaft nicht so leicht wieder einnehmen. Als Helga Maurers Vater 1946 aus britischer Gefangenschaft zurückkam, stellte er fest, daß die Familie das mecklenburgische Barth verlassen hatte und in einem Dorf in Schleswig-Holstein gelandet war. Sie war bei einer Pastorenfamilie einquartiert, wo seine Frau und die vier Kinder in einem einzigen, ungeheizten Raum lebten, einem Anbau des Hauptgebäudes, das für den Konfirmationsunterricht gedient hatte. Nach Helgas aufregender Flucht auf einem Wehrmachts-LKW im April 1945, brachte die Niederlage persönliche Demütigung und Hunger mit sich. Sie erinnerte sich, wie gut genährt die Kinder des Pastors waren – die Pfarrersfamilie erhielt regelmäßig Erzeugnisse von den Bauern –, wenn jedoch Helgas zweijährige Schwester um etwas Brot und Butter bettelte, kam am Abend die Frau des Pfarrers vorbei und verlangte dafür Essensmarken von ihrer Mutter. Der Statusverlust war für die Familie eines Staatsbeamten dramatisch, und als ehemaliger Techniker bei der Luftwaffe empfand Helgas Vater dies sehr stark. Ohne Arbeit und als Intellektueller und Flüchtling im Dorf von oben herab angesehen, war er mit seinen vier Kindern überfordert. Sie waren alle unter acht, und in den nächsten vier Jahren, bis er seinen Beamtenstatus wiedererlangt hatte und mit der Familie nach Braunschweig ziehen konnte, schlug er die Kinder gelegentlich, besonders die zwei älteren Jungen. Helga erinnerte sich lebhaft daran, als sie sein Verbot, im Schlamm des Dorfteichs zu spielen, an einem Sommernachmittag brachen. Sie wurden vor aller Augen in einer Reihe dem Alter nach vor dem Haus hingestellt. Zuerst wurden sie von der Mutter in einer Zinkwanne von oben bis unten abgeschrubbt, danach vom Vater mit dem Stock verbleut. Die Erniedrigung dieser öffentlichen Bestrafung und das angstvolle Schluchzen ihrer kleineren Schwester, als sie sah, wie ihr ältester Bruder Helmut geschlagen wurde, blieben Helga im Gedächtnis haften.[19]

Es war nicht nur Frustration, die Väter zu Zuchtmeistern werden ließ. Viele von ihnen kannten nichts anderes mehr und glaubten an die Wirksamkeit des Abhärtens. Ein Vater aus Berlin, der neun von elf Jahren seiner Ehe im Militärdienst und in der Gefangenschaft verbracht hatte, stellte fest, daß ihn seine Kinder kaum mehr wiedererkannten. Wütend darüber, daß sein ältester Sohn Hans im Lesen nicht mitkam, beschloß er, ihn durch militärischen Drill zu kurieren und ließ ihn fünfundzwanzig Kniebeugen machen. Das war, was er kannte. In einer Armee, wo Offiziere ihre Leute normalerweise mit »Kinder« anredeten, waren die Muster paternalistischer Autorität klar. Für Rolf, den jüngsten, war die Rückkehr des Vaters gänzlich unerwünscht. Er pflegte am Morgen zu seiner Mutter ins Bett zu kriechen und schrie seinen Vater an: »Weg hier, weg hier, siehst du nicht, daß hier besetzt ist?!« Während die zwei älteren Kinder hinter dem Rücken des Vaters flüsterten, ließ Rolf seinen Gefühlen freien Lauf. Seine Mutter erinnerte sich, wie er während eines Streits bei Tisch aufstand, seine Fäuste ballte und mit hochrotem Kopf vor Wut um den Tisch auf den Vater zuging und sagte: »Du, du, du hast hier überhaupt nichts zu sagen.«[20]

Wie der Vater feststellen mußte, hatte der Sohn in gewisser Hinsicht recht. Er verstand das Berlin, in das er zurückgekommen war, nicht mehr. In der ersten Woche nach seiner Rückkehr war ihm nicht klar, daß er eine Lebensmittelkarte beantragen mußte. Die Familie mißgönnte ihm das Essen keineswegs, wie er vermutet hatte, sondern er hatte, wie er feststellen musste, die Rationen der Kinder aufgegessen. Er begriff auch nicht, daß Hans im Lesen nicht mitkam, weil er der Mutter geholfen hatte, den Haushalt in Gang zu halten. Als ehemaliger Handwerkermeister verstand er nicht, wie man in einer Notwirtschaft zu leben hatte, noch daß man

überfüllte Unterkünfte mit angeheirateten Verwandten teilen mußte. Und
er wußte nicht, wie er mit seinen Kindern sprechen sollte. Als Väter, die
zu Familien, die sie kaum kannten, zu Frauen, denen sie längere Zeit nur
Briefe geschrieben, als daß sie mit ihnen zusammengelebt hatten, zu Kindern, die geboren worden waren, als sie weg waren, zu einer erweiterten
Familie von Eltern und Schwiegereltern, die alle in denselben Räumen
zusammengedrängt lebten, zurückkehrten, fanden sie ein Deutschland
wieder, das sie nicht verstanden. Viele waren arbeitsunfähig, und ohnehin gab es in den ersten Friedensjahren wenig Arbeit.[21]

Die Familie ist der Grundpfeiler der Gesellschaft, wie die bundesre-
publikanischen Christdemokraten der fünfziger Jahre gerne sagten, doch
bei näherem Hinsehen war die Familie als ökonomische und emotionale Größe in einem bedrohteren Zustand, als sie dies sogar während
der Weltwirtschaftskrise war. Sie nahm in den späten vierziger Jahren
nur deshalb so breiten Raum ein, weil viele der komplexeren Strukturen darum herum zerbrochen waren. Nicht nur die Wehrmacht und
die Regierung waren 1945 geschlagen und vernichtet worden. Mit dem
Zusammenbruch des NS-Staats waren auch die Wohlfahrtseinrichtungen
zusammengebrochen. Eltern mögen in den dreißiger Jahren und selbst
noch in den ersten Kriegsjahren über die Einmischung der Hitlerjugend
gemurrt haben, aber ohne diese, ohne die Frauenorganisationen, ohne
die Winterhilfe, ohne die Nationalsozialistische Volkswohlfahrt und ohne
ein hinreichendes Gesundheitssystem, wären sie auf eigene Mittel angewiesen gewesen. In den ersten zehn Jahren nach dem Krieg fanden amerikanische Meinungsforscher niemanden, der das NS-Wohlfahrtssystem
nicht in den höchsten Tönen lobte. Für diejenigen, die damals noch klein
gewesen waren, gehörten Altmetall-, Altpapier- und Kleidersammlungen
sowie das Sammeln großer Mengen von Heilkräutern beim Jungvolk zu
einer unschuldigen, normalen Zeit. Für Halbwüchsige wurden Orche-
stermusik und Sommerlager der HJ schnell zu einer weit entfernten Erinnerung, und die Kinderlandverschickung zu einer Zeit des Überflusses,
Teil der »heilen Welt«, die jetzt zerstört war.

Was auch immer die schwäbischen Bäuerinnen gegen die Arbeiter-
frauen, die bei ihnen während des Kriegs einquartiert waren, gehabt
haben mochten, wie schnell die Leute in Pommern auch bereit gewesen
waren, sich über den Vandalismus und die Diebstähle der evakuierten

Jugendlichen aus Bochum zu beklagen, sie alle waren für die Unterbringung dieser Gäste gut bezahlt worden. Nachkriegsflüchtlinge hatten nicht die Mittel, um für ihr Leben in den Gemeinden, in denen sie untergebracht waren, aufzukommen. Mit dem Zusammenbruch eines komplexen nationalen Zahlungssystems ging eine wachsende Intoleranz gegen Außenstehende einher. In Klein-Wesenburg in Schleswig-Holstein fand Helga Maurer bald heraus, daß Flüchtlingsfamilien wie die ihre mehr verloren hatten als nur ihren bürgerlichen Status. Sie wurden als Eindringlinge, als Schmarotzer am Rande der Gesellschaft angesehen. Als sie und ihre Freundin dabei erwischt wurden, wie sie am Traveufer Steckrüben aßen, die sie nebenan auf einem Feld geerntet hatten, zwang die Lehrerin sie, den Diebstahl vor versammelter Klasse zu gestehen. Dann wurden sie nach vorne gerufen, worauf die ganze Klasse mit ausgestreckten Armen auf sie zeigte und sie als Diebinnen brandmarkte. Diese öffentliche Demütigung bestätigte, was, wie Helga meinte, alle ohnehin über Flüchtlinge dachten. Und als Helgas Mutter die Kinder im Winter bei Schnee und Kälte zum Spielen ins Freie schickte, weil sie für den einzigen Raum nichts zum Heizen hatte, bekamen das die Kinder buchstäblich zu spüren. Glücklicherweise fanden sie im Dorf ein altes Ehepaar, das sich freute, wenn die vier Kinder kamen und ihre nassen Kleider und Schuhe am großen Kachelofen trockneten. Aber solche Nächstenliebe war selten geworden.[22]

Im Herbst 1946 unternahm der linke und humanistische Londoner Verleger Victor Gollancz eine siebenwöchige Informationsreise durch Deutschland. Auf seinem Weg von Düsseldorf nach Aachen kam er durch Jülich, das bei einem einzigen Bombenangriff am 16. November 1944 zu 93 Prozent zerstört worden war. Der Stadtdirektor sagte ihm, daß von den ehemals elftausend Einwohnern immer noch etwa siebentausend in der dem Erdboden gleichgemachten Stadt lebten. Doch als er durch die Trümmer ging, konnte er nicht ergründen, wo. Dann sah er ein Ofenrohr aus der Erde ragen und nach einer Weile fand er einen abschüssigen Pfad zum Eingang. Der Keller bestand aus zwei winzigen Räumen, in denen sieben Menschen hausten. Es gab ein Schlafzimmer und ein Zimmer für alles andere. Toiletten oder fließendes Wasser waren nicht vorhanden. Im Inneren stieß er auf ein Elternpaar mit ihren zwei erwachsenen Söhnen und zwei kleineren Kindern. Ein Kind war draußen, und das Mädchen, das sein Gesicht in seinen Armen vergraben hatte, richtete sich auch beim Blitzlicht des Fotografen nicht auf.[23]

Während der Reise beobachtete Victor Gollancz die zerfetzten Schuhe, die von Hungerödemen mit Wasser angeschwollenen Körper und die, wenn das Wasser ausgeschieden war, zu Skeletten abgemagerten Erwachsenen und Kinder. Er besuchte Schulen mit bis zu siebzig Kindern in einer Klasse, die keine Bücher hatten. In Krankenhäusern ohne Penizillin hielt er Nachtwachen und sprach den Sterbenden Trost zu. Als Jude und, bereits in den dreißiger Jahren, einer der schärfsten Kritiker des Faschismus, rief Gollancz jetzt zur Versöhnung auf und bat um Lebensmittelhilfe für Deutschland, weil er fürchtete, daß solche Zustände nur einen neuen Nationalsozialismus hervorbringen könnten.[24]

1946 herrschte in den vier Besatzungszonen Hunger, und die Kindersterblichkeit lag in der britischen Zone bei 10,7 Prozent; die Tuberkuloserate lag in den britischen und amerikanischen Zonen dreifach über dem Wert von 1938. Die Grundversorgung war Mitte 1946 mit 1330 Kalorien täglich in der amerikanischen Zone, 1083 in der sowjetischen und 1050 in der britischen völlig unzureichend. In der französisch besetzten Zone wurde mit 900 festgesetzten Kalorien täglich der Tiefpunkt erreicht. 1946 führte die britische Regierung in Großbritannien selbst sogar die Brotrationierung ein, eine Maßnahme, die im Krieg nie getroffen worden war, und dennoch blieb die Situation in Deutschland katastrophal. Wie der Korrespondent des *Manchester Guardian* herausfand, erschöpfte sich in Wirklichkeit die britische Tagesration in zwei Scheiben Brot mit Margarine, zwei kleinen Kartoffeln und einem Löffel mit Wassermilchsuppe. Die offiziellen Rationen waren weniger als das, was ein Erwachsener benötigte, um für längere Zeit davon leben zu können. Auch die Millionen von Care-Paketen, die ab 1946 aus Nordamerika eintrafen, von denen ein jedes von einem einzelnen Spender stammte und vierzigtausend Kalorien an getrockneten Lebensmitteln oder solchen in Dosen enthielt, zeigten wenig Wirkung. Trotz Bersarins anfänglichen Anstrengungen, Lebensmittel aus der Sowjetunion herbeizuschaffen, nannten die Berliner die normale Lebensmittelkarte bald nur noch »Himmelfahrtskarte«. Die oft ausfallende oder verspätete Lieferung von fett-, mineral- und vitaminreichen Grundnahrungsmitteln bedeutete, wie im deutschbesetzten Europa während des Kriegs, daß auch im Nachkriegsdeutschland die Bevölkerung sich von Brot, Kartoffeln und Steckrüben ernährte. Das Frühjahr 1947 war der physische und psychische Tiefpunkt der Besatzungszeit. Der Winter war der härteste gewesen, seit man sich erinnern konnte, das fehlerhafte Eisenbahnnetz brach wieder zusammen, und Heizmaterial- sowie Lebensmittelknappheit wurden zum Dauerzustand und führten zu weiteren Rationenkürzungen. Während die Menschen mit tausend Kalorien pro Tag um ihr Überleben kämpften, zerfiel die deutsche Gesellschaft in ihre kleinsten Kernstrukturen.[25]

Die schnelle Wiedereröffnung der Schulen im Sommer 1945 brachte wenig Erleichterung. Kinder brachen vor Hunger im Unterricht zusammen. Über ein Viertel aller Bremer Schüler hatten keine Schuluniform, und nahezu ein Viertel konnte im Winter die Schule nicht besuchen, weil sie keine richtigen Schuhe besaßen. Erhebungen in Darmstadt und Berlin zeigten ein ähnliches Bild. Viele Schulen mußten wegen Kohlemangels schließen. Andere, wie die Schule von Christa J. in Prenzlauer Berg, zogen in den Luftschutzkeller, um dem eisigen Wind zu entgehen, der durch die offenen Fenster zog. Der Tag wurde aufgeteilt, um die Kinder in Schichten unterrichten zu können, doch schon Mitte November 1945 froren die Toiletten zu. Ein Berliner Junge stimmte mit seinem Lehrer überein, daß er und der andere Zehnjährige aus seiner Klasse »lebende Trümmerhaufen« waren. Sie wollten nicht mehr lernen, hatten kein Interesse mehr daran, Ordnung zu halten oder den Ermahnungen ihrer Eltern und Lehrer zu folgen, bis sie sich selbst daran beteiligten, das Schulgebäude und den Schulhof von den herumliegenden Trümmern zu säubern. Damit gewannen sie ihre Zielstrebigkeit zurück, wie er in einem Schulaufsatz schrieb – zweifellos mit Billigung des Lehrers.[26]

Wenn Essener Kinder Mitte der fünfziger Jahre an diese Zeit zurückdachten, erinnerten sich viele, daß sie Hunger gelitten hatten. »Ja ich erinnere mich noch, daß ich manchmal vor Hunger geweint habe«, schrieb Heinz Bader im Juni 1956, während ein anderer Junge in seiner Essener Schule meinte, der Hunger habe physisch Spuren in seinem Körper und in seinem Gedächtnis hinterlassen. Ein Mädchen erinnerte sich an die Währungsreform von 1948, weil sein Vater damals die ganze Familie zusammengerufen hatte und allen die erste Nachkriegsorange zeigte; sein kleinerer Bruder hielt die Frucht für einen Ball und wollte nichts davon essen, da sie nur an »Wassermilchsuppe« gewöhnt waren, diese dünne Suppe, die von einem anderen Kind in der amerikanischen Besatzungszone »Quäkerspeise« genannt wurde. Es war die von der *Religious Society of Friends* bereitgestellte Hilfe. Für ein anderes Mädchen in Essen beraubte der Hunger die Leute ihrer Humanität und ließ sie wie Tiere werden: »Der Hunger hemmt das Gefühl für Freude und Leid, er nimmt alles.«[27]

Die Versorgungskrise rührte direkt von Deutschlands Niederlage und der damit verbundenen mißlungenen kolonialen Eroberung her. Mit seiner Politik der Zwangslieferungen aus Ost- und Westeuropa bewahrte das NS-Regime die deutsche Bevölkerung vor Lebensmittelknappheit auf Kosten einer der Sowjetunion aufgezwungenen Hungersnot und »Rübenwintern« in Belgien, den Niederlanden und in Frankreich im späteren Stadium des Krieges. Als Deutschland stärker von Importen abhing, nahm die Malaise der deutschen Landwirtschaft trotz der anhaltenden Zufuhr von Zwangsarbeitern zu. Bei Kriegsende hatte Deutschland noch fünfzig bis sechzig Prozent seines landwirtschaftlichen Bedarfs produziert. Nachdem die Alliierten die Oder-Neiße-Linie zur neuen Ostgrenze gemacht hatten, verlor Deutschland – zusammen mit dem Industriereichtum Schlesiens – achtundzwanzig Prozent seines landwirtschaftlich genutzten Bodens und etwa die Hälfte seiner Getreide- und Viehproduktion.[28]

Zur gleichen Zeit nahm die Bevölkerungsdichte schnell zu, da viele der noch verbliebenen deutschen Bewohner aus Osteuropa vertrieben wurden. Bis 1947 mußte das Deutschland der vier Besatzungszonen 10 096 000 Flüchtlinge und Vertriebene aus den verlorenen Ostgebieten, der Tschechoslowakei, Ungarn und Rumänien aufnehmen. Außerdem lebten auch 1946 noch über drei Millionen Kriegsflüchtlinge auf dem Land und wagten nicht, die oft streng kontrollierten Zonengrenzen innerhalb Deutschlands zu überschreiten, um in die Ruinen ihrer Städte, die sie zwei oder drei Jahre zuvor verlassen hatten, zurückzukehren. Nichtsdestoweniger waren bis April 1947 etwa neunhunderttausend Menschen aus der Sowjetzone in den Westen herübergewechselt. Ein Viertel des gesamten Häuserbestandes in den vier Besatzungszonen war zerstört worden. Und viele Familien waren froh, einen oder zwei Räume in einer Gemeinschaftswohnung zu haben. Noch 1950 fehlten in der Bundesrepublik 4,72 Millionen Wohnungen. Mittlerweile lebten 626 000 Familien in Barakken, Bunkern, Wohnwagen und Kellern und weitere 762 000 in Lagern und Wohnheimen. Die Demütigungen der Kriegszeit, die westliche Evakuierte bei Vermietern in Ostdeutschland erfahren hatten, als sie kein warmes Essen zubereiten durften oder keine Kohle zum Beheizen ihrer Zimmer erhielten, bekamen jetzt die Flüchtlinge aus dem Osten in noch größerem Ausmaß zu spüren. So sehr die Westdeutschen im allgemeinen ihr Mitgefühl zum Ausdruck brachten, stellten amerikanische Umfragen doch fest, daß das Land zu klein sei, um mit einem solchen Zustrom fertig zu werden, und dieser Unmut machte sich gelegentlich in Tumulten Luft.[29]

Als Hunger, Erschöpfung, Kälte und Gewalt ihren Tribut forderten, sahen sich viele Mütter genötigt, Verantwortung an ihre älteren Kinder abzugeben. Für Gertrud Breitenbach war die Grenze der Belastbarkeit gegen Ende ihres beschwerlichen Trecks aus der Tschechoslowakei nach Kneese in der Sowjetzone erreicht. Sie und ihre Kinder wären fast gestorben. »Ganz kurz vor dem Ziel wollte es bei mir nicht mehr gehen. Ich konnte einfach nicht mehr«, schrieb sie ihrem Mann ins amerikanische Kriegsgefangenenlager. Auf dem Weg erkrankte ihre einjährige Tochter Britty acht Wochen lang an einer Darmentzündung, gefolgt von Keuchhusten. Als Frau Breitenbach völlig erschöpft war und kurz vor dem Zusammenbruch stand, kümmerte sich die neunjährige Tochter Ingrid um das Kleinkind. Ihr Pflichtgefühl, den erschöpften Eltern beizustehen, zeigte sich auch an ihrer Entschlossenheit, nur gute Neuigkeiten zu berichten, die ihren Vater freuten. Anders als ihre Mutter schrieb sie ihm nichts von den Strapazen, sondern von den »roten Backen« der kleinen Schwester, von deren ersten Worten und dem Ringelreihenspiel mit ihren Puppen. Als Weihnachten heranrückte, erklärte sie ihrem Vater strahlend: »Ich wünsche mir vom Christkind nichts Anderes als Dich, liebster Vati.«[30]

In anderen Familien war es die wirtschaftliche Not, die überlastete und alleinstehende Mütter dazu zwang, Verantwortung abzutreten, ihre älteren Kinder auf den Schwarzmarkt zu schicken, den größeren Töchtern die Betreuung der Kleinen zu überlassen. Manche Mütter verließen sich nicht mehr darauf, die magere Brotration gerecht verteilen zu können und überließen es einem ihrer Kinder. Andere schickten ihre Kinder zum Kohlenklauen auf die Abstellgleise. Kinderspiele näherten sich schnell der Wirklichkeit an, und aus »Räuber und Gendarm« wurde »Kohlenklau und Lokomotivführer«.[31] 1946 war der Schwarzmarkt für das Nach-kriegsdeutschland ebenso wichtig geworden, wie er dies im Krieg für Polen gewesen war. Jungen wie der elfjährige Peter Laudan stiegen schnell vom Kohlendieb im Spiel zum Schwarzhändler in Wirklichkeit auf. So erinnerte er sich:

»Wenn wir das alles nicht als Spiel des Erwachsenwerdens und als Erwachsenwerden unserer Spiele begriffen hätten, wäre es nichts als trau-rig gewesen – dabei war es oft die reine Freude, Erwachsene statt mit einer Stelze mit einem Wucherpreis für einen Liter Fischöl übers Ohr zu hauen, und wir gaben in der Schule mächtig an mit unseren Heldentaten auf dem Schlachtfeld des schwarzen Marktes.«[32]

In Berlin entstanden Schwarzmarktzentren am Alexanderplatz und im Tiergarten. 1948 kostete ein Paar Lederschuhe eintausendfünfhun-dert Mark, zwei Pfund Butter fünfhundertsechzig Mark, zwei Pfund Zucker hundertsiebzig Mark und ein Pfund Kaffee fünfhundert Mark, Preise, die für die behördlich kontrollierten Löhnen ganz unbezahlbar waren. Wie seinerzeit im besetzten Polen gingen die Fabrikbetriebe dazu über, die Arbeiter teilweise in Naturalien auszubezahlen, damit diese selbst in den Schwarzhandel einsteigen konnten. Da die Geldwirtschaft zerfiel, begannen die Firmen untereinander Tauscharrangements im Großmarkt einzurichten und machten damit jede Chance zunichte, wie-der einen integrierten Markt herzustellen. Die Geschäfte waren gefüllt mit Lampenschirmen, bemalten Holztellern, Aschenbechern, Abziehrie-men und Knöpfen, für die es keine Käufer gab, während Nähnadeln, Nägel und Schrauben zu Luxusgütern auf dem Schwarzmarkt wurden. Gewachsene soziale Bindungen zerfielen, und Familien wurden zu Pro-duktions-, Tausch- und Verbraucherverbänden. Ein zwölfjähriges Mäd-chen erinnerte sich, wie sie und ihre Mutter ihrer geschickten älteren Schwester halfen, Puppen herzustellen. Ihr Vater, ein gelernter Sattler, beschaffte das Material, indem er einen weggeworfenen Autositz aus-einandernahm, während die Frauen alte Seidenstrümpfe für Arme und Hände der Puppen verwendeten. In gut einer Woche konnten sie zehn Puppen herstellen, wobei ihre Arbeit von ihrem kleinen Neffen ange-spornt wurde, der vom frühen Morgen an durch die Wohnung lief und rief: »Mutti, kocht Mittag!« Die Einkünfte wurden sogleich in Lebens-mittel angelegt.[33]

Aufs Land zu fahren, um direkt mit den Bauern zu tauschen, erwies sich als schwierig. Das Transportsystem war nach wie vor chaotisch und überfüllt, und es war oft leichter, Nebenstrecken und Regionalbahnen zu benutzen, was den Radius der sonntäglichen Hamsterfahrten von Frauen und Kindern reduzierte. Anderswo wurden die Kinder zum Schmuggeln über die deutsch-belgische Grenze geschickt. Ein Journalist der Londoner *Picture Post* schätzte, daß die tausendfünfhundert Kinder, die am Übergang in der Nähe von Aachen im Monat davor verhaftet worden waren, etwa ein Prozent von denen ausmachten, die den Grenzübergang frequentierten. Sie brachten Haushaltsgegenstände hinüber und Kaffee sowie andere Luxusgüter aus dem »wohlhabenden« Belgien zurück, inklusive der Schwarzmarktwährung: Zigaretten. Wenn sie erwischt wurden, hatten manche Mädchen bereits gelernt, sich den Zöllnern anzubieten, in der Hoffnung, ihre Fracht hinüberretten zu können.[34]

In ganz Europa von Belgien bis Polen nahm die Jugendkriminalität in den Jahren unmittelbar nach dem Krieg zu, wie dies auch nach dem Ersten Weltkrieg der Fall gewesen war. In Frankreich, den Niederlanden, in Belgien, Dänemark und Polen stieg sie während der deutschen Besatzung, sobald die Versorgung knapp wurde. 1946 und 1947 verbreitete sie sich in Deutschland und Österreich wie eine Epidemie. Sie ging erst gegen Ende der vierziger Jahre etwas zurück und blieb noch bis in die frühen fünfziger hoch. Psychologen, Kriminologen und Sozialarbeiter begannen eine Diskussion über die moralische Krise der Jugend. Sie waren der Meinung, daß in ganz Europa Kinder offenbar den Respekt vor dem Gesetz, vor ihren Eltern und gegenüber ihrer Gemeinschaft verloren hätten.[35]

Die Wohlfahrtsbehörden, erzogen im Glauben, den moralischen Niedergang im Keim ersticken zu müssen, neigten dazu, Jugendliche in Erziehungsheime unterzubringen, bevor die Jungen unverbesserliche Kriminelle und die Mädchen mit Geschlechtskrankheiten infizierte Prostituierte wurden. Im August 1946 wurde die dreizehnjährige Hella Wagner nach Breitenau, das gerade wieder eröffnet worden war, geschickt, weil sie angeblich mit mehreren amerikanischen Soldaten Geschlechtsverkehr gehabt hatte, bei deren Saufgelagen sie gewesen sei. Das Klischee des verwahrlosten Mädchens hatte sich seit den zwanziger Jahren nicht verändert. Nur die in Frage kommenden männlichen Partner wechselten: Von »jungen Männern« der Vorkriegsjahre zu »Soldaten« während des Kriegs bis zu »amerikanischen Soldaten« im Hessen der Nachkriegs-zeit. 1946 und 1947 wurden mehr Mädchen in Breitenau eingesperrt als während des Kriegs; so als ob die Behörden ihre politische Machtlosigkeit kompensierten, indem sie halbwüchsige Mädchen aufgriffen, weil sie die »Fraternisierung« erwachsener Frauen mit dem Feind nicht verhindern konnten.[36]

Wie in weiten Teilen des besetzten Europa sahen sich viele Kinder und Jugendliche, die auf dem Schwarzmarkt handelten, Waren über die Grenze schmuggelten oder Kohle stahlen, als Ernährer ihrer Familien. Es waren dies keine Anzeichen einer beginnenden »Entartung«, sondern bedeutete angesichts des chronischen Mangels und wirtschaftlicher Erschütterun-gen einen Beitrag zum Familienleben, der ebensoviel Pflichtbewußtsein bewies, wie zu Hause zu bleiben und auf die kleineren Geschwister auf-zupassen. Indem sie ihren Kindern frühzeitig Verantwortung zuerkann-ten, lockerten diese Mütter nicht nur die Fesseln elterlicher Autorität; sie bezogen ihre Kinder in ihre Misere, in ihre Notlage, ihre Hoffnungen und in ihre Ressentiments mit ein. Anstatt daß sich eine unüberwindbare Kluft zwischen den Generationen auftat, schuf die Dynamik der Nieder-lage und der Besatzung eine empathische Bindung zwischen vielen Müt-tern und ihren Kindern, die sich als weit mächtiger und wirksamer erwies als die Versuche der zurückkehrenden Väter, den Kindern durch Schläge und militärischen Drill Gehorsam beizubringen. Diese Kinder wurden gebraucht, und nichts konnte eher sicherstellen, daß sie die Ansichten – und das Schweigen – ihrer Mütter über den verlorenen Krieg teilten, als diese neue Verantwortung.

Gemeinschaften wurden enger und kleiner, und der Graben zwischen Zugehörigkeit und Nichtzugehörigkeit vertiefte sich. Im Krieg hatten Erwachsene und Kinder gelernt, Angst, Wut und Haß auf eine Reihe von »Feinden« zu projizieren. Als die Zwangsarbeiter bei Kriegsende freika-men, hatten die Deutschen, besonders auf einsamen Bauernhöfen, Angst vor nächtlich umherziehenden Fremdarbeiterbanden, die Essen, Kleider und Geld forderten. Selbst in der sowjetischen Besatzungszone war jene Zeit der Abhängigkeit schnell vorbei, als deutsche Bauern sich plötzlich an ihre Zwangsarbeiter gewandt hatten, die gegenüber den Siegern als Ver-mittler auftreten und versichern sollten, sie seien gut behandelt worden. Statt dessen wandte sich die deutsche Bevölkerung nun an ihre Eroberer, damit diese sie vor den Fremdarbeitern schütze. Im Westen beschrieb ein elfjähriges Mädchen auf einem Hof in der Nähe von Donauwörth im Mai 1945 das Kommen und Gehen der Arbeiter in ihrem Tagebuch. Die deutsche Polizei und Lokalpolitiker ließen keine Gelegenheit aus, die gesamte organisierte Kriminalität und die Gewaltverbrechen, die Deutschland von 1945 bis 1948 überschwemmten, den »Displaced persons« (DP) anzulasten, als ob diese die wirtschaftliche und institutionelle Macht gehabt hätten, den Schwarzmarkt zu ihren Gunsten zu betreiben. Die Tatsache, daß manche Schwarzmärkte vor DP-Lagern entstanden waren, in diesem Grenzbereich, wo Juden, Polen, Deutsche und Ukrainer bunt gemischt zusammentrafen, schien solche Klagen zu bestätigen, und die deutschen Behörden legten ihre Festnahmestatistiken vor, um den Umfang der DP-Kriminalität zu »beweisen«. Was sie wirklich zeigten, war die Haltung der deutschen Polizei: Die Verurteilungsquote unterstützte diese Behauptungen in keiner Weise, noch nicht einmal vor solchen Gerichten, denen eine personell quasi unveränderte, den verarmten und heruntergekommenen Ausländern sicher nicht freundlich gesinnte westdeutsche Richterschaft vorsaß.[37]

Angesichts der Notwendigkeit, diesen Ausbruch von Gesetzlosigkeit wieder unter Kontrolle zu bringen, erließen die britischen und amerikanischen Militärbehörden schwere Strafen bei Fällen, in denen Waffen im Spiel waren, selbst wenn sie nicht gebraucht worden waren, und verhängten Todesstrafen gegen DPs, die noch wenige Monate zuvor weltweites Mitleid erregt und Mitgefühl in den alliierten Medien hervorgerufen hatten. Nach Anhörung eines Gnadengesuchs für einen dreiundzwanzigjährigen bewaffneten ukrainischen Räuber Anfang 1948, schrieb der Oberrichter des *British Control Commission Supreme Court*: »Ich sah D. auf der Anklagebank bei der Anhörung seiner Berufung, und der Eindruck, den er auf mich und meine Kollegen vom Gericht machte, war der, daß es sich eher um einen niedrigen Menschentypus handelt, der kaum jemals für eine ehrenhafte Gemeinschaft von Wert sein wird.« Die schrecklichen Berichte von Mißhandlungen, die sie als ehemalige jugendliche Zwangsarbeiter erlitten hatten und zu ihrer Verteidigung vorbrachten, stießen auf taube Ohren. Die Zahl der DPs nahm ständig ab, da die Osteuropäer nach Hause geschickt wurden. Anfang 1947 waren nur noch eine Million Ausländer in Deutschland, gegenüber den acht Millionen, die bei Kriegsende befreit worden waren. Die meisten befanden sich in Westdeutschland, davon 575 000 in der amerikanischen und 275 000 in der britischen Zone. Als die Juden den größeren Teil der verbliebenen DPs auszumachen begannen, wurde auch ihnen das Stigma des Schiebers angehängt, was der immer noch lebendigen Vorstellung vom Juden als Schacherer und Dieb eine neue Form verlieh.[38]

Am 1. Juni 1945 öffneten im Berliner Bezirk Prenzlauer Berg die Schulen wieder. Nach der Versorgung stellten sie oft den ersten und wichtigsten Schritt in Richtung »Normalität« nach dem Krieg dar. Kinder entwikkelten wieder ein Gefühl für den Alltag und für eine positive Tätigkeit. In Berlin wurden Kinder ermuntert, das erste Jahr des Wiederaufbaus zu beobachten und zu beschreiben. Auf dem Schulweg konnten sie die Fortschritte bei der Neuverlegung der Straßenbahnschienen und bei der Wiederinstandsetzung der Oberleitungen sehen sowie das Ausbessern der Kanalisation oder der Gas- und Stromleitungen beobachten. Diese Dinge hatten wirkliche Bedeutung, nicht nur für die Jungen, die vom Ingenieurwesen fasziniert waren. Ende August war Christa J. begeistert, daß der Wasserhahn in ihrem Keller funktionierte; am 17. September war sie von der relativen Pünktlichkeit der Züge nach Nauen beeindruckt, obwohl alle Bahnhofsuhren kaputt waren; am 15. Januar 1946 versammelte sich der ganze Haushalt in der Küche, um zu sehen, wie ein Topf Wasser zum Kochen gebracht wurde, nachdem die Gasleitung wieder instandgesetzt war. Es dauerte zwei bis drei Stunden. Dennoch übte sich Christa in Geduld und meinte: »Wir sind willig, weiter aufzubauen und unserm lieben deutschen Vaterland zu helfen, wo es not tut.« Für Liane und andere Kinder, die der kommunistischen Linie folgten, waren an allem nur »Hitler und seine Konsorten« wegen der deutschen Greueltaten in Rußland schuld. Die meisten Kinder erwähnten diese gar nicht. Zwar schrieben Berliner Schulkinder gelegentlich noch immer von »Terrorangriffen« und »Terrorbombardements« der Briten und Amerikaner, doch im Laufe eines Jahres verschwanden auch diese Bezeichnungen hinter dem neutraleren Begriff »Kriegseinwirkungen«.[39]

Andere Kinder, die im sowjetischen Sektor von Berlin lebten, verfielen wieder auf die militante Sprache vom Opfer, die die Nationalsozialisten im Krieg ständig benutzt hatten, um den Friedensanstrengungen beim Wiederaufbau Wert und Bedeutung zu verleihen. Als Christel B. über die Schwierigkeiten beim Abpumpen der Wassermassen aus dem Berliner U-Bahn-Netz nachdachte, stellte sie »die erbittersten Kämpfe«, die sich dort abgespielt hatten, der »unerbittlichen Arbeit« gegenüber, die viele Menschen »in so aufopfernder Weise« verrichteten, um das Transportsystem wieder herzurichten. Für viele ließ sich dies leicht in die Werte des militanten Pazifismus der politischen Linken ummünzen. Hans H. schrieb Anfang 1946: »Noch qualmen die Brandruinen, da pakken schwielige Arbeiterfäuste schon wieder mutig zu. Über dreihundert Männer fragen nicht nach Lohn und Brot. Sie kennen nur ein gemeinsames Ziel: Wiederaufbau! Neun Monate gingen ins Land, da kam der heißersehnte Tag, an dem der Ruf durch Hallen und Werkräume schallte: ›Feuer unter die Kessel! Gasleitung frei!‹« Aber auch für Hans hatte all diese Arbeit ein nationalistisches Ziel, wenn auch jetzt ein friedliches: »Deutschland, das in friedlichem Wettbewerb mit den anderen Völkern der Erde einer glücklichen Zukunft entgegen geht!« Die Verwirrung der Kinder entsprach der ihrer Lehrer. Während jüngere, »neue« Lehrer die Parteilinie verfolgten, waren die älteren oft zwischen der neuen kommunistischen Sprache von »den Produktivkräften der Arbeit« und dem älteren NS-Vokabular vom »Ausmerzen« hin und hergerissen. Bald jedoch sollte das Volk offiziell mit dem »Anti-Faschismus« des neuen »Volksstaates« auf Linie gebracht werden, nachdem die »Volkspolizei« und Mitte der fünfziger Jahre die »Nationale Volksarmee« aufgestellt worden war.[40]

In den Westzonen und der Bundesrepublik nahm die Erzählung vom Opfer eine andere Form an. Während die Berufung auf das »Volk« im Osten weiterlebte, wurde in Westdeutschland der Verweis auf das Volk oft durch Beschwörung des Lokalpatriotismus oder regionaler Eigenarten ersetzt. In den frühen fünfziger Jahren wurden Tausende von Lehrern in die Vereinigten Staaten geschickt, damit sie ihren Beitrag bei der »Umerziehung« leisten konnten, ein Begriff, der vormals auf Kriminelle und jugendliche Delinquenten angewendet worden war. Obwohl die Leute schnell begriffen hatten, daß antisemitische Ansichten im öffentlichen Leben nicht geduldet wurden, gab es kaum Druck, Ansichten über »Asoziale« und »Zigeuner« zu revidieren. Beiden Gruppen wurden in der Bundesrepublik routinemäßig von denselben Richtern, die Zwangssterilisationen angeordnet hatten, Entschädigungen verweigert.[41]

Angela Schwarz war das einzige Sintikind, das am 9. Mai 1944 aus dem katholischen Kinderheim der schwäbischen St. Josefspflege nicht nach Auschwitz gebracht worden war. Die Nonne Schwester Agneta, die sich erinnerte, daß Angela eine deutsche Mutter hatte, hatte sie zurückgehalten, als die Polizei aus Stuttgart kam, um die Kinder zu registrieren, und sie in den Schlafsaal geschickt, als sie versuchte, mit den anderen Kindern zusammen in den Bus zu steigen. Am nächsten Tag brachte Schwester Agneta Angela zu ihrer Mutter, Erna Schwarz, zurück. Angela hatte ihre Mutter vorher stets abgelehnt, weil sie sie damit in Verbindung brachte, daß sie mit sechs Jahren gewaltsam ihrem Sinti-Vater und ihrer Stiefmutter weggenommen wurde. Bei Kriegsende war Angela elf, hing an ihren Sinti-Wurzeln und erfuhr schließlich vom Schicksal ihres Vaters und der anderen Kinder der St. Josefspflege. Angela nahm den Namen ihres Vaters an. Vor ihr lag ein armseliges Leben am Rand der Gesellschaft. Die Rassenbiologen Robert Ritter und Eva Justin, die Angela und die anderen Kinder der St. Josefspflege untersucht und gute Verbindungen zu Himmler unterhalten hatten, machten ihre Nachkriegskarrieren in der Gesundheitsverwaltung der Stadt Frankfurt am Main, Ritter als Chef der Nervenklinik, Justin als Jugendpsychologin.[42]

Die beispiellose geographische Mobilität der deutschen Bevölkerung bedeutete, daß es in jedem Klassenzimmer Schüler aus allen Teilen des Landes gab, die ungewohnte Dialekte sprachen. Obwohl nur wenige Schüler keine Deutschen waren, waren die Erziehungsbehörden gleichwohl über den Einfluß eines neuen Typs von »Mischling« besorgt, das heißt der wenigen Kinder, die aus einer Verbindung mit schwarzen amerikanischen GIs stammten. Da sie versäumt hatten, die Kinder zu »repatriieren«, planten sie nun, diese auf eine Ansiedlung irgendwo in tropischem Klima vorzubereiten, in der Annahme, daß deren Erbgut »deutsche« und »afrikanische«, rassische und völkische Charakteristiken in sich vereinte, was eine Zukunft für sie in Deutschland ausschloß, sie jedoch für eine koloniale Rolle geeignet erscheinen ließ. Sie blieben.[43]

Die Millionen von Volksdeutschen, die aus der Tschechoslowakei, aus Ungarn, Rumänien und den Polen zugesprochenen deutschen Gebieten ausgewiesen worden waren, erzählten schreckliche Geschichten von Schlägen, Raub und Mord. Als einheimische Milizen in Polen und in der

Tschechoslowakei Pogrome gegen deutsche Minderheiten durchführten, ahmten sie häufig die Rituale der deutschen Angriffe auf die Juden nach, bis hin zu der Praxis, die Sudetendeutschen Armbinden mit dem Buchstaben »N« für *nemec*, »Deutscher«, tragen zu lassen. Nach tschechischen Statistiken begingen allein im Jahr 1946 5558 Deutsche Selbstmord. Manchmal sollen sich ganze Familien im Sonntagsstaat aufgehängt haben, umgeben von Blumen, Kreuzen und Familienalben. Volksdeutsche, die sich noch vor kurzem vor der Roten Armee so gefürchtet hatten, wandten sich jetzt an diese, damit sie sie vor der Rache der Polen und Tschechen schützte. In Bad Polzin sah der achtjährige Enno Strauss den Kolonnen von Russen, Polen und Juden zu, wie sie im April und Mai 1945 die Wohnungen der Deutschen plünderten. Als der neue polnische Bürgermeister Ennos Tante erzählte, daß acht seiner Familienmitglieder von der SS erschossen worden waren, meinte sie sarkastisch, »das erzählten alle Polen«. Dasselbe wiederholte sich, als der halbjüdische Rektor ihr eingehend klarmachte, daß die SS dreiundzwanzig Mitglieder seiner Familie getötet hatte; sie sagte sich, daß es den Juden, die zurückgekommen waren, recht gut ging. Inzwischen verkündete der kleine Enno seiner Tante, er wolle ein Gewehr: »Damit wollte er nach Rußland und Türen aufschlagen. Als ich ihn fragte, was er da wolle, sagte er: ›Plündern und Frauen vergewaltigen‹.« Am 13. Juni 1947 waren sie an der Reihe: Sie wurden mit tausend Deutschen über die Oder transportiert.[44]

Das befreite Ghetto von Theresienstadt wurde ein Internierungslager für Deutsche, die den russischen Standortkommandanten inständig baten, sich nicht zurückzuziehen, aus Angst, sie würden alle von den Tschechen getötet. Quälereien wie erzwungenes Singen und Tanzen, Kriechen und Turnübungen, die das Los der Juden gewesen waren, wurden nun von den Tschechen an den deutschen Zivilisten begangen, die auf die Güterwagen warteten, mit denen sie nach Deutschland transportiert werden sollten. Am 30. Mai 1945 wurden in Brünn alle dreißigtausend Deutschen aus den Betten und zu Fuß aus der Stadt getrieben. Auf ihrem Marsch in die Lager an der österreichischen Grenze wurden sie geschlagen. Etwa tausendsiebenhundert starben auf dem Marsch, den die Deutschen bald den »Brünner Todesmarsch« nannten.

Die Geschichten, die fast alle Vertriebenen selbst erzählten, begannen Ende 1944 oder Anfang 1945. Damals begann etwas in ihrer Welt schiefzulaufen. Ihrer Meinung nach gab es davor nichts zu erzählen. Dies galt besonders für Kinder. Die zwölfjährige Monika schenkte ihrer Mutter 1949 zum Geburtstag einen einunddreißigseitigen Bericht ihrer Flucht aus Schlesien drei Jahre zuvor, der mit einem Gedicht über die Schönheit der verlorenen Wiesen und Wälder schloß. Mit vierzehn trauerte Hans-Jürgen Seifert dem Zuhause nach, das er in der niederschlesischen Stadt Freystadt zurückgelassen hatte, indem er ihren genauen architektonischen Grundriß zeichnete.[45]

Offenbar glaubten weniger als ein Prozent der Bundesbürger, daß die Deutschen selbst Schuld an den Vertreibungen waren. Dieselben Leute, die sich Fragen über die Leiden der Juden gestellt haben mochten, verspürten das tiefe Bedürfnis, die Vertreibung der Sudetendeutschen als »Todesmärsche« zu beschreiben. Für manche stellten die Geschichten der Vertriebenen trotz des Schicksals der Juden und aller anderer Völker die wirklichen Greueltaten des Kriegs dar. Und dies war auch der Schluß, den das bundesdeutsche Projekt einer Sammlung und Veröffentlichung dieser Geschichten in einem mehrbändigen Bericht deutscher Leiden den Lesern und Rezensenten nahelegte. In *Die Vertreibung der deutschen Bevölkerung aus den Gebieten östlich der Oder-Neiße* wurde die Harmonie einer Vielvölkergemeinschaft nicht durch den deutschen Überfall von 1939 zerstört, sondern durch die Rote Armee 1944 und 1945. Es war eine friedliche multiethnische Welt, in der deutsche kulturelle und wirtschaftliche Führung selbstverständlich war, in der polnische Arbeiter dankbar und treu waren und nicht wie Leibeigene mißhandelt wurden – und in der es keine Juden gab. Aber die von den Alliierten bei Kriegsende an die Öffentlichkeit gebrachten Bilder von Juden in den Todeslagern hatten sich deutsche Zeitzeugen angeeignet: In ihren Geschichten über Internierungen und Kriegsgefangenenlager waren es deutsche Männer und Frauen, die da- und dorthin gejagt wurden. Es waren deutsche Leichen, die in den behelfsmäßigen Leichenhallen gestapelt waren, und es waren ihre Goldzähne, die herausgebrochen wurden, bevor die Leichen in die Massengräber eines sowjetischen Lagers geworfen wurden. Und die Wächter in dieser umfangreichen »Dokumentation« trugen sowjetische Uniformen, nicht die der SS.[46]

Als Soziologen nach dem Krieg damit begannen, Flüchtlingskinder zu untersuchen, stießen sie auf Zwölfjährige mit dem Wuchs von Siebenjäh-

rigen, die an Unterernährung, schlechten Zähnen, Rachitis und Tuberkulose litten. Ihre Gesichter waren bleich und aufgedunsen, die Haut
entzündet und verschorft. Wie so viele der hungernden Kinder im Warschauer Ghetto machten sie einen apathischen Eindruck, manche waren
vorzeitig gealtert und sahen aus wie kleine alte Menschen. Eltern und
Lehrer bestätigten, daß die Kinder an Depressionen und Selbstzweifeln
litten, daß sie ernst, mißtrauisch und schweigsam waren. Viele litten an
Kopfschmerzen und Asthma, hatten Alpträume oder waren Bettnässer.
Gleichzeitig waren sie in der Schule oft ebenso gut wie Kinder, die keine
solchen Erfahrungen gemacht hatten, und sogar die Fälle psychischer
Zusammenbrüche kamen häufig ohne Vorwarnung. Margarete M. war
mit ihrer Familie 1945 aus Schlesien nach Westen geflohen. Ihrer Mutter kam das Kind sehr lebhaft und fröhlich vor, obwohl ihm der Verlust
der Heimat und von Hab und Gut sehr zu Herzen gegangen war. Margarete schien sich in ihre neue Umgebung gut eingefügt zu haben und
besuchte die Schule bis 1951, sechs Jahre nach der Flucht, ohne Schwierigkeiten. Bei einer Prüfungsvorbereitung warf sie ein einziger Satz um:
Es war ein nüchterner Hinweis in der Schule auf die Gebiete im Osten,
die abgetrennt, wahrscheinlich für immer verloren seien. Am nächsten
Tag bemerkte Margaretes Mutter, daß ihre Tochter plötzlich von Angst
überwältigt war, die Russen würden sie holen, und darauf bestand, zu
erfahren, warum sie das Haus und den Laden hatte verlassen müssen,
und unentwegt über das Geschehen von 1945 sprach, bis ihre Mutter
psychiatrische Hilfe suchte.[47]

In der Heilanstalt erzählte Margarete ihre Geschichte nur einmal dem
Arzt. Ihr Treck aus Schlesien war von den Russen überrannt, ein Nachbar mit einem Gewehr erschlagen und ihr Vater verprügelt worden. Sie
erzählte, wie einige Mädchen aus dem Treck herausgeholt, mit dem Kopf
nach unten an Bäumen aufgehängt und ihnen die Bäuche aufgeschlitzt
worden waren; und wie sie selbst in rasender Angst durch den Wald
gerannt war, während um sie herum Minen explodierten. Nachdem sie
dies alles erzählt hatte, nahm sie in ihrem Krankenzimmer bald wieder
an den Gesprächen teil, spielte Klavier und konzentrierte sich wieder auf
die Prüfungsvorbereitung. Wegen der Raumknappheit und des Andrangs
der vielen Patienten schickte sie der Arzt nach Hause. Ob ihr Anfall durch
den Prüfungsstreß ausgelöst worden war oder ob die Bilder in ihrer Erin-

nerung von der Metapher von den abgetrennten Gebieten gespeist wurden, ist schwer zu sagen. Doch waren weder der Beginn ihrer Krise noch ihr offenbar schnelles Abklingen vorhersehbar. Lehrer, Ärzte und Soziologen schwankten ihrerseits zwischen der Betonung des Leidens unschuldiger deutscher Kinder und der Behauptung, sie hätten ihre Erlebnisse bewältigt und sich in die westdeutsche Gesellschaft eingefügt.[48]

4 923 000 deutsche Soldaten waren im Krieg umgekommen. Aufgrund der Art und Weise der Kriegführung im letzten Jahr fielen 63 Prozent aller militärischen Verluste in die Jahre 1944 und 1945. Dies zeigt auch die Tatsache, daß die Ostgebiete die meisten Toten zu beklagen hatten, das waren 20,2 Prozent der gesamten männlichen Bevölkerung allein an Gefallenen, verglichen mit dem nationalen Durchschnitt von 12,7 Prozent. Die meisten waren zwischen 1908 und 1925 geboren. Mindestens ein Viertel – und in den meisten Fällen ein Drittel – eines Jahrganges wurde bei der Ausübung des Wehrdienstes getötet. Darüber hinaus starben mindestens eine Million deutscher Zivilisten in den Ostgebieten und über vierhunderttausend bei Bombenangriffen.[49]

Ein solcher Verlust an Leben war in der neueren deutschen Geschichte ohne Beispiel. Es war eine Tragödie, der die Familien oft ohne richtige Informationen und mit wenig Hilfe gegenüberstanden; manche mußten viele Jahre warten, bis das Schicksal ihrer Männer, die als »vermißt« galten, aufgeklärt war. Obwohl viele der Kriegstoten zu jung gewesen waren, um eigene Kinder zu haben, hatte eine Viertelmillion deutsche Kinder ihre beiden Eltern verloren und 1 250 000 waren vaterlos geworden. Viele hatten Brüder, Onkel, Tanten, Schwestern und Großeltern verloren. Wie manch andere Aufgabenverteilung innerhalb der Familie wurde auch die Last, den Vater zu ersetzen, ungleichmäßig auf die verwaisten Kinder verteilt. Im Herbst 1945 erfuhr Wolfgang Hempel, daß sein Vater in den letzten Tagen des Kriegs bei der Gefangennahme gestorben war, als er versucht hatte, eine Gruppe Soldaten von Berlin zu den amerikanischen Linien zu führen. Der Sohn war vierzehn, der Vater siebenundvierzig und anders als viele jüngere Kinder hatte Wolfgang eine klare Erinnerung an seinen Vater, wie er sang, Geschichten erzählte, aber auch ihm, Wolfgang, zuhörte. Wiederholt überquerte Wolfgang die Grenze in die Sowjetzone, um das Grab des Vaters zu besuchen, brachte dessen Papiere zurück, aber auch einen Eindruck von dem Ort, ein Wald in der Nähe von Schopsdorf, wo er gestorben war. Wie um die Anforderungen auszugleichen, die sie an Wolfgang stellte, überschüttete seine Mutter den siebenjährigen Bruder mit so viel Fürsorge, daß dieser schließlich in die Vereinigten Staaten auswanderte, um seine Selbständigkeit zu gewinnen. Mittlerweile war Wolfgang so erfolgreich in die Rolle seines toten Vaters geschlüpft, daß ihn seine Mutter in ihren letzten Lebensjahren manchmal für ihren Mann hielt.[50]

Während die Familien auf Nachricht warteten, hängten sie Bilder von gefangengenommenen oder vermißten Soldaten an die Anschlagbretter in den Bahnhöfen in der Hoffnung, zurückkehrende Kameraden brächten vielleicht Informationen mit. Hatten sie alle Möglichkeiten ausgeschöpft, die die kirchlichen Organisationen sowie das Rote Kreuz bereitstellten, meldeten sich die Menschen auf Zeitungsannoncen dubioser Firmen, die ihre Dienste anboten, oder wandten sich auch an Hellseher. Im Bemühen, seine Herde zu beruhigen und anzuleiten, veröffentlichte der Klerus in den Blättern der Kirchengemeinden Gebete für die Vermißten, und im September 1947 widmete die Innere Mission eine Gebetswoche den Kriegsgefangenen und Vermißten. In den Gottesdiensten sollte Jeremias 29 als erstes gelesen werden, dessen letzter Vers lautet:[51]

So will ich mich von euch finden lassen, spricht der Herr, und will euer Gefängnis wenden und euch sammeln aus allen Völkern und von allen Orten, dahin ich euch verstoßen habe, spricht der Herr, und will euch wiederum an diesen Ort bringen, von dem ich euch habe lassen wegführen.

Im April 1945 war Martin Bergau in der Scheune eines Bauern in Mecklenburg schließlich gefangengenommen worden. Er hatte Gewaltmärsche durchzustehen, Nächte in den Baracken jüngst befreiter Konzentrationslager zu verbringen, Schwindel und Durst, hervorgerufen durch die Ruhr, zu ertragen und zuzusehen, wie Kameraden, die zurückblieben, erschossen wurden. Auf dem Weg zurück nach Osten, von Mecklenburg nach Pommern, raufte er sich mit seinen Mitgefangenen um Kartoffelschalen. Bergau sollte erst nach drei Jahren aus der Gefangenschaft zurückkehren. Heinz Müller, der bei der Ankunft seiner HJ-Einheit am Ausbildungslager in Halvesum so stolz auf seine Jazzvorführung gewesen war, hatte mehr Glück. Er nahm einfach seine Arbeit als Büroangestellter in der Düsseldorfer Verwaltung wieder auf und verfolgte seine Karriere mit demselben Diensteifer, den er schon in der Jugendbewegung gezeigt hatte. Nur wenige von diesen Jungen kehrten in die Schule zurück. Werner Kolb wurde gefangengenommen, aber schon nach wenigen Monaten wieder freigelassen. Als er sich am 19. August 1945 auf den Heimweg vorbereitete, notierte er in sein Tagebuch: »Als Idealist zog ich aus, als Gegenteil kehr ich heim.«[52]

Die meisten Kriegsgefangenen kehrten bis Ende 1948 zurück. Obwohl die Mehrheit der 17,3 Millionen Soldaten der Wehrmacht an der Ostfront gedient hatte, gelang es 11,1 Millionen Männern, sich den Westalliierten zu ergeben. Nur 3 060 000 waren in sowjetische Gefangenschaft geraten, doch weil die Wehrmacht deutlich weniger Verluste für 1944 gemeldet und diejenigen von 1945 bei weitem unterschätzt hatte, warteten viele Familien vergeblich auf ihre Männer, die in Wahrheit im letzten Kriegsjahr gefallen waren. Als 1947 die Sowjetunion bekanntgab, daß sie nur 890 532 deutsche Kriegsgefangene habe, behauptete ein hessischer Statistiker, daß es noch weitere siebenhunderttausend Männer in sowjetischer Gefangenschaft geben müsse und nährte damit Spekulationen über das Schicksal der »vermißten Million«. Weitere Entlassungen aus der Sowjetunion erfolgten 1953, doch je mehr die Zahl der Kriegsgefangenen zurückging, um so stärker nahm die Agitation für ihre Rückkehr in der Bundesrepublik zu, bis im Oktober 1955 schließlich die letzten Zehntausend entlassen wurden. Es gab Mahnwachen, Märsche und Schweigeminuten, in Kirchen wurden für die Kriegsgefangenen und die Vermißten besondere Gebete gesprochen. Einige Geistliche erlaubten, daß auf freiem Gelände Grabsteine aufgestellt wurden für Männer, die nicht zurückgekehrt waren, und für solche, deren Schicksal nie aufgeklärt werden konnte. Die zurückgekehrten Männer erzählten schreckliche Geschichten von Zwangsarbeit beim Baumfällen in Sibirien und von Kameraden, die sie vor Hunger sterben sahen. Selbst ohne die antirussische Einfärbung der späten vierziger und frühen fünfziger Jahre war die Wirklichkeit schlimm genug: 363 000 starben in sowjetischer Gefangenschaft, und nach neuerlichen Schätzungen starben, häufig in Frontlagern gleich nach ihrer Gefangennahme, weitere 750 000 unregistrierte Gefangene. Jeder dritte Deutsche überlebte seine Gefangenschaft nicht, eine Todesrate, die erheblich höher war als diejenige deutscher Gefangener anderswo, in den erbärmlichen französischen und jugoslawischen Lagern eingeschlossen.[53]

Die Zahl deutscher Kriegsgefangener, die in sowjetischen Lagern starben, belief sich auf ungefähr ein Drittel der Rotarmisten, die in deutscher Gefangenschaft umgekommen waren. Aber dies war kein Diskussionsthema in der frühen Bundesrepublik. Statt dessen starrten nun die ausgemergelten Gesichter, Stacheldrahtzäune und Wachtürme, die Augenhöhlen und geschorenen Köpfe, mit denen noch 1945 und 1946 die Vereinigungen ehemaliger politischer Gefangener ihre Plakate, die die NS-Verfolgungen bekanntmachten, bebildert hatten, anklagend von den Plakaten und aus den Broschüren, die von den Leiden der deutschen Kriegsgefangenen kündeten. Frau R., die in Hildesheim auf die Rückkehr ihres Sohnes wartete, schrieb am 2. September 1947 einem katholischen Priester von ihren Gesprächen mit Männern, die bereits nach Hause zurückgekehrt waren. Sie war überzeugt, daß die Bedingungen in den Gefangenenlagern in der UdSSR mit denen in deutschen Konzentrationslagern nicht zu vergleichen seien, sondern viel schlimmer. Während unschuldige Menschen, die nur ihre Pflicht an der Front getan hatten, lange leiden mußten, waren die Menschen in den Konzentrationslagern »in der Gaskammer gleich betäubt, obwohl es auch furchtbar und nicht schön war an Menschen so zu handeln«, fügte sie in einer plötzlichen Anwandlung von Selbstkritik hinzu. Intellektuelle und Parlamentarier, die über eine Wiedergutmachung für die Kriegsopfer diskutierten, sahen es als ausreichend an, die Gleichrangigkeit verfolgter Deutscher und verfolgter Juden zu postulieren. Liest man die Geschichten deutscher Vertriebener oder Kriegsgefangener in den fünfziger Jahren, gewinnt man den Eindruck, als ob der Genozid an den Juden diesen Geschichten insgeheim als Vorlage gedient hätte.[54]

Diese Art, dem Schmerz und der Trauer öffentlich Ausdruck zu verleihen, ließ auch eine allgemeine Solidarität mit gewissen Gruppen von Deutschen zu, die als Individuen sonst von ihren Landsleuten eher mit Feindseligkeit, Verachtung, Mißtrauen oder Verzweiflung zu rechnen hatten. Geschichten über Vergewaltigungen, Vertreibung aus dem Osten und Gefangenschaft in sowjetischen Lagern mochten, zumindest in Westdeutschland, ein Beweis für die russische Bedrohung, für die Ungerechtigkeit der alliierten Vereinbarungen oder für den Opfergang der Deutschen sein, doch alles in allem wollten die Leute persönlich sich nicht mit ihnen auseinandersetzen, wie die Vertriebenenkinder erfahren mussten. Vergewaltigungsopfern wurde weiterhin eine Entschädigung verweigert, und Ärzte wie Psychiater machten sich nach wie vor Gedanken darüber, ob »Dystrophie« ehemalige Soldaten in »asoziale« und bleibend funktionsgestörte Wesen verwandelt hatte. Deutsche Leiden zu einer Geschichte des deutschen Opferschicksals zu machen, war eine Sache, eine andere war es, moralische Verantwortung zu übernehmen.

Am 17. Mai 1945 sprach Liselotte Günzel mit einem der Jungen, die einen Monat zuvor mit ihrem Bruder Bertel losgezogen waren, um Berlin zu verteidigen. Er schilderte ihr, wie die Hitlerjugend ihres Bezirks an der Heerstraße niedergemäht wurde. Erst jetzt fing sie sich an zu fragen, wofür Bertel eigentlich gestorben war. Für Hitler? Für Deutschland? »Arme verhetzte Jugend! Mußte auch das Blut noch fließen?« Liselotte wurde langsam klar, daß sie ihn nicht gekannt hatte. Er war immer so verschlossen gewesen. Auch wenn sie jetzt den Ruf zur Aufopferung ablehnte, den sie noch einen Monat zuvor unterstützt hatte, vermochte sie seiner Faszination dennoch nicht ganz zu widerstehen. »Soll ich schimpfen über Deinen blinden Fanatismus, oder mich neigen vor Deiner Treue? Wolltest Du lieber untergehen als das Joch des Sklaven schleppen? [...] Hättest Du Deutschland, unserem heiligen Vaterland mit Deinem Leben nicht mehr nützen können als mit diesem sinnlosen Tod?«, fragte sie in ihrem Tagebuch. Im Herbst kam Bertel krank und erschüttert aus der sowjetischen Gefangenschaft zurück.[55]

Eine Frage stellte sich Liselotte dagegen nicht: Ob sie selbst eine Rolle bei seinem Entschluß gespielt hatte. Hatte ihr inneres Streben nach dem »Ideal der deutschen Frau« ihn angesteckt? Als die Jungen aus Friedrichshagen mit ihren umgeschnallten Panzerfäusten vorbeiradelten, hatte sie ihre Bereitschaft erklärt, Bertel »auf dem Altar des Vaterlandes« zu opfern, um der Aufopferung der verwitweten Lehrerin, die sie so bewunderte und liebte, ebenbürtig zu werden. Nun, da nichts von alledem mehr einen Sinn hatte, schaute sie nicht zurück und las nicht noch einmal ihre früheren Eintragungen oder nahm Stellung dazu. Gerade so, als ob sie nicht existierten – wenn auch nicht ganz. Als sie mit dieser letzten Eintragung ihr Tagebuch beschloß, legten ihre letzten Worte nicht Zeugnis ab von ihrer Enttäuschung über die Welt der Erwachsenen, sondern von der Enttäuschung über sich selbst: »Das ist alles so furchtbar, und das Schlimmste ist, daß ich immer mehr zu der Erkenntnis komme, wie schlecht und klein ich bin.« Ob sie dies aufgrund der allgemeinen Schmach der Niederlage so empfand, ist nicht klar, dennoch bemühte sich Liselotte immer noch, ihr Verhalten am Ideal der »deutschen Frau« zu messen, auch wenn ihre Schauerromantik in Trümmern lag.[56]

Nachdem die alliierten Streitkräfte über die deutschen Grenzen hereingebrochen waren, hatten viele Menschen eine Art schreckliche und erschreckende Verantwortung empfunden. In Berlin und an anderen Orten dienten im März und April 1945 Sätze wie »wenn sie uns dasselbe antun, was wir in Rußland getan haben, dann Gnade uns Gott!« als gängige Antwort auf die Frage nach weiterem Widerstand. Im Westen meinten amerikanische Geheimdienstoffiziere, daß die meisten Leute erwarteten, von den Briten und den Amerikanern für das bestraft zu werden, was sie den Juden angetan hatten. Als weder die allgemein erwarteten willkürlichen Racheakte der Alliierten noch eine kollektive Bestrafung eintrat, wurden diese Schuldgefühle flugs unterdrückt und mit ihnen die apokalyptische Ahnung, daß das Überleben des deutschen Volkes auf Messers Schneide stand.

Trotz allem Kaugummi, den die GIs deutschen Kindern zugeworfen hatten, berichtete der US-Geheimdienst in Deutschland im August 1945, daß nur die Russen noch verhaßter wären als die Amerikaner. Während die befragten Deutschen bereit waren zuzugeben, daß England und Frankreich in den Krieg gezwungen worden waren, konnten sie das amerikanische Vorgehen nicht verstehen. Keine deutsche Bombe war auf amerikanischen Boden gefallen und niemand hatte etwas von deutschen Kriegsabsichten gegen Amerika gehört. Interviewer stellten fest, daß der »jüdische Krieg« immer als Schlüsselerklärung für das amerikanische Vorgehen gegen Deutschland diente, und es schien, als hätte die deutsche Niederlage die »Macht des Weltjudentums« nur gestärkt und bestätigt. So wie damals im Sommer 1943 oder in den letzten Monaten des Krieges, als das Vertrauen der Öffentlichkeit in die Kriegsanstrengungen sank und viele die Behandlung der Juden für die Bombenangriffe verantwortlich machten, so tauchte jetzt nach der Niederlage der gleiche Gedanke wieder auf: Vierundsechzig Prozent stimmten darin überein, daß die Verfolgung der Juden entscheidend für die deutsche Kriegsniederlage gewesen war. Dennoch nahmen die Juden bei fast niemandem die gleiche zentrale Stellung in der Anschauung gegenüber dem Krieg ein wie bei Hitler; anders als ihr Führer änderte sich die Einstellung der Deutschen zum Krieg grundlegend, als der Erfolg zum Mißerfolg wurde. Jedesmal wenn das Land militärisch verwundbar erschien, mehrten sich die ängstlichen Stimmen des Bedauerns hinsichtlich der Juden. Aus der Sicht der Niederlage war klar, daß es nicht klug gewesen war, sich durch die Judenverfolgung in Europa die Juden in Washington zum Feind zu machen. In der Tat dachten jetzt nur noch zehn Prozent der befragten Deutschen, daß der »Präventivkrieg« eine vernünftige Politik gewesen sei. Dennoch waren immer noch siebenunddreißig Prozent der Meinung, die Vernichtung der Juden und Polen und anderer Nichtarier sei für die Sicherheit der Deutschen unabdingbar gewesen, obwohl fast niemand glaubte, das deutsche Volk sei als ganzes für die Leiden der Juden verantwortlich gewesen. Während die Steuern für die Entschädigungszahlungen an deutsche Vertriebene im allgemeinen gutgeheißen wurden, waren zwei Drittel der Bevölkerung dagegen, als die Bundesregierung 1952 einwilligte, an Israel Wiedergutmachungszahlungen zu leisten.[57]

Vor der Kapitulation wurden alle Mittel für legitim angesehen, sofern sie geeignet schienen, eine deutsche Niederlage zu verhindern. NS-Führer, Generale, gewöhnliche Soldaten und die Zivilisten, die Briefe an Goebbels schrieben, hatten oft eine noch härtere Verfolgung der Juden gefordert. Mit der Kapitulation hatte sich die Diskussion verändert, von der Frage, was Deutschland hätte tun sollen, um den Krieg zu gewinnen, zu der, was geeignet gewesen wäre, die Niederlage weniger verheerend ausfallen zu lassen. Diese Überlegungen hatten manche der Generale der Heeresgruppe Mitte beeinflußt, die 1944 versuchten, Hitler zu töten. Während einige der Verschwörer eine tiefe moralische Gegnerschaft zum Regime antrieb, wollten andere an der antibolschewistischen Politik, die sie im Osten mitgestaltet hatten, nichts ändern, sondern nur den Weg für einen Frieden im Westen ebnen. Und in der ersten Abrechnung mit den NS-Verbrechen nach dem Krieg bestand das Dilemma stets in der Abwägung des Nutzens für die eigene Sache. Mit dieser pragmatischen Haltung äußerten einige der von den Alliierten in Nürnberg vernommenen Spitzenbeamten und -militärs auch ihr Bedauern über die Judenverfolgung.

Es war ihnen jetzt klar, daß der Genozid eine Fehleinschätzung gewesen war, ein strategischer Fehler, der einen Separatfrieden mit dem Westen blockiert hatte. Das war noch kein moralisches Eingeständnis, sondern ein Wandel von Überlegungen, die sie anstellten, als Deutschland totalen Krieg betrieb, zu ganz anderen, die sich jetzt nach der totalen Niederlage stellten. Und wenn dieses Denken eine Sache zeigte, dann diese: Wie tief Grundsätze der NS-Politik im Krieg in das nationale Bewußtsein eingedrungen waren, und zwar durch alle Schichten, unabhängig von Rang und Macht, Geschlecht, sozialer Klasse und Alter.[58]

Bis am 8. Mai 1945 die politischen Strukturen des Dritten Reiches zusammenbrachen, hatte sich die nationalsozialistische, rassistische und moralische Ordnung der deutschen Gesellschaft tief eingeprägt, bis hin zu der persönlichen Haltung, mit der Leute, die keine besonderen Sympathien für das Regime hegten, rassistische und nationalistische Vorstellungen von Kriminalität, Sexualität, Kriegsschuld, Schwarzmarkt, Flüchtlingen, russischen »Horden« und ausländischen DPs für vernünftig halten konnten. In mehr als elf in der amerikanischen Zone zwischen November 1945 und Dezember 1946 durchgeführten Umfragen beantworteten im Schnitt siebenundvierzig Prozent der Befragten die Aussage, der Nationalsozialismus sei »eine gute Idee, aber schlecht ausgeführt« gewesen, mit Ja. Im August 1947 bejahten fünfundfünfzig Prozent, eine Erscheinung der Nachkriegsdesillusionierung, die bis zum Ende der Besatzungszeit anhielt. Die Zustimmung war bei den unter Dreißigjährigen, den nach dem Ersten Weltkrieg geborenen, sogar noch größer; sie erreichte sechzig bis achtundsechzig Prozent, und dies zu einer Zeit, als auf offenes Eintreten für den Nationalsozialismus noch die Todesstrafe stand. Ende der fünfziger Jahre begannen sich die Dinge allmählich zu ändern. Die Inanspruchnahme der Motive jüdischen Leidens für das Los deutscher Vertriebener und Kriegsgefangener führte zur stillschweigenden Anerkennung dessen, was viele Deutsche immer noch abstritten: des Genozids. Während des Kriegs betrachteten zahlreiche Deutsche die alliierten Bombenangriffe und die russischen Greueltaten als Rache und Vergeltung. In vielen Nachkriegsberichten nahm das Leid der Deutschen mehr und mehr die Form einer rituellen Reinigung von den Sünden an, ein nationales Büßen für die Schuld, die sonst nur vage angedeutet wurde.[59]

Da sich die Deutschen nicht überwinden konnten, ihre Niederlage eine »Befreiung« zu nennen, nahmen sie sie als Naturkatastrophe, als einen »totalen Zusammenbruch«, so wie ein Erdbeben. Polen, die Sowjetunion und Jugoslawien hatten ebenso große Verluste erlitten wie Deutschland oder noch größere. Anders als diese war es den drei Nachfolgestaaten des Dritten Reiches – Österreich, der DDR und der Bundesrepublik – nicht gestattet, irgendeinen legitimen Grund vorzubringen, für den ihre Toten ihr Leben hingegeben hatten. Es gab kein positives Freiheitssymbol, keinen Widerstand, kein nationales Opfer, das in der Öffentlichkeit mit den deutschen Verlusten hätte in Verbindung gebracht werden können. Während die DDR versuchte, den Jahrestag der bedingungslosen Kapitulation am 8. Mai in einen Tag der »Befreiung« zu verwandeln, nannten ihn die Menschen im Westen weiterhin »Tag der Schande« und schmähten die Verschwörer vom 20. Juli als Verräter. Meinten sie aber, daß diejenigen, die gekämpft hatten, ihre Pflicht getan hatten, dann konnten sie sich nicht mehr damit trösten, diese wären für das »Volk« gestorben, vom »Führer« ganz zu schweigen. Als Emilie Most ihre Freunde und Nachbarn in Traben-Trarbach 1949 aufrief, mit ihr um den Tod ihres Mannes in russischer Gefangenschaft zu trauern, hatte sie keine erhebende Botschaft für sie: »Es ist bestimmt in Gottes Rat, daß man vom Liebsten was man hat, muß scheiden«. Aber sie trug bis zu ihrem Tod 1991 Trauer.[60]

Als Schriftsteller und Intellektuelle in der Nachkriegszeit damit begannen, Artikel über die Notwendigkeit zu schreiben, die deutsche Sprache von nationalsozialistischen Phrasen zu säubern, fanden sie es am einfachsten, die Forderungen der NS-Propaganda nach totaler Pflichterfüllung und Einsatzbereitschaft abzuwerfen. Wörter wie »Aktion«, »Sturm«, »Bewegung«, »Kampf«, »Trommler«, »Härte«, »Kraft«, »Hingabe«, »Opfermut« waren zutiefst vorbelastet. In Ostdeutschland lebte eine seltsame Verschmelzung militaristischer und antimilitaristischer Appelle fort, die seit den zwanziger Jahren für die Sprache deutscher Kommunisten kennzeichnend war. Aber die Westdeutschen ersetzten im allgemeinen die Enttäuschung über die »Wunderwaffen« durch das Staunen über das »Wirtschaftswunder«, und die »Bewunderung für den Führer« wurde zur »Faszination des Bösen«. Die Betonung der »Führung« junger Menschen wechselte zur »Verführung« junger Menschen, als ob die Nazis das deutsche Volk mittels der Sprache manipuliert und nicht viel eher die Menschen selbst diese Sprache benutzt hätten, um ihre Hingabe in privaten Briefen und Tagebüchern zu bekräftigen und zu geloben.[61]

Es hätte mehr bedurft als nur einer Umkehrung der einem Machtsystem zugeschriebenen Werte, um die Sprache zu reinigen. Wörter wie »Lager« hatten vielfältige Bedeutungen abgedeckt, vom Sommerlager oder dem Evakuierungslager zum Wehrertüchtigungslager bis zum Todeslager; »Betreuung« galt für Kindergärten ebenso wie für Erziehungsheime oder für die Verwaltung von KZ. Das Dritte Reich hatte das Banale aufgeblasen und den Schrecken trivialisiert. Die NS-Rhetorik hatte sich bestehender Traditionen bedient, den schneidigen Ton des Militärjargons mit dem Klang der deutschen Romantik verschmolzen, um eine Sprache erhabener Gefühle und unmittelbaren sinnlichen Erlebens zu schaffen, die zu »größter Treue« und »fanatischem Willen« anspornte. Auch einige der ersten Befürworter einer sprachlichen Säuberung behielten eher ungewollt, dafür möglicherweise um so wirksamer, nationalsozialistische Begriffe wie »durchhalten« für den eigenen Gebrauch bei. Als die Sprache der aktiven Aufopferung wegfiel, trat eine passive, religiös gefärbte Sprache des Leidens an deren Stelle; im Deutschen konnte dieser Wechsel in der Betonung ohne Veränderung des zentralen Begriffs »Opfer« vollzogen werden. Dem Ruf nach aktiver, militanter Teilnahme durch Nationalsozialisten und Kommunisten beraubt, wurde »Opfer« bald zum Träger der hilflosen Gefühle eines passiven Opferdaseins, die nach Ausdruck und öffentlicher Anerkennung schrieen. Für die Kriegskinder war auch dies eine Last.[62]

Die Kinder hatten keine andere Sprache gelernt. Rassische Kategorien und Forderung nach Selbstverpflichtung, tapfer Haltung bei den Bombenangriffen zu bewahren und sich auf dem Altar des Vaterlandes zu opfern, waren Teil ihrer Alltagssprache. Oft hatten sie diese Vorstellungen aus ihren Familien mit in die Schule gebracht; und Kinder aus antinationalsozialistischen Familien brachten sie aus der Schule oder den Jugendverbänden der HJ und dem BDM nach Hause mit. Nur kleine Kinder hatten die nationalsozialistische Sprache noch nicht in sich aufgesogen. Ältere Kinder mußten nun lernen, auf andere Art ihre Gedanken auszudrücken. Als Jugendliche wie Liselotte Günzel aufhörten, Goebbels' Parolen als eigene Überzeugungen ihrem Tagebuch anzu-

vertrauen, vergaßen sie Stück für Stück diese Sprache und die Bezugs-
punkte von damals.

1955 überzeugte der Pädagoge Wilhelm Roessler die Erziehungsmini-
sterien der Bundesländer, eine Sammlung von Schulaufsätzen über Themen wie »Meine Erlebnisse bei Kriegsende und unmittelbar danach«
einzurichten. Als sich fünfundsiebzigtausend Jugendliche bemühten, ihr
Erleben der Bombenangriffe, der Evakuierung, Vertreibung, Deportation und des Hungers in der Nachkriegszeit in einen autobiographischen
Ablauf zu bringen, taten sie häufig dasselbe wie die älteren Kinder während des Kriegs: Sie nahmen eine verbreitete Tagesparole als ihre eigene
moralische Schlußfolgerung in Anspruch. Anstatt von »durchhalten« und
»totalem Krieg« zu sprechen, schlossen die Jugendlichen im Nachkriegsdeutschland im Osten wie im Westen ihre persönlichen Erlebnisberichte
vom Krieg mit dem populären Schlagwort: »Nie wieder Krieg!« Wie die
Parolen während des Kriegs war auch diese tief empfunden: Weder die
DDR noch die Bundesrepublik konnte die Wiederaufrüstung bei der
Jugend populär machen.[63]

Dennoch wäre es schwierig gewesen, diese Haltung an ihren Lesege-
wohnheiten zu erkennen. Viele Kinder im Westen lasen weiterhin Indian-
ergeschichten von Karl May und James Fenimore Cooper, und die populären Romane von Willi Heinrich, Albrecht Goes und besonders Hans
Hellmut Kirst waren mit ihrer Darstellung der Leiden anständiger deutscher Soldaten an der Ostfront, die keine Nazis waren, tonangebend. Erst
Bernhard Wickis Film *Die Brücke* konfrontierte 1959 das deutsche Publikum mit einer klaren Antikriegsbotschaft. Doch während das Publikum
sah, wie sieben Jungen eine strategisch völlig unwichtige, von der Wehrmacht längst aufgegebene Brücke auf Tod und Leben verteidigten, reagierten einige Zuschauer noch immer mit Begeisterung auf diese Vorstellung von heroischem Widerstand gegen amerikanische Artillerie und
Panzer; es läßt sich nur vermuten, was gewesen wäre, wenn es sich im
Film um russische Panzer gehandelt hätte.[64]

Uwe Timm war im Dritten Reich noch zu klein für die Schule. Aber
als Sohn eines Vaters, der in beiden Weltkriegen und 1920 im Freikorps
gekämpft hatte, lernte er schon als Kleinkind die Hacken zusammenzu-
schlagen, um dem Vater zu gefallen. Er bereitete ihm auch noch nach dem
Krieg Freude, als er die Schokolade ablehnte, die ihm ein amerikanischer

Offizier im Zug hingestreckt hatte. Uwe wußte, daß er ständig mit seinem sechzehn Jahre älteren toten Bruder verglichen wurde. Karl-Heinz war der Liebling der Familie gewesen, ein großer, blonder, blauäugiger und mutiger, aber auch ein sensibler Junge, der sich unter einer Fensterbank zu verstecken pflegte, um dort für sich allein zu lesen und zu zeichnen. Und obwohl Karl-Heinz in einem Feldlazarett starb, als Uwe erst drei Jahre alt war, überschattete er weiterhin Uwes Kindheit. Karl-Heinz war in Anspielungen und in der Unterhaltung seiner Eltern stets präsent, als ob sie ihn lebendig neben sich hätten, und sie machten sich Gedanken darüber, was gewesen wäre, hätte er sich nicht freiwillig bei der SS gemeldet, hätte mehr Blut im Feldlazarett zur Verfügung gestanden oder wären seine zerschossenen Beine besser operiert worden. Und wenn alte Kameraden am Abend vorbeikamen, durchlebte der Vater noch einmal die entscheidenden Stationen des Kriegs, diskutierte darüber, ob die Schlacht von Kursk, wo auch Karl-Heinz gekämpft hatte, hätte gewonnen werden können. Doch Uwe konnte nicht hinterfragen, was sein Bruder in der SS getan hatte oder warum er als Freiwilliger eingetreten war; denn das war, was tapfere Jungen taten. Die Unterhaltung der Familie nahm stets denselben Verlauf, so daß Uwe anfing, sich den Bruder, den er kaum gekannt hatte, vorzustellen und von ihm zu träumen. Schließlich machte er sich daran, herauszukriegen, wer sein Bruder wirklich gewesen war, und las dessen Briefe und spärliche Tagebucheintragungen von den Monaten, in denen er bei der SS-Division Totenkopf gedient hatte. Aber Uwe fing mit seiner Familienforschung erst an, nachdem alle aus seiner unmittelbaren Familienumgebung, die von seinen Fragen abzulenken versucht hatten, gestorben waren. Das Tagebuch verriet wenig und brach sechs Wochen vor Karl-Heinzens Tod mit dem Kommentar ab: »Hiermit schließe ich mein Tagebuch, da ich für unsinnig halte, über so grausame Dinge wie sie manchmal geschehen, Buch zu führen.«[65]

Mitte der fünfziger Jahre stand Uwe Timm erst am Anfang, die Fragen zu formulieren, die er stellen wollte. Aber wie andere Jugendliche in Westeuropa begann er, den Vater auf anderen Gebieten in Frage zu stellen, indem er dessen moralische Ordnungsvorstellungen von Gehorsam, Pflichterfüllung, zackiger Haltung und um zehn Uhr abends zu Hause zu sein, zurückwies. Statt dessen kaufte er mit vierzehn seine ersten Jeans, fing an, Jazz zu hören und amerikanische Filme anzusehen. Nach und

nach machten die Fotos von Karl-Heinz in seiner HJ-Uniform und seinen hohen Stiefeln, mit seinem Gesicht, das der gerade Scheitel ernsthaf-
ter erscheinen ließ, den Eindruck, als wären sie aus einem anderen Zeitalter.[66]

12. Die Befreiten

Im April 1947 war der legendäre Dirigent der Berliner Philharmoniker, Wilhelm Furtwängler, »entnazifiziert«. Yehudi Menuhin half ihm bei seiner internationalen Rehabilitation und spielte mit ihm zusammen die Brahms- und Beethoven-Violinkonzerte bei den Salzburger und Luzerner Festspielen; EMI nahm das Beethovenkonzert sogar auf. Im September setzte Menuhin die Zusammenarbeit fort und gab mit Furtwängler zwei Wohltätigkeitskonzerte für kranke deutsche Kinder. Als jedoch der Virtuose Menuhin ein Konzert für die jüdischen DPs im Mariendorfer Lager in Berlin gab, wurde es von den jüdischen Zuhörern boykottiert. Auf einen Protestbrief von Elijahu Jones hin, dem Herausgeber der jiddischen Zeitung *Undser Lebn*, erklärte sich Menuhin bereit, zu einem Treffen mit den DPs zu kommen. Er fand einen überfüllten Saal mit Überlebenden der Konzentrationslager vor, vor denen er für Verständnis und Versöhnung eintrat. Jones, der seine ganze Familie beim Genozid verloren hatte, antwortete auf jiddisch. In seinem Brief an Menuhin hatte er bereits dargelegt, daß sich der Protest sowohl gegen ein Konzert zugunsten deutscher Kinder als auch gegen den erst jüngst »entnazifizierten« deutschen Dirigenten richte. Nun wies ihn Jones darauf hin, daß sie beide »keine gemeinsame Sprache« finden könnten. Anstatt dem Musiker mitzuteilen, was es bedeutete, die ganze Familie zu verlieren, forderte Jones ihn auf, sich vorzustellen, mit ihm einen Gang durch die Ruinen von Berlin zu machen:
»Wenn sie als Künstler die Ruinen sehen, werden sie sagen: ›Was für ein Jammer, daß so viel Schönheit zerstört ist.‹ Wenn wir, die wir unsere Familien verloren haben, dieselben Ruinen sehen, sagen wir: ›Was für ein Jammer, daß so viel stehengeblieben ist.‹«[1]
Dem war nichts mehr hinzuzufügen. Die Stille, die auf Jones' Worte folgte, wurde erst unterbrochen, als sich das Publikum erhob und die »Hatikvah« sang, damals schon die inoffizielle Nationalhymne der Juden in Palästina.

Trotz allem wuchs die jüdische Gemeinde in Deutschland: Fünfzigtausend Juden waren nach ihrer Befreiung in Deutschland und Österreich geblieben, wobei Juden, die vor den Nachkriegspogromen in Polen flohen, einen Teil davon ausmachten. Von den 3,3 Millionen Juden vor dem Krieg hatten dort achtzigtausend in den Lagern, in den Wäldern oder bei Partisanenverbänden versteckt überlebt. Weitere dreizehntausend kehrten mit der Roten Armee zurück, während von denen, die 1940/41 in die Sowjetunion deportiert worden waren, sich 175 000 entschieden, nach Polen zurückzukehren in der Hoffnung, Familienmitglieder zu finden und ihr früheres Leben wieder aufnehmen zu können. Sie kamen in ein vom Krieg völlig zerstörtes Land, dessen Berufsstände dezimiert waren und dessen behelfsmäßig organisierter Staat durch die massiven Bevölkerungsbewegungen und Gebietsverschiebungen überfordert war, da Polen von der sowjetischen Ukraine im Osten in die jüngst annektierten ehemaligen deutschen Gebiete im Westen gebracht wurden. Sie stießen auch auf ein Polen, in dem, vor allem, aber nicht nur, auf dem Land, der Antisemitismus grassierte. Von einer Stadt zur anderen ging man vom Hohn gegen Juden dazu über, Steine nach ihnen zu werfen, und gelegentlich kam es zu Mord. Am 3. Juli 1946 löste die Beschuldigung, in der zweihundert Seelen zählenden jüdischen Gemeinde Kielce sei es zu einem Ritualmord gekommen, ein Pogrom aus, bei dem zweiundvierzig Juden getötet wurden. Schon nach zwei Tagen gestand der polnische Junge, der die Anschuldigung erhoben hatte, daß er gelogen habe, aber das Pogrom zeigte große Wirkung: Bis Ende August waren neunzigtausend Juden aus Polen nach Italien, Österreich und Deutschland geflohen. Ausnahmsweise erweiterte die amerikanische Militärregierung den DP-Status auch auf diese Nachkriegsflüchtlinge und erlaubte Juden als einzigen Osteuropäern, aus Ländern, in die sie repatriiert worden waren, nach Deutschland zurückzukehren.[2]

Nur in der amerikanischen Zone wurden die Juden als eine separate Gruppe behandelt und bekamen eigene Lager zugewiesen. In den gemischten Lagern der französischen, britischen und sowjetischen Zonen war die Wahrscheinlichkeit groß, daß sie mit ihren ehemaligen Verfolgern zusammenleben mußten, da viele osteuropäische Kollaborateure der Deutschen nach Westen in die relative Sicherheit der DP-Lager geflohen waren. Die meisten Juden in Deutschland begaben sich demgemäß

in die amerikanische Zone, wo sich im Oktober 1946 hundertvierzig-
tausend Juden aufhielten, gegenüber den zwanzigtausend in der britischen und zwölfhundert in der französischen Zone. Gab es in der amerikanischen Zone im Juli 1946 erst zweitausend jüdische Kinder »ohne
Begleitung«, trafen im Lauf der nächsten Monate fünfundzwanzigtausend weitere ein, normalerweise über Berlin. Viele waren in autonomen
Jugendgruppen mit eigenen Anführern, ihren *madrichim*, organisiert, die
den Plan hatten, nach Palästina auszuwandern, und deren Gruppen sich
kibbuzim nannten. Im Januar 1947 hatten die meisten Juden Polen verlassen, und der Andrang in die amerikanische Zone via Berlin ließ nach.
Diejenigen, die in Polen geblieben waren, waren auch nicht mehr so versessen darauf, zu gehen: Die Pogrome vom Sommer davor hatten aufgehört, und Nachrichten trafen ein, daß die Lager in Deutschland überfüllt
und die Lebensmittelversorgung ungenügend sei.[3]

Der amerikanische Militärgouverneur General Lucius D. Clay zeichnete sich durch einen hilfsbereiten und konzilianten Ton gegenüber den
jüdischen DPs aus. Am 29. März 1946 begleiteten acht US-Militärpolizi-
sten die deutsche Polizei bei einer Razzia in einem jüdischen Lager in der
Reinsburgstraße in Stuttgart, um nach Schwarzmarktwaren zu suchen.
Obwohl sie nur einige Eier fanden, provozierten die hundertachtzig deutschen Polizisten mit ihren Hunden eine ausgewachsene Schlägerei mit
den DPs. Ein KZ-Überlebender, der erst seit kurzem wieder mit seiner
Frau und seinen beiden Kindern vereint war, wurde getötet. Die amerikanische Militärregierung reagierte unverzüglich, indem sie der deutschen
Polizei künftig verbot, jüdische Lager zu betreten.[4]

Sechs der elf Zentren für »Kinder ohne Begleitung« in der amerikanischen Zone waren für jüdische Kinder eingerichtet worden. 1947
wurden Sommerlager für alle jüdischen Kinder über sieben organisiert.
Hundertzehn Glückliche wurden nach Schloß Bruningslinden in Kla-
dow im britischen Sektor von Berlin gebracht, wo die wichtigste amerikanische jüdische Hilfsorganisation, das *Joint Distribution Committee*,
dafür sorgte, daß sie Lebensmittelsonderzulagen erhielten und die Möglichkeit, sich an der frischen Luft zu bewegen. Am Ende der drei Wochen
gaben sie ein Abschiedskonzert, bei dem sie Lieder vom Leben in Palästina sangen. Trotz all dieser Bemühungen waren viele Kinder zu klein
für ihr Alter und brauchten zusätzlich frisches Gemüse, Obst, Butter,

Milch und Fleisch. Mittlerweile plante das *Joint Distribution Committee*, einen Psychiater in die Jugendlager zu schicken, um das Personal im Umgang mit den seelischen Problemen der Kinder, die es betreute, auszubilden.[5]

Das jüdische Lager Föhrenwald in der Nähe von Wolfratshausen war in einer Wohnsiedlung der IG Farben untergebracht. Im September 1945 schickte das *Joint Distribution Committee* Miriam Warburg dorthin; sie eröffnete eine Schule. Fast kein Erwachsener mit einer entsprechenden Berufsausbildung hatte den Genozid überlebt, und verständlicherweise wollten – oder konnten – nur wenige arbeiten. Warburgs Begeisterung schwand schnell, als ihr die Bewohner erwiderten: »Die Deutschen sollen arbeiten! Wir haben genug gearbeitet« oder »ich bin schon lange tot. Was soll ich denn tun?« »Wie sie reden, wie sie mit den Augen rollen, wie sie sich in ihrem Leiden suhlen, wie sie ihre Geschichten dauernd wiederholen«, zürnte die junge Engländerin und konnte nicht begreifen, was es hieß, sich von solchen Erfahrungen zu erholen. Sie traf einen dünnen, großen bleichen und schüchternen Mann, den sie überredete, ihr zu helfen, obwohl er fürchtete, daß seine Nerven nicht standhalten könnten. Nach zwei Tagen, an denen er zwei bis drei Schulstunden täglich unterrichtet hatte, kam er zu ihr und war durch die Erfahrung wie verwandelt. Er meinte: »Ja, ich kann es; bitte, setzen sie mich für so viele Stunden ein, wie sie wollen. Es war wunderbar.«[6]

Miriam Warburg fand die Kinder sowohl erfrischend als auch ermüdend. Sie fing an, Hebräisch, Englisch und Mathematik zu unterrichten und der Wissensdurst der Schüler war unstillbar, auch wenn es keine Schulbücher gab; noch nicht einmal Stühle waren ausreichend vorhanden. Aber selbst beim einfachen Addieren konnten sie sich nicht lange konzentrieren. Die Betreuer stützten sich auf Gruppenaktivitäten, um das Selbstvertrauen der Kinder zu stärken und ihnen ein Identitätsgefühl zu vermitteln. Den Freitagabend feierten die Kinder nach Art eines Kibbuz: Es wurden große Mengen belegter Brote auf Tischen mit weißen Tischtüchern aufgetürmt, Kerzen auf improvisierten Kerzenhaltern angezündet, die Wände mit buntem Papier und einer riesigen jüdischen Flagge geschmückt. Es wurde ein richtiger Segen gesprochen, und später las der *madrich* ein Theaterstück vor; und »dazwischen haben wir gesungen und gesungen«.[7]

Es war schwierig, das Zutrauen der Kinder zu gewinnen. Als die im Lager verbliebenen polnischen DPs Schuhe erhielten, traten die jüdischen Kinder sogleich in einen Streik und wollten nicht glauben, daß sie in der darauffolgenden Woche auch welche bekämen. Und als sie von Plänen erfuhren, wonach Kinder und Erwachsene aus dem nahegelegenen Lager in Feldafing nach Föhrenwald gebracht werden sollten, verlegten sie sich auf alte Überlebensstrategien, um den Deportationen zu entgehen, und versteckten sich trotz sintflutartigen Regens in den Wäldern. Im ehemaligen Konzentrationslager in Landsberg beobachtete ein Besucher, wie die Kinder in einer Bibelstunde das Schicksal des Moses diskutierten. Der Lehrer wollte wissen, ob sie es für richtig hielten, daß seine Mutter ihn zu Fremden gegeben habe, obwohl sie eine ägyptische Prinzessin war. Die Kinder, von denen die meisten Waisen waren, zweifelten nicht daran. Zuletzt stand ein Junge auf und wies darauf hin, daß einige in der Klasse von ihren Müttern Polen übergeben worden seien: »So haben wir überlebt.«[8]

Niemand wußte, wie viele verlassene und verwaiste Kinder es bei Kriegsende in Europa gab; die UNESCO schätzte ca. dreizehn Millionen. Da gab es die Kinder der Zwangsarbeiter und Kinder, die zur »Germanisierung« verschickt worden waren, Kinder aus den KZ und Kinder, deren Eltern man dorthin geschickt hatte. Es gab welche, die die Liquidierungen der Ghettos überlebt hatten, und solche, die aus Dörfern geflohen waren, wo alle Einwohner in Scheunen und Holzkirchen gesperrt worden waren, die man daraufhin in Brand gesetzt hatte. Es gab auch deutsche Kinder, die bei Kriegsende mit ihren Schulen in Landverschickungsheimen in Ungarn, Rumänien, Polen, in der Tschechoslowakei oder in anderen Gebieten Deutschlands gestrandet waren.[9]

In Deutschland standen die Kindersuchaktionen unter der Schirmherrschaft der *United Nations Relief and Rehabilitation Administration* (UNRRA). Die UNRRA hatte Niederlassungen in den verschiedenen Besatzungszonen, es fehlte ihr aber eine gemeinsame Verwaltung und eine gemeinsame politische Richtlinie, ganz zu schweigen von geschultem und erfahrenem Personal, um sich angemessen mit den Kriegsflüchtlingen zu befassen. 1946 hatte der Umfang der Hilfsaktionen die Organisation ruiniert, und sie war durch Korruption und Schwarzmarkttätigkeiten aus den eigenen Reihen hochgradig gefährdet. Die Franzosen waren bekannt dafür, ausländischen Organisationen die Suche nach vermißten Kindern in ihrer Besatzungszone zu verweigern, und ihr einziger Suchbeauftragter hatte offenbar Anweisung, nur nach Kindern mit einem französischen Elternteil zu suchen. Dagegen hatten die Briten fünfunddreißig Suchbeauftragte, von denen aber nur wenige die notwendigen Sprachen beherrschten. Nur die Amerikaner mit ihren vierundvierzig Suchbeauftragten setzten auch osteuropäische Freiwilligenteams ein. Manche Kinder hatten französische Väter oder polnische Mütter, waren aber bei deutschen Familien aufgewachsen, während andere wiederum ihre Kinder in heruntergekommene Waisenhäuser und Kinderheime mit schlechter Verpflegung gegeben hatten. Niemand wußte, wie viele solcher Kinder mit Eltern verschiedener Nationalitäten es gab, denn sowohl die Kinder als auch die Mütter wurden weithin verunglimpft und gebrandmarkt.[10]

In Frankreich und Polen, auf den Kanalinseln und in Norwegen, in den Niederlanden, in Dänemark und Belgien, überall wurden Frauen, die »mit dem Feind geschlafen hatten«, bei der Befreiung von Banden Jugendlicher und junger Männer gejagt. Während die meisten Polizisten und Regierungsbeamten, die unter der Besatzung eine Machtposition innegehabt hatten, in Ruhe gelassen wurden, führte man die Frauen in einem Ritual mit geschorenen Köpfen durch die Straßen. Geschlechtsverkehr und Niederkunft waren wichtige Indikatoren nationaler Potenz und Schande in der Nachkriegszeit. Im Sommer 1945 beabsichtigten die Regierungen in Norwegen wie auch in Holland zuerst, ihre »deutschen« Kinder ohne Rücksprache mit den Müttern über die Grenze zu schicken. Polnische Forscher behaupteten, daß zweihunderttausend polnische Kinder in Deutschland lebten, wobei sie alle Kinder, die polnische Frauen während des Kriegs mit deutschen Männern in Deutschland hatten, mitzählten. Wie um die Zahl der französischen Kinder, die von deutschen Männern während der Besetzung Frankreichs gezeugt worden waren, aufzuwiegen, behauptete die französische Regierung, daß zweihunderttausend Kinder in Deutschland französische Väter hätten. In diesem statistischen Wettkampf übertrumpfte die Vergeltung nationaler Demütigung jeden Gedanken an mögliche Sozialleistungen, die solche Behauptungen nach sich ziehen konnten.[11]

Verwandte, die nach vermißten Kindern suchten, übertrugen die ersten Nachforschungen oft dem Internationalen Roten Kreuz in Genf. Im Januar richtete die UNRRA in Arolsen bei Kassel ein Suchbüro ein, wo Karteien von elternlosen Kindern in deutschen und österreichischen Lagern, Heimen und Waisenhäusern mit den häufig unzureichenden Beschreibungen, die von Verwandten vorgelegt wurden, verglichen werden konnten. Manchmal besaßen diese auch noch Familienfotos, doch häufig waren sie nicht von großem Nutzen, da die Kinder sich im Lauf der Kriegsjahre stark verändert hatten. Im Sommer 1946 wurden fünfundsechzigtausend Suchanträge eingereicht. Obwohl neunzig Prozent der Karteikarten mit einem »T« für »tot« versehen waren, führte die Kartei gelegentlich doch zu außergewöhnlichen Treffern: Ein Junge konnte mit seinen Eltern nur aufgrund der Tatsache, daß er französisch sprach, sein Vater einen Goldzahn hatte und er »chou-chou« genannt wurde, zusammengeführt werden. Die meisten vermißten Kinder stammten aus Polen.[12]

Im Nachkriegsschlesien kämpfte Roman Hrabar, ein Angestellter des polnischen Wohlfahrtsministeriums, unverdrossen für die Rückführung polnischer Kinder, die ihren Familien weggenommen und »germanisiert« worden waren. Diese Kinder hatte man durch die Mühle deutscher Institutionen, durch SS-Lebensbornheime und Lager getrieben, bis sie am anderen Ende als »volksdeutsche Waisen« aus dem Wartheland und bereit zur Adoption herauskamen. Im Herbst 1946 entdeckte man in den Unterlagen der Nationalsozialistischen Volkswohlfahrt in Lodz die persönlichen Akten von fünftausend Kindern. Jede Karte enthielt eine Fotografie des Kindes, den ursprünglichen polnischen Namen und den – gewöhnlich ähnlich klingenden – neuen deutschen Namen. Innerhalb eines Monats konnten vierhundertdreiundvierzig Kinder ausfindig gemacht werden. Hrabar widmete sich jahrelang der Zusammenführung von Familien, indem er die Kartei zur Aufschlüsselung der Vorgehensweise bei der »Germanisierung« auch darin nicht erfasster polnischer Kinder heranzog.[13]

UNRRA-Kindersuchbeauftragte in der britischen Zone zögerten, mehr zu tun, als deutsche Kinderheime und Wohlfahrtseinrichtungen zu durchkämmen. Sie achteten insbesondere darauf, sich nicht in Fälle von Adoptionen oder Pflegeverhältnissen einzumischen, und stellten sich im allgemeinen gegen eine zweite Trennung von gut funktionierenden Familien aus Furcht, neue emotionale Unruhe zu schaffen. Wie von den SS-Rassenexperten vorhergesagt, fügten sich die jüngeren Kinder oft gut ein und liebten ihre neuen »Eltern«, die ihrerseits kaum glauben mochten, daß ihre »volksdeutschen Waisen« in Wahrheit polnische oder tschechische Kinder waren. In manchen Fällen fanden es die Kinder selbst schrecklich zu hören, sie seien keine Deutschen. Briefe und Fotos, die von polnischen Müttern geschickt wurden, blieben teilweise über Jahre von Seiten der deutschen Pflegefamilien unbeantwortet.[14]

Selbst wenn Adoptivmütter positiv auf die Nachricht vom Roten Kreuz reagierten, daß ihre Söhne oder Töchter aus Polen entführt worden waren, konnte es für das Kind schwierig werden. Alusia Witaszek war 1942 fünf Jahre alt, als ihr Vater verhaftet und hingerichtet und ihre Mutter in das Konzentrationslager Ravensbrück geschickt wurde. Als ihre Ziehmutter Frau Dahl sie im November 1947 mit ihrer wirklichen Mutter und ihren Geschwistern in Posen zusammenführte, war sie zehn. Alusia konnte nicht polnisch und daher nur mit ihrer acht Jahre alten Schwester sprechen, die ebenfalls den Weg durch die SS-Lebensbornheime in Lodz und in Kalisch hinter sich hatte. Von ihren Altersgenossen in Posen als Deutsche verspottet, fühlten sich Alusia und Daryjka Witaszek als Fremde in der eigenen Familie und liefen daher weg zum Bahnhof, weil sie nach Deutschland zurückkehren wollten. Sie wurden erwischt und wieder nach Hause gebracht. Alusia verlor ihren deutschen Akzent nie.[15]

Nachdem die Deutschen am 9. Juni 1942 Lidice als Vergeltung für die Ermordung Reinhard Heydrichs dem Erdboden gleichgemacht hatten, schickten sie hundertfünf Kinder zur rassischen Auslese nach Lodz. Vier dieser tschechischen Kinder stammten aus einer Familie. Es waren die drei Hanf-Kinder Anna, Marie und Vaclav sowie deren achtjährige Cousine Emilie. Anna kehrte als erste zurück. Ihre deutschen Eltern, die sie bis dahin gut behandelt hatten, gaben ihr einfach nur Geld für die Fahrt und schickten sie nach Dresden. Im Chaos des Dresdener Bahnhofs nahm sich ein tschechischer Arbeiter ihrer an und brachte sie zu den tschechischen Amtsstellen. Ihr Vater war beim Massaker vom 9. Juni in Lidice erschossen worden und ihre Mutter im KZ Ravensbrück gestorben. Da sie in Kontakt mit ihrer Schwester Marie und ihrer Cousine Emilie geblieben war, konnte sie die Behörden auf die Spur zu den beiden bringen. Es erwies sich als weit einfacher, Emilie aus ihrem glücklichen und privilegierten Zuhause bei den Kuckuks zu lösen, als Marie von ihrer deutschen Familie zu trennen, die sie wie eine unbezahlte Hausmagd behandelt hatte. Marie war ihre tschechische Minderwertigkeit von ihrer Adoptivfamilie eingebläut worden; sie brauchte Monate, bis sie beim Essen nicht mehr zitterte. 1947 fand sie jedoch den Mut, vor dem Nürnberger Gericht gegen die SS-Rassen- und Umsiedlungsbeamten als Zeugin auszusagen.[16]

Wie wichtig es war, daß die Sozialarbeiter beim praktischen Einsatz die jeweils entscheidenden Sprachen beherrschten, zeigte sich beim letzten der Hanf-Kinder. Marias und Annas jüngerer Bruder Vaclav kam von einem Kinderheim ins nächste, weigerte sich, deutsch zu lernen und wurde vom Personal häufig geschlagen. Ein tschechisches Team, das einen polnischen Jungen namens Janek Wenzel befragte, hegte den Verdacht, er sei in Wirklichkeit ein anderer. Der Durchbruch gelang, als sie den tschechischen Kindergartenreim »ich habe Pferde, ich habe schwarze Pferde« sangen. Das Gesicht des Jungen hellte sich auf und lachend sang er den darauf folgenden Vers auf tschechisch: »Die schwarzen Pferde gehören mir«. Nur sieben Kinder aus Lidice hatten die Rassenselektion bestanden, und nur siebzehn von den hundertfünf Kindern konnten nach dem Krieg überhaupt aufgespürt werden. Die anderen waren wahrscheinlich in den Lagern umgekommen. Zusammenführungen von Familien waren die Ausnahme, nicht die Regel. Bis September 1948 war es dem Internationalen Suchdienst gelungen, gerade einmal 844 von 21 611 Kindern in seinen Akten mit ihren Familien wieder zusammenzubringen.[17]

Die britischen Kindersuchbeauftragten wollten hauptsächlich Kinder nach Osteuropa repatriieren. Dies war allgemein die Politik der Alliierten, und die Sowjetbürger gehörten zu den ersten, die zurückgeschickt wurden; sie wurden nach Ankunft in der UdSSR sogleich in den »Filtrationslagern« des NKWD auf Kollaboration mit den Deutschen untersucht. Die Westmächte waren aber auch darauf aus, die DPs »nach Hause« zu schicken und ein administratives Problem loszuwerden. Mit dem Beginn des Kalten Kriegs und dem wirtschaftlichen Nachkriegsboom änderte sich die alliierte Politik jedoch, und die Briten und Amerikaner betrachteten die verbliebenen DPs nun als Arbeitskräfte und nicht mehr als ein Problem. Während die Briten bis dahin versucht hatten, die polnischen Kinder vom Antikommunismus der erwachsenen DPs abzuschirmen, die ihnen vielleicht ausgeredet hätten, nach Hause zurückzukehren, zeigten sie sich im Lauf des Kalten Kriegs immer zurückhaltender, Roman Hrabar und seine Kollegen bei der Rückführung der Kinder auf die andere Seite des Eisernen Vorhangs zu unterstützen.[18]

Janina Pladek befand sich bei Kriegsende in Westerstede, einem hübschen mittelalterlichen Städtchen im Ammerland zwischen Oldenburg und der holländischen Grenze. Nachdem sie vor der Roten Armee aus Polen geflohen waren, fanden ihre Eltern Anschluß bei einer Baptistengemeinde und wohnten auf einem Bauernhof. Aber Janina wurde von der Baptistengemeinde nicht freundlich aufgenommen und fand keinen Anschluß. Hilfe kam von den Briten: Weil Janinas Vater im Warteland für die Deutschen gearbeitet hatte und ihre Familie auf der deutschen Volksliste registriert war, wurde ihr Bruder zur Wehrmacht einberufen. Doch nach der Gefangennahme durch die Briten kämpfte er auf ihrer Seite im polnischen Korps. Janina begab sich in das örtliche DP-Lager und nutzte die Verbindung, um eine bevorzugte Behandlung bei der Übersiedlung nach England zu erreichen.[19]

* * *

Im Februar 1945, ein Monat nach der Befreiung Warschaus, kam Janina David aus ihrem Versteck. Sie kam wieder mit Eric zusammen, dem treuen deutschstämmigen Ehemann von Lydia, der alten Flamme ihres Vaters. Lydia und ihr letzter deutscher Geliebter waren bei den chaotischen Zuständen nach dem Aufstand und der Zerstörung der Stadt verschwunden, und Eric mußte sich durch zahllose Heime durchfragen, bis er Janinas Klosterschule fand. Sie war hin und hergerissen zwischen Eric und seinen beiden Jungen, die sie sehr liebgewonnen hatte, und ihrer verbliebenen Familie, zwei Vettern, die sie nicht mochte. Letztere waren empört über ihren christlichen Glauben und versteckten das Silbermedaillon, das Janina von Schwester Zofia bekommen hatte, wobei sie sie auch noch mit ihrem ewigen Gerede über Erbangelegenheiten und -forderungen verletzten. Als sie fünfzehn Jahre alt wurde, ließen sie sie schließlich allein leben, und im Sommer 1945 kehrte sie in ihre Heimatstadt Kalisz zurück, mietete ein Zimmer und richtete sich dort ein, um die Rückkehr ihres Vaters abzuwarten. Ihre Vettern zahlten die Miete und das Geld für die Schule, als diese im Herbst wieder begann. Sie eilte jeden Tag aus der Schule nach Hause, um zu sehen, ob es Nachrichten gab: Sie wußte, daß ihr Vater die endgültige Liquidierung des Warschauer Ghettos überlebt hatte, und hatte durch Eric ein Jahr zuvor erfahren, daß er in einem Lager bei Lublin war.[20]

Eines Tages ging Janina, wie so oft, ins Kino, ohne vorher das Programm anzuschauen. Als die Leute um sie herum weinten, zusammenbrachen und laut beteten, biß sie die Zähne zusammen und wurde innerlich eiskalt: Man zeigte den sowjetischen Film über die Befreiung von Majdanek, das Lager, in dem sich ihr Vater befunden hatte. Er nahm ihr ihren letzten »Kindertraum«, wie sie später schrieb: »Es gab keinen Gott.« Im Sommer 1946 traf sie einen Mitgefangenen ihres Vaters in der Stadtbibliothek, und er versicherte ihr glaubhaft, daß ihr Vater nicht überlebt hatte. Aber noch immer konnte sie es nicht fassen, daß er tot war.[21]

Janina verließ Kalisz und seine geschäftigen Straßen und suchte Zuflucht in dem kleinen Landhaus, wo sie mit ihren Eltern im letzten Sommer vor dem Krieg gewesen war. Die Tage verbrachte sie mit Sonnenbaden in einem Badeanzug, den sie zuletzt als Zehnjährige getragen hatte, in der Nacht durchlebte sie die Bilder des Majdanek-Films, bis es ihr endlich gelang, an deren Stelle ihre Erinnerung an ihr gemeinsames Leben im Ghetto zu setzen: »unser altes Zimmer, Frau Kraut und ihren Mann, Rachel, die Sjercks, die Beatusse, die Straßen, die Menschenmengen, die Tore des Umschlagplatzes, die ich als einzige nicht passiert hatte«, wie Janina zu akzeptieren lernen mußte. »Langsam, Wort für Wort, Gedanke für Gedanke, begann ich das Unsagbare zu benennen: Meine Eltern waren tot.« Obwohl sie sich nun gerüstet fühlte, das Sommerhaus und Polen zu verlassen, zog sie noch jahrzehntelang durch Frankreich, Australien und Großbritannien, bevor sie endgültig ein Zuhause fand. Erst dann sollte sie sich daranmachen, ihre Geschichte zu erzählen, und dies auf englisch, ihrer– mindestens – vierten Sprache.[22]

Am 14. August 1945 starteten vom Prager Flughafen Ruzyně ein Dutzend Lancaster Bomber mit dreihundert Jungen und Mädchen an Bord nach Großbritannien. Es waren die ersten von siebenhundertzweiunddreißig überlebenden Kindern aus den Lagern – alle unter sechzehn Jahren –, die nach Großbritannien gebracht wurden. Sie waren Teil eines Sonderprogramms, das von Leonard Montefiore und anderen Veteranen aus der Vorkriegszeit, die sich 1938 und 1939 bemüht hatten, jüdische Kinder im »Kindertransport« zu retten, mit dem britischen Innenministerium ausgehandelt worden war. Bei diesem ersten Nachkriegstransport waren nur siebzehn Kinder unter zwölf Jahren. Die sechs jüngsten, zwischen drei und vier, kamen nach Bulldog Banks, einem Cottage in West Hoathly in Sussex, das Anna Freud und Dorothy Burlinghams Kriegskinderheim zur Verfügung gestellt worden war.[23]

Alle sechs kamen aus dem Ghettowaisenhaus und waren selbst nach den Massendeportationen nach Auschwitz-Birkenau vom Herbst 1944 in Theresienstadt geblieben. In der letzten Zeit des Ghettos hatten sie den Hunger, Typhus und den Zerfall miterlebt und waren im Waisenhaus so hungrig gewesen, daß sie noch in ihrer neuen Unterkunft ständig schrien und sich einkoteten.

Neben den zwei Schwestern Gertrud und Sophie Dann, die Deutschland vor dem Zweiten Weltkrieg verlassen hatten, kümmerte sich die schottische Erzieherin Maureen Livingstone um die Kinder. Sie war entsetzt, als sie die sechs Kleinen mit den kahlen Köpfen zum erstenmal sah. Anna Freud beobachtete, wie die Kinder sich in ihren eigenen Körpern verkrochen hatten, mit langanhaltendem Masturbieren und endlosem Daumenlutschen; sie führte dies auf ihre Sehnsucht nach Genuß zurück, der ihnen versagt geblieben war. In Sussex gierten sie weiterhin nach Essen, aßen aber häufig nicht und verweigerten alles, was nicht aus Weizen oder Mais war. Selbst wenn sie das Essen mochten, aßen sie in der Regel wenig. Statt dessen beschäftigten sie sich intensiv mit allem, was mit Essen zusammenhing, wobei sie zum Beispiel mehrfach überprüften, wie der Tisch gedeckt war. Vor allem achteten sie besitzergreifend auf ihre Löffel. Gertrud und Sophie Dann konnten sich keinen Reim auf die Bedeutung der Löffel machen, bis sie eine der Fürsorgerinnen aus dem Waisenhaus Theresienstadt bei einem Besuch in Sussex darauf hinwies, daß die Löffel der einzige Gegenstand gewesen war, den die Kinder ihr eigen hatten nennen können.[24]

Anna Freud äußerte sich in den späten fünfziger Jahren zum offensichtlichen Fehlen starker Emotionen. Sie meinte:

»Wir [können nicht sagen], welcher Aspekt oder Bestandteil eines bestimmten Ereignisses Gegenstand der affektiven Besetzung wird. Wo wir verdrängte Eindrücke von Tod, Zerstörung, Grausamkeit, Haß usw. erwarteten, fanden wir in der Regel die Spuren von Trennungen, motorischen Einschränkungen, Versagungen.«[25]

Miriam Warburg stellte im Oktober 1945 dasselbe fest, als ihr Frauen und Mädchen in Föhrenwald ihre Geschichten auf eine »seltsam unpersönliche Weise« erzählten. Vielleicht ist es eine Art Schutz, überlegte sie, die all jene sich unbewußt angeeignet hatten, »die beinahe über das Maß des menschlich Erträglichen hinaus gelitten hatten«. In ihren Überlegungen, wodurch das Selbstgefühl angegriffen worden war, kehrte Anna Freud auf das vertraute Gebiet ihrer Dauerdebatte mit Melanie Klein über die Rolle der Wahrnehmung und des ödipalen Konflikts bei der Herausbildung des Selbstgefühls zurück. Sie schloß, daß die zentrale Erfahrung der Verlust der Eltern war, nicht so sehr die der Gewalt. Als Psychologen und Direktoren von Kinderheimen aus ganz Europa zusammenkamen, um ihre Erfahrungen bei der Arbeit mit Waisen im Jahr 1948 zu diskutieren, konnte kein Konsens darüber hergestellt werden, was das Leiden der Kinder ausgelöst hatte. Einige meinten, die Gewalt, deren Zeugen sie geworden waren, sei entscheidend gewesen, andere hingegen dachten, diese habe sie weniger beeindruckt als der Verlust ihrer Familien und schlossen daraus – ähnlich wie Anna Freud –, daß ihr Unglück demjenigen von Kindern gleiche, die solche Trennungen auch in Friedenszeiten erlebt hätten. Manche waren der Meinung, ihre Erinnerungen müßten erfolgreich verdrängt werden, damit sie weitermachen könnten, andere wiederum, daß sie diese Erinnerungen durch irgendeine Spieltherapie zum Ausdruck bringen müßten.[26]

Im Frühsommer 1945 lud das Schweizer Rote Kreuz dreihundert Kinder, die die KZ überlebt hatten, für einige Monate zur Erholung in die Schweiz ein. Viele der Kinder kamen aus Buchenwald. Unter ihnen waren zwei jüdische Jungen fast gleichen Alters: Kalman Landau aus Polen und der Berliner Thomas Gève. Beide hatten die Evakuierungsmärsche aus Auschwitz und Groß Rosen überlebt, und beide zeichneten Bilder, die ihre Erlebnisse veranschaulichten. Gève fing gleich nach seiner Befreiung in Buchenwald mit dem Zeichnen an, als er wieder zu Kräften kam, aber noch zu schwach war, um die Baracken zu verlassen. Ein deutscher kommunistischer Häftling, der sich mit ihm angefreundet hatte, brachte ihm einen blauen Formularblock. Als sich seine Besessenheit, Szenen aus dem Lagerleben zu zeichnen, herumgesprochen hatte, kamen viele vorbei, um die Zeichnungen anzuschauen, und brachten ihm Farbstiftstummel.[27]

Thomas Gève wollte für seinen Vater eine visuelle Enzyklopädie der Lager entwerfen. Als er in Buchenwald mit dem Zeichnen anfing, erinnerte ihn der Block mit den blauen Formularen an die Zigarettenkarten, die er vor dem Krieg in Berlin gesammelt hatte. Als im Sommer 1939 sein Vater nach England kam, pflegte er die Beziehung zu seinem Sohn durch die Zusendung von englischen Zigarettenkarten, die sonst in Berlin nicht zu bekommen waren. Für Thomas bildeten damals die Alben von Zigarettenkarten kleine Enzyklopädien. Nun gleich nach seiner Befreiung aus Buchenwald machte es sich Thomas zur Aufgabe, eine Enzyklopädie über eine Welt zu verfassen, von der sein Vater keine Ahnung hatte und an der seine Mutter zugrunde gegangen war.[28] Gève erklärte, wie das Lager funktionierte, indem er die Konstruktion der Barackenblöcke zeichnete, und wie sein Baukommando die Arbeit aufteilte. Er zeichnete die Armbinden aller Ränge der Gefangenenfunktionäre und wie die Neuankömmlinge die verschiedenen Abschnitte des Lagers durchliefen. Als Junge in Berlin hatte er die Kreuzungen der Berliner S-Bahn und Ausstellungen französischer Kriegsbeute wegen ihrer Konstruktionen und Technik bewundert. Wie es sich für einen künftigen Bauingenieur gehörte, drehte sich seine Kunst um technische Aspekte von Installationen und die technische Arbeitsteilung im Lager, wobei die Menschen oft fehlten. Und getreu dem Muster seines Albums mit der Zigarettenkartenenzyklopädie folgte sein Zeichnungszyklus der Logik der Lagerwelt und weniger dem Aufspüren seiner eigenen Geschichte.[29]

In dem Schweizer Kinderheim auf dem Zugerberg gingen Gèves Zeichnungen von Hand zu Hand und dienten als Vorbild für andere KZ-Kinder, ihre Erlebnisse in Bildern darzustellen. In einem Zyklus von zwölf Zeichnungen zeigte Kalman die verschiedenen Stationen im Lager von der Ankunft, den Appellen, dem »Organisieren« von Lebensmitteln bis zu den Hinrichtungen von Gefangenen, die zu fliehen versucht hatten. Er zeichnete die Todesmärsche aus Auschwitz, auf denen die Gefangenen erschossen und im Schnee erschlagen, ebenso die offenen Güterwagen, auf denen sie nach Groß-Rosen und Mauthausen gebracht wurden, wo man sie nach ihrer Ankunft zu Tausenden in Quarantänebaracken pferchte. Die letzten beiden Bilder schließlich zeigen die Entwaffnung und Verhaftung der SS-Wachen in Buchenwald durch die Gefangenen, und die Ankunft der Jungen an der Schweizer Grenze in einem Zug, der dem glich, mit dem sie seinerzeit in die Lager gebracht worden waren; selbst hier in Rheinfelden gibt es in seiner Zeichnung Stacheldraht an dem Schweizer Grenzposten– wie es ihn wahrscheinlich auch in Wirklichkeit gegeben hatte.[30]

Wie die Kinderkünstler im Ghetto Theresienstadt zeichnete auch Landau die Figuren der Autoritätspersonen größer und verlieh den Kapos, SS-Wächtern und den Ärzten erkennbare Züge, während die Gefangenen – und auch er selbst – nicht voneinander zu unterscheiden sind – machtlose, austauschbare Elemente auf dem Marsch, im Lager, im Tod. Der Gewehrkolben, mit dem auf den Todesmärschen durch Schnee und Eis Zurückbleibende erschlagen wurden, war riesengroß.

Erst als die Gefangenen die Selbständigkeit erlangten zu »organisieren« – oder zu plündern –, wurden ihre persönlichen Züge erkennbar. Doch selbst als die bewaffneten Gefangenen das Lager Buchenwald befreiten, waren die Wachen immer noch größer und detaillierter gezeichnet als sie. Kalman Landaus Zeichnungen sind wie diejenigen von Thomas Gève aufgrund ihrer kartographischen Anlage bemerkenswert. Er bemühte sich nicht um die richtigen Proportionen, sondern um einen architektonischen Überblick der Gesamtanlage und den logischen Zusammenhang ihrer Einzelteile, wobei er Zeichen oder in seinem vom KZ geprägten Deutsch Überschriften hinzufügte, um diesen Zusammenhang unmißverständlich zu machen: »Morgen Tempo« (Morgenmarsch), »Zu[m] Krematorium«, »Blo[c]k Äl[te]ster«, »Es sti[m]mt« und, noch bedrohlicher, beim Nachtappell: »Es sti[m]mt nicht«. Manches an seinem Interesse an Gegenständen, der Architektur und der Technik ist recht typisch für Bilder von heranwachsenden Jungen. Die tschechischen Jungen, die in Theresienstadt das Ghetto-Krematorium besichtigt hatten, zeichneten und beschrieben seine Funktionsweise in ihrer Wochenzeitung, wobei sie sachkundig über die Technik, die Anzahl der verbrannten Leichname und den Brennstoffverbrauch berichteten. In den Flammen verbrannten hauptsächlich die Alten und Kranken, die im Ghetto zu Zehntausenden starben. Die Jungen wußten zu der Zeit noch nicht, daß es Todeslager gab. Erst als er zum Strafbataillon Birkenau kam, hatte Yehuda Bacon die Gelegenheit, dort das Innere des Krematoriums zu sehen. Weder Kalman Landau noch Thomas Gève hatten jemals in eine Gaskammer hineingesehen. Doch beide bemühten sich, sie zu zeichnen, als ob ihre Chronik und ihre Kartographie sonst unvollständig wäre.[31]

Als Gève im Jahr 2003 diese Bilder betrachtete, erklärte er, er habe sich nicht getraut, die Gefangenen in der Gaskammer abzubilden, und sei besorgt gewesen, er könnte die Installationen falsch gezeichnet haben. Die Kontrollmechanismen zu zeichnen war möglicherweise das Mittel, um seine Erlebnisse zum Ausdruck zu bringen. Gève wurde später Bauingenieur.[32]

Einige von Kalman Landaus Zeichnungen wie der Totenkopf auf dem Schlot des Krematoriums trugen den deutlichen Stempel von Gèves Zeichnungen; dieser hatte in die Mitte einer seiner Zeichnungen den gleichen Totenschädel gesetzt, von dem aus die Namen der Konzentrationslager fächerförmig ausstrahlten. Doch während Gèves Totenkopf ein geschlossenes System der Lager und des Terrors darstellte, zeigen Landaus Zeichnungen den Ablauf einer Entwicklungsgeschichte: die klare Chronologie von der Ankunft im Lager bis zum Zeugnis von seinem Ende. Es war dies ein klassischer sozialer Bericht, dessen Ereignisnähe einfach nachzuvollziehen und zu begreifen war, auch wenn nicht leicht zu erkennen ist, was es für den Künstler selbst bedeutete. Es war auch für die Außenwelt die Erzählung einer Reise des Überlebens, von den Todesmärschen im Schnee, der Verhaftung der SS durch die Gefangenen bis zur Ankunft am Rheinfall bei Schaffhausen, einer Reise, die Kalman Landau schließlich zu den Frauen brachte, die ihm in seinem Erholungsheim auf dem Zugerberg über die Schulter schauten. So wie die Zeichnungen von Thomas Gève sich an dessen Vater wandten, so waren auch diejenigen von Kalman Landau für ein Publikum gedacht, das nicht anwesend war.

Yehuda Bacon zeichnete die Gaskammern, die er gesehen hatte; dafür machte er eine technische Zeichnung, die 1961 als Beweis im Eichmann-Prozeß in Jerusalem vorgelegt wurde sowie vier Jahre danach im Frankfurter Auschwitz-Prozeß. Aber Yehuda Bacon hatte schon in Theresienstadt gezeichnet und auch im »Familienlager« in Birkenau Skizzen angefertigt. Zu seinen ersten Werken nach der Befreiung gehörten zwei Porträts. Das erste zeigt seinen »Beschützer« im Birkenauer Strafbataillon, Kalmin Fuhrman, das andere seinen Vater. Das Porträt Fuhrmans war eher konventionell, überraschte nur durch die Zartheit, mit der ein so offensichtlich harter und verschlossener Mensch gezeichnet wurde.

Yehudas Zeichnung von seinem Vater ist ganz anders. Das ausgehungerte Gesicht des Vaters mit seinem dunklen, grüblerischen Blick ist von einer Rauchwolke umhüllt, die aus dem Kamin des Krematoriums aufsteigt. In der unteren rechten Ecke schrieb Yehuda die genaue Zeit hin, wann er ermordet wurde: »22h 10. VII. 44«. Wie Kalman Landau und Thomas Gève wurde Bacon 1945 sechzehn Jahre alt. Er machte weiter, womit er bereits in Theresienstadt und Birkenau begonnen hatte, und bildete sich zum Künstler aus mit der Überzeugung, »›ich will den Leuten zeigen, was eine Kinderseele im Krieg durchgemacht hat.‹ Es war die erste Reaktion, und irgendwie ist etwas geblieben«, erinnerte er sich 1964.[33] Wenige jüdische Kinder, die die Lager überlebt hatten, wurden mit engen Verwandten zusammengeführt, und einige von ihnen fühlten sich zurückgewiesen oder waren enttäuscht. Dies nicht nur, weil sie ein idealisiertes Bild der abwesenden Mutter oder des Vater in den Ghettos und den Lagern mit sich herumgetragen hatten, sondern auch, weil die Kinder nicht darauf vorbereitet waren, die wirklichen Personen zu treffen. Manche wurden auch daran gehindert, den Verwandten ihre Geschichte zu erzählen. Kitty Hart und ihre Mutter, die Auschwitz überlebt hatten, wurden nach der Ankunft in Dover von Kittys Onkel sogleich angewiesen, daß sie auf keinen Fall über irgend etwas von dem, was ihnen widerfahren war, sprechen durften. »Nicht in meinem Haus. Ich will nicht, daß meine Mädchen sich aufregen. Und *ich* will es nicht wissen.« Da die verbliebenen polnischen Juden in der ganzen Welt verstreut waren, waren das einzige, was von ihren Gemeinden übrigbleiben sollte, die Tausenden von der Zentralen Jüdischen Historischen Kommission gesammelten einzelnen Zeugenaussagen und die Erinnerungsbücher, die die Diasporagemeinden gemeinsam zu erstellen halfen.[34]

Zur selben Zeit, als eine neue Nachkriegsdiaspora im Entstehen war, versuchten die zentral- und osteuropäischen Staaten, ethnisch homogenere Nationen innerhalb der neuen, eigenen Grenzen zu schaffen. Die Sowjetunion siedelte 810 415 Polen um, da die Grenze weiter nach Westen verlegt wurde. Der Viehwaggon tat also, wie seit 1939, weiterhin seinen Dienst beim demographischen Umbau. Viele Polen kamen aus historischen Siedlungszentren in Ostgalizien, wie Lemberg und Rivne. Parallel dazu wurden 482 880 Ukrainer nach Osten in die vergrößerte sowjetische Ukraine geschafft. So wie ganze polnische Dörfer ab Sommer 1943 den Gottesdienst in ukrainisch orthodoxen Kirchen besuchten, um der Deportation aus dem Zamosc-Gebiet durch die SS zu entgehen, so rechneten sich jetzt fünftausend Lemken, der Unierten Kirchen in den Subkarpaten formell der katholischen Kirche zu, in der Hoffnung, auf diese Weise dem polnischen Staat ihre Loyalität beweisen zu können. Es half nichts; zwischen Oktober 1944 und September 1946 wurden 146 533 von ihnen in die Sowjetunion zwangsumgesiedelt. Indes wagten die Polen, die aus der Westukraine nach Schlesien deportiert worden waren, kaum, die leidvollen Einzelheiten ihrer jüngsten Vertreibung öffentlich zu diskutieren. Nachdem die letzten deutschen Bewohner aus Breslau vertrieben waren, sollten die neuen Siedler statt dessen im Glauben bestärkt werden, daß nun »jeder Stein von Wroclaw polnisch spricht«.[35]

Außer Portugal, Spanien, der Schweiz und Schweden waren fast alle kontinentaleuropäischen Länder geschlagen und besetzt worden, manchmal sogar mehr als einmal. Zum symbolischen Ausgleich nahm »der Widerstand« oder die »Resistance« eine überproportionale Bedeutung für ihre Rolle im Krieg in Anspruch, als ihnen in Wahrheit zustand. In Dänemark, Norwegen, den Niederlanden, Frankreich, Italien, Belgien, Polen und in der Tschechoslowakei feierten Historiker und Medien, öffentliche Gedenkstätten und Erziehungsprogramme ausschließlich den Widerstand und ließen die vielen kleinen Kompromisse und Akte der Verständigung, die das Leben unter der Besatzung verlangte, außer acht. Bei diesem Gedenken gerieten die Kinder in eine zweideutige Position: Einerseits stellten sie die Unschuld dar, und ihre Verfolgung war der triftigste Beleg für das nationale Märtyrertum; andererseits sorgten sich Erzieher, daß Kinder durch ihre Erlebnisse verdorben worden wären, eine Befürchtung, die subtil das Tabu untergrub, über die zersetzenden Wirkungen der Besetzung auf die gesamte Gesellschaft zu sprechen.[36]

Die polnischen Erziehungsbehörden feierten das Opfer der Kinder mit der Veröffentlichung von Erinnerungen, die deren Beitrag am Widerstand und die Leiden, die sie durch Zwangsarbeit erdulden mußten, hervorhoben. Das heldenhafte Beispiel von Jungen der Grauen Reihen bei den illegalen Pfadfindern im deutsch besetzten Warschau wird bis auf den heutigen Tag von Zwölfjährigen in den polnischen Schulen gelesen. 1946 versprach die Warschauer Illustrierte *Przekrój* dem Gewinner eines

Kinderzeichenwettbewerbs ein Kilo Süßigkeiten. Während viele etwa Szenen beim Heu ernten, Schiffe auf dem Meer und den Verkehr von Krakau zeichneten, bezogen andere sich auf den Krieg. Sie zeigten Suchscheinwerfer am Nachthimmel, ausgebombte Häuser in Warschau, das Zusammentreiben von Polen und Juden in den Straßen sowie Hinrichtungen. Auf den Kinderzeichnungen der Gefangenen aus dem nahegelegenen Konzentrationslager der Stadt Oswiecim (Auschwitz) sind die Wächter und Kapos größer und detaillierter gezeichnet als die normalen Gefangenen. 1948 sammelte Professor Stephan Szuman von der Universität Krakau weitere 2388 Kinderzeichnungen mit Darstellungen ähnlicher Kriegs- und Verfolgungsszenen, von denen fünfundvierzig Prozent bestätigten, daß die Kinder Zeugen der Szenen gewesen waren, die sie abbildeten. Erwachsene machten sich Sorgen wegen solcher Bilder. Anläßlich der ersten deutschen Ausstellung von Kinderzeichnungen über den Krieg im Oktober 1945 in Berlin Reinickendorf schrieb die *Berliner Zeitung*, daß aus der Perspektive des Kindes noch vieles entstellt sei und die Aufgabe der Erziehung erst begonnen habe.[37]

In Polen untersuchte 1945 das Staatliche Institut für Geistliche Hygiene mit einer großangelegten Befragung die moralischen und psychischen Kriegsfolgen. Viele Kinder meinten, sie hätten die patriotischen Tugenden bei ihren Eltern, Lehrern und vom Widerstand gelernt. Aber ebenso viele Kinder bekannten, daß sie gelernt hätten zu lügen, zu stehlen, zu betrügen und zu hassen, Autoritäten mit Verachtung zu begegnen, gegenüber Idealen gleichgültig zu sein und sogar den Glauben an die Unversehrtheit des menschlichen Lebens verloren zu haben. Zusammen mit den untrüglichen Anzeichen von jugendlicher Trinkerei, Geschlechtsverkehr, Arbeitsverweigerung, Diebstahl und Schwarzmarkthandel, von denen Fürsorgearbeiter, Jugendgerichte und Psychologen auf dem ganzen Kontinent berichteten, wurden sie durch derartige Untersuchungen in ihrer Ansicht bestätigt, daß der Krieg die Unschuld der Kinder zerstört habe. Er hatte diesen Kindern aber auch beigebracht, wie man überlebt.[38]

In ganz Europa waren Erwachsene von der Energie und dem Selbstbewußtsein von Kindern vor den Kopf gestoßen. Im Krieg und während der Besatzung nach dem Krieg setzten sich die Kinder auf den Straßen und Märkten durch. Sie mußten weniger Normen verlernen als Erwach sene und hatten oft mehr Schwung und Energie, sich anzupassen. Aber ihr Erfolg untergrub das Vertrauen in die Erwachsenenwelt und verstärkte das Gefühl, für sich selbst verantwortlich zu sein. Einige bildeten mit anderen Waisen zusammen Ersatzfamilien; andere, wie die im Januar 1942 in Warschau zusammengetriebenen Straßenbettler, sahen sich als Ernährer ihrer Familien.

* * *

Die durch Krieg und Besatzung ausgelöste Krise wurde in vielen Familien deutlich, als die Eltern Verantwortung besonders an ihre älteren Kinder abgaben. In solchen Momenten brach die Unversehrtheit ihrer Familienwelt auseinander, und die Kinder glaubten, sie wieder zusammenkitten zu müssen. Diese Momente waren im allgemeinen bestimmend für die jeweilige Kriegschronologie der Kinder, der Zeitpunkt, an dem die »sichere« oder »intakte« Welt der Kindheit zerstört worden war, war ausschlaggebend. Für Yehuda Bacon war der Zeitpunkt, an dem er vorzeitig Verantwortung übernehmen mußte, eingetreten, als er seinem Vater in Theresienstadt das Essen brachte, für Ingrid Breitenbach, als sie sich um ihre Schwester kümmern mußte, weil ihre Mutter bei der Vertreibung aus der Tschechoslowakei zusammengebrochen war, für Wolfgang Hempel wahrscheinlich, als er sich daranmachte, das Grab seines Vaters zu finden und dessen Papiere im Winter 1945/46 nach Hause zu bringen. Ereignisse wie diese ließen die vorhergegangenen Jahre wie »ein goldenes Zeitalter« oder wie die »Normalität« erscheinen. Für viele jüdische Kinder war dieses »goldene Zeitalter« mit der deutschen Besetzung 1939 und 1940 zu Ende. Für deutsche Kinder mochte es mit den Bombenangriffen von 1943, der Flucht 1944 oder 1945 oder aber dem Hunger und der Vertreibung, die auf die Niederlage folgten, zu Ende gegangen sein; und viele andere deutsche und österreichische Kinder, die auf dem Land wohnten, erlebten einen solchen Bruch überhaupt nie.

Hunger war der am weitesten verbreitete Schmerz, den Kinder im Krieg und danach erlitten, und sie merkten schnell, daß ihre Eltern ihn nicht lindern konnten. Wie die Erwachsenen verwandelten auch die Kinder Essensphantasien in ausgeklügelte Spiele, bei denen eingebildete Rezepte entwickelt oder die Schlangen vor den Volksküchen nachgestellt wurden. Kinder sahen, wie der Hunger Erwachsene zu Streit, Diebstahl und in die Prostitution trieb, und sie nahmen an den erbitterten Bezichtigungen und Gegenbezichtigungen wegen Diebstahls teil, die Familien auseinanderrissen und die Dawid Sierakowiak sowie das unbekannte Mädchen aus Lodz mit so viel Kummer, Zorn und Scham ihren Tagebüchern anvertraut hatten. Der Hunger trieb Kinder dazu, zu betteln und ihr Leben beim Schmuggeln aufs Spiel zu setzen. Er lehrte sie auch, Fremden zu mißtrauen. So unglücklich ihre Familien auch sein mochten, sie blieben doch in den meisten Fällen die einzige soziale Institution, an die sich Kinder wenden konnten. In der äußersten Not des Warschauer Ghettos mochte ein Passant vielleicht ein Blatt Zeitungspapier über ein Kind ausbreiten, das auf der Straße gestorben war, aber der Hunger brachte andere Kinder dazu, die Leichen völlig zu ignorieren und sich in ihre Scheinwelt des Spiels zurückzuziehen. Hunger brach in alle sozialen Beziehungen ein, brachte den Kindern Vorsicht und Selbstsicherheit bei – und hinterließ auf ihren Körpern und in ihren Seelen Narben.

Nina Weilová war zehn, als sie von Prag nach Theresienstadt deportiert wurde. In ihren Erinnerungen erstellt sie eine Chronik ihrer Deportationen nicht anhand ihres eigenen Leidens, sondern anhand der Verletzungen, die ihrer Puppe zugefügt wurden. Bei der Ankunft in Theresienstadt schlitzte die SS ihre Puppe auf, und als sie in Auschwitz ankam, verlor sie die Puppe im Durcheinander auf der berüchtigten »Rampe«. Es war so, als ob sie von der Situation Abstand nähme und diese durch die Augen einer dritten Person betrachtete – wobei diese Person ein Gegenstand, die Puppe, war. Ein deutsches Mädchen erinnerte sich bei der Vorbereitung für die Flucht aus Mecklenburg daran, daß es seine Puppe mit anderen Wertsachen der Familie versteckt hatte. Vielleicht stand der Verlust der Puppe für den Verlust seines Zuhauses. Kleine Kinder benutzen Gegenstände anstelle von Worten und drücken ihre Gefühle mit Hilfe dieser aus. In Lodz tröstete die kleine Ettie ihre Puppe über den Hunger hinweg. In Essen fand ein anderes Mädchen Trost bei seiner Puppe, als sein Haus zerstört worden war. In manchen Fällen war das Kind allein und verlassen, in anderen hatte es noch nahe Familienmitglieder, die sich um es kümmerten. Aber alle diese Kinder äußerten ihren Schrecken und ihre Angst, ihr Leiden und den Verlust mittels Objekten, in denen sie etwas Vertrautes fanden, die sie immer geliebt hatten. Manchmal stand die Puppe für sie selbst, manchmal für das Zuhause und bisweilen für die Mutter.[39]

Der Verlust der Eltern zwang Kinder dazu, woanders Liebe und Personen, die sie beschützten, zu suchen. In der Heilanstalt Scheuern nannten manche Kinder die Krankenschwestern »Mama« und pflückten für sie Blumen, wenn sie in den Garten durften. Verlust umfaßt ein breites Spektrum, das vom vollständigen Trauma bis zum leicht gestörten Familienalltag reicht. Auf der einen Seite war da das kleine polnische Mädchen, das nach der Befreiung aus dem Konzentrationslager wieder sprechen lernen mußte; auf der anderen waren die deutschen Kinder wie der kleine Detlef in Westfalen, der sich vorübergehend einem freundlichen, 1939 in seiner Stadt einquartierten Soldaten anschloß, weil er seinen Vater vermißte. Selbst die halbwüchsigen Jungen in Birkenau, wie Yehuda Bacon, hatten offenbar in ihren »Beschützern« im Strafbataillon eine Art Vater erblickt und wurden aus Angst und Hilflosigkeit in eine Abhängigkeit getrieben, die sie sowohl jünger als auch älter machte, als es ihrem Alter entsprach.

Es kann keine Gleichsetzung des Holocaust und der Kriegserlebnisse deutscher Familien geben. Es kann keine Aufhebung des einen Schreckens durch den anderen geben, obwohl genau darauf die öffentliche Diskussion der frühen fünfziger Jahre in der Bundesrepublik abzielte. Tatsächlich gab es Ähnlichkeiten darin, wie die Kinder auf Hunger, Angst, Demütigung und die Tatsache, daß sie ihre Eltern ersetzen mußten, reagierten. Ein umfassender Begriff wie »kollektives Trauma« für alle unterschiedlichen Arten von Verlust und Schmerz, die Kinder erlitten hatten, wie manche Kommentatoren heute vorschlagen, kann jedoch nur zu Verwirrung führen. Nicht jeder Verlust ist traumatisch: Detlefs Empfindungen, als sein Vater 1939 einberufen wurde, können nicht gleicher Art gewesen sein wie diejenigen von Wolfgang Hempel, als dieser vom Tod seines Vaters in den letzten Kriegstagen erfuhr. Die zwei Jungen erlebten verschiedene Arten von Verlust, und es hilft dem historischen Verständnis wenig, sie gleichzusetzen. Hinter einer solchen Suche nach emotionalem Ausgleich lauert die Gefahr oberflächlicher moralischer und politischer Gleichsetzung zwischen allen Personengruppen, die im Krieg und im Holocaust gelitten haben. Darum ging es ja, als die Neue Wache Unter den Linden im wiedervereinigten Berlin 1993 neu eingeweiht wurde: Der Anspruch auf der Tafel, das »Gedenken an die Opfer von Krieg und Gewaltherrschaft« darzustellen, löste sogleich eine stürmische Debatte über die Relativierung des Holocaust aus.[40]

Trauma ist eine auf die Geschichte schwierig anzuwendende Kategorie. Es ist ein Begriff, dazu bestimmt, den von einem Individuum erlittenen Schmerz zu verstehen, wird aber gern benutzt, die Gewalt eines Ereignisses zu beschreiben. Auch bei Einzelfällen ist es nicht möglich vorherzusagen, was »traumatisch« sein wird, mit welchen Verletzungen eine Person umgehen kann und welche zu psychischen Zusammenbrüchen führen. Bei ihrer Arbeit mit einer Überlebenden des Holocaust erkannte die Psychoanalytikerin Dinora Pines, wie lange es brauchte: Die Frau mußte erst ihre Geschichte erzählen, ihr mußte geglaubt werden und sie mußte bei jemand anderem den Zorn entfachen können, den sie selbst nicht ausdrücken konnte, bevor eine ernsthafte Analyse überhaupt begonnen werden konnte. Die Erlebnisse spiegeln sich im nüchternen und verhaltenen Ton mancher Erinnerungen an den Holocaust und an Kriegserinnerungen wider. Um ein berühmtes Beispiel zu nennen: Primo Levi verhüllte seine Gefühle und überließ es dem Leser seiner Auschwitzerinnerungen *Ist das ein Mensch?*, die Welt, die er gefaßt betrachtet, zu sehen und zu beurteilen. Seine literarische Zurückhaltung treibt die Leser in eine Position, die derjenigen von Dinora Pines mit ihren Patienten nicht unähnlich ist: Sich um so intensiver mit dem Erlebten zu beschäftigen, da sie durch das Schweigen des Autors gezwungen werden, sich die emotionalen Auswirkungen selbst vorzustellen.[41]

Ein Auslassen oder Verschweigen als Zeichen eines Traumas zu interpretieren, birgt jedoch stets Schwierigkeiten. Anita Franková wurde im Alter von zwölf Jahren nach Theresienstadt deportiert. Sie wurde später Historikerin in der Holocaustabteilung des Jüdischen Museums in Prag; und trotz des täglichen Erinnertwerdens konnte sie sich nur an weniges aus der Zeit in Theresienstadt erinnern. Sie schrieb diesen Gedächtnisverlust nicht dem zu, was in Theresienstadt geschehen war, sondern ihren späteren Erlebnissen in Auschwitz-Birkenau und Stutthof. Sie erinnerte sich an die traumatische Situation, während sie die »normalere« in Theresienstadt nicht mehr im Gedächtnis hatte. Mädchen in Anitas Alter in Theresienstadt hatten damals viel gesehen; sie zeichneten, wie hungrige Menschen an den Gemeinschaftsküchen Schlange standen, und manche schrieben sogar Tagebücher. Sie mochten dies in einer relativ »privilegierten« Position getan haben, mit Sonderrationen und Küchen in den Kinderheimen, aber sie taten es mit großer Wißbegier. Die Komplexität ihrer Lage und die Reaktionen darauf unterstreichen die Wichtigkeit, die Erfahrungen von Kindern unter den genauen Bedingungen zu verstehen, unter denen sie damals gelebt haben.[42]

In anderen Fällen erschreckten Kinder Erwachsene nicht dadurch, daß sie von der Gewalt und dem Tod um sie herum zu sprechen vermieden oder diese verdrängten, sondern dadurch, daß sie darüber sprachen und Witze machten. Während die Erwachsenen im »Familienlager« von Birkenau die Kamine des Krematoriums zu ignorieren versuchten, schauten Yehuda Bacon und seine Freunde auf die Farbe des Rauchs und witzelten darüber, ob die Leute, die verbrannten, dick oder dünn gewesen seien. Ob diese Jungen den Glauben ihres Kapos Fredy Hirsch, daß dem »Familienlager« dieses Schicksal erspart bleibe, teilten, läßt sich nicht sagen. Über die Gegenwart des Krematoriums haben sie sich sicher nicht hinweggetäuscht, aber sie schützten sich mit ihrem Humor davor.

Bevor Kinder von Todesangst ergriffen wurden, mußten sie mit der Gefahr häufig erst unmittelbar in Berührung kommen. In Deutschland fanden Kinder den Anblick brennender Städte aus der Ferne oft wunderbar. Ein kleines Mädchen schaute im Februar 1945 auf den Feuersturm von Dresden und war vom »Schauspiel« ganz verzaubert und gebannt vom »blutroten Himmel«; von ihrem Aussichtspunkt außerhalb sah die Stadt »aus wie ein Tropfen weißglühendes Eisen. Und in dieses Licht hinein fielen Christbäume in allen Farben.« Auch Soldaten auf beiden Seiten bemerkten die Schönheit der Zerstörung, aber sie behielten sich diese ästhetische Wertschätzung für die Zerstörung bei den anderen und nicht bei sich selbst vor. Kinder fühlten sich nicht unbedingt bedroht, wenn nahegelegene Viertel brannten oder bombardiert wurden, waren aber zu Tode erschrocken, wenn der eigene Keller erzitterte oder ihre Häuser brannten. Sowohl aus den ersten Aufsätzen von älteren Kindern im Jahr 1946 als auch aus denen jüngerer Kinder Mitte der fünfziger Jahre geht hervor, wie sie erstarrt dastanden und zuschauten, wenn ihre Häuser abbrannten, und wie dieses Ereignis ihr kindliches Gefühl der Isolierung von der Zerstörung, deren Zeugen sie geworden waren, untergrub. Der übliche ironische Kommentar Yehuda Bacons und seiner Freunde über das Krematorium versiegte, als ihre eigenen Eltern in die Gaskammern gingen. In dieser Nacht fanden sie überhaupt keine Worte.[43]

Kindheitserlebnisse kommen in der Erinnerung Erwachsener oft vor, entweder in Lebensberichten oder in Interviews, wobei die Standpunkte des Kindes und des Erwachsenen sich unvermeidlich vermengen. Es ist selten, daß ein Memoirenschreiber, wie etwa der Schriftsteller Uwe Timm, die fragmentarischen Erinnerungen aus der frühen Kindheit wie die kleinen Feuer, die bei der Bombardierung Hamburgs über der Straße schwebten, von seinem späteren Wissen, daß dies brennende Fetzen eines Vorhangs waren, zu trennen versucht. Und auch ihm war es letztlich unmöglich, sicher zu sagen, was von dem Erinnerten er mit eigenen Augen gesehen hatte und was davon durch die Vergegenwärtigung der Geschichten, die seine Mutter ihm so oft erzählt hatte, zustande gekommen war, so daß es wie eine Fotografie in seinem Gedächtnis haften blieb.[44]

Zu Lutz Niethammers frühesten Erinnerungen gehörte der rote Nachthimmel. Er meinte sich zu erinnern, daß er im Haus seiner Großmutter im Schwarzwald gesessen und auf die Brände von Stuttgart geschaut habe. Doch stellte dieser Pionier der deutschen *Oral History* später fest, daß er die Brände aus achtzig Kilometer Entfernung von Stuttgart nicht gesehen haben konnte. Sein älterer Bruder erinnerte sich daran, daß sie ausgebombt waren, aus dem Keller in Stuttgart gerettet wurden und danach schreckliche Angst hatten, als die Bomber über den Zug flogen, der sie in den Schwarzwald brachte, Ereignisse, an die Lutz keine Erinnerung hatte. Niethammer schloß – zumindest vorläufig – daraus, daß er seine wahrhaftige Todesangst im Stuttgarter Keller in eine beruhigende Märchengeschichte verwandelt hatte, in der er Brände von der sicheren Küche seiner Großmutter aus sehen konnte. Sein Wunsch, die Gefahr zu unterdrücken und den mütterlichen Schutz wiederzugewinnen, brachte seine Erinnerung dazu, den zusammenbrechenden Keller durch das gemütliche Heim im Schwarzwald zu ersetzen.[45]

Das Problem, an dem Niethammer rührt, zeigt die Schwierigkeit, die darin besteht, Erinnerungen mit tatsächlichen Erlebnissen gleichzusetzen. Der fünfjährige Karl Pfandl fürchtete sich vor dem Blechkrokodil, das er 1944 zu Weihnachten geschenkt bekommen hatte und das ihn mit den Funken aus seinem Maul durch den ganzen Raum jagte, mehr, als ihn die Flucht von Budapest nach Österreich erschreckt hatte, die er gerade hinter sich gebracht hatte. Vielleicht hatte er die Reise eher aufregend denn erschreckend empfunden. Vielleicht hatte er wie die jüdischen DPs, die Miriam Warburg in Föhrenwald beobachtete, die Bedrohung heruntergespielt. Oder er hatte möglicherweise wie Lutz Niethammer seine Angst vor dem neuen Spielzeug unbewußt später an die Stelle der außergewöhnlichen Bedrohung der Flucht gesetzt. Ohne ältere Quellen als die Erinnerungen und Interviews der letzten Jahrzehnte heranzuziehen, sind diese Fragen nicht zu beantworten.[46]

Historiker, die über Erinnerungen an die NS-Zeit und den Krieg arbeiten, haben immer wieder vor den Schwierigkeiten gewarnt, die dieser Zugang zur Vergangenheit bietet. Zum Beispiel können viele deutsche und österreichische Erinnerungen danach datiert werden, wie sie den öffentlichen Diskurs über das Wissen von den Judenverfolgungen reflektieren. Auch die Auswahl und Veröffentlichung der Holocausterinnerungen hat ihre eigene Geschichte, die durchaus mit den gängigen Normen, wie gerade des tätigen und des geistigen Widerstands gedacht wird, in Verbindung steht. Viele Zeitzeugen wollen den üblichen Vorurteilen der damaligen Zeit nicht mehr folgen, müssen sich aber dennoch darauf einlassen, weil sie Zeit und Distanz brauchen, um ihr früheres Ich zu befragen. Lothar Carsten wurde um 1998 stark vom Buddhismus und Hinduismus beeinflußt und sah nun den begeisterten Hitlerjungen in Wuppertal mit seinem Tagebuch als eine ganz andere Person. Er konnte sich, ohne sich selbst rechtfertigen zu müssen, an den Abend im Jahr 1938 zurückerinnern, als er mit acht Jahren seinen Onkel, einen großen Mann in SS-Uniform, stolz begleiten durfte, um die Villen der Juden brennen zu sehen; und er konnte sich selbst sehen, wie er als fünfzehnjähriger Hitlerjunge bei Kriegsende seine Abzeichen und seinen Dolch nicht ablegen wollte, bis ihm ein alter Landser bedeutete, daß er keine andere Wahl habe. Lothar pflegte weiterhin Tagebuch zu schreiben, aber er war sich der Veränderungen in seinem Leben so bewußt, daß er sein früheres Ich weder zu rechtfertigen noch zu entschuldigen brauchte.[47]

In manchen Fällen wird die Spannung zwischen der Kindheitserinnerung einer Person und der moralischen Position als Erwachsener in der Sprache deutlich. Hans Medick lebte wie Lothar Carsten in Wuppertal, das am 29. Mai 1943 bombardiert wurde. Aber Lothar war dreizehn, Hans erst vier. Am Tag nach dem Angriff ging Hans mit seinem Vater hinaus, um die Toten anzusehen, die zur Identifizierung auf den Rathausplatz gelegt worden waren. Seine Beschreibung fünfzig Jahre später, nachdem er ein linker, anglophiler Sozialhistoriker geworden war, war noch immer visuell. Er erinnerte sich nur noch an ein einziges Bild, an die grünen, grinsenden Gesichter. Im nächsten Atemzug sagte er: »Aber es war verdient«, wegen der Verbrechen der Nationalsozialisten und der Luftangriffe auf Warschau, Rotterdam und Coventry. Zwischen den beiden Gedanken, der Erinnerung und der moralischen Schlußfolgerung, lag die passive Konstruktion »es war verdient«. Das »es« konnte sich nur auf das abstrakte NS-Deutschland beziehen, nicht jedoch auf die wirklichen Menschen, die er auf dem Platz liegen gesehen hatte. Das Ergebnis war, der Verlockung zu widerstehen, der frühen und mächtigen Erinnerung, für die er seinerzeit keine Worte gehabt haben mochte, den Vorrang einzuräumen; und die Erinnerung war ein isoliertes Fragment geblieben, dessen Bedeutung schlicht unklar blieb.[48]

1987 bemerkte Wilhelm Körner eine Anzeige in der *Zeit*, die um Tagebücher und Briefe aus der Kriegszeit bat. Aufgegeben war sie von Walter Kempowski. Nach dem Besuch einer Lesung Kempowskis grub Körner sein Kriegstagebuch aus und schickte es ihm. In seinem Begleitbrief bemerkte er: »Ich wünschte sehr, daß ich damals anders gedacht hätte, daß ich dieses unheilvolle Regime durchschaut und ihm geistigen Widerstand entgegengesetzt hätte.« Aber Körner kam aus einer deutsch-nationalen Familie »protestantischer Prägung«, sein Vater war Rektor in Bremen, und von diesem Hintergrund stammten die »stinknormalen« Überzeugungen, mit denen die Seiten dieses Tagebuchs angefüllt waren. Dann gab es bei Kriegsende eine Unterbrechung: Er brauchte eine Woche, bevor er es am 16. Mai wieder über sich brachte, zu schreiben und sein Elend aus sich herausprudeln zu lassen:

»Der 9. Mai, es wird wohl zu den schwarzesten Tagen der deutschen Geschichte gehören. Kapitulation! Wir Jungen von heute hatten dieses Wort aus unserem Sprachschatz gestrichen, und nun mußten wir erleben, wie unser deutsches Volk nach einem fast sechs jährigen Ringen die Waffen strecken mußte. Und wie tapfer hatte das Volk alle Not und alle Opfer getragen.«[49]

Und so geht es seitenlang weiter. Es mögen dies ja die Gemeinplätze jener Zeit gewesen sein, die Worte, die er im Rundfunk, bei der HJ, in der Schule, von seinen Eltern, in den KLV-Lagern und bei seinen Freunden gehört hatte und die seine Ansichten und Gefühle unmittelbar nach der Niederlage bestimmten. Aber er hatte auch an sie geglaubt und wäre für sie gestorben. Indessen trat der erwachsene Körner in die Fußstapfen seines Vaters und arbeitete wie dieser als Lehrer bei Bremen. Nach einer zweiunddreißigjährigen Karriere an den Oberschulen von Bremerhaven erschrak Wilhelm, als ihn die gleichmäßige Sütterlinschrift seines wiederentdeckten Tagebuchs an sein früheres Ich erinnerte, dessen leidenschaftliche Überzeugungen so erschütternd anders gewesen waren als diejenigen, die er nun hatte. Wie für so viele andere seiner Generation führte die Bewältigung der Vergangenheit dazu, den Bezug zu diesem früheren Ich zu verlieren. Wie hätte er dieses intensive Gefühl einer emotionalen Verbundenheit der Kriegszeit wieder beleben können, ohne tiefe Scham für die innersten Überzeugungen zu verspüren, mit denen er ihn seinerzeit gerechtfertigt hatte? Es waren keine kurzen, sondern lange Entwicklungen, und in mancher Hinsicht führte ihre moralische Zielsetzung dazu, die persönliche Vergangenheit vieler Westdeutscher weiter wegzurücken und weniger zugänglich zu machen.

Erwachsene und Kinder nahmen die Zwangsarbeiter nicht wahr, die während des Kriegs in deutschen Städten die Straßen von Bombenschutt freiräumten, ebenso wie die deutschen Flüchtlinge, die 1945 nach Westen flohen, die Todesmärsche der Gefangenen aus den KZ mitten unter ihnen kaum zur Kenntnis genommen hatten. In der umfassenden Nationalisierung der Empathie lag die verhängnisvolle Leistung der beiden Weltkriege und des Dritten Reiches. Trotz aller Augenfälligkeit dachten viele Deutsche nicht über das nach, was sie gesehen hatten.

Das Wissen der Deutschen von den Judenmorden im Krieg folgte einem ähnlichen Muster. Von Aachen bis Stuttgart sprach man vom Genozid an den Juden nach heftigen Bombenangriffen oder vor der unmittelbaren Ankunft der Westalliierten. Erst als sie von Angst erfüllt waren und das Gefühl hatten, hilflos zu sein, gaben die Leute preis, was sie längst wußten. Die meiste Zeit blieben diese Dinge im Verborgenen. Die siebzehnjährige Liselotte Günzel hatte seit dem Sommer 1943 gewußt, daß Juden in den Lagern ermordet wurden, dennoch kam sie im Tagebuch erst zwanzig Monate später auf ihr Wissen zurück. Sie kannte also einige Fakten, konnte sie aber erst einsetzen, als sie ihre Erkenntnis der bevorstehenden Niederlage im April 1945 in eine Haßtirade auf die Nazis ausbrechen ließ. Aber ihr Ausbruch wurde nicht durch den Judenmord ausgelöst, sondern durch das Todesurteil gegen einen preußischen Offizier, den Kommandanten der Königsberger Garnison.

Das bedeutet nicht, daß die Deutschen dem Schicksal der Juden einfach »gleichgültig« gegenübergestanden hätten. Das Wissen um die Massentötungen an Juden, Russen und Polen mag seinerseits viele Leute darin bestärkt haben, sie als notwendigen Bestandteil eines äußerst schwierigen Kriegs an der Ostfront zu sehen. Weit mehr Menschen scheinen daran gearbeitet zu haben »nicht zu wissen«, was sie wußten, die Erzählungen von Massenerschießungen im Osten von der medialen Flut über »jüdische Kriegsschuld« mit der ewig wiederkehrenden »Prophezeiung« des Führers zu trennen, die die Vernichtung der Juden als Vergeltung für die »Verursachung« des Weltkriegs beschwor. Sie mußten sich anstrengen, nicht über die Herkunft der Dinge, die sie auf »Judenmärkten« und bei »Judenversteigerungen« kauften, nachzudenken, so wie das Verschwinden der früheren Besitzer und ihre Ermordung im »totalen Krieg«, in den Deutschland »hineingezogen« worden war, vergessen wurde. Nur Anfälle von Angst brachten das, was die Menschen wußten, wieder an die Oberfläche: Der Hamburger Feuersturm löste ein Klagegeschrei darüber aus, daß die deutschen Städte nicht angegriffen worden wären, hätte man die »Judenfrage« nicht »so radikal« gelöst. Solche angstvollen Stimmen bildeten wahrscheinlich ein weit breiteres Meinungsspektrum als jene Leute, die Goebbels schrieben, um die Regierung zu drängen, Juden als Vergeltung für die Bombenangriffe hinzurichten. Aber der Zeitpunkt dieser Klagen über das, was Deutschland den Juden angetan hatte, legt nahe, daß sie mehr dem eigenen Schutzbedürfnis als einer humanitären Einsicht geschuldet waren: Die Bomben bewiesen, daß die »jüdische Plutokratie« ein allzu mächtiger Feind war, als daß Deutschland ihn besiegen könnte.

Solange es danach aussah, daß Deutschland fortbestehen – wenn nicht sogar siegen – könnte, wurde die Propaganda nicht in Frage gestellt. Selbst alte Regimegegner waren der Meinung, daß die »jüdische Plutokratie« eine Erklärung dafür bot, warum die amerikanischen und englischen »Terrorbombardements« so erbarmungslos waren. Erst nach dem Krieg wurde es bei Deutschen üblich, ihre Kriegsleiden mit dem Mord an den Juden zu vergleichen. Davor, im Krieg, war alles, was sie wußten, und waren alle ihre persönlichen Ansichten über die »Lösung der Judenfrage«

Teil der »dunklen« Seite des Kriegs, überdeckt von ihren Hoffnungen auf einen erfolgreichen Ausgang. Aber wie alle dunkeln Seiten war der »jüdische Krieg« nie ganz abwesend oder vergessen. Der Krieg schuf seinerseits die Grundvoraussetzung für das Gefühl, daß die Zukunft des deutschen Volkes auf Messers Schneide stand. Erst in den letzten Monaten des Krieges setzte besonders im Westen Deutschlands die Hoffnung auf die eigene Niederlage ein, damit der Krieg endlich ein Ende habe.

Der gänzlich nationale Blickwinkel, der in den Nachfolgestaaten nach dem Krieg gefördert wurde, schützte einige Kinder auch vor ihrer eigenen Verwundbarkeit. Wenn die Erwachsenen nach dem Krieg nicht wußten, wie sie mit ihren Kindern über diesen sprechen sollten, gab es zugleich vieles, was die Kinder sie nicht fragen konnten. Kinder wichen der Frage aus, ob ihre Mütter vergewaltigt worden waren, oder was sie alles hatten tun müssen, um sich während der Besatzungszeit durchzuschlagen. Als die deutsche Familie wieder zusammengesetzt war, wurden diese Themen zu einem Tabu. Kinder mieden sie, wenn sie in den Jahren 1946 oder 1955 über Massenvergewaltigungen schrieben, und sie mieden sie immer noch, als sie 1990 Erinnerungen für ihre Kinder und Enkel niederschrieben. Dazu erzogen, ihren Vätern keine Fragen über den Krieg zu stellen, versuchten viele, idealisierte Vorstellungen über deren Kriegsdienst aufrechtzuerhalten, entgegen den zunehmenden, von den Männern bisweilen selbst vorgebrachten Hinweisen auf ihre Mitwirkung bei Massenhinrichtungen.[50]

Als sie heranwuchsen, unterdrückten die Kinder nicht bloß das äußere Kriegsgeschehen, sondern zensierten auch ihre innere Verwandlung. Kinder fürchteten und haßten während der Besatzung ihre Feinde, aber sie beneideten sie auch zutiefst. Polnische Kinder spielten »Gestapo«, und Kinder im Wilnaer Ghetto und in den Lagern von Birkenau hatten auf der Suche nach Schmugglern, bei Razzien und bei Selektionen SS gespielt. Niederlage und Besatzung hatten auch die Spiele deutscher Kinder verändert. Vermeintliche Pistolen schwingend, erleichterten sie sich gegenseitig um ihre imaginären Uhren, wobei sie »Bangbang, pistolet, uri!« riefen. Indem sie die reale und erschreckende Macht des Feindes und Herrschers in ihre Spiele einbauten, setzten sie auch ihre Ohnmacht mit all ihren widerstreitenden Gefühlen von Scham und Schuld bis zu Wut und Neid in Szene.[51]

Die Spiele der Kinder während des Kriegs brachten auf ihre bruchstückhafte und unbestimmbare Art oft erheblich mehr zum Ausdruck als die Geschichten, die sie selbst Mitte der fünfziger Jahre erzählten. Es gab Grenzen dafür, wie weit Kinder in ihren Spielen gehen wollten oder konnten. Als die Russen in Deutschland waren, hörten die Kinder auf, NKWD-Hinrichtungen zu spielen; auch Vergewaltigung wurde nicht gespielt. Im Familienlager Birkenau kletterte kein Kind in das Erdloch, das sie als Gaskammer ausgaben. Sie konnten die Schreie nachmachen, aber sie konnten nicht diese Leute sein. Sie standen am Rand und warfen statt dessen Steine hinein. Der Krieg war nicht irgendetwas gewesen, was ihnen begegnet war. Er war auch in ihnen selbst ausgetragen worden und hatte ihre Gefühlswelt auseinandergerissen. Sie erkannten ihre Feinde als mächtige Sieger und ihre Eltern als machtlose Versager, sie kämpften um ihr Überleben und sie stürzten sich in selbstzerstörerische Phantasien. Wenn Kinder versuchten, Ereignisse mit ihrer Lebensgeschichte zu verknüpfen, hatten solche Spiele in ihren Autobiographien keinen Platz. Ob sie sie vergaßen oder sie neben anderen Demütigungen zusammen mit anderen unaussprechlichen Erinnerungen versteckten, können wir nicht wissen.

1955 wurde Anne Franks *Tagebuch* veröffentlicht. Sowohl in der Bundesrepublik als auch in der gesamten westlichen Welt wurde es sogleich ein Bestseller. Im Jahr darauf wurde die Bühnenversion von Tausenden junger Westdeutscher gesehen und verursachte einen Gefühlsausbruch, der sich in Gedächtnisveranstaltungen und Gründungen von Jugendklubs mit ihrem Namen niederschlug. Junge Menschen sahen sich selbst in diesem begabten und phantasievollen Mädchen, das mit seiner Familie gezwungen war, sich zu verstecken, mit seinem Notizbuch am Tisch zu sitzen und die Welt draußen vom Fenster aus zu beobachten. Und das Haus in Amsterdam, wo Anne sich ihren Optimismus bewahrt hatte – nicht Bergen-Belsen, der Ort ihrer physischen und psychischen Zerstörung – wurde zu einer Wallfahrtsstätte. Junge Deutsche und andere waren aufgerufen, in Anne Frank den Triumph einer universellen »Humanität« und Kunst – in einem romantisch spirituellen Sinn – über die nationalsozialistische Brutalität zu sehen, und dank dieser Geschichte begann sich ein Massenpublikum auf der Ebene individueller Gefühle mit einem Schicksal zu beschäftigen, das nicht das eigene war.[52]

Anne Franks Tagebuch gewann so viele Leser, weil Annes Stimme sich ihre Integrität erhielt und weil nur sie um die Empathie des Lesers »warb«. Anders als die jüdischen Jungen, die am Warschauer Dreikreuzplatz Zigaretten verkauften und mit ihren polnischen Konkurrenten sowie den deutschen Kunden zurechtkommen mußten, und anders als Janina Lewinsons Familie, die sich mit dem Netz ihrer Helfer und dem Ring von Erpressern befassen mußte, lebten Anne und ihre Familie bis zum Schluß in ihrer Kammer. Die meisten Akteure in ihrer Geschichte blieben hinter der Bühne. In den fünfziger Jahren waren die meisten Geschichtenerzähler überwältigt von der Fülle mehrdeutiger Perspektiven und widerstreitender Behauptungen, die das Erinnern an den Krieg anbot. Sie zogen es vor, sich auf einen einzigen, identifizierbaren Erzähler zu konzentrieren und die Einheit der Einzelperspektive zu erhalten, wie sie Anne Frank bot. Erst gegen Ende der fünfziger Jahre wurde der moderne Roman mit seinen verschiedenen und widersprüchlichen Perspektiven, der in der Weimarer Zeit einen Höhepunkt erlebt hatte, von Autoren wie Heinrich Böll, Uwe Johnson und Günter Grass wieder zu neuem Leben erweckt. Für Millionen Leser gab das Tagebuch der Anne Frank mit seinem persönlichen Ausdruck den NS-Opfern einen Teil ihrer moralischen Würde und Hoffnung zurück.[53]

Sich mit dem zu Tränen rührenden Tagebuch der Anne Frank zu identifizieren, war für deutsche Halbwüchsige eine Sache, eine ganz andere hingegen bestand darin, diese Erfahrung mit dem eigenen Erleben in Verbindung zu bringen. Darüber nachzudenken, was Anne Frank erdulden mußte, hieß, *nicht* an sich selbst zu denken. Soweit sich in den ersten beiden Jahrzehnten nach dem Krieg ein Dialog über Landesgrenzen und Gemeinschaftsschranken hinaus entwickelte, geschah dies trotz und nicht wegen der Anziehungskraft emotionaler Erfahrung. Das Gefühl, Opfer zu sein und zu leiden, war in den fünfziger Jahren wohl überall in Europa verbreitet, aber die Menschen jeder Nation glaubten, auf ihre Weise gelitten zu haben. Der allgemeine Konsens und die gemeinsamen Vorurteile aus dem Dritten Reich blieben noch für lange Zeit auch nach dem Verschwinden der äußerlichen Symbole und Machtstrukturen erhalten. Für die meisten der überlebenden Kindergeneration waren die eigene Gemeinschaft und die Leiden der Nächsten das vordringliche Anliegen. Das war ganz natürlich – und es war beschränkt, die Erfahrung jener, die nicht dazugehörten, auszublenden.

Von den Jahrgängen der Kinder, die Mitte der vierziger Jahre geboren wurden, gehörten viele später den Achtundsechzigern an und definierten den Nationalsozialismus über seine Verbrechen. Sie betrachteten die Geschichten deutschen Leidens immer mehr als ein peinliches Überbleibsel der fünfziger Jahre oder taten dies alles als Teil eines Versuchs ab, das Ausmaß des Völkermords zu verschleiern. Die Achtundsechziger waren meist zu jung, um sich ans Dritte Reich zu erinnern, und ihre Revolte konzentrierte sich auf Angriffe gegen das, was in der Öffentlichkeit und zugleich innerhalb der eigenen Familien von ihm übergeblieben war. Für das nächste Jahrzehnt dachten Deutsche immer weniger in Begriffen des Leidens, sondern weit mehr in solchen der Schuld. Sie sahen ihren Kanzler Willy Brandt an der Gedenkstätte des Warschauer Ghettos knien, und sie schauten sich 1978 die amerikanische Fernsehserie *Holocaust* an. Ein Jahrzehnt später, am fünfzigsten Jahrestag der Kristallnacht, waren viele von denen, die jetzt sechzig Jahre alt wurden, bereit, ihre Jugendtagebücher noch einmal zu lesen. Und einige ehemalige Hitlerjungen wie Rudolf Weissmüller schrieben an die Stadtarchive, um etwas über das Schicksal ihrer früheren jüdischen Nachbarn zu erfahren. Weissmüller wandte sich der eigenen Lebensgeschichte zu, um herauszufinden, wie er sich derart mit dem Nationalsozialismus identifizieren konnte. Andere wie Lore Walb oder Wilhelm Körner fragten sich nicht, woran sie nun glaubten, sondern wie sie jemals den Worten Glauben schenken konnten, die sie jetzt in ihren Tagbüchern nachlasen. Aber es hätte einer außerordentlichen Persönlichkeit bedurft, sich gleichzeitig sowohl die deutschen als auch die jüdischen Erfahrungen vorzustellen. Es wäre äußerst verstörend gewesen. Für viele mußte die nationalsozialistische Vergangenheit verdrängt werden, um sie zu »bewältigen«.[54]

Zeugen sind in den meisten Fällen keine Historiker. Sie sehen einen Teil dessen, was geschehen ist, und identifizieren sich gefühlsmäßig nur mit dem, was sie gesehen haben. Auch wenn sie die Herausforderung annehmen, das Blickfeld zu erweitern, um es besser zu verstehen, so bleibt der historische Wert ihrer Zeugnisse fast immer an die besonderen Dinge, deren Zeugen sie wurden, gebunden. Es liegt beim Historiker, die einzelnen Teile dieses riesigen und unvollständigen Mosaiks zusammenzufügen und den Kontext von Überzeugungen und Alltagssprache wiederherzustellen, den die Zeitzeugen inzwischen oft vergessen haben. Während sich die Erinnerungsarbeit in Deutschland vornehmlich auf die Möglichkeit einer künftigen Versöhnung konzentrierte, ist es die Aufgabe des Historikers, die Vergangenheit so darzustellen, wie sie war. Gerade weil Kinder so leicht zu beeindrucken sind, haben sie sich besonders schnell an die sich verändernden Werte ihrer Umgebung angepaßt. Das Schicksal so vieler unterschiedlicher – jüdischer, deutscher, tschechischer, Sinti-, russischer und polnischer – Kinder zu verstehen, setzt voraus, ihre individuellen Erfahrungen innerhalb eines allumfassenden Machtgefüges zu erkennen. Das Leben dieser Kinder wurde von Krieg und Eroberung bestimmt und ihre Zukunft durch die Bilanz von Nahrung und Hunger, von Heimat und Vertreibung, Leben und Tod. Gerade die unüberbrückbare Differenz ihrer Erfahrungen verband sie in einem Herrschaftssystem, in dem Behörden manche Eltern dazu drängten, ihre Kinder zu ihrer Sicherheit aufs Land zu bringen, und die gleichzeitig sorgfältig die Transporte verzeichneten, die andere in den Tod führten. Welche gefühlsmäßigen Ähnlichkeiten Kinder bei ihrer Bewältigung von Hunger und Verlust ihrer Heimat, des Todes ihrer Eltern oder von physischem Terror über alle Landesgrenzen hinweg auch zeigten, so waren ihre Kriegserfahrungen dennoch für immer unterschiedlich je nach dem Platz, den sie innerhalb des nationalsozialistischen Herrschaftssystems eingenommen hatten.

1945 lancierte Dr. Walter Corti, der Herausgeber der DU-Monatshefte in Zürich, die Kalman Landaus Zeichnungen veröffentlichen sollte, einen Appell zugunsten von Kriegswaisen. Schweizer Kinder reagierten darauf mit Begeisterung und brachten Spenden im Wert von dreißigtausend Pfund Sterling zusammen, um ein internationales Kinderdorf zu bauen. Gruppen erwachsener Freiwilliger, auch aus ehemals feindlichen Lagern, kamen auf dem Hügel über dem Dorf Trogen im Schweizer Kanton Appenzell Außerrhoden zusammen. Als alle »Nationenhäuser« gebaut waren, wurden sechzehn bis achtzehn Waisenkinder pro Haus ausgewählt, die dorthin kommen und unter der Aufsicht einer Hausmutter und eines Hausvaters leben sollten. Sie wurden nach ihren nationalen Lehrplänen unterricht, jedoch für gemeinsame Aktivitäten auch mit Kindern aus anderen Häusern zusammengebracht, um Respekt gegenüber dem anderen und gegenseitiges Vertrauen aufzubauen. Ende 1948 waren Häuser für etwa zweihundert Kinder gebaut worden, wo zwei Jahre zuvor gerade ein einziges Haus gestanden hatte. Die Kinder hatten die Lager und Waisenhäuser in Frankreich, Polen, Griechenland, in Österreich,

Ungarn, Deutschland, Italien und Finnland verlassen und ihre Sprachen und Bräuche mitgebracht. Das Dorf wurde nach Johann Heinrich Pestalozzi, dem schweizer Pionier der Kindererziehung in der europäischen Aufklärung, benannt.[55]

Das Experiment war von einem enormen Optimismus in Hinblick auf eine internationale Versöhnung begleitet, und 1948 finanzierte die UNESCO führenden Vertretern von Kinderhilfswerken aus ganz Europa einen Besuch in Trogen. Obwohl der Eiserne Vorhang bereits über Europa gefallen war und der Kalte Krieg viele der humanistischen Bestrebungen der ersten Nachkriegsjahre untergrub, bestand immer noch die Hoffnung, daß diese Form des Alltagslebens von Kindern ihnen die Tugenden von Toleranz, gegenseitigem Respekt und internationaler Verständigung nahebringen würde, und sie diese in ihre Herkunftsländer zurückbringen könnten.

Der Psychologin Dr. Marie Meierhofer aus Zürich, die die Oberaufsicht über das Kinderdorf innehatte, gelang es oft nur, ein einzelnes Kind aus einem Waisenhaus zu holen, wo drei- bis vierhundert Jungen und Mädchen von nicht mehr als acht oder neun Nonnen beaufsichtigt wurden. Auch in der Schweiz wurden solche Heime, wie überall sonst, normalerweise nach traditionellen autoritären Regeln geführt. Das Pflegepersonal aß Fleisch, während die Kinder ihren Haferbrei bekamen. Im Kinderheim Zugerberg, wohin Thomas Gève und Kalman Landau 1945 gekommen waren, versuchte sich ein Junge, der die Konzentrationslager überlebt hatte, zu erhängen, als er zur Strafe in eine dunkle Besenkammer eingesperrt wurde. Viele Kinder kamen mit verkrümmten Wirbelsäulen und Symptomen akuter Unterernährung nach Trogen. Wenn Meierhofer auch nichts für die in ihren Heimen verbliebenen Kinder tun konnte, so wußte sie doch, daß diejenigen, die sie nach Trogen gebracht hatte, nicht nach wenigen Monaten wieder in solche Waisenheime zurückgeschickt wurden. Sie sollten bleiben, und der Schwerpunkt wurde nicht auf Gehorsam gelegt, sondern darauf, durch Zuneigung langsam das Vertrauen der Kinder zu gewinnen. Es gab eine Ganztagsstelle für eine Psychologin und einen eigenen Raum für Spieltherapie. Das »Pestalozzidorf«, das heute noch besteht, wurde 1956 durch eine englische Kindergeschichte von Ian Serraillier berühmt. In *The Silver Sword* werden die Abenteuer von vier polnischen Kindern erzählt, die sich gegen den Strom der Repatriierungsbemühungen der Alliierten am Kriegsende in die Schweiz durchschlagen, um ihre Eltern zu finden.[56]

Auch Seraillier behauptet in seinem Roman nicht, daß es für Kinder leicht gewesen sei, sich wieder zu erholen, wenn sie einmal im Internationalen Kinderdorf angelangt waren. Bevor der polnische Waisenjunge Jan den Krieg endgültig vergessen konnte, spielte er Folterungen, Erschießungskommandos und Schmuggeln, und noch lange Zeit stahl er, unternahm nächtliche Überfälle auf das deutsche Haus im Kinderdorf und warf mit faulen Äpfeln nach deutschen Kindern. Es waren die gleichen Spiele und die gleichen Schwierigkeiten, die Dr. Marie Meierhofer bereits von ihren Beobachtungen her kannte. Sie hütete sich davor, all diese Spiele zu verbieten, denn sie war der Ansicht, daß sie den Kindern halfen, noch einmal nachzuvollziehen, was sie erlebt hatten, und sie sorgte sich mehr um die Kinder, die überhaupt nicht spielen konnten.

Wenn Meierhofer in verschiedene Länder fuhr, um Kinder für das Pestalozzidorf in Trogen auszuwählen, stellte sie ihnen keine Fragen über ihre Erlebnisse, sondern wartete, bis sie sich diese gegenseitig erzählten, sie in Rollenspielen zum Ausdruck brachten oder zu zeichnen begannen. Die Kinder waren alle Vollwaisen und hatten keine Verwandten, an die sie sich wenden konnten. Es gab welche, die beim Warschauer Aufstand mitgekämpft hatten und Zeugen der nach der Niederschlagung durchgeführten Massenhinrichtungen geworden waren, und es gab den in Hamburg aufgegriffenen kleinen Jungen, der auf der Flucht aus Ostpreußen gesehen hatte, wie seine Großmutter aus dem Zug fiel. Meierhofer glaubte, daß die schwierigsten Fälle die »germanisierten« kleinen Kinder waren, weil sie zweimal »ihre Sprache, die soziale Umgebung, Kultur, Religion und freilich auch die Nationalität« wechseln mußten. Sie war der Meinung, daß deren Erinnerung letztlich keine Vergangenheit für sich in Anspruch nehmen könne, auf der aufzubauen möglich wäre.[57]

Wie andere Kriegskinder waren auch diese emotional unberechenbar, voller impulsiver Zuneigung und mißtrauisch, ihren Puppen und zunehmend ihren »Hauseltern« zugetan. Sie spielten, lernten oder halfen im Haushalt ihrer Häuser mit und schauten in der Ferne über den Bodensee nach Deutschland; sie bekamen zu essen, wurden persönlich respektiert, waren in Sicherheit und Frieden, was ihnen die Möglichkeit gab, sich selbst zu entdecken. Und als sie größer wurden, trat Europa in eine unerwartete Ära relativen Wohlstands und Friedens ein. Welche Hoffnungen und Erwartungen auch immer in diese Kinder gesetzt worden waren, ihre größte Leistung war, daß sie überlebten.

Dank

Im Frühjahr 1994 besuchte ich das Jüdische Museum in Prag, um dort die Sammlung von Kinderbildern aus dem Ghetto von Theresienstadt zu studieren. Ich hatte im Jahr zuvor bereits einige der Bilder über den Mord an den tschechischen Juden in einer Ausstellung in Prag gesehen und kannte andere aus den Publikationen des Museums. Aber ich hatte keine Ahnung davon, wie viele sie waren und wie unterschiedlich. Manche waren auf gebrauchtes Packpapier gemalt, andere auf alte tschechische Formulare aus der Vorkriegszeit, als die Stadt noch Garnison war. Die Farben waren weniger leuchtend als auf den Reproduktionen, die ich gesehen hatte, und es war klar, daß die Farben, die Kindern in einem jüdischen Ghetto zur Verfügung standen, nicht gerade die wären, die sie sich selbst ausgesucht hätten, um ihre Gefühle auszudrücken. Ich war von den Strichzeichnungen immer mehr fasziniert, die Szenen aus dem Alltagsleben der Kinder zeigten und von denen die meisten bisher noch nirgends ausgestellt waren. Um sie zu deuten, mußte ich erheblich mehr über die Bedingungen wissen, unter denen die Kinder gelebt hatten. Dabei erwiesen sich die zwei Wissenschaftler Anita Franková in Prag und Erik Polak in Terezin, beide selbst Überlebende der Lager, als unschätzbare Führer durch das Archivmaterial des Ghettos.

Diese erste Erkundung dessen, was es bedeutet, Geschichte aus dem Blickwinkel eines Kindes zu schreiben, überzeugte mich, daß diese Aufgabe lohnenswert war, und ich fragte mich, welche Quellen es über andere Kinder gab, die zur selben Zeit im nationalsozialistischen Deutschland lebten. Ein einjähriger Forschungsaufenthalt in Deutschland 1997–98 verschaffte mir die Gelegenheit, es herauszufinden. Einige Spuren führten nicht recht weiter: Die Durchsicht von Akten der Verkehrspolizei für die dreißiger und vierziger Jahre, um zu erfahren, bei welchen Spielen auf den Straßen Kinder in Verkehrsunfälle verwickelt wurden, stellte sich als äußerst zeitraubend heraus; und dies bloß, um etwas zu belegen, woran sich viele Memoirenschreiber gut erinnern können. Andere Zufallsbegegnungen führten zu außergewöhnlichen Funden, wie etwa die Krankenakten von Kindern, die in Heilanstalten verbracht worden waren, oder das riesige Privatarchiv des Schriftstellers Walter Kempowski. Überall begegnete ich selbstloser Hilfe und Neugier, daß jemand, der weder Deutscher war noch aus der Generation der Kriegskinder stammte, sich um solche Dinge kümmerte. Viele meiner älteren deutschen Kollegen erzählten mir spontan ihre Kindheitserinnerungen, die ich festhielt und die mir beim Nachdenken über die Quellen, die ich las, eine große Hilfe waren. Man kann die Briefe von Kindern an ihre Eltern aus Erziehungsheimen oder aus der Kriegsevakuierung nicht lesen, ohne sich zu fragen, was es bedeutete, Familienbeziehungen über lange Zeiten der Trennung aufrechtzuerhalten. Und hierin möchte ich am meisten meinem Sohn Anand danken, der mich von Anfang an über weite Distanzen inspiriert hat.

Da ich mich dafür entschieden hatte, an einer historischen Frage zu arbeiten, für die es kein Vorbild gab, wußte ich, daß dies alles viel Zeit benötigen würde. Ich bin einer Reihe wissenschaftlicher Einrichtungen zu Dank verpflichtet, die mir dies möglich gemacht haben. Die Central European University (CEU) übernahm meinen Aufenthalt in Prag und die Australian National University einen Besuch in Canberra. Die Alexander von Humboldt-Stiftung finanzierte ein Jahr am Max Planck Institut für Geschichte und an der Universität in Göttingen. Forschungsurlaube des Royal Holloway, der University of London, des Magdalen College und der Faculty of Modern History, beide in Oxford, sowie ein vom Arts and Humanities Research Board finanzierter Forschungsurlaub verschaffte mir die Zeit, mit der Abfassung des Buchs zu beginnen. Ein einjähriges Forschungsstipendium der British Academy ermöglichte die Vollendung der umfangreichen ersten Fassung. Danken möchte ich auch den Herausgebern von Past & Present für die Erlaubnis, aus einem von mir veröffentlichten Artikel über Kinderkunst des Holocaust Material zu verwenden.

Wie alle Langzeitprojekte wurde auch dieses dank der Anregung vieler Leute mehrmals umgestaltet. Diskussionen mit Studenten, Kollegen und Freunden in Großbritannien, Australien, Deutschland, Israel, der Schweiz und Österreich haben mein Wissen über die NS-Zeit und die Geschichte der Kindheit erweitert und haben mir gezeigt, welche Fragen historisch beantwortet werden können und welche offen bleiben müssen. Besonders danken möchte ich folgenden Personen: Lynn Abrams, Charlotte Appel, Stefan Berger, Richard Bosworth, Ruth Bottigheimer, Laurence Brockliss, Catherine Clarke, Martin Conway, Martin Dean, Ning de Conning-Smith, Niall Ferguson, Katrin Fitzherbert, Anthony Fletcher, Saul Friedländer, Mary Fulbrook, Juliane Fürst, Robert Gildea, Helen Graham, Abigail Green, Ewen Green, Valentin Groebner, Atina Grossmann, Rebekka Habermas, Christa Hämmerle, Anthony Harris, Liz Harvey, Paula Hill, Gerhard Hirschfeld, Yigal Hoffner, Georg und Wilma Iggers, Ian Kershaw, Hartmut und Silke Lehmann, Peter Longerich, Wendy Lower, Helga und Alf Lüdtke, Petra Lutz, Guy Marchal, Hans Medick, Hans Mommsen, John Nightingale, Jeremy Noakes, Bill Nowak, Richard Overy, Johannes Paulmann, Daniel Pick, Alexander von Plato, Hartmut Pogge von Strandmann, Mike Roper, Ulinka Rublack, David Sabean, Karen Schönwälder, Reinhard Sieder, Gareth Stedman Jones, Willibald Steinmetz, Cornelie Usborne, Nik Wachsmann, Tom Weber und Paul Weindling. Jane Caplan, Richard Evans, Jan Lambertz und Adam Tooze leisteten mit ihrem kritischen Kommentar einen fruchtbaren Beitrag zu den ersten Entwürfen von einzelnen Kapiteln, und Jan stellte auch Material zur Verfügung, das sie bei ihrer Arbeit in den UN-Archiven gefunden hatte. Wäre mein Vater noch am Leben gewesen, hätte er es vermutlich seltsam gefunden, Teile der Welt, in der er aufgewachsen war, mit meinen Augen zu sehen. Aber da meine Mutter und mein Vater ihr Leben mit dem Studium anderer Kulturen verbrachten, gaben sie mir allen Grund zu der Überzeugung, daß eine solche intellektuelle Neugierde lebensbejahend ist.

Ich war auf die Hilfe einer ganzen Anzahl Archivare und Bibliothekare angewiesen, darunter insbesondere auf Anita Franková und Michaela Hajková in Prag, Anna-Maria Klauk und Christoph Schönberger in London, Günter Müller in Wien, Christina Vanja in Kassel und Peter Widmann in Berlin. Und ganz besonderen Dank schulde ich Walter und Hildegard Kempowski, die mir ihr Haus und ihr unschätzbares Privatarchiv geöffnet haben, wo ich auch von Dierk Hempel unterstützt wurde. Viel habe ich aus der Arbeit meiner früheren Doktorandin Shirli Gilbert über Musik in den Ghettos und Lagern erfahren. Sie machte auch die jiddischen Lieder ausfindig und übersetzte sie; außerdem prüfte sie das gesamte Manuskript. Auf der letzten Etappe durfte ich die Hilfe von

451

Zofia Stemplowska für das polnische Material in Anspruch nehmen. Julia von dem Knesebeck und Anna Menge machten die letzten deutschen Sekundärwerke ausfindig, und Anna stellte die Bibliographie aus meinen Anmerkungen zusammen.

Bei DVA habe ich das große Glück gehabt, eine zweite wunderbare Zusammenarbeit zu erleben. Stephan Meyer hat das Buch angenommen, und Stefan Ulrich Meyer hat unermüdlich und mit Leidenschaft das Lektorat betreut. Ich möchte Gennaro Ghirardelli danken, der das Buch übersetzt hat, und für ihre riesigen Leistungen bei der Bearbeitung der Übersetzung bin ich auch Anna Menge und Alexander Clarkson sehr dankbar. Als ich mein erstes Buch schrieb, war ich zu schüchtern, es jemandem zu zeigen. Mit diesem hier hatte ich das Glück, Freunde zu haben, die das Ganze lesen wollten: Rosamund Bartlett, Dick Bessel, Etienne François, Ruth Harris, Heinz Lubasz, Iain Pears, Lyndal Roper, Mark Roseman, Richard Sheppard und Bernd Weisbrod. Sie alle steuerten ihr unterschiedliches und beeindruckendes Können bei, und alle fanden noch Fehler, die andere übersehen hatten. Und sie alle trieben mich in die gleiche Richtung, indem sie, sobald der weitere Kontext des Zweiten Weltkriegs oder des Nationalsozialismus den Fluß des Berichts zu sprengen drohte, darauf bestanden: Zuerst die Kinder! Ohne ihre Kritik wäre das Buch viel schlechter geworden. Und ohne ihre Freundschaft und Ermunterung, hätte ich es nicht geschafft, es noch einmal zu überarbeiten.

Ruth, Iain und Lyndal verdanke ich noch mehr: Im Laufe der letzten zehn Jahre haben sie mehr über diese Zeit gelesen und gehört, als sie je erwartet hatten, und sie halfen mir, das herauszuarbeiten, was ich sagen wollte. Als ich anfing, fragte ich mich, ob die Erfahrung von Kindern als »wirkliche« Geschichte gelten könnte. Meine Lebensgefährtin Lyndal Roper gab mir den Rat: Arbeite an dem, was dich wirklich interessiert. In den darauffolgenden Jahren habe ich mehr von ihr gelernt, als ich ihr wahrscheinlich je vergelten kann. Lyndal und meinen Söhnen Anand und Sam, die mich stets daran erinnert haben, wie unvoreingenommen Kinder auf die Welt blicken, widme ich dieses Buch.

Nicholas Stargardt   August 2006

Anmerkungen

Einleitung

1 Katrin Fitzherbert, *True to Both Myselves. A Family Memoir of Germany and England in Two World Wars*, London 1997.

2 Ebd., S. 257–265 und 285–287.

3 Siehe Alexander von Plato, »The Hitler Youth Generation and its Role in the Two Post-war German States«, in: Roseman, *Generations in Conflict*, S. 210–226; Heinz Bude, *Deutsche Karrieren. Lebenskonstruktionen sozialer Aufsteiger aus der Flakhelfer-Generation*, Frankfurt a. M. 1987.

4 Lore Walb, *Ich, die Alte – ich, die Junge. Konfrontation mit meinen Tagebüchern 1933–1945*, Berlin 1997, S. 9.

5 Ebd., S. 14, 24, 36–38, 184–185, 225–232; 328–336.

6 Ebd., S. 333–334.

7 Ebd., S. 344–348.

8 Martin Bergau, *Der Junge von der Bernsteinküste. Erlebte Zeitgeschichte 1938–1948*, Heidelberg 1994, S. 244–245; 249–275.

9 Gabriele Rosenthal (Hg.), *Die Hitlerjugend-Generation. Biographische Thematisierung als Vergangenheitsbewältigung*, Essen 1986; Dörte von Westernhagen, *Die Kinder der Täter*, München 1987; Peter Sichrovsky, *Schuldig geboren. Kinder aus Nazifamilien*, Köln 1987; und bes. Dan Bar-On, *Legacy of Silence. Encounters with Children of the Third Reich*, Cambridge, Mass., 1989.

10 Wolfgang und Ute Benz (Hgg.), *Sozialisation und Traumatisierung. Kinder in der Zeit des Nationalsozialismus*, Frankfurt a. M. 1998; zu Vergewaltigung, Elke Sander und Barbara Johr (Hgg.), *BeFreier und Befreite. Krieg, Vergewaltigungen, Kinder*, München 1992; und Anthony Beevor, *Berlin. The Downfall 1945*, London 2002; Kriegserfahrungen von Frauen, Margarete Dörr, ›*Wer die Zeit nicht miterlebt hat…*‹ *Frauenerfahrungen im Zweiten Weltkrieg und in den Jahren danach*, Bd. 1–3, Frankfurt a. M. 1998; Bombenkrieg, Olaf Groehler, *Bombenkrieg gegen Deutschland*, Berlin 1990; und Jörg Friedrich, *Der Brand. Deutschland im Bombenkrieg 1940–1945*, München 2002; Günter Grass, *Im Krebsgang*, Göttingen 2002; Interviews mit deutschen Kindern, Hilke Lorenz, *Kriegskinder. Das Schicksal einer Generation Kinder*, München 2003; Sabine Bode, *Die vergessene Generation. Die Kriegskinder brechen ihr Schweigen*, Stuttgart 2004; Hermann Schulz, Hartmut Radebold und Jürgen Reulecke,

Söhne ohne Väter. Erfahrungen der Kriegsgeneration, Berlin 2004; Zeugnisse zum Holocaust, Tony Kushner, *The Holocaust and the Liberal Imagination. A Social and Cultural History*, Oxford 1994; und Peter Novick, *The Holocaust and Collective Memory. The American Experience*, London 1999.

11 Robert Moeller, *War Stories. The Search for a Usable Past in the Federal Republic of Germany*, Berkeley 2001, 3. Kap.; Lutz Niethammer, »Privat – Wirtschaft. Erinnerungsfragmente einer anderen Umerziehung«, in: Niethammer (Hg.), *»Hinterher merkt man, daß es richtig war, daß es schiefgegangen ist.« Nachkriegserfahrungen im Ruhrgebiet*, Bonn 1983, S. 29–34; W. G. Sebald, *On the Natural History of Destruction*, London 2003; in der DDR gab das Militär die autobiographischen Romane von Eberhard Panitz über die Bombardierung Dresdens heraus: siehe Eberhard Panitz, *Die Feuer sinken*, Berlin 1960; Heinrich Böll, *Haus ohne Hüter*, Köln 1954, und die Kritik von Marcel Reich-Ranicki, *Deutsche Literatur in West und Ost. Prosa seit 1945*, München 1963, S. 133; dazu siehe auch Donna Reed, *The Novel and the Nazi Past*, New York und Frankfurt a. M. 1985, S. 55; Debbie Pinfold, *The Child's View of the Third Reich in German Literature. The Eye among the Blind*, Oxford 2001, S. 27 und 149–150.

12 Zu Polen siehe Edmund Dmitrów, *Niemcy i okupacja hitlerowska w oczach Polaków. poglady i opinie z lat 1945–1948*, Warschau 1987; Michael Steinlauf, *Bondage to the Dead. Poland and the Memory of the Holocaust*, Syracuse, N.Y., 1997; zum »Mythos des Widerstands« in Westeuropa im allgemeinen siehe Pieter Lagrou, *The Legacy of Nazi Occupation in Western Europe. Patriotic Memory and National Recovery*, Cambridge 1999, und sein »The Nationalization of Victimhood. Selective Violence and National Grief in Western Europe, 1940–1960«, in: Richard Bessel und Dirk Schumann (Hgg.), *Life after Death. Approaches to a Cultural and Social History of Europe during the 1940s and 1950s*, Cambridge 2003, S. 243–257; zu Israel siehe Boaz Cohen, »Holocaust Heroics. Ghetto Fighters and Partisans in Israeli Society and Historiography«, *Journal of Political and Military Sociology*, 31/2, 2003, S. 197–213; zu Deutschland siehe Moeller, *War Stories*; Frank Biess, »Survivors of totalitarianism. Returning POWs and the reconstruction of masculine citizenship in West Germany, 1945–1955«, in: Hanna Schissler (Hg.), *The Miracle Years. A Cultural History of West Germany, 1949–1968*, Princeton, N. J., 2001, S. 57–82; und Habbo Knoch, *Die Tat als Bild. Fotografien des Holocaust in der deutschen Erinnerungskultur*, Hamburg 2001, S. 314–385.

13 Zum erweiterten Gebrauch von »Trauma« siehe Andreas Huyssen, »Trauma and Memory. A New Imaginary of Temporality«, in: Jill Bennett und Rosanne Kennedy (Hgg.), *World Memory. Personal Trajectories in Global Time*, New York 2003, S. 16–29; Peter Fritzsche, »Volkstümliche Erinnerung und deutsche Identität nach dem Zweiten Weltkrieg«, in: Konrad Jarausch und Martin Sabrow (Hgg.), *Verletztes Gedächtnis. Erinnerungskultur und Zeitgeschichte*

im Konflikt, Frankfurt a. M. 2002, S. 75–97; und Svenja Goltermann, »The Imagination of Disaster. Death and Survival in Post-war Germany«, in: Paul Betts, Alon Confino und Dirk Schumann (Hgg.), *Death in Modern Germany,* Cambridge und New York 2006 (ersch. demnächst); zu Fragen der *Oral History* siehe Alessandro Portelli, »The Death of Luigi Trastulli. Memory and the Event«, in: Alessandro Portelli, *The Death of Luigi Trastulli and other Stories,* Albany 1991, S. 1–26; Luisa Passerini, »Work ideology and consensus under Italian Fascism«, *History Workshop Journal,* 8, 1979, S. 82–108; Gabriele Rosenthal, *Erlebte und erzählte Lebensgeschichte. Gestalt und Struktur biographischer Selbstbeschreibungen,* Frankfurt a. M. 1995; Reinhard Sieder (Hg.), *Brüchiges Leben. Biographien in sozialen Systemen,* Wien 1999; Karl Figlio, »Oral History and the Unconscious«, *History Workshop Journal,* 26, 1988, S. 120–132.

14 Alexander und Margarete Mitscherlich, *Die Unfähigkeit zu trauern. Grundlagen kollektiven Verhaltens,* München 1967; »*Historikerstreit*«, München 1987; Charles Maier, *The Unmasterable Past,* Cambridge, Mass., 1988; Richard Evans, *In Hitler's Shadow,* London 1989; Jennifer Yoder, »Truth about Reconciliation. An Appraisal of the Enquete Commission into the SED Dictatorship in Germany«, *German Politics,* 8/3, 1999, S. 59–80; Reinhard Alter und Peter Monteath (Hgg.), *Rewriting the German Past. History and Identity in the New Germany,* Atlantic Highlands, N. J., 1997; Molly Andrews, »Grand National Narratives and the Project of Truth Commissions. A Comparative Analysis«, *Media, Culture and Society,* 25, 2003, S. 45–65; zu den fünfziger Jahren siehe Anm. 12.

15 RA, Luisen-Schule Essen, UI/5; Kyrił Sosnowski, *The Tragedy of Children under Nazi Rule,* Posen 1962, S. 167.

16 Siehe 11. und 12. Kapitel.

17 Zur zentralen Bedeutung des rassistischen, kolonialen Kriegs siehe bes. Michael Burley, *The Third Reich. A New History,* London 2000, und Ian Kershaw, *Hitler,* 2. Bd.: *1936–1945,* Stuttgart 2000; zu Hinrichtungen von Zivilisten siehe Nikolaus Wachsmann, *Hitler's Prisons. Legal Terror in Nazi Germany,* London 2004, S. 314–318 und 402–403; zu militärischen Hinrichtungen siehe Manfred Messerschmidt und Fritz Wüllner, *Die Wehrmachtjustiz im Dienste des Nationalsozialismus – Zerstörung einer Legende,* Baden-Baden 1987, S. 63–89; und Steven Welch, »›Harsh but just?‹ German Military justice in the Second World War. A comparative study of the court-martialling of German and US deserters«, *German History,* 17/3, 1999, S. 369–399; Benjamin Ziemann, »Fluchten aus dem Konsens zum Durchhalten. Ergebnisse, Probleme und Perspektiven der Erforschung soldatischer Verweigerungsformen in der Wehrmacht 1939–1945«, in: Rolf-Dieter Müller und Hans-Erich Volkmann (Hgg.), *Die Wehrmacht. Mythos und Realität,* München, 1999, S. 589–613; deutsche militärische Kriegstote, Rüdiger Overmans, *Deutsche militärische Verluste im Zweiten*

Weltkrieg, München 1999, S. 238–246 und 316–318; Moral, Thomas Kühne, »Gruppenkohäsion und Kameradschaftsmythos in der Wehrmacht«, in Müller und Volkmann (Hgg.), *Die Wehrmacht*, S. 534–549; eine neuere Übersicht siehe Richard Bessel, *Nazism and War*, London 2004, S. 136–150; siehe auch 9. und 10. Kapitel.

18 Siehe 8. und 10. Kapitel.

19 Zur Entwicklung Heranwachsender in Haft siehe Rosenthal, *Die Hitlerjugend-Generation*, S. 88–93.

20 Siehe bes. Detlev Peukert, *Inside Nazi Germany. Conformity, Opposition and Racism in Everyday Life*, London 1987; Tim Mason, *Nazism, Fascism and the Working Class*, Cambridge 1995; Richard Evans, *The Coming of the Third Reich*, London 2003.

1. Deutsche im Krieg

1 Janine Phillips, *My Secret Diary*, London 1982, S. 46–48, 29. Aug. und 1. Sept. 1939.

2 RA, Goetheschule Essen, anon., UI/ [1] (= unsortiert im Archiv, Zählung des Autors); Gretel Bechtold, *Ein deutsches Kindertagebuch in Bildern, 1933–1945*, Freiburg 1997, S. 98–99 und 102–103.

3 RA, Luisenschule Essen, anon., 19 Jahre, UI/ [5], 16. Jan. 1956: »Verdunkelung, Verdunkelung!«; KA 3883/2, Hansjürgen H., geb. 1929, »Die Verdunkelung«, Schulaufsatz, 4. Klasse, 15. Jan. 1940.

4 Herta Lange und Benedikt Burkard (Hgg.), *»Abends wenn wir essen fehlt uns immer einer«. Kinder schreiben an die Väter 1939–1945*, Hamburg 2000, S. 21–23; Liese an ihren Vater, 13. Sept. 1939.

5 Ebd., S. 18–27; Arbeitsgruppe Pädagogisches Museum (Hg.), *Heil Hitler, Herr Lehrer. Volksschule 1933–1945. Das Beispiel Berlin*, Hamburg 1983, S. 185–186.

6 Gerhard Weinberg, *A World at Arms. A Global History of World War II*, Cambridge 1994, S. 48–53; Nicholas Bethell, *The War Hitler Won. The Fall of Poland, September 1939*, New York 1972, S. 27–36.

7 Herbert Karowski, »Film im Flug«, Filmwelt, 24. Nov. 1940, zitiert in der äußerst aufschlußreichen Studie von Erica Carter, *Dietrich's Ghosts. The Sublime and the Beautiful in Third Reich Film*, London 2004, 7. Kap.; Heinz Boberach (Hg.), *Meldungen aus dem Reich. Die geheimen Lageberichte des Sicherheitsdienstes des SS 1938–1945*, Bd. 3, Berlin 1984, S. 829, 1. März 1940; Kate Lacey, *Feminine Frequencies. Gender, German Radio, and the Public Sphere, 1923–1945*, Ann Arbor 1996, S. 127–136; David Welch, *Propaganda and the German Cinema*, Oxford 1985, S. 195–203; Kinderspiele siehe RA, Luisenschule Essen, anon., 19 Jahre, UI/ [5], 16. Jan. 1956, S. 2–3; William Shirer, *Berlin Diary, 1934–1941*, London 1970, S. 173, 20. Sept. 1939.

8 Dorothee Wierling, »›Leise versinkt unser Kinderland‹ – Marion Lubien schreibt sich durch den Krieg«, in: Ulrich Borsdorf und Mathilde Jamin (Hgg.), *Überleben im Krieg. Kriegserfahrungen in einer Industrieregion 1939–1945*, Hamburg 1989, S. 70.

9 Deutschland-Berichte der Sozialdemokratischen Partei Deutschlands (Sopade) 1934–1940, 1939, Frankfurt 1980, S. 980; Adolf Hitler, *Reden und Proklamationen, 1932–1945*, Bd. 2, Max Domarus (Hg.), Neustadt an der Aisch 1963, S. 1377–1393; Shirer, *Berlin Diary*, S. 182–184; Lieses Vater in Lange und Burkard, »Abends wenn wir essen fehlt uns immer einer«, S. 25–26; zu Liedern siehe Marlis Steinert, *Hitlers Krieg und die Deutschen. Stimmung und Haltung der deutschen Bevölkerung im Zweiten Weltkrieg*, Düsseldorf 1970, S. 109; Sudetendeutsche Kinder spielen Chamberlain im Sept. 1938, KA 2077, Erica Maria C., »Keine Zeit zum Träumen. Erinnerungen 1935–1948«, S. 7; zur Mode bei anglophilen Jugendlichen in Hamburg siehe Peukert, *Inside Nazi Germany*, S. 168; Arno Klönne, *Jugend im Dritten Reich. Die Hitler-Jugend und ihre Gegner. Dokumente und Analysen*, Düsseldorf 1982, S. 255–256.

10 Lagebesprechung siehe Wilfried Baumgart, »Zur Ansprache Hitlers vor den Führern der Wehrmacht am 22. August 193. Eine quellenkritische Untersuchung«, Vierteljahreshefte für Zeitgeschichte, 16, 1968, S. 143–149; zur Volksmeinung siehe Steinert, *Hitlers Krieg und die Deutschen*, S. 76–87; Ian Kershaw, Der Hitler-Mythos. Führerkult und Volksmeinung, Stuttgart 1999, S.151–181; Deutschland-Berichte, 1938, S. 256–270; zur großdeutschen Lösung in der Weimarer Republik siehe Robert Gerwarth, *The Bismarck Myth: Weimar Germany and the Legacy of the Iron Chancellor*, Oxford 2005.

11 Adolf Hitler, *Reden und Proklamationen*, Bd. 2, S. 1310–1318; Steinert, *Hitlers Krieg und die Deutschen*, S. 91–93; Kershaw, *Der Hitler-Mythos*, S.169–181; Ian Kershaw, *Hitler*, Bd. 2, S. 136–182 und 310–314; Boberach, *Meldungen aus dem Reich*, Bd. 2, S. 72–73; Deutschland-Berichte, 1938, S. 684–689, 913–947, und 1939, 975–989; zu den Reaktionen der Öffentlichkeit bei Ausbruch des Ersten Weltkriegs siehe Jeffrey Verhey, *The Spirit of 1914. Militarism, Myth, and Mobilization in Germany*, Cambridge 2000; Christian Geinitz, *Kriegsfurcht und Kampfbereitschaft. Das Augusterlebnis in Freiburg. Eine Studie zum Kriegsbeginn 1914*, Essen 1998; Nicholas Stargardt, *The German Idea of Militarism. Radical and Socialist Critics 1866–1914*, Cambridge 1994, S. 141–149.

12 Deutschland-Berichte, 1939, S. 979–983; Steinert, *Hitlers Krieg und die Deutschen*, S. 110–121.

13 Zu Unterdrückungsmaßnahmen siehe Klaus Drobisch und Günther Wieland, *System der NS-Konzentrationslager 1933–1939*, Berlin 1993, S. 337–340; Nikolaus Wachsmann, *Hitler's Prisons. Legal Terror in Nazi Germany*, London 2004, S. 192–198; Zitat in Deutschland-Berichte, 1939, S. 983.

14 Zur Kinderevakuierung siehe Gerhard Kock, ›*Der Führer sorgt für unsere Kin-
der...*‹ *Die Kinderlandverschickung im Zweiten Weltkrieg*, Paderborn 1997,
S. 69–81 und 343; in Großbritannien Angus Calder, *The People's War*, Lon-
don 1969, S. 21–40; Richard Titmuss, *Problems of Social Policy*, London 1950,
S. 101–111; zu Interviews mit Kindern Penny Starns und Martin Parsons,
»Against their Will. The Use and Abuse of British Children during the Second
World War«, in: James Marten (Hg.), *Children and War. A Historical Anthology*, New York 2002, S. 266–278; Martin Parsons, »*I'll Take that One*«. *Dispel-
ling the Myths of Civilian Evacuation, 1939–45*, Peterborough 1998; zu Hitlers
Befehl der Bombardierung Englands, Kershaw, *Hitler*, Bd. 2, S. 417 f.; Göring
als »Meier« siehe Steinert, *Hitlers Krieg und die Deutschen*, S. 367; und Gö-
rings Rolle im deutschen Luftkrieg siehe Richard Overy, *Goering. The »Iron
Man«*, London 1984, S. 172–204.

15 Martin Middlebrook und Chris Everitt (Hgg.), *The Bomber Command war diaries. An operational reference book, 1939–1945*, London 1990, bes. S. 19–21;
Weinberg, A World at Arms, S. 68–69; Richard Overy, *Why the Allies Won*,
London 1995, S. 107–108; Reissner in Norbert Krüger, »Die Bombenangriffe
auf das Ruhrgebiet«, in: Borsdorf und Jamin (Hgg.), *Kriegserfahrungen in einer Industrieregion*, S. 92; Gerwin Strobl, *The Germanic Isle. Nazi Perceptions
of Britain*, Cambridge 2000, S. 141–150.

16 Lothar Gruchmann (Hg.), *Autobiographie eines Attentäters. Johann Georg Elser. Aussage zum Sprengstoffanschlag im Bürgerbräukeller München
am 8. November 1939*, Stuttgart 1970; Boberach, *Meldungen aus dem Reich*,
Bd. 3, S. 449, 13. Nov. 1939; Deutschland-Berichte, Bd. 6, 1939, S. 1024–1026;
zu den Reaktionen der Kirchen und der Kommunisten siehe Steinert, *Hitlers
Krieg und die Deutschen*, S. 111–114.

17 Zum 9. November 1938 siehe Heinz Lauber, *Judenpogrom »Reichskristallnacht«. November 1938 in Großdeutschland*, Gerlingen 1981, S. 123–124; Saul
Friedländer, *Nazi Germany and the Jews, Bd. 1, The Years of Persecution, 1933–
39*, London 1997, S. 275–276; für zwei herausragende lokale Untersuchungen
siehe Dieter Obst, »*Reichskristallnacht«. Ursachen und Verlauf des antisemitischen Pogroms vom November 1938*, Frankfurt a. M. 1991; Michael Wildt,
»Gewalt gegen Juden in Deutschland 1933 bis 1939«, Werkstatt-Geschichte,
18, 1997, S. 59–80.

18 Marion Kaplan, *Between Dignity and Despair. Jewish Life in Nazi Germay*, Oxford 1998, S. 138–144; Paula Hill, *Anglo-Jewry and the Refugee Children*, Phil.
Diss., University of London 2001, bes. 3. Kap.; allgemeiner siehe Marion Berg-
hahn, *German-Jewish Refugees in England. The Ambiguities of Assimilation*,
London 1984; Rebekka Göpfert, *Der jüdische Kindertransport von Deutschland nach England, 1938/39. Geschichte und Erinnerung*, Frankfurt a. M. 1999;
Wolfgang Benz, Claudio Curio und Andrea Hammel (Hgg.), *Die Kindertransporte 1938/39. Rettung und Integration*, Frankfurt a. M. 2003; Oliver Dötzer,

Aus Menschen werden Briefe. Die Korrespondenz einer jüdischen Familie zwischen Verfolgung und Emigration 1933–1947, Köln 2002.

19 Klaus Langer, in: Alexandra Zapruder (Hg.), *Salvaged Pages. Young Writers' Diaries of the Holocaust*, New Haven und London 2002, S. 33–34, 8. Sept. 1939.

20 Einer der besten Berichte zum Abschöpfen jüdischer Vermögen durch die Reichsfluchtsteuer und Strafwechselkurse für andere Währungen findet sich bei Mark Roseman, *The Past in Hiding*, London 2000, S. 56–57 und 169–170; Herbert Strauss, »Jewish emigration from Germany, Part I«, Leo Baeck Institute Year Book, London 1980, S. 317–318 und 326–327; Kaplan, *Between Dignity and Despair*, S. 118 und 132.

21 Kaplan, Between Dignity and Despair, S. 150–155; kleines Mädchen und Nachbarin, Hazel Rosenstrauch (Hg.), *Aus Nachbarn wurden Juden. Ausgrenzung und Selbstbehauptung 1933–1942*, Berlin 1988, S. 118.

22 Kaplan, *Between Dignity and Despair*, S. 150–155; Thomas Gève, *Geraubte Kindheit*, Konstanz 1993, S. 35 f.

23 Gève, *Geraubte Kindheit*, S. 32; KA 3666/3, Gisela G., »Die Dinge des Herzens. Behütete Kindheit in gefahrvoller Zeit«, Ms., 1981, S. 10; KA 3024, Otto P., geb. 1926, »Himmel und Hölle. Eine Kreuzberger Kindheit«, Ms., S. 59–60. Otto P. gibt für viele Episoden in seinen Erinnerungen keine Daten; nach seinem Alter zu urteilen, fallen sie wahrscheinlich in die Zeit unmittelbar vor Kriegsausbruch, obwohl zweifellos andere Kinder dieselben Spiele weitergespielt haben.

24 KA 3024, Otto P., »Himmel und Hölle. Eine Kreuzberger Kindheit«, Ms., 59; KA 3931/2, Dierk S., »Auszüge aus dem Tagebuch«, 3. Dez. 1940; Thomas Gève, Interview mit dem Autor und öffentliche Lesung, Southampton, Jan. 2003.

25 Kaplan, *Between Dignity and Despair*, S. 74–116; Benjamin Ortmeyer, *Schulzeit unterm Hitlerbild. Analysen, Berichte, Dokumente*, Frankfurt a.M. 1996, und ders. (Hg.), *Berichte gegen Vergessen und Verdrängen von 100 überlebenden jüdischen Schülerinnen und Schülern über die NS-Zeit in Frankfurt am Main*, Witterschlick, Bonn 1994; Museen der Stadt Nürnberg, Hugo R., 5. Klasse, »Von den Juden«, Nov. 1938. Vom Lehrer mit »gut« benotet.

26 Stadtarchiv München, Familiennachlässe, Rudolf W., »Erinnerung an Kindheit und Jugend«, S. 71–84 und S. 146–147.

27 Jeremy Noakes (Hg.), *Nazism, 1919–1945, Bd. 4, The German Home Front in World War II*, Exeter 1998, S. 397–399; KA 3883/2, Hansjürgen H., geb. 1929, Schulaufsätze, 4. Klasse, 19. 3. 1940, »Die Knochensammlung«; Hans-Peter de Lorent, »Hamburger Schulen im Krieg«, in: Reiner Lehberger und Hans-Peter de Lorent (Hgg.), *»Die Fahne hoch«. Schulpolitik und Schulalltag in Hamburg unterm Hakenkreuz*, Hamburg 1986, S. 364 und 366; Boberach, *Meldungen aus dem Reich*, Bd. 4, S. 959, 6. Apr. 1940.

28 Gève, *Geraubte Kindheit*, S. 31.

29 Franz Josef Heyen, *Nationalsozialismus im Alltag: Quellen zur Geschichte des Nationalsozialismus vornehmlich im Raum Mainz-Koblenz Trier*, Boppard am Rhein, 1967, S. 228–229: Aufnahmeappell am 20. April 1941. Die Schwüre von Jungvolk und der Hitlerjugend waren unterschiedlich und änderten sich mit der Zeit: siehe Jeremy Noakes und Geoffrey Pridham (Hgg.), *Nazism, 1919–1945, Bd. 2, State, Economy and Society, 1933–39*, Exeter 1984, S.422, und Noakes, *Nazism*, Bd. 4, S. 404–405; zu Hitlerjugend, siehe Arno Klönne, *Jugend im Dritten Reich. Die Hitlerjugend und ihre Gegner*, Köln 2003; Karl Heinz Jahnke und Michael Buddrus, *Deutsche Jugend 1933–1945. Eine Dokumentation*, Hamburg 1989; Barbara Schellenberger, Katholische Jugend und Drittes Reich, Mainz 1975; zum Weimarer Hintergrund, siehe Diethart Kerbs und Jürgen Reulecke (Hgg.), *Handbuch der deutschen Reformbewegungen, 1880–1933*, Wuppertal 1998; Jürgen Reulecke, »The Battle for the Young. Mobilising Young People in Wilhelmine Germany«, in: Mark Roseman (Hg.), *Generations in Conflict. Youth revolt and Generation Formation in Germany, 1770–1968*, Cambridge 1995, S. 92–104; zum katholischen Rheinland und dem Saarland siehe Horst-Pierre Bothien, *Die Jovy-Gruppe. Eine historisch-soziologische Lokalstudie über nonkonforme Jugendliche im »Dritten Reich«*, Münster 1994; Bernhard Haupert, *Franz-Josef Schäfer. Jugend zwischen Kreuz und Hakenkreuz. Biographische Rekonstruktion als Alltagsgeschichte des Faschismus*, Frankfurt a. M. 1991.

30 Lucia K., in: Arbeitsgruppe Pädagogisches Museum, Heil Hitler, Herr Lehrer, S. 174–177; zu Gesetzen der Hitlerjugend, siehe Jeremy Noakes und Geoffrey Pridham (Hgg.), *Nazism, 1919–1945, Bd. 2, State, Economy and Society, 1933–39*, Exeter 1984, S. 420, und *Nazism, 1919–1945*, Bd. 4, S. 404.

31 Zu diesem Thema siehe bes. Gabriele Rosenthal (Hg.), *Die Hitlerjugend-Generation. Biographische Thematisierung als Vergangenheitsbewältigung*, Essen 1986, S. 80–86; Klönne, *Jugend im Dritten Reich*; Hermann Giesecke, *Vom Wandervogel bis zur Hitlerjugend. Jugendarbeit zwischen Politik und Pädagogik*, München 1981; für eine negativere Einschätzung siehe Peukert, *Inside Nazi Germany*, S. 145–154; zu Eltern, die ihren Töchtern die Teilnahme an Freizeitaktivitäten verweigerten, wenn sie gemischtgeschlechtlich waren, siehe Steinert, *Hitlers Krieg und die Deutschen*, S. 118.

32 Hertha Linde (Hg.), *So waren wir. Bildband zur Geschichte des BDM*, München 1997, S. 207, 215–220; Lange und Burkard, »*Abends wenn wir essen fehlt uns immer einer*«, S. 18–19; Liese, 5. Sept. 1939, S. 21–27; Liese, 13. und 30. Sept. 1939, und Vater, 5. Okt. 1939.

33 Dörte Winkler, »Frauenarbeit versus Frauenideologie. Probleme der weiblichen Erwerbstätigkeit in Deutschland 1930–1945«, Archiv für Sozialgeschichte 17, 1977, S. 99–126; Ian Kershaw, *Popular Opinion and Political Dissent in the Third Reich. Bavaria, 1933–1945*, Oxford 1983, S. 297–302; Noakes, *Nazism*,

Bd. 4, S. 313–325 und 335–338; Norbert Westenrieder, *Deutsche Frauen und Mädchen! Vom Alltagsleben 1933–1945*, Düsseldorf 1984; Stefan Bajohr, *Die Hälfte der Fabrik. Geschichte der Frauenarbeit in Deutschland 1914 bis 1945*, Marburg 1979; Carola Sachse, *Siemens, der Nationalsozialismus und die moderne Familie. Eine Untersuchung zur sozialen Rationalisierung in Deutschland im 20. Jahrhundert*, Hamburg 1990; Margarete Dörr, *»Wer die Zeit nicht miterlebt hat…« Frauenerfahrungen im Zweiten Weltkrieg und in den Jahren danach*, Bd. 2, *Kriegsalltag*, Frankfurt a. M. 1998, S. 9–37 und 81–99.

34 Arbeitsgruppe Pädagogisches Museum (Hg.), *Heil Hitler, Herr Lehrer*, S. 192–195; de Lorent, »Hamburger Schulen im Krieg«, in: Lehberger und de Lorent, *»Die Fahne hoch«*, S. 364–365; zum Fehlen der Frauen am Arbeitsplatz, Ulrich Herbert, *Hitler's Foreign Workers. Enforced Foreign Labor in Germany under the Third Reich*, Cambridge 1997, S. 249 und 307; Lange und Burkard, *»Abends wenn wir essen fehlt uns immer einer«*, S. 47; Rosemarie, 20.2.40; KA 4718, Martha A., »Ein Kornfeld in der Stadt«, Ms., S. 11; KA 2693/8, Dorothea D., geb. 1927, Ms., S. 4–5; KA 3931/2, Dierk S., »Auszüge«, 11. Jan. 1940.

35 Arbeitsgruppe Pädagogisches Museum (Hg.), *Heil Hitler, Herr Lehrer*, S. 186 und 190–191.

36 Ebd., S. 177–178; ebenso KA 1759, Ermbrecht F., Ms., S. 6; eine Ausgangssperre nach 21 Uhr war im März 1940 eingeführt worden, siehe Edward Dickinson, *The Politics of German Child Welfare from the Empire to the Federal Republic*, Cambridge, Mass. 1996, S. 238.

37 Zu einer anekdotischen Beleuchtung des »Mythos« von Kindern, die ihre Eltern denunzieren, siehe Richard Grunberger, *A Social History of the Third Reich*, New York 1974, S. 151–152; für eine detaillierte Analyse der sozialen Beziehungen zwischen Denunzianten und Denunzierten auf der Grundlage lokaler Berichte siehe Eric Johnson, *The Nazi Terror. Gestapo, Jews and Ordinary Germans*, London 1999, S. 362–374.

38 KA 3931/2, Dierk S., »Auszüge«, 4.-10. Okt. und 21. Dez. 1940.

39 Fritz Theilen, *Edelweißpiraten*, Köln 2003, S. 15–18 und 26–31; ähnliches System im Saarland, Haupert, *Franz-Josef Schäfer. Jugend zwischen Kreuz und Hakenkreuz*, S. 166–189.

40 Lange und Burkard, *»Abends wenn wir essen fehlt uns immer einer«*, S. 238, 16. Dez. 1943, S. 41, 49 und 53; Rosemarie, S. 24, Jan., 3. April und 15. Mai 1940, S. 155–156; Trude, 3. Juli 1944, S. 170–171; Marion, 1. und 7. April 1943, S. 233, 240 und 243–244; Richard, 17. Juli 1943, und Vater, 1. und 26. Nov. 1943.

41 Ebd., S. 52, Vater an Rosemarie, 10. Mai 1940, S. 96; Detlef, 29. Sept. 1939. Enthält die eigene Zeichnung eines Bunkers: »Sieht der Bunker so aus?«

42 Ebd., S. 39–40, Vater an Rosemarie, 21. Jan. 1940.

43 Ebd., S. 45–46; Rosemarie, 15. Feb. 1940, S. 97–98, Detlef, 17. Okt. 1939.

44 KA 3936, Ms. Briefe von Christoph M. und Schwester Regina, geb. 1932 und 1933, an den dreizehn Jahre älteren Bruder Werner; zweiter, undatierter Brief und 20. März 1942.

45 Siehe das Standardwerk von Iona und Peter Opie, *Children's Games in Street and Playground. Chasing, Catching, Seeking*, Oxford 1969; DLA, Erwin M., geb. 16. April 1928, »Verlorene Jugend«, Ms., 1994, S. 7–8; KA 3024, Otto P., »Himmel und Hölle. Eine Kreuzberger Kindheit«, Ms., 56; Jürgen Schlumbohm, *Kinderstuben. Wie Kinder zu Bauern, Bürgern, Aristokraten wurden 1700–1850*, München 1983; Eve Rosenhaft, *Beating the Fascists? The German Communists and Political Violence, 1929–1933*, Cambridge 1983; H. Lessing und M. Liebel, Wilde Cliquen. Szenen einer anderen Arbeiterjugendbewegung, Bernsheim 1981; Reinhard Sieder und Hans Safrian, »Gassenkinder – Straßenkämpfer. Zur politischen Sozialisation einer Arbeitergeneration in Wien 1900 bis 1938«, in: Lutz Niethammer und Alexander von Plato (Hgg.), *»Wir kriegen jetzt andere Zeiten«. Auf der Suche nach der Erfahrung des Volkes in nachfaschistischen Ländern*, Berlin 1985, S. 117–151.

46 Peukert, *Inside Nazi Germany*, S. 154–160, für eine idealistischere Interpretation; Theilen, *Edelweißpiraten*, S. 32; Klönne, *Jugend im Dritten Reich*, S. 255. Zur Entwicklung dieser Spiele siehe 5., 7. und 13. Kapitel.

47 Lange und Burkard, »*Abends wenn wir essen fehlt uns immer einer*«, S. 99, Detlef, 12. Nov. 1939 und S. 191, Edith, 15. April 1943.

48 KA 4718, Martha A., »Ein Kornfeld in der Stadt«, Ms., S. 10–11; Lange und Burkard, »*Abends wenn wir essen fehlt uns immer einer*«, S. 258, Ulla; auch Radebold, *Abwesende Väter und Kriegskindheit*, und Schulz, Radebold und Reulecke, *Söhne ohne Väter*.

49 Zu Österreich im Ersten Weltkrieg siehe Christa Hämmerle, »*Zur Liebesarbeit sind wir hier, Soldatenstrümpfe stricken wir…« Zu Formen weiblicher Kriegsfürsorge im ersten Weltkrieg*, Phil. Diss., Universität Wien, 1996, und dies., »›Habt Dank, Ihr Wiener Mägdelein…‹ Soldaten und weibliche Liebesgaben im Ersten Weltkrieg«, L' Homme, 8/1, 1997, S. 132 – 154; »Liebes unbekanntes Fräulein Giesela!«, in: Ingrid Hammer und Susanne zur Nieden (Hgg.), *Sehr selten habe ich geweint. Briefe und Tagebücher aus dem Zweiten Weltkrieg von Menschen aus Berlin*, Zürich 1992, S. 203–222; KA 2693/8, Dorothea D., Ms., S. 4–5.

50 KA 2694/9, Herta L., geb. 1926, »Einquartierung, 1939/40«, Ms., S. 1–4; und KA 2694/7, zu ihrem »Erste Jahre und Überblick«.

51 KA 2694/9, Herta L., »Einquartierung, 1939/40«, S. 5–13; sie bewahrte auch ein Exemplar des Buchs, das Fechner über den Aufenthalt des Regiments in Viersen und über den Feldzug veröffentlichte, zur Erinnerung an einzelne Momente wie seine rührende Schilderung des Abschieds am 10. Mai auf: Fritz Fechner, *Panzer am Feind. Kampferlebnisse eines Regiments im Westen*, Gütersloh 1941.

52 Kinobesuche siehe Welch, *Propaganda and the German Cinema*, S. 196; Regierungspräsident von Schwaben, 9. Juli 1940, Bericht und Berichte in der Wochenschau, auch zitiert bei Kershaw, *Der Hitler-Mythos*, S. 190 f.; Boberach, Meldungen aus dem Reich, Bd. 3, S. 829–830, und Bd. 4, S. 978–979, 1179–1180 und S. 1221–1223, 1. März, 10. April, 27. Mai und 6. Juni 1940, auch zitiert bei Carter, Dietrich's Ghosts, 7. Kap.

53 Deutschlands offizielle Totenstatistik im Ersten Weltkrieg belief sich auf 1 885 245 mit zusätzlich 170 000 vermißten, vermutlich toten Soldaten: Statistisches Jahrbuch für das Deutsche Reich, S. 44, 1924–25, Berlin 1925, S. 25. Für diesen Hinweis bin ich Richard Bessel zu Dank verpflichtet. 1944 berechnete die Wehrmacht, daß 15 500 ihrer Soldaten im Polenfeldzug gefallen waren, und erhöhte die Schätzung der in Frankreich gefallenen Soldaten von 26 500 auf 46 000, Overmans, *Deutsche militärische Verluste im zweiten Weltkrieg*, S. 304.

54 Bechtold, *Ein deutsches Kindertagebuch*, S. 108–113.

55 Lange und Burkard, *»Abends wenn wir essen fehlt uns immer einer«*, S. 56, Rosemarie, 3. Juni 1940; der Kolonialroman von Hans Grimm, *Volk ohne Raum*, München 1926, war in den dreißiger Jahren außerordentlich populär; Welch, *Propaganda and the German Cinema*, S. 205–214; französische Gefangene in Boberach, Meldungen aus dem Reich, Bd. 4, S. 1222, 6. Juni 1940. Tatsächlich wurden die 90 000 schwarzen französischen Kriegsgefangenen in Frankreich gefangengehalten: Hans Pfahlmann, *Fremdarbeiter und Kriegsgefangene in der deutschen Kriegswirtschaft 1939–1945*, Darmstadt 1968, S. 89.

56 KA 3187 [b], Karl-Heinz B., geb. 1927, »Ein Urlauber«, Klasse 4b Deutschheft, Bismarck-Schule, Bochum, 3. Feb. 1942, Aufsatz.

57 Kershaw, Der Hitler-Mythos, S. 191.; KA 3931/2, Dierk S., »Auszüge«, S. 5–6 und 12–15, 1. Juli, 25.–26. Sept., 29. Nov. und 21. Dez. 1940; Gève, *Geraubte Kindheit*, S. 30.

58 Liedtext von Hans Reidel, Musik Robert Götz, in: Linde (Hg.), So waren wir, S. 22; Verlängerung der Sommerferien 1940 zum Erntedienst siehe Hans-Peter de Lorent, »Hamburger Schulen im Krieg«, in: Lehberger und de Lorent, »Die Fahne hoch«, S. 365.

59 In Münster wurden Schulen aufgefordert, zwölf Prozent der Schüler dafür zu bestrafen, daß sie sich nicht zum Erntedienst gemeldet hatten, Heinz-Ulrich Eggert (Hg.), *Der Krieg frißt eine Schule. Die Geschichte der Oberschule für Jungen am Wasserturm in Münster, 1938–1945*, Münster 1990, S. 60. Zwangsarbeit von Fremdarbeitern siehe Herbert, *Hitler's Foreign Workers*, S. 61–79, 95–97; Götz Aly, *»Final Solution«. Nazi Population Policy and the Murder of the European Jews*, London, 1999 S. 43.

60 Ulrich Herbert, *Fremdarbeiter: Politik und Praxis des »Ausländer-Einsatzes« in der Kriegswirtschaft des Dritten Reiches*, Bonn 1999, S. 61; Diemut Majer, *»Non-Germans« under the Third Reich. The Nazi Judicial and Administra-*

tive System in Germany and Occupied Eastern Europe, with Special Regard to
Occupied Poland, 1939–1945, Baltimore und London 2003.

61 Herbert, Hitler's Foreign Workers, S. 61–87; Czesław Madajczyk, *Die Okkupa-
    tionspolitik Nazideutschlands in Polen 1939–1945*, Köln 1988, S. 275; Helene B.
    in Annekatrein Mendel, *Zwangsarbeit im Kinderzimmer. »Ostarbeiterinnen«
    in deutschen Familien von 1939 bis 1945. Gespräche mit Polinnen und Deut-
    schen*, Frankfurt a. M. 1994, S. 11.

62 Katya F. in Mendel, 1994, S. 78–79.

63 Noakes (Hg.), *Nazism*, Bd. 4, S. 510–522; Tim Mason, *Arbeiterklasse und
    Volksgemeinschaft*, Opladen 1975, S. 1077–1095 zu allgemeinen Kriegswirt-
    schaftsmaßnahmen; L. Burchardt, »The impact of the war economy on the ci-
    vilian population of Germany during the First and Second World Wars«, in:
    Wilhelm Deist, *The German Military in the Age of Total War*, Leamington Spa
    1985, S. 53; Rainer Gries, *Die Rationen-Gesellschaft. Versorgungskampf und
    Vergleichsmentalität. Leipzig, München und Köln nach dem Kriege*, Münster
    1991, S. 25–28; M. C. Kaser und E. A. Radice (Hgg.), *The Economic History
    of Eastern Europe, 1919–1975*, Bd. 2, *Interwar Policy, the War and Reconstruc-
    tion*, Oxford, 1986, S. 391–397.

64 Tomi Ungerer, *Die Gedanken sind frei. Meine Kindheit im Elsaß*, Zürich 1999,
    S. 38; KA 3931/2, Dierk S., »Auszüge«, S. 5–6, 21. Juli und 28. Sept. 1940; Mel-
    lin, in: Maja Bauer (u. a.), *Alltag im 2. Weltkrieg*, Berlin 1980, S. 14.

65 Dörr, »*Wer die Zeit nicht miterlebt hat ...*«, Bd. 2, S. 15–20; Herbert, *Hitler's Fo-
    reign Workers*, S. 321–328; Wachsmann, *Hitler's Prisons*, S. 221–222.

66 Über Beziehungen zu Ausländern und Hinrichtungen wegen »Rassenschande«
    siehe Herbert, *Hitler's Foreign Workers*, S. 124–132; Robert Gellately, *Backing
    Hitler. Consent and Coercion in Nazi Germany*, Oxford 2001, S. 166–175 und
    ders., *The Gestapo and German Society. Enforcing Racial Policy, 1933–1945*,
    Oxford S. 159–214; für solche Vergehen wurden im »Alt-Reich« Juden hinter
    verschlossenen Gefängnistoren hingerichtet: Alexandra Przyrembel, »*Rassen-
    schande«. Reinheitsmythos und Vernichtungslegitimation im Nationalsozialis-
    mus*, Göttingen 2003, S. 413–425.

67 Weinberg, *A World at Arms*, S. 118 und S. 145–149.

68 Hitler, *Reden und Proklamationen*, Bd. 2, S. 1560 und 1580, 19. Juli und 4. Sept.
    1940; Kershaw, *Hitler*, Bd. 2, S. 410–419; Olaf Groehler, *Bombenkrieg gegen
    Deutschland*, Berlin 1990, S. 172–175; Joseph Goebbels, *Die Tagebücher*, Elke
    Fröhlich (Hg.), München 1993–96, Bd. 4, S. 308, 311, 315, 324, 336 und 338,
    5., 7., 9., 15., 24. und 25. Sept. 1940; Britische Opfer siehe Alfred Price, *Luft-
    waffe Data Book*, London 1997; die Verluste an Bombern vom 7.–8. Nov. 1941
    zwangen Churchill dazu, die Luftangriffe auf Berlin abzubrechen.

69 Zu Göring, Steinert, *Hitlers Krieg und die Deutschen*, S. 172 und 366–367;
    Bunkerbau siehe Groehler, *Bombenkrieg gegen Deutschland*, S. 238–253; Gève,
    Geraubte Kindheit, S. 32.

70 Lange und Burkard, »*Abends wenn wir essen fehlt uns immer einer*«, S. 97, 35 und 41, Detlef an Vater, 30. Sept. 1939; Rosemaries Vater, 11. Jan. 1940 und Rosemarie, 24. Jan. 1940; Strobl, *The Germanic Isle*; German Propaganda Archive, Calvin College, Grand Rapids, Michigan, zum Brettspiel »Stukas greifen an«; Bomben auf Engeland, Berlin 1940.

71 Klönne, *Jugend im Dritten Reich*, S. 255–256.

72 Detlev Peukert, »Arbeitslager und Jugend-KZ. die Behandlung ›Gemeinschaftsfremder‹ im Dritten Reich«, in: Peukert und Reulecke (Hgg.), *Die Reihen fest geschlossen*, S. 413–434.

73 Marsch vor das Parlament in London am 5. Oktober 1936 aus Solidarität mit den durch die Depression geschädigten Arbeitern, bes. der nordenglischen Bergarbeiter und Schiffsbauern. (A. d. Ü)

74 Noakes, *Nazism*, Bd. 4, S. 526–531; Kershaw, *Der Hitler-Mythos*, S. 192 f.; Boberach, *Meldungen aus dem Reich*, Bd. 5, S. 1645–1648, 7. Okt. 1940; Strobl, *The Germanic Isle*, S. 132–160.

75 Eggert, *Der Krieg frißt eine Schule*, S. 92–93; Reissner, in: Krüger, »Die Bombenangriffe auf das Ruhrgebiet«, S. 92–93, »auf ein paar Tote mehr oder weniger kommt's im Kriege ja nicht an«; Middlebrook und Everitt, *The Bomber Command War Diaries*, S. 31–38 und S. 56–130.

76 Kock, »*Der Führer sorgt für unsere Kinder…*«, S. 71–81; Gerhard Sollbach, *Heimat Ade! Kinderlandverschickung in Hagen 1941–1945*, Hagen 1998, S. 14.

77 Verhalten von Eltern und Gerüchte, Boberach, Meldungen aus dem Reich, Bd. 5, S. 1648, 7. Okt. 1940; Anzahl der evakuierten Kinder, Kock, »*Der Führer sorgt für unsere Kinder…*«, S. 136–138; 222 Menschen waren bei Bombenangriffen auf Berlin 1940 getötet worden: Olaf Groehler, »Bomber über Berlin«, Deutscher Fliegerkalender, 1970, S. 113.

78 Kock, »*Der Führer sorgt für unsere Kinder…*«, S. 120–122.

79 Ebd., S. 125.

80 KA 2073, Ilse-W. P., »KLV-Tagebuch«, Ms., 7. Mai, 3. und 13. Juni, 29. Juli, 18. und 25. Aug. und 19. Okt. 1941.

81 Ebd., 1., 11., 25. und 28. Mai, 2. Juni, 20. Juli und 8. Aug. 1941.

82 Ebd., 3., 4. und 5. Mai, 16., 22. und 29. Juni, 6. Juli, 14. Aug. und 18. Nov. 1941.

83 Ebd., 31. Aug., 18. Sept., 10., 25., 28. und 31. Okt., 14., 17. und 18. Nov. 1941; zurückgehende Zahlen, Kock, »*Der Führer sorgt für unsere Kinder…*«, S. 137.

84 Kock, »*Der Führer sorgt für unsere Kinder…*«, S. 137; Sollbach, *Heimat Ade!*, S. 14.

85 Rudolf Lenz in Sollbach, *Heimat Ade!*, S. 136–137.

86 KA 3931/2, Dierk S., »Auszüge«, S. 15, 26. Dez. 1940 und Silvesterabend um Mitternacht.

2. Stramme Jugend

1   Zu Hitler siehe seine Rede vor der deutschen Presse vom 10. Nov. 1938: Wilhelm Treue, »Rede vor der deutschen Presse«, *Vierteljahrshefte für Zeitgeschichte*, 6, 1958, S. 175–191, und Kershaw, *Der Hitler-Mythos*, S. 189–191; allgemein siehe Gellately, *Backing Hitler*, S.51–69 und Taf. 11–12; Wachsmann, *Hitler's Prisons*, S. 192–199 und 393; Lothar Gruchmann, *Justiz im Dritten Reich. Anpassung und Unterwerfung in der Ära Gürtner*, München 1990, S. 910–911; Christine Dörner, *Erziehung durch Strafe. Die Geschichte des Jugendstrafvollzugs von 1871–1945*, Weinheim 1991, S. 199–215 und 257–264; Patrick Wagner, *Volksgemeinschaft ohne Verbrecher. Konzeption und Praxis der Kriminalpolizei in der Zeit der Weimarer Republik und des Nationalsozialismus*, Hamburg 1996, S. 311; Dickinson, *The Politics of German Child Welfare*, S. 213–214; Eckhard Hansen, *Wohlfahrtspolitik im NS-Staat. Motivationen, Konflikte und Machtstrukturen im »Sozialismus der Tat« des Dritten Reiches*, Augsburg 1991, S. 245; zum Vergleich mit anderen Ländern siehe Anm. 41.

2   LWV 2/8487, Emmi K., Beschluß, Jugendamtsgericht Hanau, 30. Mai 1939. Zur Entstehung der NS-Maßnahmen siehe Hansen, *Wohlfahrtspolititk im NS-Staat*, S. 281–282; Dörner, *Erziehung durch Strafe*, S. 157–171; Carola Kuhlmann, *Erbkrank oder erziehbar? Jugendhilfe als Vorsorge und Aussonderung in der Fürsorgeerziehung in Westfalen von 1933–1945*, Weinheim 1989, 201–202; Christa Hasenclever, *Jugendhilfe und Jugendgesetzgebung seit 1900*, Göttingen 1978, S. 148–153; Dickinson, *The Politics of German Child Welfare*, S. 238–239.

3   Dickinson, *The Politics of German Child Welfare*, S. 238.

4   Siehe Stadtarchiv Göttingen, Polizeidirektion VIII, Fach 59.2.185 – 59.3.31. für die Zeit 23. Juli 1934–27. Juni 1944.

5   Wolfgang Ayass, *Das Arbeitshaus Breitenau. Bettler, Landstreicher, Prostituierte, Zuhälter und Fürsorgeempfänger in der Korrektions- und Landarmenanstalt Breitenau (1874–1949)*, Kassel 1992, S. 162–169.

6   Ayass, *Das Arbeitshaus Breitenau*, bes. S. 204–217.

7   Zitat in LWV Bücherei 1988/323, Ulla Fricke und Petra Zimmermann, »Weibliche Fürsorgeerziehung während des Faschismus – am Beispiel Breitenau«, Ms., S. 76–77.

8   Ayass, *Das Arbeitshaus Breitenau*, S. 253–254; Dietfrid Krause-Vilmar, *Das Konzentrationslager Breitenau. Ein staatliches Schutzhaftlager 1933/34*, Marburg 1997, S. 213.

9   LWV 2/9565, Liselotte W., Hausstrafen, S. 3; LWV 2/9009, Waltraud P., geb. 30. Nov. 1925; sie floh am 11. August 1942 und wurde am 17. August 1942 zurückgebracht. Am 7. Sept. ins Stadtkrankenhaus Kassel mit Verdacht auf Meningitis eingeliefert, starb sie am 12. Sept. 1942, S. 57–58; LWV 2/8029, Ruth F., geb. 14. März 1925, gest. 23. Okt. 1942; LWV 2/9163, Maria S., geb. 24. März 1926,

gest. 7. Nov. 1943, S. 30 und 32; Liselotte S. in LWV Bücherei 1988/323, Fricke und Zimmermann, »Weibliche Fürsorgeerziehung«, S. 86–87.

10 Ayass, *Das Arbeitshaus Breitenau*, S. 306–307 und 84–85; Kock, »*Der Führer sorgt für unsere Kinder...*«, S. 125; LWV 2/7780, Karl B., S. 14.

11 Erwähnt in LWV Bücherei 1988/323, Fricke und Zimmermann, »Weibliche Fürsorgeerziehung«, 89; LWV 2/7823, Ruth B., Direktion Breitenau an Frau Ida B., 30. Apr. 1943, S. 16.

12 LWV 2/7823, Ruth B., Brief von Frau Ida B., 13. Juni 1943, S. 22.

13 LWV 2/7823, Ruth B., Brief von Frau Ida B. an die Direktion Breitenau, 14. Dez. 1943, und Thüringer Landesheilanstalt Stadtroda, Fachärztliches Gutachten, 2. Feb. 1943, S. 3 und 50; LWV 2/ 9163, Maria S., geb. 24. März 1926, gest. 7. Nov. 1943, Thüringer Landeskrankenhaus Stadtroda, Fachärztliches Gutach-ten, Stadtroda, 24. Juni 1943, S. 9.

14 LWV 2/9116, Ursula R., S. 11, 20, 25, 85–90, Direktion Breitenau an Vater, 19. Feb. 1942 und 21. Okt. 1942. Zwei Jahre davor hatten sie die Vormund-schaft verloren: Amtsgericht Gotha, 14. Sept. 1940; LWV 2/9571, Jula W.; 2/7780, Karl B., die NSDAP setzte sich für ihn ein.

15 LWV 2/8868, Anni N. Brief an Schwester, o. Datum, S. 51.

16 Ayass, *Das Arbeitshaus Breitenau*, S. 307–309 und S. 335–336.

17 Verlängerungen, Ayass, *Das Arbeitshaus Breitenau*, S. 308; LWV 2/8199, An-neliese G., S. 25–28: Brief an die Eltern und die Großmutter, 3. Nov. 1940; LWV 2/9404, Rudolf S., S. 17, Brief an die Eltern 3. Dez. [1943].

18 LWV 2/9404, Rudolf S., S. 17, Brief an die Eltern 3. Dez. [1943].

19 LWV 2/9404, Rudolf S., S. 17, Brief an die Eltern 3. Dez. [1943].

20 LWV 2/8868, Anni N., Brief an die Schwester, 25. Mai 1942, S. 51.

21 LWV 2/7823, Ruth B., S. 58, Brief an die Mutter, 28. Nov. 1943; und Brieffrag-ment an die Mutter, o. Datum, S. 39.

22 Zur Briefverteilung siehe LWV 2/9189, Lieselotte S., S. 16–19, Brief an die Mutter, 14. Jan. 1940; Dora Z., zitiert in LWV Bücherei 1988/323, Fricke und Zimmermann, »Weibliche Fürsorgeerziehung«, S. 80.

23 LWV 2/8978, Herbert P., S. 49 und 51-2; LWV, 2/9404, Rudolf S., S. 7.

24 LWV 2/9009, Waltraud P., S. 49 und 51: Protokoll, 11. April 1942.

25 LWV 2/7776, Waltraud B., S. 1, 8–9: Jugendamt, 15. Dez. 1944; Protokoll, 21. Dez. 1944; Personalbogen Breitenau, 30. Dez. 1944, S. 1. Nur sehr selten kümmerten sich die Behörden um ausufernde – oder sogar kontraproduktive – Gewalt zu Hause wie im Fall von Marie-Luise J., die von ihrer Mutter und ihrem Bruder geschlagen wurde: LWV 2/8450, Marie-Luise J., S. 14–17, Ab-schrift 11. März 1942, und Brief vom 27. Nov. 1943. Adam G. lief auch nach Hause und wurde von seiner Mutter zurückgebracht: LWV 2/8164, Adam G., S. 5, *Hausstrafen*, 22. Juli 1942.

26 LWV 2/8192, Maria G., S. 5–6, Jugendamt Frankfurt, 24. Juli 1939; Jugendamt Wiesbaden, 3. Aug. 1939.

27 LWV, 2/8192, Maria G., S. 1–4, Intelligenzprüfungsbogen zum Gutachten, Hadamar, 4. Aug. 1939.

28 LWV, 2/8192, Maria G., S. 7; zur Sterilisation nach dem Befund einer erblichen psychatrischen Krankheit, siehe Bock, *Zwangssterilisation im Nationalsozialismus*, S. 326–339; zur Beschränkung von Heiratskrediten aus rassenhygienischen Gründen siehe Lisa Pine, *Nazi Family Policy, 1933–1945*, Oxford 1997, S. 104–116.

29 LWV 2/9245, Ursula S., die vor ihrer Einlieferung in Breitenau sterilisiert wurde; zu Kindern, die nach Haina verbracht wurde siehe LWV 1939/013, Heinrich G.; LWV 1939/037, Walter B.; auch Klaus Scherer, *»Asozial« im Dritten Reich. Die vergessenen Verfolgten*, Münster 1990, S. 66; »Asoziales Verhalten«: 1934–39 gab es 31 Fälle von Jugendlichen in Breitenau, Ayass, *Das Arbeitshaus Breitenau*, 275–82; LWV 2/8192, Maria G., S. 14.

30 LWV 2/7811, Elisabeth B., S. 5 und *Hausstrafen* (die Anspielung geht auf Goethes »Der König in Thule« zurück). Siehe auch die zehnjährige Margot S.: LWV 2/2018, Margot S., S. 54, undatierter Brief, wahrscheinlich Herbst oder Winter 1944–45.

31 LWV 2/7873, Hannelore B., S. 2 und 5, Jugendgericht Saarbrücken, 23. Jan. 1937; *Hausstrafen*, 21. Jan. 1941.

32 Ebd.

33 Ebd.

34 Ebd.

35 LWV 2/8868, Anni N., S. 8–9.

36 LWV 2/8868, Anni N., S. 12, Thüringer Jugendgericht, Apolda, 3. Okt. 1934.

37 LWV 2/8868, Anni N., S. 13, Thüringer Jugendgericht, Apolda, 3. Okt. 1934.

38 Inklusive Kindergärtner waren 1933 in Deutschland 19 299 Frauen und nur 1830 Männer als bezahlte Sozialarbeiter angestellt: Dickinson, *The Politics of German Child Welfare*, S. 145, 172 und 204. Allgemein siehe Detlev Peukert, *Grenzen der Sozialdisziplinierung. Aufstieg und Krise der deutschen Jugendfürsorge von 1878 bis 1932*, Köln 1986, S. 258; Elizabeth Harvey, *Youth and the Welfare State in Weimar Germany*, Oxford 1993; Hasenclever, *Jugendhilfe und Jugendgesetzgebung*, S. 124; Christoph Sachsse und Florian Tennstedt, *Der Wohlfahrtsstaat im Nationalsozialismus*, Stuttgart 1992, S. 84–96, 152–156 und 162–166; Ayass, »Die Landesarbeitsanstalt und das Landesfürsorgeheim Breitenau«, in Gunnar Richter (Hg.), *Breitenau. Zur Geschichte eines nationalsozialistischen Konzentrations- und Arbeitserziehungslagers*, Kassel 1993, S. 44.

39 LWV, 2/8868, Anni N., S. 13–14, 21, 23 und 30, Protokoll Anni N., Apolda Kriminalpolizei, 30. Juli 1940; Protokoll Anni N., Breitenau, 15. Dez. 1941; Landesinspektor, Schlußbericht, Breitenau, 15. Dez. 1941; Direktor Breitenau an Jugendamt Apolda, 24. Feb. 1942.

40 LWV, 2/8868, Anni N., S. 30, Direktor Breitenau an Jugendamt Apolda, 24. Feb. 1942.

41 Zum vergleichenden Kontext siehe Linda Mahood, *Policing Gender, Class and Family. Britain, 1850–1940*, London 1995; Lynn Abrams, *The Orphan Country*, Edinburgh 1998; Sarah Fishman, *The Battle for Children. World War II Youth Crime, and Juvenile Justice in Twentieth-century France*, Cambridge, Mass. 2002; Robert Mennel, *Thorns and Thistles. Juvenile Delinquents in the United States, 1825–1940*, Hanover, New Hamps. 1973; Adolfo Ceretti, *Come pensa il Tribunale per i minorenni. Una ricerca sul giudicato penale a Milano dal 1934 al 1990*, Mailand 1996; Wachsmann, *Hitler's Prisons*, S. 364–369. Zu den Barnardo-Heimen und der Auswanderung nach Australien und Kanada siehe Barry Coldrey, *Child Migration under the Auspices of Dr Barnardo's Homes, the Fairbridge Society and the Lady Northcote Trust*, Thornbury 1999; Patrick Dunae, »Gender, Generations and Social Class. The Fairbridge Society and British Child Migration to Canada, 1930–1960«, in: Jon Lawrence und Pat Starkey (Hgg.), *Child Welfare and Social Action. International Perspectives*, Liverpool 2001; zur rassistischen Politik in Australien und in den USA siehe Victoria Haskins und Margaret Jacobs, »Stolen Generations and Vanishing Indians. The Removal of Indigenous Children as a Weapon of War in the United States and Australia, 1870–1940«, in: Marten, *Children and War*, S. 227–241; Anna Haebich, »Between Knowing and not Knowing. Public Knowledge of the Stolen Generations«, *Aborginal History*, 25, 2001, S. 70–90.

42 Dickinson, *The Politics of German Child Welfare*, S. 197; Peukert, *Grenzen der Sozialdisziplinierung*, S. 248–252; Weindling, *Health, Race, and German Politics*, S. 381–383, 444 und 578; Usbourne, *The Politics of the Body in Weimar Germany*, S. 134–139.

43 Siehe Gisela Bock, *Zwangssterilisation im Nationalsozialismus. Studien zur Rassenpolitik und Frauenpolitik*, Opladen 1986; Paul Weindling, *Health, Race, and German Politics between National Unification and Nazism, 1870–1945*, Cambridge 1989; Cornelie Usbourne, *The Politics of the Body in Weimar Germany*, New York 1992; Stefan Kühl, *The Nazi Connection. Eugenics, American Racism and German National Socialism*, New York 1994.

44 Verstöße am Arbeitsplatz, LWV 2/8356, Sonja H., geb. 4. Juni 1928; und LWV 2/8194, Anna G., geb. 5. Jan. 1927. Zu NS-Politik und Jugendkonzentrationslager siehe Wagner, *Volksgemeinschaft ohne Verbrecher*, S. 376–384; Martin Guse, Andreas Kohrs und Friedhelm Vahsen, »Das Jugendschutzlager Moringen – Ein Jugendkonzentrationslager«, in: Hans-Uwe Ott und Heinz Sünker (Hgg.), *Soziale Arbeit und Faschismus*, Frankfurt 1989, S. 228–249; Martin Guse, »*Wir hatten noch gar nicht angefangen zu leben*«. *Eine Ausstellung zu den Jugend-Konzentrationslagern Moringen und Uckermark*, (3. Aufl.) Moringen 1997; Michael Hepp, »Vorhof zur Hölle. Mädchen im ›Jugendschutzlager‹ Uckermark«, in: Angelika Ebbinghaus (Hg.), *Opfer und Täterinnen. Frauenbiographien des Nationalsozialismus*, Nördlingen 1987; Ayass, *Das Arbeitshaus Breitenau*, S. 305.

45 Detlev Peukert, »Arbeitslager und Jugend-KZ. Die Behandlung ›Gemein-schaftsfremder‹ im Dritten Reich«, in: Detlev Peukert und Jürgen Reulecke (Hgg.), *Die Reihen fest geschlossen: Beiträge zur Geschichte des Alltags unterm Nationalsozialismus*, Wuppertal 1981, S. 413–434; Wagner, *Volksgemeinschaft ohne Verbrecher*, S. 376–377.

46 Johannes Meister, »Die ›Zigeunerkinder‹ von der St. Josefspflege in Mul-fingen«, *1999. Zeitschrift für Sozialgeschichte des 20. und 21. Jahrhunderts*, 2, 1987, S. 14–51; Michael Krausnick, *Auf Wiedersehen im Himmel. Die Ge-schichte der Angela Reinhardt*, München 2001; Michael Zimmermann, *Rassenutopie und Genozid. Die nationalsozialistische »Lösung der Zigeunerfrage«*, Hamburg 1996, S. 150; Donald Kenrick und Gratton Puxon, *The Destiny of Europe's Gypsies*, London 1972, S. 68–69; Eva Justin, *Lebensschicksale artfremd erzogener Zigeunerkinder und ihrer Nachkommen*, Berlin 1944.

47 Richter, *Breitenau*, S. 96–215; Krause-Vilmar, *Das Konzentrationslager Brei-tenau*, S. 209–215; Ayass, *Das Arbeitshaus Breitenau*, S. 303; allgemein, Ga-briele Lotfi, *KZ der Gestapo. Arbeitserziehungslager im Dritten Reich*, Stutt-gart 2000.

48 Überbelegung, Ayass, *Das Arbeitshaus Breitenau*, S. 303–304; Gewalt, Krause-Vilmar, *Das Konzentrationslager Breitenau*, S. 213–214; Gefängnisse, Wachs-mann, *Hitler's Prisons*, S. 274–283; russischer Junge, Richter, *Breitenau*, S. 124–125.

49 Herbert, *Hitler's Foreign Workers*, S. 69–79 und 131–133; Robert Gellately, *Backing Hitler. Consent and Coercion in Nazi Germany*, Oxford 2001, S. 179–182; Przyrembel, »*Rassenschande*«; Richter, *Breitenau*, S. 178–202.

50 Herbert, *Hitler's Foreign Workers*, S. 125.

51 Reaktionen auf Ausländer, LWV 2/7811, Elisabeth B.; LWV 2/9189, Lieselotte S., S. 69, Protokoll, Breitenau, 9. Nov. 1942.

52 LWV 2/9189, Lieselotte S., S. 41, Abschrift Jugendamt Kassel, 16. März 1940, S. 41. LWV 2/8043, Fritz F., S. 40, Brief von der Direktion Breitenau, 12. Feb. 1942; LWV 2/9009, Waltraud P., S. 51–52, Protokoll Breitenau, 11. Apr. 1942; und LWV 2/7881, Else B., S. 29, 33 und 38, Bauer A.A. aus Kaltenbach an Brei-tenau, 12. Nov. 1941 und 16. Dez. 1941, und Fachärztliches Gutachten, 22. Jan. 1942.

53 LWV 2/9189, Lieselotte S., S. 16–19, Brief an die Mutter, 14. Jan. 1940.

54 Detlev Peukert, *Volksgenossen und Gemeinschaftsfremde. Anpassung, Aus-merze und Aufbegehren unter dem Nationalsozialismus*, Köln 1982; Gellately, *Backing Hitler*, S. 11.

55 LWV 2/7734, Anna Elisabeth B., S. 52, Brief an die Eltern, 21. Okt. 1940; LWV 2/7865, Werner G., S. 14, 21 und 36; LWV 2/8164, Adam G., S. 13, 17, 18, 23, 29, 30 und 40. Sobald Adam G. seine Panzerausbildungsschule in Erfurt er-reicht hatte, schickte er eine begeisterte Postkarte nach Breitenau. Im April richtete das Justizministerium ein Bewährungssystem für junge Straffällige

beim Militär ein, das 1944 erweitert wurde, Dörner, *Erziehung durch Strafe*, S. 275–280.

56 Peter Reichel, *Der schöne Schein des Dritten Reiches. Faszination und Gewalt des Faschismus*, München 1992; Alf Lüdtke, *Eigen-Sinn. Fabrikalltag, Arbeitererfahrungen und Politik vom Kaiserreich bis in den Faschismus*, Hamburg 1993, S. 221–350; Wachsmann, *Hitler's Prisons*, S. 258–68 und 299–314; Karin Orth, *Das System der nationalsozialistischen Konzentrationslager. Eine politische Organisationsgeschichte*, Hamburg 1999, S. 106–112 und 162–192.

3. Der Mord an den Kranken

1 Zum Fall Pomßen und zu der wahrscheinlichen Identität des Kindes siehe Udo Benzenhöfer, »Der Fall ›Kind Knauer‹«, *Deutsches Ärzteblatt*, 95/19, 1998, S. 954–955, sowie seine »Genese und Struktur der ›NS-Kinder und Jugendlicheneuthanasie‹«, *Monatschrift Kinderheilkunde*, 10, 2003, S. 1012–1009; Ulf Schmidt, »Reassessing the beginning of the ›Euthanasia‹ programme«, *German History*, 17/4, 1999, S. 543–550; Henry Friedlander, *The Origins of Nazi Genocide. From Euthanasia to the Final Solution*, Chapel Hill 1995, S. 39. Zu diesem Gegenstand gibt es jetzt eine umfangreiche Literatur neben den Pionierwerken von Klaus Dörner, »Nationalsozialismus und Lebensvernichtung«, *Vierteljahrshefte für Zeitgeschichte*, 15, 1967, S. 121–152, sowie ders. (Hg.), *Der Krieg gegen die psychisch Kranken*, Frankfurt a. M. 1989; Ernst Klee (Hg.), *Dokumente zur »Euthanasie«*, Frankfurt a. M. 1986, und ders., *»Euthanasie« im NS-Staat. Die »Vernichtung lebensunwerten Lebens«*, Frankfurt a. M. 1983; Götz Aly (Hg.), *Aktion T-4 1939–1945. Die »Euthanasie«-Zentrale in der Tiergartenstraße 4*, Berlin 1987; Kurt Nowak, *»Euthanasie« und Sterilisierung im »Dritten Reich«. Die Konfrontation der evangelischen und katholischen Kirche mit dem Gesetz zur Verhütung erbkranken Nachwuchses und der »Euthanasie«-Aktion*, (3. Aufl.) Göttingen 1984; Michael Burleigh, *Death and Deliverance. »Euthanasia« in Germany, 1900–1945*, Cambridge 1994.

2 Die »Kinderfachabteilungen« schienen mehr eine bürokratische Bezeichnung für das Los des Kindes gewesen zu sein als eine eigene Einheit oder Abteilung: Siehe Peter Sander, *Verwaltung des Krankenmordes. Der Bezirksverband Nassau im Nationalsozialismus*, Gießen 2003, S. 532–533; auch Hans Mausbach und Barbara Bromberger, »Kinder als Opfer der NS-Medizin, unter besonderer Berücksichtigung der Kinderfachabteilungen in der Psychiatrie«, in: Christina Vanja und Martin Vogt (Hgg.), *Euthanasie in Hadamar. Die nationalsozialistische Vernichtungspolitik in hessischen Anstalten*, Kassel 1991, S. 145–156; Bernhard Richarz, *Heilen, Pflegen, Töten. Zur Alltagsgeschichte einer Heil- und Pflegeanstalt bis zum Ende des Nationalsozialismus*, Göttingen 1987, S. 177–189; Andrea Berger und Thomas Oelschläger, »›Ich

habe eines natürlichen Todes sterben lassen«. Das Krankenhaus im Kalmenhof und die Praxis der nationalsozialistischen Vernichtungsprogramme«, in: Christian Schrapper und Dieter Sengling (Hgg.), *Die Idee der Bildbarkeit. 100 Jahre sozialpädagogische Praxis in der Heilerziehungsanstalt Kalmenhof*, Weinheim 1988, S. 310–331; Dorothea Sick, *»Euthanasie« im Nationalsozialismus am Beispiel des Kalmenhofs in Idstein im Taunus*, Fankfurt a. M. 1983, S. 57–59; Dorothee Roer und Dieter Henkel (Hgg.), *Psychiatrie im Faschismus. Die Heilanstalt Hadamar 1933–1945*, Bonn 1986, S. 216–218; Udo Benzenhöfer, »Kinderfachabteilungen« und »NS-Kindereuthanasie«, Wetzlar 2000.

3 Burleigh, *Death and Deliverance*, S. 99–111.

4 Zu den Einheiten unter Kurt Eimann und Herbert Lange, die zwischen Dezember 1939 und Ende März 1940 über 10 000 Menschen töteten, siehe Klee, *»Euthanasie« im NS-Staat*, S. 95ff und 190ff; Götz Aly, *»Final Solution«. Nazi Population Policy and the Murder of the European Jews*, London 1999, S. 70–71; Burleigh, *Death and Deliverance*, S. 111–129; Kuratorium Gedenkstätte Sonnenstein e. V. und Sächsische Landeszentrale für politische Bildung (Hgg.), *Nationalsozialistische Euthanasie-Verbrechen in Sachsen. Beiträge zu ihrer Aufarbeitung*, Dresden 1993.

5 Aly, *Aktion T-4*, 17; Roer und Henkel, *Psychiatrie im Faschismus*; Landeswohlfahrtsverband Hessen und Bettina Winter (Hgg.), *»Verlegt nach Hadamar«. Die Geschichte einer NS-»Euthanasie«-Heilanstalt*, Kassel 1994, S. 68–118; Burleigh, *Death and Deliverance*, S. 145–149.

6 Ebd., S. 163–164; »Da kommt wieder die Mordkiste«, zitiert in Winter, *»Verlegt nach Hadamar«*, S. 116.

7 Peter Löffler (Hg.), *Clemens August Graf von Galen. Akten, Briefe und Predigten 1933–1946*, Bd. 2, Mainz 1988, S. 878; Burleigh, *Death and Deliverance*, S. 176–178 und 217.

8 Hugh Trevor-Roper (Hg.), *Hitler's Table Talk, 1941–1944*, London 1953, S. 555, 4. Juli 1942; Winter, *»Verlegt nach Hadamar«*, S. 159; Burleigh, *Death and Deliverance*, S. 178–180. Zur Polizeiarbeit im allgemeinen siehe Robert Gellately, *The Gestapo and German Society. Enforcing Racial Policy, 1933–1945*, Oxford 1990, und ders., *Backing Hitler*; Eric Johnson, *The Nazi Terror. Gestapo, Jews and Ordinary Germans*, London 2000; Reinhard Mann, *Protest und Kontrolle im Dritten Reich. Nationalsozialistische Herrschaft im Alltag einer rheinischen Großstadt*, Frankfurt a. M. 1987; Gerhard Paul und Klaus-Michael Mallmann (Hgg.), *Die Gestapo. Mythos und Realität*, Darmstadt 1995.

9 Burleigh, *Death and Deliverance*, S. 160.

10 Heinz Faulstich, »Die Zahl der ›Euthanasie‹-Opfer«, in: Andreas Frewer und Clemens Eickhoff (Hgg.), *»Euthanasie« und aktuelle Sterbehilfe-Debatte*, Frankfurt a. M. 2000, S. 223–227; Burleigh, *Death and Deliverance*, S. 242: 4422 von 4817 zwischen August 1942 und März 1945 nach Hadamar Verlegte

starben; Sander, *Verwaltung des Krankenmordes*, S. 607–625; Winter, »*Verlegt nach Hadamar*«, S. 118–154; Roer und Henkel, *Psychiatrie im Faschismus*, S. 58–120.

11 Berger und Oelschläger, »›Ich habe eines natürlichen Todes sterben lassen‹«, S. 309–322; Alfred Völkel, »Not just because I was a ›bastard‹«, Ms., 1. Aug. 1998, LWV Hessen, 5031; Sandner, *Verwaltung des Krankenmordes*, S. 542–544; die vollständigste Zählung, die auf Berichten der einzelnen Anstalten basiert, findet sich bei Faulstich, aber er zählte die Kinder nicht separat: Faulstich, »Die Zahl der ›Euthanasie‹-Opfer«, und ders., *Hungersterben in der Psychiatrie 1914–1949. Mit einer Topographie der NS-Psychiatrie*, Freiburg 1998.

12 Sick, »*Euthanasie*« *im Nationalsozialismus*, S. 73; Gerhard Schmidt, *Selektion in der Heilanstalt 1939–1945*, Frankfurt a. M. 1983, S. 118–119; Sandner, *Verwaltung des Krankenmordes*, S. 457, 488–505, 595–596 und 642–643.

13 Interview mit Ludwig Heinrich Lohne, geb. 1925, in: Sick, »*Euthanasie*« *im Nationalsozialismus*, S. 82–91.

14 Burleigh, *Death and Deliverance*, S. 11–53; Tod im Ersten Weltkrieg: Heinz Faulstich, *Von der Irrenfürsorge zur* »*Euthanasie*«. *Geschichte der badischen Psychiatrie bis 1945*, Freiburg 1993, S. 77.

15 Burleigh, *Death and Deliverance*, S. 183–202, und VIII, erwähnt Adolf Dörner (Hg.), *Mathematik im Dienste der nationalpolitischen Erziehung mit Anwendungsbeispielen aus Volkswirtschaft, Geländekunde und Naturwissenschaft*, Frankfurt 1935, S. 42; die Darstellung öffentlicher Reaktionen auf den Krankenmord ist komplex und problematisch; Wissenschaftler stützen sich im allgemeinen auf Polizeiberichte zu Protesten gegen »Euthanasie«, Reaktionen auf den Film *Ich klage an* oder Zeugenaussagen in Nachkriegsprozessen gegen medizinisches Personal. Mir scheint jedoch, daß die allgemeine Tendenz der Fachschaftslobby, inklusive der protestantischen Kirchen, hinsichtlich der Strafanwendungen in den späten zwanziger Jahren nicht allgemein die Billigung der Bevölkerung fand, die an umfassende öffentliche Fürsorge gewöhnt war; und daß dies zu einem gewissen Druck auf das Regime führte, die Zahl der Zwangssterilisationen zu reduzieren: Bock, *Zwangssterilisation im Nationalsozialismus*, S. 278–98; zum Weimarer Hintergrund siehe Yong-Sun Hong, *Welfare, Modernity, and the Weimar State, 1919–1933*, Princeton, NJ, 1998; David Crew, *Germans on Welfare. From Weimar to Hitler*, Oxford 1998; und zur öffentlichen Meinung über das Wohlfahrtssystem in den 30er Jahren siehe Bernd Stöver, *Volksgemeinschaft im Dritten Reich. Die Konsensbereitschaft der Deutschen aus der Sicht sozialistischer Exilberichte*, Düsseldorf 1993, S. 151–163.

16 Burleigh, *Death and Deliverance*, S. 210–219; Boberach, *Meldungen aus dem Reich*, Bd. 9, S. 3175–3178, 15. Jan. 1942; Karl Ludwig Rost, *Sterilisation und Euthanasie im Film des* »*Dritten Reiches*«. *Nationalsozialistische Propaganda in ihrer Beziehung zu rassenhygienischen Maßnahmen des NS-Staates*, Husum

1987, S. 208–213; Kurt Nowak, »Widerstand, Zustimmung, Hinnahme. Das Verhalten der Bevölkerung zur ›Euthanasie‹«, in: Norbert Frei (Hg.), *Medizin und Gesundheitspolitik in der NS-Zeit*, München 1991, S. 235–251.

17 Folglich fallen die wenigen Fälle auf, in denen Angehörige eine Erklärung verlangten: z. B. K12/2548, Helmuth K., geb. 19. Aug. 1933, gest. Hadamar 9. März 1943, Lotte K. (seine Schwester) an Direktor von Hadamar, 16. März und 9. April 1943. Zu Reaktionen von Eltern siehe Burleigh, *Death and Deliverance*, S. 101–102; Götz Aly, »Der Mord an behinderten Kindern zwischen 1939 und 1945«, in: Angelika Ebbinghaus, Heidrun Kaupen-Haas und Karl-Heinz Roth (Hgg.), *Heilen und Vernichten im Mustergau Hamburg. Bevölkerungs- und Gesundheitspolitik im Dritten Reich*, Hamburg 1984, S. 151–152 [147–155]; Winter, »*Verlegt nach Hadamar*«, S. 126; eine interessante Briefsammlung fand sich in Hartheim, allerdings sind die Briefe ohne Kenntnis der Geschichte des betreffenden Falls schwierig auszuwerten: Johannes Neuhuser und Michaela Pfaffenwimmer (Hgg.), *Hartheim wohin unbekannt. Briefe und Dokumente*, Weitra 1992.

18 Susanne Scholz und Reinhard Singer, »Die Kinder in Hadamar«, in: Roer und Henkel, *Psychiatrie im Faschismus*, S. 228–229; Renate Otto, »Die Heilerziehungs- und Pflegeanstalt Scheuern«, in: Klaus Böhme und Uwe Lohalm (Hgg.), *Wege in den Tod: Hamburgs Heilanstalt Langenhorn und die Euthanasie in der Zeit des Nationalsozialismus*, Hamburg 1993, S. 320–333; Sandner, *Verwaltung des Krankenmordes*, S. 458–459; Uwe Kaminski, *Zwangssterilisation und »Euthanasie« im Rheinland. Evangelische Erziehungsanstalten sowie Heil- und Pflegeanstalten 1933–1945*, Köln 1995, S. 420–422.

19 Obwohl die Tötungen von Patienten in Hadamar bis März 1945 weitergingen, macht es den Anschein, daß Scheuern zumindest den Kinderflügel Anfang September 1944 geräumt hatte: siehe LWV K12/2405, Krankheitsgeschichte, 3. Sept. 1944; LWV K12/2711, Krankheitsgeschichte, 2. Sept. 1944; zu Bernotat siehe Sander, *Verwaltung des Krankenmordes*, S. 449–451; 559–563; 645–646.

20 Alfred Völkel überlebte, weil das Nürnberger Jugendamt erklärte, es sei nicht zuständig, über seinen Verbleib zu entscheiden, dieser sei weiterhin bei seiner »arischen« Mutter; es verfügte daher am 20. Sept. 1943 seine Rückkehr; dasselbe galt für ein anderes Kind; die anderen drei waren Geschwister, deren Onkel für ihre Freilassung einen Anwalt einschaltete, nachdem er vom Tod ihrer anderen drei Geschwister in Hadamar Kenntnis erhalten hatte: Winter, »*Verlegt nach Hadamar*«, S. 136; Scholz und Singer, »Die Kinder in Hadamar«, S. 229–235; zu der ganzen Entwicklung siehe Sander, *Verwaltung des Krankenmordes*, S. 654–668; Einzelakten in LWV K12/53, Horst S.; K12/252, Peter W.; K12/1013, Horst St.; K12/1023, Karlheinz Sch.; K12/1050, Willi St.; K12/1071, Edith Sp.; K12/1548, Elias R.; K12/1598, Emmi Sch.; K12/2166, Helmut W.; K12/2918, Ingeborg D.; K12/2957, Georg Br.; K12/3298, Egon H.; K12/3608, Wolfgang Fr.; K12/3615, Klaus Fr.; K12/3750, Leo C.; K 12/4769,

Ruth B.; K12/5002, Manfred B.; K12/5017, Gerhard K.; K12/5021, Eleonore B.; K12/5028, Erika H.; K12/5030, Sigmund W.; K12/5031, Alfred Völkel; K12/5032, Günther P.; K12/5033, Günther H.; K12/5037, Amanda G.; K12/5038, Klara G.; K12/5039, Alfred G.; K12/5040, Edeltrud G.; K12/5046, Günther M.; K12/5047, Maria L.; K12/5054, Alfred R.; K12/5055, Hermann R.; K12/5056, Johann R.; K12/5057, Irma R.; K12/5058, Anna R.; K12/5059, Friedrich Z.; K12/5060, Jakob H.; K12/5061, Wolfgang H.; K12/5064, Manfred L.; Alfred Völkel, »Not just because I was a ›bastard‹«, LWV, MS.

21 LWV, K 12/3716, Georg E., geb. 13. Jan. 1937, gest. Hadamar, 19. Nov. 1943.

22 Zu den Strategien der Armen siehe das Standardwerk von Olwen Hufton, *The Poor of Eighteenth-Century France, 1750–1789*, Oxford 1974; Scholz und Singer, »Die Kinder in Hadamar«, S. 221–223; LWV, K12/1862, Willi L., geb. 19. Mai 1936, gest. Hadamar, 24. Feb. 1943, Krankengeschichte; Kreiswohlfahrtsamt Diez an Scheuern, 26. Feb. 1941; Anstaltsarzt, Scheuern an Kreiswohlfahrtsamt Diez, 4. März 1941.

23 LWV, K12/1223, Peter Oe., geb. 28. Sept. 1928, gest. Hadamar, 27. Sept. 1944; Eva Oe an Sohn, Bl. 32.

24 LWV K12/3866, Gertrud D., geb. 2. Okt. 1928, gest. Hadamar, 24. Feb. 1943, Eltern, 12. Feb. 1941, danken ihr für ihre Karte; bis dahin hatte sie acht Jahre von den zehneinhalb Jahren ihres Lebens in der Heilanstalt in Scheuern verbracht; LWV K12/1848, Alfred K., geb. 17. Feb. 1928, gest. Hadamar 11. März 1943, Krankheitsgeschichte, 25. März, 29. Juni und 15. Dez. 1938, und Direktion Hephata an Familie, 21. Feb. 1940.

25 LWV K12/1848, Alfred K., Krankengeschichte, 4. Jan. 1941; LWV K12/3865, Krankengeschichte, 14. Mai 1942; Helena D., geb. 10. Dez. 1935, gest. Hadamar, 24. Feb. 1943. Kosteneinsparungen und Zustände siehe Sandner, *Verwaltung des Krankenmordes*, S. 591 und 724; Faulstich, *Hungersterben in der Psychiatrie*, S. 658.

26 LWV K12/1848, Alfred K., Krankengeschichte, 4. Jan. 1941, und Bl. 35–36.

27 LWV K12/1545, Rosemarie R., geb. 28. Juni 1934, gest. Hadamar, 3. März 1943, Krankengeschichte, 14. Dez. 1940; offenbar war eine von Rosemaries Großtanten mütterlicherseits in der Heilanstalt von Merxhausen gestorben; dies reichte für die Diagnose »angeborene« Idiotie aus; zu weiteren Briefen siehe Chefarzt [Adolf Wahlmann], Hadamar, an Soldat Jakob R., 19. März 1943; Soldat Jakob R. an Scheuern, 7. Juni 1942 und 2. Jan. 1943; Frau R. an Schwester Anna, Scheuern, 22. Dez. 1942.

28 Siehe LWV K12/5002, Edda B., geb. 26. Jan. 1940, gest. Hadamar, 20. März 1943, Krankheitsgeschichte, 19. Nov. 1942; LWV K12/1862, Willi L., geb. 19. Mai 1936, gest. Hadamar, 24. Feb. 1943, Krankheitsgeschichte, 5. März 1938.

29 LWV K12/2711, Karl Otto F., geb. 19. Jan. 1929, gest. Hadamar, 27. Nov. 1944, Krankheitsgeschichte, Intelligenzprüfung. LWV K12/3866, Gertrud D., Krankheitsgeschichte, 26. Jan. 1936.

30 Scholtz und Singer, »Die Kinder in Hadamar«, S. 221.

31 LWV K12/4323, Friedrich B., geb. 11. Juni 1930, gest. Hadamar, 23. März 1943, Krankheitsgeschichte.

32 Siehe auch LWV K12/2405, Helene S., geb. 13. März 1928, nach Hadamar überstellt am 3. Sept. 1944, hat überlebt; LWV K12/2711, Karl Otto F.

33 LWV K12/3501, Margarethe Elfriede G., geb. 28. Juli 1928, gest. Hadamar, 24. Feb. 1943: Für ihre anderthalb Jahre in Scheuern gibt es nur fünf Eintragungen. Desgleichen besteht die Akte im Fall Eva H., die am 22. Nov. 1940 eintraf und im Februar 1943 nach Hadamar gebracht wurde, nur aus fünf kurzen Beobachtungen, die noch einmal die frühere Beurteilung von Scheuern aufgriffen und besagten, daß sich Hilfe bei ihr nicht lohne: LWV K12/2747, Eva H., geb. 19. Okt. 1936, gest. Hadamar, 18. März 1943; LWV K12/5002, Edda B., geb. 26. Jan. 1940, gest. Hadamar, 20. März 1943, Krankheitsgeschichte, 4. Sept. 1942.

34 LWV K12/4705, Waltraud B., geb. 22. April 1937, gest. Hadamar, 5. März 1943, Krankengeschichte.

35 LWV K12/4705, Waltraud B. Siehe Scholtz und Singer, »Die Kinder in Hadamar«, S. 220–221, zu der Gesamtzahl von Gruppenüberstellungen. Der Typenwechsel ist nicht immer ein zuverlässiger Anhaltspunkt: Beide Schrifttypen wurden schon vor Aufnahme des »Euthanasie-Programms« benutzt.

36 Siehe z. B. LWV K12/3574, Harald B., geb. 16. Okt. 1935, gest. Hadamar, 2. März 1943, Krankheitsgeschichte. Zur Personalsituation siehe Bronwyn McFarland-Icke, *Nurses in Nazi Germany. Moral Choice in History*, Princeton, New Jersey, 1999, bes. 8. Kapitel; Hans-Uwe Otto (Hg.), *Soziale Arbeit und Faschismus. Volkspflege und Pädagogik im Nationalsozialismus*, Bielefeld 1986; Sandner, *Verwaltung des Krankenmordes*, S. 593–605.

37 LWV K12/4705, Waltraud B., geb. 22. Apr. 1937, gest. Hadamar, 5. März 1943, Krankheitsgeschichte, 5. Sept. 1939, 16. März und 21. Juni 1940; LWV K12/2544, Karl-Heinz K., geb. 11. Dez. 1931, gest. Hadamar, 2. März 1943, Krankheitsgeschichte, 10. Juli 1940; LWV K12/3343, Paul E., geb. 4. Sept. 1934, gest. Hadamar, 6. März 1943, Krankheitsgeschichte, 17. Aug. 1942.

38 K12/3866, Gertrud D., Krankheitsgeschichte, 27. Feb. und 4. Dez. 1933, jedoch am 30. März 1937 nicht mehr; K12/1849, Emma K., geb. 3. März 1932, gest. Hadamar, 3. März 1943, Krankheitsgeschichte, Okt. 1939 und 17. Jan. 1940; K12/2548, Helmuth K., Krankheitsgeschichte, 7. Sept. 1938 und 21. Juni 1939.

39 K12/2430, Karl J., geb. 30. Jan. 1930, gest. Hadamar, 29. Nov. 1943, Krankheitsgeschichte, 15. Mai 1937 und 12. Juli 1938; K12/3867, Maria Elise D., geb. 30. Apr. 1930, gest. Hadamar, 4. März 1943, Krankheitsgeschichte, »Vorgeschichte« und 31. März 1938 und 20. Jan. 1941.

40 LWV K12/2554, Karl-Heinz K., Krankheitsgeschichte, 2. Nov. 1940, 6. Okt. 1937 und 10. Dez. 1938.

41 LWV K12/4860, Willi B., geb. 20. Nov. 1937, gest. Hadamar 5. März 1943, Krankheitsgeschichte; LWV K12/1848, Alfred K., Krankengeschichte, 20. Jan. 1937 und 17. Mai 1940.

42 LWV K12/3574, Harald B., geb. 16. Okt. 1935, gest. Hadamar, 2. März 1943, Krankengeschichte, 11. Sept. 1940.

43 LWV K12/3866, Gertrud D., Krankheitsgeschichte, 20. Jan. 1941.

44 LWV K12/3866, Gertrud D., Krankheitsgeschichte, 29. Dez. 1937 und 18. Aug. 1938; LWV K12/2711, Karl Otto F., Krankheitsgeschichte, 30. Dez. 1940.

45 LWV K12/2711, Karl Otto F., Krankheitsgeschichte, 17. Aug. 1938.

46 LWV Kassel, K12/1864, Dietrich L., geb. 10. Juli 1938, gest. Hadamar, 9. März 1943: Er kam am 8. Aug. nach Scheuern und seine Mutter schrieb am 5. Sept. und 25. Nov. 1940, 8. April 1941, 1. Mai 1941, 2. April und 15. Sept. 1942. Sie hatte nur vier Tage davor um einen Besuch gebeten: Mutter an Direktor von Hadamar, 8. und 12. März 1943.

47 LWV Kassel, K12/1864, Dietrich L., Direktion Scheuern an Frau L., 17. Sept. 1940.

48 Runderlaß des Reichsministers des Inneren, 1. Juli 1940, in: Scholtz und Singer, »Die Kinder in Hadamar«, S. 218

49 Burleigh, *Death and Deliverance*, S. 21–24 und 98.

4. Der Kampf um Lebensraum

1 Norman Davies, *God's Playground. A History of Poland*, Oxford 1981, S. 437; Bethell, *The War Hitler Won*, S. 27–30 und 98–157; Alan Adelson (Hg.), *The Diary of Dawid Sierakowiak. Five Notebooks from the Łódź Ghetto*, Oxford 1996, S. 30–32, 30. Aug.-2. Sept. 1939; Wacław Major in Richard C. Lukas, *Did the Children Cry? Hitler's War against Jewish and Polish children, 1939–1945*, New York 1994, S. 11, und Marian Turski (Hg.), *Byli wówczas dziećmi*, Warschau 1975, S. 156–157.

2 Adelson, *The Diary of Dawid Sierakowiak*, S. 34–36, 6.–7. Sept.; zu der Hoffnung der Studenten in Warschau auf ein polnisches »Wunder« siehe Jan Z. Raschke, *Farewell to God*, Dundee 1977, S. 11.

3 Mary Berg, *Warsaw Ghetto. A Diary*, S. L. Shneiderman (Hg.), New York 1945, S. 11–14, 10. Okt. 1939. Ich folge hier dem Buch und verwende durchweg Bergs ursprünglichen Namen Miriam Wattenberg. Sie und ihre aus Amerika stammende Mutter gehörten zu einer Gruppe Juden, die von den Deutschen 1944 ausgetauscht wurden. Teile ihres Tagebuchs erschienen 1944 in New York; das ganze Tagebuch wurde vor dem Kriegsende 1945 veröffentlicht und ist damit das erste im Westen publizierte Tagebuch aus dem Ghetto. Neben der Übersetzung aus dem Polnischen durchlief es zwei Redaktionsphasen: Eine, vorgenommen 1944 von Berg selbst auf ihrer Reise in die USA,

und eine zweite von S. L. Shneiderman; es wird daher am besten teils als Tagebuch, teils als Erinnerungsbericht gelesen. Siehe »Preface«, Berg, *Warsaw Ghetto*, S. 9–10 und Susan Lee Pentlin, »Mary Berg (1924)«, in: S. Lillian Kremer (Hg.), *Holocaust Literature. An Encyclopedia of Writers and their Work*, Bd. 1, New York 2003, S. 138–140; zu Leichenhaufen an der Straße Warsaw-Kutno siehe Lukas, *Did the Children Cry?*, S. 14.

4 Berg, *Warsaw Ghetto*, S. 15–16.

5 Adelson, *The Diary of Dawid Sierakowiak*, S. 34–37, 6.–12. Sept. 1939.

6 Phillips, *My Secret Diary*, S. 57 und 60, 11. und 16. Sept. 1939; Weinberg, *A World at Arms*, S. 64–69.

7 Feldzug und Opfer siehe Weinberg, *A World at Arms*, S. 56–57; Overmans, *Deutsche militärische Verluste*, S. 304; Davies, *God's Playground*, S. 435–439; Czesław Madajczyk, *Die Okkupationspolitik Nazideutschlands in Polen 1939–1945*, Köln 1988, S. 4; Empfang der Roten Armee siehe Irena Grudzińska-Gross und Jan Tomasz Gross (Hgg.), *War through Children's Eyes. The Soviet Occupation of Poland and the Deportations, 1939–1941*, Stanford 1981, S. 8–9.

8 Henryk N., Grudzińska-Gross und Gross (Hgg.), *War through Children's Eyes*, Dok. 77.

9 Phillips, *My Secret Diary*, S. 63–64, 20. Sept. 1939.

10 Berg, *Warsaw Ghetto*, S. 11–19, 10. Okt. 1939.

11 Grudzińska-Gross und Gross (Hgg.), *War through Children's Eyes*, S. 7–8, und siehe Dok. 77, 85, 98, und 104, und Jan Tomasz Gross, *Revolution from Abroad. The Soviet Conquest of Poland's Western Ukraine and Western Belorussia*, Princeton, N.J, 1988; auch Christopher Hann, *A Village without Solidarity. Polish Peasants in Years of Crisis*, New Haven 1985.

12 Grudzińska-Gross und Gross (Hgg.), *War through Children's Eyes*, S. 11–16.

13 Helmut Walser Smith, *The Butcher's Tale. Murder and Anti-semitism in a German Town*, New York 2002, S. 214–215.

14 Siehe Christian Jansen und Arno Weckbecker, *Der »Volksdeutsche Selbstschutz« in Polen 1939/40*, München 1992, S. 27, 116–117, 135–138, 154–159 und 212–228. Am Sonntag, dem 3. September, wurden einheimische Deutsche von ihren polnischen Nachbarn und sich zurückziehenden polnischen Soldaten überfallen und abgeschlachtet. In der Gegend wurden vielleicht 1000 Menschen getötet, während etwa 4000 bis 6000 Volksdeutsche in ganz Polen umgekommen sind, inklusive jener, die als Angehörige der polnischen Armee fielen oder bei den deutschen Bombenangriffen den Tod fanden. Sowohl die Goebbelsche Medienmaschinerie als auch die Wehrmacht übertrieb die Zahl um das Zehnfache und behauptete, daß 58 000 Volksdeutsche getötet worden wären. Noch während der Kampfhandlungen ermahnte General von Brauchitsch seine Armeen nachdrücklich, Bromberg nicht zu vergessen und gegenüber den polnischen Truppen kein Erbarmen zu zeigen. In den deutschen Medien, insbesondere in der Wochenschau, wurden die Polen als eine Nation

gefährlicher, krimineller und degenerierter »Untermenschen« dargestellt, die bestraft werden müßten: siehe Włodzimierz Jatrzębski, *Der Bromberger Blutsonntag. Legende und Wirklichkeit*, Posen 1990; Peter Longerich, *Politik der Vernichtung. Eine Gesamtdarstellung der nationalsozialistischen Judenverfolgung*, München 1998, S. 244; Helmut Krausnick und Hans-Heinrich Wilhelm, *Die Truppe des Weltanschauungskrieges. Die Einsatzgruppen der Sicherheitspolizei und des SD 1938–1942*, Stuttgart 1981, S. 56–57; getötete Pfadfinder siehe polnisches Informationsministerium, *The German New Order in Poland*, London 1942, S. 26.

15 Bolcek, der Ortsförster, schritt die 187 Meter langen Graben ab und schätzte, daß dort mindestens 700 Menschen erschossen worden waren. Seine Aufzeichnungen führten eine polnische Untersuchungskommission zu den Gräbern von 740 Menschen, als nach dem Krieg die Gräben aufgemacht wurden, siehe Jansen und Weckbecker, *Der »Volksdeutsche Selbstschutz«*, siehe S. 129–132.

16 Anzahl der von den Einsatzgruppen Getöteten, Wolfgang Benz (Hg.), *Dimension des Völkermords. Die Zahl der jüdischen Opfer des Nationalsozialismus*, München 1991; Techniken der Tötungen, Tourismus und Proteste siehe Jansen und Weckbecker, *Der »Volksdeutsche Selbstschutz«*, S. 117–119; Ulrich Herbert, *National Socialist Extermination Policies. Contemporary German Perspectives and Controversies*, New York, Oxford 2000, S. 32–37; Klaus-Jürgen Müller, *Das Heer und Hitler. Armee und nationalsozialistisches Regime 1933–1940*, Stuttgart 1988, S. 437–450; zu Reaktionen auf Goebbels Propaganda und Nachrichten über die Morde in Deutschland siehe Lubien in Wierling, *»Leise versinkt unser Kinderland«*, S. 70, und Boberach, *Meldungen aus dem Reich*, Bd. 4, S. 1073–1074, 29. Apr. 1940, und Bd. 13, S. 5144–5145, 19. April 1943.

17 Ich folge hier der Argumentation von Peter Longerich und Michael Wildt, daß das NS-Regime die Trennungslinie zwischen Terror und Massenmord bei Beginn des Kriegs überschritt: Michael Wildt, *Generation des Unbedingten. Das Führungskorps des Reichssicherheitshauptamtes*, Hamburg 2002, S. 480–485; Hitler unterstrich seine Erwartungen in seiner Rede an die Armeekommandanten vom 22. August 1939, in: *Akten zur deutschen Auswärtigen Politik 1918–1945*, Serie D, 7, Baden-Baden und Göttingen 1956, Nr. 193; zu Hitlers Reaktion auf General Blaskowitz' Proteste siehe Gerhard Engel, *Heeresadjutant bei Hitler 1938–1943*, Stuttgart 1974, S. 68, 18. November 1939, auch in Martin Broszat, *Nationalsozialistische Polenpolitik 1939–1945*, Stuttgart 1961, S. 41.

18 Phillips, *My Secret Diary*, S. 47–57, 1.–11. Sept. 1939; Wanda Przybylska, *Journal de Wanda*, Zofia Bobowicz (Hg. und Übers.), Paris 1981, S. 86–87, 30. Juni 1944.

19 Phillips, *My Secret Diary*, S. 94–98, 19. und 22. Dez. 1939 und 13. März 1940.

20 Zu diesen Spielen siehe Ilona Flatsztejn-Gruda, *Byłam wtedy dzieckiem*, Lublin 2004, S. 37–38; Polnisches Informationsministerium, *The German New Or-*

der in Poland, S. 27; Tomasz Szarota, *Warschau unter dem Hakenkreuz. Leben und Alltag im besetzten Warschau, 1.10.1939 bis 31.7.1944*, Paderborn 1985, S. 100, zitiert Stanisław Srokowskis Tagebuch vom 20.-21. Juni 1940.

21 Adelson, *The Diary of Dawid Sierakowiak*, S. 37-38, 12. Sept. 1939; Berg, *Warsaw Ghetto*, S. 19-23, 15. Okt.-1. Dez. 1939; allgemein siehe Yisrael Gutman und Shmuel Krakowski, *Unequal Victims. Poles and Jews during World War II*, New York 1986, S. 32-35.

22 Adelson, *The Diary of Dawid Sierakowiak*, S. 54, 22. Okt. 1939.

23 Ebd., S. 55-58, 28.-31. Okt. 1939.

24 Ebd., S. 51-53, 9.-12. und 16. Okt. 1939.

25 Ebd., S. 60-63, 8.-15. Nov. 1939.

26 Ebd., S. 63-70, 16. Nov.-13. Dez. 1939.

27 Ebd., S. 64, 66, 68 und 73-74, 19. Nov. und 1., 7. und 27. Dez. 1939.

28 Aly, »*Final Solution*«, S. 45-47; Adelson und Lapides, *Łódź Ghetto*, S. 30-41; Wir wissen nicht genau, wann die Sierakowiaks zum Umzug gezwungen wurden, da Dawids Tagebuch des Jahres 1940 verloren ist.

29 Zu Deportationsberichten von Kindern aus Ostpolen siehe Grudzińska-Gross und Gross, *War through Children's Eyes*, XXII-XXIII und Dok. 5, 9, 23, 25, 31, 46, 54, 84, 104 und 110 und S. 243, Anm. 13.

30 Aly, »*Final Solution*«, S. 63-66 und 70-76; Bernhard Stasiewski, »Die Kirchenpolitik der Nationalsozialisten im Warthegau 1939-45«, *Vierteljahrshefte für Zeitgeschichte*, 7/1, 1959, S. 46-74.

31 Aly, »*Final Solution*«, S. 77 und 61.

32 Siehe Elizabeth Harvey, *Women and the Nazi East. Agents and Witnesses of Germanization*, New Haven und London 2003, S. 154-156.

33 Melita Maschmann, *Fazit*, Stuttgart 1963, S. 70f.; zu Posen siehe Heinrich Schwendemann und Wolfgang Dietsche, *Hitlers Schloß. Die »Führerresidenz« in Posen*, Berlin 2003.

34 Zu Weimar siehe Kurt Sontheimer, *Antidemokratisches Denken in der Weimarer Republik*, München 1992; George Mosse, *The Crisis of German Ideology, Intellectual Origins of the Third Reich*, London 1966; Woodruff Smith, *The Ideological Origins of Nazi Imperialism*, New York 1986; auch Birthe Kundrus (Hg.), *Phantasiereiche. Zur Kulturgeschichte des deutschen Kolonialismus*, Frankfurt a. M. 2003; Lora Wildenthal, »Race, Gender and Citizenship in the German Colonial Empire«, in: Frederick Cooper und Ann Stoler (Hgg.), *Tensions of Empire. Colonial Cultures in a Bourgeois World*, Berkeley 1997, S. 263-283.

35 Hans-Christian Harten, *De-Kulturation und Germanisierung. Die nationalsozialistische Rassen- und Erziehungspolitik in Polen 1939-1945*, Frankfurt a. M. 1996, S. 222-226; Harvey, *Women and the Nazi East*, S. 165 und 197; siehe auch Alexander Hohenstein, *Wartheländisches Tagebuch aus den Jahren 1941/42*, Stuttgart 1961, S. 43-44, 58-61 und 247-248 für ähnliche Ansichten; zu nationalen Listen siehe Isabel Heinemann, »*Rasse, Siedlung, deutsches*

Blut«. *Das Rasse- und Siedlungshauptamt der SS und die rassenpolitische Neu-ordnung Europas*, Göttingen 2003; zu gesetzlicher Diskriminierung siehe Majer, »*Non-Germans*« *under the Third Reich*; Doris Bergen, »The Nazi Concept of ›Volksdeutsche‹ and the Exacerbation of Anti-Semitism in Eastern Europe, 1939–45«, *Journal of Contemporary History*, 29/4, 1994, S. 569–582.

36 Gizella zitiert in Lukas, *Did the Children Cry?*, S. 18–19.

37 Roman Hrabar, Zofia Tokarz und Jacek Wilczur, *Kinder im Krieg – Krieg gegen Kinder. Die Geschichte der polnischen Kinder 1939–1945*, Hamburg 1981, S. 83.

38 Madajczyk, *Die Okkupationspolitik Nazideutschlands*, Tabelle 15: Weitere 367 592 Polen wurden vertrieben, hauptsächlich aus den ländlichen Gebieten Zentralpolens zur sowjetischen Grenze mit dem Generalgouvernement hin, um militärischem Übungsgelände und SS-Lagern Platz zu machen.

39 Madajczyk, *Die Okkupationspolitik Nazideutschlands*, S. 407–408, zitiert Tadeusz Norwid, *Kraj bez Quislinga*, Rom 1945, S. 30–32. Siehe auch Oskar Rosenfeld in Adelson und Lapides, *Łódź Ghetto*, S. 27; Hrabar, Tokarz und Wilczur, *Kinder im Krieg*, S. 82–83; Dorothy Macardle, *Children of Europe. A Study of the Children of Liberated Countries. Their War-time Experiences, Their Reactions, and Their Needs, with a Note on Germany*, London 1949, S. 68; Dieter Pohl, *Von der* »*Judenpolitik*« *zum Judenmord. Der Distrikt Lublin des Generalgouvernements 1939–1944*, Frankfurt a. M. 1993, S. 52.

40 Aly, »*Final Solution*«, S. 43; Frank in Lucjan Dobroszycki, *Reptile Journalism. The Official Polish-Language Press under the Nazis, 1939–1945*, New Haven und London 1994 S. 134; Madajczyk, *Die Okkupationspolitik Nazideutschlands*, 245–249.

41 Madajczyk, *Die Okkupationspolitik Nazideutschlands*, S. 261–262; Hohenstein, *Wartheländisches Tagebuch*, S. 293, 10. Juli 1942; Harten, *De-Kulturation und Germanisierung*, S. 192–196.

42 Madajczyk, *Die Okkupationspolitik Nazideutschlands*, S. 343–353; zu den Grauen Reihen siehe Aleksander Kamiński, *Kamienie na szaniec*, Warschau 2001; Phillips, *My Secret Diary*, S. 151–152; einer der ersten Berichte über den Untergrundstaat war Jan Karski, *Story of a Secret State*, Boston 1944.

43 Sosnowski, *The Tragedy of Children under Nazi Rule*, S. 139–142 und 160–163; Dorothy M. Macardle, *Children of Europe. A Study of the Children of Liberated Countries. Their War-time Experiences, their Reactions, and their Needs, with a Note on Germany*, London 1949, S. 69; BDM-Aktivistinnen erwähnt in Harvey, *Women and the Nazi East*, S. 168.

44 Sonia Games, *Escape into Darkness. The True Story of a Young Woman's Extraordinary Survival during World War II*, New York 1991, S. 40–41; Harten, *De-Kulturation und Germanisierung*, S. 197.

45 Jost Hermand, *A Hitler Youth in Poland. The Nazis' Programme for evacuating Children during World War II*, Evanston, Ill., 1997, S. XXIX-XXX und 10–11.

46 Ebd., S. 7–8; weitere Beispiele in Claus Larass, *Der Zug der Kinder. KLV – Die Evakuierung 5 Millionen deutscher Kinder im 2. Weltkrieg*, München 1983, S. 211–213.

47 Madajczyk, *Die Okkupationspolitik Nazideutschlands*, S. 261, nachdem die BBC über die Grußpflicht berichtet hatte, schaltete sich Goebbels ein, worauf sie im Oktober 1940 in Pommern abgeschafft wurde; im Wartheland galt sie noch länger und in der Gegend von Bialystock bestand sie während der gesamten Okkupationszeit. Kopf entblößen für Fahne und Hymne siehe Harten, *De-Kulturation und Germanisierung*, S. 196. Jost Hermand unterläßt jede Erörterung dieses Themas in seinem Bericht über das Leben im KLV-Heim im Ostwartheland.

48 Abraham I. Katsh (Hg.), *The Warsaw Diary of Chaim A. Kaplan*, New York 1965, S. 153–154, 15. Mai 1940.

49 Szarota, *Warschau unter dem Hakenkreuz*, S. 293–295, basiert auf zwei Studien zur Sprache während der Okkupation von F. Pluta, *Język polski w okresie drugiej wojny światowej. Studium słowotwórczo-semantyczne*, Opeln 1975, S. 12–31, und S. Kania, *Polska gwara konspiracyjno-partyzancka czasu okupacji hitlerowskiej 1939–1945*, Zielona Góra 1975, S. 74–88.

50 Szarota, *Warschau unter dem Hakenkreuz*, S. 296–297.

51 Ebd., S. 145–146, zitiert Kazimierz Koźniewski, *Zamknięte koło. W podziemnym świece*, Warschau 1967, S. 71.

52 Szarota, *Warschau unter dem Hakenkreuz*, S. 120, 147 und 151–152; das demographische Ungleichgewicht war besonders ausgeprägt im Wartheland, wo die Männer weniger als 45 Prozent der Bevölkerung ausmachten, siehe Madajczyk, *Die Okkupationspolitik Nazideutschlands*, S. 250.

53 Dem Widerstand selbst zufolge strömten die Polen wie nie zuvor in die Kinos: Die Warschauer Filmtheater zählten im Januar 1940 116 000 Zuschauer, im Januar 1941 235 000 und 501 000 im Januar 1942; Szarota, *Warschau unter dem Hakenkreuz*, S. 181–185 und 283.

54 Fabrice Virgili, *Shorn Women: Gender and Punishment in Liberation France*, Oxford 2002; Veslemøy Kjendsli, *Kinder der Schande*, Berlin 1988; Ebba Drolshagen, *Nicht ungeschoren davonkommen. Das Schicksal der Frauen in den besetzten Ländern, die Wehrmachtssoldaten liebten*, Hamburg 1998.

55 Szarota, *Warschau unter dem Hakenkreuz*, S. 109, zitiert *Biuletyn Informacyjny*, 19. Juni 1941.

56 Kaser und Radice, *The Economic History of Eastern Europe*, Bd. 2, S. 371–381 und 393–397; Madajczyk, *Die Okkupationspolitik Nazideutschlands*, S. 283; Isaiah Trunk, *Judenrat. The Jewish Councils of Eastern Europe and Nazi Occupation*, New York 1972; Gustavo Corni und Horst Gies, *Brot – Butter – Kanonen. Die Ernährungswirtschaft in Deutschland unter der Diktatur Hitlers*, Berlin 1997, S. 556; Gustavo Corni, *Hitler's Ghettos. Voices from a Beleaguered Society, 1939–1944*, London 2003, S. 123–139.

Anmerkungen

57 Szarota, *Warschau unter dem Hakenkreuz*, S. 118–130.
58 Ebd., 127–128.
59 Ebd., S. 106, zitiert Stanisław Srokowskis Tagebucheintragung vom 14.–16. Jan. 1941.
60 Katsh, *The Diary of Chaim Kaplan*, S. 289–290, 4. Jan. 1942; Berg, *Warsaw Diary*, S. 100, 28. Sept. 1941.
61 Shirli Gilberts Übersetzung von »Koyft geto-beygelekh« aus dem Jiddischen in Shmerke Kaczerginski und H. Leivick, *Lider fun di getos un lagern*, New York 1948, S. 145–146, Herkunft, Dichter und Komponist unbekannt.
62 Zitiert in George Eisen, *Children and Play in the Holocaust. Games among the Shadows*, Amherst, Mass., 1988, S. 77; Sheva Glas-Wiener, *Children of the Ghetto*, Melbourne 1983, S. 87–89.
63 Szarota, *Warschau unter dem Hakenkreuz*, S. 103–105, zitiert den *Nowy Kurier Warszawski* Bericht der Wochenendausgabe vom 13.–14. Dez. 1941. Der Direktor des Fürsorgeamtes in der städtischen Verwaltung, Jan Starczewski, schrieb an die deutsche Polizeiverwaltung im Januar 1942, daß von den Vätern dieser Kinder 13 keine Arbeit hatten, 9 während des Feldzuges gefallen waren, 6 zum Arbeiten nach Deutschland geschickt worden waren, 3 arbeitsunfähig waren, 2 Väter ihre Familien verlassen hatten und 2 im Konzentrationslager Auschwitz waren.
64 Gunnar S. Paulsson, *Secret City. The Hidden Jews of Warsaw, 1940–1945*, New Haven und London 2002, S. 26 und 61–66; Szarota, *Warschau unter dem Hakenkreuz*, S. 130, zitiert *Nowy Kurier Warszawski* vom 22. Sept. 1941: *Shabbesgoy* bedeutet wörtlich Nichtjude, der den Juden verbotene Arbeiten am Sabbat verrichtet; Schmuggeltechniken werden beschrieben von H. Passenstein, »Szmugiel w getcie warszawskim«, *Biuletyn ŻIH*, 26, 1958, S. 42–72; Corni, *Hitler's Ghettos*, S. 139–146; Janina Pładek in Aitchison, *Caught in the Crossfire*, S. 38–40.
65 Szarota, *Warschau unter dem Hakenkreuz*, S. 130; Berg, *Warsaw Ghetto*, S. 73, 12. Juni 1941; siehe Ruta Sakowska (Hg.), *Archiwum Ringelbluma, 2, Dzieci – tajne nauczanie w getcie warsawskim*, Warschau 2000, S. 46–48; auch Barbara Engelking-Boni, »Childhood in the Warsaw Ghetto«, in: United States Holocaust Memorial Museum, *Children and the Holocaust. Symposium Presentations*. Washington 2004, S. 33–42.
66 Paulsson, *Secret City*, 64; Berg, *Warsaw Ghetto*, S. 73, 12. Juni 1941.
67 Shirli Gilberts englische Übersetzung von »Der kleyner shmugler« aus dem Jiddischen, in: Kaczerginski und Leivick, *Lider fun di getos un lagern*, S. 104–105. Der Text war ursprünglich von Henryka Łazowert (geb. 1909, gest. in Treblinka) auf polnisch geschrieben. Im Ghetto gewann sie einen Preis für ihre Ghetto-Reportagen sowie für mehrere Lieder. Henryk Tom (im Warschauer Ghetto an Typhus gestorben), vor dem Krieg ein bekannter Filmmusikkomponist, komponierte die Musik dazu, siehe auch J. Czachowska und A.

Szałagan (Hgg.), *Współcześni Polscy Pisarze i Badacze Literatury. Słownik bio-bibliograficzny*, 5, Warschau 1997, S. 162–163.

68 Jack Klajman, *Out of the Ghetto*, London 2000, S. 20–37.

69 Kaplan, *Scroll of Agony*, S. 269–271 und 332–334, 10. Okt. 1941 und 16. Mai 1942; Raul Hilberg, Stanislaw Staron und Josef Kermisz (Hgg.), *The Warsaw Diary of Adam Czerniakow*, Chicago 1999, S. 44; Abraham Lewin, *The Cup of Tears. A Diary of the Warsaw Ghetto*, Oxford 1988, S. 127; Lucjan Dobroszycki, *The Chronicle of the Łódź Ghetto 1941–1944*, New Haven und London 1984, S. 43–44, 67, 7. April und 25. Juli 1941; (Dawid Sierakowiak), *Das Ghettotage-buch des Dawid Sierakowiak.Aufzeichnungen eines Siebzehnjährigen 1941/1942.* Übersetzt von Roswitha Matwin-Buschmann, Leipzig 1993, S. 71–72, 27. Juli 1941; Adelson und Lapides, *Łódź Ghetto*, S. 132; Barbara Engelking, *Holocaust and Memory. The Experience of the Holocaust and its Consequences. An Investigation Based on Personal Narratives*, London 2001, S. 155–177; Israel Gutman, *The Jews of Warsaw, 1939–43*, Brighton 1982, S. 17 und 69; Corni, *Hitler's Ghettos*, S. 170–176; zu Epidemien und Gesundheitskontrollen, Paul Weindling, *Epidemics and Genocide in Eastern Europe, 1890–1945*, Oxford 2000.

70 Janina David, *Ein Stück Himmel. Erinnerungen an eine Kindheit*, München 1981, S. 177–182; Szarota, *Warschau unter dem Hakenkreuz*, S. 107, auch als die Deutschen die Öffnung jüdischer Schulen im Herbst 1941 wieder zu-ließen, erhielten nur 5200 von 48 207 jüdischen Kindern im Schulalter Un-terricht. Walt Disneys *Schneewittchen und die Sieben Zwerge* war sein erster abendfüllender Zeichentrickfilm, verschlang $ 1,5 Millionen Herstellungsko-sten und setzte die Maßstäbe für seine späteren Produktionen; er wurde am 21. Dezember 1937 uraufgeführt.

71 David, *Ein Stück Himmel*, S. 247–248; Katsh, *The Diary of Chaim Kaplan*, S. 220, 5. Nov. 1940; Berg, *Warsaw Ghetto*, S. 61, 20. Mai 1941.

72 David, *Ein Stück Himmel*, S. 196 und 211–212.

73 Przybylska, *Journal de Wanda*, S. 57–58 und 108–134, 21. Jan. 1943 und 1.-29. Aug. 1944.

74 Przybylska, *Journal de Wanda*, S. 18–26, 32, 35, 57–58, 62–65 und 89–90, 7.-26. Juli, 6.-7. und 10. Aug. 1942, 21. Jan., 1. und 18. April 1943, 3. Mai und 2. Juli 1944.

75 Stefan, Interview 29, in: Barbara Engelking, *Holocaust and Memory. The Expe-rience of the Holocaust and its Consequences*, London 2001, S. 145; Emmanuel Ringelblum, *Polish-Jewish Relations During the Second World War*, Joseph Kermish und Shmuel Krakowski (Hgg.), New York 1976, S. 145–148; zum »Denkmal des unbekannten Schmugglers« siehe Szarota, *Warschau unter dem Hakenkreuz*, S. 122.

76 Madajczyk, *Die Okkupationspolitik Nazideutschlands*, S. 239–243 und 268–270; Heinemann, *»Rasse, Siedlung, deutsches Blut«*.

77 Szarota, *Warschau unter dem Hakenkreuz*, S. 124.

78 Szarota, *Warschau unter dem Hakenkreuz*, S. 241, zitiert anonym *A Polish Doctor, I saw Poland Suffer*, 2. Aufl., London 1941, S. 63 und 67, und das Tagebuch von Ludwik Landau, 13. Feb. 1940; Adelson, *The Diary of Dawid Sierakowiak*, S. 128 Anm.; Dobroszycki, *The Chronicle of the Łódź Ghetto*, S. 136–138.

79 Vorteile für die anderen in Jan Tomasz Gross, *Polish Society under German Occupation. The Generalgouvernement, 1939–1944*, Princeton, N. J., 1979, S. 185–186, Anm. 3, zitiert »Informacja. Z placówki rzymsko watykańskiej«, PRM 45c/41, General Sikorski Historical Institute, London; Karski, zitiert in Jan Gross, »A Tangled Web. Confronting Stereotypes concerning Relations between Poles, Germans, Jews, and Communists«, in: István Deák, Jan Gross und Tony Judt (Hgg.), *The Politics of Retribution in Europe. World War II and its Aftermath*, Princeton, N. J., 2000, S. 82–83; zu diesem Thema siehe auch Gutman und Krakowski, *Unequal Victims*.

80 Shirli Gilberts Übersetzung von »A Yid« aus dem Jiddischen, in: Kaczerginski und Leivick, *Lider fun di getos un lagern*, 98–99. Dieses Lied wurde ursprünglich auf polnisch geschrieben und vorgetragen und erst nach dem Krieg ins Jiddische übersetzt. Text und Musik: Paulina Braun (gest. in Majdanek, Nov. 1943).

81 Jacob Sloan (Hg.), *Notes from the Warsaw Ghetto. The Journal of Emmanuel Ringelblum*, New York und London 1958, S. 39, 9. Mai 1940.

5. Der Kreuzzug

1 (Sierakowiak), *Das Ghettotagebuch*, S. 54, 22. Juni 1941. Dawid war annähernd siebzehn Jahre alt.

2 Adelson und Lapides, *Łódź Ghetto*, S. 487 und 494.

3 (Sierakowiak), *Das Ghettotagebuch*, S. 56–57 und 60, 24. und 27. Juni und 1. Juli 1941.

4 Militärfeldzüge siehe Weinberg, *A World at Arms*, 264–281; katholische Bischöfe in Heinz Boberach (Hg.), *Berichte des SD und der Gestapo über Kirchen und Kirchenvolk*, Mainz 1971, S. 570–571; auch Kershaw, *Hitler*, Bd. 2, 575 f.; über allgemeinen konservativen Antikommunismus und Unterstützung für die Gewinnung von »Lebensraum« siehe Sontheimer, *Antidemokratisches Denken in der Weimarer Republik*; Mosse, *The Crisis of German Ideology*; Woodruff Smith, *The Ideological Origins of Nazi Imperialism*; Peter Löffler (Hg.), *Bischof Clemens August Graf von Galen, Akten, Briefe, Predigten 1933–1946*, Bd. 2, S. 902, Münster, 14. September 1941.

5 »›Sehr selten habe ich geweint‹. Ein Volksschullehrer in Rußland«, in: Ingrid Hammer und Susanne zur Nieden (Hgg.), *Sehr selten habe ich geweint. Briefe und Tagebücher aus dem Zweiten Weltkrieg von Menschen aus Berlin*, Zürich 1992, S. 227–228, 23. und 25. Juni 1941.

6 Ebd., S. 228–229, 26. Juni 1941.

7 Ebd., S. 229–230, 28. Juni 1941.

8 Ebd., S. 231, 1. Juli 1941. Anzahl der Gefangenen siehe Weinberg, *A World at Arms*, S. 264–265; David M. Glantz und Jonathan House, *When Titans Clashed: How the Red Army Stopped Hitler*, Edinburgh 1995, S. 28–41.

9 Christian Streit, *Keine Kameraden. Die Wehrmacht und die sowjetischen Kriegsgefangenen 1941–1945*, Stuttgart 1978; Wildt, *Generation des Unbedingten*, S. 538–561; Longerich, *Politik der Vernichtung*, S. 293–320 und 405; Christian Gerlach, *Kalkulierte Morde. Die deutsche Wirtschafts- und Vernichtungspolitik in Weißrußland 1941 bis 1944*, Hamburg 1999, S. 1060–1074.

10 O. Buchbender und R. Stertz (Hgg.), *Das andere Gesicht des Krieges*, München 1982, Brief 101, S. 72f., siehe auch Omer Bartov, *Hitler's Army. Soldiers, Nazis and War in the Third Reich*, Oxford, New York 1991, S. 153; Sicherheitsdienst 10. Juli 1941 in Lacey, *Feminine Frequencies*, S. 128–129; die NS-Propaganda konnte sich auf einige Greueltaten der Sowjets stützen: Bogdan Musial, *»Konterrevolutionäre Elemente sind zu erschießen«. Die Brutalisierung des deutsch-sowjetischen Krieges im Sommer 1941*, Berlin 2000; Heinz Boberach (Hg.), *Meldungen aus dem Reich*, Bd. 7. S. 2505, 10. Juli 1941.

11 Ludwig Eiber (Hg.), »›… Ein bißchen die Wahrheit‹. Briefe eines Bremer Kaufmanns von seinem Einsatz beim Polizeibataillon 105 in der Sowjetunion 1941«, *1999, Zeitschrift für Sozialgeschichte des 20. und 21. Jahrhunderts*, 1/1991, S. 75–76, 3. Juli und 7. Sept. 1941. Deutsch-Russisches Museum Berlin-Karlshorst, *Mascha + Nina + Katjuscha. Frauen in der Roten Armee, 1941–1945*, Berlin 2003, S. 32–33; Boberach (Hg.), *Meldungen aus dem Reich*, Bd. 7, S. 2564, 24. Juli 1941.

12 Hammer und zur Nieden, *Sehr selten habe ich geweint*, S. 255–258, 27.–28. Okt. 1941.

13 Ebd., S. 232–235 und 242–245, 1.–2. Juli und 21.–23. Aug. 1941.

14 Ebd., S. 242 und 265, 20. Aug. und 30. Nov. 1941.

15 Ebd., S. 267.

16 Eiber, »›… Ein bißchen die Wahrheit‹«, S. 73, 7. Aug. 1941. Siehe auch Arbeiterbriefe an Kollegen in Alf Lüdtke, »The Appeal of Exterminating ›Others‹. German Workers and the Limits of Resistance«, in: Christian Leitz (Hg.), *The Third Reich. The Essential Readings*, Oxford 1999, S. 155–177.

17 Zu allen Zeugenaussagen über Bjelaja-Zerkow siehe Ernst Klee, Willi Dressen und Volker Riess (Hg.), »Schöne Zeiten«. Judenmord aus der Sicht der Täter und Gaffer, Frankfurt a. M. 1988.

18 Für Material zu den Massakern von Babi Yar siehe Klee, Dressen und Riess, *»Schöne Zeiten«*, S.66–70; Oktober-Befehle bei Gerd Überschär und Wolfram Wette (Hgg.), *Der deutsche Überfall auf die Sowjetunion: »Unternehmen Barbarossa« 1941*, Paderborn 1984, S. 339–340.

19 Der folgende Bericht aus Lev Abramovsky, Interview mit der *Metropolitan Police War Crimes Unit*, März 1995; Martin Dean danke ich dafür, daß er mir diese

Zeugnisse zugänglich gemacht hat, von denen er einen Teil in seinem *Collaboration in the Holocaust. Crimes of the Local Police in Belorussia and Ukraine, 1941–44*, Basingstoke and London 2000, S. 46–50, veröffentlicht hat; zu Oswald Rufeisen und den Ausbruch von Mir siehe auch Tec, *In the Lion's Den*, S. 146–148.

20 Zum Pogrom in Kovno/Kaunas siehe Klee, Dressen und Riess, »*The Good Old Days*«, S. 23–45; nichtsdestoweniger waren die Einsatzgruppen sehr aktiv dabei, den Weg in die baltischen Staaten freizumachen: Wildt, *Generation des Unbedingten*, S. 578–591; und Longerich, *Politik der Vernichtung*, S. 324–337. Zu Pogromen in Ostpolen siehe Jan Tomasz Gross, *Neighbors. The Destruction of the Jewish Community in Jedwabne, Poland*, Princeton, N. J., 2001, und der Report der offiziellen polnischen Kommission, Instytut Pamieci Narodowej mit Pawel Machcewicz und Krzysztof Persak (Hgg.), *Wokól Jedwabnego*, Warschau 2002; Bogdan Musial hatte ebenfalls hervorgehoben, in welchem Ausmaß Polen und Ukrainer Rache an den Juden verüben wollten für deren angebliche Beteiligung an der sowjetischen Unterdrückung: Musial, »*Konterrevolutionäre Elemente sind zu erschießen*«, diese Interpretation wurde leider auch von denen übernommen, welche die Verantwortung der Polen für die Massaker von Jedwabne leugnen wollen; für einen Überblick zu dieser Debatte siehe Antony Polonsky und Joanna Michlic (Hgg.), *The Neighbors Respond. The Controversy over the Jedwabne Massacre in Poland*, Princeton, N. J., 2004. Pogrome gingen auch mit dem Wiederauftauchen starker nationalistischer Bewegungen in Zentral- und Osteuropa Hand in Hand, und im Vergleich zu den ukrainischen und polnischen Nachbarn hatte Weißrußland weder eine starke nationalistische Bewegung, noch kannte es eigene Pogrome: siehe Gerlach, *Kalkulierte* Morde, S. 536–537; Bernhard Chiari, *Alltag hinter der Front. Besatzung, Kollaboration und Widerstand in Weißrußland 1941–1944*, Düsseldorf 1998, S. 245–249. Zur besetzten Ukraine siehe Karel Berkhoff, *Harvest of Despair. Life and Death in Ukraine under Nazi Rule*, Cambridge, Mass., 2004.

21 Befehlshaber der Wehrmachtverbände in Weißrutenien, 10. Nov. 1941, in: Ernst Klee und Willi Dressen, »*Gott mit uns*«. *Der deutsche Vernichtungskrieg im Osten*, Frankfurt a. M. 1989, S. 110; Chiari, *Alltag hinter der Front*, S. 252, 5. Aug. 1941, Ereignismeldung UdSSR, Nr. 43; Nechama Tec, *Defiance. The Bielski Partisans*, Oxford 1993, S. 92.

22 Tec, *Defiance*, S. 41–42; Chiari, *Alltag hinter der Front*, S. 255–256; im Bezirk Lublin führte dies noch einmal zu Konflikten zwischen polnischen und ukrainischen Partisanen: siehe Madajczyk, *Die Okkupationspolitik Nazideutschlands*, S. 300.

23 Chiari, *Alltag hinter der Front*, S. 200–201 und 256.

24 Ebd., S. 268–269; Rueben Ainsztein, *Jüdischer Widerstand im deutschbesetzten Osteuropa während des Zweiten Weltkrieges*, Oldenburg 1995, S. 119–121.

25 Chiari, *Alltag hinter der Front*, S. 197–198; Tec, *In the Lion's Den*, S. 147–148, und Tec, *Defiance*, S. 121 und 166–167.

26 Tec, *Defiance*, S. 81–89, 119–120, 138–139, 166–167 und 190–192; siehe Juliane Fürst, »Heroes, lovers, victims – partisan girls during the Great Fatherland War«, *Minerva. Quarterly Report on Women and the Military*, Herbst/ Winter 2000, S. 57–60.

27 Gerlach, *Kalkulierte Morde*, S. 679–683; Raul Hilberg, *Die Vernichtung der europäischen Juden. Die Gesamtgeschichte des Holocaust*, Berlin 1982, S. 378, Anm. 324; Chiari, Alltag hinter der Front, S. 245 und 257–263; Hohenstein, *Wartheländisches Tagebuch*, S. 251; Gross, »A Tangled Web«, S. 88–91; Harvey, *Women and the Nazi East*, S. 241–244 und 255; Harvey, » ›Man muß bloß einen unerschütterlichen Willen haben …‹ Deutsche Kindergärtnerinnen und der nationalsozialistische ›Volkstumskampf‹ im ›Distrikt Galizien‹ 1941– 44«, L'Homme. Zeitschrift für feministische Geschichtswissenschaft, 12, Heft 1 (2001), S. 98–123.

28 Joseph Goebbels, »Die Juden sind schuld!«, *Das Reich*, Berlin, Nr. 46, 16. November 1941, in: Erika Martens, *Zur Phänomenologie der Presse im totalitären Regime. Zum Beispiel »Das Reich«*, Köln, 1972, S. 61–62; Jürgen Hagemann, *Presselenkung im Dritten Reich*, Bonn 1970, S. 146; Hitler mochte Rosenberg sogar bedeutet haben, in der Öffentlichkeit nicht von Ausrottung zu sprechen: Hans-Heinrich Wilhelm, *Rassenpolitik und Kriegsführung*, Passau 1991, S. 131; Eberhard Jäckel, *Hitler in History*, Hanover, New Hamps., 1984, S. 55; zum Plakat siehe Kershaw, *Hitler*, Bd. 2, Tafel 45, S. 534; Rede vom 30. Januar 1939, Hitler, *Reden und Proklamationen, 1932–1945*, S. 1057–1058.

29 Wolfgang Diewerge (Hg.), *Feldpostbriefe aus dem Osten. Deutsche Soldaten sehen die Sowjetunion*, Berlin, 1941, S. 38 and 44; zu diesen und anderen Briefen siehe Bartov, *Hitler's Army*, S. 153–169. Zur zunehmenden Kenntnis in Deutschland siehe Ian Kershaw, »German Public Opinion during the ›Final Solution‹. Information, Comprehension, Reactions«, in: Asher Cohen, Joav Gelber und Charlotte Wardi (Hgg.), *Comprehending the Holocaust. Historical and Literary Research*, Frankfurt 1988, S. 145–158; und bes. David Bankier, *The Germans and the Final Solution. Public Opinion under Nazism*, Oxford 1992; zu weiteren Briefen siehe Walter Manoschek (Hg.), *»Es gibt nur eines für das Judentum: Vernichtung«. Das Judenbild in deutschen Soldatenbriefen 1939–1944*, Hamburg 1995.

30 Stadtarchiv München (Hg.), *»Verzogen, unbekannt wohin«. Die erste Deportation von Münchener Juden im November 1941*, Zürich 2000; »Judenaktion in Minden«, SD Außenstelle Minden, 12. Dez. 1941, Otto Dov Kulka und Eberhard Jäckel (Hg.), *Die Juden in den geheimen NS-Stimmungsberichten, 1933– 1945*, Düsseldorf, 2004, S. 477, zitiert auch in Saul Friedländer, »Mass Murder and German Society in the Third Reich. Interpretations and Dilemmas«, Hayes Robinson Lecture Series Nr. 5, Royal Holloway, University of London 2001, S. 15; nur wenige solcher Lokalberichte scheinen den Krieg überstanden zu haben, und sie wurden in den allgemeinen Wochenberichten zur öffentlichen Meinung des Sicherheitsdiensts durchweg ausgelassen.

31 Liselotte G., in: Hammer und zur Nieden (Hgg.), *Sehr selten habe ich geweint*, S. 278–279, 31. Aug. 1943; Christa J. Interview, in: Prenzlauer Berg Museum des Kulturamtes Berlin und Annett Gröschner (Hg.), *Ich schlug meiner Mutter die brennenden Funken ab. Berliner Schulaufsätze aus dem Jahr 1946*, Berlin 1996, S. 356.

32 Lange und Burkard, »*Abends wenn wir essen fehlt uns immer einer*«, S. 136, Giselas Vater, 11. Okt. 1942.

33 Ebd., S. 146, Ingeborgs Vater, 19. Juli 1943, S. 74–77 und 79–81, 7. und 28. Sept. 1941 und 8. Okt. 1941; Bartov, *Hitler's Army*, S. 153–163.

34 Lange und Burkard, »*Abends wenn wir essen fehlt uns immer einer*«, S. 208 und 211–212, 23. Mai 1943, 5. Dez. 1943 und 26. Jan. 1944.

35 Ebd., S. 146, Gertrud an Vater, 12. Sept. 1941.

36 Im September 1942 hatte Hitler offenbar auch angeordnet, daß 400 000 bis 500 000 ukrainische Bauernmädchen als Hausangestellte nach Deutschland gebracht werden sollten, um sie zu »germanisieren« und die nationale Geburtenrate zu erhöhen; es gibt jedoch keine Hinweise dafür, daß diese Idee mit dem hier behandelten Einsatz der Mädchen in Verbindung stand. Siehe Madajczyk, *Die Okkupationspolitik Nazideutschlands*, S. 472–473; Mendel, *Zwangsarbeit im Kinderzimmer*, S. 149 und 156–157.

37 Mendel, *Zwangsarbeit im Kinderzimmer*, S. 11, 20, 22, 59, 109–110, 144–145, 166, 173–186; Valentina, in: Susanne Kraatz (Hg.), *Verschleppt und Vergessen. Schicksale jugendlicher »OstarbeiterInnen« von der Krim im Zweiten Weltkrieg und danach*, Heidelberg 1995, S. 143.

38 Mendel, *Zwangsarbeit im Kinderzimmer*, S. 173–186.

39 Lutz Niethammer, *Ego-Histoire? Und andere Erinnerungs-Versuche*, Wien und Köln 2002, S. 186–187.

40 Uwe Timm, *Am Beispiel meines Bruders*, Köln 2003, S. 19, S. 57–58 und 91–92, Karl-Heinzens Tagebuch, 21. März 1943 und Briefe an Uwe, 22. Juli und an die Eltern, 25. Juli 1943; Victor Klemperer, *To the Bitter End. The Diaries of Victor Klemperer*, Bd. 2, London 1999, S. 293, 2. Apr. 1944.

41 Interview mit Gertrud L., in: Dörr, ›*Wer die Zeit nicht miterlebt hat…*‹, Bd. 2, S. 219–220.

42 Ebd. S. 220.

43 DLA, Yvonne Hofer-Riffler, geb. 1931, »Lebensgeschichte«, S. 7–8; Liselotte G., in: Hammer und zur Nieden (Hgg.), *Sehr selten habe ich geweint*, S. 277–2788, 20. März 1943.

44 Lacey, *Feminine Frequencies*, S. 129–134.

45 Ebd., S. 134 und 205–206.

46 Chiari, *Alltag hinter der Front*, S. 257–261; Gerlach, *Kalkulierte Morde*, S. 46 ff., 276–92 und 668–83, und ders., *Krieg, Ernährung, Völkermord. Forschungen zur deutschen Vernichtungspolitik im Zweiten Weltkrieg*, Hamburg 1998, S. 15–16; im polnischen Bezirk Białystok war die deutsche Politik dieselbe, siehe

Madajczyk, *Die Okkupationspolitik Nazideutschlands*, S. 300, zitiert Kazimierz Wyka, *Życie na niby. Szkice z lat 1939–1945*, Warschau 1957, S. 129 ff.; und Gross, »A Tangled Web«, S. 87–92.

47 Vom Land zu leben, siehe Omer Bartov, *Hitler's Army. Soldiers, Nazis and War in the Third Reich*, Oxford und New York 1991, S. 130–135; Pakete nach Hause, Eiber, »›… Ein bißchen die Wahrheit‹«, S. 71–73 und 75–76, 20. Juli 1941 und 7. Sept. 1941; siehe auch Briefe von Karl Kretschmer, 27. Sept.-19. Okt. 1942, in: Klee, Dressen und Riess, »*The Good Old Days*«, S. 163–171.

48 Szarota, *Warschau unter dem Hakenkreuz*, S. 147–148; David, *Ein Stück Himmel*, S. 263; Hohenstein, *Wartheländisches Tagebuch*, S. 212–213, 11. Nov. 1941.

49 Kinobesucher, Steinert, *Hitlers Krieg und die Deutschen*, S. 211; Tod von Kriegsgefangenen, Christian Streit, *Keine Kameraden*; zeitweilige Kürzung der Lebensmittelrationen, Noakes, *Nazism*, Bd. 4, S. 514–518; dennoch fielen die deutschen Zuteilungen bis zum Frühjahr 1945 nicht unter 2000 Kalorien.

50 Zu Polen: Madajczyk, *Die Okkupationspolitik Nazideutschlands*, S. 255–258, 268–270 und 283–287; zu Weißrußland: Gerlach, *Kalkulierte Morde*, S. 276–292; die Auswirkungen von Eintreibungen von Landwirtschaftsabgaben in Osteuropa: Kaser und Radice, *The Economic History of Eastern Europe*, Bd. 2, S. 371–381 und 393–397; zu Frankreich: Robert Gildea, *Marianne in Chains. In Search of the German Occupation, 1940–45*, London 2003, S. 109–133.

51 (Sierakowiak), *Das Ghettotagebuch*, S. 68–111, bes. 19. und 29. Juli, 8., 24. und 31. Aug., 26. Sept., 6., 9., 12.–23. Okt. 1941; Avraham Barkai, »Between East and West. Jews from Germany in the Lodz Ghetto«, *Yad Vashem Studies*, Bd. 16, 1984, S. 275; Sinti und Roma Lager, Dobroszycki, *The Chronicle of the Łódź Ghetto*, S. 80–103, Nov. und Dez. 1941; Adleson und Lapides, *Łódź Ghetto*, 172–192; Corni, *Hitler's Ghettos*, 179–185.

52 Georg Lilienthal, *Der »Lebensborn e. V.«. Ein Instrument nationalsozialistischer Rassenpolitik*, Frankfurt a. M. 1993, S. 219–221, zitiert Himmlers Befehl an Lorenz und Heydrich vom 11. Juli 1941 und die Rede vom 16. Sept. 1942; Pflaums Bericht ist vom 19. Juli 1942; Heinemann, ›*Rasse, Siedlung, deutsches Blut‹. Das Rasse- und Siedlungshauptamt der SS und die rassenpolitische Neuordnung Europas*, Göttingen, 2003; zum »Wie du mir, so ich dir«-Zusammenhang zwischen der Deportation der Wolgadeutschen und der deutschen Juden, siehe Mark Roseman, *The Villa, the Lake, the Meeting. Wannsee and the Final Solution*, London 2002, S. 41.

53 Lilienthal, *Der »Lebensborn e. V.«*, S. 209, Anm. 52 und 215; Czesław Madajczyk (Hg.), *Zamojszczyzna – Sonderlaboratorium SS. Zbiór dokumentów polskich i niemieckich z okresu okupacji hitlerowskiej*, Bd. 2, Warschau 1977, S. 1, 14, und 2, 9, 95–97 und 189–191; und Madajczyk, *Die Okkupationspolitik Nazideutschlands*, S. 422–429 und 531.

54 Chiari, *Alltag hinter der Front*, S. 197–198; Clarissa Henry und Marc Hillel, *Children of the SS*, Hutchinson 1976, 239–240; Lilienthal, *Der »Lebensborn*

e.V.«, S. 212–215; Hrabar, Tokarz und Wilczur, *Kinder im Krieg*, S. 232–233; Roman Hrabar, *Hitlerowski rabunek dzieci polskich. Uprowadzenie i germanizacja dzieci polskich w latach 1939–1945*, Kattowitz 1960; Sosnowski, *The Tragedy of Children under Nazi Rule*, Anhang 15.

55 Sosnowski, *The Tragedy of Children under Nazi Rule*, Anhang 22, S. 306–307; Lilienthal, *Der »Lebensborn e.V.«*, S. 216; »die gut rassigen Kinder«: Himmler an Sollmann, 21. Juni 1943, in: Helmut Heiber (Hg.), *Reichsführer! ... Briefe an und von Himmler*, Stuttgart 1968, S. 214; Hrabar, Tokarz und Wilczur, *Kinder im Krieg*, S. 87; Michael Leapman, *Witnesses to War. Eight True-Life Stories of Nazi Persecution*, London 2000, S. 106.

56 Macardle, *Children of Europe*, S. 235–236 und 238–240.

57 Henryk Tycner, »Grupa doktora Franciszka Witaszka«, in: *Przegląd Lekarski*, Nr. 1, 1967, zitiert in Madajczyk, *Die Okkupationspolitik Nazideutschlands*, S. 473, Anm. 56; siehe auch die Zusammenfassung des Interviews in Clay und Leapman, *Master Race*, S. 115–117.

58 Clay und Leapman, *Master Race*, S. 119–123, für einen spannenden Interviewbericht. Wie in vielen Interviews macht der Interviewte Fehler beim Datieren; Michelowski kann nicht in Oberweis angekommen sein, bevor es im September 1943 eröffnet wurde; das Lager wurde auch nicht von »SS-Wächtern« betrieben, auch wenn es wahrscheinlich diesen Eindruck machte: Lilienthal, *Der »Lebensborn e.V.«*, S. 211 und 57.

59 Ebd., 16. und 22. Juni 1941.

60 *Jugendliche Tote im Ersten Weltkrieg*, Jay Winter und Jean-Louis Robert (Hgg.), *Capital Cities at War. Paris, London, Berlin 1914–1919*, Cambridge 1997, S. 487–423; auch Avner Offer, *The First World War. An Agrarian Interpretation*, Oxford 1989.

6. Deportation

1 »Jäger Report«, in: Klee, Dressen und Riess, »*The Good Old Days*«, (dt. Ed.!) S. 46–58; Christian Gerlach, »Die Wannsee-Konferenz, das Schicksal der deutschen Juden und Hitlers politische Grundsatzentscheidung, alle Juden Europas zu ermorden«, *Werkstatt-Geschichte*, 18, 1997, S. 7–44; Longerich, *Politik der Vernichtung*, S. 419–472; Roseman, *The Villa, the Lake, the Meeting*; Christopher Browning, »Nazi Policy. Decisions for the Final Solution«, in: ders., *Nazi Policy, Jewish Worker, German Killers*, Cambridge 2000, S. 26–57.

2 Josef Goebbels, *Tagebücher*, Teil 2, Bd. 2, 13. 12. 1941; Gerlach, »Die Wannsee-Konferenz«, S. 25; Hitler, *Reden und Proklamationen, 1932–1945*, S. 1057–1058 und 1663; Kershaw, *Der Hitler-Mythos*, S. 294–295.

3 Frank, zitiert in Christian Gerlach, *Krieg, Ernährung, Völkermord. Forschungen zur deutschen Vernichtungspolitik im Zweiten Weltkrieg*, Hamburg 1998,

S. 122; Roseman, *The Villa, the Lake, the Meeting*, S. 44–48; zu den Todeslagern der »Operation Reinhard«, siehe Yitzhak Arad, *Belzec, Sobibor, Treblinka. The Operation Reinhard Death Camps*, Bloomington 1987.

4 Roseman, *The Villa, the Lake, the Meeting*, S. 50, 84 und 112.

5 (Sierakowiak), *Das Ghettotagebuch*, S. 97, 100 und 105, 24. und 30. Sept. und
10. Okt. 1941; Dobroszycki, *The Chronicle of the Łódź Ghetto*, S. 244, 28. Aug.
1942; Corni, *Hitler's Ghettos*, S. 177–178.

6 Yitzhak Arad, *Ghetto in Flames. The Struggle and Destruction of the Jews in
Vilna in the Holocaust*, New York 1982, S. 101–119.

7 Die englische Übersetzung des Liedes »Es iz geven a zumer-tog« von Shirli
Gilbert, Text von Rikle Glezer, die Musik basiert auf dem jiddischen Thea-
terlied *Papirosn* (»Zigaretten«), komponiert von Herman Yablokoff, jiddische
Version in Kaczerginski und Leivick, *Lider fun di getos un lagern*, S. 7–8.

8 Siehe Shirli Gilbert, *Music in the Holocaust. Confronting Life in the Nazi Ghettos
and Camps*, Oxford 2005, Kap. 2, zu einem fesselnden Bericht über das Musik-
leben im Ghetto von Wilna; zu den Erschießungen von Ponar, siehe Hermann
Kruk, *The Last Days of the Jerusalem of Lithuania. Chronicle from the Vilna
Ghetto and the Camps, 1939-1944*, Benjamin Harshav (Hg.), New Haven und
London 2002, S. 88–93, 4. Sept. 1941; Arad, *Ghetto in Flames*, S. 75–77 und
149–158; Klee, Dressen und Riess, »*The Good Old Days*«, S. 38–45; Yitskhok
Rudashevski, *The Diary of the Vilna Ghetto. June 1941 – April 1943*, Tel Aviv
1973, S. 43–46.

9 Mark Dvorjetski, »Adjustment of detainees to camp and ghetto life«, *Yad
Vashem Studies*, 5, 1963, S. 198; siehe auch Eisen, *Children and Play in the
Holocaust*, S. 76–78; zu Bruno Kittel, siehe Arad, *Ghetto in Flames*, S. 368.

10 Rudashevski, *The Diary of the Vilna Ghetto*, S. 113, 28. Dez. 1942; S. 115–116,
1. Jan. 1943; s. a. S. 99, 26. Nov; S. 126–127, 27. Jan. 1943, besucht die Möbel-
werkstatt des Ghettos und stellt fest, daß die erwachsenen Arbeiter den Kindern drohten »Liebe Kinder, Murer kommt und wird Ärger machen«; Arad,
Ghetto in Flames, S. 304–305; Eisen, *Children and Play in the Holocaust*, S. 77,
nach Aussage von Tzvia Kuretzka.

11 Donald Niewyk (Hg.), *Fresh Wounds. Early Narratives of Holocaust Survival*,
Chapel Hill 1998, S. 176; (Sierakowiak), *Das Ghettotagebuch*, S. 109, 19. Okt.
1941, und Adelson, *The Diary of Dawid Sierakowiak*, S. 161–162 und 258, 1.–
2. Mai 1942 und 15. März 1943; Gustavo Corni, *Hitler's Ghettos*, S. 179–182;
über Unkenntnis und Wissen in den Ghettos von März bis August 1942 siehe
Arad, *Belzec, Sobibor, Treblinka*, S. 241–244.

12 Dobroszycki, *Chronicle of the Lodz Ghetto*, S. XXIII-XXV, XXXIV-XXXVI,
128 und 133; Hilberg, *Destruction of the European Jews*, S. 205–214; Alexandra Zapruder, *Salvaged Pages. Young Writers' Diaries of the Holocaust*, New
Haven 2002, S. 227–229 und 231–238, 27. Feb.–12. März 1942, S. 231–238.

13 (Sierakowiak), *Das Ghettotagebuch*, S. 167 und 172–176, 1. und 5. Sept. 1942;

s. a. Dobroszycki, *Chronicle of the Lodz Ghetto*, S. 248–252, und Zelkowicz, »In these nightmarish days«, in: Adelson und Lapides, *Łódź Ghetto*, S. 320–328 und 336–347.

14 (Sierakowiak), *Das Ghettotagebuch*, S. 176–179, 6. Sept. 1942.

15 Adelson und Lapides, *Łódź Ghetto*, S. 328–331.

16 Berichtet von Etties Amme in Sheva Glas-Wiener, *Children of the Ghetto*, Melbourne 1983, S. 86; auch in Eisen, *Children and Play in the Holocaust*, S. 76 zitiert.

17 Berg, *Warsaw Ghetto*, S. 68–69, 12. Juni 1941; Zeugnisse auch in Saksowska, *Archiwum Ringelbluma*, 2, S. 46–48.

18 Janusz Korczak, *Ghetto Diary*, New Haven und London 1978, S. 55–6, 29. Mai 1942.

19 Betty Lifton, *Der König der Kinder. Das Leben von Janusz Korczak*, Stuttgart 1988, bes. S. 81–91 und 377–394.

20 Ebd., S. 388–391 und 399.

21 Ebd., S. 395–402.

22 Ebd., S. 396–399; Korczak, *Ghetto Diary*, S. 65, 76 und 84–85, o. Datum.

23 Raul Hilberg, Stanislaw Staron und Josef Kermisz (Hgg.), *The Warsaw Diary of Adam Czerniakow*, Chicago 1999, S. 352–353, 10. und 14. Mai 1942.

24 Ebd., S. 363–364, 7. Juni 1942; Lifton, *Der König der Kinder*, S. 409–411.

25 Hilberg, Staron und Kermisz, *The Warsaw Diary of Adam Czerniakow*, S. 374, 5. und 12. Juli 1942.

26 Ebd., Einleitung, S. 61 und 376–377, 8. Juli 1942.

27 Katsh, *The Diary of Chaim Kaplan*, S. 375–376, 16. Juli 1942; Hilberg, Staron und Kermisz, *The Warsaw Diary of Adam Czerniakow*, S. 381–383, 16.-20. Juli 1942; Berg, *Warsaw Diary*, S. 159, 16. Juli 1942.

28 Hilberg, Staron und Kermisz, *The Warsaw Diary of Adam Czerniakow*, Einleitung, S. 63–64.

29 Katsh, *The Diary of Chaim Kaplan*, S. 360, 369–372 und 379, 25. Juni, 10.-12. und 22. Juli 1942. Zum 17. Juni, Emmanuel Ringelblum hatte auch Nachrichten von den Massenvergasungen gehört und war sich nicht sicher, wie sie zu deuten waren, siehe Hilberg, Staron und Kermisz, *The Warsaw Diary of Adam Czerniakow*, Einleitung, S. 62.

30 Zitiert in N. Levin, *The Holocaust: The Destruction of European Jewry, 1933–1945*, New York 1968, S. 324–325.

31 Zum folgenden Bericht siehe Lifton, *Der König der Kinder*, S. 425–427, 444–453 und 455–456.

32 Ebd., 13. Kap.: »Der Geist König Hänschens«, S. 145–152. [In der vorliegenden Übersetzung wurde der ursprüngliche Name »König Matt« statt »König Hänschen« wie in der dt. Übersetzung von Lifton, Stuttgart 1990, beibehalten. A. d. Ü.].

33 David, *Ein Stück Himmel*, S. 311–322; zur Arbeit der Brigaden außerhalb des Ghettos zu dieser Zeit, Paulsson, *Secret City*, S. 65–66.

34 Paulsson, *Secret City*, S. 79 und weitere Einzelheiten in seinem »Hiding in Warsaw. The Jews on the ›Aryan Side‹ in the Polish Capital, 1940–1945«, Phil. Diss., Oxford 1998, S. 278; Berg, *Warsaw Diary*, S. 208–210, 17. Dez. 1942.

35 ›Shlof, mayn kind‹, Musik und Text von M. Shenker, in: Kaczerginski und Leivick, *Lider fun di getos un lagern*, S. 236, aus dem Jiddischen ins Englische übers. v. Shirli Gilbert.

36 Madajczyk, *Die Okkupationspolitik Nazideutschlands*, S. 254 und 257; Paulsson, *Secret City*, S. 73–74.

37 Paulsson, *Secret City*, S. 80–82.

38 Ebd., S. 53–73.

39 David, *Ein Stück Himmel*, S. 354–369.

40 Ringelblum, *Polish-Jewish Relations*, S. 144–145; Paulsson, *Secret City*, S. 105–111; Nelly S. Toll, *Behind the Secret Window. A Memoir of a Hidden Childhood During World War Two*, New York 1993, S. 32–41; s. a. YVA 0.33 1374, Ms. der Erinnerungen.

41 Janina David, *Ein Stück Erde. Das Ende einer Kindheit*, München 1982, S. 5–7; Paulsson, *Secret City*, S. 49–53.

42 Ringelblum, *Polish-Jewish Relations*, S. 140–144.

43 Toll, *Behind the Secret Window*, S. 79–97 und 102.

44 Ebd., S. 126.

45 Siehe die Aussagen von Regina Rück, geb. 15. Juli. 1935; Maria Kopel, geb. 1932; Izak Klajman, geb. 10. Juni 1934 und Dawid Wulf, geb. 23. Nov. 1936, in: Maria Hochberg-Mariańska und Noe Grüss (Hgg.), *The Children Accuse*, London 1996, S. 85, 122, 130 und 171–179; Eisen, *Children and Play in the Holocaust*, S. 75.

46 Zygmunt Klukowski, Tagebuch vom 4. Nov. 1942, zitiert in Gross, »A Tangled Web«, S. 91, siehe auch S. 87–92; Aussage von Irena Schnitzer, geb. 1938; und Fryda Koch, geb. 12. Sept. 1932, in: Hochberg-Mariańska und Grüss, *The Children Accuse*, S. 98 und 22; Gerüchte über Vernichtungspläne während der Säuberungen in Zamość, Madajczyk, *Die Okkupationspolitik Nazideutschlands*, S. 427, und Dr. Wilhelm Hagen an Adolf Hitler, 7. Dez. 1942, in: Sosnowski, *The Tragedy of Children under Nazi Rule*, Anhang 29A, S. 317–320.

47 Przybylska, *Journal de Wanda*, S. 28–9, 40–1, 1., 17. und 21. Aug. 1942.

48 Izak Klajman, in Hochberg-Mariańska und Grüss, *The Children Accuse*, S. 127–131; diskutiert in Gross, »A tangled web«, S. 84; s. a. die Aussage von Leon Majblum, geb. 14. Dez. 1930; und Fryda Koch, in: Hochberg-Mariańska und Grüss, *The Children Accuse*, S. 26 und 91–92.

49 Siehe die faszinierende Analyse dieses Netzwerks in Paulsson, *Secret City*, S. 44–54 und 4. Kap.; und Bernward Dörner, »Justiz und Judenmord. Todesurteile gegen Judenhelfer in Polen und der Tschechoslowakei 1942–1944«, in: Norbert Frei, Sybille Steinbacher und Bernd Wagner (Hgg.), *Ausbeutung, Vernichtung, Öffentlichkeit. Neue Studien zur nationalsozialistischen Lagerpolitik*, München 2000, S. 249–263.

50 Przybylska, *Journal de Wanda*, S. 59–62, 24. Feb., 11. und 29. März und 23. Juni 1943.

51 Joseph Ziemian, *The Cigarette Sellers of Three Crosses Square*, London 1970, S. 10–29; Paulsson, *Secret City*, 125–126; s. a. Anmerkungen in Władysław Bartoszewski und Zofia Lewin (Hgg.), *Righteous among Nations. How Poles Helped the Jews, 1939–45*, London 1969, S. 420–421.

52 Ziemian, *The Cigarette Sellers of Three Crosses Square*, S. 77 und 80–82.

53 Ebd., S. 69–70, 149, 63–65, 130–131 und 19–21.

54 Paulsson, *Secret City*, S. 101–104.

55 Zahlen und Finanzen, Paulsson, *Secret City*, S. 206–210; Bartoszewski und Lewin, *Righteous among Nations*, S. 420.

56 David, *Ein Stück Erde*, S. 10f. und 18–23.

57 Ebd., S. 24–25 und 15–17, und Brief an den Autor, 24. Aug. 2005.

58 Aussage von Zygmunt Weinreb, geb. 26. Nov. 1935, in: Hochberg-Mariańska und Grüss, *The Children Accuse*, S. 114.

59 David, *Ein Stück Erde*, S. 25–148.

60 Paulsson, *Secret City*, S. 87–88, zitiert Ringelblums Tagebuch vom 14. Dez. 1942; Ringelblum, *Polish-Jewish Relations*, S. 150–151, ein posthum veröffentlichter Bericht gibt eine andere Erklärung zum Mißlingen dieser Rettungsaktion und gibt dafür der Kirche die Schuld, während die Tagebucheintragung darauf schließen läßt, es sei die jüdische Seite gewesen, die das Angebot ausgeschlagen habe. Zur Anziehungskraft der Figur der Jungfrau Maria auf jüdische Kinder siehe David, *Ein Stück Erde*, S. 16–17 und 182; Saul Friedländer, *When Memory Comes*, New York 1979, S. 120–122; und siehe Sue Vice, *Children Writing the Holocaust*, London 204, S. 81–100.

7. Das »Familienlager«

1 Yehuda Bacon oder Juda Bakon, geb. 28. Juli 1929, deportiert von Moravská Ostrava nach Theresienstadt, 26. Sept. 1942, und deportiert nach Auschwitz-Birkenau, 15. Dez. 1943, siehe Miroslav Kárný u. a. (Hgg.), *Terezínská Památní Kniha*, Bd. 2, Prag, 1995, S. 971; YVA 0.3 1202, Yehuda Bacon Interviews mit Chaim Mass, Jerusalem, 13. Feb. 1959, S. 13–14, und DöW 13243 mit Ben-David Gershon, Jerusalem, 17. Nov. 1964, S. 29–30; Saul Friedman (Hg.), *The Terezin Diary of Gonda Redlich*, Lexington, Kent., 1992, S. 137–138, 19. Dez. 1943; Miroslav Kárný, »The Genocide of the Czech Jews«, in: Miroslav Kárný u. a., *Terezín Memorial Book. Jewish Victims of Nazi Deportations from Bohemia and Moravia 1941–1945. A Guide to the Czech Original with a Glossary of Czech Terms Used in the Lists*, Prag 1996, S. 69–70; und ders., »Das Theresienstädter Familienlager in Birkenau«, in: *Judaica Bohemiae*, 15/1, 1979, S. 3–26.

2   DöW 13243, Bacon, Interview mit Ben-David Gershon, Jerusalem, 17. Nov.
     1964, S. 17, 24, 68. Zu Theresienstadt gibt es viel Literatur: Hans Günther Adler,
     Theresienstadt, 1941–1945. Das Antlitz einer Zwangsgemeinschaft, (2. Aufl.), Tü-
     bingen 1960; Miroslav Kárný, Vojtěch Blodig und Margita Kárná (Hgg.), *The-*
     resienstadt in der »Endlösung der Judenfrage«, Prag 1992; Miroslav Kárný und
     Margita Kárná, »Kinder in Theresienstadt«, in *Dachauer Hefte*, 9, 1993, S. 14–31;
     zu den Künstlern von Theresienstadt siehe Leo Haas, »The Affair of the Painters
     of Terezín«, in: Massachusetts College of Arts (Hg.), *Seeing through »Paradise«.*
     Artists and the Terezín Concentration Camp, Boston 1991; Gerald Green, *The*
     Artists of Terezín, New York 1978; Památník Terezín (Hg.), *Leo Haas*, Terezín
     1969; auch Památník Terezín (Hg.), *Arts in Terezín, 1941–1945*, Terezín 1973;
     Wolf Wagner, *Der Hölle entronnen. Stationen eines Lebens. Eine Biographie des*
     Malers und Graphikers Leo Haas, Berlin 1987; Karl Braun, »Peter Kien oder
     Ästhetik als Widerstand«, in: Miroslav Kárný, Raimund Kemper und Margita
     Kárná (Hgg.), *Theresienstädter Studien und Dokumente*, Prag 1995; zum Mu-
     sikleben und zu den Kindern siehe Wiener Library, K4H, Theresienstadt, Alice
     Herz-Sommer MS, »A Memoir«; Victor Ullmann schrieb zwei Würdigungen
     ihrer Veranstaltungen, siehe Victor Ullmann, *26 Kritiken über musikalische Ver-*
     anstaltungen in Theresienstadt, Hamburg 1993, S. 61, 84; Joža Karas, *Music in*
     Terezín, 1941–1945, New York, S. 985; JMPTC, 318, zu Material über Kabarett
     und die Kinderoper *Brundibar*; JMPTC, 326/67c, zum Text und der Musik von
     Carlo und Erika Taube, »Ein jüdisches Kind«; JMPTC, 326/87b, Erika Taube,
     »Theresienstädter Skizzenbuch. Gedanken im Ghetto«; Ilse Webers Dichtung
     wurde veröffentlicht in Ilse Weber, *In deinen Mauern wohnt das Leid. Gedichte*
     aus dem KZ Theresienstadt, Gerlingen 1991. Siehe JMPTC, 305, zum Festpro-
     gramme des deutschen Heims L 414, 4.–8. Sept. 1943. Siehe auch die veröf-
     fentlichte Lieder- und Satirensammlung in Ulrike Migdal, *Und die Musik spielt*
     dazu. Chansons und Satiren aus dem KZ Theresienstadt, München 1986.
3   Kárný, »The Genocide of the Czech Jews«, S. 40–44.
4   Ebd., S. 49–58; Adler, *Theresienstadt*, S. 299–300 und 720–722. Das Durch-
     schnittsalter der Verstorbenen lag nie unter 63; nach dem Januar 1942 und für
     die meiste Zeit lag es über 70, siehe ebd., S. 527. Die demographische Gesamt-
     statistik ergibt folgendes Bild: 141 184 Menschen waren nach Theresienstadt
     deportiert worden; 33 456 starben dort; 88 202 wurden weiterdeportiert (die
     meisten in den Tod nach Auschwitz-Birkenau); 1654 wurden vor der Befrei-
     ung entlassen; 464 entkamen; 276 wurden verhaftet (meist in der kleinen Fe-
     stung umgebracht); und 16 832 überlebten bei der Befreiung.
5   Kárný, »The Genocide of the Czech Jews«, S. 54–58; Mark Roseman, *The Villa,*
     The Lake, The Meeting. Wannsee and the Final Solution, London 2002, An-
     hang, S. 113; Anita Franková, »Die Struktur der aus dem Ghetto Theresien-
     stadt zusammengestellten Transporte (1942–1944)«, *Judaica Bohemiae*, 25/2,
     1989, S. 63–81.

6 Kárný, »The Genocide of the Czech Jews«, S. 64–68 und 73–74; Wildt, *Generation des Unbedingten*, S. 718–724; und zu einem Bericht des britischen und amerikanischen Geheimdienstes, der die Rolle von Hitlers Masseur Felix Kersten hochspielt, siehe John Waller, *The Devil's Doctor. Felix Kersten and the Secret Plot to Turn Himmler against Hitler*, New York 2002.

7 Kárný, »The Genocide of the Czech Jews«, S. 66, 70–71 und 74–75.

8 Heinrich Himmler, *Die Geheimreden 1933 bis 1945*, Bradley Smith und Agnes Peterson (Hgg.), Frankfurt a.M. 1974, S. 162–183 und 202–205: Reden an *Reichs-* und *Gauleiter* in Posen, 6. Okt. 1943, und an die Generäle in Sonthofen, 5. und 24. Mai und 21. Juni 1944; Wildt, *Generation des Unbedingten*, S. 712–718; Randolph Braham, *The Politics of Genocide. The Holocaust in Hungary*, New York 1994; Hans Safrian, *Die Eichmann-Männer*, Wien 1993; Christian Gerlach und Götz Aly, *Das letzte Kapitel. Der Mord an den ungarischen Juden 1944–1945*, Frankfurt a.M. 2004; zur slowakischen Erhebung siehe John Erickson, *The Road to Berlin. Stalin's War with Germany*, Bd. 2, London 1983, S. 290–307; Richard Breitman, »A Deal with the Nazi Dictatorship? Himmler's Alleged Peace Emissaries in Autumn 1943«, *Journal of Contemporary History*, 30, 1995, S. 411–430; Masur, in: Leni Yahil, *The Holocaust. The Fate of European Jewry, 1932–1945*, Oxford 1990, S. 545.

9 JMPTC, 304, Albert Fischer MS, Bericht zum ersten Jahr von L417, das Heim der tschechischen Jungen; Marie Rút Křížková, Kurt Jiří Kotouč und Zdeněk Ornest (Hgg.), *We Are Children Just the Same. Vedem, the Secret Magazine of the Boys of Terezín*, Philadelphia 1995, S. 51–52; Friedman, *The Terezin Diary of Gonda Redlich*, S. 5 und 7, 9. und 14. Jan. 1942; zu Czerniakóws nachträglichen Versuchen, spezielle Lebensmittelzuteilungen für Kinder zu erreichen, siehe Hilberg, Staron und Kermisz, *The Warsaw Diary of Adam Czerniaków*, S. 362 und 267–269, 2., 15. und 22. Juni 1942, tatsächlich aber erhielten die Kinder in den Waisenhäusern Hungerrationen, während die Verwaltungsbeamten großzügige Zuteilungen für sich selbst einstrichen: Ringelblum, *Polish-Jewish Relations*, S. 210; in Lodz gab Rumkowski regelmäßig Zusatzrationen an Kinder aus: (Sierakowiak), *Das Ghettotagebuch*, S.144, 27. Juli 1942, sowie Adelson und Lapides, *Łódź Ghetto*, S. 30–31.

10 Adler, *Theresienstadt*, S. 315; noch am 20. März 1945 wurde ein Kinderheim auf Befehl der SS in Betrieb genommen, um den Inspektoren des Roten Kreuzes den Eindruck zu vermitteln, daß sich seit ihrem letzten Besuch im Sommer 1944 nichts geändert habe: Hans Adler, *Die verheimlichte Wahrheit. Theresienstädter Dokumente*, Tübingen 1958, S. 222–224. Willy Groag wurde Chef dieses Heims und der letzte Vorstand der *Jugendfürsorge* in Theresienstadt; siehe JMPTC, S. 343, 88–89, Willy Groag Interview mit Ben-David Gershon, Kibbutz Maanith, 17. Okt. 1965.

11 Yehuda Bacon, »Můj život v Terezíně« [Mein Leben in Terezín], MS, Jerusalem 1947, in deutscher Übersetzung zitiert in Adler, *Theresienstadt*, S. 549. Die

Lehrer gaben sogar Noten und Zeugnisse: J. Jacobson, *Terezín: The Daily Life, 1943–45,* London 1946.

12 Helga Pollak, Tagebucheintragung vom 6. Mai 1943, in: Frantisek Ehrmann (Hg.), *Terezín,* Prag 1965, S. 103. Zwei autobiographische Gedichte deutscher Jungen (beide mit jüdischen Vätern) haben das Schicksal der »Mischlinge« überlebt: JMPTC, 325, anonym; und besonders die Tagebücher von Eva Ginzová und Petr Ginz, in: Zapruder, *Salvaged Pages,* S. 160–189. Zu Freundschaften siehe auch Ruth Klüger, *Weiter leben: Eine Jugend,* Göttingen 1992, S. 88–90 und 102; sie meinte sogar, daß die engen Gefühlsbindungen, die sie in Theresienstadt entwickelte, sie von den nervösen Ticks geheilt hätten, die sie in ihrer einsamen Kindheit in Wien so deprimiert hatten. Zdeněk Ohrenstein (Ornest) und Hanus Hachenburg, zwei Mitarbeiter von *Vedem,* waren seit ihrer Zeit im Prager Waisenhaus ebenfalls enge Freunde, bis sie durch die Deportation von Theresienstadt getrennt wurden: Křížková, Kotouč und Ornest, *We Are Children Just the Same,* S. 113. Zur Ausübung der christlichen Religion in Theresienstadt siehe Clara Eisenkraft, *Damals in Theresienstadt. Erlebnisse einer Judenchristin,* Wuppertal 1977, S. 48–54; auch Stadtarchiv München, Familiennachlaß 672/2, Karin Vriesländer MS, »K.-Z. Theresienstadt«.

13 Zu Eisinger siehe Křížková, Kotouč und Ornest, *We Are Children Just the Same,* S. 40. Helga Pollak Interview, in: Debórah Dwork, *Children with a Star. Jewish Youth in Nazi Europe,* New Haven 1991, S. 128; M. Kryl, »Das Tagebuch Egon Redlichs«, in: Kárný, Blodig und Kárná, *Theresienstadt in der »Endlösung der Judenfrage«,* S. 152–153. Allgemein siehe Nili Keren, »Ein pädagogisches Poem«, ebd., S. 157–158; Ruth Bondy, *»Elder of the Jews«. Jakob Edelstein of Theresienstadt,* New York 1989.

14 Bacon, »Můj život v Terezíně«, in: Adler, *Theresienstadt,* S. 552 und YVA 0.3 1202, Interview Bacons mit Chaim Mass, Jerusalem, 13. Feb. 1959, S. 14; Křížková, Kotouč und Ornest, *We Are Children Just the Same,* S. 35 und 160–161; zu den Tagebüchern von Petr Ginz und seiner Schwester Eva sowie einem kurzen biographischen Abriß siehe Zapruder, *Salvaged Pages,* S. 160–189; zum Konflikt zwischen Deutschen und Tschechen, sowie zwischen Tschechisch- und Deutschsprachigen aus dem »Protektorat«: Ruth Schwertfeger, *Women of Theresienstadt,* New York 1989, 33–38; die tschechischen Kinder, auch diejenigen aus den mehr deutschorientierten Gemeinden Prag und Brünn, waren in den frühen dreißiger Jahren meistens auf tschechisch unterrichtet worden: Adler, *Theresienstadt,* S. 302–303; Hillel J. Kieval, *The Making of Czech Jewry. National Conflict and Jewish Society in Bohemia, 1870–1918,* New York 1988, S. 40–46. Shkid war das Akronym für *Shkola Imeni Dostoyevskovo* [Dostojewski-Schule], ein Geheimnis der Jungen, das auf dem Titel eines von Eisingers Lieblingsbüchern beruhte, eine Darstellung des Petrograder Originals von zwei Jungen, die dazugehört hatten.

15 Zu Friedl Dicker-Brandeis' Werk siehe besonders den hervorragenden Aus-

stellungskatalog von Elena Makarová, *From Bauhaus to Terezin. Friedl Dicker-Brandeis and her Pupils*, Jerusalem 1990; Stadt Frankfurt, *Vom Bauhaus nach Terezin. Friedl Dicker-Brandeis und die Kinderzeichnungen aus dem Ghetto-Lager Theresienstadt*, Frankfurt a. M. 1991; siehe auch Edith Kramer, »Erinnerungen an Friedl Dicker-Brandeis«, *Mit der Zieharmonika*, Sondernr., *Zeitschrift der Theodor-Kramer-Gesellschaft*, 3. Sept. 1988, S. 1–2. Vilem Bendas Memoiren in JMPTC, 343/5; Yad Vashem, Jerusalem, und Dokumentationsarchiv des österreichischen Widerstandes, Wien, Elena Makarová MS, 1990, »From Bauhaus to Terezín. Friedl Dicker-Brandeis and her Pupils«; Staatliches Jüdisches Museum in Prag (Hg.), *Friedl Dicker-Brandeis, 1898–1944*, Prag 1988; zur Kunst der Kinder siehe Nicholas Stargardt, »Children's art of the holocaust«, *Past and Present*, 161, 1998, S. 192–235.

16 Inge Auerbacher, *I am a Star. Child of the Holocaust*, New York 1986, S. 47.

17 JMPTC, 129.702, Věra Würzelová: geb. 10. Dez. 1930, deportiert nach Theresienstadt 13. Aug. 1943, überlebt, Bleistift; JMPTC, 129.204, Liliane Franklová: geb. 12. Jan. 1931, deportiert von Brünn nach Theresienstadt 15. 12. 1941, deportiert nach Auschwitz 19. Okt. 1944, Bleistift. Die Meeresküste hatte eine märchenhafte Anmutung für Kinder, die in einem Binnenland aufgewachsen waren; so in Ruth Klaubaufovás Zeichnung eines Hauses mit Garten, die Kinder spielen außerhalb der Gartenumfriedung am Meeresufer: JMPTC, 129.013.

18 Norbert Troller, *Theresienstadt. Hitler's Gift to the Jews*, Chapel Hill 1991, S. 93–95, 119–121, 133; Adler, *Theresienstadt*, S. 368–377.

19 Zur Diskussion im Ältestenrat zur Fürsorge für die Alten oder die Jungen siehe JMPTC, Erinnerungen, 343/97, Zeev Scheck, »Kinder in Theresienstadt. Jugendfürsorge des Ältestenrates«, MS; Kárný, »The Genocide of the Czech Jews«, S. 54–58 und 68.

20 Troller, *Theresienstadt*, S. 94; Adler, *Theresienstadt*, S. 299–300. Zu einer neueren Sammlung von Phantasierezepten von Frauen siehe Cara De Silva (Hg.), *In Memory's Kitchen. A Legacy from the Women of Terezín*, Northvale 1996; auch allgemein, Elie Cohen, *Human Behaviour in the Concentration Camp*, London 1988, S. 131–140.

21 Martha Glass, »*Jeder Tag in Theresin ist ein Geschenk*«. *Die Theresienstädter Tagebücher einer Hamburger Jüdin 1943–1945*, Barbara Müller-Wesemann (Hg.), Hamburg 1996.

22 YVA 0.3 1202, Bacon, Interview mit Chaim Mass, Jerusalem, 13. Feb. 1959, S. 16. Anna Kovánicová (später Hyndráková), die mit 14 Jahren nach Theresienstadt deportiert wurde und in das tschechische Mädchenheim kam, bestätigt, das beste an den Heimen »für uns in der Ghetto-Umgebung« war, daß »wir jungen Menschen ohne engen Kontakt mit den Alte, Kranken und Elenden zusammenlebten«: Anita Franková (u. a.), *The World Without Human Dimensions. Four Women's Memories*, Prag 1991, S. 157; zu Kindern außer-

halb der Heime siehe den Bericht eines anonymen Mädchens, das im Zimmer seiner Großmutter wohnte, zitiert in Adler, *Theresienstadt*, S. 557–558. Stiassny prägte den »Spruch des Tages«: »Die Jungen helfen den Alten«, siehe Křížková, Kotouč und Ornest, *We Are Children Just the Same*, S. 137.

23 JMPTC, 129.706, Ilona Weissová, geb. 6. März 1932, deportiert von Prag nach Theresienstadt am 14.12.1941, deportiert nach Auschwitz am 15.5.1944, Bleistift. *Zmrzlin[a]* ist Eiskrem, *čokoláda* Schokolade, *ořisky* sind Nüsse, *sardinky* Sardinen, *med* ist Honig, *bonbony* sind Süßigkeiten, *cukr* ist Zucker, *męléko* Milch; *vztup do země blahobytu. Zaplat vtzup 1 Kc* heißt »Eingang ins Märchenland. Eintrittspreis 1 Krone«. Zur Versorgung siehe Adler, *Theresienstadt*, S. 358–363. Zu einem allgemeinen Überblick zu diesem Motiv siehe Dieter Richter, *Schlaraffenland. Geschichte einer populären Phantasie*, Frankfurt a. M., 1989, bes. S. 94–104.

24 Klüger, *Weiter leben*, S. 87; Susan Cernyak-Spatz faßte es einfach zusammen: »Ich glaube nicht, daß ich je ein so guter Koch wurde, wie ich einer mit meinem Mund war«, zitiert in Esther Katz und Joan Ringelbaum (Hgg.), *Women Surviving the Holocaust*, New York 1983, S. 153.

25 JMPTC, 129.705, Maria Mühlsteinová, geb. 31. März 1932, deportiert von Prag nach Theresienstadt am 17. Dez. 1941, deportiert nach Auschwitz am 16. Okt. 1944, Bleistift. Ghettopolizisten tauchen in einer Reihe anderer Zeichnungen auf, insbesondere auf einem großen Wasserfarbbild; JMPTC, 129.186, anon., mit einer Frau, die den gelben Judenstern trägt; JMPTC, 125.426, Jiří Beutler, regelt nicht vorhandenen Verkehr; JMPTC, 121.991, anon., auf einer Insel mit Palmen und einem Phantasietier mit dem Körper und dem Kopf einer Kuh und Kamelhöckern; JMPTC, 137.669, Gabi Freiová. Siehe auch die Karikatur in *Vedem*, mit Louis Napoleon Schnurrbart und Bart und Brille: Archiv, Terezín Memorial, A 1317, *Vedem*, 12. März 1944, S. 531.

26 Ein Beispiel in diesem Stil siehe Karin Isolde Lehmann, 12 Jahre, »Buntes Bild und frisches Leben!«, 1945; Hartmut Lehmann, Familiendokumente, Göttingen.

27 JMPTC, 129.098, Edita Bikková, geb. 9. Mai 1933, deportiert nach Theresienstadt am 24. Okt. 1942, deportiert nach Auschwitz am 23. Okt. 1944, Bleistift und Kreide. Obwohl die meisten Kinder aus säkularen und assimilierten Familien kamen, feierten viele der Familien weiterhin jüdische Feste; das Passahfest erhielt in den Gemeinden besondere Bedeutung mit der Hoffnung, daß man diese Zeit überleben und der Knechtschaft entkommen werde, und es war Anlaß zu einer Reihe von Bildern des *Seder*: JMPTC, 133.418, Hana Wajlová und 174.074, Berta Kohnová.

28 JMPTC, 121.899, Jiřina Steinerová, geb. 20. Jan. 1930, deportiert nach Theresienstadt am 12. Nov. 1942, deportiert nach Auschwitz am 4. Okt. 1944, Heim 14 (L 414?), Bleistift.

29 JMPTC, 129.075, Zuzana Winterová, geb. 27. Jan. 1933, deportiert nach The-

resienstadt am 4. Apr. 1942, deportiert nach Auschwitz am 4. Okt. 1944, Blei-stift; JMPTC, Erinnerungen 343/95, Willy Groag, Interview mit Ben-David Gershon, Kibbutz Maanith, 17. Okt. 1965.

30 YVA 0.3 1202, Bacon, Interview mit Chaim Mass, Jerusalem, 13. Feb. 1959, S. 21–22 und 27; Eva Ginzová in Zapruder, *Salvaged Pages*, S. 175 und 180, 24. Juni und 28. Sept. 1944; siehe auch Saul Friedman, *The Terezin Diary of Gonda Redlich*, 10. und 14. Nov. 1943, S. 134–135.

31 Nach den Deportationen vom September und Oktober 1944 blieben nur noch 819 Kinder zurück. Diese Zahl hatte sich bis Mai 1945 praktisch verdoppelt, was auf die Ankunft von weiteren Transporten slowakischer Juden wie auf die der Überlebenden der Evakuierung und der Todesmärsche aus anderen Lagern zurückzuführen ist: Adler, *Theresienstadt, 1941–1945*, 1960, S. 315; JMPTC, Erinnerungen 343/95, Groag, Interview mit Ben-David Gershon, Kibbutz Maanith, 17. Okt. 1965.

32 Bacon, 30. Okt. 1964, Zeugenaussage im Frankfurter Auschwitzprozeß zur SS, in: Inge Deutschkron, ... *Denn ihrer war die Hölle. Kinder in Gettos und La-gern*, Köln 1985, S. 65, und YVA 0.3 1202, Interview mit Chaim Mass, Jerusa-lem, 13. Feb. 1959, S. 22–24. Die Transporte ungarischer Juden begannen im April 1944, drei Monate vor der Auflösung des »Familienlagers«, siehe Ruth Klüger, *Weiter leben*, S. 121–122; Filip Müller, *Eyewitness Auschwitz. Three Years in the Gas Chambers*, Susanne Flatauer (Hg.), Chicago 1979, S. 123–164; Serge Klarsfeld (Hg.), *The Auschwitz Album. Lili Jacob's Album*, New York 1980; Inge Deutschkron, ... *Denn ihrer war die Hölle*, S. 105–106, 114 und 131–135; Gerlach und Aly, *Das letzte Kapitel*, S. 186–239.

33 Yehuda Bacon, Video-Interview in der Terezín Stiftung, *Terezín Diary* und DöW 13243, Interview mit Ben-David Gershon, Jerusalem, 17. Nov. 1964, S. 61; Zapruder, *Salvaged Pages*, S. 166.

34 DöW 13243, Bacon, Interview mit Ben-David Gershon, Jerusalem, 17. Nov. 1964, S. 34–37; das »Familienlager« war in B2B, seit 1944 zusammen mit dem Frauenlager (B2C) auf der einen Seite und dem Quarantänelager (B2A) auf der anderen. An einem Ende verlief die Lagerstraße, während die berüchtigte Rampe als Verlängerung der Bahnstrecke am anderen Ende gebaut wurde: Müller, *Eyewitness Auschwitz*, S. 175.

35 DöW 13243, Bacon, Interview mit Ben-David Gershon, Jerusalem, 17. Nov. 1964, S. 45; JMPTC, 343, S. 54–58, Willy Groag, Interview mit Ben-David Gershon, 17. Okt. 1965; JMPTC, 343, Elisabeth Kuerti, »In Memoriam Fredy Hirsch!«, MS, 1990.

36 DöW 13243, Bacon, Interview mit Ben-David Gershon, Jerusalem, 17. Nov. 1964, S. 46; Otto Dov Kulka, Zeugenaussage vom 30. Juli 1964 beim Auschwitz-prozeß, Nachdruck in Deutschkron, ... *Denn ihrer war die Hölle*, S. 80; zu seinem späteren Werk siehe Otto Dov Kulka (Hg.), *Judaism and Christia-nity under the impact of National Socialism*, Jerusalem 1987, und ders. (Hg.),

Deutsches Judentum unter dem Nationalsozialismus, Tübingen 1997, und ders. (Hg.), *Die Juden in den geheimen NS-Stimmungsberichten 1933–1945*, Düsseldorf 2004. Zeugenaussage zur kinderfreundlichen Haltung bestimmter SS-Männer siehe Deutschkron, ... *Denn ihrer war die Hölle*, S. 34, 40–41 und 59, 117; und DöW 13243, Bacon, Interview mit Ben-David Gershon, Jerusalem, 17. Nov. 1964, S. 47–48.

37 YVA 0.3 1202, Bacon, Interview mit Chaim Mass, Jerusalem, 13. Feb. 1959, 16; Hanna Hoffmann-Fischel Bericht für Yad Vashem, Nachdruck in: Deutschkron, ... *Denn ihrer war die Hölle*, S. 50–51.

38 Ebd., Nachdruck in: Deutschkron, ... *Denn ihrer war die Hölle*, S. 54.

39 DöW 13243, Bacon, Interview mit Ben-David Gershon, Jerusalem, 17. Nov. 1964, S. 40 und 43. Hanna Hoffmann-Fischel in: Inge Deutschkron, ... *Denn ihrer war die Hölle*, S. 53–54.

40 YVA 0.3 1202, Bacon, Interview mit Chaim Mass, Jerusalem, 13. Feb. 1959, S. 17, und DöW 13243, Interview mit Ben-David Gershon, Jerusalem, 17. Nov. 1964, S. 49; Hanna Hoffmann-Fischel, in: Deutschkron, ... *Denn ihrer war die Hölle*, S. 51.

41 Hanna Hoffmann-Fischel, in: Deutschkron, ... *Denn ihrer war die Hölle*, S. 54.

42 Cupik muß ein Spitzname gewesen sein. Er taucht nicht auf in Kárný (u.a.), *Terezínská Pamětní Kniha*, 2 Bde., Prag 1995; DöW 13243, Bacon nennt Heydebreck »Heidelberg«, Interview mit Ben-David Gershon, Jerusalem, 17. Nov. 1964, S. 50; Hoffmann-Fischel, »Heidebrück«, in: Deutschkron, ... *Denn ihrer war die Hölle*, S. 55.

43 Kulka, in: Deutschkron, ... *Denn ihrer war die Hölle*, S. 57.

44 Müller, *Eyewitness Auschwitz*, S. 107–111.

45 Ebd., S. 111–114: Ich folge der tschechischen Schreibweise der Namen.

46 Ebd., S. 117–119.

47 DöW 13243, Bacon, Interview mit Ben-David Gershon, Jerusalem, 17. Nov. 1964, S. 51–52.

48 Anna Hyndráková-Kovánicová, »Letter to my children«, *The World without Human Dimensions*, S. 162.

49 Salmen Gradowski in Kárný, »Eine neue Quelle zur Geschichte der tragischen Nacht vom 8. März 1944«, *Judaica Bohemiae*, 25/1, 1989, S. 53–56; Müller, *Eyewitness Auschwitz*, S. 120–122.

50 Miroslav Kárný, »The Vrba and Wetzler report«, in: Gutman und Michael Berenbaum, *Anatomy of Auschwitz*, S. 553–568.

51 David Bankier, *The Germans and the Final Solution. Public Opinion under Nazism*, Oxford 1992, S. 113–114; Kardorff, *Berliner Aufzeichnungen*, S. 228, 27. Dez. 1944; zu Lederer siehe Miroslav Kárný, »Ergebnisse und Aufgaben der Theresienstädter Historiographie«, in: Kárný, Blodig und Kárná (Hgg.), *Theresienstadt in der »Endlösung der Judenfrage«*, S. 34–35. Auch Nachrichten über

den Ort verbreiteten sich; und obwohl Birkenau isoliert bleiben sollte, lag die nahegelegene Stadt Auschwitz im Wartheland und war für eine deutsche Besiedlung ausersehen: Bernd Wagner, »Gerüchte, Wissen, Verdrängung. Die IG Auschwitz und das Vernichtungslager Birkenau«, in: Frei, Steinbacher und Wagner, *Ausbeutung, Vernichtung, Öffentlichkeit*, S. 231–248; und Sybille Steinbacher, »*Musterstadt« Auschwitz. Germanisierungspolitik und Judenmord in Oberschlesien*, München 2000, S. 178–94.

52 Einzelheiten zu dem Besuch, Kárný, »The Genocide of the Czech Jews«, S. 74–75.

53 Klüger, *Weiter leben*, S. 129–133; Hyndráková-Kovánicová, »Letter to my children«, S. 163–164; DöW 13243, Bacon, Interview mit Ben-David Gershon, Jerusalem 17. Nov. 1964, S. 55–56.

54 Kulka, in: Deutschkron, … *Denn ihrer war die Hölle*, S. 59.

55 DöW 13243, Bacon, Interview mit Ben-David Gershon, Jerusalem, 17. Nov. 1964, S. 57.

56 YVA 0.3 1202, Bacon Interviews mit Chaim Mass, Jerusalem, 13. Feb. 1959, S. 34, und DöW 13243, mit Ben-David Gershon, Jerusalem, 17. Nov. 1964, S. 57.

57 YVA 0.3 1202, Bacon, Interviews mit Chaim Mass, Jerusalem, 13. Feb. 1959, S. 44, und DöW 13243, mit Ben-David Gershon, Jerusalem, 17. Nov. 1964, S. 60.

58 YVA 0.3 1202, Bacon, Interviews mit Chaim Mass, Jerusalem, 13. Feb. 1959, S. 50–51, und DöW 13243, mit Ben-David Gershon, Jerusalem, 17. Nov. 1964, S. 58.

59 YVA 0.3 1202, Bacon, Interview mit Chaim Mass, Jerusalem, 13. Feb. 1959, S. 39; siehe Beno Kaufmann und Zdeněk Taussig, »Something about the Crematorium«, 1943, und Petr Ginz, »Rambles through Terezín«, 1943, in: Křížková, Kotouč und Ornest, *We Are Children Just the Same*, S. 85–87.

60 YVA 0.3 1202, Bacon, Interviews mit Chaim Mass, Jerusalem, 13. Feb. 1959, S. 21 u. 40, und DöW 13243, mit Ben-David Gershon, Jerusalem, 17. Nov. 1964, S. 15.

61 YVA 0.3 1202, Bacon, Interview mit Chaim Mass, Jerusalem, 13. Feb. 1959, S. 47.

62 DöW 13243, Bacon, Interview mit Ben-David Gershon, Jerusalem, 17. Nov. 1964, S. 68.

63 YVA 0.3 1202, Bacon, Interviews mit Chaim Mass, Jerusalem, 13. Feb. 1959, S. 44, und DöW 13243, mit Ben-David Gershon, Jerusalem, 17. Nov. 1964, S. 60; Kárný, »The Genocide of the Czech Jews«, S. 79.

64 Andrzej Strzelecki, *Endphase des KL Auschwitz. Evakuierung, Liquidierung und Befreiung des Lagers*, Oświęcim-Brzezinka, 1995, S. 89–92; DöW 13243, Bacon, Interview mit Ben-David Gershon, Jerusalem, 17. Nov. 1964, S. 60–63; Müller, *Eyewitness Auschwitz*, S. 161–165.

8. Im Bombenkrieg

1 KA 4709/2, Klaus S., geb. 1926, »Gomorrha. Bericht über die Luftangriffe auf Hamburg Juli/August 1943«, Ms. Hamburg 1993, basiert auf dem Tagebuch und den Briefen an seine Mutter, 25. Juli 1943: »Pyjama, Trainingsanzug, Stahlhelm und Stiefel (Erst wollte ich nur in Sandalen gehen!)«. Zu Statistiken und Hintergrund siehe Groehler, *Bombenkrieg gegen Deutschland*, S. 106–121; auch Martin Middlebrook, *The Battle of Hamburg. Allied Bomber Forces against a German City in 1943*, London 1980; Friedrich, *Der Brand*, S. 192–195.

2 Institut für Geschichte und Biographie, Außenstelle der Fernuniversität Hagen, Lüdenscheid, Lothar C., Tagebuch, 3. Juni 1943. KA 4709/2, Klaus S., Brief an die Mutter, 1. Aug. 1943.

3 KA 4709/2, Klaus S., Briefe an die Mutter, 28., 30. und 31. Juli, 1. und 10. Aug. 1943.

4 Ebd., Brief an die Mutter, 31. Juli 1943; Polizeipräsident von Hamburg, in: Noakes, *Nazism*, Bd. 4, S. 554–557.

5 KA 4709/2, Klaus S., Brief an die Mutter, 11. Aug. 1943; Sechzehnjährige wurden zum erstenmal durch eine Verordnung vom 26. Jan. 1943 zur Flak einberufen: Jahnke und Buddrus, *Deutsche Jugend 1933–1945*, S. 359–361; s. a. das Oral-History-Project von Rolf Schörken, *Luftwaffenhelfer und Drittes Reich. Die Entstehung eines politischen Bewußtseins*, Stuttgart 1984, S. 101–161; zu einer Studie eines ehemaligen Flakhelfers, siehe Hans-Dietrich Nicolaisen, *Der Einsatz der Luftwaffen- und Marinehelfer im 2. Weltkrieg. Darstellung und Dokumentation*, Büsum 1981, S. 168–196; Eggert, *Der Krieg frißt eine Schule*, S. 104–124; Hans Joachim M., geb. 1930, zitiert in Arbeitsgruppe Pädagogisches Museum, *Heil Hitler, Herr Lehrer*, S. 180; KA 2554, Werner K., »20 Monate Luftwaffenhelfer: Tagebücher 5. Januar 1944–20. August 1945«.

6 Interview, Mai 1992 mit Pavel Vasilievich Pavlenko, in: Herbert Diercks (Hg.), *Verschleppt nach Deutschland! Jugendliche Häftlinge des KZ Neuengamme aus der Sowjetunion erinnern sich*, Bremen 2000, S. 97. Bericht des Polizeipräsidenten, in: Noakes, *Nazism*, S. 557, S. 134; siehe Hans Joachim Schröder, *Die gestohlenen Jahre. Erzählgeschichten und Geschichtserzählung im Interview: Der Zweite Weltkrieg aus der Sicht ehemaliger Mannschaftssoldaten*, Tübingen 1992, S. 756–760; Siegfried Gräff, *Tod im Luftangriff. Ergebnisse pathologisch-anatomischer Untersuchungen anläßlich der Angriffe auf Hamburg in den Jahren 1943–45*, Hamburg 1948, S. 111 und 116; und Schröder, *Die gestohlenen Jahre*, S. 768–769; auch Dörr, *»Wer die Zeit nicht miterlebt hat...«*, Bd. 2, S. 276, Roswitha N (1924) zu späteren Luftangriffen auf Stuttgart.

7 Ruth Kleins Aussage zur Suche nach ihren Eltern nach dem Heilbronner Feuersturm vom 4. Dezember 1944, in: Werkstattgruppe der Frauen für Frieden/ Heilbronn (Hgg.), *Heimatfront. Wir überlebten*, Stuttgart 1985, S. 214; zitiert

in Dörr, »*Wer die Zeit nicht miterlebt hat ...*«, Bd. 2, S. 277–278; und Schröder, *Die gestohlenen Jahre*, S. 753ff., zu Soldaten, die sich im eigenen Viertel verirrten.

8 Siehe Groehler, *Bombenkrieg gegen Deutschland*, S. 119–120; öffentliche Reaktionen, Boberach, *Meldungen aus dem Reich*, S. 5619–5621, 16. Aug. 1943; Steinert, *Hitlers Krieg und die Deutschen*, S. 397–399; Aufwendungen und Entschädigungen, Noakes, *Nazism*, Bd. 4, S. 558–565; geraubtes jüdisches Eigentum, Frank Bajohr, »*Aryanisation« in Hamburg. The Economic Exclusion of the Jews and the Confiscation of their Property in Nazi Germany*, Oxford 2002, S. 277–282 und 284, Anm. 34.

9 Harris an Churchill, 3. Nov. 1943, in: Charles Webster und Noble Frankland, *The Strategic Air Offensive against Germany*, Bd. 2, London 1961, S. 190; Richard Overy, *Why the Allies Won*, London 1995, S. 120–124; Friedrich, *Der Brand*, S. 92–121; s. a. die kritische Beurteilung von Friedrich in Lothar Kettenacker (Hg.), *Ein Volk von Opfern. Die neue Debatte um den Bombenkrieg 1940–45*, Berlin 2003; zu den verheerenden Bombenangriffen auf Nürnberg, siehe Martin Middlebrook, *The Nuremberg Raid, 30–31 March 1944*, London 1973.

10 Angst, RA, Burg-Gymnasium Essen, UII/522, anon., geb. 1940, 24. 2. 1956, 1; Burg-Gymnasium Essen, UII/545, 1; Burg-Gymnasium Essen, UII/542, 1; Burg-Gymnasium Essen, UII/548, 1; Berufschule Essen, UI, keine Nr., 1; Luisen-Schule Essen, UI, keine Nr., 1; KA 3187b, Karl-Heinz B., geb. 1927, gest. 1984, Bismarck-Schule, Schulheft Klasse 4b, Deutsch: »Flieger über Bochum«, 14. Mai 1942; KA 4145, Ute R., »Wolke Pink sieben«(Ms.), 2. Tornister, RA, Burg-Gymnasium Essen, anon. (Junge), geb. 1939, UII/545, 1 und Luisen-Schule Essen, anon. (Mädchen) UI; Schlafen in den Schutzräumen, Luisen-Schule Essen, UI, keine Nr., 2; Luisen-Schule Essen, UI, keine Nr., 1–2; Nikolaus im Luftschutzkeller, Burg-Gymnasium Essen UII/549, 1; Laufen lernen im Schutzkeller, Luisen-Schule Essen, UI, keine Nr., 3; aufgeheitert durch spielende Kinder, siehe Dörr, »*Wer die Zeit nicht miterlebt hat ...*«, Bd. 2, S. 253.

11 RA, Goetheschule Essen, UI/6, 1; Burg-Gymnasium Essen UII/521, 1.

12 Boberach, *Meldungen aus dem Reich*, 17, 6522, 11. Mai 1944.

13 RA, Burg-Gymnasium Essen, UII/516, anon., 16 Jahre, 14. Feb. 1956, 1.

14 Beten im Bunker, RA, Berufschule M2/6, 1, 16 Jahre, 21. Jan. 1956; Geräusche in Annett Gröschner (Hg.), *Ich schlug meiner Mutter die brennenden Funken ab. Berliner Schulaufsätze aus dem Jahr 1946*, Berlin 1996, S. 35. Selbst in Berlin, wo nach den Bombenangriffen auf Hamburg ungefähr ein Viertel aller deutschen Bunker gebaut wurden, war nur für etwa zehn Prozent der Einwohner der Stadt Platz: Groehler, *Bombenkrieg gegen Deutschland*, S. 238–254.

15 Liselotte G., in: Hammer und zur Nieden, *Sehr selten habe ich geweint*, S. 288, 29. Dez. 1943. Ihre Konfirmation war am »Heldengedenktag«, siehe Eintragung vom 20. März 1943.

16 Ebd.

17 Ebd., S. 283–234, 24. Nov. 1943.

18 Groehler, *Bombenkrieg gegen Deutschland*, S. 183; s. a. Martin Middlebrook, *The Berlin Raids. RAF Bomber Command Winter 1943–44*, London 1988.

19 Alan W. Cooper, *Bombers over Berlin. The RAF Offensive, November 1943– March 1944*, Wellingborough, Northants, 1985 und 1989, S. 114; Liselotte G., in: Hammer und zur Nieden, *Sehr selten habe ich geweint*, S. 285, 24. Dez. 1943.

20 Liselotte G., in: Hammer und zur Nieden, *Sehr selten habe ich geweint*, S. 286, 24. Dez. 1943.

21 Ebd., S. 287–291, 29. Dez. 1943 und 3. Jan. 1944.

22 Zur Angst der Erwachsenen und zu den Geschichten, die sie Kindern erzählten, siehe RA, Burg-Gymnasium Essen, UII/552, 16 Jahre, geb. 1940, 24. Feb. 1956, S. 1; Luisen-Schule Essen, UI/7, S. 1 und 3–4; Burg-Gymnasium Essen UI/522, 17 Jahre, 24. Feb. 1956, S. 2; Goetheschule Essen, OII/2, S. 1–5; Burg-Gymnasium Essen, UII/519, 18 Jahre, 24. Feb. 1956, S. 1; Luisen-Schule Essen, UI/11, S. 5; Luisen-Schule Essen, UI/6, 18 Jahre, 16. Jan. 1956, S. 1; Marion an ihren Vater, in: Lange und Burkard, *»Abends wenn wir essen fehlt uns immer einer«*, S. 185, 3. Dez. 1943; aus den Trümmern geborgen, RA, Berufsschule Essen, M2/2, S. 1–2.

23 RA, Luisen-Schule Essen, UI/7, S. 9, (Sigrid M., 20. 1. 56; geb. 1939).

24 Zu Königin Luise, RA, Goetheschule Essen, UI/1, 23. Jan. 1956, S. 3; Auffinden eines Schuhs siehe RA, Luisen-Schule Essen, UI/5, S. 5; RA, Goetheschule Essen UI/3, S. 6: kann sich nicht vorstellen, daß alle seine Spielsachen zusammen mit dem Heim der Familie zerstört worden waren.

25 Uwe Timm, *Am Beispiel meines Bruders*, Köln 2003, S. 24 und 37–40, Brief des Vaters, 6. Aug., und von Karl-Heinz, 11. Aug. 1943.

26 Harald H., MS, S. 3; ich bin dem verstorbenen W. G. Sebald zu Dank verpflichtet, daß er mir dies zugeschickt hat.

27 RA, Goetheschule Essen, OII, anon., geb. 1938, S. 1; Goetheschule Essen UI/3, S. 5; RA, Luisen-Schule Essen, UI, keine Nr., Sabine K., 20. Jan. 1956, S. 2.

28 Ursula von Kardorff, *Berliner Aufzeichnungen. Aus den Jahren 1942 bis 1945*, München 1962, S. 159, 21. Juni 1944, zu Berlin: Die hochschießenden Staubwolken und Flammen sahen aus wie »das Fegefeuer auf mittelalterlichen Bildern« und »war das Ganze zugleich von einer wilden Schönheit«.

29 Institut für Geschichte und Biographie, Außenstelle der Fernuniversität Hagen, Lüdenscheid, Lothar Castner, Tagebuch, 30. Mai 1943; *Flak* Bruchstücke, Harald H., MS, S. 1; »Stuka«-Spiel, RA, Luisen-Schule Essen, UI/ keine Nr., anon. 19 Jahre, 16. Jan. 1956, S. 2–3.

30 Interview mit Pavlenko, in: Diercks, *Verschleppt nach Deutschland*, S. 97; RA, Luisen-Schule Essen UI/12, Marie-Luise K., 20. Jan. 1956, S. 1–2.

31 RA, Berufsschule Essen, anon., 16 Jahre, 21. Jan. 1956, M2/6, S. 1; zu Luftangriffen und Verbrechen siehe Wagner, *Volksgemeinschaft ohne Verbrecher*, S. 316–329.

32 Boberach, *Meldungen aus dem Reich*, Bd. 15, S. 6071–6078, 29. Nov. 1943; s. a. Herbert, *Hitler's Foreign Workers*, S. 329 und 360–365; Wachsmann, *Hitler's Prisons*, S. 211 und S. 221–222; Alexei Antonovich Kutko, Interview, Sept. 1993, in: Diercks, *Verschleppt nach Deutschland*, S. 67. S. a. Leonid Michailovich Dospechov, Archiv der Gedenkstätte Neuengamme 2.8/1205 Kat. 1.

33 Klimentij Iwanowitsch Bajdak, in: Archiv der Gedenkstätte Neuengamme, Ng.2.8/ 1247 Kat.1. Brief eines französischen Arbeiters, in: Herbert, *Hitler's Foreign Workers*, S. 322.

34 Fritz Theilen, *Edelweißpiraten*, Köln 1984, S. 26–90; Detlev Peukert, *Inside Nazi Germany. Conformity, Opposition and Racism in Everyday Life*, London 1987, S. 160–165.

35 Lied der »Navajos«, in: Peukert, *Volksgenossen und Gemeinschaftsfremde*, 1982 S. 188.

36 Siehe Richard Overy, »Barbarisch aber sinnvoll«, in: Kettenacker, *Ein Volk von Opfern?*, S. 183–187; Groehler, *Bombenkrieg gegen Deutschland*, S. 190–195; Webster und Frankland, *The Strategic Air Offensive against Germany*, Bd. 2, S. 198–211, und Bd. 3, S. 9–41, zur zögernden Bereitschaft des Bombenkommandos im April 1944 zu Vorbereitungen für eine Landinvasion.

37 Steinert, *Hitlers Krieg und die Deutschen*, S. 404–424; Wachsmann, *Hitler's Prisons*, S. 211–212 und 218–226; Richard Overy, *Why the Allies Won*, S. 90–97 und 129.

38 Groehler, *Bombenkrieg gegen Deutschland*, S. 238–254.

39 KA 3214 Anna-Matilda M., Klasse 4, 1943–4: Schulhefte 6/7 (Luftschutz).

40 Inge Reininghaus aus Hagen, in: Sollbach, *Heimat Ade*, S. 135; s. a. Steinert, *Hitlers Krieg und die Deutschen*, S. 425; Boberach, *Meldungen aus dem Reich*, Bd. 14, S. 5643–5646, 19. Aug. 1943.

41 Boberach, *Meldungen aus dem Reich*, Bd. 14, 5643–5646, 19. Aug. 1943.

42 »Das Bunte Urselbuch: Familienchronik eines Lehrers für seine Tochter«, in: Hammer und zur Nieden, *Sehr selten habe ich geweint*, S. 428, 9.-10. Feb. 1943. Schlacht um die Ruhr siehe Groehler, *Bombenkrieg gegen Deutschland*, S. 92–105; Klemperer, *To the Bitter End*, Bd. 2, S. 269–270 und 354, 27. und 31. Dez. 1943 und 16. Okt. 1944; Maria P. in Mendel, *Zwangsarbeit im Kinderzimmer*, S. 67.

43 Liselotte G., in: Hammer und zur Nieden, *Sehr selten habe ich geweint*, S. 288–292, 2.-4. Jan. 1944; Boberach, *Meldungen aus dem Reich*, Bd. 15, 5885–5887, 18. Okt. 1943; Steinert, *Hitlers Krieg und die Deutschen*, S. 362–372 und 420–424; Noakes, *Nazism*, Bd. 4, S. 467, 498–501 und 567–71.

44 Hitler, *Reden und Proklamationen, 1932-1945*, Bd. 2, S. 1999–2002 und 2050–2059, 21. März und 8. Nov. 1943.

45 Steinert, *Hitlers Krieg und die Deutschen*, S. 421–422; Boberach, *Meldungen aus dem Reich*, Bd. 15, 5987–5989, 11. Nov. 1943.

46 Liselotte G., in: Hammer und zur Nieden, *Sehr selten habe ich geweint*, S. 282,

8. Nov. 1943. Weitere Hinweise Hitlers auf »1918« siehe Hitler, *Reden und Pro-klamationen*, Bd. 2, S. 1316, Reichstagsrede, 1. Sept. 1939; s. a. Ian Kershaw, *Hitler 1889–1936*, Stuttgart 1998, S. 145–146, und *Hitler*, Bd. 2, S. 791, 969f., 975f.; zur Machtlosigkeit des Klerus, den Rufen nach Rache im Rheinland und in Westfalen entgegenzutreten, Boberach, *Meldungen aus dem Reich*, Bd. 15, S. 5886, 18. Okt. 1943.

47 Beide Witze in Boberach, *Meldungen aus dem Reich*, Bd. 15, S. 6187, 27. Dez. 1943.

48 Ebd., Bd. 13, S. 5217, 6. Mai 1943.

49 Siehe Steinert, *Hitlers Krieg und die Deutschen*, S. 260–261. Hier BA, R55, 571, S. 46, Kurt L., 18. Mai 1944; BA, R55, 571, S. 145, 4. Juni 1944, Irma J.; BA, R55, 571, S. 240, K. von N.

50 BA, R55, 571, S. 123–126, Georg R., 1. Juni 1944.

51 DLA, Edgar P., geb. 15. Sept. 1935, »Die Russenzeit – ein Zeitzeugnis«, Ms., 1995, S. 9–10.

52 Siehe Klemperer, *To the Bitter End*, S. 289 und 291, 12. und 19. März 1944 und ders., *The Language of the Third Reich. LTI – Lingua Tertii Imperii: A Philologist's Notebook*, London 2000, S. 172–181. Zu gemischten Reaktionen auf den Antisemitismus bis 1939 siehe Friedländer, *Das Dritte Reich und die Juden*, Bd. 1; zur Kristallnacht in Franken siehe Wildt, »Gewalt gegen Juden in Deutschland«.

53 Siehe David Bankier, *The Germans and the Final Solution*, S. 145 und 147, und sein »German public awareness of the final solution«, in: David Cesarani (Hg.), *The Final Solution. Origins and Implementation*, London 1994 S. 215–227, zitiert Hermann Hirsch in *Stuttgarter NS-Kurier*, 2. Sept. 1943; auch Klaus Schickert, »Kriegsschauplatz Israel«, im Hitlerjugend-Journal *Wille und Macht*, Sept.–Okt. 1943; Noakes, *Nazism*, Bd. 4, S. 496–498; Kershaw, *Popular Opinion and Political Dissent*, S. 369; Frank Trommler, »›Deutschlands Sieg oder Untergang‹. Perspektiven aus dem Dritten Reich auf die Nachkriegs-entwicklung«, in: Thomas Koebner, Gert Sautermeister und Sigrid Schneider (Hg.), *Deutschland nach Hitler*, Opladen 1987, S. 214–228. Lothar de la Camp, zitiert in R. Hauschild-Thiessen (Hg.), *Die Hamburger Katastrophe vom Sommer 1943 in Augenzeugenberichten*, Hamburg 1993, S. 230, 28. Juli 1943; Ursula von Kardorff, *Berliner Aufzeichnungen*, S. 40, 3. März 1943.

54 Bankier, »German public awareness of the final solution«, S. 216, basierend auf amerikanischen Geheimdienstberichten der 12. Heeresgruppe.

55 Kock, »*Der Führer sorgt für unsere Kinder…*«, S. 213–225 und 253–255.

56 KA 2808/1, Renate S., geb. 1931, »Ein Schloß voll kleiner Mädchen. Erinne-rungen an die Kinderlandverschickung 1943–1945«, Ms., S. 2–16.

57 Erwin Ebeling, Inge Reininghaus und der Bericht des Rektors einer Schule aus Hagen, in: Sollbach, *Heimat Ade*, S. 13, 41, 52, Anm. 180, S. 135 und 154–159.

58 Gisela Schwartz (geb. Vedder), in: Sollbach, *Heimat Ade*, S. 144–145; Boberach, *Meldungen aus dem Reich*, Bd. 14, 5643–5646, 19. Aug. 1943.

59 Kock, »*Der Führer sorgt für unsere Kinder...*«, S. 218–219, 223–225, 242–244 und 255; Sollbach, *Heimat Ade*, S. 11–12; Boberach, *Meldungen aus dem Reich*, Bd. 15, S. 5827, 30. Sept. 1943; private Arrangements für Nauen statt nach Zakopane mit ihrer Schule siehe Christa G., Interview in Prenzlauer Berg Museum des Kulturamtes Berlin und Annett Gröschner (Hg.), *Ich schlug meiner Mutter die brennenden Funken ab*, Berlin 1996, S. 353–354.

60 Zu Peter Groote und Fällen von Bettnässen, in: Sollbach, *Heimat Ade*, S. 36–37 und 51, Anm. 155; zu Berichten über britische Kinder siehe Starns und Parsons, »Against their Will. The Use and Abuse of British Children during the Second World War«, und Parsons, »*I'll Take that One*«.

61 Sollbach, *Heimat Ade*, S. 25–26 und 29. Als die Anordnung des Gauleiters am nächsten Tag wiederholt und in der Presse veröffentlicht wurde, wurde auch das Murren in den Straßen und Läden lauter, s. a. Boberach, *Meldungen aus dem Reich*, Bd. 14, S. 5643–5646 und Bd. 15, 6029–6031, 19. Aug. und 18. Nov. 1943.

62 Günter Kühnholz, in: Sollbach, *Heimat Ade*, S. 145–147; KA 3221, Friedrich H., »Reiseheft aus Ungarn 1943«, Ms., 20. Juni 1943; KA 2788/1, Karl L., geb. 7. Sept. 1936, Briefe an die Mutter, 30. Juni und 13. Juli 1944.

63 Birthe Kundrus, *Kriegerfrauen. Familienpolitik und Geschlechterverhältnisse im Ersten und Zweiten Weltkrieg*, Hamburg 1995, S. 261 und 271; Jill Stephenson, »›Emancipation‹ and its problems. War and society in Württemberg, 1939–45«, *European History Quarterly*, 17, 1987, S. 358–360; auch Gerda Szepansky (Hg.), *Blitzmädel, Heldenmutter, Kriegerwitwe. Frauenleben im Zweiten Weltkrieg*, Frankfurt a. M. 1986.

64 Noakes, *Nazism*, Bd. 4, S. 502–503; Lacey, *Feminine Frequencies*, S. 129–130; Liselotte G., in: Hammer und zur Nieden, *Sehr selten habe ich geweint*, S. 293–294, 5. Feb. 1944.

9. Treck und Todesmarsch

1 Erickson, *The Road to Berlin*, 198–247 und 326–327; Weinberg, *A World at Arms*, 675–707; 750–751 und 757–765.

2 Overmans, *Deutsche militärische Verluste im zweiten Weltkrieg*, 238–243 und 277–283.

3 Zu den Protagonisten des 20. Juli siehe Hans Mommsen, »Gesellschaftsbild und Verfassungspläne des deutschen Widerstandes«, in: ders., *Alternative zu Hitler*, München 2000, S. 53–158; Boberach, *Meldungen aus dem Reich*, Bd. 17, S. 6576–6581, 6595–6600, 8., 19. und 25. Juni 1944; aber am 28. Juni hatten die V-1 Raketen die Hoffnungen schon zunichte gemacht: S. 6613–6621;

6626–6630, 28. und 29. Juni und 6. Juli 1944; Klaus-Dietmar Henke, *Die ame-rikanische Besetzung Deutschlands*, München 1995, S. 316–317; Steinert, *Hitlers Krieg und die Deutschen*, S. 455–498, 509–512 und 527–531; s. a. Wehrmachtsberichte für Berlin in Wolfram Wette, Ricarda Bremer und Detlef Vogel (Hgg.), *Das letzte halbe Jahr. Stimmungsberichte der Wehrmachtpropaganda 1944/45*, Essen 2001, S. 127–198, 10. Okt.-31. Dez. 1944.

4 Groehler, *Bombenkrieg gegen Deutschland*, S. 316–320 und 370–381. Alle Statistiken zur Anzahl der zivilen Opfer sind immer noch politisch umstritten: Groehler stützt die seine auf eine Gesamtzahl aus den Polizeiberichten verschiedener Städte; sodann zieht er Testfälle heran, um das Ausmaß der fehlenden Meldungen an diesem Punkt des Kriegs zu schätzen und danach die Gesamtzahl dementsprechend zu berechnen. Ähnliche Vorgehensweisen wurden zur Schätzung der Anzahl von Exekutionen des Heeres angewendet und der Zivilisten, die in den Ostprovinzen oder auf der Flucht von dort umkamen: siehe Overmans, *Deutsche militärische Verluste im zweiten Weltkrieg*, S. 300–301; Messerschmidt und Wüllner, *Die Wehrmachtjustiz im Dienste des Nationalsozialismus*, S. 63–89.

5 Urteil, Duisburg Landesgericht, 14. Juni 1950, in: Fritz Bauer, Karl Dietrich Bracher und H. H. Fuchs (Hgg.), *Justiz und NS-Verbrechen. Sammlung deutscher Strafurteile wegen nationalsozialistischer Tötungsverbrechen 1945–1966*, Bd. 6, Amsterdam 1971, Nr. 219; auch in Herbert, *Hitler's Foreign Workers*, S. 362 und siehe 366–369; Theilen, *Edelweißpiraten*, S. 82–141; Peukert, *Inside Nazi Germany*, S. 160–165.

6 Zu den Angriffen der US Air Force auf das Transportsystem, Groehler, *Bombenkrieg gegen Deutschland*, S. 356–358, 364–365 und 369–370; Erweiterung auf Sturzbomber, Conrad Crane, *Bombs, Cities, and Civilians. American Airpower Strategy in World War II*, Lawrence, Kansas, 1993, S. 111; Erfahrungen von Zivilisten, Dörr, »*Wer die Zeit nicht miterlebt hat*…«, Bd. 2, S. 296–298.

7 DLA, Helga F., »Bericht eines 10-jährigen Kindes zur Zeit des 2. Weltkrieges«, Ms., 1986, S. 27; RA, Luisen-Schule Essen, UI/1, 17 Jahre, 16. Jan. 1956.

8 Wachsmann, *Hitler's Prisons*, S. 222; Bernward Dörner, »*Heimtücke*«. *Das Gesetz als Waffe: Kontrolle, Abschreckung und Verfolgung in Deutschland 1933–1945*, Paderborn 1998, S. 144–145.

9 Militärische Entwicklungen, Weinberg, *A World at Arms*, S. 690–702 und 760–763; ausländische Jungen als SS- und Flak-Hilfskräfte siehe Gerlach, *Kalkulierte Morde*, S. 1089–1091; David K. Yelton, *Hitler's Volkssturm. The Nazi Militia and the Fall of Germany, 1944–1945*, Lawrence, Kansas, 2002, S. 120–121.

10 Richard Bessel, *Nazism and War*, London 2004; Gerhard Hirschfeld und Irina Renz (Hgg.), *Besiegt und befreit. Stimmen vom Kriegsende 1945*, Gerlingen 1995; Kershaw, *Hitler*, Bd. 2, S. 929–932; Volkssturm Verordnung, in: Noakes, *Nazism*, Bd. 4, S. 643–644.

11 Yelton, *Hitler's Volkssturm*, S. 120; Rudolf Semmler, *Goebbels. The Man next to Hitler*, London 1947, S. 163–164, Tagebuch 2. Nov. 1944, zitiert in Noakes, *Nazism*, Bd. 4, S. 496.

12 Zu Kinderspielen siehe oben Kap. 5; zur 11. Gardearmee siehe Manfred Zeidler, *Kriegsende im Osten. Die Rote Armee und die Besetzung Deutschlands östlich von Oder und Neiße 1944/45*, München 1996, S. 150.

13 Stuttgarter SD, in: Noakes, *Nazism*, Bd. 4, 652, 6. Nov. 1944.

14 Dörr, »*Wer die Zeit nicht miterlebt hat…*«, Bd. 2, S. 270–276 und 285; Friedrich, *Der Brand*, S. 335–340; Wette, Bremer und Vogel, *Das letzte halbe Jahr*, S. 163–164, Berlin, 20.–26. Nov. 1944; für die originale Fassung bin ich Jeremy Noakes dankbar.

15 Zur Aufstellung des Volkssturms und Himmlers Rede vom 18. Okt. 1944 siehe Noakes, *Nazism*, Bd. 4, S. 643–647; s. a. Yelton, *Hitler's Volkssturm*; Karl Heinz Jahnke, *Hitlers letztes Aufgebot. Deutsche Jugend im sechsten Kriegsjahr 1944/45*, Essen 1993.

16 KA 2788/2, Karl L., Brief von Kurt an seine Mutter, 22. Okt. 1944; Bergau, *Der Junge von der Bernsteinküste*, S. 97–107.

17 KA 4448, Monika Schypulla, Brief an den Vater, 9. Juli und 18. Sept. 1944; Vater an Monika, 29. Sept. 1944 und 10. Jan. 1945.

18 Zum Feldzug siehe Erickson, *The Road to Berlin*, S. 450, 457–458, 462, 471–472.

19 Zur Massenflucht siehe bes. Bundesministerium für Vertriebene (Hg.), *Die Vertreibung der deutschen Bevölkerung aus den Gebieten östlich der Oder-Neiße*, Bd. 1–3, (Nachdr.) Augsburg 1993, und zu kritischen Beurteilungen dieses Projekts, Matthias Beer, »Im Spannungsfeld von Politik und Zeitgeschichte. Das Großforschungsprojekt ›Dokumentation der Deutschen aus Ost-Mitteleuropa‹«, *Vierteljahrshefte für Zeitgeschichte*, 49, 1998, S. 345–389; Robert Moeller, *War Stories. The Search for a Usable Past in the Federal Republic of Germany*, Berkeley 2001, S. 51–87; Breslau als Festung siehe Norman Davies und Roger Moorhouse, *Microcosm. Portrait of a Central European City*, London 2002, S. 13–37.

20 Theodor Schieder, »Einleitende Darstellung«, in: Bundesministerium für Vertriebene, *Die Vertreibung der deutschen Bevölkerung aus den Gebieten östlich der Oder-Neiße*, S. 52–3E.

21 Strzelecki, *Endphase des KL Auschwitz*, S. 155–156 und 308; Bacon, Interview mit Ben-David Gershon, 17. Nov. 1964, S. 63–64; Müller, *Eyewitness Auschwitz*, S. 166.

22 Strzelecki, *Endphase des KL Auschwitz*, S. 144–147 und 169–170.

23 Ebd., S.188–189, zitiert Janina Komendas Zeugenaussage 1947, in: Janina Komenda, *Lager Brzezinka*, Warschau 1986, S. 136.

24 Strzelecki, *Endphase des KL Auschwitz*, S. 216–218.

25 Ebd., S. 218; Müller, *Eyewitness Auschwitz*, S. 167; Bacon, Interview mit Ben-David Gershon, 17. Nov. 1964, S. 64.

26 KA 2084, Gero H., Briefe an die Eltern, 22. und 26. Jan. 1945.

27 KA 2808/1, Renate S., »Ein Schloß voll kleiner Mädchen. Erinnerungen an die Kinderlandverschickung 1943–1945«, Ms.; und siehe KA 3666/3, Gisela G., geb. 1933, Erinnerungen, 1981.

28 KA 359, Jürgen I., geb. 1935, Erinnerungen.

29 Gève, *Geraubte Kindheit*, S. 196 f.

30 Haffner, in Strzelecki, *Endphase des KL Auschwitz*, S. 141–146; Erickson, *The Road to Berlin*, S. 238–239 und 471–472; Anna Wiśniewska und Czesław Rajca, *Majdanek. The Concentration Camp of Lublin*, Lublin 1997, bes. S. 44–51, 61–65 und 72; Norman Naimark, *The Russians in Germany. A History of the Soviet Zone of Occupation, 1945–1949*, Cambridge, Mass., 1995, S. 77–78; Alexander Werth, *Russia at War*, New York 1964, S. 884–899.

31 Ostpreußischer Feldzug siehe Erickson, *Road to Berlin*, S. 465–470 und 517–523; Beevor, *Berlin 1945*, S. 49–51 und 115–122.

32 Swetlana Alexiejewitsch, *Der Krieg hat kein weibliches Gesicht*, Hamburg 1989, S. 112; Zeidler, *Kriegsende im Osten*, S. 150–152; sowjetische Verluste, ebd., S. 152 und David Glantz und Jonathan House, *When Titans Clashed. How the Red Army Stopped Hitler*, Lawrence, Kansas, 1995, Abb. B, S. 299–300.

33 Uspensky, Tagebuch, 24. und 27. Jan. 1945, in: Zeidler, *Kriegsende im Osten*, S. 139–140.

34 KA 1920, Charlotte K., geb. 1930, Erinnerungen, Ms.; der bekannteste Fall ist Marion Gräfin von Dönhoff, *Namen, die keiner mehr nennt. Ostpreussen – Menschen und Geschichte*, Düsseldorf 1962.

35 Erickson, *The Road to Berlin*, 463–70.

36 Hermann Fischer, in: Wolfgang Benz, *Die Vertreibung der Deutschen aus dem Osten. Ursachen, Ereignisse, Folgen*, Frankfurt a. M. 1985, S. 106–109, Brief vom 28. Nov. 1946.

37 Zeidler, *Kriegsende im Osten*, S. 154 und 159.

38 Erickson, *The Road to Berlin*, S. 463–470; Lore Ehrich, in: Theodor Schieder (Hg.), *The Expulsion of the German Population from the Territories East of the Oder-Neiße-Line*, Bonn (o. J.), S. 135–143.

39 KA 2693/8, Dorothea D., Ms., S. 3–15.

40 Zu Zahlen siehe Schieder, *The Expulsion of the German Population*, S. 33; Erickson, *The Road to Berlin*, S. 470; KA 905, Elisabeth S., Tagebuch und Erinnerungen, 15. Jan. 1945; Bergau, *Der Junge von der Bernsteinküste*, S. 108 und 126–127.

41 Die wichtigsten Dokumente finden sich in Shmuel Krakowski, »Massacre of Jewish prisoners on the Samland Peninsula – documents«, *Yad Vashem Studies*, 24, 1994, S. 349–387; s. a. Daniel Blatman, »Die Todesmärsche – Entscheidungsträger, Mörder und Opfer«, in: Ulrich Herbert, Karin Orth und Christoph Dieckmann (Hgg.), *Die nationalsozialistischen Konzentrationslager – Entwicklung und Struktur*, Bd. 2, Göttingen 1998, S. 1063–1092; Bergau, *Der Junge von der Bernsteinküste*, S. 108–109.

42 Blatman, »Die Todesmärsche«; Karin Orth, *Das System der nationalsozialistischen Konzentrationslager*, S. 283; Erickson, *The Road to Berlin*, S. 469–470; Bergau, *Der Junge von der Bernsteinküste*, S. 111–115.

43 Krakowski, »Massacre of Jewish prisoners on the Samland Peninsula«, und Bergau, *Der Junge von der Bernsteinküste*, »Anhang«, S. 249–275.

44 Maj. Gen. Kazbintsev (Chef des politischen Direktoriums der 3. weißrussischen Front), 8. Feb. 1945, in: Krakowski, »Massacre of Jewish prisoners on the Samland Peninsula – documents«, S. 367–8; Soldatenbrief, in: Zeidler, *Kriegsende im Osten*, S. 140 und 154.

45 KA 905, Elisabeth S., Tagebuch und Erinnerungen, 4. Feb. 45, »Ich bin die Kaiserin von China!«, und Bergau, *Der Junge von der Bernsteinküste*, S. 115–119.

46 Schieder, »Einleitende Darstellung«, in: Bundesministerium für Vertriebene, *Die Vertreibung der deutschen Bevölkerung aus den Gebieten östlich der Oder-Neiße*, S. 41–51E.

47 Herbert Hagener und Erwin Ebeling, in: Sollbach, *Heimat Ade*, S. 13–14 und 158–159.

48 Schieder, »Einleitende Darstellung«; Bergau, *Der Junge von der Bernsteinküste*, S. 119–121.

49 Boberach, *Meldungen aus dem Reich*, Bd. 17, 6732–6740, 28. März und der letzte und unvollständige Bericht für Ende März 1945.

50 Wolfgang Werner, »*Bleib übrig*«. *Deutsche Arbeiter in der nationalsozialistischen Kriegswirtschaft*, Düsseldorf 1983, S. 341.

51 Kardorff, *Berliner Aufzeichnungen*, S. 242, 3. Feb. 1945; Groehler, *Bombenkrieg gegen Deutschland*, S. 397–398; Zivilmoral, Wette, Bremer und Vogel, *Das letzte halbe Jahr*, 14.-27. Feb. 1945, S. 251–293.

52 Zu Kolberg, David Welch, *Propaganda and the German Cinema, 1933–1945*, Oxford 1983, S. 221–237.

53 KA 3186, Ruth Reimann.

54 Liselotte G., in: Hammer und zur Nieden, *Sehr selten habe ich geweint*, S. 289–290, 2. Jan. 1944.

55 KA 3186, Ruth Reimann. Zur Bereitschaft dieser Generation weiterhin an den Sieg zu glauben, s. a. Rosenthal, *Die Hitlerjugend-Generation*, S. 88–93 und 320–326.

10. Das letzte Aufgebot

1 Marianne Peyinghaus, Brief an die Eltern, 25. März 1943, in: Marianne Peyinghaus (Hg.), *Stille Jahre in Gertlauken. Erinnerungen an Ostpreussen*, Berlin 1988, S. 92; zu *Hitlerjunge Quex* siehe Welch, *Propaganda and the German Cinema*, S. 59–74; zum Heldengedenktag siehe Sabine Behrenbeck, *Der Kult*

um die toten Helden. Nationalsozialistische Mythen, Riten und Symbole, Vierow bei Greifswald, 1996; Parole aus *Deutscher Ehrenhain für die Helden von 1914/18,* Leipzig 1931, S. 7–8; Klaus Latzel, *Vom Sterben im Krieg. Wandlungen in der Einstellung zum Soldatentod vom Siebenjährigen Krieg bis zum II. Weltkrieg,* Warendorf 1988, S. 68–92.

2 Siehe Karl Heinz Jahnke, *Hitlers letztes Aufgebot. Deutsche Jugend im sechsten Kriegsjahr 1944,* Essen 1993; Jahnke und Buddrus, *Deutsche Jugend 1933–1945,* S. 386, 392–393 und 400–401; Schörken, *Luftwaffenhelfer und Drittes Reich,* S. 101; und zu einer ganzen Klasse Freiwilliger in Genthin bei Magdeburg siehe KA 26, Detlev S., Ms., S. 14.

3 Zu den studentischen Freiwilligen von 1914 siehe George Mosse, *Fallen Soldiers. Reshaping the Memory of the World Wars,* New York und Oxford 1990, S. 53–80.

4 KA 1997, Werner K., »20 Monate Luftwaffenhelfer. Tagebücher 5. Januar 1944–20. August 1945«, 144–145 und 150, 21. und 30. Jan. 1945; ähnliche Übergangszeiten in KA 920, Walter S., »Mein Tagebuch«, 15. Sept.-3. Nov. 1944; Stehkämpfer, in: Johannes Steinhoff, Peter Pechel und Dennis Showalter, *Voices from the Third Reich. An Oral History,* London 1991, S. 362; Arno Klönne, *Gegen den Strom. Bericht über den Jugendwiderstand im Dritten Reich,* Frankfurt a. M. 1958, S. 143–144; Beevor, *Berlin. The Downfall 1945,* S. 181.

5 Yelton, *Hitler's Volkssturm,* S. 105–118.

6 *Niederdeutscher Beobachter,* 8. Feb. 1945, in: Jahnke und Buddrus, *Deutsche Jugend 1933–1945,* S. 404; Yelton, *Hitler's Volkssturm,* S. 119–131.

7 KA 4025, Heinz M., geb 1928, »Die Pestbeule«, Ms., S. 195–205.

8 KA 89, Rudi Brill, »Fronthelfer der HJ«, Selbstverlag, Bexback (o. J.), 3.–5. März 1945.

9 Kershaw, *Hitler,* Bd. 2, S. 958–970, 978–981 und 1004–1013; zu einer interessanten Interpretation, die das der Element der intentionalen Vernichtung und der Selbstvernichtung betont, siehe Bernd Wegner, »Hitler, der Zweite Weltkrieg und die Choreographie des Untergangs«, *Geschichte und Gesellschaft,* 26/3, 2000, S. 493–518.

10 Hitler und die Gauleiter, Kershaw, *Hitler,* Bd. 2, S. 1007–1008; Goebbels zu seinem Stab im Propagandaministerium, 17. April 1945, in: Welch, *Propaganda and the German Cinema,* S. 234.

11 Kershaw, *Hitler,* Bd. 2, S. 1009; Boberach, *Meldungen aus dem Reich,* Bd. 17, 6733–6734. Brief an Goebbels in BA, R55/578, S. 210, 25. Okt. 1944, Hans H., Direktor der Staatl. Ingenieurschule in Kaiserslautern und Parteigenosse; BA R55/ 577, S. 232–235, 27. Jan. 1945, A. M.

12 Henke, *Die amerikanische Besetzung Deutschlands,* S. 399–400; Weinberg, *A World at Arms,* S. 810–814; Lothar Gruchmann, *Der Zweite Weltkrieg. Kriegführung und Politik,* München 1995, S. 436–443; Winter, *Verlegt nach Hadamar,* S. 166; Ludwig Heinrich Lohne, Interview in Sick, »*Euthanasie« im*

Nationalsozialismus, S. 88–89; Todesziffern in Heilanstalten, Faulstich, *Hungersterben in der Psychiatrie*, S. 583–584, 661–717.

13 Ayass, *Das Arbeitshaus Breitenau*, S. 328–334; Richter, *Breitenau*, S. 206–215; Krankenakten, z. B. LWV 2/7775, Waltraud B., LWV 2/8356, Sonja H., und LWV 2/8194, Anna G.

14 KA 3359, Hella K., Hannover, »Zwischen Mistbeetfenster und Bombentrichter«, Ms., S. 27; Gellately, *Backing Hitler*, S. 239; Bauer und Bracher, *Justiz und NS-Verbrechen*, S. 9, 118–128; für einen anschaulichen Bericht siehe Gerhard Schreiber, *Die italienischen Militärinternierten im deutschen Machtbereich 1943–1945. Verraten – Verachtet – Vergessen*, München 1990, S. 563–572; der Fall von Oberhausen in Bauer und Bracher, *Justiz und NS-Verbrechen*, Bd. 7, S. 415–423, auch in Herbert, *Hitler's Foreign Workers*, S. 363.

15 Gellately, *Backing Hitler*, S. 230; Kershaw, *Hitler*, Bd. 2, S. 1006; Steinert, *Hitlers Krieg und die Deutschen*, S. 541 und 558–560.

16 Siehe Henke, *Die amerikanische Besetzung Deutschlands*, S. 844–846; Noakes, *Nazism*, Bd. 4, S. 650–657; Bessel, *Nazism and War*; Hirschfeld und Renz, *Besiegt und Befreit*; zu einer Analyse der Gesamtzahl von Todesstrafen in Zivilverfahren siehe Wachsmann, *Hitler's Prisons*, S. 314–318 und 402–403; zu militärischen Hinrichtungen siehe Messerschmidt und Wüllner, *Die Wehrmachtjustiz im Dienste des Nationalsozialismus*, S. 63–89, die schätzen, daß etwa 33 000 Soldaten während des Krieges hingerichtet wurden; Welch, »›Harsh but just‹? German Military justice in the Second World War«; Verluste, Overmans, *Deutsche militärische Verluste im Zweiten Weltkrieg*, S. 238–243.

17 Zu Müttern, die ihre Jungen nach Hause holen, KA 3359, Hella K., »Zwischen Mistbeetfenster und Bombentrichter«, S. 29; im Kampf, Yelton, *Hitler's Volkssturm*, S. 137–148; Henke, *Die amerikanische Besetzung Deutschlands*, S. 954–958.

18 KA 3359, Hella K., »Zwischen Mistbeetfenster und Bombentrichter«, S. 31–35; KA 89, Rudi Brill, »Fronthelfer der HJ«, 20. März 1945.

19 KA 53, Jürgen H., geb. Juli 1929, 29. März-19. Mai 1945; KA 4025, Heinz M., »Die Pestbeule«, S. 206–213.

20 KA 3214, Anna-Matilda M., Schulhefte, 16. März 1945, »Vorfrühling« und Brief an Walter Kempowski, 26. März 1992; KA 4709/1, Agnes S., Tagebuch, »Lüneburger Heide 1945«, 18. März-16. April 1945.

21 Stalin an Roosevelt, 7. Apr. 1945, in: Erickson, *Road to Berlin*, S. 540–541.

22 Moral in Berlin in Wette, Bremer und Vogel, *Das letzte halbe Jahr*, S. 277–279 und 317, 22. Feb. und 19. März 1945; Steinert, *Hitlers Krieg und die Deutschen*, S. 552, zitiert den Bericht des Propagandaministeriums vom 21. Feb. 1945; zur Garnison Spandau und den Hinrichtungen, Manfred Messerschmidt und Fritz Wüllner, *Die Wehrmachtjustiz im Dienste des Nationalsozialismus – Zerstörung einer Legende*, Baden-Baden 1987, S. 86.

23 Liselotte G., Hammer und zur Nieden, *Sehr selten habe ich geweint*, S. 309, 12. Apr. 1945. Zu ihrem früheren Wissen über die Judenmorde siehe ebd., S. 278–279, 31. Aug. 1943 und Kapitel 5.

24 Liselotte G., Hammer und zur Nieden, *Sehr selten habe ich geweint*, S. 307–309, 12. Apr. 1945; ein meisterhafter Bericht der Schlacht um Berlin siehe Beevor, *Berlin*, S. 177–180; auch Erich Kuby, *The Russians and Berlin 1945*, London 1968.

25 Liselotte G., Hammer und zur Nieden, *Sehr selten habe ich geweint*, S. 310, 17. Apr. 1945.

26 Ebd., 20. April 1945. Kuby, *The Russians and Berlin*, S. 96–97; Kershaw, *Hitler*, Bd. 2, S. 1028.

27 Helga M., Interviews, Göttingen, Mai 1998 und Aug. 2004.

28 »Das bunte Urselbuch«, in: Hammer und zur Nieden, *Sehr selten habe ich geweint*, S. 436–437, 4. und 11. Apr. 1945.

29 Ebd., S. 437, 16. April 1945; Karl Damm, geb. 10. Feb. 1927, in: Steinhoff, Pechel und Showalter, *Voices from the Third Reich*, S. 352–354.

30 »Das bunte Urselbuch«, in: Hammer und zur Nieden, *Sehr selten habe ich geweint*, S. 438, 1. Juli 1945 und Brief vom 10. Sept. 1945.

31 Yelton, *Hitler's Volkssturm*, S. 126–127; Beevor, *Berlin*, S. 287–288; *Völkischer Beobachter*, 20. April 1945; Gröschner, *Ich schlug meiner Mutter die brennenden Funken ab*, S. 83 und 226, Günther S., Stargarder Str. 47, 6. Klasse, 1946.

32 Rudolf Vilter, geb. Jan. 1929, in: Steinhoff, Pechel und Showalter, *Voices from the Third Reich*, S. 355; Gröschner, *Ich schlug meiner Mutter die brennenden Funken ab*, S. 122–123, Erwin P, Gleimstr. 61; S. 116–117, Ursula K, Gleimstr., 7. Klasse.

33 Gröschner, *Ich schlug meiner Mutter die brennenden Funken ab*, S. 185–186, Helga R., Klasse 7, und Renate R., Klasse 5, Hochmeister Str. 29.

34 Ebd., S. 185–186, Helga R, Klasse 7, 21. April 1945. Ebd., S. 229, Helga M., Prenzlauer Allee 32.

35 *Zauberflöte*, siehe *Völkischer Beobachter*, 21. April 1945; KA 3697, Hertha von Gebhardt, geb. 1896, Tagebuch, 23. April 1945.

36 KA 3697, Gebhardt, Tagebuch, 24. April 1945; Lothar Loewe, geb. 1929, in: Steinhoff, Pechel und Showalter, *Voices from the Third Reich*, S. 347–348.

37 Gröschner, *Ich schlug meiner Mutter die brennenden Funken ab*, S. 114, Siegfried B [6. Klasse], Korsörer Str.; S. 157: Hans Joachim S, Schivelbeiner Str. 7, 7. Klasse; Beevor, *Berlin*, S. 283–284.

38 KA 3697, Gebhardt, Tagebuch, 24. April 1945.

39 Gröschner, *Ich schlug meiner Mutter die brennenden Funken ab*, S. 143–145: Ingeborg D., Krügerstr., Mädchenmittelschule II, 5. Klasse, S. 144. Siehe S. 146 zu einer ähnlichen Geschichte vom selben Tag von Ingrid H., Kuglerstr. 77, 22. Oberschule; sowjetische Versorgungspolitik siehe Kuby, *The Russians and Berlin*, S. 291–296.

40 KA 3697, Gebhardt, Tagebuch, 26. April 1945.

41 Interview in Gröschner, *Ich schlug meiner Mutter die brennenden Funken ab*, S. 347–353.

42 *Niederdeutscher Beobachter*, 27. April 1945, in: Jahnke und Buddrus, *Deutsche Jugend 1933–1945*, S. 410; Tony Le Tissier, *The Battle of Berlin 1945*, London 1988, S. 161; Erickson, *The Road to Berlin*, S. 604.

43 Gerhard Boldt, *Die letzten Tage der Reichskanzlei*, Hamburg 1947, S. 156 und 188–189; s. a. Tony Le Tissier, *The Battle of Berlin 1945*, London 1988, S. 198; Arthur Axmann, *»Das kann doch nicht das Ende sein«. Hitlers letzter Reichsjugendführer erinnert sich*, Koblenz 1995, S. 422–445.

44 Beevor, *Berlin*, S. 356, 365 und 377–378; Rudolf Vilter, in: Steinhoff, Pechel und Showalter, *Voices from the Third Reich*, S. 355–356.

45 Gröschner, *Ich schlug meiner Mutter die brennenden Funken ab*, S. 157–158, Hans Joachim S., Schivelbeinerstr. 7, 7. Klasse; 208, Jutta P., Allensteiner Str. 12, 3. Klasse.

46 Ebd., S. 147–149, Christa B., Dänenstr. 1, Mädchenmittelschule II, 4. Klasse.

47 Ebd., S. 242, R., 6. Klasse Volksschule; S. 244, Wolfgang S., 6. Klasse; S. 245–246, Liselotte J., 13 Jahre.

48 Loewe in Steinhoff, Pechel und Showalter, *Voices from the Third Reich*, S. 348–51; Le Tissier, *The Battle of Berlin*, S. 214–215; Beevor, *Berlin*, 384–5; zu Verlusten siehe Glantz und House, *When Titans Clashed*, S. 269–271; und Overmans, *Deutsche militärische Verluste im Zweiten Weltkrieg*, S. 234.

49 Bacon, Interview mit Ben-David Gershon, 17. Nov. 1964, S. 65; Müller, *Eyewitness Auschwitz*, S. 169–171.

11. Die Besiegten

1 DLA, Edgar P., »Die Russenzeit – ein Zeitzeugnis«, S. 14–16; RA, Luisen-Schule Essen, UI/ [4], S. 3–4.

2 RA, Goetheschule Essen, UI/ [2], S. 2–4.

3 Kuby, *The Russians and Berlin*, S. 226 und 283; Sander und Johr, *BeFreier und Befreite*, S. 55–56; weitere 2000 brachten sich im Lauf des restlichen Jahres um; ich danke Christian Goeschel, daß er mir Einblicke in die ersten Ergebnisse seiner Doktorarbeit »Suicide at the end of the Third Reich« ermöglichte.

4 DLA, Karl P., geb. 22. Dez. 1939, »Hunger – Krieg und Kinderjahre!«, Ms., 1992, S. 19; DLA, Karl K., geb. 1931, »Kindheit und Jugend im Bergknappendorf Grünbach am Sch.«, Ms., 1995, S. 50–51; sein Vater konnte sich mit den Soldaten auf tschechisch unterhalten; Interview mit Renate N., geb. 1931, 8. Klasse, in Gröschner, *Ich schlug meiner Mutter die brennenden Funken ab*, S. 345–347.

5 Liselotte G., Tagebuch, 30. April 1945, zitiert in Reinhard Rürup (Hg.), *Berlin 1945. Eine Dokumentation*, Berlin 1995, S. 134; diese Eintragung taucht nicht

auf in der Version ihres Tagebuchs in Hammer und zur Nieden, *Sehr selten habe ich geweint*, S. 312–313; KA 3697, Hertha von Gebhardt, Tagebuch, 27. und 28. April 1945; Kardorff, *Berliner Aufzeichnungen*, S. 312–314, 23. Sept. 1945.

6 Naimark, *The Russians in Germany*, S. 69–140; Andrea Petö, »Memory and the narrative of rape in Budapest and Vienna in 1945«, in: Bessel und Schumann, *Life after Death*, S. 129–148; Irene Bandhauer Schöffmann und Ela Hornung, »Vom ›Dritten Reich‹ zur Zweiten Republik. Frauen im Wien der Nachkriegszeit«, in: David F. Good, Margarete Grandner und Mary Jo Maynes (Hgg.), *Frauen in Österreich. Beiträge zu ihrer Situation im 19. und 20. Jahrhundert*, Wien 1994, S. 232–233; Sander und Johr, *BeFreier und Befreite*, S. 48–51, schätzen, daß mindestens 110 000 Frauen in Berlin vergewaltigt worden sind, manche mehr als nur einmal, machen aber auch geltend, daß unter ihren Interviewten eine Neigung zur Übertreibung der Vergewaltigungsfälle bestand; zu Gerüchten in anderen Vierteln siehe KA 3697, Gebhardt, Tagebuch, 29. und 30. April 1945; s. a. Anneliese H., Tagebuch, 28. April, in: Kuby, *The Russians and Berlin*, S. 224 und 278–279; Boveri, *Tage des Überlebens*, S. 118–119. Für einen ersten Versuch, ehemalige Rotarmisten zu befragen, siehe Catherine Merridale, *Ivan's War. The Red Army, 1939–45*, London, 2005, S. 267–277.

7 Gröschner, *Ich schlug meiner Mutter die brennenden Funken ab*, S. 215–217: Liane H., Bötzowstr. 57; S. 94–96: Werner W., 8. Klasse, Schivelbeiner Str. 19; S. 146: Ingrid H., Kuglerstr. 77; S. 345–347: Renate N., geb. 1931, 8. Klasse; S. 355: Interview mit Christa J., geb. 1931, Göhrener Str. 3.

8 RA, Luisen-Schule Essen, anon., UI/ keine Nr., S. 3–4; DLA, Hermine D., geb. 28. Aug. 1931, »Auch deine Oma war ein Kind«, Ms., o. J., S. 42.

9 DLA, Hermann G., geb. 24. Okt. 1937, »Reminiszenzen«, Ms., 1997, S. 7–8.

10 DLA, Hermann G., »Reminiszenzen«, Ms., 1997, S. 8–9.

11 Boveri, *Tage des Überlebens*, S. 119, 6. Mai 1945; anon., *Eine Frau in Berlin: Tagebuchaufzeichnungen*, Genf und Frankfurt a. M. 1959, S. 113 und 220.

12 Zur CDU-Propaganda siehe Ingrid Schmidt-Harzbach, »Eine Woche im April«, in: Sander und Johr, *BeFreier und Befreite*, S. 35; Haltungen im Ruhrgebiet und in Bayern, Niethammer, »Privat – Wirtschaft. Erinnerungsfragmente einer anderen Umerziehung«, S. 29–34; Elizabeth Heineman, »The hour of the Woman. Memories of Germany's ›crisis years‹ and West German national identity«, in: Hanna Schissler (Hg.), *The Miracle Years. A Cultural History of West Germany, 1949–1968*, Princeton, N. J., 2001, S. 31 und 38–43; zur Ablehnung rassistischer und antisemitischer Spielarten des amerikanischen Antikommunismus in den fünfziger Jahren in Westdeutschland siehe Thomas Mergel, »Der mediale Stil der ›Sachlichkeit‹. Die gebremste Amerikanisierung des Wahlkampfs in der alten Bundesrepublik«, in: Bernd Weisbrod (Hg.), *Die Politik der Öffentlichkeit – Die Öffentlichkeit der Politik. Politische Medialisierung in der Geschichte der Bundesrepublik*, Göttingen 2003, S. 29–53.

13 Verweigerte Entschädigung siehe Elizabeth Heineman, »The hour of the Woman«, S. 32; zur Zurückhaltung der Frauen, zu sprechen, siehe Petö, »Memory
   and the narrative of rape in Budapest and Vienna in 1945«, S. 133–134 und
   138; Irene Bandhauer Schöffmann und Ela Hornung, »Vom ›Dritten Reich‹
   zur Zweiten Republik«, S. 232–233; auch Marianna Baumgartner, »Zwischen
   Mythos und Realität. Die Nachkriegsvergewaltigungen im sowjetisch-besetz-
   ten Mostviertel«, *Zeitschrift für Landeskunde von Niederösterreich*, 2 (1993),
   S. 80; Sibylle Meyer und Eva Schulze, »›Als wir wieder zusammen waren, ging
   der Krieg im Kleinen weiter.‹ Frauen, Männer und Familien im Berlin der
   vierziger Jahre«, in: Niethammer und von Plato, »*Wir kriegen jetzt andere Zeiten*«, S. 314.

14 Uwe Timm, *Am Beispiel meines Bruders*, S. 68–69.

15 DLA, Helga G., geb. 29. Dez. 1939, »Meine Kindheit in P.«, Ms., 1994/5, S. 11;
   DLA, Helga F., »Bericht eines 10jährigen Kindes zur Zeit des 2. Weltkrieges«,
   Ms., 1986, S. 29–30.

16 Die eigenen Bücher verbrennen, DLA, Edgar P., »Die Russenzeit – ein Zeitzeugnis«, Ms., 1995, S. 17; Fahnen zum 1. Mai, DLA, Karl P., »Hunger – Krieg
   und Kinderjahre!«, Ms., 1992, S. 25; schwere Trennung von Ehrenzeichen, Lothar C., Interview, 26. März 1999, Institut für Geschichte und Biographie, Außenstelle der Fernuniversität Hagen, Lüdenscheid; Umbau von 88 mm-Kano-
   nen in Sprungbretter, DLA, Imo-Eberhard I., geb. 24 April 1934, »Die Flucht
   nach Tirol«, Ms., 1995, S. 37–38; schwere Unfälle beim Spielen mit Blindgän-
   gern, Hermann G., »Reminiszenzen«, Ms., 1997, S. 6; DLA, Gottlieb G., geb.
   27. Aug. 1933, »1933-????« [sic], Ms., 1989, S. 45; KA 89, Rudi Brill, »Fronthelfer der HJ«, Bexback, o. J., 17.-18. Mai 1945.

17 Biess, »Survivors of totalitarianism«, S. 59–61, und ich bin Frank Biess für die
   originale Fassung dankbar; Dagmar Herzog, »Desperately seeking normality.
   Sex and marriage in the wake of the war«, in: Bessel und Schumann, *Life after Death*, S. 177–178, und Herzog, *Sex after Fascism. Memory and Morality in
   Twentieth-Century Germany*, Princeton, N. J., 2006; Beate Uhse, 1919–2001,
   begann 1948 mit dem Verkauf eines Kalenders mit Verhütungsratschlägen,
   bevor sie 1951 ihr eigenes Geschäft eröffnete: Burt Herman, AP Berlin, 18. Juli
   2001, Nachruf.

18 Christa J., Interview, in: Gröschner, *Ich schlug meiner Mutter die brennenden
   Funken ab*, S. 353–358.

19 Interviews mit Helga M., Mai 1998 und August 2004.

20 Meyer und Schulze, »›Als wir wieder zusammen waren, ging der Krieg im
   Kleinen weiter‹«, S. 316–319.

21 Ebd., S. 316–319; Thomas Grotum, *Die Halbstarken. Zur Geschichte einer
   Jugendkultur der 50er Jahre*, Frankfurt a. M. 1994, S. 54, 64–69; Christoph
   Kleßmann, *Die doppelte Staatsgründung. Deutsche Geschichte 1945–1955*,
   Göttingen 1991, S. 366–369; Klaus-Jörg Ruhl, *Frauen in der Nachkriegszeit*

1945–1963, München 1988; Robert Moeller, *Protecting Motherhood. Women and the Family in the Politics of Postwar West Germany*, Berkeley 1993; Hanna Schissler, »›Normalization‹ as Project. Some Thoughts on Gender Relations in West Germany during the 1950s«, in: dies., *The Miracle Years*, S. 359–75; Merith Niehuss, *Familie, Frau und Gesellschaft: Studien zur Strukturgeschichte der Familie in Westdeutschland 1945 – 1960*, Göttingen 2001.

22 Helga M., Interviews mit dem Autor, Mai 1998 und Aug. 2004.

23 Victor Gollancz, *In Darkest Germany. The Record of a Visit*, London 1947, S. 65–66; zur Bombardierung von Jülich siehe Friedrich, *Der Brand*, S. 143–145.

24 Victor Gollancz, *In Darkest Germany*, S. 18–19 und 94–98.

25 Dorothy M. Macardle, *Children of Europe*, S. 289; Kleßmann, *Die doppelte Staatsgründung*, S. 47–48; »Himmelfahrtskarte«, in: Heineman, »The hour of the Woman«, S. 32.

26 Einige Schulen in Berlin öffneten im Mai wieder, obwohl 2474 der verbliebenen Lehrer wegen ihrer Mitgliedschaft in der NSDAP Lehrverbot hatten: Kuby, *The Russians and Berlin*, S. 318–321; auch Grotum, *Die Halbstarken*, S. 45–46: Schulmahlzeiten wurden 1946 und 1947 in der amerikanischen und der britischen Zone eingeführt. S. a. RA, Berufsschule Essen, M2/3; Gröschner, *Ich schlug meiner Mutter die brennenden Funken ab*, S. 255–257: Christa J.; S. 262–263: Horst S., Greifenhagener Str. 53.

27 RA, Berufsschule Essen UI, Heinz B., 10. Juni 1956; RA, Berufsschule Essen, anon., M2/3; Goetheschule Essen, anon., geb. 1937; RA, Burg-Gymnasium Essen, UII, anon.; Burg-Gymnasium Essen, UI, anon., 21. Feb. 1956.

28 Rainer Gries, *Die Rationen-Gesellschaft. Versorgungskampf und Vergleichsmentalität. Leipzig, München und Köln nach dem Kriege*, Münster 1991, S. 27.

29 Norman Naimark, *Fires of Hatred. Ethnic Cleansing in Twentieth-century Europe*, Cambridge (Mass.) 2001, S. 108–138; Bericht eines Wohnungsinspektors in Bielefeld, 27. Juli 1946, in: Kleßmann, *Die doppelte Staatsgründung*, S. 358–359; zu Konflikten zwischen Einheimischen und Flüchtlingen, s. a. Rainer Schulze (Hg.), *Unruhige Zeiten. Erlebnisberichte aus dem Landkreis Celle 1945–1949*, München 1990; und ders., *Zwischen Heimat und Zuhause: Deutsche Flüchtlinge und Vertriebene in (West-)Deutschland 1945–2000*, Osnabrück 2001.

30 KA 3915, Johannes W., »Die Familie B. 1945/46 in Briefen und Dokumenten«, Ms., Frau B. an Dr. Otto B., Kneese, 10. Dez. 1945; Ingrid B. an Vater, Kneese, 10. Dez. 1945. Zu anderen Berichten über Vertreibungen durch die Augen der Kinder siehe Alena Wagnerová, *1945 waren sie Kinder. Flucht und Vertreibung im Leben einer Generation*, Köln 1990.

31 Meyer und Schulze, »›Als wir wieder zusammen waren, ging der Krieg im Kleinen weiter‹«, S. 315–319; Zinnecker, *Jugendkultur*, S. 67; Brot teilen, DLA, Annelies G., geb. 25. Mai 1931, »Vater, Mutter und ich«, Ms., S. 71; KA 4622, Peter Laudan, »Gefährdete Spiele«, geb. 1935, S. 34.

32 KA 4622, Peter Laudan, »Gefährdete Spiele«, S. 34–35.

33 Macardle, *Children of Europe*, S. 287, zitiert *International Child Welfare Review*, 2, 1948, S. 3; Kleßmann, *Die doppelte Staatsgründung*, S. 50–51; Sibylle Meyer und Eva Schulze, *Wie wir das alles geschafft haben. Alleinstehende Frauen berichten über ihr Leben nach 1945*, München 1985, S. 100–101; Jörg Roesler, »The Black Market in Post-war Berlin and the Methods Used to Counteract It«, *German History*, 7/1, 1989, S. 92–107.

34 Meyer und Schulze, *Wie wir das alles geschafft haben*, S. 103–108; A. L. Lloyd, »Germany's child smugglers«, *Picture Post*, 4. Okt. 1947, zitiert in Macardle, *Children of Europe*, S. 287–288.

35 Sosnowski, *The Tragedy of Children under Nazi Rule*, S. 167–171.

36 Allgemein siehe Thérèse Brosse, *War-handicapped Children. Report on the European Situation*, Paris 1950, S. 77–100, und Sosnowski, *The Tragedy of Children under Nazi Rule*, S. 175–184; zu Fällen in Breitenau siehe LWV 2/4379, Hella W., geb. 28. Jan. 1932, Amtsgericht Rotenburg/Fulda, S. 9: 1. Aug. 1946; LWV 2/4743, Elfriede D., geb. 9. April 1930, S. 15; LWV 2/4239 und 4251, Gerda H., geb. 7. Mai 1932; Anzahl, in: Ayass, *Das Arbeitshaus Breitenau*, S. 327 und 336.

37 Zwangsarbeiter als Schutz vor der Roten Armee siehe Bundesministerium für Vertriebene, *Dokumentation der Vertreibung*, Bd. 1, S. 199–200 und 205–206; und Moeller, *War Stories*, S. 81; KA 3666/1, Gisela G., geb. 15. Juli 1933, Tagebuch, 26. April, 12., 26. und 27. Mai und 6.-27. Juni 1945. Raubüberfälle waren 1946 gegenüber 1928 um 800–1200% gestiegen, dem letzten Jahr der Vorkriegsstabilität in der Weimarer Republik; das Jahr wurde auch gewählt, um gefälschte Polizeidaten aus der Nazizeit zu vermeiden: Wolfgang Jacobmeyer, *Vom Zwangsarbeiter zum heimatlosen Ausländer. Die Displaced Persons in Westdeutschland 1945-1951*, Göttingen 1985, S. 46–50 und 204–215; Herbert, *Hitler's Foreign Workers*, S. 378–380; Ulrich Herbert, »Apartheid nebenan«, in: Lutz Niethammer (Hg.), *»Die Jahre weiß man nicht, wo man die heute hinsetzen soll'. Faschismuserfahrungen im Ruhrgebiet*, Berlin 1983, S. 258–262.

38 Urteil und ähnliche Fälle in Richard J. Evans, *Rituals of Retribution. Capital Punishment in Germany, 1600-1987*, Oxford 1996, S. 750–755; Jacobmeyer, *Vom Zwangsarbeiter zum heimatlosen Ausländer*, S. 212–214, 217, 211 und 224–231.

39 KA 3088, Nachlaß Richard W., Schulaufsätze aus einer Tegeler Schule, an der er Unterricht gab: z. B. Renate N. und D. H.; Gröschner, *Ich schlug meiner Mutter die brennenden Funken ab*, S. 255–257: Christa J., geb. 1931, Göhrener Str. 3, Mädchenoberschule, 5. Klasse; und S. 215–217: Liane H., Bötzowstr. 57.

40 Gröschner, *Ich schlug meiner Mutter die brennenden Funken ab*, S. 20–21; 258-9: Christel B., Winsstr. 16, Mädchenoberschule, 7. Klasse; und S. 199–201: Hans H., Diesterwegstr. 7.

41 Hansjörg Riechert, *Im Schatten von Auschwitz: Die nationalsozialistische Ste-*

rilisationspolitik gegenüber Sinti und Roma, Münster 1995, S. 124–126; Gilad Margalit, *Germany and Its Gypsies. A Post-Auschwitz Ordeal*, Madison, Wisc., 2002, S. 83–142.

42 Siehe 2. Kap. und Krausnick, *Auf Wiedersehen im Himmel*, S. 77–135.

43 Yara-Colette Lemke Muniz de Faria, *Zwischen Fürsorge und Ausgrenzung. Afrodeutsche »Besatzungskinder« im Nachkriegsdeutschland*, Berlin 2002; Heide Fehrenbach, »Of German Mothers and ›Negermischlingskinder‹. Race, Sex, and the Postwar Nation«, in: Schissler, *The Miracle Years*, S. 164–186; Maria Höhn, *GIs and Fräuleins. The German-American Encounter in 1950s West Germany*, Chapel Hill, N. Carolina, 2002.

44 Dazu und zu den Vertreibungen aus Brünn siehe Naimark, *Fires of Hatred*, S. 114–136; Theodor Schieder, »Einleitende Darstellung«, in: ders., *Die Vertreibung der deutschen Bevölkerung aus den Gebieten östlich der Oder-Neiße*, Augsburg 1993, S. 1E–160E; Alena Wagnerová, *1945 waren sie Kinder*; Alois Harasko, »Die Vertreibung der Sudetendeutschen. Sechs Erlebnisberichte«, in: Wolfgang Benz (Hg.), *Die Vertreibung der Deutschen aus dem Osten*, S. 109–111; Bundesministerium für Vertriebene, *Dokumentation der Vertreibung*, Bd. 2, S. 158, 202, 210, 330–331; Alfred-Maurice de Zayas, *A Terrible Revenge. The Ethnic Cleansing of the East European Germans, 1944–1950*, New York 1994, S. 86. Enno S. in KA 3245, anon., Tagebuch, 1. März – 9. Juli 1945: 6. und 17. Mai 1945.

45 KA 1110/3, Monika T., »Schulheft zu Mutters Geburtstag«; KA 4058, Hans-Jürgen S.; s. a. KA 1759 zu einem ostpreußischen Beispiel; Moeller, *War Stories*, Kap. 3.

46 Umfrage in Anna Merritt und Richard Merritt (Hgg.), *Public Opinion in Occupied Germany. The OMGUS Surveys, 1945–1949*, Urbana 1970, S. 18–21; Moeller, *War Stories*, Kap. 3, bes. S. 72–81; Beer, »Im Spannungsfeld von Politik und Zeitgeschichte. Das Großforschungsprojekt ›Dokumentation der Vertreibung der Deutschen aus Ost-Mitteleuropa‹«.

47 Zu soziologischen Untersuchungen siehe Volker Ackermann, »Das Schweigen der Flüchtlingskinder. Psychische Folgen von Krieg, Flucht und Vertreibung bei den Deutschen nach 1945«, *Geschichte und Gesellschaft*, 30/3, 2004, S. 434–64; Svenja Goltermann bin ich zu Dank verpflichtet für Einzelheiten über Margaretes Fall in ihrem demnächst erscheinenden Beitrag: »The Imagination of Disaster«; der Fall selbst ist im Hauptarchiv der von Bodelschwinghschen Anstalten Bethel, Bestand Kidron, 4124, dokumentiert.

48 Die Forscher ihrerseits waren teils von amerikanischen Methoden der Meinungsforschung geprägt und zum Teil NS-Akademiker mit kruden sozialdarwinistischen Vorstellungen, siehe Ackermann, »Das Schweigen der Flüchtlingskinder«, S. 447–452.

49 Overmans, *Deutsche militärische Verluste im zweiten Weltkrieg*, S. 228–239,

und zu einer Neubewertung der offiziellen Schätzungen der Opfer unter der Zivilbevölkerung im Osten im Lichte der militärischen Verluste aus denselben Gebieten, S. 298–299; Groehler, *Bombenkrieg gegen Deutschland*, S. 316–320.

50 Statistiken in Grotum, *Die Halbstarken*, S. 47; Wolfgang Hempel, in: Hermann Schulz, Hartmut Radebold und Jürgen Reulecke, *Söhne ohne Väter: Erfahrungen der Kriegsgeneration*, Berlin 2004, S. 31–32 und 88–89.

51 Neil Gregor, »›Is he still alive, or long since dead?‹ Loss, absence and remembrance in Nuremberg, 1945–1956«, *German History*, 21/ 2, 2003, S. 190 und 186–191. S. a. Albrecht Lehmann, *Gefangenschaft und Heimkehr. Deutsche Kriegsgefangene in der Sowjetunion*, München 1986, S. 115–117; Moeller, *War Stories*, Kap. 4; Annette Kaminsky (Hg.), *Heimkehr 1948: Geschichte und Schicksale deutscher Kriegsgefangener*, München 1998; Jeremia, Kap. 29, Vers 14.

52 Bergau, *Der Junge von der Bernsteinküste*, S. 125–182; KA 4025, Heinz M., »Die Pestbeule. Autobiographische Erinnerungen der Kriegs- und Vorkriegszeit«; KA 1997, Werner K., »20 Monate Luftwaffenhelfer. Tagebücher 5. Januar 1944–20. August 1945«, 19. Aug. 1945; nur zwei der 1358 Aufsätze, die 1946 in Schulen in Prenzlauer Berg geschrieben wurden, stammten von Jungen, die im Volkssturm gedient hatten: Gröschner, *Ich schlug meiner Mutter die brennenden Funken ab*, S. 12 und 17; zur Hitlerjugendgeneration nach dem Krieg in der DDR und Bundesrepublik siehe von Plato, »The Hitler Youth Generation and its Role in the Two Post-war German«, in: Roseman, *Generations in Conflict*, S. 210–226; Bude, *Deutsche Karrieren*.

53 Overmans, *Deutsche militärische Verluste*, S. 300–301 und 231 und 286; »Kriegsgefangene und Wehrmachtsvermißte aus Hessen. Vorläufige Ergebnisse der amtlichen Registrierung vom 20.-30. Juni 1947«, *Staat und Wirtschaft in Hessen. Statistische Mitteilungen*, 2 (1947), Nr. 4, S. 110–112; Burkhart Müller-Hillebrand, *Das Heer. Zweifrontenkrieg*, Bd. 3, Darmstadt 1969, S. 263; Arthur Lee Smith, *Die »vermißte Million«. Zum Schicksal deutscher Kriegsgefangener nach dem zweiten Weltkrieg*, München 1992, S. 62–64; Kurt W. Böhme, *Gesucht wird… Die dramatische Geschichte des Suchdienstes*, München 1965, S. 115 und 234–237; Frank Biess, *Homecomings. Returning POWs and the Legacies of Defeat in Postwar Germany*, Princeton, N. J., 2006, S. 4 und 180–193.

54 Knoch, *Die Tat als Bild*, S. 314–323; Moeller, *War Stories*, Kap. 4 und Abb. 11–16; Frank Biess, »Survivors of totalitarianism«, S. 57–82 und 63 zu Briefen von Frau R. Ich bin Frank Biess für die Originalfassung ihres Briefes dankbar.

55 Liselotte G., in: Hammer und zur Nieden, *Sehr selten habe ich geweint*, S. 314–316, 17. Mai 1945.

56 Ebd., S. 316, 17. Mai 1945.

57 Zu Aachen im Sept.-Dez. 1944 siehe Bankier, »German public awareness of the final solution«, S. 216; Kleßmann, *Die doppelte Staatsgründung*, S. 372–374: Dok. 25, »Bericht des amerikanischen Geheimdienstes über die Einstel-

lung der deutschen Bevölkerung in der US-Zone«, 12. Aug. 1945; Moeller, *War Stories*, S. 25–49 und 78–79; Anna Merritt und Richard Merritt (Hgg.), *Public Opinion in Semisovereign Germany. The HICOG Surveys, 1949–1955*, Urbana 1980, S. 9; zu den Wiedergutmachungszahlungen an Israel siehe Frank Stern, *The Whitewashing of the Yellow Badge. Antisemitism and Philosemitism in Postwar Germany*, Oxford 1992, S. 352, 367 und 382; Constantin Goschler (Hg.), *Wiedergutmachung. Westdeutschland und die Verfolgten des Nationalsozialismus (1950–1954)*, München 1992, S. 257–285; zum Lastenausgleichsgesetz siehe Hans Günther Hockerts, »Integration der Gesellschaft. Gründungskrise und Sozialpolitik in der frühen Bundesrepublik«, *Zeitschrift für Sozialreform*, 32, 1986, S. 25–41; Michael Hughes, *Shouldering the Burdens of Defeat. West Germany and the Reconstruction of Social Justice*, Chapel Hill, N. Carolina, 1999.

58 Mommsen, »Gesellschaftsbild und Verfassungspläne des deutschen Widerstandes«; Richard Overy, *Interrogations. The Nazi Elite in Allied Hands, 1945*, London 2001.

59 Merritt und Merritt, *Public Opinion in Occupied Germany*, S. 32–33; Knoch, *Die Tat als Bild*, S. 356–425; Hans Wagener, »Soldaten zwischen Gehorsam und Gewissen. Kriegsromane und Kriegstagebücher«, in: ders. (Hg.), *Gegenwartsliteratur und Drittes Reich. Deutsche Autoren in der Auseinandersetzung mit der Vergangenheit*, Stuttgart 1977, 241–264.

60 KA 4500/68, Alfred M., Notiz, Aug. 1949; Trauer tragen, siehe Alfred M., Brief an Walter Kempowski, 15. Mai 1996. S. a. Sabine Behrenbeck, »Between pain and silence. Remembering the victims of violence in Germany after 1949«, in: Bessel und Schumann, *Life after Death*, S. 37–64; Elisabeth Domansky und Jutta de Jong, *Der lange Schatten des Krieges. Deutsche Lebens-Geschichten nach 1945*, Münster 2000, und Domansky, »A Lost War. World War Two in Post-War Germany Memory«, in: Alvin Rosenfeld (Hg.), *Thinking about the Holocaust after Half a Century*, Bloomington 1997, S. 233–272.

61 Siegfried Bork, *Mißbrauch der Sprache. Tendenzen nationalsozialistischer Sprachregelung*, Bern, 1970, S. 99. Richard Sheppard hat herausgearbeitet, daß »Die Aktion« und »Der Sturm« auf einem anderen Weg wieder in die deutsche Kultur zurückgekommen sind: mit der Wiederentdeckung des Expressionismus, siehe den Katalog *Expressionismus: Literatur und Kunst 1910–1923. Eine Ausstellung des deutschen Literaturarchivs im Schiller-Nationalmuseum Marbach a. N.*, Marbach 1960.

62 Konrad Ehlich, »Über den Faschismus sprechen – Analyse und Diskurs«, in: ders. (Hg.), *Sprache im Faschismus*, Frankfurt a. M. 1989, S. 7–34; Dolf Sternberger, Gerhard Storz und W. E. Süsking, *Aus dem Wörterbuch des Unmenschen*, Hamburg 1968, S. 31–36, 45–50, 57–63, 109–113 und 168–72.

63 Siehe auch Schulaufsätze in Kap. 8 bis 11 weiter oben; zur Einrichtung der Sammlung siehe Heinz Abels, Heinz-Hermann Krüger und Hartmut Rohr-

man, »›Jugend im Erziehungsfeld‹. Schüleraufsätze aus den fünfziger Jahren im Roessler-Archiv«, *BIOS*, 1, 1989, S. 139–150; zur Unbeliebtheit der Wiederaufrüstung bei der Jugend siehe Alan McDougall, *Youth Politics in East Germany. The Free German Youth Movement, 1946–1968*, Oxford 2004, S. 27–33; Grotum, *Die Halbstarken*, S. 47; s. a. Uta Poiger, *Jazz, Rock and Rebels. Cold War Politics and American Culture in a Divided Germany*, Berkeley 2000.

64 Lesen, in Schulz, Radebold und Reulecke, *Söhne ohne Väter*, S. 50–55; Manfred Gregor, *Die Brücke*, München 1958; Hans Hellmut Kirst, *08/15. In der Kaserne – Im Krieg – Bis zum Ende. Gesamtausgabe der Trilogie*, München 2001; Albrecht Goes, *Unruhige Nacht*, Hamburg 1951; Holger Klein, *The Second World War in Fiction*, London 1984; Wagener, »Soldaten zwischen Gehorsam und Gewissen«; Knoch, *Die Tat als Bild*, S. 372–385; Jochen Pfeifer, *Der deutsche Kriegsroman 1945–1960. Ein Versuch zur Vermittlungen von Literatur und Sozialgeschichte*, Königstein 1981; Keith Bullivant und C. Jane Rice, »West German Stabilization 1945–1968«, in: Rob Burns (Hg.), *German Cultural Studies. An Introduction*, Oxford 1995, S. 225–227.

65 Timm, *Am Beispiel meines Bruders*, S. 11–16, 57–60, 63–64, 70, 75–76, 89–90, 97–99 und 151.

66 Helmut Schelsky, *Die skeptische Generation. Eine Soziologie der deutschen Jugend*, Düsseldorf 1957; auch Franz-Werner Kersting, »Helmut Schelskys ›Skeptische Generation‹ von 1957«, *Vierteljahrshefte für Zeitgeschichte*, 50, 2002, S. 465–495.

12. Die Befreiten

1 Angelika Königseder, *Flucht nach Berlin*, 164–165; YIVO Archives, Leo W. Schwarz Papers, 481, Presseerklärung des Central Komitet fun di bafrajte Jidn in der amerikaner zone, Department of Public Relations, München, 26 Sept. 1947; Menuhin wurde in den USA und in Israel für seine Verteidigung Furtwänglers heftig kritisiert und gibt in seinen Memoiren auch einen etwas positiveren Bericht von dieser Begegnung: siehe Yehudi Menuhin, *Unfinished Journey*, London 2001, S. 230–236; Sam Shirakawa, *The Devil's Music Master. The Controversial Life and Career of Wilhelm Furtwängler*, Oxford 1992, S. 345–355.

2 Angelika Königseder und Juliane Wetzel, *Lebensmut im Wartesaal. Die jüdischen DPs (Displaced Persons) im Nachkriegsdeutschland*, Frankfurt a. M. 1994, S. 25, 42 und 47–53.

3 Zu Konflikten zwischen Polen und Juden in Bergen-Belsen siehe United Nations Archives, UNRRA, PAG 4/4.2: 82 (S-0524–0106): Office of the Historian, Monographs, DP BR 12, History of Child Welfare Sources, »Section ›F‹ Repatriation and resettlement of unaccompanied children«; Königseder und Wet-

zel, *Lebensmut im Wartesaal*, S. 47, die britischen Zahlen gelten für Juni 1946; YIVO Archives, Leo W. Schwarz Papers, S. 54, 89 und 92: Leo W. Schwarz, »Report on AJDC program in the American Zone«, 12. Jan. 1947; Susan Pettiss, »Report on Jewish infiltree children«, und »Children in German homes and institutions whose nationality is not yet finally established«.

4 YIVO Archives, Leo W. Schwarz Papers, 87, »Displaced Persons, 1945–1946. Office of the Chief Historian European Command«, S. 61–62; Königseder und Wetzel, *Lebensmut im Wartesaal*, S. 138; Jacobmeyer, *Vom Zwangsarbeiter zum heimatlosen Ausländer*, S. 193–194.

5 YIVO Archives, Leo W. Schwarz Papers, 520 und 89, American Joint Distribution Committee (AJDC) Berlin, »Quarterly Report for the period April 1 to June 30 1947«, und Susan Pettiss, »Report on Jewish infiltree children«.

6 Ich bin Juliane Wetzel zu Dank verpflichtet, daß sie mir das folgende Material zugänglich gemacht hat: YIVO Archives, DP Collection, Germany, Mappe 2212, Central Information Office London: Miriam Warburg, »Conditions of Jewish children in a Bavarian rehabilitation camp«.

7 Ebd.

8 Ebd.; Königseder und Wetzel, *Lebensmut im Wartesaal*, S. 110, zitiert Marie Syrkin, *The State of the Jews*, Washington 1980, S. 21–22; zu Landsberg siehe Angelika Eder, *Flüchtige Heimat. Jüdische Displaced Persons in Landsberg am Lech 1945 bis 1950*, München 1998; Miriam Warburg über eine mit ihrer Tochter wieder zusammengeführte Mutter, die diese aus einem Deportationszug von Lodz hinausgeworfen hatte, Warburg, »Personal Experiences of camp inmates at D.P. Center of Foehrenwald, Bavaria«, *Jews in Europe Today*, S. 2, Feb. 1946.

9 Sosnowski, *The Tragedy of Children under Nazi Rule*, S. 172.

10 United Nations Archives, UNRRA, PAG 4/1.1.3.5.6.2: 13, (S-0518–798): Bureau of Administration, Administrative Services Division, Records Section, Central Registry, Registry files (1944–49), Mission files, German Mission, Monthly Narrative Report 46/271, Okt. 1946, Eileen Blackey, »Minutes of Inter-zonal conference on child search and repatriation, October 16, 17 and 18, 1946«; United Nations Archives, UNRRA, PAG 4/4.2: 82 (S-0524–0106): Office of the Historian, Monographs, DP BR 21A, Michael Sorensen, »Some observations at the conclusion of six months of child search and investigation«, 8. Aug. 1946; United Nations Archives, UNRRA, PAG 4/4.2: 84, (S-0524–0108): Office of the Historian, Monographs, DP BR 32, Nordrhein-Westfalen, Miss E. Dunkel, »Memorandum on child search«, 13. Juni 1947, 460 UNRRA HQ, und Brigadier T.J. King, UNRRA Regional Director, Nordrhein-Westfalen, »Unofficial Report for Miss H. Pollak«.

11 Drolshagen, *Nicht ungeschoren davonkommen*; Virgili, *Shorn Women*; Veslemøy Kjendsli, *Kinder der Schande*, Berlin 1988; Polnische Behauptungen, Hrabar, Tokarz und Wilczur, *Kinder im Krieg*, S. 240–244 und 331–335; Sosnowski, *The Tragedy of Children und der Nazi Rule*, S. 52–53; Clay und Leap-

man, *Master Race*, S. 128, zitiert einen Artikel in der Zeitung *Życie Warszawy* von Juni 1948.

12 Macardle, *Children of Europe*, S. 233–234.

13 United Nations Archives, PAG 4/1.1.3.5.6.2: 131, (S-0518–798): UNRRA, Bureau of Administration, Administrative Services Division, Records Section, Central Registry, Registry files (1944–49), Mission files, German Mission, Monthly Narrative Report 46/271, Nov. 1946, Eileen Blackey, »Report of trip to Poland, 19–27 November 1946«.

14 Siehe den Fall von Alojzy Twardecki, alias Alfred Binderberger, in: Clay und Leapman, *Master Race*, S. 105–114.

15 Siehe Henryk Tycner, »Grupa doktora Franciszka Witaszka«, zitiert in Madajczyk, *Die Okkupationspolitik Nazideutschlands*, S. 473, Anm. 56; Clay und Leapman, *Master Race*, S. 118–119.

16 Clay and Leapman, *Master Race*, 159–176.

17 Sosnowski, *The Tragedy of Children under Nazi Rule*, Anhang 22, S. 306–307; Lilienthal, *Der »Lebensborn e. V.«*, S. 216; Hrabar, Tokarz und Wilczur, *Kinder im Krieg*, S. 87; Michael Leapman, *Witnesses to War. Eight True-Life Stories of Nazi Persecution*, London 2000, S. 106; Macardle, *Children of Europe*, S. 235, 238–240 und 296.

18 United Nations Archives, UNRRA, PAG 4/4.2: 84, (UN, S-0524–0108): Office of the Historian, Monographs, DP BR 32, North Rhine-Westphalia, Dunkel, »Memorandum on child search«; United Nations Archives, PAG 4/1.1.3.5.6.2: 13, (S-0518–798): UNRRA, Bureau of Administration, Administrative Services Division, Records Section, Central Registry, Registry files (1944–49), Mission files, German Mission, Monthly Narrative Report 46/271, Okt. 1946, Blackey, »Minutes of Inter-zonal conference on child search and repatriation, October 16, 17 and 18, 1946«; Clay und Leapman, *Master Race*, S. 128–130.

19 Aitchison, *Caught in the Crossfire*, S. 66–68 und 197–199.

20 David, *Ein Stück Erde*, S. 226–263.

21 Ebd., S. 264 f. und 275 f.

22 Ebd., S. 285.

23 Martin Gilbert, *The Boys. Triumph over Adversity*, London 1996, S. 254–286.

24 Anna Freud und Dorothy Burlingham, *Heimatlose Kinder*, Frankfurt a. M. 1982, S. 191, und ihr Artikel von 1951, »An experiment in group upbringing«, in: *The Writings of Anna Freud*, Bd. 4, New York 1967–1980, S. 163–229. Zum weiteren Leben der Kinder siehe Gilbert, *The Boys*, S. 286, und Sarah Moskovitz, *Love despite Hate. Child Survivors of the Holocaust and their Adult Lives*, New York 1983.

25 Die Schriften der Anna Freud, Band VI. 1956–1965, München 1980, S. 1735.

26 Warburg, »Personal Experiences of camp inmates at D.P. Center of Foehrenwald, Bavaria«, S. 2. Die wichtigste Ausführung zur Position von Anna Freud findet sich in dies., *Ego and the Mechanisms of Defence*, London 1936; zu einer

kurzen Einführung in die Debatte zwischen Freud und Klein siehe »Ego psychology«, in: R. D. Hinshelwood, *A Dictionary of Kleinian Thought*, London 1989, S. 286–295. Anna Freuds Theorie, daß ein Kind, dem die Eltern abhanden gekommen sind, erst später, in der Latenzzeit und in den Entwicklungsjahren Schwierigkeiten bekomme, ein stabiles Selbstgefühl auszubilden, hat auch einige spätere Schriften auf diesem Gebiet beeinflußt: siehe Edith Ludowyk Gyomroi, »The analysis of a young concentration camp victim«, *The Psychoanalytic Study of the Child*, 18, 1963; Flora Hogman, »Displaced Jewish children during world war II. How they coped«, *Journal of Humanistic Psychology*, 23, 1983. Zu den Diskussionen von Kinderheimleitern, siehe Thérèse Brosse, *Homeless Children. Report of the Proceedings of the Conference of Directors of the Children's Communities, Trogen, Switzerland*, Paris 1950, S. 22, 27 und 43–44; John Bowlby's Untersuchung von 200 britischen Kindern unter zwölf Jahren mit kriegsbedingten Problemen kam zu der Ansicht, daß in einem Drittel der Fälle die Evakuierung und weniger die Bombardements die Ursache waren: John Bowlby, *Child Care and the Growth of Love*, London 1965, S. 42; zu ähnlichen Einschätzungen von deutschen Spezialisten, die mit deutschen Flüchtlingskindern arbeiteten, siehe Ackermann, »Das Schweigen der Flüchtlingskinder«, S. 447–457.

27 Thomas Gève, *Es gibt hier keine Kinder: Auschwitz, Groß-Rosen, Buchenwald. Zeichnungen eines kindlichen Historikers*, Volkhard Knigge (Hg.), Göttingen 1997, S. 10–11; Interview mit dem Autor, Southampton, Jan. 2003.

28 Gève, Interview mit dem Autor, Southampton, Jan. 2003.

29 Gève, *Geraubte Kindheit*, S. 30; und weiter oben 1. Kapitel.

30 Kalman Landau, abgebildet im *Du*-Heft, März 1946.

31 Landau, »Krematorium«, *Du*-Heft, März 1946; Gève, »Auschwitzer Mordkammer«, Nr. 35, in Yad Vashem Art Museum; auch in Gève, *Es gibt hier keine Kinder*, S. 91. Siehe »Rambles in Terezin«, in: Křížková, Kotouč und Ornest, *We Are Children Just the Same*, S. 85–86.

32 Thomas Gève, Interview mit dem Autor und öffentliche Lesung, Southampton, Jan. 2003.

33 Yehuda Bacon, ›Portrait of K. Furmann‹, 1945, Beit Lohamei Haghetaot, Museum Nr. 704; »In Memory of the Czech Transport to the Gas Chambers«, 1945, Kohle auf Papier, Leihgabe an das Yad Vashem Art Museum; zu seiner Zeugenaussage in Frankfurt, siehe Fritz Bauer Institut (Hg.), *Auschwitz-Prozeß 4 Ks 2/63 Frankfurt am Main*, Ghent 2004, S. 651–653; Bacon Interview mit Ben-David Gershon, Jerusalem, 17. Nov. 1964, S. 68. Bacon hatte womöglich schon einige Vorstellungen zu diesem Porträt seines Vaters entwickelt, bevor das »Familienlager« aufgelöst wurde; er schreibt von einer wie eine Kralle gekrümmten Hand über dem rauchenden Krematorium: ebd., S. 46–47.

34 Kitty Hart, *Return to Auschwitz. The Remarkable Story of a Girl who Survived the Holocaust*, London 1983, S. 14; zum Schweigen in den 1950er und 1960er

Jahren siehe Kushner, *The Holocaust and the Liberal Imagination*; und Novick, *The Holocaust and Collective Memory*; zu einigen von der *Central Jewish Historical Commission* in Polen gesammelten Zeugenaussagen – von 1947, dem Jüdischen Historischen Institut in Warschau – siehe Hochberg-Mariańska und Grüss, *The Children Accuse*; s. a. Natalia Aleksiun, »Polish Historiography of the Holocaust – Between Silence and Public Debate«, *German History*, 22/3, 2004, S. 406–432; Ilana Tahan, *Memorial Volumes to Jewish Communities Destroyed in the Holocaust. A Bibliography of British Library Holdings*, London 2003; und zu einer Auswahl siehe Jack Kugelmass und Jonathan Boyarin (Hgg.), *From a Ruined Garden. The Memorial Books of Polish Jewry*, New York 1983.

35 Davies und Moorhouse, *Microcosm*, S. 417–444; Gregor Thum, *Die fremde Stadt. Breslau 1945*, Berlin 2003; Bohdan Kordan, »Making borders stick. Population transfer and resettlement in the Trans-Curzon territories, 1944–1949«, *International Migration Review*, 31, Nr. 3 (1997), S. 704–720.

36 Lagrou, *The Legacy of Nazi Occupation in Western Europe*; Steinlauf, *Bondage to the Dead*; Sosnowski, *The Tragedy of Children under Nazi Rule*, S. 165–167.

37 Zdzislow Grot und W. Ostrowski, *Wspomnienia młodzieży wielkopolskiej z lat okupacji niemieckiej 1939–1945*, Posen 1946, zitiert in Sosnowski, *The Tragedy of Children under Nazi Rule*, S. 166; Kamiński, *Kamienie na szaniec*; *Przekrój*, S. 43, 50–58, 1946; Stephan Szuman, »La guerre et l'occupation dans les dessins des enfants polonais«, *Sauvegarde*, 1949, S. 28–57; *Berliner Zeitung*, 27. Okt. 1945, zitiert in Wilfrid Ranke [u. a.] (Hgg.), *Kultur, Pajoks und Care-Pakete. Eine Berliner Chronik 1945–49*, Berlin 1990, S. 86–87.

38 Brosse, *War-handicapped Children*, S. 19–20 und 77–100; Sosnowski, *The Tragedy of Children under Nazi Rule*, S. 165–167; Helena Radomska-Strzemecka, »Okupacja w oczach młodzieży«, in: Józef Wnuk und Helena Radomska-Strzemecka, *Dzieci polskie oskarżają (1939–1945)*, Warschau 1961, S. 195–379.

39 DöW, Ms., Nina Weilová, »Erinnerungen«, S. 13 und 25; s. a. 7. Kapitel weiter oben.

40 Zur Mahnmaldiskussion siehe Peter Reichel, *Politik mit der Erinnerung. Gedächtnisorte im Streit um die Nationalsozialistische Vergangenheit*, München und Wien 1995; und allgemeiner siehe Etienne François und Hagen Schulze (Hgg.), *Deutsche Erinnerungsorte*, Bd. 1–3, München 2002; James Young, *The Texture of Memory. Holocaust Memorials and Meaning*, New Haven und London 1993.

41 Dinora Pines, »Working with women survivors of the Holocaust«, in: dies., *A Woman's Unconscious Use of Her Body. A Psychoanalytical Perspective*, London 1993, S. 178–204; Primo Levi, *Ist das ein Mensch? Erinnerungen an Auschwitz*, Frankfurt a. M. 1979

42 Anita Franková, geb. 13. Juli 1930, nach Theresienstadt deportiert am 3. Aug. 1942, nach Auschwitz deportiert am 18. Dez. 1943, Interview mit dem Autor, Prag, April 1994; siehe Kárný [u. a.], *Terezínská Pamětní Kniha*, S. 863.

43 Victor Klemperer, *To the Bitter End.*, 13.-24. Feb. 1945, S. 387–96; RA, Burg-Gymnasium Essen, UII/522, anon., S. 2. Siehe RA, Burg-Gymnasium Essen, UI/641, 2, zu einer ähnlichen Erinnerung an die Begeisterung beim Betrachten der Bombardierung von Essen von einem 20 km entfernten Dorf aus. Zu Dresden siehe auch Götz Bergander, *Dresden im Luftkrieg. Vorgeschichte-Zerstörung-Folgen*, Köln 1977, S. 148–195, 290–292; zur Zerstörung des eigenen Hauses siehe Marion an ihren Vater, in: Lange und Burkard, »*Abends wenn wir essen fehlt uns immer einer*«, S. 185: 3. Dez. 1943; RA, Berufsschule Essen, M2/2, S. 1–2; Gröschner, *Ich schlug meiner Mutter die brennenden Funken ab*, S. 147–149: Christa B., Dänenstr. 1, Mädchenmittelschule II, 4; Bacon Interviews mit Chaim Mass, Jerusalem, 13. Feb. 1959, S. 17 und 44, und mit Ben-David Gershon, Jerusalem, 17. Nov. 1964, S. 49 und 60.

44 Timm, *Am Beispiel meines Bruders*, S. 37–38.

45 Niethammer, *Ego-Histoire?*, S. 184–185 und 188–191.

46 Ebd., DLA, Karl P., »Hunger – Krieg und Kinderjahre!«, S. 12.

47 Passerini, »Work ideology and consensus under Italian Fascism«; Reinhard Sieder, »A Hitler Youth from a Respectable Family«, in: Daniel Bertaux und Paul Thompson (Hgg.), *International Yearbook of Oral History and Life Stories*, Bd. 2, *Between Generations. Family Models, Myths, and Memories*, Oxford 1993, S. 99–120; Rosenthal, *Erlebte und erzählte Lebensgeschichte*; Ulrich Herbert, »Good Times, Bad Times. Memories of the Third Reich«, in: Richard Bessel (Hg.), *Life in the Third Reich*, Oxford 1987, S. 97–110; Michelle Mouton und Helena Pohlandt-McCormick, »Boundary Crossings. Oral History of Nazi Germany and Apartheid South Africa – A Comparative Perspective«, *History Workshop Journal*, 48, Herbst 1999, S. 41–63; Lawrence Langer, *Holocaust Testimonies. The Ruins of Memory*, New Haven 1991; und allgemeiner zu dieser offenen Frage siehe bes. Portelli, »The Death of Luigi Trastulli. Memory and the Event«; und Karl Figlio, »Oral History and the Unconscious«; Lothar C., Interview mit Alexander von Plato und dem Autor, 26. März 1999, Institut für Geschichte und Biographie, Außenstelle der Fernuniversität Hagen, Lüdenscheid.

48 Hans Medick, geb. 1939, Interviews mit dem Autor in Göttingen, März 1998 und August 2001.

49 KA 2035, Wilhelm K., geb. 1929, Brief an Walter Kempowski, 14. Okt. 1987; auch Brief an den Autor, 29. Okt. 2004; Tagebuch vom 23. März 1942–29. Mai 1947: 16. Mai 1945.

50 Harald Welzer, Sabine Moller und Karoline Tschuggnall, »*Opa war kein Nazi«. Nationalsozialismus und Holocaust im Familiengedächtnis*, Frankfurt a. M. 2002; auch von Westernhagen, *Die Kinder der Täter*; und Bar-On, *Legacy of Silence*.

51 Anneliese H., Tagebuch, 1. Mai 45, in: Kuby, *The Russians and Berlin*, S. 226.

52 Anne Frank, Das Tagebuch der Anne Frank: 14. Juni 1942–1. August 1944,

Frankfurt a. M. 1955; Alvin Rosenfeld, »Popularization and Memory. The Case of Anne Frank«, in: Peter Hayes (Hg.), *Lessons and Legacies. The Meaning of the Holocaust in a Changing World*, Evanston, Ill., 1991, S. 243–278; Anat Feinberg, *Wiedergutmachung im Programm. Jüdisches Schicksal im deutschen Nachkriegsdrama*, Köln 1988, S. 17–18.

53 Heinrich Böll, *Wo warst du, Adam?*, Frankfurt a. M. 1959; Uwe Johnson, *Mutmaßungen über Jakob*, Frankfurt a. M. 1959; Günter Grass, *Hundejahre*, Neuwied 1963; siehe Elizabeth Boa und J. H. Reid, *Critical strategies. German fiction in the Twentieth Century*, London 1972.

54 Zu Rudolf W. siehe 1. Kap., und zu Walb siehe Einleitung weiter oben.

55 Dr. Walter Corti (1910–90). Das Dorf existiert immer noch und kümmert sich um die Waisenkinder aus internationalen Konflikten und um Opfer von AIDS.

56 Volkhard Knigge, »With the eyes of a child historian and engineer«, in: Gève, *Es gibt hier keine Kinder*, S. 29–34, zitiert das Tagebuch von Lieselott Walz; Ian Serraillier, *The Silver Sword*, London 1956, S. 183–187.

57 Dr. Marie Meierhofer (1909–98), in: Brosse, *Homeless Children*, S. 26–27, 30–32 und 43–44; Macardle, *Children of Europe*, S. 253–254.

Literaturverzeichnis

Abkürzungsverzeichnis der Zeitschriften

AfS   Archiv für Sozialgeschichte
BIOS   Zeitschrift für Biographieforschung und Oral History
DH   Dachauer Hefte
GG   Geschichte und Gesellschaft
GH   German History
HWJ   History Workshop Journal
JB   Judaica Bohemiae
JC   Journal of Contemporary History
VfZ   Vierteljahreshefte für Zeitgeschichte
YVS   Yad Vashem Studies
1999   1999. Zeitschrift für Sozialgeschichte des 20. und 21. Jahrhunderts

Ausgewählte Bibliographie

Abels, Heinz, Heinz-Hermann Krüger u. Hartmut Rohrmann: Jugend im Erzie-
    hungsfeld. Schüleraufsätze aus den fünfziger Jahren im Roessler-Archiv, in:
    BIOS Bd. 1 (1989), S. 139–150.
Abrams, Lynn: The Orphan Country, Edinburgh 1998.
Ackermann, Volker: Das Schweigen der Flüchtlingskinder. Psychische Folgen von
    Krieg, Flucht und Vertreibung bei den Deutschen nach 1945, in: GG Bd. 30/3
    (2004), S. 434–464.
Adelson, Alan (Hg.): The Diary of Dawid Sierakowiak. Five Notebooks from the
    Łódź Ghetto, Oxford 1996.
Adelson, Alan u. Robert Lapides (Hgg.): Łódź Ghetto. Inside a Community under
    Siege, New York 1989.
Adler, Hans Günther: Die vermeintliche Wahrheit. Theresienstädter Dokumente,
    Tübingen 1958.
Adler, Hans Günther: Theresienstadt. 1941–1945. Das Antlitz einer Zwangsgemein-
    schaft, Tübingen 1960.
Aitchison, Mary: Caught in the Crossfire. The Story of Janina Pladek, Fearn 1995.
Ainsztein, Rueben: Jüdischer Widerstand im deutschbesetzten Osteuropa wäh-
    rend des Zweiten Weltkrieges, Oldenburg 1995.

Akten zur deutschen Auswärtigen Politik 1918–1945. Serie D. Bd. 7, Baden-Baden u. Göttingen 1956.

Aleksium, Natalia: Polish Historiography of the Holocaust. Between Silence and Public Debate, in: GH Bd. 22/3 (2004), S. 406–432.

Alexiejewitsch, Swetlana: Der Krieg hat kein weibliches Gesicht, Hamburg 1989.

Alter, Reinhard und Peter Monteath (Hg.): Rewriting the German Past. History and Identity in the New Germany, Atlantic Highlands 1997.

Aly, Götz: Der Mord an behinderten Kindern zwischen 1939 und 1945, in: Angelika Ebbinghaus, Heidrun Kaupen-Haas und Karl Heinz Roth (Hgg.): Heilen und Vernichten im Mustergau Hamburg. Bevölkerungs- und Gesundheitspolitik im Dritten Reich, Hamburg 1984, S. 147–155.

Aly, Götz (Hg.): Aktion T-4 1939–1945. Die »Euthanasie«-Zentrale in der Tiergartenstraße 4, Berlin 1987.

Aly, Götz: »Final Solution«. Nazi Population Policy and the Murder of the European Jews, London 1999. [dt.: »Endlösung«. Völkerverschiebung und der Mord an den europäischen Juden, Frankfurt/M. 1995.]

Andrews, Molly: Grand National Narratives and the Project of Truth Commissions. A Comparative Analysis, in: Media. Cultur and Society Bd. 25 (2003), S. 45–65.

Arad, Yitzhak: Belzec, Sobibor, Treblinka. The Operation Reinhard Death Camp, Bloomington 1987.

Arbeitsgruppe Pädagogisches Museum (Hg.): Heil Hitler, Herr Lehrer. Volksschule 1933–1945. Das Beispiel Berlin, Hamburg 1983.

Auerbacher, Inge: I Am a Star. Child of the Holocaust, New York 1986. [dt.: Ich bin ein Stern, Weinheim 1990.]

Axmann, Arthur: »Das kann doch nicht das Ende sein«. Hitlers letzter Reichsjugendführer erinnert sich, Koblenz 1995.

Ayass, Wolfgang: Das Arbeitshaus Breitenau. Bettler, Landstreicher, Prostituierte, Zuhälter und Fürsorgeempfänger in der Korrektions- und Landarmenanstalt Breitenau. 1874–1949, Kassel 1992.

Ayass, Wolfgang: Die Landesarbeitsanstalt und das Landesfürsorgeheim Breitenau, in: Gunnar Richter (Hg.): Breitenau. Zur Geschichte eines nationalsozialistischen Konzentrations- und Arbeitslagers, Kassel 1993, S. 21–49.

Ayçoberry, Pierre: La société allemande sous le IIIe Reich 1933–1945, Paris 1998.

Bajohr, Stefan: Die Hälfte der Fabrik. Geschichte der Frauenarbeit in Deutschland 1914 bis 1945, Marburg 1979.

Bajohr, Frank: »Aryanisation« in Hamburg. The Economic Exclusion of the Jews and the Confiscation of Their Property in Nazi Germany, Oxford 2002.

Bandhauer Schöffmann, Irene und Ela Hornung: Vom »Dritten Reich« zur Zweiten Republik. Frauen im Wien der Nachkriegszeit, in: David F. Good, Margarete Grandner und Mary Jo Maynes (Hgg.): Frauen in Österreich. Beiträge zu ihrer Situation im 19. und 20. Jahrhundert, Wien 1994, S. 225–246.

Bankier, David: The Germans and the Final Solution. Public Opinion under Nazism, Oxford 1992. [dt.: Die öffentliche Meinung im Hitler-Staat. Die »Endlösung« und die Deutschen. Eine Berichtigung, Berlin 1995.]

Bankier, David: German Public Awareness of the Final Solution, in: David Cesarani (Hg.): The Final Solution. Origin and Implementation, London 1994, S. 215–227.

Barber, John und Mark Harrison: The Soviet Home Front 1941–1945. A Social and Economic History of the USSR in World War II, Harlow 1991.

Barkai, Avraham: Between East and West. Jews from Germany in the Lodz Ghetto, in: YVS Bd. 16 (1984), S. 271–332.

Bar-On, Dan: Legacy of Silence. Encounters with Children of the Third Reich, Cambridge/Mass. 1989. [dt.: Die Last des Schweigens. Gespräche mit Kindern von NS-Tätern. Hg. v. Christoph J. Schmidt, Reinbek 1996.]

Bartoszewski, Władysław u. Zofia Lewin (Hgg.): Righteous among Nations. How Poles helped the Jews. 1939–1945, London 1969. [dt.: Bartoszewski, Władysław: Vergossenes Blut uns verbrüdert. Über die Hilfe für Juden in Polen während der Okkupation, Warschau 1970.]

Bartov, Omer: Hitler's Army. Soldiers, Nazis and War in the Third Reich, Oxford u. New York 1991. [dt.: Hitlers Wehrmacht. Soldaten, Fanatismus und die Brutalisierung des Krieges, Reinbek 1995.]

Bauer, Fritz, Karl Dietrich Bracher u. H. H. Fuchs (Hgg.): Justiz und NS-Verbrechen. Sammlung deutscher Strafurteile wegen nationalsozialistischer Tötungsverbrechen 1945–1968. Bd. 1–27, Amsterdam 1968–2003.

Baumgart, Wilfried: Zur Ansprache Hitlers vor den Führern der Wehrmacht am 22. August 1939. Eine quellenkritische Untersuchung, in: VfZ Bd. 16 (1968), S. 143–149.

Baumgartner, Marianna: Zwischen Mythos und Realität. Die Nachkriegsvergewaltigungen im sowjetisch besetzten Mostviertel, in: Unsere Heimat. Zeitschrift für Landeskunde von Niederösterreich Bd. 64/2 (1993), S. 73–108.

Bechtold, Gretel: Ein deutsches Kindertagebuch in Bildern. 1933–1945, Freiburg 1997.

Beer, Matthias: Im Spannungsfeld von Politik und Zeitgeschichte. Das Großforschungsprojekt »Dokumentation der Deutschen aus Ost-Mitteleuropa«, in: VfZ Bd. 49 (1998), S. 345–389.

Beevor, Antony: Berlin. The Downfall 1945, London 2002. [dt.: Berlin 1945. Das Ende, München 2002.]

Behrenbeck, Sabine: Der Kult um die toten Helden. Nationalsozialistische Mythen, Riten und Symbole, Vierow bei Greifswald, 1996.

Benz, Wolfgang: Die Vertreibung der Deutschen aus dem Osten. Ursachen, Ereignisse, Folgen, Freiburg 1985.

Benz, Wolfgang (Hg.): Dimension des Völkermords. Die Zahl der jüdischen Opfer des Nationalsozialismus, München 1991.

Benz, Wolfgang und Ute Benz (Hgg.): Sozialisation und Traumatisierung. Kinder in der Zeit des Nationalsozialismus, Frankfurt/M. 1998.

Benz, Wolfgang, Claudio Curio und Andrea Hammel (Hgg.): Die Kindertransporte 1938/39. Rettung und Integration, Frankfurt/M. 2003.

Benzenhöfer, Udo: Der Fall »Kind Knauer«, in: Deutsches Ärzteblatt Bd. 95/19 (1998), S. 945–955.

Benzenhöfer, Udo: Kinderfachabteilungen und NS-Kindereuthanasie, Wetzlar 2000.

Benzenhöfer, Udo: Genese und Struktur der »NS-Struktur und Jugendlicheneuthanasie«, in: Monatsschrift für Kinderheilkunde Bd. 10 (2003), S. 1012–1019.

Berg, Mary: Warsaw Ghetto. A Diary. Hg. v. S.L. Shneiderman, New York 1945.

Bergander, Götz: Dresden im Luftkrieg. Vorgeschichte – Zerstörung – Folgen, Köln 1977.

Bergau, Martin: Der Junge von der Bernsteinküste. Erlebte Zeitgeschichte. 1938–1948, Heidelberg 1994.

Bergen, Doris: The Nazi Concept of »Volksdeutsche« and the Exacerbation of Anti-Semitism in Eastern Europe, 1939–45, in: JC Bd. 29/4 (1994), S. 569–582.

Berger, Andrea und Thomas Oelschläger: »Ich habe eines natürlichen Todes sterben lassen«. Das Krankenhaus im Kalmenhof und die Praxis der nationalsozialistischen Vernichtungsprogramme, in: Christian Schrapper und Dieter Sengling (Hgg.): Die Idee der Bildbarkeit. 100 Jahre sozialpädagogische Praxis in der Heilerziehungsanstalt Kalmenhof, Weinheim 1988, S. 269–336.

Berghan, Marion: German-Jewish Refugees in England. The Ambiguities of Assimilation, London 1984.

Berkhoff, Karel: Harvest of Despair. Life and Death in Ukraine under Nazi Rule, Cambridge/Mass. 2004.

Bessel, Richard u. Dirk Schumann (Hgg.): Life after Death. Approaches to a Cultural and Social History of Europe during the 1940s and 1950s, Cambridge 2003.

Bessel, Richard: Nazism and War, London 2004.

Bethell, Nicholas: The War Hitler won. The Fall of Poland. September 1939, New York 1972.

Bettelheim, Bruno: The Informed Heart. A Study of the Psychological Consequences of Living under Extreme Fear and Terror, London 1991. [dt.: Aufstand gegen die Masse. Die Chance des Individuums in der modernen Gesellschaft, Frankfurt/M. 1995.]

Biess, Frank: Homecomings. Returning POWs and the Legacies of Defeat in Postwar Germany, Princeton, N.J., 2006.

Biess, Frank: Survivors of Totalitarism. Returning POWs and the Reconstruction of Masculine Citizenship in West Germany. 1945–1955, in: H. Schissler (Hg.): Miracle Years, S. 57–82.

Blatman, Daniel: Die Todesmärsche. Entscheidungsträger, Mörder und Opfer, in: Ulrich Herbert, Karin Orth u. Christoph Dieckmann (Hgg.): Die nationalsozialistischen Konzentrationslager. Entwicklung und Struktur. Bd. 2, Göttingen 1998, S. 1063–1092.

Blatter, Janet u. Sybil Milton: Art of Holocaust, New York 1981.

Boa, Elizabeth u. J.H. Reid: Critical Strategies. German Fiction in the Twentieth Century, London 1972.

Boberach, Heinz (Hg.): Berichte des SD und der Gestapo über Kirchen und Kirchenvolk in Deutschland 1934–1944, Mainz 1971.

Boberach, Heinz (Hg.): Meldungen aus dem Reich. Die geheimen Lageberichte des Sicherheitsdienstes der SS 1938–1945. Bd. 1–17, Berlin 1984.

Bock, Gisela: Zwangssterilisation im Nationalsozialismus. Studien zur Rassenpolitik und Frauenpolitik, Opladen 1986.

Bode, Sabine: Die vergessene Generation. Die Kriegskinder brechen ihr Schweigen, Stuttgart 2004.

Böhme, Klaus u. Uwe Lohalm (Hgg.): Wege in den Tod. Hamburgs Anstalt Langenborn und die Euthanasie in der Zeit des Nationalsozialismus, Hamburg 1993.

Böhme, Kurt: Gesucht wird … Die dramatische Geschichte des Suchdienstes, München 1965.

Boldt, Gerhard: Die letzten Tage der Reichskanzlei, Hamburg 1947.

Böll, Heinrich: Haus ohne Hüter, Köln 1954.

Böll, Heinrich: Wo warst du, Adam? Frankfurt/M. 1959.

Bomben auf Engeland, Berlin 1940.

Bondy, Ruth: »Elder of the Jews«. Jacob Edelstein of Theresienstadt, New York 1989.

Bork, Siegfried: Mißbrauch der Sprache. Tendenzen nationalsozialistischer Sprachregelung, Bern 1970.

Borsdorf, Ulrich u. Mathilde Jamin (Hgg.): Überleben im Krieg. Kriegserfahrungen in einer Industrieregion 1939–1945, Reinbek 1989.

Bothien, Horst-Pierre: Die Jovy-Gruppe. Eine historisch-soziologische Lokalstudie über nonkonforme Jugendliche im »Dritten Reich«, Münster 1994.

Boveri, Margret: Tage des Überlebens. Berlin 1945, München 1968.

Bowlby, John: Child Care and the Growth of Love, London 1965. [dt.: Mutterliebe und kindliche Entwicklung, ³München, Basel 1995.]

Braham, Randolph: The Politics of Genocide. The Holocaust in Hungary, New York 1994.

Braun, Karl: Peter Kien oder Ästhetik als Widerstand, in: Miroslav Kárný, Raimund Kemper u. Margita Kárná (Hgg.): Theresienstädter Studien und Dokumente, Prag 1995, S. 155–174.

Breitman, Richard: A Deal with the Nazi Dictatorship? Himmler's Alleged Peace Emissaries in Autumn 1943, in: JC Bd. 30 (1995), S. 411–430.

Brosse, Thérèse: War-Handicapped Children. Report on the European Situation, Paris 1950.

Brosse, Thérèse: Homeless Children. Report of the Proceedings of the Conference of Directors of the Children's Communities. Trogen. Switzerland, Paris 1950.

Broszat, Martin: Nationalsozialistische Polenpolitik 1939–1945, Stuttgart 1961.

Browning, Christopher: Ordinary men. Reserve Police Battalion 101 and the Final Solution in Poland, New York 1993. [dt.: Ganz normale Männer. Das Reservebataillon 101 und die »Endlösung« in Polen, Reinbek 1999.]

Browning, Christopher: Nazi Policy. Jewish Worker's. German Killers, Cambridge 2000. [dt.: Judenmord. NS-Politik, Zwangsarbeit und das Verhalten der Täter, Frankfurt/M. 2001.]

Browning, Christopher: The Origins of the Final Solutions. The Evolutions of Nazi Jewish Policy. September 1939-March 1942, London 2004. [dt.: Die Entfesselung der »Endlösung«. Nationalsozialistische Judenpolitik 1939–1942, München 2003.]

Buchbender, Ortwin u. Reinhold Sterz (Hgg.): Das andere Gesicht des Krieges. Deutsche Feldpostbriefe 1939–1945, München 1982.

Bude, Heinz: Deutsche Karrieren. Lebenskonstruktionen sozialer Aufsteiger aus der Flakhelfer-Generation, Frankfurt/M. 1987.

Bullivant, Keith u. C. Jane Rice: Reconstruction and Integration. The Culture of West German Stabilization 1945 to 1968, in: Rob Burns (Hg.): German Cultural Studies. An Introduction, Oxford 1995, S. 209–255.

Bundesministerium für Vertriebene (Hg.): Die Vertreibung der deutschen Bevölkerung aus den Gebieten östlich der Oder-Neiße. Bd. 1–3. Repr., Augsburg 1993.

Burchardt, Lothar: The Impact of the War Economy on the Civilian Population of Germany during the First and Second World Wars', in: Wilhelm Deist: The German Military in the Age of Total War, Leamington Spa 1985, S. 45–70.

Burleigh, Michael: Death and Deliverance. »Euthanasia« in Germany 1900–1945, Cambridge 1994. [dt.: Tod und Erlösung. Euthanasie in Deutschland 1900–1945, Zürich 2002.]

Burleigh, Michael: The Third Reich. A New History, London 2000. [dt.: Die Zeit des Nationalsozialismus. Eine Gesamtdarstellung, Frankfurt/M. 2000.]

Burleigh, Michael: Germany Turns Eastwards. A Study of Ostforschung in the Third Reich, London 2002.

Burrin, Philippe: Hitler and the Jews. The Genesis of the Holocaust, London 1994. [dt.: Hitler und die Juden. Die Entscheidung für den Völkermord, Frankfurt/M. 1993.]

Calder, Angus: The People's War, London 1969.

Carter, Erica: Dietrich's Ghost. The Sublime and the Beautiful in Third Reich Film, London 2004.

Ceretti, Adolfo: Come è pensa il Tribunale per I minorenni. Una ricerca sul giudicato penale a Milano dal 1934 al 1990, Mailand 1996.

Chiari, Bernhard: Alltag hinter der Front. Besatzung, Kollaboration und Widerstand in Weißrußland 1941–1944, Düsseldorf 1998.

Clay, Catrine u. Michael Leapman: Master Race. The Lebensborn Experiment in Nazi Germany, London 1995. [dt.: Herrenmenschen. Das Lebensborn-Experiment der Nazis, München 1997.]

Cohen, Boaz: Holocaust Heroics. Ghetto Fighters and Partisans in Israeli Society and Historiography', in: Journal of Political and Military Sociology Bd. 31/2 (2003), S. 197–213.

Cohen, Elie: Human Behaviour in the Concentration Camp, London 1988.

Coldrey, Barry: Child Migration under the Auspices of Dr. Barnardo's Homes. The Fairbridge Society and the Lady Northcote Trust, Thornbury 1999.

Cooper, Alan: Bombers over Berlin. The RAF Offensive. November 1943-March 1944, Wellingborough, Northants 1985 u. 1989.

Corni, Gustavo u. Horst Gies: Brot, Butter, Kanonen. Die Ernährungswirtschaft in Deutschland unter der Diktatur Hitlers, Berlin 1997.

Corni, Gustavo: Hitler's Ghettos. Voices from a Belegured Society 1939–1944, London 2003.

Crane, Conrad: Bombs, Cities, and Civilians. American Airpower Strategy in World War II, Lawrence 1993.

Crew, David: Germans on Welfare. From Weimar to Hitler, Oxford 1998.

Czachowska, Jadwiga u. Alicja Szałagan (Hgg.): Współcześni Polscy Pisarze i Badacze Literatury. Słownik biobibliograficzny. Bd. 5, Warschau 1997.

David, Janina: Ein Stück Himmel. Erinnerungen an eine Kindheit, München 1981.

David, Janina: Ein Stück Erde. Das Ende einer Kindheit, München 1982.

Davies, Norman: God's Playground. A History of Poland, Oxford 1981.

Davies, Norman u. Roger Moorhouse: Microcosm. Portrait of a Central European City, London 2002. [dt.: Die Blume Europas. Breslau, Wrocław, Vratislavia. Die Geschichte einer mitteleuropäischen Stadt, München 2002.]

Dean, Martin: Collaboration in the Holocaust. Crimes of the Local Police in Belorussia and Ukraine 1941–1944, Basingstoke u. London 2000.

De Lorent, Hans-Peter: Hamburger Schulen im Krieg, in: Reiner Lehberger u. Hans-Peter de Lorent (Hgg.): »Die Fahne hoch«. Schulpolitik und Schulalltag in Hamburg unterm Hakenkreuz, Hamburg 1986, S. 351–369.

De Silva, Cara (Hg.): In Memory's Kitchen. A Legacy from the Women of Terezín, Northvale 1996.

Deutsch-Russisches Museum Berlin-Karlshorst: Mascha, Nina, Katjuscha. Frauen in der Roten Armee 1941–1945, Berlin 2003.

Deutscher Ehrenhain für die Helden von 1914/18, Leipzig 1931.

Deutschkron, Inge: Ich trug den gelben Stern, Köln 1979.

Deutschkron, Inge: …Denn ihrer war die Hölle. Kinder in Gettos und Lagern, Köln 1985.

Deutschland-Berichte der Sozialdemokratischen Partei Deutschlands (Sopade) 1934–1940, Frankfurt/M. 1980.

De Zayas, Alfred-Maurice: A Terrible Revenge. The Ethnic Cleansing of the East European Germans 1944–1950, New York 1994. [dt.: Anmerkungen zur Vertreibung der Deutschen aus dem Osten, 3., verb. Aufl. Stuttgart 1993.]

Dickinson, Edward: The Politics of German Child Welfare from the Empire to the Federal Republic, Cambridge/Mass. 1996.

Diercks, Herbert (Hg.): Verschleppt nach Deutschland! Jugendliche Häftlinge des KZ Neuengamme aus der Sowjetunion erinnern sich, Bremen 2000.

Diewerge, Wolfgang (Hg.): Feldpostbriefe aus dem Osten. Deutsche Soldaten sehen die Sowjetunion, Berlin 1941.

Dmitrów, Edmund: Niemcy i okupacja hitlerowska w oczach Polaków. Poglady i opinie z lat 1945–1948, Warschau 1987.

Dobroszycki, Lucjan: The Chronicle of the Łódź Ghetto 1941–1944, New Haven u. London 1984.

Dobroszycki, Lucjan: Reptile Journalism. The Official Polish-Language Press under the Nazis 939–1945, New Haven u. London 1994. [dt.: Legale polnische Presse im Generalgouvernement. 1939–1945, München 1977.]

Domansky, Elisabeth: A Lost War. World War Two in Post-war German Memory, in: Alvin Rosenfeld (Hg.): Thinking about the Holocaust after Half a Century, Bloomington 1997, S. 233–272.

Domansky, Elisabeth u. Jutta de Jong: Der lange Schatten des Krieges. Deutsche Lebens-Geschichten nach 1945, Münster 2000.

Dönhoff, Marion Gräfin von: Namen, die keiner mehr nennt. Ostpreußen. Menschen und Geschichte, Düsseldorf 1962.

Dörner, Adolf (Hg.): Mathematik im Dienste der nationalpolitischen Erziehung mit Anwendungsbeispielen aus Volkswirtschaft, Geländekunde und Naturwissenschaft, Frankfurt/M. 1935.

Dörner, Bernward: »Heimtücke«. Das Gesetz als Waffe. Kontrolle, Abschreckung und Verfolgung in Deutschland 1933–1945, Paderborn 1998.

Dörner, Bernward: Justiz und Völkermord. Todesurteile gegen Judenhelfer in Polen und der Tschechoslowakei 1942–1944, in: Norbert Frei, Sybille Steinbacher u. Bernd Wagner (Hgg.): Ausbeutung, Vernichtung, Öffentlichkeit. Neue Studien zur nationalsozialistischen Lagerpolitik, München 2000, S. 249–263.

Dörner, Christine: Erziehung durch Strafe. Die Geschichte des Jugendstrafvollzugs von 1871–1945, Weinheim 1991.

Dörner, Klaus: Nationalsozialismus und Lebensvernichtung, in: VfZ Bd. 15 (1967), S. 121–152.

Dörner, Klaus (Hg.): Der Krieg gegen die psychisch Kranken, Frankfurt/M. 1989.

Dörr, Margarethe: »Wer die Zeit nicht miterlebt hat…« Frauenerfahrungen im Zweiten Weltkrieg und in den Jahren danach. Bd. 1–3, Frankfurt/M. 1998.

Dötzer, Oliver: Aus Menschen werden Briefe. Die Korrespondenz einer jüdischen Familie zwischen Verfolgung und Emigration 1933–1947, Köln 2002.

Dötzer, Oliver: »Diese Kriegsspiele, die es dann bei der Hitlerjugend gab, die waren zum Teil denn doch sehr grausam«. Männlichkeit und Gewalterfahrung in Kindheiten bürgerlicher Jungen im Nationalsozialismus, in: Rolf Schwarz, Uwe Fentsahm u. Kay Dohnke (Hgg.): Kritische Annäherung an den Nationalsozialismus in Norddeutschland. Festschrift für Gerhard Hoch zum 80. Geburtstag, Kiel 2003, S. 8–25.

Drobisch, Klaus u. Günther Wieland: System der NS-Konzentrationslager 1933–1939, Berlin 1993.

Drolshagen, Ebba: Nicht ungeschoren davonkommen. Das Schicksal der Frauen in den besetzten Ländern, die Wehrmachtsoldaten liebten, Hamburg 1998.

Dunae, Patrick: Gender, Generations and Social Class. The Fairbridge Society and British Child Migration to Canada 1930–1960, in: Jon Lawrence and Pat Starkey (Hgg.): Child Welfare and Social Action. International Perspectives, Liverpool 2001, S. 82–100.

Dvorjetski, Marc: Adjustment of Detainees to Camp and Ghetto Life and their Subsequent Readjustment to Normal Society, in: YVS Bd. 5 (1963), S. 193–220.

Dwork, Debórah: Children with a Star. Jewish Youth in Nazi Europe, New Haven 1991. [dt.: Kinder mit dem gelben Stern. Europa 1933–1945, München 1994.]

Eder, Angelika: Flüchtige Heimat. Jüdische Displaced Persons in Landsberg am Lech 1945 bis 1950, München 1998.

Eggert, Heinz-Ulrich (Hg.): Der Krieg frißt eine Schule. Die Geschichte der Oberschule für Jungen am Wasserturm in Münster 1938–1945, Münster 1990.

Ehlich, Konrad (Hg.): Sprache im Faschismus, Frankfurt/M. 1989.

Ehrmann, Frantisek (Hg.): Terezín, Prag 1965.

Eiber, Ludwig (Hg.): »... Ein bißchen die Wahrheit«. Briefe eines Bremer Kaufmanns von seinem Einsatz beim Polizeibataillon 105 in der Sowjetunion 1941, in: 1999 Bd. 1 (1991), S. 58–83.

Eisen, George: Children and Play in the Holocaust. Games among the Shadows Amherst 1988. [dt.: Spielen im Schatten des Todes. Kinder im Holocaust, München 1993.]

Eisenberg, Azriel: The Lost Generation. Children in the Holocaust, New York 1982.

Eisenkraft, Clara: Damals in Theresienstadt. Erlebnisse einer Judenchristin, Wuppertal 1977.

Engel, Gerhard: Heeresadjutant bei Hitler 1938–1943, Stuttgart 1974.

Engelking-Boni, Barbara: Holocaust and Memory. The Experience of the Holocaust and its Consequences. An Investigation Based on Personal Narratives, London 2001.

Engelking-Boni, Barbara: Childhood in the Warsaw Ghetto, in: United States Holocaust Memorial Museum: Children and the Holocaust. Symposium Presentations, Washington DC 2004, S. 33–42.

Erickson, John: The Road to Berlin. Stalin's War with Germany. Bd. 2, London 1983.

Evans, Richard J.: In Hitler's Shadow, London 1989. [dt.: Im Schatten Hitlers? Historikerstreit und Vergangenheitsbewältigung in der Bundesrepublik, Frankfurt/M. 1991.]

Evans, Richard J.: Rituals of Retribution. Capital Punishment in Germany 1600–1987, Oxford 1996. [dt.: Rituale der Vergeltung. Die Todesstrafe in der deutschen Geschichte 1532–1987, Berlin 2001.]

Evans, Richard J.: The Coming of the Third Reich, London 2003. [dt.: Das Dritte Reich. Bd. 1: Aufstieg, München 2004.]

Expressionismus. Literatur und Kunst 1910–1923. Eine Ausstellung des deutschen Literaturarchivs im Schiller-Nationalmuseum Marbach a.N, Marbach 1960.

Faulstich, Heinz: Von der Irrenfürsorge zur »Euthanasie«. Geschichte der badischen Psychiatrie bis 1945, Freiburg 1993.

Faulstich, Heinz: Hungersterben in der Psychiatrie 1914–1949. Mit einer Topographie der NS-Psychiatrie, Freiburg 1998.

Faulstich, Heinz: Die Zahl der »Euthanasie«-Opfer, in: Andreas Frewer u. Clemens Eickhoff (Hgg.): »Euthanasie« und aktuelle Sterbehilfe-Debatte, Frankfurt/M. 2000, S. 223–227.

Fechner, Fritz: Panzer am Feind. Kampferlebnisse eines Regiments im Westen, Gütersloh 1941.

Fehrenbach, Heide: Of German Mothers and »Negermischlingskinder«. Race, Sex and the Postwar Nation, in: H. Schissler (Hg.): Miracle Years, S. 164–186.

Feinberg, Anat: Wiedergutmachung im Programm. Jüdisches Schicksal im deutschen Nachkriegsdrama, Köln 1988.

Figlio, Karl: Oral History and the Unconscious, in: HWJ 26 (1988), S. 120–132.

Fishman, Sarah: The Battle for Children. World War II Youth Crime and Juvenile Justice in Twentieth-Century France, Cambridge/Mass. 2002.

Fitzherbert, Katrin: True to Both My Selves. A Family Memoir of Germany and England in Two World Wars, London 1997.

Flatsztejn-Gruda, Ilona: Byłam wtedy dzieckiem, Lublin 2004.

François, Etienne u. Hagen Schulze (Hgg.): Deutsche Erinnerungsorte. Bd. 1–3, München 2002.

Frank, Anne: Das Tagebuch der Anne Frank, Frankfurt/M. 1955.

Franková, Anita: Die Struktur der aus dem Ghetto Theresienstadt zusammengestellten Transporte (1942–1944), in: JB Bd. 25/2 (1989) S. 63–81.

Franková, Anita, Anna Hyndráková, Věra Hájková u. Františka Faktorová: The World without Human Dimensions. Four Women's Memories, Prag 1991.

Frei, Norbert: National Socialist Rule in Germany. The Führer State 1933–1945, Oxford 1993. [dt.: Der Führerstaat. Nationalsozialistische Herrschaft 1933 bis 1945, München 2001.]

Frei, Norbert: Vergangenheitspolitik. Die Anfänge der Bundesrepublik und die NS-Vergangenheit, München 1996.

Frei, Norbert, Sybille Steinbacher u. Bernd Wagner (Hgg.): Ausbeutung, Vernichtung, Öffentlichkeit. Neue Studien zur nationalsozialistischen Lagerpolitik, München 2000.

Freud, Anna: Ego and the Mechanisms of Defence, London 1936. [dt.: Das Ich und die Abwehrmechanismen, Frankfurt/M. 1984.]

Freud, Anna: The Writings of Anna Freud. Bd. 1–8, New York 1967–1981. [dt.: Die Schriften der Anna Freud. 10 Bde, Frankfurt/M. 1987.]

Friedländer, Henry: The Origins of Nazi Genocide. From Euthanasia to the Final Solution, Chapel Hill 1995.

Friedländer, Saul: When Memory Comes, New York 1979. [dt.: Wenn die Erinnerung kommt, München 1979.]

Friedländer, Saul: Nazi Germany and the Jews. Bd. 1: The Years of Persecution 1933–1939, London 1997. [dt.: Das Dritte Reich und die Juden. Die Jahre der Verfolgung 1933–1939, München 1998.]

Friedman, Saul (Hg.): The Terezin Diary of Gonda Redlich, Lexington 1992.

Friedrich, Jörg: Der Brand. Deutschland im Bombenkrieg 1940–1945, München 2002.

Friedrich, Jörg: Brandstätten. Der Anblick des Bombenkriegs, Berlin 2003.

Fritz Bauer Institut (Hg.): Auschwitz-Prozess 4 Ks 2/63 Frankfurt am Main, Köln 2004.

Fritzsche, Peter: Volkstümliche Erinnerung und deutsche Identität nach dem Zweiten Weltkrieg, in: Konrad Jarausch u. Martin Sabrow (Hgg.): Verletztes Gedächtnis. Erinnerungskultur und Zeitgeschichte im Konflikt, Frankfurt/M. 2002, S. 75–97.

Fürst, Juliane: Heroes, Lovers, Victims. Partisan Girls during the Great Fatherland War, in: Minerva. Quaterly Report on Women and the Military. Frühjahr/Winter 2000, S. 38–75.

Games, Sonia: Escape into Darkness. The True Story of a Young Women's Extraordinary Survival during World War II, New York 1991.

Geinitz, Christian: Kriegsfurcht und Kampfbereitschaft. Das Augusterlebnis in Freiburg. Eine Studie zum Kriegsbeginn 1914, Essen 1998.

Gellately, Robert: The Gestapo and German Society. Enforcing Racial Policy 1933–1945, Oxford 1990. [dt.: Die Gestapo und die deutsche Gesellschaft. Die Durchsetzung der Rassenpolitik 1933- 1945, Paderborn u.a. 1993.]

Gellately, Robert: Backing Hitler. Consent and Coercion in Nazi Germany, Oxford 2001. [dt.: Hingeschaut und weggesehen. Hitler und sein Volk, Stuttgart u. a. 2002.]

Gerlach, Christian: Krieg, Ernährung, Völkermord. Forschungen zur deutschen Vernichtungspolitik im Zweiten Weltkrieg, Hamburg 1998.

Gerlach, Christian: Kalkulierte Morde. Die deutsche Wirtschafts- und Vernichtungspolitik in Weißrußland 1941 bis 1944, Hamburg 1999.

Gerlach, Christian u. Götz Aly: Das letzte Kapitel. Der Mord an den ungarischen Juden 1944–1945, Frankfurt/M. 2004.

Gerwarth, Robert: Bismarck in Weimar. Germany's First Democracy and the Civil War of Memories (1918–1933). Diss, Oxford 2003.

Gève, Thomas: Geraubte Kindheit, Konstanz 1993.

Gève, Thomas: Es gibt hier keine Kinder. Auschwitz, Groß-Rosen, Buchenwald. Zeichnungen eines kindlichen Historikers. Hg. v. Volkhard Knigge, Göttingen 1997.

Giesecke, Hermann: Vom Wandervogel bis zur Hitlerjugend. Jugendarbeit zwischen Politik und Pädagogik, München 1981.

Gilbert, Shirli: Music in the Nazi Ghettos and Camps (1939–1945). Diss, Oxford 2002.

Gildea, Robert: Marianne in Chains. In Search of the German Occupation 1940–1945, London 2003.

Glantz, David u. Jonathan House: When Titans Clashed. How the Red Army Stopped Hitler, Edinburgh 1995.

Glas-Wiener, Sheva: Children of the Ghetto, Melbourne 1983. [dt.: Kinder in geto, Melbourne 1974.]

Glass, Martha: »Jeder Tag in Theresin ist ein Geschenk«. Die Theresienstädter Tagebücher einer Hamburger Jüdin 1943–1945. Hg. v. Barbara Müller-Wesemann, Hamburg 1996.

Goebbels, Joseph: Die Tagebücher. Hg. v. Elke Fröhlich, München 1993–1996.

Goes, Albrecht: Unruhige Nacht, Hamburg 1951.

Goldhagen, Daniel: Hitler's Willing Executioners. Ordinary Germans and the Holocaust, London 1996. [dt.: Hitlers willige Vollstrecker. Ganz gewöhnliche Deutsche und der Holocaust, Berlin 1996.]

Gollancz, Victor: In Darkest Germany. The Record of a Visit, London 1947.

Goltermann, Svenja: The Imagionation of Disaster. Death and Survival in Postwar Germany, in: Paul Betts, Alon Confino u. Dirk Schumann (Hgg.): Death in Modern Germany, Cambridge u. New York 2005.

Göpfert, Rebekka: Der jüdische Kindertransport von Deutschland nach England 1938/39. Geschichte und Erinnerung, Frankfurt/M. 1999.

Goschler, Constatin (Hg.): Wiedergutmachung. Westdeutschland und die Verfolgten des Nationalsozialismus 1950–1954, München 1992.

Gräff, Siegfried: Tod im Luftangriff. Ergebnisse pathologisch-anatomischer Untersuchungen anläßlich der Angriffe auf Hamburg in den Jahren 1943–1945, Hamburg 1948.

Grass, Günter: Hundejahre, Neuwied 1963.

Grass, Günter: Im Krebsgang, Göttingen 2002.

Green, Gerald: The Artists of Terezín, New York 1978.

Gregor, Manfred: Die Brücke, München 1958.

Gregor, Neil: A Schicksalsgemeinschaft? Allied Bombing, Civilian Morale and Social Dissolution in Nuremberg 1942–1945, in: Historical Journal Bd. 43/4 (2000), S. 1051–1070.

Gregor, Neil: Is He still Alive, or Long since Dead? Loss, Absence and Remembrance in Nuremberg 1945–1956, in: GH Bd. 21/2 (2003), S. 183–203.

Gries, Rainer: Die Rationen-Gesellschaft. Versorgungskampf und Vergleichsmentalität. Leipzig, München und Köln nach dem Kriege, Münster 1991.

Groehler, Olaf: Bombenkrieg gegen Deutschland, Berlin 1990.

Gross, Jan Tomasz: Fear. Anti-semitism in Poland after Auschwitz. An Essay in Historical Interpretation, Princeton, N.J., 2006.

Gross, Jan Tomasz: Polish Society under German Occupation. The Generalgouvernement 1939–1944, Princeton 1979.

Gross, Jan Tomasz: Revolution from Abroad. The Soviet Conquest of Poland's Western Ukraine and Western Belorussia, Princeton 1988. [dt.: Und wehe, du hoffst... Die Sowjetisierung Ostpolens nach dem Hitler-Stalin-Pakt 1939–1941, Freiburg i. Br. u.a. 1988.]

Gross, Jan Tomasz: A Tangled Web. Confronting Stereotypes Concering Relations between Poles, Germans, Jews and Communists, in: István Deák, Jan Gross u. Tony Judt (Hgg.): The Politics of Retribution in Europe. World War II and its Aftermath, Princeton 2000, S. 74–129.

Gross, Jan Tomasz: Neighbors. The Destruction of the Jewish Community in Jedwabne, Poland, Princeton 2001. [dt.: Nachbarn. Der Mord an den Juden von Jedwabne, München 2001.]

Grosmann, Atina: Trauma, Memory and Motherhood. Germans and Jewish Displaced Persons in Post-Nazi Germany 1945–1949, in: AfS Bd. 38 (1998), S. 215–239.

Grossman, Mendel: My Secret Camera. Life in the Lodz Ghetto. Hg. v. Frank Smith, London 2000.

Grot, Zdzisław u. Wincenty Ostrowski: Wspomnienia młodzieży wielkopołskiej z lat okupacji niemieckiej 1939–1945, Posen 1946.

Grotum, Thomas: Die Halbstarken. Zur Geschichte einer Jugendkultur der 50er Jahre, Frankfurt/M. 1994.

Gruchmann, Lothar (Hg.): Autobiographie eines Attentäters. Johann Georg Elser. Aussage zum Sprengstoffanschlag im Bürgerbräukeller München am 8. September 1939, Stuttgart 1970.

Gruchmann, Lothar: Justiz im Dritten Reich. Anpassung und Unterwerfung in der Ära Gürtner, München 1990.

Gruchmann, Lothar: Der Zweite Weltkrieg. Kriegsführung und Politik, München 1995.

Grudzińska-Gross, Irena u. Jan Tomasz Gross (Hgg.): War through Children's Eyes. The Soviet Occupation of Poland and the Deportations 1939–1941, Stanford 1981.

Grunberger, Richard: A Social History of the Third Reich, New York 1974. [dt.: Das Zwölfjährige Reich. Der deutsche Alltag unter Hitler, Wien 1972.]

Guse, Martin, Andreas Kohrs u. Friedhelm Vahsen: Das Jugendschutzlager Moringen – Ein Jugenkonzentrationslager, in: Hans-Uwe Ott u. Heinz Sünker (Hgg.): Soziale Arbeit und Faschismus, Frankfurt/M. 1989, S. 228–249.

Guse, Martin: »Wir hatten noch gar nicht angefangen zu leben.« Eine Ausstellung zu den Jugend-Konzentrationslagern Moringen und Uckermark, ³Moringen 1997.

Gutman, Yisrael: The Jews of Warsaw 1939–1943. Ghetto, Underground, Revolt, Brighton 1982.

Gutman, Yisrael u. Shmuel Krakowski: Unequal Victims. Poles and Jews during World War II, New York 1986.

Gutman, Yisrael u. Michael Berenbaum (Hgg.): Anatomy of the Auschwitz Death Camp, Bloomington 1994.

Haas, Leo: The Affair of the Painters of Terezín, in: Massachusetts College of Arts (Hg.): Seeing through »Paradise«. Artists and the Terezín Concentration Camp, Boston 1991.

Haebich, Anna: Between Knowing and Not Knowing. Public Knowledge of the Stolen Generations, in: Aboriginal History Bd. 25 (2001), S. 70–90.

Hagemann, Jürgen: Presselenkung im Dritten Reich, Bonn 1970.

Hammer, Ingrid u. Susanne zur Niedern (Hgg.): Sehr selten habe ich geweint. Briefe und Tagebücher aus dem Zweiten Weltkrieg von Menschen aus Berlin, Zürich 1992.

Hämmerle, Christa: »Zur Liebesarbeit sind wir hier, Soldatenstrümpfe stricken wir...« Zu Formen weiblicher Kriegsfürsorge im ersten Weltkrieg. Diss., Universität Wien 1996.

Hämmerle, Christa: »Habt Dank, Ihr Wiener Mägdelein...« Soldaten und weibliche Liebesgaben im Ersten Weltkrieg, in: L'Homme Bd. 8/1 (1997), S. 132–154.

Hann, Christopher: A Village without Solidarity. Politish Peasants in Years of Crisis, New Haven 1985.

Hansen, Eckhard: Wohlfahrtspolitik im NS-Staat. Motivation, Konflikte und Machtstrukturen im »Sozialismus der Tat« des Dritten Reiches, Augsburg 1991.

Hart, Kitty: Return to Auschwitz. The Remarkable Story of a Girl Who Survived the Holocaust, London 1983. [dt.: Wo die Hoffnung erfriert. Überleben in Auschwitz, Leipzig 2001.]

Harten, Hans-Christian: De-Kulturation und Germanisierung. Die nationalsozialistische Rassen- und Erziehungspolitik in Polen 1939–1945, Frankfurt/M. 1996.

Harvey, Elizabeth: Youth and the Welfare State in Weimar Germany, Oxford 1993.

Harvey, Elizabeth: Women and the Nazi East. Agents and Witnesses of Germanization, New Haven u. London 2003.

Hasenclever, Christa: Jugendhilfe und Jugendgesetzgebung seit 1900, Göttingen 1978.

Haskins, Victoria u. Margaret Jacobs: Stolen Generations and Vanishing Indians. The Removal of Indigenous Children as a Weapon of War in the United States and Australia 1870–1940, in: J. A. Marten (Hg.): Children, S. 227–241.

Haupert, Bernhard: Franz-Josef Schäfer. Jugend zwischen Kreuz und Hakenkreuz. Biographische Rekonstruktion als Alltagsgeschichte des Faschismus, Frankfurt/M. 1991.

Hauschild-Thiessen, Renate (Hg.): Die Hamburger Katastrophe vom Sommer 1943 in Augenzeugenberichten, Hamburg 1993.

Heiber, Helmut (Hg.): Reichsführer! ... Briefe an und von Himmler, Stuttgart 1968.

Heimannsberg, Barbara u. Christoph Schmidt (Hgg.): Das kollektive Schweigen. Nazivergangenheit und gebrochene Identität in der Psychotherapie, Heidelberg 1988.

Heineman, Elizabeth: The Hour of the Woman. Memories of Germany's »Crisis Years« and West German National Identity, in: H. Schissler (Hg.): Miracle Years, S. 21–56.

Heinemann, Isabel: »Rasse, Siedlung, deutsches Blut«. Das Rasse- und Siedlungshauptamt der SS und die rassenpolitische Neuordnung Europas, Göttingen 2003.

Henke, Klaus-Dieter: Die amerikanische Besatzung Deutschlands, München 1995.

Henry, Clarissa u. Marc Hillel: Children of the SS, Hutchinson 1976.

Hepp, Michael: Vorhof zur Hölle. Mädchen im »Jugendschutzlager« Uckermark, in: Angelika Ebbinghaus (Hg.): Opfer und Täterinnen. Frauenbiographien des Nationalsozialismus, Nördlingen 1987, S. 191–216.

Herbert, Ulrich: Von Auschwitz nach Essen. Die Geschichte des KZ-Außenlagers Humboldtstraße, in: DH Bd. 2/2 (1986), S. 13–34.

Herbert, Ulrich: Good Times, Bad Times. Memories of the Third Reich, in: Richard Bessel (Hg.): Life in the Third Reich, Oxford 1987, S. 97–110.

Herbert, Ulrich: Best. Biographische Studien über Radikalismus, Weltanschauung und Vernunft 1903–1989, Bonn 1996.

Herbert, Ulrich: Hitler's Foreign Workers. Enforced Foreign Labor in Germany under the Third Reich, Cambridge 1997. [dt.: Fremdarbeiter. Politik und Praxis des »Ausländer-Einsatzes« in der Kriegswirtschaft des Dritten Reiches, Berlin 1985.]

Herbert, Ulrich, Karin Orth u. Christoph Dieckmann (Hgg.): Die nationalsozialistischen Konzentrationslager. Entwicklung und Struktur. Bd. 1–2, Göttingen 1998.

Herbert, Ulrich (Hg.): National Socialist Extermination Policies. Contemporary German Perspectives and Controversies, New York u. Oxford 2000. [dt.: Nationalsozialistische Vernichtungspolitik 1939–1945. Neue Forschungen und Kontroversen, Frankfurt/M. ²1998.]

Hermand, Jost: A Hitler Youth in Poland. The Nazis' Programme for Evacuating Children during World War II, Evanston 1997. [dt.: Als Pimpf in Polen. Erweiterte Kinderlandverschickung 1940–1945, Frankfurt/M. 1993.]

Herzog, Dagmar: Desparately Seeking Normality. Sex and Marriage in the Wake of the War, in: R. Bessel u. D. Schumann (Hgg.): Life after Death, S. 161–192.

Herzog, Dagmar: Sex after Fascism. Memory and Morality in Twentieth-Century Germany, Princeton, N.J., 2006.

Hilberg, Raul: Die Vernichtung der europäischen Juden. Die Gesamtgeschichte des Holocaust, Berlin 1982.

Hilberg, Raul, Stanisław Staron u. Josef Kermisz (Hgg.): The Warsaw Diary of Adam Czerniakow, Chicago 1999.

Hill, Paula: Anglo-Jewry and the Refugee Children. Diss., University of London 2001.

Himmler, Heinrich: Die Geheimreden 1933 bis 1945. Hg. v. Bradley Smith u. Agnes Peterson, Frankfurt/M. 1974.

Hinshelwood, Robert D.: A Dictionary of Kleinian Thought, London 1989. [dt.: Wörterbuch der kleinianischen Psychoanalyse, Stuttgart 1993.]

Hirschfeld, Gerhard u. Irina Renz (Hg.): Besiegt und Befreit. Stimmen vom Kriegsende 1945, Gerlingen 1995.

Hitler, Adolf: Reden und Proklamationen 1932–1945. Bd. 1–2. Hg. v. Max Domarus, Neustadt a.d. Aisch 1962 u. 1963.

Hochberg-Mariańska, Maria u. Noe Grüss (Hgg.): The Children Accuse, London 1996.

Hockerts, Hans Günther: Integration der Gesellschaft. Gründungskrise und Sozialpolitik in der frühen Bundesrepublik, in: Zeitschrift für Sozialreform Bd. 32 (1986), S. 25–41.

Hofmann, Andreas: Nachkriegszeit in Schlesien. Gesellschafts- und Bevölkerungspolitik in den polnischen Siedlungsgebieten 1945–1948, Köln 2000.

Hogman, Flora: Displaced Jewish Children during World War II. How They Coped, in: Journal of Humanistic Psychology Bd. 23 (1983), S. 51–67.

Hohenstein, Alexander: Wartheländisches Tagebuch aus den Jahren 1941/42, Stuttgart 1961.

Höhn, Maria: GIs and Fräuleins. The German-American Encounter in 1950s West Germany, Chapel Hill 2002.

Hong, Yong-Sun: Welfare, Modernity and the Weimar State 1919–1933, Princeton 1998.

Hrabar, Roman: Hitlerowski rabunek dzieci polskich. Uprowadzenie i germanizacja dzieci polskich w latach 1939–1945, Kattowitz 1960.

Hrabar, Roman, Zofia Tokarz u. Jacek Wilczur: Kinder im Krieg – Krieg gegen Kinder. Die Geschichte der polnischen Kinder 1939–1945, Hamburg 1981.

Hufton, Olwen: The Poor of Eighteenth-Century France 1750–1789, Oxford 1974.

Hughes, Michael: Shouldering the Burdens of Defeat. West Germany and the Reconstruction of Social Justice, Chapel Hill 1999.

Huyssen, Andreas: Trauma and Memory. A New Imaginary of Temporality, in: Jill Bennett u. Rosanne Kennedy (Hgg.): World Memory. Personal Trajectories in Global Time, New York 2003, S. 16–29.

Instytut Pamieci Narodowej mit Paweł Machcewicz u. Krzysztof Persak (Hgg.): Wokól Jedwabnego, Warschau 2002.

Jäckel, Eberhard: Hitler in History, Hanover/New Hampshire 1984.

Jacobmeyer, Wolfgang: Vom Zwangsarbeiter zum heimatlosen Ausländer. Die Displaced Persons in Westdeutschland 1945–1951, Göttingen 1985.

Jacobson, Jacob u. David Cohen: Terezín. The Daily Life 1943–1945, London 1946.

Jahnke, Karl Heinz u. Michael Buddrus: Deutsche Jugend 1933–1945. Eine Dokumentation, Hamburg 1989.

Jahnke, Karl Heinz: Hitlers letztes Aufgebot. Deutsche Jugend im sechsten Kriegsjahr 1944/45, Essen 1993.

Jansen, Christian u. Arno Weckbecker: Der »Volksdeutsche Selbstschutz« in Polen 1939/40, München 1992.

Jastrzębski, Włodzimierz: Der Bromberger Blutsonntag. Legende und Wirklichkeit, Poznań 1990.

Johnson, Eric: The Nazi Terror. Gestapo, Jews and Ordinary Germans, London 1999. [dt.: Der nationalsozialistische Terror. Gestapo, Juden und gewöhnliche Deutsche, Berlin 2001.]

Johnson, Uwe: Mutmaßungen über Jakob, Frankfurt/M. 1959.

Justin, Eva: Lebensschicksale artfremd erzogener Zigeunerkinder und ihrer Nachkommen, Berlin 1944.

Kaczerginski, Shmerke u. H. Leivick: Lider fun di getos un lagern, New York 1948.

Kamiński, Aleksander: Kamienie na szaniec, Warschau 2001.

Kaminski, Uwe: Zwangssterilisation und »Euthanasie« im Rheinland. Evangelische Erziehungsanstalten sowie Heil- und Pflegeanstalten 1933–1945, Köln 1995.

Kaminsky, Annette (Hg.): Heimkehr 1948. Geschichte und Schicksale deutscher Kriegsgefangener, München 1998.

Kania, Stanisław: Polska gwara konspiracyjno-partyzancka czasu okupacji hitlerowskiej 1939–1945, Zielona Góra 1976.

Kaplan, Marion: Between Dignity and Despair. Jewish Life in Nazi Germany, Oxford 1998. [dt.: Der Mut zum Überleben. Jüdische Frauen und ihre Familien in Nazideutschland, Berlin 2001.]

Karas, Joža: Music in Terezín 1941–1945, New York 1985.

Kardorff, Ursula von: Berliner Aufzeichnungen. Aus den Jahren 1942 bis 1945, München 1962.

Kárný, Miroslav: Das Theresienstädter Familienlager in Birkenau, in: JB Bd. 15/1 (1979), S. 3–26.

Kárný, Miroslav: Eine neue Quelle zur Geschichte der tragischen Nacht vom 8. März 1944, in: JB Bd. 25/1 (1989), S. 53–56.

Kárný, Miroslav, Vojtěch Blodig u. Margita Kárná (Hgg.): Theresienstadt in der »Endlösung der Judenfrage«, Prag 1992.

Kárný, Miroslav u. Margita Kárná: Kinder in Theresienstadt, in: DH Bd. 9 (1993), S. 14–31.

Kárný, Miroslav u.a. (Hgg.): Terezínská Pamětní Kniha. Bd. 2, Prag 1995.

Kárný, Miroslav: The Genocide of the Czech Jews, in: Miroslav Kárný u.a. (Hgg.): Terezín Memorial Book. Jewish Victims of Nazi Deportations from Bohemia and Moravia 1941–1945. A Guide to the Czech Original with a Glossary of Czech Terms Used in the Lists, Prag 1996, S. 27–88. [dt.: Theresienstädter Gedenkbuch. Die Opfer der Judentransporte aus Deutschland nach Theresienstadt 1942–1945, Prag 2000.]

Karowski, Herbert: Film im Flug, in: Filmwelt 24 (November 1940).

Karski, Jan: Story of a Secret State, Boston 1944.

Kaser, Michael u. Edward Radice (Hgg.): The Economic History of Eastern Europe 1919–1975. Bd. 2: Interwar Policy, the War and Reconstruction, Oxford 1986.

Katsh, Abraham (Hg.): The Warsaw Diary of Chaim A. Kaplan, New York 1965. [dt.: Buch der Agonie. Das Tagebuch des Chaim A. Kaplan, Frankfurt/M. 1967.]

Katz, Esther u. Joan Ringelbaum (Hgg.): Women Surviving the Holocaust, New York 1983.

Keller, Ulrich (Hg.): The Warsaw Ghetto in Photographs. 206 Views Made in 1941, New York 1984. [dt.: Fotografien aus dem Warschauer Ghetto, Berlin 1987.]

Kenrick, Donald u. Gratton Puxon: The Destiny of Europe's Gypsies, London 1972. [dt.: Sinti und Roma. Die Vernichtung eines Volkes im NS-Staat, Göttingen 1981.]

Kerbs, Diethard u. Jürgen Reulecke (Hgg.): Handbuch der deutschen Reformbewegungen 1880–1933, Wuppertal 1998.

Kershaw, Ian: Popular Opinion and Political Dissent in the Third Reich. Bavaria 1933–1945, Oxford 1983.

Kershaw, Ian: German Public Opinion during the »Final Solution«. Information, Comprehension, Reactions, in: Asher Cohen, Joav Gelber u. Charlotte Wardi (Hgg.): Comprehending the Holocaust. Historical and Literary Research, Frankfurt/M. 1988, S. 145–158.

Kershaw, Ian: Der Hitler-Mythos. Führerkult und Volksmeinung, Stuttgart 1999.

Kershaw, Ian: Hitler 1889–1936 u. Hitler 1936–1945, Stuttgart 1998–2000.

Kersting, Franz-Werner: Helmut Schelskys »Skeptische Generation« von 1957, in: VfZ Bd. 50 (2002), S. 465–495.

Kettenacker, Lothar (Hg.): Ein Volk von Opfern. Die neue Debatte um den Bombenkrieg 1940–45, Berlin 2003.

Kieval, Hillel: The Making of Czech Jewry. National Conflict and Jewish Society in Bohemia 1870–1918, New York 1988.

Kirst, Hans Hellmut: 08/15. In der Kaserne, Im Krieg, Bis zum Ende. Gesamtausgabe der Trilogie, München 2001.

Kjendsli, Veslemøy: Kinder der Schande, Berlin 1988.

Klarsfeld, Serge (Hg.): The Auschwitz Album. Lili Jacob's Album, New York 1980.

Klee, Ernst: »Euthanasie« im NS-Staat. Die »Vernichtung lebensunwerten Lebens«, Frankfurt/M. 1983.

Klee, Ernst (Hg.): Dokumente zur »Euthanasie«, Frankfurt/M. 1986.

Klee, Ernst u. Willi Dressen: »Gott mit uns«. Der deutsche Vernichtungskrieg im Osten, Frankfurt/M. 1989.

Klee, Ernst, Willi Dreßen u. Volker Rieß (Hgg.): »The Good Old Days«. The Holocaust as Seen by Its Perpetrators and Bystanders, New York 1991. [dt.: »Schöne Zeiten«. Judenmord aus der Sicht der Täter und Gaffer, Frankfurt/M. 1988.]

Klein, Holger: The Second World War in Fiction, London 1984.

Klemperer, Victor: I Shall Bear Witness and To the Bitter End. The Diaries of Victor Klemperer. Bd. 1–2, London 1999. [dt.: Ich will Zeugnis ablegen bis zum Letzten. Tagebücher 1933–1945. Hg. v. Walter Nowojski. 2 Bde, Berlin 1995.]

Klemperer, Victor: The Language of the Third Reich. LTI – Lingua Tertii Imperii. A Philologist's Notebook, London 2000. [dt.: LTI. Notizbuch eines Philologen, Berlin 1947.]

Klessmann, Christoph: Die doppelte Staatsgründung. Deutsche Geschichte 1945–1955, Göttingen 1991.

Klönne, Arno: Gegen den Strom. Bericht über den Jugendwiderstand im Dritten Reich, Frankfurt/M. 1958.

Klönne, Arno: Jugend im Dritten Reich. Die Hitler-Jugend und ihre Gegner, Köln 2003.

Klüger, Ruth: Weiter Leben. Eine Jugend, Göttingen 1992.

Knoch, Habbo: Die Tat als Bild. Fotografien des Holocaust in der deutschen Erinnerungskultur, Hamburg 2001.

Kock, Gerhard: »Der Führer sorgt für unsere Kinder…« Die Kinderlandverschickung im Zweiten Weltkrieg, Paderborn 1997.

Koebner, Thomas, Gert Sautermeister u. Sigrid Schneider (Hgg.): Deutschland nach Hitler, Opladen 1987.

Königseder, Angelika u. Juliane Wetzel: Lebensmut im Wartesaal. Die jüdischen DPs (Displaced Persons) im Nachkriegsdeutschland, Frankfurt/M. 1994.

Kordan, Bohdan: Making Borders Stick. Population Transfer and Resettlement in the Trans-Curzon Territories 1944–1949, in: International Migration Review Bd. 31/3 (1997), S. 704–720.

Koźniewski, Kazimierz: Zamknięte koło. W podziemnym świece, Warschau 1967.

Kraatz, Susanne (Hg.): Verschleppt und Vergessen. Schicksale jugendlicher »Ostarbeiterinnen« von der Krim im Zweiten Weltkrieg und danach, Heidelberg 1995.

Krakowski, Shmuel: Massacre of Jewish Prisoners on the Samland Peninsula – Documents, in: YVS Bd. 24 (1994), S. 349–387.

Kramer, Edith: Erinnerungen an Friedl Dicker-Brandeis, in: Mit der Ziehharmonika. (Sonderheft der Zeitschrift der Theodor-Kramer-Gesellschaft Bd. 3 (September 1988)), S. 1–2.

Krause-Vilmar, Dietfrid: Das Konzentrationslager Breitenau. Ein staatliches Schutzhaftlager 1933/34, Marburg 1997.

Krausnick, Helmut u. Hans-Heinrich Wilhelm: Die Truppe des Weltanschauungskrieges. Die Einsatzgruppen der Sicherheitspolizei und des SD 1938–1942, Stuttgart 1981.

Krausnick, Michael: Auf Wiedersehen im Himmel. Die Geschichte der Angela Reihnhardt, München 2001.

»Kriegsgefangene und Wehrmachtsvermißte aus Hessen. Vorläufiges Ergebnis der amtlichen Registrierung vom 20.-30. Juni 1947«, in: Staat und Wirtschaft in Hessen. Statistische Meldungen Bd. 2/4 (1947), S. 110–112.

Křížková, Marie Rút, Kurt Jiří Kotouč u. Zdeněk Ornest (Hgg.): We are Children Just the Same. Vedem. The Secret Magazine of the Boys of Terezín, Philadelphia 1995.

Krockow, Christian Graf von: Die Stunde der Frauen. Bericht aus Pommern 1944 bis 1947, München 1991.

Krüger, Norbert: Die Bombenangriffe auf das Ruhrgebiet, in: U. Borsdorf u. M. Jamin (Hg.): Überleben, S. 88–100.

Kruk, Hermann: The Last Days of the Jerusalem of Lithuania. Chronicle from the Vilna Ghetto and the Camps 1939–1944. Hg. v. Benjamin Harshav, New Haven u. London 2002.

Kuby, Erich: The Russians and Berlin 1945, London 1968. [dt.: Die Russen in Berlin, München u.a. 1965.]

Kugelmass, Jack u. Jonathan Boyarin (Hgg.): From a Ruined Garden. The Memorial Books of Polish Jewry, New York 1983.

Kühl, Stefan: The Nazi Connection. Eugenics, American Racism and German National Socialism, New York 1994.

Kuhlmann, Carola: Erbkrank oder erziehbar? Jugendhilfe als Vorsorge und Aussonderung in der Fürsorgeerziehung in Westfalen von 1933–1945, Weinheim 1989.

Kulka, Otto Dov (Hg.): Judaism and Christianity under the Impact of National Socialism, Jerusalem 1987.

Kulka, Otto Dov (Hg.): Deutsches Judentum unter dem Nationalsozialismus, Tübingen 1997.

Kulka, Otto Dov (Hg.): Die Juden in den geheimen NS-Stimmungsberichten 1933–1945, Düsseldorf 2004.

Kundrus, Birthe: Kriegerfrauen. Familienpolitik und Geschlechterverhältnisse im Ersten und Zweiten Weltkrieg, Hamburg 1995.

Kundrus, Birthe (Hg.): Phantasiereiche. Zur Kulturgeschichte des deutschen Kolonialismus, Frankfurt/M. 2003.

Kuratorium Gedenkstätte Sonnenstein e.V. und Sächsische Landeszentrale für Politische Bildung (Hgg.): Nationalsozialistische Euthanasie-Verbrechen in Sachsen. Beiträge zu ihrer Aufarbeitung, Dresden 1993.

Kurek-Lesik, Ewa: The Conditions of Admittance and the Social Background of Jewish Children Saved by Women's Religious Orders in Poland from 1939–1945, in: Polin. A Journal of Polish-Jewish Studies Bd. 13 (1988), S. 244–275.

Kushner, Tony: The Holocaust and the Liberal Imaginations. A Social and Cultural History, Oxford 1994.

Lacey, Kate: Feminine Frequencies. Gender, German Radio and the Public Sphere 1923–1945, Ann Arbor 1996.

Lagrou, Pieter: The Legacy of Nazi Occupation in Western Europe. Patriotic Memory and National Recovery, Cambridge 1999.

Lagrou, Pieter: The Nationalization of Victimhood. Selective Violence and National Grief in Western Europe 1940–1960, in: R. Bessel u. D. Schumann (Hgg.): Life after Death, S. 243–258.

Landeswohlfahrtsverband Hessen u. Bettina Winter (Hgg.): »Verlegt nach Hadamar«. Die Geschichte einer NS-»Euthanasie«-Anstalt, Kassel 1994.

Lange, Herta u. Benedikt Burkhard (Hgg.): »Abends wenn wir essen fehlt uns immer einer«. Kinder schreiben an die Väter 1939–1945, Hamburg 2000.

Langer, Lawrence: Holocaust Testimonies. The Ruins of Memory, New Haven 1991.

Larass, Claus: Der Zug der Kinder. KLV – Die Evakuierung 5 Millionen deutscher Kinder im 2. Weltkrieg, München 1983.

Latzel, Klaus: Vom Sterben im Krieg. Wandlungen in der Einstellung zum Soldatentod vom Siebenjährigen Krieg bis zum 2. Weltkrieg, Warendorf 1988.

Lauber, Heinz: Judenpogrom »Reichskristallnacht«. November 1938 in Großdeutschland, Gerlingen 1981.

Leapman, Michael: Witnesses to War. Eight True-Life Stories of Nazi Persecution, London 2000.

Lehmann, Albrecht: Gefangenschaft und Heimkehr. Deutsche Kriegsgefangene in der Sowjetunion, München 1986.

Lemke Muniz de Faria, Yara-Colette: Zwischen Fürsorge und Ausgrenzung. Afrodeutsche »Besatzungskinder« im Nachkriegsdeutschland, Berlin 2002.

Lessing, Helmut u. Manfred Liebel: Wilde Cliquen. Szenen einer anderen Arbeiterjugendbewegung, Bensheim 1981.

Le Tissier, Tony: The Battle of Berlin 1945, London 1988. [dt.: Der Kampf um Berlin. Von den Seelower-Höhen zur Reichskanzlei, Frankfurt/M. u.Berlin 1991.]

Levi, Primo: If This Is a Man and The Truce, London 1987. [dt.: Ist das ein Mensch? Erinnerungen an Auschwitz. Erw. Neuausg, Frankfurt/M. 1979.]

Levin, Nora: The Holocaust. The Destruction of European Jewry 1933–1945, New York 1968.

Lewin, Abraham: The Cup of Tears. A Diary of the Warsaw Ghetto, Oxford 1988.

Lifton, Betty: The King of Children. The Life and Death of Janusz Korczak, New York 1988. [dt.: Der König der Kinder. Das Leben von Janusz Korczak, Stuttgart 1990.]

Lilienthal, Georg: Der »Lebensborn e.V.« Ein Instrument nationalsozialistischer Rassenpolitik, Frankfurt/M. 1993.

Linde, Hertha (Hg.): So waren wir. Bildband zur Geschichte des BDM, München 1997.

Löffler, Peter (Hg.): Clemens August Graf von Galen. Akten, Briefe und Predigten 1933–1946. Bd. 1–2, Mainz 1988.

Longerich, Peter: Politik der Vernichtung. Eine Gesamtdarstellung der national-sozialistischen Judenverfolgung, München 1998.

Lorenz, Hilke: Kriegskinder. Das Schicksal einer Generation Kinder, München 2003.

Lofti, Gabriele: KZ der Gestapo. Arbeitserziehungslager im Dritten Reich, Stuttgart 2000.

Ludowyk Gyomroi, Edith: The Analysis of a Young Concentration Camp Victim, in: The Psychoanalytic Study of the Child Bd. 18 (1963), S. 484–510.

Lüdtke, Alf: Histories of Mourning. Flowers and Stones for the War Dead, Confusion for the Living – Vignettes from East and West Germany, in: Gerald Sider u. Gavin Smith (Hgg.): Between History and Histories. The Making of Silences and Commemorations, Toronto 1977, S. 149–179.

Lüdtke, Alf: Eigen-Sinn. Fabrikalltag, Arbeitererfahrung und Politik vom Kaiserreich bis in den Faschismus, Hamburg 1993.

Lüdtke, Alf: The Appeal of Exterminating »Others«. German Workers and the Limits of Resistance, in: Christian Leitz (Hg.): The Third Reich. The Essential Readings, Oxford 1999, S. 155–177.

Lukas, Richard C.: Did the Children Cry? Hitler's War against Jewish and Polish Children 1939–1945, New York 1994.

Macardle, Dorothy: Children of Europe. A Study of the Children of Liberated Countries. Their War-Time Experiences, Their Reactions and Their Needs. With a Note on Germany, London 1949.

Madajczyk, Czesław (Hg.): Zamojszczyzna – Sonderlaboratorium SS. Zbiór dokumentów polskich i niemieckich z okresu okupacji hitlerowskiej. Bd. 1–2, Warschau 1977–1979.

Madajczyk, Czesław: Die Okkupationspolitik Nazideutschlands in Polen 1939–1945, Köln 1988.

Mahood, Linda: Policing Gender, Class and Family. Britain 1850–1940, London 1995.

Maier, Charles: The Unmasterable Past, Cambrigde/Mass. 1988. [dt.: Die Gegenwart der Vergangenheit. Geschichte und die nationale Identität der Deutschen, Frankfurt/M. u.a. 1992.]

Majer, Diemut: »Non-Germans« under the Third Reich. The Nazi Judicial and Administrative System in Germany and Occupied Eastern Europe. With Special Regard to Occupied Poland 1939–1945, Baltimore u. London 2003. [dt.: »Fremdvölkische« im Dritten Reich. Ein Beitrag zur nationalsozialistischen Rechtssetzung und Rechtspraxis in Verwaltung und Justiz unter besonderer Berücksichtigung der eingegliederten Ostgebiete und des Generalgouvernements, Boppard 1981.]

Makarova, Elena: From Bauhaus to Terezin. Friedl Dicker-Brandeis and Her Pupils, Jerusalem 1990.

Mann, Reinhard: Protest und Kontrolle im Dritten Reich. Nationalsozialistische Herrschaft im Alltag einer rheinischen Großstadt, Frankfurt/M. 1987.

Manoschek, Walter (Hg.): »Es gibt nur eines für das Judentum: Vernichtung«. Das Judenbild in deutschen Soldatenbriefen 1939–1944, Hamburg 1995.

Margalit, Gilad: Germany and Its Gypsies. A Post-Auschwitz Ordeal, Madison 2002. [dt.: Die Nachkriegsdeutschen und »ihre« Zigeuner. Die Behandlung der Sinti und Roma im Schatten von Auschwitz, Berlin 2001.]

Margalit, Gilad: Der Luftangriff auf Dresden. Seine Bedeutung für die Erinnerungspolitik der DDR und für die Herauskristallisierung einer historischen Kriegserinnerung im Westen, in: Susanne Düwell u. Matthias Schmidt (Hg.): Narrative der Shoah. Repräsentationen der Vergangenheit in Historiographie, Kunst und Politik, Paderborn 2002, S. 189–208.

Marten, James (Hg.): Children and War. A Historical Anthology, New York u. London 2002.

Maschmann, Melita: Account Rendered. A Dossier on My Former Self, London u. New York 1965. [dt.: Fazit. Kein Rechtfertigungsversuch, Stuttgart 1963.]

Mason, Timothy: Arbeiterklasse und Volksgemeinschaft, Opladen 1975.

Mason, Timothy: Nazism, Fascism and the Working Class. Hg. v. Jane Caplan, Cambridge 1995.

Mausbach, Hans u. Barbara Bromberger: Kinder als Opfer der NS-Medizin. Unter besonderer Berücksichtigung der Kinderfachabteilungen in der Psychiatrie, in: Christina Vanja u. Martin Vogt (Hgg.): Euthanasie in Hadamar. Die nationalsozialistische Vernichtungspolitik in hessischen Anstalten, Kassel 1991, S. 145–156.

McDougall, Alan: From Tag X to the Prague Spring. Crisis Points in the History of the Free German Youth (FDJ) 1952–1968. Diss., University of Oxford 2001.

McFarland-Icke, Bronwyn: Nurses in Nazi Germany. Moral Choice in History, Princeton 1999.

Meister, Johannes: Die »Zigeunerkinder« von der St. Josefspflege in Mulfingen, in: 1999. Bd. 2 (1987), S. 14–51.

Mendel, Annekatrein: Zwangsarbeit im Kinderzimmer. »Ostarbeiterinnen« in deutschen Familien von 1939 bis 1945. Gespräche mit Polinnen und Deutschen, Frankfurt/M. 1994.

Mennel, Robert: Thorns and Thistles. Juvenile Delinquents in the United States 1825–1940, Hanover/New Hampshire 1973.

Menuhin, Yehudi: Unfinished Journey, London 2001. [dt.: Unvollendete Reise. Lebenserinnerungen, München, Zürich 1976.]

Mergel, Thomas: Der mediale Stil der »Sachlichkeit«. Die gebremste Amerikanisierung des Wahlkampfs in der alten Bundesrepublik, in: Bernd Weisbrod (Hg.): Die Politik der Öffentlichkeit – die Öffentlichkeit der Politik. Politische Medialisierung in der Geschichte der Bundesrepublik, Göttingen 2003, S. 29–53.

Merridale, Catherine: Ivan's War. The Red Army, 1939–45, London, 2005.

Merritt, Anna u. Richard Merritt (Hgg.): Public Opinion in Occupied Germany. The OMGUS Surveys 1945–1949, Urbana 1970.

Merritt, Anna u. Richard Merritt (Hgg.): Public Opinion in Semisovereign Germany. The HICOG Surveys 1949–1955, Urbana 1980.

Messerschmidt, Manfred u. Fritz Wüllner: Die Wehrmachtjustiz im Dienste des Nationalsozialismus. Zerstörung einer Legende, Baden-Baden 1987.

Meyer, Sibylle u. Eva Schulze: Wie wir das alles geschafft haben. Alleinstehende Frauen berichten über ihr Leben nach 1945, München 1985.

Meyer, Sibylle u. Eva Schulze: »Als wir wieder zusammen waren, ging der Krieg im Kleinen weiter«. Frauen, Männer und Familien in Berlin der vierziger Jahre, in: L. Niethammer u. A. v. Plato (Hgg.): »Wir kriegen jetzt andere Zeiten«, S. 305–326.

Middlebrook, Martin: The Battle of Hamburg. Allied Bomber Forces against a German City in 1943, London 1980. [dt.: Hamburg, Juli '43. Alliierte Luftstreitkräfte gegen eine deutsche Stadt, Berlin, Frankfurt/M. 1983.]

Middlebrook, Martin: The Berlin Raids. RAF Bomber Command. Winter 1943–1944, London 1988.

Middlebrook, Martin u. Chris Everitt (Hgg.): The Bomber Command War Diaries. An Operational Reference Book 1939–1945, London 1990.

Migdal, Ulrike: Und die Musik spielt dazu. Chansons und Satiren aus dem KZ Theresienstadt, München 1986.

Milton, Ulrike (Hg.): The Art of Jewish Children. Germany 1936–1941. Innocence and Persecution, New York 1989.

Mitscherlich, Alexander u. Margarete Mitscherlich: Die Unfähigkeit zu trauern. Grundlagen kollektiven Verhaltens, München 1967.

Moeller, Robert: Protecting Motherhood. Women and the Family in the Politics of Postwar West Germany, Berkeley 1993. [dt.: Geschützte Mütter. Frauen und Familien in der westdeutschen Nachkriegspolitik, München 1997.]

Moeller, Robert: War Stories. The Search for a Usable Past in the Federal Republic of Germany, Berkeley 2001.

Mommsen, Hans: From Weimar to Auschwitz. Essays in GH, Princeton 1991. [dt.: Von Weimar nach Auschwitz. Zur Geschichte Deutschlands in der Weltkriegsepoche. Ausgewählte Aufsätze, Stuttgart 1999.]

Mommsen, Hans: Alternative zu Hitler, München 2000.

Mosokovitz, Sarah: Love despite Hate. Child Survivors of the Holocaust and Their Adult Lives, New York 1983.

Mosse, George L.: The Crisis of German Ideology. Intellectual Origins of the Third Reich, London 1966. [dt.: Ein Volk, ein Reich, ein Führer. Die völkischen Ursprünge des Nationalsozialismus, Königstein i. T. 1979.]

Mosse, George L.: Fallen Soldiers. Reshaping the Memory of the World Wars, New York u. Oxford 1990. [dt.: Gefallen für das Vaterland. Nationales Heldentum und namenloses Sterben, Stuttgart 1993.]

Mouton, Michelle u. Helena Pohlandt-McCormick: Boundary Crossings. Oral History of Nazi Germany and Apartheid South Africa – A Comparative Perspective, in: HWJ Bd. 48 (Herbst 1999), S. 41–63.

Müller, Filip: Eyewitness Auschwitz. Three Years in the Gas Chambers. Hg. v. Susanne Flatauer, Chicago 1979. [dt.: Sonderbehandlung. 3 Jahre in den Krematorien und Gaskammern von Auschwitz. Bearb. v. Helmut Freitag, München 1979.]

Müller, Klaus-Jürgen: Das Heer und Hitler. Armee und nationalsozialistisches Regime 1933–1940, Stuttgart 1988.

Müller, Rolf-Dieter u. Volkmann, Hans-Erich (Hgg.): Die Wehrmacht. Mythos und Realität, München 1999.

Müller-Hillebrand, Burkhart: Das Heer 1933–1945. Bd. 1–3, Darmstadt 1969.

Musial, Bogdan: »Konterrevolutionäre Elemente sind zu erschießen«. Die Brutalisierung des deutsch-sowjetischen Krieges im Sommer 1941, Berlin 2000.

Naimark, Norman: The Russians in Germany. A History of the Soviet Zone of Occupation 1945–1949, Cambridge/Mass. 1995. [dt.: Die Russen in Deutschland. Die russische Besatzungszone 1945–1949, Berlin 1997.]

Naimark, Norman: Fires of Hatred. Ethnic Cleansing in Twentieth-Century Europe, Cambridge/Mass. 2001. [dt.: Flammender Hass. Ethnische Säuberungen im 20. Jahrhundert, München 2004.]

Neuhauser, Johannes u. Michaela Pfaffenwimmer (Hgg.): Hartheim, wohin unbekannt. Briefe und Dokumente, Weitra 1992.

Nicolaisen, Hans-Dietrich: Der Einsatz der Luftwaffen- und Marinehelfer im 2. Weltkrieg. Darstellung und Dokumentation, Büsum 1981.

Niehuss, Merith: Familie, Frau und Gesellschaft. Studien zur Strukturgeschichte der Familie in Westdeutschland 1945–1960, Göttingen 2001.

Niethammer, Lutz (Hg.): »Die Jahre weiß man nicht, wo man die heute hinsetzen soll«. Faschismuserfahrungen im Ruhrgebiet, Berlin 1983.

Niethammer, Lutz (Hg.): »Hinterher merkt man, daß es richtig war, daß es schief-gegangen ist«. Nachkriegserfahrungen im Ruhrgebiet, Bonn 1983.

Niethammer, Lutz u. Alexander von Plato (Hgg.): »Wir kriegen jetzt andere Zei-ten«. Auf der Suche nach der Erfahrung des Volkes in nachfaschistischen Län-dern, Berlin 1985.

Niethammer, Lutz: Ego-Histoire? Und andere Erinnerungs-Versuche, Wien u. Köln 2002.

Niewyk, Donald (Hg.): Fresh Wounds. Early Narratives of Holocaust Survival, Chapel Hill 1998.

Noakes, Jeremy u. Geoffrey Pridham (Hgg.): Nazism 1919–1945. A Documentary Reader. Bd. 1–4, Exeter 1984–1998.

Norwik, Tadeusz: Kraj bez Quislinga, Rom 1945.

Novick, Peter: The Holocaust and Collective Memory. The American Experience, London 1999.

Nowak, Kurt: »Euthanasie« und Sterilisierung im »Dritten Reich«. Die Konfron-tation der evangelischen und katholischen Kirche mit dem Gesetz zur Ver-hütung erbkranken Nachwuchses und der »Euthanasie«-Aktion, Göttingen 1984.

Nowak, Kurt: Widerstand, Zustimmung, Hinnahme. Das Verhalten der Bevölke-rung zur »Euthanasie«, in: Norbert Frei (Hg.): Medizin und Gesundheitspoli-tik in der NS-Zeit, München 1991, S. 235–251.

Obst, Dieter: »Reichskristallnacht«. Ursachen und Verlauf des antisemitischen Pogroms vom November 1938, Frankfurt/M. 1991.

Ofer, Dalia u. Lenore Weitzman (Hgg.): Women in the Holocaust, New Haven 1998.

Offer, Avner: The First World War. An Agrarian Interpretation. Oxford 1989.

Orth, Karin: Das System der nationalsozialistischen Konzentrationslager. Eine politische Organisationsgeschichte, Hamburg 1999.

Ortmeyer, Benjamin (Hg.): Berichte gegen Vergessen und Verdrängen von 100 überlebenden jüdischen Schülerinnen und Schülern über die NS-Zeit in Frankfurt/M. am Main, Alfter 1994.

Ortmeyer, Benjamin: Schulzeit unterm Hitlerbild. Analysen, Berichte, Doku-ment, Frankfurt/M. 1996.

Otto, Hans-Uwe (Hg.): Soziale Arbeit und Faschismus. Volkspflege und Pädago-gik im Nationalsozialismus, Bielefeld 1986.

Otto, Renate: Die Heilerziehungs- und Pflegeanstalt Scheuern, in: Klaus Böhme u. Uwe Lohalm (Hgg.): Wege in den Tod. Hamburgs Anstalt Langenhorn und die Euthanasie in der Zeit des Nationalsozialismus, Hamburg 1993, S. 320–333.

Overmans, Rüdiger: Deutsche militärische Verluste im Zweiten Weltkrieg, Mün-chen 1999.

Overy, Richard: Goering. The »Iron Man«, London 1984. [dt.: Hermann Göring. Machtgier und Eitelkeit, München 1986.]

Overy, Richard: Why the Allies Won, London 1995. [dt.: Die Wurzeln des Sieges. Warum die Alliierten den Zweiten Weltkrieg gewannen, Stuttgart u. München 2000.]

Overy, Richard: Interrogations. The Nazi Elite in Allied Hands 1945, London 2001. [dt.: Verhöre. Die NS-Elite in den Händen der Alliierten 1945, München 2002.]

Památník Terezín (Hg.): Leo Haas, Terezín 1969.

Památník Terezín (Hg.): Arts in Terezín 1941–1945, Terezín 1973.

Panitz, Eberhard: Die Feuer sinken, Berlin 1960.

Parsons, Martin: »I'll Take That One«. Dispelling the Myths of Civilian Evacuation 1939–1945, Peterborough 1998.

Passerini, Luisa: Work Ideology and Consensus under Italian Fascism, in: HWJ Bd. 8 (1979), S. 82–108.

Passerini, Luisa: Fascism in Popular Memory. The Cultural Experience of the Turin Working Class, Cambridge 1987.

Paul, Gerhard u. Klaus-Michael Mallmann (Hgg.): Die Gestapo. Mythos und Realität, Darmstadt 1995.

Paulsson, Gunnar S.: Hiding in Warsaw. The Jews on the »Aryan Side« in the Polish Capital 1940–1945. Diss, Oxford 1998.

Paulsson, Gunnar S.: Secret City. The Hidden Jews of Warsaw 1940–1945, New Haven u. London 2002.

Pentlin, Susan Lee: Mary Berg (1924-), in: S. Lillian Kremer (Hg.): Holocaust Literature. An Encyclopedia of Writers and Their Work. Bd. 1, New York 2003, S. 138–140.

Petö, Andrea: Memory and the Narrative of Rape in Budapest and Vienna in 1945, in: R. Bessel u. D. Schumann (Hgg.): Life after Death, S. 129–148.

Peukert, Detlev: Arbeitslager und Jugend-KZ. Die Behandlung »Gemeinschaftsfremder« im Dritten Reich, in: Deltev Peukert u. Jürgen Reulecke (Hgg.): Die Reihen fest geschlossen. Beiträge zur Geschichte des Alltags unterm Nationalsozialismus, Wuppertal 1981, S. 431–434.

Peukert, Detlev: Volksgenossen und Gemeinschaftsfremde. Anpassung, Ausmerze und Aufbegehren unter dem Nationalsozialismus, Köln 1982.

Peukert, Deltev: Grenzen der Sozialdisziplinierung. Aufstieg und Krise der deutschen Jugendfürsorge von 1878 bis 1932, Köln 1986.

Peukert, Detlev: Inside Nazi Germany. Conformity, Opposition and Racism in Everyday Life, London 1987.

Peyinghaus, Marianne (Hg.): Stille Jahre in Gertlauken. Erinnerungen an Ostpreußen, Berlin 1988.

Pfahlmann, Hans: Fremdarbeiter und Kriegsgefangene in der deutschen Kriegswirtschaft 1939–1945, Darmstadt 1968.

Pfeifer, Jochen: Der deutsche Kriegsroman 1945–1960. Ein Versuch zur Vermittlung von Literatur- und Sozialgeschichte, Königstein 1981.

Phillips, Janine: My Secret Diary, London 1982. [dt.: Polen, Mai 1939. Ein Tagebuch, Ravensburg 1983.]

Pine, Lisa: Nazi Family Policy 1933–1945, Oxford 1997.

Pines, Dinora: A Women's Unconscious Use of Her Body. A Psychoanalytical Perspective, London 1993. [dt.: Der weibliche Körper. Eine psychoanalytische Perspektive, Stuttgart 1997.]

Pinfold, Debbie: The Child's View of the Third Reich in German Literature. The Eye among the Blind, Oxford 2001.

Plato, Alexander von: The Hitler Youth Generation and Its Role in the Two Post-War German States, in: M. Roseman (Hg.): Generations, S. 210–226.

Platt, Kristin u. Mihran Dabag (Hg.): Generation und Gedächtnis. Erinnerungen und kollektive Identitäten, Opladen 1995.

Pluta, Feliks: Język polski w okresie drugiej wojny światowej. Studium słowotwórczo-semantyszne, Opole 1975.

Pohl, Dieter: Von der »Judenpolitik« zum Judenmord. Der Distrikt Lublin des Generalgouvernements 1939–1944, Frankfurt/M.1993.

Poiger, Uta: Jazz, Rock and Rebels. Cold War Politics and American Culture in a Divided Germany, Berkeley 2000.

Polish Ministry of Information: The German New Order in Poland, London 1942.

Polonsky, Antony u. Joanna Michlic (Hgg.): The Neighbors Respond. The Controversy over the Jedwabne Massacre in Poland, Princeton 2004.

Portelli, Alessandro: The Death of Luigi Trastulli. Memory and the Event, in: Ders.: The Death of Luigi Trastulli and other Stories, Albany 1991, S. 1–26.

Prenzlauer Berg Museum des Kulturamtes Berlin u. Annett Gröschner (Hg.): Ich schlug meiner Mutter die brennenden Funken ab. Berliner Schulaufsätze aus dem Jahr 1946, Berlin 1996.

Price, Alfred: Luftwaffe Data Book, London 1997.

Przybylska, Wanda: Journal de Wanda. Hg. u. übers. v. Zofia Bobowicz, Paris 1981. [dt.: Ein Teil meines Herzens. Tagebuch 1942–1945, Bremen 2006.]

Przybylska, Wanda: Cząstka mego serca. Pamiętniki z lat wojny, Warschau 1985.

Przyrembel, Alexandra: »Rassenschande«. Reinheitsmythos und Vernichtungslegitimation im Nationalsozialismus, Göttingen 2003.

Radebolt, Hartmut: Abwesende Väter und Kriegskindheit. Fortbestehende Folgen in Psychoanalysen, Göttingen 2004.

Radomska-Strzemecka, Helena: Okupacja w oczach młodzieży, in: Józef Wnuk u. Helena Radomska-Strzemecka (Hgg.): Dzieci polskie oskarżają (1939–1945), Warschau 1961, S. 195–379.

Ranke, Wilfrid u.a. (Hgg.): Kultur, Pajoks und Care-Pakete. Eine Berliner Chronik 1945–1949, Berlin 1990.

Raschke, Jan Z.: Farewell to God, Dundee 1977.

Reed, Donna: The Novel and the Nazi Past, New York u. Frankfurt/M. 1985.

Reich-Ranicki, Marcel: Deutsche Literatur in West und Ost. Prosa seit 1945, München 1963.

Reich-Ranicki, Marcel (Hg.): Meine Schulzeit im Dritten Reich. Erinnerungen deutscher Schriftsteller, Köln 1982.

Reich-Ranicki, Marcel: The Author of Himself. The Life of Marcel Reich-Ranicki, London 2002. [dt.: Mein Leben, Stuttgart 1999.]

Reichel, Peter: Der schöne Schein des Dritten Reiches. Faszination und Gewalt des Faschismus, München 1992.

Reichel, Peter: Politik mit der Erinnerung. Gedächtnisorte im Streit um die nationalsozialistische Vergangenheit, München u. Wien 1995.

Reulecke, Jürgen: The Battle for the Young. Mobilising Young People in Wilhelmine Germany, in: M. Roseman (Hg.): Generations, S. 92–104.

Richarz, Bernhard: Heilen, Pflegen, Töten. Zur Alltagsgeschichte einer Heil- und Pflegeanstalt bis zum Ende des Nationalsozialismus, Göttingen 1987.

Richter, Dieter: Schlaraffenland. Geschichte einer populären Phantasie, Frankfurt/M. 1989.

Riechert, Hansjörg: Im Schatten von Auschwitz. Die nationalsozialistische Sterilisationspolitik gegenüber Sinti und Roma, Münster 1995.

Ringelblum, Emmanuel: Polish-Jewish Relations during the Second World War. Hg. v. Joseph Kermish u. Shmuel Krakowski, New York 1976.

Roberts, Ulla: Starke Mütter – ferne Väter. Töchter reflektieren ihre Kindheit im Nationalsozialismus und in der Nachkriegszeit, Frankfurt/M. 1994.

Roer, Dorothee u. Dieter Henkel (Hgg.): Psychiatrie im Faschismus. Die Anstalt Hadamar 1933–1945, Bonn 1986.

Roesler, Jörg: The Black Market in Post-war Berlin and the Methods Used to Counteract It, in: GH Bd. 7/1 (1989), S. 92–107.

Roseman, Mark (Hg.): Generations in Conflict. Youth Revolt and Generation Formation in Germany 1770–1968, Cambridge 1995.

Roseman, Mark: The Past in Hiding, London 2000.

Roseman, Mark: The Villa, the Lake, the Meeting. Wannsee and the Final Solution, London 2002. [dt.: Die Wannseekonferenz. Wie die NS-Bürokratie den Holocaust organisierte, München u.a. 2002.]

Rosenfeld, Alvin: Popularization and Memory. The Case of Anne Frank, in: Peter Hayes (Hg.): Lessons and Legacies. The Meaning of the Holocaust in a Changing World, Evanston 1991.

Rosenhaft, Eve: Beating the Fascists? The German Communists and Political Violence 1929–1933, Cambridge 1983.

Rosenstrauch, Hazel (Hg.): Aus Nachbarn wurden Juden. Ausgrenzung und Selbstbehauptung 1933–1942, Berlin 1988.

Rosenthal, Gabriele (Hg.): Die Hitlerjugend-Generation. Biographische Thematisierung als Vergangenheitsbewältigung, Essen 1986.

Rosenthal, Gabriele: Erlebte und erzählte Lebensgeschichte. Gestalt und Struktur biographischer Selbstbeschreibungen, Frankfurt/M. 1995.

Ross, Henryk: Łódź Ghetto Album. Hg. v. Thomas Weber, London 2004.

Rost, Karl Ludwig: Sterilisation und Euthanasie im Film des »Dritten Reiches«. Nationalsozialistische Propaganda in ihrer Beziehung zu rassenhygienischen Maßnahmen des NS-Staates, Husum 1987.

Rudashevski, Yitskhok: The Diary of the Vilna Ghetto. June 1941-April 1943, Tel Aviv 1973.

Ruhl, Klaus-Jörg: Frauen in der Nachkriegszeit 1945–1963, München 1988.

Rürup, Reinhard (Hg.): Berlin 1945. Eine Dokumentation, Berlin 1995.

Sachse, Carola: Siemens, der Nationalsozialismus und die moderne Familie. Eine Untersuchung zur sozialen Rationalisierung in Deutschland im 20. Jahrhundert, Hamburg 1990.

Sachsse, Christoph u. Florian Tennstedt: Der Wohlfahrtsstaat im Nationalsozialismus, Stuttgart 1992.

Safrian, Hans: Die Eichmann-Männer, Wien 1993.

Sander, Elke u. Barbara Johr (Hgg.): BeFreier und Befreite. Krieg, Vergewaltigungen, Kinder, München 1992.

Sander, Peter: Verwaltung des Krankenmordes. Der Bezirksverband Nassau im Nationalsozialismus, Gießen 2003.

Schellenberger, Barbara: Katholische Jugend und Drittes Reich, Mainz 1975.

Schelsky, Helmut: Die skeptische Generation. Eine Soziologie der deutschen Jugend, Düsseldorf 1957.

Scherer, Klaus: »Asozial« im Dritten Reich. Die vergessenen Verfolgten, Münster 1990.

Schickert, Klaus: Kriegsschauplatz Israel, in: Wille und Macht (Sept./Okt. 1943).

Schieder, Theodor (Hg.): The Expulsion of the German Population from the Territories East of the Oder-Neiße-Line, Bonn [1956]. [dt.: Die Vertreibung der deutschen Bevölkerung aus den Gebieten östlich der Oder-Neiße. Eine umfassende Darstellung mit vielen Dokumentarberichten. (Dokumentation der Vertreibung der Deutschen aus Ost-Mitteleuropa. Bd. I/1–2), Bonn 1952.]

Schissler, Hanna (Hg.): The Miracle Years. A Cultural History of West Germany 1949–1968, Princeton 2001.

Schlumbohm, Jürgen: Kinderstuben. Wie Kinder zu Bauern, Bürgern, Aristokraten wurden 1700–1850, München 1983.

Schmidt, Ulf: Reassessing the Beginning of the »Euthanasia« Programme, in: GH Bd. 17/4 (1999), S. 543–550.

Schmitz-Köster, Dorothee: »Deutsche Mutter, bist Du bereit …«. Alltag im Lebensborn, Berlin 1997.

Schörken, Rolf: Luftwaffenhelfer und Drittes Reich. Die Entstehung eines politischen Bewusstseins, Stuttgart 1984.

Schreiber, Gerhard: Die italienischen Militärinternierten im deutschen Machtbereich 1943–1945. Verraten – verachtet – vergessen, München 1990.

Schröder, Hans Joachim: Die gestohlenen Jahre. Erzählgeschichten und Geschichtserzählung im Interview. Der Zweite Weltkrieg aus der Sicht ehemaliger Mannschaftssoldaten, Tübingen 1992.

Schulte, Theo: The German Army and Nazi Policies in Occupied Russia, Providence 1989.

Schulz, Hermann, Hartmut Radebold u. Jürgen Reulecke: Söhne ohne Väter. Erfahrungen der Kriegsgeneration, Berlin 2004.

Schulze, Rainer (Hg.): Unruhige Zeiten. Erlebnisberichte aus dem Landkreis Celle 1945–1949, München 1990.

Schulze, Rainer (Hg.): Zwischen Heimat und Zuhause. Deutsche Flüchtlinge und Vertriebene in (West-)Deutschland 1945–2000, Osnabrück 2001.

Schwarze, Gisela: Kinder, die nicht zählten. Ostarbeiterinnen und ihre Kinder im Zweiten Weltkrieg, Essen 1997.

Schwendemann, Heinrich u. Wolfgang Dietsche: Hitlers Schloß. Die »Führerresidenz« in Posen, Berlin 2003.

Schwertfeger, Ruth: Women of Theresienstadt, New York 1989.

Sebald, Winfried G.: On the Natural History of Destruction, London 2003. [dt.: Luftkrieg und Literatur, München 1999.]

Semmler, Rudolf: Goebbels. The Man Next to Hitler, London 1947.

Serraillier, Ian: The Silver Sword, London 1956. [dt.: Das silberne Messer, Baden-Baden 1963.]

Shirakawa, Sam: The Devil's Music Master. The Controversial Life and Career of Wilhelm Furtwängler, Oxford 1992.

Shirer, William: Berlin Diary 1934–1941, London 1970. [dt.: Berliner Tagebuch. Aufzeichnungen 1934–1941. Übertr. u. hg. v. Jürgen Schebera, Leipzig 1991.]

Sichrovsky, Peter: Schuldig geboren. Kinder aus Nazifamilien, Köln 1987.

Sick, Dorothea: »Euthanasie« im Nationalsozialismus am Beispiel des Kalmenhofs in Idstein im Taunus, Frankfurt/M. 1983.

Sieder, Reinhard u. Hans Safrian: Gassenkinder – Straßenkämpfer. Zur politischen Sozialisation einer Arbeitergeneration in Wien 1900 bis 1938, in: L. Niethammer u. A. v. Plato (Hgg.): »Wir kriegen jetzt andere Zeiten«, S. 117–151.

Sieder, Reinhard: A Hitler Youth from a Respectable Family, in: Daniel Bertraux u. Paul Thompson (Hgg.): International Yearbook of Oral History and Life Stories. Bd. 2. Between Generations. Family Models, Myths and Memories, Oxford 1993, S. 99–120.

Sieder, Reinhard (Hg.): Brüchiges Leben. Biographien in sozialen Systemen, Wien 1999.

(Sierakowiak, Dawid): Das Ghettotagebuch des Dawid Sierakowiak. Aufzeichnungen eines Siebzehnjährigen 1941/1942. Übersetzt von Roswitha Matwin-Buschmann, Leipzig 1993.

Silberschlag, Eisig: Saul Tschernichowsky. Poet of Revolt, Ithaca/NY 1968.

Sloan, Jacob (Hg.): Notes from the Warsaw Ghetto. The Journal of Emmanuel Ringelblum, New York u. London 1958.

Smith, Arthur Lee: Die »Vermißte Million«. Zum Schicksal deutscher Kriegsgefangener nach dem zweiten Weltkrieg, München 1992.

Smith, Woodruff: The Ideological Origins of Nazi Imperialism, New York 1986.

Sollbach, Gerhard: Heimat Ade! Kinderlandverschickung in Hagen 1941–1945, Hagen 1998.

Sontheimer, Kurt: Antidemokratisches Denken in der Weimarer Republik, München 1992.

Sosnowski, Kyrił: The Tragedy of Children under Nazi Rule, Poznań 1962.

Stadt Frankfurt/M. (Hg.): Vom Bauhaus nach Terezin. Friedl Dicker-Brandeis und die Kinderzeichnungen aus dem Ghetto-Lager Theresienstadt, Frankfurt/M. 1991.

Stadtarchiv München (Hg.): »Verzogen, unbekannt wohin«. Die erste Deportation von Münchener Juden im November 1941, Zürich 2000.

Stargardt, Nicholas: Children's Art of the Holocaust, in: Past and Present Bd. 161 (1998), S. 192–235.

Stargardt, Nicholas: The German Idea of Militarism. Radical and Socialist Critics 1866–1914, Cambridge 1994.

Starns, Penny u. Martin Parsons: Against Their Will. The Use and Abuse of British Children during the Second World War, in: J. A. Marten (Hg.): Children, S. 266–278.

Stasiewski, Bernhard: Die Kirchenpolitik der Nationalsozialisten im Warthegau 1939–1945, in: VfZ Bd. 7/1 (1959), S. 46–74.

State Jewish Museum in Prague (Hg.): Friedl Dicker-Brandeis 1898–1944, Prag 1988.

Statistisches Jahrbuch für das Deutsche Reich. Bd. 44. 1924–1925, Berlin 1925.

Steinbach, Peter u. Johannes Tuchel: »Ich habe den Krieg verhindern wollen«. George Elser und das Attentat vom 8. November 1939. Eine Dokumentation, Berlin 1997.

Steinbacher, Sybille: »Musterstadt« Auschwitz. Germanisierungspolitik und Judenmord in Oberschlesien, München 2000, S. 178–194.

Steinert, Marlis: Hitlers Krieg und die Deutschen. Stimmung und Haltung der deutschen Bevölkerung im Zweiten Weltkrieg, Düsseldorf 1970.

Steinhoff, Johannes, Peter Pechel u. Dennis Showalter: Voices from the Third Reich. An Oral History, London 1991. [dt.: Deutsche im Zweiten Weltkrieg. Zeitzeugen sprechen, München 1989.]

Steinlauf, Michael: Bondage to the Dead. Poland and the Memory of the Holocaust, Syracuse/NY 1997.

Stephenson, Jill: »Emancipation« and its Problems. War and Society in Württemberg 1939–45, in: European History Quarterly Bd. 17 (1987), S. 345–365.

Stern, Frank: The Whitewashing of the Yellow Badge. Antisemitism and Philosemitism in Postwar Germany, Oxford 1992. [dt.: Im Anfang war Auschwitz. Antisemitismus und Philosemitismus im deutschen Nachkrieg, Gerlingen 1991.]

Steinberger, Dolf, Gerhard Storz u. W. E. Süsking: Aus dem Wörterbuch des Unmenschen, Hamburg 1968.

Stöver, Bernd: Volksgemeinschaft im Dritten Reich. Die Konsensbereitschaft der Deutschen aus der Sicht sozialistischer Exilberichte, Düsseldorf 1993.

Strauss, Herbert: Jewish Emigration from Germany. Part I, in: Leo Baeck Institute Year Book Bd. 25, London 1980, S. 313–361.

Streit, Christian: Keine Kameraden. Die Wehrmacht und die sowjetischen Kriegsgefangenen 1941–1945, Stuttgart 1978.

Strobl, Gerwin: The Germanic Isle. Nazi Perceptions of Britain, Cambridge 2000.

Strzelecki, Andrzej, Endphase des KL Auschwitz. Evakuierung, Liquidierung und Befreiung des Lagers, Oświęcim-Brzezinka 1995.

Syrkin, Marie: The State of the Jews, Washington 1980.

Szarota, Tomasz: Warschau unter dem Hakenkreuz. Leben und Alltag im besetzen Warschau 1.10.1939 bis 31.7.1944, Paderborn 1985.

Szepansky, Gerda (Hg.): Blitzmädel, Heldenmutter, Kriegerwitwe. Frauenleben im Zweiten Weltkrieg, Frankfurt/M. 1986.

Szuman, Stephan: La guerre et l'occupation dans les dessins des enfants polonais', in: Sauvegarde Bd. 4 (1949), S. 28–57.

Tahan, Ilana: Memorial Volumes to Jewish Communities Destroyed in the Holocaust. A Bibliography of British Library Holdings, London 2003.

Tec, Nechama: In the Lion's Den. The Life of Oswald Rufeisen, New York 1990.

Tec, Nechama: Defiance. The Bielski Partisans, Oxford 1993. [dt.: Ich wollte retten. Die unglaubliche Geschichte der Bielski-Partisanen 1942–1944, Berlin 2002.]

Theilen, Fritz: Edelweißpiraten, Köln 2003.

Thum, Gregor: Die fremde Stadt. Breslau 1945, Berlin 2003.

Timm, Uwe: Am Beispiel meines Bruders, Köln 2003.

Titmuss, Richard: Problems of Social Policy, London 1950.

Toll, Nelly S.: Behind the Secret Window. A Memoir of a Hidden Childhood during World War Two, New York 1993.

Trevor-Roper, Hugh (Hg.): Hitler's Table Talk. 1941–1944, London 1953.

Troller, Norbert: Theresienstadt. Hitler's Gift to the Jews, Chapel Hill 1991.

Trommler, Frank: »Deutschlands Sieg oder Untergang«. Perspektiven aus dem Dritten Reich auf die Nachkriegsentwicklung, in: Thomas Koebner, Gert Sautermeister u. Sigrid Schneider (Hgg.): Deutschland nach Hitler, Opladen 1987, S. 214–228.

Trunk, Isaiah: Judenrat. The Jewish Councils of Eastern Europe under Nazi Occupation, New York 1972.

Tuchel, Johannes: Konzentrationslager. Organisationsgeschichte und Funktion der »Inspektion der Konzentrationslager« 1934–1938, Boppard am Rhein 1991.

Turski, Marian (Hg.): Byli wówczas dziećmi, Warschau 1975.

Überschär, Gerd u. Wolfram Wette (Hgg.): Der deutsche Überfall auf die Sowjetunion. »Unternehmen Barbarossa« 1941, Paderborn 1984.

Ullmann, Victor: 26 Kritiken über musikalische Veranstaltungen in Theresienstadt, Hamburg 1993.

Ungerer, Tomi: Die Gedanken sind frei. Meine Kindheit im Elsaß, Zürich 1999.

Usbourne, Cornelie: The Politics of the Body in Weimar Germany, New York 1992.

Utitz, Emil: Psychologie des Lebens im Konzentrationslager Theresienstadt, Wien 1948.

Verhey, Jeffrey: The Spirit of 1914. Militarism, Myth and Mobilization in Germany, Cambridge 2000. [dt.: Der »Geist von 1914« und die Erfindung der Volksgemeinschaft, Hamburg 2000.]

Vice, Sue: Children Writing the Holocaust, London 2004.

Virgili, Fabrice: Shorn Women. Gender and Punishment in Liberation France, Oxford 2002.

Vogel, Detlef u. Wolfram Wette (Hgg.): Andere Helme – andere Menschen? Heimaterfahrung und Frontalltag im Zweiten Weltkrieg. Ein internationaler Vergleich, Essen 1995.

Wachsmann, Nikolaus: Hilter's Prisons. Legal Terror in Nazi Germany, London 2004.

Wagener, Hans (Hg.): Gegenwartsliteratur und Drittes Reich. Deutsche Autoren in der Auseinandersetzung mit der Vergangenheit, Stuttgart 1977.

Wagner, Patrick: Volksgemeinschaft ohne Verbrecher. Konzeption und Praxis der Kriminalpolizei in der Zeit der Weimarer Republik und des Nationalsozialismus, Hamburg 1996.

Wagner, Wolf: Der Hölle entronnen. Stationen eines Lebens. Eine Biographie des Malers und Graphikers Leo Haas, Berlin 1987.

Wagner, Wolf: Wo die Schmetterlinge starben. Kinder in Auschwitz, Berlin 1995.

Wagnerová, Alena: 1945 waren sie Kinder. Flucht und Vertreibung im Leben einer Generation, Köln 1990.

Walb, Lore: Ich, die Alte – ich, die Junge. Konfrontation mit meinen Tagebüchern 1933–1945, Berlin 1997.

Waller, John: The Devil's Doctor. Felix Kersten and the Secret Plot to Turn Himmler against Hitler, New York 2002.

Walser Smith, Helmut: The Butcher's Tale. Murder and Anti-Semitism in a German Town, New York 2002. [dt.: Die Geschichte des Schlachters. Mord und Antisemitismus in einer deutschen Kleinstadt, Göttingen 2002.]

Weber, Ilse: In deinen Mauern wohnt das Leid. Gedichte aus dem KZ Theresienstadt, Gerlingen 1991.

Webster, Charles u. Noble Frankland: The Strategic Air Offensive against Germany. Bd. 1–4, London 1961.

Wegner, Bernd: Hitler, der Zweite Weltkrieg und die Choreographie des Untergangs, in: GG Bd. 26/3 (2000), S. 493–518.

Weinberg, Gerhard: A World at Arms. A Global History of World War II, Cambridge 1994. [dt.: Eine Welt in Waffen. Die globale Geschichte des Zweiten Weltkrieges, Stuttgart 1995.]

Weindling, Paul: Health, Race and German Politics between National Unification and Nazism 1870–1945, Cambridge 1989.

Weindling, Paul: Epidemics and Genocide in Eastern Europe 1890–1945, Oxford 2000.

Weissová, Helga: Zeichne, was Du siehst. Zeichnungen eines Kindes aus Theresienstadt, Göttingen 1998.

Welch, David: Propaganda and the German Cinema, Oxford 1985.

Welch, Stephen: »Harsh but Just«? German Military Justice in the Second World War. A Comparative Study of the Court-Martialling of German and US Deserters, in: GH Bd. 17/3 (1999), S. 369–399.

Welzer, Harald, Sabine Moller u. Karoline Tschuggnall: »Opa war kein Nazi«. Nationalsozialismus und Holocaust im Familiengedächtnis, Frankfurt/M. 2002.

Werner, Wolfgang: »Bleib übrig«. Deutsche Arbeiter in der nationalsozialistischen Kriegswirtschaft, Düsseldorf 1983.

Werth, Alexander: Russia at War, New York 1964. [dt.: Rußland im Krieg 1941–1945, München, Zürich 1965.]

Westenrieder, Norbert: Deutsche Frauen und Mädchen! Vom Alltagsleben 1933–1945, Düsseldorf 1984.

Westernhagen, Dörte von: Die Kinder der Täter. Das Dritte Reich und die Generation danach, München 1987.

Wette, Wolfram, Ricarda Bremer u. Detlev Vogel (Hg.): Das letzte halbe Jahr. Stimmungsberichte der Wehrmachtpropaganda 1944/45, Essen 2001.

Wierling, Dorothee: »Leise versinkt unser Kinderland«. Marion Lubien schreibt sich durch den Krieg, in: U. Borsdorf u. M. Jamin (Hgg.): Überleben, S. 67–84.

Wildenthal, Lora: Race, Gender and Citizenship in the German Colonial Empire, in: Frederick Cooper u. Ann Stoler (Hgg.): Tensions of Empire. Colonial Cultures in a Bourgeois World, Berkeley 1997, S. 263–283.

Wildt, Michael: Gewalt gegen Juden in Deutschland 1933 bis 1939, in: Werkstattgeschichte Bd. 18 (1997), S. 59–80.

Wildt, Michael: Generation der Unbedingten. Das Führungskorps des Reichssicherheitshauptamtes, Hamburg 2002.

Wilhelm, Hans-Heinrich: Rassenpolitik und Kriegsführung, Passau 1991.

Winkler, Dörte: Frauenarbeit versus Frauenideologie. Probleme der weiblichen Erwerbstätigkeit in Deutschland 1930–1945, in: AfS Bd. 17 (1977), S. 99–126.

Winter, Jay u. Jean-Louis Robert (Hgg.): Capital Cities at War. Paris, London, Berlin 1914–1919, Cambridge 1997.

Wiśniewska, Anna u. Czesław Racja: Majdanek. The Concentration Camp of Lublin, Lublin 1997. [dt.: Majdanek. Das Lubliner Konzentrationslager, Lublin 1997.]

Wyka, Kazimierz: Życie na niby. Szkice z lat 1939–1945, Warschau 1957.

Yahil, Leni: The Holocaust. The Fate of European Jewry 1932–1945, Oxford 1990. [dt.: Die Shoa. Überlebenskampf und Vernichtung der europäischen Juden. München 1998.]

Yelton, David K.: Hitler's Volkssturm. The Nazi Militia and the Fall of Germany 1944–1945, Lawrence 2002.

Yoder, Jennifer: Truth about Reconciliation. An Appraisal of the Enquete Commission into the SED Dictatorship in Germany, in: German Politics Bd. 8/3 (1999), S. 59–80.

Young, James: The Texture of Memory. Holocaust Memorials and Meaning, New Haven u. London 1993. [dt.: Formen des Erinnerns. Gedenkstätten des Holocaust, Wien 1997.]

Zapruder, Alexandra (Hg.): Salvaged Pages. Young Writers' Diaries of the Holocaust, New Haven u. London 2002.

Zeidler, Manfred: Kriegsende im Osten. Die Rote Armee und die Besetzung Deutschlands östlich von Oder und Neiße 1944/45, München 1996.

Ziemian, Joseph: The Cigarette Sellers of Three Crosses Square, London 1970. [dt.: Sag bloß nicht Mosche zu mir, ich heiße Stasiek! Berlin 1979.]

Zimmermann, Michael: Rassenutopie und Genozid. Die nationalsozialistische »Lösung der Zigeunerfrage«, Hamburg 1996.

Zinnecker, Jürgen: Jugendkultur 1940–1985, Opladen 1987.

Abbildungsnachweis

1. Karin Isolde Lehmann, 12 Jahre, Schwarzwald: »Zuhause«, 1945 (mit freundlicher Genehmigung von Hartmut Lehmann).
2. Hugo R., 11 Jahre: »Über die Juden«, November 1938 (mit freundlicher Genehmigung Museen der Stadt Nürnberg).
3. Modellbau bei der Hitlerjugend, 1942 (mit freundlicher Genehmigung Deutsches Historisches Museum, Berlin).
4. »Bomben auf Coventry«: Umschlag einer Wochenzeitschrift für die deutsche Jugend (mit freundlicher Genehmigung v. Randall Bytwerk, German Propaganda Archive; http//www.calvin.edu/cas/gpa/).
5. Deutsche Kinder beim Einstieg in einen Luftschutzraum in den ersten Kriegsjahren (akg-images/Ullsteinbild).
6. Polnische Kinderzeichnung von einem Luftschutzkeller (mit freundlicher Genehmigung von *Sauvegarde*, Februar/März 1949).
7. Kryzysztof Aleksander, 13 Jahre, Czestochowa, Polen 1946: »Nachtangriff« (mit freundlicher Genehmigung von *Przekrój*, 24.–30. März 1946).
8. Aleksandra Łabanowskia, 9 Jahre, Inowroclaw, Polen 1946: »Mamas traurige Erinnerungen an Ravensbrück« (mit freundlicher Genehmigung von *Przekrój*, 7.–13. April 1946).
9. S. Kwiatkowski, 13 Jahre, Warschau: »Exekution« (mit freundlicher Genehmigung von *Przekrój*, 7.–13. April 1946).
10. Deutsches Lager für polnische Kinder in Lodz (mit freundlicher Genehmigung *United States Holocaust Memorial Museum*).
11. Jüdische Kinder spielen Ghetto-Polizei, Ghetto Lodz, Photo Henryk Ross (mit freundlicher Genehmigung *Archive of Modern Conflict*).
12. Jüdische Kinder spielen in der Krochmalna Straße im Warschauer Ghetto (mit freundlicher Genehmigung *United States Holocaust Memorial Museum*).
13. Liliane Franklová, 11–12 Jahre, Ghetto Theresienstadt: »Gemeinschaftsküche« (mit freundlicher Genehmigung Jüdisches Museum Prag).
14. Ilona Weissová, 11 Jahre, Ghetto Theresienstadt: »Eingang ins Schlaraffenland« (mit freundlicher Genehmigung Jüdisches Museum Prag).
15. Maria Mühlsteinová, 11 Jahre, Ghetto Theresienstadt: »Ausverkauft« (mit freundlicher Genehmigung Jüdisches Museum Prag).
16. Zuzana Winterová, Ghetto Theresienstadt: »Tagesbefehl« (mit freundlicher Genehmigung Jüdisches Museum Prag).
17. Deutscher Luftschutzraum im Ruhrgebiet (mit freundlicher Genehmigung des Bundesarchivs).

18. Hitlerjugend und Bund Deutscher Mädchen helfen bei der Versorgung Ausge-
    bombter, Ruhrgebiet 1942 (mit freundlicher Genehmigung des Bundesarchivs).
19. Deutsche Kinder werden nach Marienbad evakuiert, Oktober 1941 (akg-images).
20. Auszeichnung von Hilfskräften der Hitlerjugend, 9. November 1943 (akg-images/
    Ullsteinbild).
21. Deutscher Adventskalender für Heim und Schule, 1943 (mit freundlicher Geneh-
    migung Kempowski-Archiv).
22. Deutsche Zivilisten auf der Flucht nach Westen, 1945 (akg-images/Ullsteinbild).
23. Fritz Wandel, Zeichnung von der Flucht, aus der Ausstellung »Kinder sehen den
    Krieg«, Berlin, Oktober 1945 (mit freundlicher Genehmigung Stadtmuseum Ber-
    lin).
24. Volkssturm verteidigt Berlin, April 1945 (akg-images).
25. Kinder geben NS-Schulbücher zurück, 1945 (Getty Images).
26. Karin Isolde Lehmann, 12 Jahre, Schwarzwald: »Weihnacht 1945« [beachte Ab-
    wesenheit des Vaters], (mit freundlicher Genehmigung von Hartmut Lehmann).
27. Junge sucht in Abfalleimern nach Eßbarem, Hamburg 1946 (Deutscher Nach-
    richtendienst).
28. Polnisches Mädchen versucht nach dem Krieg sein Zuhause zu zeichnen (mit
    freundlicher Genehmigung der UNESCO und *Bodleian Library*, Oxford).

*Bilder des 16jährigen Kalman Landau aus seinem Leben im Konzentrationslager,
Schweiz 1954*

29. Kalman Landau, »Appell«, 1945 (mit freundlicher Genehmigung DU-Heft).
30. Kalman Landau, »Wir Organisieren«, 1945 (mit freundlicher Genehmigung DU-
    Heft).
31. Kalman Landau, »Drei Häftlinge verurteilt zum Galgen«, 1945 (mit freundlicher
    Genehmigung DU-Heft).
32. Kalman Landau, Todesmarsch: »So gehen wir kaputt«, 1945 (mit freundlicher
    Genehmigung DU-Heft).
33. Kalman Landau, »Gaskammer«, 1945 (mit freundlicher Genehmigung DU-Heft).
34. Kalman Landau, Befreiung von Buchenwald, 1945 (mit freundlicher Genehmi-
    gung DU-Heft).
35. Thomas Gève, 16 Jahre: »Es mahnen uns die Toten der Konzentrationslager«,
    1945 (Wasserfarbe, Bleistift und Farbstift auf Papier; Geschenk des Künstlers;
    Sammlung Yad Vashem Museum, Jerusalem).
36. Yehuda Bacon, 16 Jahre: »Im Gedenken an die tschechischen Transporte in die
    Gaskammern«, 1945 (Kohle auf Papier; Leihgabe des Künstlers; Sammlung Yad
    Vashem Museum, Jerusalem).

Namens- und Ortsregister

die Namen der Kinder am Schluß

Anna Mieszkowska
Die Mutter der Holocaust-Kinder
Irena Sendler und die geretteten Kinder
aus dem Warschauer Ghetto
320 Seiten mit zahlr. Abb.
ISBN 3-421-05912-8

Warschau zur Zeit der deutschen Besatzung: Obwohl für die geringste
Hilfeleistung gegenüber Juden die Todesstrafe droht, gelingt es der jungen
polnischen Krankenschwester Irena Sendler, 2500 jüdische Kinder vor dem
Tod zu bewahren. In Säcken und Kisten, mit Schlafmitteln betäubt, durch
Keller und Abwasserkanäle schleust sie die Kinder auf die andere Seite des
Ghettos. Mit gefälschten Papieren gibt sie ihnen eine neue Identität und
verschafft ihnen in polnischen Familien, Waisenhäusern und Klöstern ein
neues Zuhause. Als die Gestapo sie faßt und foltert, gibt sie keine Namen
preis und kommt selbst nur knapp mit dem Leben davon. Die genauen
Daten aller geretteten Kinder versteckt sie unter einem Apfelbaum in einem
Garten. Auf der Grundlage persönlicher Aufzeichnungen und Erinnerungen der mittlerweile 95jährigen Irena Sendler erzählt die Journalistin Anna
Mieszkowska ihre bislang fast unbekannte Geschichte.

www.dva.de

Markus Krischer
Kinderhaus
Leben und Ermordung
des Mädchens Edith Hecht
288 Seiten mit zahlr. Abb.
ISBN 3-421-05933-0

Edith Hecht wurde 1944 ermordet, ohne ein Wort gesprochen zu haben. Sie war eines von mehr als dreihundert behinderten Kindern, die zwischen 1940 und 1945 in der Nähe Münchens vergiftet wurden. Insgesamt fielen allein in Bayern 20 000 kranke Menschen der Euthanasie zum Opfer. Nach dem Krieg breitete man einen Mantel des Schweigens über dieses furchtbare Kapitel.
Der Journalist Markus Krischer arbeitete zwölf Jahre lang an diesem Fall, recherchierte in Archiven und befragte die letzten Zeitzeugen. Er rekonstruiert die Zusammenhänge, nennt die Namen, porträtiert Opfer und Täter: Edith Hecht und die verzweifelt um das Leben ihrer Tochter kämpfenden Eltern. Der Kriegsinvalide Max Gaum, der seinen eigenen Tod herbeisehnte und die Ermordung von Tausenden organisierte. Der spätere Präsident der Bundesärztekammer Hans Joachim Sewering, der als junger Arzt angeblich ahnungslos war.

DVA
www.dva.de

Netzwerk der Barmherzigkeit: Wie jüdische Kinder in belgischen Familien überlebten

Rosine De Dijn
»Du darfst nie sagen, daß du Rachmil heißt«
Die Geschichte von Laja Menen und ihrem Sohn Rudi
304 Seiten mit zahlr. Abb. und Dokumenten
ISBN 3-421-05894-6

Ein jüdischer Junge steht vor einer belgischen Familie: »Ich heiße Rudi, und ich habe Hunger!« Mit der Aufnahme in eine kinderreiche katholische Familie ist die Gefahr für den Jungen zwar noch nicht vorbei, aber die Aussichten auf Rettung sind erheblich gestiegen. Seine Mutter jedoch entkommt ihrem Schicksal nicht.
Rosine De Dijn schildert das Leben dieser Warschauer Jüdin, die, aus ärmlichen Verhältnissen stammend, nach Deutschland zum Arbeiten geht, 1936 im Jüdischen Krankenhaus in Berlin ein Kind zur Welt bringt und mit diesem nach Brüssel fliehen kann, bevor die Bewohner des Kinderheims, in dem ihr Sohn Rudi Rachmil untergebracht ist, deportiert werden. Der Sohn überlebt bei einer Familie auf dem Land. Die Mutter allerdings gehört zum XXI. Konvoi, der im Juli 1943 nach Auschwitz fährt.

www.dva.de

Gespräche mit Überlebenden des Holocaust

Martin Doerry
»Nirgendwo und überall zu Haus«

264 Seiten mit 60 Fotografien von Monika Zucht
ISBN 3-421-04207-1

Persönlichkeiten wie Imre Kertész, Heinz Berggruen, Ruth Klüger, Anita Lasker-Wallfisch, Arno Lustiger, Alfred Grosser, Peter Gay, Ralph Giordano, Agnes Sassoon, Saul Friedländer, Elie Wiesel und andere legen in Gesprächen mit Martin Doerry Zeugnis ab über ihre Geschichte, ihren Kampf ums Überleben und darüber, was es für sie bedeutet, Jude zu sein.
Die Interviews und die ausdrucksstarken Schwarzweißporträts von Monika Zucht ergänzen sich zu einem einzigartigen Dokument gegen das Vergessen.

www.dva.de

»Dieses Werk konnte nur von einem Meister der Geschichts-
schreibung verfasst werden.« *Ian Kershaw*

Richard J. Evans
Das Dritte Reich
Aufstieg
786 Seiten mit zahlr. Abb.,
ISBN 3-421-05652-8

»Richard Evans ist ein überzeugendes und gut lesbares Buch gelungen. Es bietet eine Darstellung der Entwicklung der deutschen
Rechten und seit 1920 der Nationalsozialisten, wie man sie bisher
in dieser Genauigkeit nur selten gelesen hatte.«
                    Ulrich Herbert, Süddeutsche Zeitung

»Der Band hält der fachwissenschaftlichen Kritik stand, er bewegt
sich auf hohem Niveau und ist zugleich für ein interessiertes Publikum jenseits der Fachleute problemlos zugänglich. Eine souveräne
und bestens lesbare Überblicksdarstellung.«
                    Klaus Holz, Neue Zürcher Zeitung

www.dva.de

1933–1939, Jahre zwischen Terror und Triumph

Richard J. Evans
Das Dritte Reich
Diktatur
2 Bände, zusammen ca. 1300 Seiten mit zahlr. Abb.,
ISBN 3-421-05653-6

Richard J. Evans setzt seine hochgelobte und mit Spannung erwartete
Geschichte des Dritten Reiches mit den Jahren der »Diktatur« fort.
Der zweite Band widmet sich den außenpolitischen Friedensjahren
einer Nation, die jedoch im Innern Krieg führt. Vermeintlichen
Erfolgen wie dem Rückgang der Arbeitslosigkeit, erkauft durch eine
verhängnisvolle Aufrüstung, und einem erstarkten nationalen
Selbstbewusstsein steht eine Bilanz des Terrors gegenüber. Mit der
Machtergreifung 1933 setzte ein gnadenloser innerer Krieg gegen
Regimegegner, Randgruppen und Juden ein. Das System der
Konzentrationslager wurde aufgebaut, die Nürnberger Gesetze
erlassen, und der Novemberpogrom 1938 war bereits ein Vorbote
des Holocaust.

www.dva.de

Die antidemokratische Geschichte Europas

Gerhard Besier
Das Europa der Diktaturen
Eine neue Geschichte des 20. Jahrhunderts
880 Seiten
ISBN 3-421-05877-6

Nicht nur in Deutschland zählt das 20. Jahrhundert zu den dunkel-
sten der Geschichte. In fast allen anderen europäischen Nationen
gab es Diktaturen; Millionen von Menschen wurden Opfer von
Zwangsherrschaft, Verfolgung und Krieg. Gerhard Besiers Darstellung untersucht erstmals im großen Zusammenhang, wie es
zur Destabilisierung der europäischen Staaten in der ersten Hälfte
des Jahrhunderts kommen konnte. Der Autor vergleicht die unterschiedlichen Zwangsregime, die Deutschland, Russland und Italien
geprägt haben, aber auch viele weitere kleinere und größere europäische Staaten. In dieser perspektivischen Weite liefert Besiers
Werk eine grundlegend neue Analyse der antidemokratischen
Vergangenheit unseres Kontinents.

www.dva.de

Anatomie des Faschismus

Die politische Gefahr des Faschismus ist keineswegs überwunden. Auf einer ersten Stufe existiert er auch heute in allen größeren Demokratien.

ROBERT O. PAXTON

»Eine meisterhafte Studie.«
IAN KERSHAW

DVA

Robert O. Paxton
Anatomie des Faschismus
448 Seiten
ISBN 3-421-05913-6

»Mit seiner meisterhaften Studie hat Robert O. Paxton das nahezu Unmögliche geschafft: Er bringt frischen Wind in oftmals abgestandene Debatten und neue Einsichten zu dem bereits so ausgiebig erforschten Phänomen des Faschismus.«   *Ian Kershaw*

Der Faschismus war eine der stärksten politischen Kräfte des 20. Jahrhunderts und Quelle millionenfachen Unglücks. Das Geheimnis seiner Attraktivität erscheint angesichts der Horrorbilanz, die er hinterlassen hat, immer noch rätselhaft. Robert O. Paxton trägt zu einem neuen Verständnis des Phänomens bei. In einer vergleichenden Studie analysiert er, wie der Faschismus in den verschiedenen europäischen Ländern in Aktion trat, unter welchen Bedingungen er mächtig werden konnte und welche Gefahr noch heute von ihm ausgeht.

DVA
www.dva.de